GW00361495

A MEDIEVAL FRENCH READER /
EDITED BY C. W. ASPLAND.

840. 8001   08-597049

30130 139974074

A MEDIEVAL
FRENCH READER

A MEDIEVAL
FRENCH READER

EDITED BY
C. W. ASPLAND
Ph.D. (London), L. ès L. (Lille), B.A., B.Ed. (Qld.)
Associate Professor of French
Macquarie University

OXFORD
AT THE CLARENDON PRESS
1979

Oxford University Press, Walton Street, Oxford OX2 6DP

OXFORD LONDON GLASGOW
NEW YORK TORONTO MELBOURNE WELLINGTON
KUALA LUMPUR SINGAPORE HONG KONG TOKYO
DELHI BOMBAY CALCUTTA MADRAS KARACHI
NAIROBI DAR ES SALAAM CAPE TOWN

Published in the United States by
Oxford University Press, New York

© *C. W. Aspland* 1979

All rights reserved. No part of this publication may be reproduced, stored in a retrieval system, or transmitted, in any form or by any means, electronic, mechanical, photocopying, recording, or otherwise, without the prior permission of Oxford University Press

British Library Cataloguing in Publication Data

A medieval French reader

1. French literature – To 1500
I. Aspland, Clifford William
840'.8'001   PQ1301   78-40497

ISBN 0 19 872035 1
ISBN 0 19 815761 4 Pbk

ESSEX LIBRARIES

Printed in Great Britain
at the University Press, Oxford
by Eric Buckley
Printer to the University

CH25057

PREFACE

THIS book has been written to provide university students with an introduction to medieval French literature up to the first quarter of the fifteenth century. It begins at the very beginning of the French language with the Strasbourg Oaths, which already embody some of the central ideals of an emerging feudal and chivalric society, and it ends on the threshold of the modern era with Alain Chartier's exhortation to his fellow countrymen, *Le quadrilogue invectif*, an eloquent plea for a revival of those same ideals, which the author regards as characteristic of an age now past. Through the extracts from the rich and varied literature of the period, it is to be hoped that students will gain some insight into the complex nature of medieval French culture and society.

Unlike P. Studer and E. G. R. Waters, the editors of the *Historical French Reader* (published by the Clarendon Press in 1924), who arranged their pieces according to linguistic features, some in the standard literary language, some with marked dialectal features of the various regions, I have grouped the texts in literary *genres*. After the Strasbourg Oaths, the *genres* follow in the order: religious literature, *chansons de geste*, romances, lyric poetry, poetry composed in the 'fixed forms', comic literature (the fabliaux and *Le roman de Renart*), drama, history, satiric and didactic literature. The texts are arranged in approximate chronological order within each *genre*. Because this reader is intended to serve primarily as an introduction to medieval French literature, rather than as a textbook for the study of historical French grammar, Vulgar Latin has not been included, the number of passages has been reduced to about half that of the *Historical French Reader*, and, in most instances, with the exception of the lyric poems, the passages are of considerable length. In order to arouse and retain the interest of the student, it has been thought preferable to give, as far as possible, complete episodes that will permit continuity of reading and consequently a better appreciation of different authors and styles. For example, significantly long extracts are quoted from the epic poems *La*

chanson de Roland, *Gormont et Isembart*, and *Le charroi de Nîmes*;
Chrétien de Troyes is represented by central incidents from *Erec
et Enide* and *Le chevalier de la charrete*; and approximately one half
of each of the plays *Le miracle de Théophile* and *Le jeu de Robin et
de Marion* has been included, each half comprising in itself a
complete dramatic unit.

In view of the fact that the extracts have been selected first of all
for their literary interest, I have departed from the usual practice
of editors of chrestomathies by briefly discussing the literary value
of the works. The commentary introducing each text, however,
serves mainly to situate the passage in its context, to indicate
successive stages of development and to lead the student, by means
of selected bibliographical references, to important critical mono-
graphs and articles. Any aesthetic judgements that I have made on
content or form will, it is hoped, stimulate the student to further
critical reading and, what is more important, to a reading of the
complete work from which the extract is taken.

In compiling the texts I have referred to the most important
editions, the editors and titles of which are listed. However, all the
passages have been transcribed afresh from microfilm prints of the
manuscripts, or, if available, from published photo-facsimiles (e.g.
for *La chanson de Roland*). Where a work has survived in more than
one manuscript, I have usually been guided by editors in my choice
of a base manuscript. However, the lyric poems 16c, 16d, 16e, and
16g are based each on a manuscript not edited in the standard works.
For the extract from Joinville's *Life of Saint Louis*, rather than
reproduce Natalis de Wailly's hypothetical reconstruction of the
text, I have transcribed fols. 73b–84a of the fourteenth-century
manuscript B.N., fr. 13568. The rejected readings of the base
manuscript of each extract appear in the footnotes.

The notes at the end contain sections on spelling, phonology, and
morphology. One of the greatest difficulties to be overcome by the
student beginning to read medieval French literature is that of
recognizing spelling variants and, in particular, the spelling variants
characteristic of the different dialectal regions. Besides giving the
traditional references to M. K. Pope's indispensable study *From
Latin to Modern French*, and also, for texts with Northern features,
to C.-T. Gossen, *Grammaire de l'ancien picard*, and for texts with
Anglo-Norman features, to L. E. Menger, *The Anglo-Norman
Dialect*, I have made frequent comparisons with the usual Francien

spellings and forms of the twelfth and thirteenth centuries. It should be emphasized at the outset, however, that the early literary language is not pure Francien: *La chanson de Roland* (MS. Digby 23) was composed in literary Norman-Francien, and later copied by an Anglo-Norman scribe. Throughout the twelfth and thirteenth centuries, the intermingling of dialectal forms continues to characterize Old French: the so-called Picard texts are composed in the literary Franco-Picard *scripta* that combines Francien and Northern features in varying proportions. The composite nature of the language of much Old French literature can, in all probability, be attributed to the wandering life of the poets and the clerks, who moved freely around the region of the *langue d'oïl*. Wace was born in the island of Jersey, but studied at Caen and either Chartres or Paris; Guernes de Pont-Sainte-Maxence composed *La vie de saint Thomas Becket* at Canterbury; Adam de la Halle (Adam d'Arras) studied at the University of Paris. The fact that an author could use dialectal features from several regions points to the dangers of the practice, usually avoided by modern editors, of reconstructing texts and of normalizing spelling. (See WACKER, G., *Über das Verhältnis von Dialekt und Schriftsprache im Altfranzösischen* [Niemeyer, Halle, 1916]; CHAURAND, J., *Introduction à la dialectologie française* [Bordas, Paris, 1972].)

Then follow the textual notes: mainly notes (often including etymologies) on key-words and on rare or controversial words, comments on idiom and on points of syntax, with references to such standard works as L. Foulet, *Petite Syntaxe de l'ancien français* and K. Sneyders de Vogel, *Syntaxe historique du français*.

Because of the very large number of microfilms that were necessary for the preparation of the texts, it is fitting for me at this point to express my thanks to the staff of the Macquarie University Library, who, over a period of several years, were able to obtain this material from such institutions as the British Library, the Bodleian Library, the Bibliothèque Nationale and the Bibliothèque de l'Arsenal in Paris, the Musée Condé in Chantilly, the Vatican Library, the Bibliothèque royale Albert Ier in Brussels, the Escurial Library in Madrid, the Universitätsbibliothek in Bonn, the Bibliothèque municipale in Berne, the Royal Library in Copenhagen, and the Saltykov-Shchedrin Public Library in Leningrad.

Finally, I should like to acknowledge my indebtedness both to Professor D. J. A. Ross of Birkbeck College, London, and to

Mr C. A. Robson of Merton College, Oxford. Throughout the preparation of this book Professor Ross has given me invaluable assistance on many points of detail, especially in reading the manuscripts and in making emendations. Mr Robson has generously made many suggestions for the improvement of the textual commentaries, in particular those on the *Chanson de Roland* and the *Gormont et Isembart*, and for the clarification of the notes and the glossary. Any inadequacies that remain are due to me alone.

C.W.A.

Macquarie University, 1977

CONTENTS

1. Strasbourg Oaths (842)

Since the death of their father Louis the Pious in June 840, Louis the German and Charles the Bald had been continually harassed by their elder brother Lothair, who hoped to gain control of the whole of the Empire of their grandfather Charlemagne. Although the younger brothers succeeded in defeating Lothair at Fontenoy-en-Puisaye on 25 June 841, Charles retained the support of only a small escort of vassals after the battle. Following further threats from Lothair, Charles renewed his alliance with Louis at Strasbourg on 14 February 842. Louis took the first oath in French (*romana lingua*) and Charles repeated a similar one in German (*teudisca lingua*). Then the followers of Charles swore the second oath in French, after which the followers of Louis took a corresponding oath in German. This procedure was adopted because, whilst Louis and Charles were bilingual, their respective armies presumably understood and spoke only their own native tongue. The alliance continued until the treaty of Verdun in 843, when the Carolingian Empire was divided among the three brothers. (See GANSHOF, F.-L., 'Une nouvelle théorie sur les Serments de Strasbourg', *SM*, 2 [1929], 9–25; LOT, F., 'Le Dialecte roman des Serments de Strasbourg', *Rom.*, 65 [1939], 145–63.)

At the request of Charles the events of this period were chronicled by Nithard, the son of Charlemagne's daughter Bertha and therefore the first cousin of the three brothers, in the *De dissensionibus filiorum Ludovici Pii historiarum libri IIII*, see NITHARD, *Histoire des fils de Louis le Pieux*, ed. and trans. Ph. Lauer (Champion, Paris, 1926). Nithard incorporated the text of the oaths in Book III, Chap. V of the chronicle. The French oaths taken by Louis the German and the followers of Charles the Bald constitute the earliest extant example of any of the Romance languages.

The Strasbourg Oaths are mainly of linguistic significance, yet their presence at the beginning of a *Medieval French Reader* whose passages have been chosen for literary interest may be justified by the fact that their vocabulary contains key words representative of the nascent feudal and chivalric system in Western Europe. The terms *sendra* and *aiudha* indicate the existence of a society based on the reciprocal obligations shared by overlord and vassal, whilst the words *podir* and *savir* suggest the early emergence of the ideal of might tempered by wisdom in the warrior knight (see Note).

The manuscript, Paris, B.N., lat. 9768, fol. 13ᵇ, second half of the tenth century, is reproduced in facsimile in *Les Plus Anciens Monuments de la langue française* (*IX*ᵉ, *X*ᵉ *siècles*). *Album*, ed. G. Paris, SATF (Firmin-Didot, Paris, 1875; Johnson Reprint Corporation, New York, 1965); NITHARD, *Histoire des fils de Louis le Pieux*, ed. and trans. Ph. Lauer (Champion, Paris, 1926). For a detailed list of commentaries, editions, and translations see BOSSUAT, nos. 2-6, 14-24, 6017-19, 7110-15; KLAPP.

The text of the oath taken by Louis the German:

> Pro Deo amur et pro christian poblo et nostro commun   *13*ᵇ
> salvament, d'ist di in avant, in quant Deus
> savir et podir me dunat, si salvarai eo
> cist meon fradre Karlo et in aiudha
> et in cadhuna cosa, si cum om per dreit son   5
> fradra salvar dift, in o quid il mi altre-
> si fazet. Et ab Ludher nul plaid nunquam
> prindrai qui, meon vol, cist meon fradre
> Karle in damno sit.

TRANSLATION: 'For the love of God and the protection of the Christian people and our common protection, from this day forward, in so far as God gives me wisdom and strength, I shall support this my brother Charles in (feudal) aid and in everything, as one should rightly support one's brother, provided that he does likewise for me. And I shall never come to any agreement with Lothair which, if I have my way, may be detrimental to this my brother Charles.'

The text of the oath taken by the followers of Charles the Bald:

> Si Lodhu-   10
> uigs sagrament, que son fradre Karlo
> jurat, conservat, et Karlus meos sendra
> de suo part non los tanit, si io returnar non
> l'int pois, ne io ne neuls, cui eo returnar
> int pois, in nulla aiudha contra Lodhu-   15
> uuig nun li iu er.

2 in avant] en *corrected to* in   4 aiudha] aḍiudha   6 dift] dist(?); *see Notes*   11 que] quę   13 suo] *corr.* sua *or* sue(?); non los tanit] ñ lostanit *or* ñ lostãnit (?); *see Notes*   15 aiudha] aiu̇ha

TRANSLATION: 'If Louis keeps the oath that he swore to his brother Charles, and (if) Charles my overlord for his part does not keep it (i.e. his oath), if I cannot deter him therefrom, neither I nor anyone whom I can deter therefrom will be of any help to him against Louis.'

2. Sequence of Saint Eulalia

The manuscript containing the *Sequence of Saint Eulalia* was found at the Benedictine monastery of Saint-Amand-les-Eaux in 1837. The French sequence, a Latin sequence in praise of Eulalia (immediately preceding on fol. 141^r) and a German historical ballad entitled *Rithmus Teutonicus de piae memoriae Hluduico rege, filio Hluduici, aeque regis* (immediately following on fols. 141^v–143^r), were copied on the folios left unused at the end of the manuscript. It may be assumed that the two sequences were written after 878, the time of the supposed discovery of Saint Eulalia's relics at Barcelona. As the German poem, known as the *Ludwigslied*, celebrated the French victory over the Northmen at Saucourt in August 881 (see the Commentary on the extract from *Gormont et Isembart*) and was apparently written before the death of Louis III in August 882, the French sequence, which is in the same hand, most probably dates from no later than 882. (See LOTE, G., *Histoire du vers français* [Boivin, Paris, 1949], i. 117–25; BOSTOCK, J.-K., *A Handbook on Old High German Literature* [Clarendon Press, Oxford, 1955], p. 204; DE POERCK, G., 'Sainte Eulalie', in *Dictionnaire des lettres françaises. Le Moyen Âge*, ed. R. Bossuat, Mgr L. Pichard, G. Raynaud de Lage [Fayard, Paris, 1964], p. 675; HILTY, G., 'La Séquence de Sainte Eulalie et les origines de la littérature française', *VR*, 27 [1968], 4–18.)

Saint Eulalia of Mérida in Spain is thought to have been martyred at the age of twelve in the year 304 by Maximian, ruler of the West under Diocletian. The feast of her martyrdom falls on 10 December. The supposed Saint Eulalia of Barcelona, honoured on 12 December, has been declared the same as the Eulalia of Mérida. (See LECLERCQ, H., 'Eulalie de Mérida et de Barcelone (les saintes)', in *Dict. d'arch. chrét. et de liturgie*, v, cols. 705–32.) The fourth-century Christian poet Prudentius gave the first extant account of the passion of Eulalia in Hymn 3 of the *Peristephanon*. Both lyrical and narrative, this Latin hymn of over two hundred lines appears to be a source of inspiration of the French *Eulalia*. The theme of the sequence, which we may define as the opposition between pagan materialism and Christian spiritual purity (*virginitét*), is foreshadowed in the introductory couplet by the antithesis between *bel corps* and *bellezour anima*. Eschewing lyricism, however, the French writer then tells in twenty-three terse lines how Eulalia's love of God remains unshaken during her trial by the offer of riches (7), the admonitions of the emperor (*rex*) (8, 13-15), and the threat of torture and decapitation (16-22). The death of a martyr by the sword after miraculously escaping the flames is a hagiographical convention. 'Ce n'est qu'une vieille coutume et, par suite, une conception ancienne qui se cache derrière l'histoire de sainte Eulalie: il faut que le martyr, conservé par le feu, soit décapité' (p. 25 in GYÖRY, J., 'Le Système philosophique de Jean Scot Erigène et la Cantilène de sainte Eulalie', *Archivum Philologicum*, Budapest, 1936, pp. 29-37). Eulalia's soul then flies to heaven in the form of a dove (25).

The almost matter-of-fact tone of the narrative gives way to didactic urgency in the concluding prayer for intercession. (See PORTEAU, P., 'La *Cantilène de sainte Eulalie* serait-elle un poème strophique?', *RLR*, 9 [1933], 152-65; HATCHER, A. G., '*Eulalie*, lines 15-17', *RR*, 40 [1949], 241-9; BARNETT, F. J., 'Some Notes on the *Sequence of Saint Eulalia*', in *Studies in Medieval French Presented to Alfred Ewert*, ed. E. A. Francis [Clarendon Press, Oxford, 1961], 1-25; ATKINSON, J. C., 'Eulalia's "Element" or Maximian's?', *SP*, 65 [1968], 599-611).

Numerous different opinions have been expressed concerning the form of the *Eulalia*. Some scholars maintain that it is a poem written in decasyllables on the model of Latin verse (De Poerck), some that it may be divided into stanzas (ERINGA, S., 'La Versification de la *Sainte Eulalie*', *Neophil.*, 11 [1926], 1-8). Germanic influence is discerned in the *Eulalia* by PURCZINSKY, P. (*RP*, 19 [1965], 271-5), who believes the lines to be alliterative and rhythmic with two beats per hemistich. Lote regards the *Eulalia* as a semi-poetic liturgical prose or sequence of fourteen assonating couplets, in which the number of syllables per line and the position of the caesura vary from one couplet to another (op. cit., pp. 118-22). The following emendations are suggested by Lote: *a icels* 12, *qued elle perdesse* 17, *voldret ja concreidre* 21, *Ele volt lo seüle* 24, omission of *de* 25, in order to obtain seven couplets of ten syllables (I, II, IV, VII, VIII, XIII, XIV), three of eleven (III, IX, X), one of twelve (VI), three of thirteen (V, XI, XII).

The manuscript, Valenciennes, Bibliothèque municipale, 150 (formerly 143), fol. 141ᵛ, latter part of the ninth century, is reproduced in facsimile in *Les Plus Anciens Monuments de la langue française* (*IXᵉ*, *Xᵉ siècles*). *Album*, ed. G. Paris, SATF (Firmin-Didot, Paris, 1875; Johnson Reprint Corporation, New York, 1965); Lote, op. cit.; WAGNER, R.-L., *Textes d'étude*, TLF 25 (Droz, Geneva, 1964). For a detailed list of editions and commentaries see BOSSUAT, nos. 1-6, 25-30, 6020-2; KLAPP.

   I   Buona pulcella fut Eulalia,   *141ᵛ*
       Bel auret corps, bellezour anima.
  II   Voldrent la veintre li Deo inimi,

Voldrent la faire diaule servir.

III Elle no'nt eskoltet les mals conselliers 5
Qu'elle Deo raneiet chi maent sus en ciel.

IV Ne por or ned argent ne paramenz,
Por manatce regiel ne preiement,

V Niule cose non la pouret omque pleier,
La polle sempre non amast lo Deo menestier. 10

VI E por o fut presentede Maximiien,
Chi rex eret a cels dis soure pagiens.

VII Il li enortet, dont lei nonque chielt,
Qued elle fuiet lo nom christiien,

VIII Ell' ent aduret lo suon element. 15
Melz sostendreiet les empedementz

IX Qu'elle perdesse sa virginitét.
Por o·s furet morte a grand honestét.

X Enz en·l fou la getterent, com arde tost.
Elle colpes non auret, por o no·s coist. 20

XI A czo no·s voldret concreidre li rex pagiens;
Ad une spede li roveret tolir lo chief.

XII La domnizelle celle kose non contredist;
Volt lo seule lazsier, si ruovet Krist.

XIII In figure de colomb volat a ciel. 25
Tuit oram que por nos degnet preier

XIV Qued auuisset de nos Christus mercit
Post la mort et a lui nos laist venir
Par souue clementia.

5 no'nt] nont   13 il] *MS.* il *or* el?   15 aduret *formerly read as* adunet *or* adonet;
see Notes   19 la] lo   22 chief] chieef

3. Life of Saint Alexis

The best manuscript of the *Life of Saint Alexis*, MS. *L* (Lamspringe), comprises fols. 29-34 (pages 58-68) of the *St. Albans Psalter*. After comparing the *Alexis* with the *Roland*, the *Passion*, the *Saint Leger*, and the *Eulalia*, Gaston Paris concluded that our poem was originally written in Normandy about 1040 and that MS. *L* was copied by an Anglo-Norman scribe about 1150. He thought that the author could have been Thibaut de Vernon, a canon of Rouen, who translated saints' lives into the vernacular (*La vie de saint Alexis, poème du XIe siècle et renouvellements des XIIe, XIIIe et XIVe siècles*, ed. G. Paris and L. Pannier [Vieweg, Paris, 1872, 1887], pp. 27-46). On the other hand, it has been suggested by O. Pächt that MS. *L* may itself contain the first version of the *Alexis* and that the poem was composed in Anglo-Norman between 1119 and 1123 to be included in the *St. Albans Psalter* (see PÄCHT, O., DODWELL, C. R., and WORMALD, F., *The St. Albans Psalter (Albani Psalter)* [Warburg Institute, London, 1960], pp. 126-46). Although M. D. Legge agrees that MS. *L* cannot have been made later than 1123, she is convinced that the *Alexis* was imported from Bec, where it was composed towards the end of the eleventh century (see her review of *The St. Albans Psalter*, in *Med. Aev.*, 30 [1961], 113-17 and of C. Storey's two 1968 editions of the *Alexis* in *Med. Aev.*, 39 [1970], 187-9).

The legend of the son of noble parents who forsook his bride on their wedding day in order to live an ascetic life occurs as early as the fifth century in Syriac and in Greek. Later renewed by Byzantine writers, this expanded Greek version of the legend of Alexis, as he now came to be known, was taken to Rome in the tenth century and translated into Latin (see UITTI, K. D., 'The Old French *Vie de Saint Alexis*, Paradigm, Legend, Meaning', *RP*, 20 [1967], 263-95). The composite Latin prose version of the *Vita S. Alexii*, published by the Bollandists in the *Acta Sanctorum*, 17 July, iv, pp. 251-3, and included by G. Rohlfs in his edition of the *Sankt Alexius*, pp. xxv-xxxiv, served as the basis of the Old French poem.

The poet of the Old French *Alexis* therefore had as his theme a traditional hagiographic concept: the gradual ascent to sainthood by means of a rigidly self-imposed programme of denial and mortification. The central notion embodied in the poem may be defined as that of the imitation of Christ. Throughout thirty-four years after he has received

God's grace, Alexis relives the life of Christ on earth, imitating his complete devotion to God and gladly enduring the physical and spiritual anguish that he suffered in order to attain heavenly joy.

For the literary aspects of the poem see: HATZFELD, H. A., 'Esthetic criticism applied to medieval Romance literature', *RP*, 1 (1947-8), 305-27; HATCHER, A. G., 'The Old-French poem of St. Alexis: a mathematical demonstration', *Trad.*, 8 (1952), 111-58; VINCENT, P. R., 'The dramatic aspect of the Old-French *Vie de saint Alexis*', *SP*, 60 (1963), 525-41; UITTI, K. D., 'Recent Alexis studies from Germany', *RP*, 24 (1970), 128-37; ROBERTSON, H. S., '*La vie de Saint Alexis*: Meaning and Manuscript *A*', *SP*, 67 (1970), 419-38.

The poem is written in assonating stanzas of five decasyllabic lines, the caesura falling regularly after the fourth syllable as it does in the verse of the Old French epic. The markedly repetitive and formulaic style of the *Alexis* suggests that the poet may have been influenced by the oral style of the *chansons de geste*. For the formulaic style in the hagiographic poems see ASPLAND, C. W., *A Syntactical Study of Epic Formulas and Formulaic Expressions Containing the -ant Forms in 12th Century French Verse* (University of Queensland Press, 1970), pp. 12-18.

I have transcribed the text of the base MS. *L* from photographs supplied by the Warburg Institute, London. This MS. is now in the Jesuit college at Hildesheim in Hanover, not in the library of the Church of St. Godoard, as it was in the nineteenth century. Emendations are based on readings of the following MSS.: *A* (Paris, B.N., fr. 4503); *P* (Paris, B.N., fr. 19525); *S* (Paris, B.N., fr. 12471). Besides the edition by G. Paris and L. Pannier, I have consulted *La vie de saint Alexis, poème du XIᵉ siècle*, ed. G. Paris, CFMA 4, 7th edn. (Champion, Paris, 1967); *La vie de saint Alexis*, ed. C. Storey, BFT, revised edn. (Blackwell, Oxford, 1968); id., *La vie de saint Alexis*, TLF 148 (Droz, Geneva; Minard, Paris, 1968); *Sankt Alexius*, ed. G. Rohlfs, 5th edn. (Niemeyer, Tübingen, 1968). For a detailed list of editions, commentaries, and translations see BOSSUAT, nos. 39-65, 6024-33, 7118-29; KLAPP.

Vv. 231-550

The extract quoted covers the second period of seventeen years after Alexis's return from Alsis, where he had gone on a pilgrimage and had lived as a beggar, sitting near the door of the church. Outwardly pathetic, but inwardly serene and joyful, he lies unrecognized on his straw pallet under the stairs in his father's house. Although continually humiliated by the servants, he makes no accusations against them (1-45). As the penance of thirty-four years comes to an end, Alexis writes a letter telling the story of his life and then commends himself to God (46-60). Voices from the sanctuary announce to the people of Rome that the Man of God will be found in Eufemien's house (61-100). After his death (101-5), Alexis's true identity becomes known from the contents of the letter (106-55); his father, his mother, and his wife dramatically express their grief (156-265); the pope rebukes them for grieving, and the people joyfully carry the body of the saint away (266-315). Lines 316-20 of the extract conclude MS. *A* (see MADDOX, D. L., 'Pilgrimage Narrative and Meaning in Manuscripts L and A of the *Vie de Saint Alexis*', RP, 27 [1973], 143-57).

> Dunc le menat andreit suz le degrét.
> Fait li sun lit o il pot reposer;
> Tut li [*62*] amanvet quanque bosuinz li ert:
> Vers sun seinur ne s'en volt mesaler;
> Par nule guise ne l'em puet hom blasmer.   5
>
> Sovent le virent e le pedre e le medra,
> E la pulcele quet il out espusede.
> Par nule guise unces ne l'aviserent;
> N'il ne lur dist, ne il ne·l demanderent,
> Quels hom esteit ne de quel terre il eret.   10
>
> Soventes feiz lur veit grant duel mener
> E de lur oilz mult tendrement plurer,
> E tut pur lui, unces nïent pur el.
> Danz Alexis le met el consirrer;
> Ne l'en est rien, si'st [a Deu] aturnét.   15
>
> Soz le degrét ou il gist sur sa nate,
> Iluec paist l'um del relef de la tabla.
> A grant poverte deduit sun grant parage.
> Ço ne volt il que sa mere le sacet:
> Plus aimet Deu que [tres]tut sun linage.   20
>
> De la viande ki del herberc li vint,
> Tant an retint dunt sun cors an sustint:
> Se lui'n remaint, si·l rent as pov[e]rins.
> N'en fait musgode pur sun cors engraisser,
> [Mais as plus povres le dunet a manger.]   25

4 vers sun] contra   7 il out] liert   9 ne il] nelf   13 el] eil *interlinear insertion*
15 si'st] issi est   23 lui'n] lui en   25 *om.; based on P*

En sainte eglise converset volenters;
Cascune feste se fait acomunier;
Sainte escriture ço ert ses conseilers:
Del Deu servise se volt mult esforcer;
Par nule guise ne s'en volt esluiner. 30

Suz le degrét ou il gist e converset,
Iloc deduit ledement sa poverte.
Li serf sum pedre, ki la maisnede servent,
Lur lavadures li getent sur la teste:
Ne s'en corucet net il ne·s en apelet. 35

Tuz l'escarnissent, si·l tenent pur bricun;
L'egua li getent, si moilent sun linçol;
Ne s'en corucet giens cil saintismes hom,
Ainz priet Deu quet il le lur parduinst
Par sa mercit, quer ne sevent que funt. 40

Iloc converset eisi dis et set anz.
Ne·l reconut nuls sons apartenanz
Ne n[e]üls hom ne sout les sons ahanz,
[Fors sul le lit u il ad jeü tant:
Ne puet müer ne seit aparissant.] 45

Trente [e] quatre anz ad si sun cors penét;
Deus sun servise li volt guereduner:
Mult li angreget la süe anfermetét.
Or set il bien qued il s'en deit aler:
Cel son servant ad a sei apelét. 50

'Quer mei, bel frere, ed enca e parcamin,
Ed une penne, ço pri, tüe mercit.'
Cil li aportet, receit le Ale[x]is;
De sei medisme tute la cartra escrit,
Cum s'en alat e cum il s'en revint. 55

Tres sei la tint, ne la volt demustrer,
Ne·[l] reconuissent usque il s'en seit alét.
Parfitement s'ad a Deu cumandét.
Sa fin aproismet, ses cors est agravét;
De tut an tut recesset del parler. 60

---

35 en *interlinear insertion*   44-5 *om.; text from A*   54 *based on P; L reads*
Escrit la cartra tute de seimedisme   58 s'ad] se ad

An la sameine qued il s'en dut aler,
Vint une voiz treis feiz en la citét,
Hors del sacrarie, par cumandement Deu,
Ki ses fedeilz li ad tuz amviét:
Prest' est la glorie qued il li volt duner.   65

En l'altra [63] voiz lur dist altra summunse,
Que l'ume Deu quergent, ki est an Rome,
Si [li] depreient que la citét ne fundet
Ne ne perissent la gent ki enz fregundent:
Ki l'un[t] oïd remainent en grant dute.   70

Sainz Innocenz ert idunc apostolie.
A lui repairent e li rice e li povre,
Si li requerent conseil d'icele cose
Qu'il unt oït, ki mult les desconfortet.
Ne guardent l'ure que terre les enclodet.   75

Li apostolie e li emperëor,
Li uns Acharies, li altre Anories out num,
E tut le pople par commune oraisun
Depreient Deu que conseil lur an duins[t]
D'icel saint hume par qui il guarirunt.   80

Ço li deprient, la süe pietét,
Que lur anseint o·l poissent recovrer.
Vint une voiz ki lur ad anditét:
'An la maisun Eufemïen quereiz,
Quer iloec est, iloc le trovereiz.'   85

Tuz s'en returnent sur dam Eufemïen;
Alquanz le prennent forment a blastenger:
'Iceste cose nus doüses nuncier,
A tut le pople ki ert desconseilét;
Tant l'as celét, mult i as grant pechét.'   90

Il s'escondit cume cil ki ne·l set;
Mais ne l'en creient: al helberc sunt alét.
Il vat avant la maisun aprester;
Forment l'enquer[t] a tuz ses menestrels:
Icil respondent que neüls d'els ne·l set.   95

75 les enclodet] nes anglutet   82 anseint] anseinet   85 iloc] ed iloc   87 le] li
91 il s'escondit] ille scondit; ki] kil

Li apostolie e li empereür
Sedent es bans [e] pensif e plurus.
Iloc esguardent tuit cil altre seinors,
Si preient Deu que conseil lur an duins[t]
D'icel saint hume par qui il guarirunt.   100

An tant dementres cum il iloec unt sis,
Deseivret l'aneme del cors sainz Alexis:
Tut dreitement en vait en paradis
A sun Seinor qu'il aveit tant servit.
E! Reis celeste, tu nus i fai venir!   105

Li boens serganz ki·l serveit volentiers,
Il le nunçat sum pedre Eufemïen;
Süef l'apelet, si li ad conseilét:
'Sire,' dist il, 'morz est tes provenders,
E ço sai dire qu'il fut bons cristïens.'   110

'Mult lungament ai a lui conversét;
De nule cose certes ne·l sai blasmer,
E ço m'est vis que ço est l'ume Deu.'
Tut sul s'en est Eufemïen turnét,
Vint a sun filz ou gist suz lu degrét.   115

Les dras suzlevet dunt il esteit cuvert,
Vit del sain[t] home le vis e cler e bel.
En sum puing tint le cartre le Deu serf,
[Ou a escrit trestot le suen convers.]
Eufemïen volt saveir quet espelt.   120

Il la volt prendra: cil ne li volt guerpir.
A l'apostolie revint tuz esmeriz:
'Ore ai trovét ço que tant avums quis:
Suz mun degrét gist uns morz pelerins;
Tent une cartre, mais na li puis tolir.'   125

Li apostolie e li emperëor
Venent devant, jetent s'an ureisuns,
Metent lur cors en [64] granz afflictiuns:
'Mercit, mercit, mercit, saintismes hom!
Ne·t coneümes n'uncor ne conuissum.'   130

115 ou gist] ou il gist   116 dunt] dum   119 *om.; text from P*   127 s'an] sei an
130 Nen coneumes net uncore nen conuissum

'Ci devant tei estunt dui pechethuor,
Par la Deu grace vocét amperedor;
Ço'st sa merci qu'il nus consent l'onor.
De tut cest mund sumes guvernëor.
Del ton conseil sumes tut busuinos.'   135

'Cist apostolies deit les anames baillir:
Ço'st ses mesters dunt il ad a servir.
Lai li la cartre, par [la] tüe mercit:
Ço nus dirrat qu'enz trov[e]rat escrit,
E ço duinst Deus qu'or en puisum garir!'   140

Li apostolie tent sa main a la cartre;
Sainz Alexis la süe li alascet:
Lui le consent ki de Rome esteit pape.
Il ne la list ne il dedenz ne guardet:
Avant la tent ad un boen clerc e savie.   145

Li cancelers, cui li mesters an eret,
Cil list le cartre; li altra l'esculterent.
D'icele gemme qued iloc unt truvede
Le num lur dist del pedre e de la medre,
E ço lur dist de quels parenz il eret,   150

E ço lur dist cum s'en fuït par mer,
E cum il fut en Alsis la citét,
E que l'imagine Deus fist pur lui parler,
E pur l'onor dunt ne·s volt ancumbrer
S'en refuït en Rome la citét.   155

Quant ot li pedre ço que dit ad la cartre,
Ad ambes mains derumpt sa blance barbe.
'E! filz,' dist il, 'cum dolerus message!
Jo atendi quet a mei repairasses,
Par Deu merci, que tu·m reconfortasses.'   160

A halte voiz prist li pedra a crïer:
'Filz Alexis, quels dols m'est presentét!
Malveise guarde t'ai fait suz mun degrét.

133 ço'st] co est   134 guvernëor] iugedor   137 ço'st] co est   138 lai] dune
140 garir] grarir   148-50 *in the order* 149, 150, 148 *in* L   157 derumpt] derumpet
160 tu·m] tun   162 presentét] apresentet   163 fait] faite

A! las, pecables, cum par fui avoglét!
Tant l'ai vedud, si ne·l poi aviser.'   165

'Filz Alexis, de ta dolenta medra!
Tantes dolurs ad pur tei andurede[s],
E tantes fains e tantes consiredes,
E tantes lermes pur le ton cors pluredes!
Cist dols l'avrat enquoi par acurede.'   170

'O filz, cui erent mes granz ereditez,
Mes larges terres dunt jo aveie asez,
Mes granz paleis de Rome la citét?
Ed enpur tei m'en esteie penét:
Puis mun decés en fusses enorét.'   175

'Blanc ai le chef e le barbe ai canuthe.
Ma grant honur t'aveie retenude
Ed anpur tei, mais n'en aveies cure.
Si grant dolur or m'est apar[e]üde!
Filz, la tüe aname el ciel seit absoluthe!'   180

'Tei cuvenist helme e brunie a porter,
Espede ceindra cume ti altre per;
E grant maisnede doüses guverner,
Le gunfanun l'emperedur porter,
Cum fist tis pedre e li tons parentez.'   185

'A tel dolur·ed a si grant poverte,
Filz, t'ies deduit par alïenes terres!
E d'icel[s] bien[s] ki toen doüs[sen]t estra,
Que n'am perneies en ta povre herberge?
Se Deu ploüst, sire en doüsses estra.'   190

De la dolur qu'en demenat li pedra
Grant fut la noise, si l'antendit la [65] medre.
La vint curant cum femme forsenede,
Batant ses palmes, criant, eschevelede;
Vit mort sum filz, a terre chet pasmede.   195

---

168 consiredes] consireres   170 enquoi] en quor   174-5 *as in AP; transposed in L*
182 ti] tui   184-5 *as in AP; transposed in L*   189 quer amperneies
190 sire en] seruit en   192 la noise] lidols   193 curant] curante

Chi dunt li vit sun grant dol demener,
Sum piz debatre e sun cors dejeter,
Ses crins derumpre e sen vis maiseler,
E sun mort filz detraire ed acoler,
Mult fust il dur ki n'estoüst plurer.   200

Trait ses chevels e debat sa peitrine,
A grant duel met la süe carn medisme:
'E! filz,' dist ele, 'cum m'oüs enhadithe!
E jo, dolente, cum par fui avoglie!
Ne·t cunuisseie plus qu'unches ne·t vedisse.'   205

Plurent si oil e s[i] jetet granz criz;
Sempres regret[et]: 'Mar te portai, bels filz!
E de ta medra que n'aveies mercit?
Pur tei·m vedeies desirrer a murir:
Ço'st grant merveile que pietét ne t'en prist!'   210

'A! lasse, mezre, cum oi fort aventure!
Or vei jo morte tute ma porteüre.
Ma lunga atente a grant duel est venude.
Pur quei·[t] portai, dolente, malfeüde?
Ço'st granz merveile que li mens quors tant duret.' 215

'Filz Alexis, mult oüs dur curage
Cum avilas tut tun gentil linage!
Set a mei sole vels une feiz parlasses,
Ta lasse medre, si la [re]confortasses,
Ki si'st dolente. Cher fiz, bor i alasses.'   220

'Filz Alexis, de la tüe carn tendra!
A quel dolur deduit as ta juventa!
Pur que[i]·m füis? Ja·t portai en men ventre;
E Deus le set que tute sui dolente.
Ja mais n'erc lede pur home ne pur femme.'   225

'Ainz que t'oüsse, [si'n] fui mult desirruse;
Ainz que ned fusses, si'n fui mult angussuse;

---

199 e sun mort filz] sun mort amfant   205 Nel cunuisseie plus que unches nel uedisse
206 e s[i] jetet] esietet   208 quer aueies   209 pur tei·m] purquem
210 ço'st] co est   215 ço'st] co est   223 ja·t] ia te   226 t'oüsse] tei uedisse

Quant jo·[t] vid ned, si'n fui lede e goiuse.
Or te vei mort, tute en sui doleruse.
Ço peiset mei que ma fins tant demoret.'   230

'Seinurs de Rome, pur amur Deu, mercit!
Aidiez m'a plaindra le duel de mun ami.
Granz est li dols ki sor mai est vertiz.
Ne puis tant faire que mes quors s'en sazit:
N'est [pas] merveile; n'ai mais filie ne filz.'   235

Entre le dol del pedra e de la medre
Vint la pulcele que il out espusede.
'Sire,' dist ela, 'cum longa demurede
Ai atendude an la maisun tun pedra,
Ou tu·m laisas dolente ed eguarede.'   240

'Sire Alexis, tanz jurz t'ai desirrét,
[E tantes lermes pur le tuen cors plurét,]
E tantes feiz pur tei an luinz guardét.
Si revenisses ta spuse conforter,
Pur felunie nïent ne pur lastét.'   245

'O kiers amis, de ta juvente bela!
Ço peiset mai que purirat [en] terre.
E! gentils hom, cum dolente puis estra!
Jo atendeie de te bones noveles,
Mais or les vei si dures e si pesmes.'   250

'O bele buce, bel vis, bele faiture,
Cum est mudede vostra bela figure!
Plus vos amai que nule creature.
Si grant dolur or m'est apar[e]üde!
Melz me venist, amis, que morte fusse.'   255

[66] 'Se jo·[t] soüsse la jus suz lu degrét
Ou as geüd de lung' amfermetét,
Ja tute gent ne·m soüsent turner
Qu'a tei ansemble n'oüsse conversét:
Si me leüst, si t'oüsse guardét.'   260

230 demoret] domoret   232 m'a] mei a   233-4 *transposed in L*   238 demurede]
demurere   240 tu·m] tun   242 *om.; text based on A* E tantes lermes pur le tuen
cors plurez   247 que si purirat   250 or] ore   258 ne·m] ne men
260 guardét] bien guardet

'Or sui jo vedve, sire,' dist la pulcela,
'Ja mais ledece n'avrai, quar ne pot estra,
Ne ja mais hume n'avrai an tute terre.
Deu servirei, le Rei ki tot guvernet:
Il ne·m faldrat s'il veit que jo lui serve.'   265

Tant i plurat e le pedra e la medra
E la pulcela que tuz s'en alasserent.
En tant dementres le saint cors conreerent
Tuit cil seinur e bel l'acustumerent:
Com felix cels ki par feit l'enorerent!   270

'Seignors, que faites?' ço dist li apostolie.
'Que valt cist crit, cist dols ne cesta noise?
Chi chi se doilet, a nostr' os est il goie,
Quar par cestui avrum boen adjutorie;
Si li preiuns que de tuz mals nos tolget.'   275

Trestuz le prenent ki pourent avenir.
Cantant enportent le cors saint Alexis
E tuit li preient que d'els aiet mercit.
N'estot somondre icels ki l'unt oït:
Tuit i acorent, li grant e li petit.   280

Si s'en commourent tota la gent de Rome,
Plus tost i vint ki plus tost i pout curre.
Par mi les rues an venent si granz turbes,
Ne reis ne quons n'i poet faire entrarote
Ne le saint cors ne pourent passer ultra.   285

Entr'els an prennent cil seinor a parler:
'Granz est la presse, nus n'i poduns passer.
[Pur] cest saint cors que Deus nus ad donét
Liez est li poples ki tant l'at desirrét.
Tuit i acorent, nuls ne s'en volt turner.'   290

Cil an respondent ki l'ampirie bailissent:
'Mercit, seniurs! nus an querrums mecine.

261 or] ore   265 ne·m] nel   268 conreerent] conreierent   269 la custumerent
276 le prenent] lipreient   292 querrums] querreums

De noz aveirs feruns granz departies
La main menude, ki l'almosne desiret:
S'il nus funt presse, dunc an ermes delivres.'   295

De lur tresors prenent l'or e l'argent,
Si·l funt jeter devant la povre gent.
Par iço quident aver discumbrement;
Mais ne puet estra, cil n'en rovent nïent.
A cel saint hume trestut est lur talent.   300

Ad une voiz crïent la gent menude:
'De cest aveir certes nus n'avum cure.
Si grant ledece nus est apar[e]üde
D'icest saint cors, n'avum soin d'altre mune.
Par lui avrum, se Deu plaist, bone aiude.'   305

Unches en Rome nen out si grant ledice
Cum out le jurn as povres ed as riches
Pur cel saint cors qu'il unt en lur bailie:
Ço lur est vis que tengent Deu medisme.
Trestut le pople lodet Deu e gracïet.   310

Sainz Alexis out bone volentét,
Puroec en est oi cest jurn onurét.
Le cors an est an Rome la citét
E l'anema en est enz el paradis Deu:
Bien poet liez estra chi si est alüez.   315

Ki ad pechét bien s'en pot recorder:
Par penitence s'en pot tres bien salver.
Briés est cist secles, plus durable atendeiz.
Ço preiums Deu, la Sainte Trinitét,   [67]
Qu'o Deu ansemble poissum el ciel regner.   320

293 granz] largas   295 dunc] uncore   301 voiz *interlinear insertion*   304 n'avum
soin d'altre mune] que auum ambailide   306 ledice] ledece   307 cum] cun
312 onurét] oneuret   316 ki fait ad   320 que deu

4. Voyage of Saint Brendan

The author of the poem *The Voyage of Saint Brendan*, who refers to himself as 'li apostoiles danz Benedeiz' (v. 8 of *The Anglo-Norman Voyage of St. Brendan by Benedeit*, ed. E. G. R. Waters [Clarendon Press, Oxford, 1928]), was probably a Benedictine monk writing under the patronage of Maud (or Matilda), the first wife of Henry I. WALBERG, E., 'Sur le nom de l'auteur du Voyage de saint Brendan', *SN*, 12 (1939), 46–55, argues that the poet was called Benedeit l'Apostoile.

Modelled on the early Irish *immrama*, stories narrating the adventures of a sea voyage, *The Voyage of Saint Brendan* recounts the perilous sea search, made in a skin-covered coracle, by the Abbot Brendan and a band of monks, for hell and for the earthly paradise from which Adam was expelled. Having survived many dangers sent to test their faith, and having witnessed many miracles performed by God in their favour, the monks reach Paradise after a seven-year quest.

Details of the historical Brendan, the sixth-century Irish founder of monasteries, are given by PLUMMER, C., *Vitae Sanctorum Hiberniae* (Clarendon Press, Oxford, 1910; reprinted 1968), vol. I, pp. xxxvi–xlii, and SELMER, C., *Navigatio Sancti Brendani Abbatis* (University of Notre Dame Press, 1959), pp. xvii–xix. Benedeit's poem is an adaptation of the Latin prose *Navigatio*. On the relationship between the Latin and Old French versions of the story, see SELMER, C., 'The Lisbon "Vita Sancti Brandani Abbatis". A Hitherto Unknown Navigatio-Text and Translation from Old French into Latin', *Trad.*, 13 (1957), 313–44.

Waters dates Benedeit's poem about 1121 (Introduction, p. xxiii); but RITCHIE, R. L. G., 'The Date of the Voyage of St Brendan', *Med. Aev.*, 19 (1950), 64–6, believes that it could have been written as early as 1106, a date favoured by LEGGE, M. D., *Anglo-Norman Literature and its Background* (Clarendon Press, Oxford, 1963), pp. 8–18.

The *Brendan* is written in rhyming masculine and feminine octosyllabic couplets. Whereas in all regular French octosyllabic verse the feminine lines contain a supernumerary syllable after the accented eighth syllable, the feminine lines of the *Brendan* are accented on the seventh syllable. Waters has proved conclusively that the poet originally wrote lines only of eight syllables and that the nine-syllable feminine lines found in the MSS. (e.g. extr. vv. 253–4) were lengthened by the scribes. A further unusual feature of the versification is the division of the lines into

equal hemistichs with a medial pause, 'a sign of antiquity' contrasting
with the flexibility of the octosyllabic lines in later writers like Chrétien
de Troyes, where there is no fixed internal division (Waters, Introduction,
pp. xxix–xxxvii).

I have transcribed the text of the base MS. *A* (London, Brit. Lib.,
Cotton Vesp. B. X. 1, fols. 1–11ʳ, the Judas episode fols. 7ᵛ–9ʳ), Anglo-
Norman, middle or second half of the thirteenth century, from microfilm
prints. In making emendations I have also referred to microfilm prints
of the following MSS.: *B* (Paris, B.N., nouv. acq. fr. 4503, fols. 19ᵛ–42ʳ);
D (York, Dean and Chapter Library, 16K 12, part I, fols. 23–36ʳ); *E*
(Paris, Bibl. de l'Arsenal, 3516, fols. 96ʳ–100ᵛ). For a detailed list of
editions, commentaries and translations, see BOSSUAT, nos. 3226–39,
6625–7, 7764–71; KLAPP.

Vv. 1215–1494

Cf. Waters vv. 1215–1494

After glimpsing the mouth of hell as they sail on their quest, the monks
arrive, in the extract given, at a rock where the arch-traitor Judas is
enjoying his Sunday respite from the torments to which he is subjected
on alternate days from Monday to Saturday in two contrasting hells, the
upper one intensely hot, the lower one intensely cold. This carefully
composed episode begins with a realistic description of the solitary figure
of Judas buffeted by the waves on the rock (1–40). In answer to Brendan's
queries, he identifies himself, giving an account of his betrayal of Jesus,
his suicide and his eternal damnation (41–108). In the central section of
the episode, Benedeit systematically enumerates the hideous and
ingenious torments inflicted on Judas each day of the week. With great
relish the poet accumulates a wealth of concrete detail to stir and shock
the senses in a rapid series of vignettes describing, for example, Judas's
torment on the turning wheel and on the bed of sharp spits, his boiling
in pitch, the flaying of his skin and his drinking of molten lead (109–230).
These lurid glimpses of hell were no doubt intended to produce a shudder
of horror in the medieval audience. The explanation of the reason for the
Sunday rest from suffering follows (231–54); and the episode then con-
cludes with Brendan's successful intervention on Judas's behalf to extend
the period of rest until Monday morning (255–80).

> Puis les meinet Brandans par mer,
> Des signacles les fait armer.
> Veient en mer une boche,
> Si cum ço fust une roche;

4 si] ci

E roche fut verablement,   5
Mais ne·[l] qüient creablement.
Dunc dist l'abés: 'Ne demurum;
Sachum que seit, si i curum.'
Vindrent ila, si truverent
Iço que poi espeirerent: 10
Sur la rochë u sunt venud
Trovent seant [un] homme nud.
Mult ert pelfiz e detirez,
Delacherez e descirez.
D'un drap lïéd sun vis aveit,   15
A un piler si se teneit.
Fort se teneit a la pere
Que ne·l rusast l'unde arere;
Undes de mer ferent [le] fort,
Pur quai n'ad fin la süe mort.   20
L'une le fert, pur poi ne funt,
L'altre detriers jetet l'amunt;
Peril devant, peril desus,   *8ᵃ*
Peril detriers, peril dejus;
Turment[e] grant ad a destre,   25
Ne·l ad menur a senestre.
Quant l'unde ad fait les empeintes,
Mult lassement fait ses pleintes:
['A! pius Jesu, si j'osase,
Merci de mei, jo criasse.]   30
A! reis Jesu de majestét,
Faldrat ma morz n'ivern n'estét?
Jesu, chi moz tut le trone,
Ja'st ta mercit itant bone,
Jesu, tant es misericors,   35
Ert nul' hure que sei[e] fors?
Jesu, li nez de Marie,
Ne sai si jo mercit crie.
Ne puis ne n'os, quar tant forfis
Que jugemenz de mei est pris.'   40

5 fut] fust   8 curum] ccurum   13 pelfiz] periz   18 rosast le unde
19 ferent] firent   21 le une; funt] fent   22 le altre   29 io osase *MS. B*
29-30 *om.*; 29 *based on* BD, 30 *from* B   32 niuerz ne estet   34 ja'st] iest

Quant l'oit Brandans issi plaindre,
Unches dolur nen out graindre;
Levet sa main, tuz les seignet,
D'apresmer la mult se peinet.
Cum apresmout, la mer ne mot   45
Ne venz n'orrez ne la commot.
Dist lui Brandans: 'Di mei, dolenz,
Pur quai suffres icez turmenz.
De part Jesu, qui tu cries,
Jo te cumant que·l mei dies;   50
E certement me di qui es
E le forfait pur quei ci es.'
Pur le plurer Brandans ne pout
Avant parler, mais dunc se tout.
Cil lui respunt a voiz basse,   55
Mult ert roie, forment lasse:
'Jo sui Judas, qui serv[e]ie
Jesu, que jo traï[sei]e;
Jo sui qui mun seignur vendi
E pur le doul si me pendi.   60
Semblant d'amur fis pur baiser,
Descordai quant dui apaiser.
Jo sui qui sun aveir guardai,
En larrecin le debardai;
E l'offrande qu'hom li portout —   65
Tut' as povres il l'enhortout —
Jo celoue en mes burses:
Pur oc me sunt peines surses;
E quidoue que fust celét   8^b
A lui qui fist cel estelét.   70
As povres Deu bien defendi;
Or sunt riche, e jo mendi.
Jo sui li fels qui Deu haï,
Le simple agnel as lus trahi.
Quant vi qu'as mains ert Pilate,   75
Dunc oi chere forment mate.

---

41 le oit   46 ne orrez   59 qui] que   62 apaiser] aapaiser
64 larrecin] larcẹn   65 le offrande quin   66 len hortout   74 le] li
75 que as

Quant vi [qu]'as mains ert as Judus,
A ceals crüels livrez li pius,
Quant vi qu'as gabs l'aürouent
E de spines coronouent,   80
Quant vi vilment que fud traitez,
Sachez que fui mult dehaitez.
Puis vi que fud menez tüer,
Le dulz costéd vi sanc süer.
Quant vi qu'en cruz esteit penduz   85
E fud a mort de mei venduz,
Les deners tost offri trente:
Cil ne voldrent cuilir rente.
Repentance nen oi sage,
Ainz me tuai par ma rage;   90
E quant confés ne me rendi,
Dampnez [en] sui de di en di.
Tu ne veiz rien de ma peine
Qu'enz [en] enfern jo demaine;
Cist est repos de mun peril,   95
Qu'al samadi prenc al seril.
Dï[e]maine trestut le jurn
Desqu'al vespre ai tel sujurn,
E del Noël la quinzeine
Ici deport ma grant peine,   100
E as festes la Marie
Mes granz peines n'ai dunc mie;
Pasches e a Pentecoste
Fors tant cum veiz n'ai plus custe;
A feste altre en trestut l'an   105
N'ai entrebat de mun ahan.
Dïemaine a l'[a]serir
D'ici m'en voi pur asperir.'
    Dunc dist Brandans: 'Or[e] me di,
Itel repos quant as ici,   110
En quel endreit te demeines
Es turmentes e es peines?

78 as ceals cruels liuerez   79 que as gabs laroueint   80 spinis le corouneint
81 vilment] vilement   89 repentance] renpentance   91 confés] confesse
94 que enz   96 quel al   98 desque al   100 deport] deportet
102 ni ai   104 ni ai   111 demeines] deimeines   112 es] en

E es peines que[l] liu as tu?   *8ᶜ*
D'ici quant moz, u en vas tu?'
Respunt Judas: 'Pres est li lius   115
A[s] diables u est li fius;
N'i ad guair[e]s fors sul un po[i]:
Tant en sui luign que ci ne·s oi.
Dous enfers ad ci dejuste:
De suffrir les est grant custe.   120
Mult pres d'ici sunt dui enfern
Que ne cessent esteit n'ivern.
Li plus legiers est horribles,
A ceals qu'i sunt mult penibles;
Ço quident cil qui la peinent   125
Qu'altre vers eals mal ne meinent.
Fors mei ne set uns suls de nus
[Li] quels des dous seit plus penus;
N'est nuls plus ait que l'un de[s] dous,
Mais jo chaitis ai amedous.   130
L'uns est en munt e l'altre en val
E si·s depart la mer de sal.
Les dous enfers, mer les depart,
Mais merveil[le] est que tute n'art.
Cil del munt est plus penibles   135
E cil del val plus horribles;
Cil pres de l'air calz e sullenz,
Cil pres de mer freiz e pullenz.
Ovoec la nuit un jurn sui sus,
Puis altretant demoir enjus;   140
A l'un jurn munt, l'altre descent,
N'est altre fin de mun turment;
Ne change enfern pur aleger,
Mais pur les mals plus agreger.
  Par [le] lundi e nuit e jurn   145
En la ro[e] sui en tresturn
E jo chaitis, encroëz enz,
Turni tant tost cum fait li venz;

---

113 e en es   116 fius] fuis   122 ne iuern   126 que altre mal uers eals
134 tuit ne art   136 ual est plus   138 del mer   141 al lun iurn munte
147 encroëz] encroenz

Venz la cunduit par tut cel air,
Totdis m'en voi, totdi[s] repair.   150
 Puis el demain en sui galiz
Cum cil qui est tot acaliz;
Ultre la mer vol enz el val
A l'altre enfern u tant ad mal.
Iloces sui tost ferlïez,   155
De diables mult escrïez;
El lit sui mis sur les broches, 8^d
Sur mei mettent plums e roches;
Iloces sui si espeez
Que tant percét mun cors veez.   160
 Al me[r]credi sus sui rüez
U li perilz mei est müez:
Pose del jurn buil en la peiz,
U sui si teinz cum ore veiz;
Puis sui ostét e mis en rost,   165
Entre dous fus lïéd al post.
Li post de fer fichét i est;
Se pur mei nun, pur el n'i est;
Tant est ruges cum si dis anz
En fu goüst as fols sufflanz;   170
E pur la peiz li fus s'i prent
Pur enforcer le men turment;
E dunc [re]sui en peiz rüez,
Pur plus ardeir sui enlüez.
Nen est marbres nuls itant durs   175
Ne fust remis se fust mis surs;
Mais jo sui fait a cest' ire,
Que mis cors ne poit defire.
Itel peine, que que m'anuit,
Ai tut un jurn e une nuit.   180
 Puis al jusdi su[i] mis en val,
E pur suffrir contrarie mal
Dunc[hes] sui mis en un freid leu,
Mult tenebrus e forment ceu.

---

151 el sui   152 tuz *expuncted*, tot *written above*   153 en le   157 mis *interlinear*
insertion   160 mun cors tant percet   162 mei] mi   163 pose] puis
164 sui si] fu¦ ci   165 en] al   169 cum] cume   170 fu] fous   171 la] li
174 sui] lui   176 se] ne   177 fait acce aicest   178 mis] nuls; defire] dire desire

Tant i ai freid que mei est tart   185
Qu'el fu seie qui tant fort art;
E dunc m'est vis n'est turmente
Que del freid dunt plus me sente;
E de chescun si m'est [a]vis
Ne seit si fort quant enz sui mis.   190

    Al vendresdi revenc amunt,
U tantes morz cuntre mei sunt.
Dunc m'escorcent trestut le cors,
Que de la pel n'at puint defors.
En la suie ovoec le sel   195
Puis me fulent od l'ardant pel;
Puis [me] revent hastivement
Tuz nuvels quirs a cel turment.
Dis feiz le jurn bien m'escorcent,
El sel entrer puis me forcent;   200
E puis me funt tut cald beivre   9ª
Le plum remis od le queivre.

    Al samedi jus me rüent,
U li altre mals me müent;
E puis sui mis en gaiole —   205
En tut enfern n'at si fole,
En tut enfern n'at si orde —
En li descen e sanz corde.
Iloeces gis — n'i ai luur —
En tenebres e en puur.   210
Puurs i vent itant grande
Ne guart quant mes quers espande;
Ne puis vomir pur le queivre
Que cil la me firent beivre.
Puis enfle fort e li quirs tent: 215
Anguisus sui, pur poi ne fent.
Tels calz, tels freiz e tels ulurs
Suffret Judas, e tels dolurs.
Si cum fud er al samedi,
Vinc ci entre nune e midi;   220

---

185 est a tart   188 dunt] que   189 si *interlinear insertion*   194 puint] puig
201 beivre] beuire   202 queivre] quire   213 uomer pur le quiuere
220 vinc] ueinc

Hui mei repos a cest sedeir.
Eneveies avrai mal seir:
Mil deiables senés vendrunt,
N'avrai repos quant mei tendrunt.
Mais si tu es de tel saveir,   225
Anuit me fai repos aveir.
Si tu es de tel merite,
Anuit me fai estre quite.
Bien sai que tu sainz es e pius,
Quant sanz reguart vens a tels lius.'   230
    Plurout Brandans a larges plurs
D'iço que cist ad tanz dolurs.
Comandet lui que lui diet
Que li dras deit dum se liet;
E la pere u il se tint,   235
Demandet dunt e de qui vint.
Cil lui respunt: 'En ma vie
Fis poi bien e mult folie.
Li bien e mal or me perent
Quel enz el quer plus chier m'erent.   240
De l'almoine que jo guardai
A un nud fed drap acatai.
Pur cel ai cest dun me lie
Par la buche, que ne nie;
Quant l'unde vent el vis devant,   9^b 245
Alques par cest ai de guarant;
Mais en enfern ne me valt rien
Quant de propre ne fud mun bien.
A un' aigue fis un muncel
E puis desus un fort puncel,   250
U mult home periseient,
Mais puis bien i guariseient.
Pur oec ai ci refrigerie
De si grande ma miserie.'
    Cum apre[s]mout vers le primseir,   255
Dunc vit Brandans que cil dist veir:

222 eneveies] uneueis   224 ne aurai   230 reguart] reguarz
239 biens e mals or me pent   244 nie] neie   245 el] en le
254 ma miserie] manuserie   255 primseir] premseir

Vit [i] venir deiables mil
Od turmentes e grant peril;
E venent dreit a cel dolent,
Salt l'uns avant, al croc le prent.   260
Brandans lur dist: 'Laisez l'ici
Desqu'al matin que seit lu[n]sdi.'
Cil li dient e calengent
Ne lairunt pas que ne·l prengent.
Dunc dist Brandans: 'Jo·[l] vus comant   265
E de Jesu faz mun guarant.'
Cil le laisent e a force;
N'i unt nïent a l'estorce.
Brandans estait iloec la nuit;
N'i ad malféd qui mult n'annuit.   270
Deiables sunt de l'altre part;
Ainz que seit jurz, mult lur est tart;
A grant greine, a voiz truble,
Dient qu'avrat peine duble.
Respunt l'abés: 'N'avrat turment   275
Plus qu'ad oüd par jugement.'
E puis qu'il fud cler ajurnét,
Od tut Judas s'en sunt turnét.
        Brandans s'en vait d'iloec avant;
Bien set de Deu ad bon guarant.   280

262 desque al   270 malféd] malfez   274 que aurat   275 ne aurat
276 que ad

5. *Le chevalier au barisel*

The name of the author of *Le chevalier au barisel* is unknown, but an examination of the rhymes shows that he probably came from the Picard region. The reference (v. 134, *Le chevalier au barisel, conte pieux du XIIIᵉ siècle*, ed. F. Lecoy, CFMA 82 [Champion, Paris, 1955]) to Branch VII of the *Roman de Renart*, which was written between 1190 and 1205, and the possibility that the poem served as a model for *Le conte dou barril* composed by Jouhan de Blois in 1218 suggest a date of composition early in the thirteenth century (Lecoy, Introduction, pp. xviii–xx).

Based on an unidentified Latin source (cf. *l'escriture* 183), *Le chevalier au barisel* relates how a cruel and arrogant knight reluctantly makes his confession to a hermit without repenting of his many sins and how, as a result, he is instructed to do penance by filling the hermit's small barrel with water from a spring near by. A stock character in medieval French literature, the hermit also appears in the *Brendan* (Barinz) and Beroul's *Tristran* (Ogrin). In *La queste del saint Graal* the hermit not only provides shelter, hears confession, and gives the Eucharist, but also explains the significance of their visions to the knights engaged in the quest.

What seemed to the knight of the barrel an easy penance becomes an arduous quest throughout many distant lands. In spite of his efforts to fill the barrel at the spring, no water enters. Taking neither food nor money, he sets out on foot, obstinately persisting in his attempts without ever feeling the least repentance for his sins. Therefore he continually fails to accomplish the task imposed upon him. A year to the day after his departure, he returns enraged and sorrowful to confront his confessor (1–49). When he has recounted the dangerous experiences of his unsuccessful quest (49–60), the knight is astonished that the hermit, a stranger to him yet tormented with anxiety on his account, should weep for his sins. Only when his heart is finally moved by the anguish that his obduracy has caused the hermit (75, 111), does he shed a tear, the outward manifestation of his true repentance (174–9), and so fill the barrel to the brim (180–6). On the importance of the motif of 'le repentir larmoyant' in medieval French literature see PAYEN, J.-C., *Le Motif du repentir dans la littérature française médiévale* (Droz, Geneva, 1967), pp. 534–46. For the literary aspects of the poem see also: PAYEN, J.-C., 'Structure et sens du "Chevalier au Barisel"', *MA*, 77 (1971), 239–62; LE MERRER-FALSE,

M., 'Contribution à une étude du "Chevalier au Barisel"', *ibid.*
263–75.

The poem is composed in masculine and feminine rhyming octosyllabic couplets with the accent on the eighth syllable in the feminine lines.

I have transcribed the text of the base MS. *B* (Paris, B.N., fr. 1109, fols. 179ʳ–185ᵛ), beginning of the fourteenth century, from microfilm prints. The poem is also to be found in the following MSS.: *A* (Paris, B.N., fr. 837, fols. 1ʳ–6ʳ); *C* (Paris, B.N., fr. 1553, fols. 413ʳ–419ʳ); *D* (Paris, B.N., fr. 25462, fols. 157ᵛ–174ᵛ). For the fragment of the poem in MS. *E* (Oxford, Bodleian Library, fr. f. I, fols. 107ʳ–111ᵛ) see SÖDER-GÅRD, Ö., '"Du Chevalier au Barisel"—Un Cinquième Manuscrit', *SN*, 26 (1955), 109–14. MS. *E* begins at v. 43 of this extract. For a detailed list of editions, commentaries, and translations see BOSSUAT, nos. 3461–8, 7795; KLAPP.

Cf. Lecoy 709–908

Au cief de l'an, le jour meïsme
Que il parti del lieu saintisme,
Le jour del tres grant venredi,
Trestous si fais que je vous di,
A l'hermitage s'en revint.   *183ᶜ* 5
Huimais orés com li avint:
Laiens entra tous dolereus;
Li sains hom i estoit tous seus,
Qui de lui ne se prendoit garde.
A grant merveille le resgarde   10
Por çou que il le vit si fait,
Si desrochié et si desfait.
Onques de lui ne counut rien;
Mais le bareil conut il bien
Qu'il avoit a son col pendu,   15
Car autre fois l'avoit veü.
Adont l'apela li sains pere,
Si li a dit: 'Biaus tres dous frere,
Quels besoins vous amena ça?
Et cel bareil qui vous kerca?   20
Je l'ai veü par maintes fois.
Hui a un an, tout sains defois,
Je le carcai au plus bel home
Qui fust en l'enpire de Romme

6 li] lui   8 i estoit] laiens

Et au plus fort, ce m'est avis. 25
Je ne sai s'il est mors u vis,
Car onques puis ne revint chi.
Mais or me di, par ta merchi,
Quels hom tu es et si te nome.
Ains mais ne vi si tres povre home 30
Comme tu es et si despris:
Se Sarrasin t'eüscent pris,
S'es tu assés povres et nus.
Je ne sai dont tu es venus,
Mais tu as trouvé male gent.' 35
Et cil respont ireement,
Qui encore ert trestous en s'ire.
Par mautalent li prist a dire:
'En si fait point m'avés vous mis.'
'Ba! je, comment,' fait il, 'amis? 40
Ne sai que mais te veïsce onques.
Que t'ai mesfait? Di le me donques!
Se je puis, si l'amenderai.'
'Sire,' fait il, 'je·l vous dirai.
Je sui cil ke vous confessastes 45
Hui a un an et me carcastes
En penitance vo baril, *183*^d
Ki m'a mis en si grant escil
Que vous veés.' Lor li raconte
De son voiage tout le conte 50
Et de[s] païs et des contrees
Et des teres qu'il a outrees
Et de le mer et des rivieres
Et des eves grans et plenieres.
'Sire,' fait il, 'tout ai tempté, 55
Par tout ai le bareil geté,
Mais ains dedens n'en entra goute,
Et s'i ai mis ma vie toute,
Que bien sai que par tans morrai
Et que plus vivre ne porrai.' 60
Li predom l'ot, s'en ot grant ire,
Par mout grant duel li prist a dire:

29 te nome] me dit   30 si poure home ne vi

'Leres, leres,' fait li hermites,
'Tu es pires ke sodomites
Ne chiens ne leus ne autre beste.   65
Je cuic, par les iex de ma teste,
S'uns chiens l'eüst tant traïné
Par tantes aigues, par tan[t] gué,
Si l'eüst il puchié tout plain —
Et tu n'en as mie un seul grain!   70
Or voi je bien que Diex te het.
Te penitance riens ne set,
Car tu l'as fait sans repentance
Et sains amour et sains pitance.'
Lors pleure et crie et tort ses puins,   75
Dont fu ses cuers si parfont poins
Qu'il s'escria a hautes vois:
'Diex, qui tout ses et pués et vois,
Resgarde ceste creature
Ki si va a male aventure,   80
Que cors et ame a tout perdu
Et le tans por nient despendu.
Sainte Marie, douce mere,
Car proiiés Dieu, vo sovrain pere,
Par son plaisir que il l'esgart   85
Et de ses piex iex le resgart.
Se onques fis riens que boin fust,
Tres dous Diex, [ne] qui vous pleüst,
Dont vous pri jou orendroit chi   *184ª*
Que vous faciés cestui merchi   90
Que par moi est en tel destrece.
Diex, ne souffrés que sa povrece
Soit perdue, par vo pitance,
Mais tournés li a penitance.
Diex, s'il i muert par m'ocoison,   95
Rendre me couverra raison,
Si en ert trop aigres mes deus.
Diex, se tu prens l'un de nous deus,
Laisce moi quoi en aventure
Et si pren ceste creature.'   100

64 sodomites] herites   66 teste] testes   85 quil le resgart   92 povrece] destrece

Lors pleure mout tres tenrement.
Li chevaliers mout longement
L'a resgardé sans dire mot
Et dist em bas, que nus ne l'ot:
'Certes, je voi une merveille   105
De coi mes cuers mout s'esmerveille,
Que cis hom, qui ne m'apartient
Ne tant ne quant a moi ne tient,
Fors que de Dieu le souvrain roi,
Qui se destruit issi por moi,   110
Por mes pechiés pleure et souspire.
Or sui je certes tous li pire
Ki soit et li plus viex pechiere,
Que cis hom a m'ame si chiere
K'il se destruit por mes pechiés,   115
Et jou, qui sui si entechiés,
N'ai mie en mi tant d'amisté
Que jou en aie nis pité —
Et cil en est si adolés!
A! tres dous Diex, se vous volés,   120
Donés moi tant de repentance,
Par vo vertu, par vo pitance,
Ke cis preudom soit confortés
Qui tant en est desconfortés.
Diex, ne souffrés que ceste paine   125
Soit a m'ame vuide ne vaine.
Toutes voies por mes pechiés
Me fu li barisiaus carchiés,
Et je por mes pechiés le pris.
Tres dous Diex, se jou ai mespris,   130
Dous Diex, a vous m'en renc coupables.   *184^b*
Merchi vous pri, rois veritables.
Or en faites vo volenté,
Et ves me chi tout apresté.'
Et Diex tout maintenant i oevre,   135
Ki son cuer descombre et descuevre
D'orgueil et de toute durté,
Si l'emple tout d'umilité

110 destruit] destruist

Et d'amour et de repentance
Et de paour et d'esperance.   140
Dont se prist ses cuers a confondre
Et par les iex en larmes fondre.
Lors jeta puer trestout le mont,
Et larmes rampent contremont
De son cuer, qui onques n'estance,   145
Toutes ardans en repentance;
Et jete uns si tres grans souspirs
Que ce sanle que ses espirs
A cascun caup li saille fors.
Se repentance fu si fors   150
Que ses cuers fust parmi crevés
S'en larmes ne fust escrevés.
Mais il les rent a tel fuison
Ke ce n'est se merveille non.
Si grans doleurs au cuer li touce   155
Qu'il ne puet parler de la bouce;
Mais il a Dieu bien en couvent
Dedens son cuer tout coiement
Que ja mais pechié ne fera
Ne vers Dieu riens ne mesfera.   160
Or voit Diex bien qu'il s'en repent.
Li barisiaus a son col pent
Ki li a fait si grans anuis,
Mais encor est li bareus vuis,
Et c'estoient tout si desir   165
Que le bareil veïst emplir.
Et Diex, qui vit son desirier
Qu'il se voloit a droit aidier —
Car n'i avoit point de faintise —
Lors fist Diex une grant francise   170
Et une bele courtoisie;
Et por chou ne le di jou mie,
Vilanie ne fist il onques.   *184ᶜ*
Mais or oiiés que Diex fist donques
Por son ami reconforter: 175
De son cuer fait l'aigue monter

Parmi son oel a grant destrece;
Et une larme grans s'adrece,
Que Diex atraist de vrai sorjon.
Ausi com on trait de boujon,   180
Vole el baril tout a droiture.
Or nous raconte l'escriture
Que li bareus fu si emplis
De cele larme et raemplis
Que li combles de toutes pars   185
En est espandus et espars.
Cele larme fu si ardans
De repentance et si boillans
Que li boullons en vint deseure;
Et li hermites li keurt seure,   190
Devant ses piés est estendus,
Andeus li a baisié tous nus.
'Frere,' fait il, 'tres dous amis,
Li Sains Espirs soit en ti mis!
Frere, Diex vous a resgardé,   195
Diex t'a du puc d'infer gardé,
Ja mais n'en serés entechiés:
Diex t'a pardoné tes pechiés.
Or soies liés, si te rehaite,
Car te penitancë est faite.'   200

195 resgardé] resgardes   196 Diex t'a] vous estes; gardé] gardes

6. *Chanson de Roland*

On 15 August 778, as Charlemagne was returning through the passes of the Pyrenees from a military expedition into the north of Spain, the rearguard of the Frankish army was ambushed and destroyed by the *Wascones*, either heathen Basques or the recently pacified Gascons (DE RIQUER, M., *Les Chansons de geste françaises*, 2nd edn. [Nizet, Paris, 1957], p. 18). The contemporary *Royal Annals* state that the majority of courtiers (*aulici*) to whom Charlemagne had entrusted the command of the rearguard were killed. Writing some fifty years later, Eginhard, in his biography of Charlemagne, *Vita Karoli*, gave the names of three of the *aulici* who perished, *Eggihardus*, *Anshelmus*, and *Hruodlandus Britannici limitis praefectus*, that is Roland, count of the Breton March. However, the last of the three is recorded only in one group (group A) of Eginhard manuscripts. See MENÉNDEZ PIDAL, R., *La Chanson de Roland et la tradition épique des Francs*, 2nd edn. (Picard, Paris, 1960), pp. 287-91, 527; AEBISCHER, P., 'Roland. Mythe ou personnage historique?', in *Rolandiana et Oliveriana: recueil d'études sur les chansons de geste* (Droz, Geneva, 1967), 99-138.

The historical count Roland was to become, in the eleventh century, the legendary nephew of Charlemagne, the Emperor's 'right arm', the redoubtable warrior of unsurpassed prowess, whose deeds against the infidel enemies of Christendom were the subject of more than one poem in his praise.

When Turoldus, the poet of the Oxford version, came to sing of Roland, Oliver, and Turpin at the close of the eleventh century,[1] events were leading to the First Crusade (1096-9) that was to drive the Muslims from the Holy Land. Turoldus set himself the task of making the self-confident, loyal feudal warrior Roland a militant Christian hero leading the faithful who were ready to accept martyrdom in the battlefield fighting against the Saracens. Despite the suspected treachery of his stepfather Ganelon, Roland twice refuses assistance, once when he rejects Charle-

---

[1] The *Roland* was dated by BÉDIER, J., *La chanson de Roland commentée* (Piazza, Paris, 1927), p. 59, at the end of the eleventh century or the beginning of the twelfth; he sees in it allusions to the First Crusade; M. de Riquer, op. cit., pp. 77-8, dates it between 1087 and 1095, while other scholars have come down as late as the 1120s, after the actual fall of Saragossa in 1118. See LE GENTIL, P., *La chanson de Roland*, 2nd edn. (Hatier, Paris, 1967), pp. 22-31. The only certain *terminus ante quem* is the date of the Digby MS., see below.

magne's offer of half his army for the rearguard, instead of a mere twenty thousand men, once when, in the face of the first pagan division, he refuses to heed Oliver and call for help by blowing the Oliphant. Later on in the battle, filled with grief and remorse at the sight of so many of his vassals slain (v. 1, first extract)—indeed, only sixty of his men remain alive—Roland decides to blow the horn. An admission of defeat, but at the same time the means by which Turoldus contrives Roland's personal triumph as a warrior and announces eventual Christian victory over the pagans: for his hero will die facing the enemy (v. 343, second extract), not from any wounds inflicted in the battle, but from the mighty effort that he makes in order to blow the horn. The champion of the Christian faith as well as the loyal vassal of Charlemagne and the protector of the reputation of his lineage, Roland is victorious in his death: the victory of Charlemagne over Baligant and of Christianity over paganism is portended. See WHITEHEAD, F., 'L'Ambiguïté de Roland', in *Studi in onore di Italo Siciliano* (Olschki, Florence, 1966), 1203–12; KIBLER, W. W., 'Roland's pride', *Symposium*, 26, 2 (1972), 147–60.

The poem is divided into stanzas of unequal length called *laisses* and the decasyllabic lines, with a caesura after the fourth syllable marking off two formulaic hemistichs, are grouped according to the same assonance, or identity of the last accented vowel. The majority of the earliest *chansons de geste* were composed, some perhaps orally, on this metrical scheme. See RYCHNER, J., *La Chanson de geste, essai sur l'art épique des jongleurs* (Droz, Geneva, and Lille, 1955).

The oldest and best manuscript *O* (Oxford, Bodleian Library, Digby 23) was copied by an Anglo-Norman scribe in the second quarter of the twelfth century. This dating has been several times confirmed by palaeographic examination (see SAMARAN, C., 'Étude historique et paléographique', in *La Chanson de Roland, reproduction phototypique du ms. Digby 23 de la Bodleian Library d'Oxford*, ed. Count A. de Laborde [SATF, Paris, 1933], 28–32; also the discussion initiated by SHORT, I., in *Rom.* 94 [1973], 221–31, 523–7).

I have transcribed the text of the extracts from the SATF facsimile. Corrections of a second twelfth-century hand are silently adopted where appropriate, and only a few of the more interesting additions of this hand are recorded in the footnotes. For further information, including readings of the MS. under ultra-violet light, see the best 'conservative' edition of the Digby MS., ed. F. Whitehead, 3rd edn. (Blackwell, Oxford, 1947). The emendations made by previous editors are listed in *La chanson de Roland: Edizione critica*, ed. Cesare Segre (Ricciardi, Milan, 1971). For a detailed list of editions, commentaries, and translations see BOSSUAT, nos. 684–838, 6121–86, 7197–259; KLAPP; DUGGAN, J. J., *A Guide to Studies on the Chanson de Roland* (Grant & Cutler Ltd., London, 1976).

Vv. 1691-1931

This, the second of the two scenes of the horn, in which Roland finally
decides to blow the oliphant (vv. 1-160), should be compared with the
earlier scene in which he refused to call for help from his feudal overlord
Charlemagne (see *Roland* 1017-1109). It will be noticed that Oliver, in
the opening lines of the extract (cf. 11), ironically repeats the very reason
that Roland had earlier given for not blowing the oliphant (*Roland*
1091); see BÉDIER, J., *Légendes épiques*, 2nd edn. (Champion, Paris,
1921), iii. 438. The rearguard is destroyed at Roncevaux, not because of
Roland's deliberate self-sacrifice, but, according to Oliver (34-6), because
of his lack of moderation (*mesure*) and his reckless self-confidence
(*estultie, legerie*). However, Oliver, in spite of his wounding remark about
Roland's 'prowess' (41), does not accuse his companion of pride (*orgoill*),
as Ganelon does in an earlier dispute (*Roland* 228), in his treacherous
negotiations with Blancandrin (*Roland* 389) and Marsile (*Roland* 474,
578), and yet again in the scene below (83). For different interpretations
of Roland's motives see Kibler (cited above); Bédier, *Lég. ép.*, iii. 430-44;
FOULET, A., 'Is Roland guilty of demesure?', *RP*, 10 (1957), 145-8, in
which the author takes the extreme view that Roland is the self-sacrificing
hero; BURGER, A., 'Les Deux Scènes du cor dans la Chanson de Roland',
in *La Technique littéraire des chansons de geste* (Les Belles Lettres, Paris,
1959), 105-26; GUIETTE, R., 'Les Deux Scènes du cor dans la Chanson
de Roland et dans les Conquestes de Charlemagne', *MA*, 69 (1963),
845-55; CROSLAND, J., *The Old French Epic* (Haskell House, New York,
1971), pp. 77-91.

> Li quens Rollant des soens i veit grant perte.
> Sun cumpaignun Oliver en apelet:
> 'Bel sire, chers cumpainz, pur Deu, que vos en haitet?
> Tanz bons vassals veez gesir par tere,
> Pleindre poüms France dulce, la bele.   5
> De tels barons cum or remeint deserte!
> E! reis amis, que vos ici nen estes!
> Oliver frere, cum le purrum nus faire?
> Cumfaitement li manderum nuveles?'
> Dist Oliver: 'Jo ne·l sai cument quere.   10
> Mielz voeill murir que hunte nus seit retraite.'   AOI.
>
> Ço dist Rollant: 'Cornerai l'olifant,
> Si l'orrat Carles, ki est as porz passant.

8 cum *with interlinear insertion* ment *probably by the reviser*

Jo vos plevis, ja returnerunt Franc.'
Dist Oliver: 'Vergoigne sereit grant   15
E repruver a trestuz voz parenz;
Iceste hunte dureit al lur vivant.
Quant je·l vos dis, n'en feïstes nïent;
Mais ne·l ferez par le men loëment.
Se vos cornez, n'ert mie hardement.   20
Ja avez vos ambsdous les braz sanglanz.'
Respont li quens: 'Colps i ai fait mult genz.' AOI.   *31^b*

Ço dit Rollant: 'Forz est nostre bataille.
Jo cornerai, si l'orrat li reis Karles.'
Dist Oliver: 'Ne sereit vasselage.   25
Quant je·l vos dis, cumpainz, vos ne deignastes.
S'i fust li reis, n'i oüsum damage.
Cil ki la sunt n'en deivent aveir blasme.'
Dist Oliver: 'Par ceste meie barbe,
Se puis veeir ma gente sorur Alde,   30
Ne jerreiez ja mais entre sa brace.' AOI.

Ço dist Rollant: 'Por quei me portez ire?'
E il respont: 'Cumpainz, vos le feïstes,
Kar vasselage par sens nen est folie;
Mielz valt mesure que ne fait estultie.   35
Franceis sunt morz par vostre legerie;
Jamais Karlon de nus n'avrat servise.
Se·m creïsez, venuz i fust mi sire;
Ceste bataille oüsum faite u prise,
U pris u mort i fust li reis Marsilie.   40
Vostre proëcce, Rollant, mar la ve[ï]mes.
Karles li magnes de nos n'avrat aïe.
N'ert mais tel home desqu'a Deu juïse.
Vos i murrez e France en ert hunie.
Oi nus defalt la leial cumpaignie,   45
Einz le vespre mult ert gref la departie.' AOI.

Li arceves[ques] les ot cuntrarïer,
Le cheval brochet des esperuns d'or mer,

29 barbe] darbe   33 e cil *added in left-hand margin by the reviser*   38 se·m] sem̃̃
the e *added above the line by the reviser*

Vint tresqu'a els, si·s prist a castïer:
'Sire Rollant, e vos, sire Oliver,   *32ᵃ*   50
Pur Deu vos pri, ne vos cuntralïez!
Ja li corners ne nos avreit mester,
Mais nepurquant si est il asez melz:
Venget li reis, si nus purrat venger.
Ja cil d'Espaigne ne s'en deivent turner liez.   55
Nostre Franceis i descendrunt a piéd,
Truverunt nos e morz e detrenchez,
Leverunt nos en bieres sur sumers,
Si nus plurrunt de doel e de pitét,
Enfüerunt en aitres de musters,   60
N'en mangerunt ne lu ne porc ne chen.'
Respunt Rollant: 'Sire, mult dites bien.'   AOI.

Rollant ad mis l'olifan a sa buche,
Empeint le ben, par grant vertut le sunet.
Halt sunt li pui e la voiz est mult lunge,   65
Granz .xxx. liwes l'oïrent il respundre.
Karles l'oït e ses cumpaignes tutes.
Ço dit li reis: 'Bataille funt nostre hume.'
E Guenelun li respundit encuntre:
'S'altre le desist, ja semblast grant mençunge.'   AOI.   70

Li quens Rollant, par peine e par ahans,
Par grant dulor sunet sun olifan.
Par mi la buche en salt fors li cler sancs,
De sun cervel le temple en est rumpant.
Del corn qu'il tient l'oïe en est mult grant: 75
Karles l'entent, ki est as porz passant,
Naimes li duc l'oïd, si l'escultent li Franc.
Ce dist li reis: 'Jo oi le corn Rollant!   *32ᵇ*
Unc ne·l sunast se ne fust cumbatant.'
Guenes respunt: 'De bataille est nïent.   80
Ja estes veilz e fluriz e blancs;
Par tels paroles vus resemblez enfant.
Asez savez le grant orgoill Rollant;
Ço est merveille que Deus le soefret tant.
Ja prist il Noples seinz le vostre comant;   85

82 vus *written over* t(um?)   83 grant] graant   85 seinz *corrected to*
sanz *by the reviser*

Fors s'en eissirent li Sarrazins dedenz,
Si·s cumbatirent al bon vassal Rollant,
Puis od les ewes lavat les prez del sanc;
Pur cel le fist, ne fust [ap]arissant.
Pur un sul levre vat tute jur cornant.   90
Devant ses pers vait il ore gabant.
Suz cel n'ad gent ki [l]'osast querre en champ.
Car chevalcez! Pur qu'alez arestant?
Tere Major mult est loinz ça devant.'   AOI.

Li quens Rollant ad la buche sanglente,   95
De sun cervel rumput en est li temples.
L'olifan sunet a dulor e a peine.
Karles l'oït e ses Franceis l'entendent.
Ço dist li reis: 'Cel corn ad lunge aleine.'
Respont dux Neimes: 'Baron i fait la peine.   100
Bataille i ad, par le men escïentre.
Cil l'at traït ki vos en roevet feindre.
Adubez vos, si criez vostre enseigne,
Si sucurez vostre maisnee gente!
Asez oëz que Rollant se dementet.'   105

Li empereres ad fait suner ses corns.   *33ᵃ*
Franceis descendent, si adubent lor cors
D'osbercs e d'elmes e d'espees a or.
Escuz unt genz e espiez granz e forz
E gunfanuns blancs e vermeilz e blois.   110
Es destrers muntent tuit li barun de l'ost,
Brochent ad ait tant cum durent li port.
N'i ad celoi a l'altre ne parolt:
'Se veïssum Rollant einz qu'il fust mort,
Ensembl'od lui i durrïums granz colps.'   115
De ço qui calt? Car demurét i unt trop.

Esclargiz est li vespres e li jurz.
Cuntre soleil reluisent cil adub,
Osbercs e helmes i getent grant fla[m]bur,
E cil escuz, ki ben sunt peinz a flurs,   120

E cil espiez, cil orét gunfanun.
Li empereres cevalchet par irur
E li Franceis dolenz e curuçus.
N'a ad celoi ki durement ne plurt,
E de Rollant sunt en grant poür.   125
Li reis fait prendre le cunte Gunenelun,
Si·l cumandat as cous de sa maisun.
Tut li plus maistre en apelet, Besgun:
'Ben le me guarde si cume tel felon!
De ma maisnee ad faite traïsun.'   130
Cil le receit, s'i met .c. cumpaignons
De la quisine des mielz e des peiurs.
Icil li peilent la barbe e les gernuns,
Cascun le fiert .iiii. colps de sun puign,   *33^b*
Ben le batirent a fuz e a bastuns   135
E si li metent el col un caeignun,
Si l'encaeinent altresi cum un urs;
Sur un sumer l'unt mis a deshonor.
Tant le guardent que·l rendent a Charlun.

Halt sunt li pui e tenebrus e grant, AOI.   140
Li val parfunt e les ewes curant.
Sunent cil graisle e derere e devant
E tuit rachatent encuntre l'olifant.
Li empereres chevalchet ireement
E li Franceis curuçus et dolent;   145
N'i ad celoi n'i plurt e se dement;
E prient Deu qu'il guarisset Rollant
Josque il vengent el camp cumunement:
Ensembl'od lui i ferrunt veirement.
De ço qui calt? Car ne lur valt nïent.   150
Demurent trop, n'i poedent estre a tens.   AOI.

Par grant irur chevalchet li reis Charles;
Desur sa brunie li gist sa blanche barbe.
Puignent ad ait tuit li barun de France;
N'i ad icel ne demeint irance   155

---

121 espiez] espeizz   123 curuçus *altered to* curius *by the reviser*   133 *The last line of folio* 40b *added here; see Notes*   145 curuçus *altered to* curius *by the reviser*   146 dement *with* u *or* il *made into* d   147 prient] pent *with a hole where superscript* i *was written*

Que il ne sunt a Rollant le cataigne,
Ki se cumbat as Sarrazins d'Espaigne;
Si est blecét, ne quit qu'anme i remaigne.
Deus, quels seisante humes i ad en sa cumpaigne!
Unches meillurs n'en out reis ne ca[ta]ignes.   AOI.   160

Rollant reguardet es munz e es lariz;
De cels de France i veit tanz morz gesir,   *34ᵃ*
E il les pluret cum chevaler gentill:
'Seignors barons, de vos ait Deus mercit!
Tutes voz anmes otreit il pareïs,   165
En seintes flurs il les facet gesir!
Meillors vassals de vos unkes ne vi.
Si lungement tuz tens m'avez servit,
A oes Carlon si granz païs cunquis!
Li empereres tant mare vos nurrit!   170
Tere de France, mult estes dulz païs,
Oi desertét a tant ruboste exill!
Barons franceis, pur mei vos vei murir;
Jo ne vos pois tenser ne guarantir.
Aït vos Deus ki unkes ne mentit!   175
Oliver frere, vos ne dei jo faillir.
De doel murra[i] s'altre ne m'i ocit.
Sire cumpainz, alum i referir!'

Li quens Rollant el champ est repairét;
Tient Durendal, cume vassal i fiert,   180
Faldrun de Pui i ad par mi trenchét
E .xxiiii. de tuz les melz preisez:
Jamais n'iert home plus se voeillet venger.
Si cum li cerfs s'en vait devant les chiens,
Devant Rollant si s'en fuient paiens.   185
Dist l'arcevesque: 'Asez le faites ben.
Itel valor deit aveir chevaler
Ki armes portet e en bon cheval set;
En bataille deit estre forz e fiers,
U altrement ne valt .iiii. deners,   *34ᵇ*   190
Einz deit monie estre en un de cez mustiers,

158 que anme   160 reis *the* r *added above an erasure*   172 ruboste] rubostl
177 se altre

Si prierat tuz jurz por noz peccez.'
Respunt Rollant: 'Ferez, ne·s esparignez!'
A icest mot l'unt Francs recumencét;
Mult grant damage i out de chrestïens.   195

Hom ki ço set que ja n'avrat prisun
En tel bataill[e] fait grant defension:
Pur ço sunt Francs si fiers cume leüns.
As vus Marsilie en guise de barunt!
Siét el cheval qu'il apelet Gaignun,   200
Brochet le ben, si vait ferir Bevon:
Icil ert sire de Belne e de Digun.
L'escut li freint e l'osberc li derumpt,
Que mort l'abat seinz altre descunfisun.
Puis ad ocis Yvoeries e Ivon,   205
Ensembl'od els Gerard de Russillun.
Li quens Rollant ne li est guaires loign;
Dist al paien: 'Damnesdeus mal te duinst!
A si grant tort m'ociz mes cumpaignuns,
Colp en avras einz que nos departum,   210
E de m'espee enquoi savras le nom.'
Vait le ferir en guise de baron,
Trenchét li ad li quens le destre poign.
Puis prent la teste de Jurfaleu le blund:
Icil ert filz al rei Marsiliun.   215
Paien escrïent: 'Aïe nos, Mahum!
Li nostre deu, vengez nos de Carlun!
En ceste tere nus ad mis tels feluns,   35ᵃ
Ja pur murir le camp ne guerpirunt.'
Dist l'un a l'altre: 'E car nos en fuiums!'   220
A icest mot tels .c. milie s'en vunt,
Ki que·s rapelt, ja n'en returnerunt.   AOI.

De ço qui calt? Se fuit s'en est Marsilies,
Remés i est sis uncles Marganices,
Ki tint Kartagene, Alfrere, Garmalie   225
E Ethiope, une tere maldite.
La neire gent en ad en sa baillie;
Granz unt les nes e lee la sorcille,

196 hom] home   198 leüns] leuus   199 barunt] ba runt *linked with an*
undulating line   225 Alfrere] al frere   228 lees les oreilles; *see Notes*

E sunt ensemble plus de cinquante milie.
Icil chevalchent fierement e a ire,   230
Puis escrïent l'enseigne paenime.
Ço dist Rollant: 'Ci recevrums ma[r]tyrie,
E or sai ben n'avons guaires a vivre;
Mais tut seit fel cher ne se vende primes!
Ferez, seignurs, des espees furbies,   235
Si calengez e voz mors e voz vies,
Que dulce France par nus ne seit hunie!
Quant en cest camp vendrat Carles, mi sire,
De Sarrazins verrat tel discipline,
Cuntre un des noz en truverat morz .xv.,   240
Ne lesserat que nos ne beneïsse.'   AOI.

Vv. 2259-2396

The most famous passage in the entire poem describes the death-throes
of Roland, who, completely alone and unaided, fends off a Saracen
marauder, strikes his sword Durendal three times upon the rock, makes
his confession and commends his soul to the Almighty Father. His soul
is borne to heaven by the archangels.

Ço sent Rollant que la mort li est pres;
Par les oreilles fors s'e[n] ist le cervel.
De ses pers priet Deu que·s apelt,
E pois de lui a l'angle Gabrïel.   245
Prist l'olifan, que reproce n'en ait,
E Durendal s'espee en l'altre main.
Plus qu'arcbaleste ne poet traire un quarrel,
Devers Espaigne en vait en un guarét;
Muntet sur un tertre desuz dous arbres bels,   250
Quatre perruns i ad de marbre faiz;
Sur l'erbe verte si est caeit envers,
La s'est pasmét, kar la mort li est pres.

Halt sunt li pui e mult halt les arbres,   *41^b*
Quatre perruns i ad luisant de marbre;   255
Sur l'erbe verte li quens Rollant se pasmet.
Uns Sarrazins tute veie l'esguardet,

236 e voz mors *with* e uos *added above the line;* mors *preceded by* 7   243 le] la
248 plus qu'a.] dun arcbaleste   250 un arbre bele; *see Notes*   251 faiz] faite

Si se feinst mort, si gist entre les altres,
Del sanc luat sun cors e sun visage.
Met sei en piez e de curre s[e h]astet.   260
Bels fut e forz e de grant vasselage,
Par sun orgoill cumencet mortel rage:
Rollant saisit e sun cors e ses armes
E dist un mot: 'Vencut est li niés Carles.
Iceste espee porterai en Arabe.'   265
En cel tirer li quens s'aperçut alques.

Ço sent Rollant que s'espee li tolt.
Uvrit les oilz, si li ad dit un mot:
'Men escïentre, tu n'ies mie des noz.'
Tient l'olifan, qu'unkes perdre ne volt,   270
Si·l fiert en l'elme, ki gemmét fut a or.
Fruisset l'acer e la teste e les os,
Amsdous les oilz del chef li ad mis fors,
Jus a ses piez si l'ad tresturnét mort.
Aprés li dit: 'Culvert paien, cum fus unkes si os   275
Que me saisis, ne a dreit ne a tort?
Ne l'orrat hume ne t'en tienget por fol.
Fenduz en est mis olifans el gros,
Caiuz en est li cristals e li ors.'

Ço sent Rollant la veüe ad perdue,   280
Met sei sur piez, quanqu'il poet s'esvertuet;
En sun visage sa culur ad perdue.   *42ᵃ*
Dedevant lui ad une perre byse;
.x. colps i fiert par doel e par rancune.
Cruist li acers, ne freint [ne] n'esgruignet.   285
'E!', dist li quens, 'seinte Marie, aiue!
E! Durendal bone, si mare fustes!
Quant jo mei perd, de vos nen ai mais cure.
Tantes batailles en camp en ai vencues
E tantes teres larges escumbatues,   290
Que Carles tient, ki la barbe ad canue!
Ne vos ait hume ki pur altre [s'en] fuiet!
Mult bon vassal vos ad lung tens tenue:
Jamais n'ert tel en France l'asolue.'

266 tirer] tireres   270 que unkes

Rollant ferit el perrun de sardonie. 295
Cruist li acers, ne briset ne n'esgrunie.
Quant il ço vit que n'en pout mie freindre,
A sei meïsme la cumencet a pleindre:
'E! Durendal, cum es bele e clere e blanche!
Cuntre soleill si luises e reflambes! 300
Carles esteit es vals de Moriane,
Quant Deus del cel li mandat par sun a[n]gle
Qu'il te dunast a un cunte cataignie:
Dunc la me ceinst li gentilz reis, li magnes.
Jo l'en cunquis e Anjou e Bretaigne, 305
Si l'en cunquis e Peitou e le Maine;
Jo l'en cunquis Normendie la franche,
Si l'en cunquis Provence e Equitaigne
E Lumbardie e trestute Romaine;
Jo l'en cunquis Baiver' e tute Flandres *42ᵇ* 310
E Burguigne e trestute Puillanie,
Costentinnoble, dunt il out la fiance,
E en Saisonie fait il ço qu'il demandet;
Jo l'en cunquis e Escoce e Irlande
E Engletere, que il teneit sa cambre; 315
Cunquis l'en ai païs e teres tantes,
Que Carles tient, ki ad la barbe blanche.
Pur ceste espee ai dulor e pesance,
Mielz voeill murir qu'entre paiens remaigne.
Deus pere, n'en laiser hunir France!' 320

Rollant ferit en une perre bise,
Plus en abat que jo ne vos sai dire.
L'espee cruist, ne fruisset ne ne brise,
Contre [le] ciel amunt est resortie.
Quant veit li quens que ne la freindrat mie, 325
Mult dulcement la pleinst a sei meïsme:
'E! Durendal, cum es bele e seintisme!
En l'oriét punt asez i ad reliques:
La dent seint Perre e del sanc seint Basilie
E des chevels mun seignor seint Denise; 330

302 quar *made into* quant *by the reviser?*   305 e Anjou] Namon   309 Romaine]
nomaine *with the first leg of the* n *expuncted and the second made into an* r; *an additional*
r *written above the* o *by the reviser*   314 e Irlande] 7 uales islonde *written on an*
erasure   320 pere] perre; *the last letter of* laiser *is uncertain*

Del vestement i ad seinte Marie.
Il nen est dreiz que paiens te baillisent;
De chrestïens devez estre servie.
Ne vos ait hume ki facet cuardie!
Mult larges teres de vus avrai cunquises,   335
Que Carles tent, ki la barbe ad flurie;
E li empereres en est ber e riches.'

Ço sent Rollant que la mort le tresprent,
Devers la teste sur le quer li descent.   *43ᵃ*
Desuz un pin i est alét curant,   340
Sur l'erbe verte s'i est culchét adenz,
Desuz lui met s'espee e l'olifan,
Turnat sa teste vers la paiene gent.
Pur ço l'at fait que il voelt veirement
Que Carles diet e trestute sa gent,   345
Li gentilz quens, qu'il fut mort cunquerant.
Cleimet sa culpe e menut e suvent,
Pur ses pecchez Deu en puroffrid lo guant.   AOI.

Ço sent Rollant de sun tens n'i ad plus.
Devers Espaigne est en un pui agut;   350
A l'une main si ad sun piz batud:
'Deus, meie culpe vers les tües vertuz
De mes pecchez, des granz e des menuz,
Que jo ai fait des l'ure que nez fui
Tresqu'a cest jur que ci sui consoüt!'   355
Sun destre guant en ad vers Deu tendut.
Angles del ciel i descendent a lui.   AOI.

Li quens Rollant se jut desuz un pin,
Envers Espaigne en ad turnét sun vis.
De plusurs choses a remembrer li prist: 360
De tantes teres cum[e] li bers cunquist,
De dulce France, des humes de sun lign,
De Carlemagne, sun seignor ki·l nurrit;
Ne poet müer n'en plurt e ne suspirt.
Mais lui meïsme ne volt mettre en ubli,   365

333 devez] deu'ez *the abbreviation sign for* r *added by the reviser*   336 que *in*
left-hand margin and tent *both written by the reviser*   342 lolifan ensumet
348 recleimet *added by the reviser above the line after* Deu

Cleimet sa culpe, si priet Deu mercit: 43*b*
'Veire Pate[r]ne, ki unkes ne mentis,
Seint Lazaron de mort resurrexis
E Danïel des leons guaresis,
Guaris de mei l'anme de tuz perilz 370
Pur les pecchez que en ma vie fis!'
Sun destre guant a Deu en puroffrit:
Seint Gabrïel de sa main l'ad pris.
Desur sun braz teneit le chef enclin;
Juntes ses mains est alét a sa fin. 375
Deus [li] tramist sun angle Cherubin
E seint Michel [de la mer] del Peril;
Ensembl'od els sent Gabrïel i vint,
L'anme del cunte portent en pareïs.

7. *Gormont et Isembart*

The poem contains an imaginative account of the victory won by the French under the leadership of Louis III (reigned 879-82), over the Northmen at Saucourt-en-Vimeu, 3 August 881. Louis and his brother Carloman were young men in their teens, engaged in the last heroic struggle against the Vikings during the final collapse of Charlemagne's empire. The two brothers had an interest in the imperial succession, which, however, went in February of the same year to their cousin, Charles the Fat. On his death in 888 the empire went into abeyance, both the young princes having died by accident in civil life rather than in actual battle not long after Saucourt (Louis d. August 882, Carloman d. December 884).

It is not surprising that the 'last of the Carolingians' became figures of heroic legend. (Their last decadent successor was to be driven from power a century later in 987 by Hugues Capet.) Louis's adversary is another king, Gormont, whose historical prototype was Guthrum or Gudrum, founder of the English Danelaw. Guthrum was not present at Saucourt, but was in England, giving active support to the raiders from secure bases in East Anglia, as we learn from the chronicle of Æthelweard. He lived on, according to the Anglo-Saxon Chronicle, until 890. See HALPHEN, L., *Charlemagne et l'empire carolingien* (Michel, Paris, 1949); LOUIS, R., 'L'Épopée française est carolingienne', in *Coloquios de Roncesvalles* (Saragossa, 1956), 327-460; STENTON, F. M., *Anglo-Saxon England*, 2nd edn. (Clarendon Press, Oxford, 1947), pp. 250-9.

Isembard, the renegade, is probably a fictional character. A traitor to his king Louis and the instigator of the ill-fated invasion, he nevertheless remains a faithful vassal to his heathen overlord, Gormont. Later versions of the poem, for example Philippe Mousket's thirteenth-century *Rhymed Chronicle*, develop the hackneyed theme of the king's injustice to his rebellious barons; but, as we are dependent for the early version on the Brussels fragment of 661 lines of verse and on a Latin summary by Hariulf, monk at Saint-Riquier (written 1088, revised 1104), we cannot say whether the theme is ancient. See De Riquer, *Les Chansons de geste françaises*, pp. 228-33; CALIN, W. C., *The Old French Epic of Revolt: 'Raoul de Cambrai', 'Renaut de Montauban', 'Gormont et Isembart'* (Droz, Geneva, 1962); pp. 28-9 of VAN EMDEN, W. G., 'Isembart and the Old French Epic of Revolt', *NMS*, 8 (1964), 22-34.

Apart from the names of the two adversaries, who in fact never met in battle, and the French place-names Saint-Riquier, Saint-Valéry, and Cayeux, the only precise historical reference is the allusion to Cirencester (277) as the starting-point of Gormont's invasion. We know that Guthrum was baptized at the suggestion of Alfred the Great in 878 and then retired to Cirencester in Gloucestershire before going to settle in East Anglia. It seems fanciful to suggest, however, that such a detail was handed down orally: it is just as likely to have been known to Anglo-French poets in the Conquest age from Old English sources, or, at a later date, from William of Malmesbury, who identified Guthrum with Gormont in his *De Gestis Regum Anglorum*, composed before 1125. But this need not lead us to deny the deep popular origins of the legend of Saucourt itself. See Bédier, *Légendes épiques*, iv. 59-81; LOT, F., '*Gormond et Isembard*. Recherches sur les fondements historiques de cette épopée', *Rom.*, 27 (1898), 1-54, reprinted in *Études sur les légendes épiques françaises* (Champion, Paris, 1958), 179-224, and 'Encore Gormond et Isembard', *Rom.*, 53 (1927), 325-42, reprinted in *Études*, 224-38; most recently DE VRIES, J., 'La Chanson de *Gormont et Isembart*', *Rom.*, 80 (1959), 34-62; NICHOLS, Jr., S. G., 'Style and structure in *Gormont et Isembart*', *Rom.*, 84 (1963), 500-35.

The poem can be dated between 1070-1130, in the age of the *Chanson de Roland*. Lot inclines to an early date, before 1104, while G. Paris, *Rom.*, 31 (1902), 446-8, and Bédier place the poem towards the end of this period.

The versification of the poem is archaic (see G. Paris, *Rom.*, 31 [1902], 447-8). *Laisses* of octosyllabic lines occur elsewhere only in very early poems such as the Old Provençal *Alexandre* and *Chanson de Sainte-Foi*, which date back to the eleventh century, whilst octosyllabics with a rhythmic accent on the fourth syllable are found in such early poems as *Alexandre*, *Sainte-Foi*, and *Brendan*. However, I have not adopted the systematic changes of preterite to present (*esgarde* for *esgarda* 1, cf. 5, 59, 106, 116, 201, 215, 230) proposed by Paris to ensure that the accent would fall on the fourth syllable. Some lines (2, 36, 147, 209, 259, 272) appear to have no caesura at all.

The surviving lines of the poem occupy two parchment folios, making up fragment 3 of portfolio II. 181, Bibl. royale Albert Ier, Brussels. They were copied by an Anglo-Norman scribe in the thirteenth century. I have transcribed the text of the extract from photographs of the manuscript supplied by the Bibl. royale and have generally followed the edition *Gormont et Isembart, fragment de chanson de geste du XIIe siècle*, ed. A. Bayot, 3rd edn., CFMA 14 (Champion, Paris, 1931). For a detailed list of editions and commentaries see BOSSUAT, nos. 450-74, 7165; KLAPP.

Vv. 196–488

The extract falls into two parts: (i) the activity of a French vassal, Hugh, who is slain by Gormont; (ii) the entry into battle of Louis III, who slays Gormont, followed by the desperate resistance of Isembart.

(i) The king's standard bearer (85, 92), Hugh (called *Hugon* 62, 75, 104, *Huon* 39, 91, *Hue* 88, 118, 125, 128, 154, *Hugelin* 1, 18, and *Huelin* 22, 44, 46), has already visited Gormont's camp in disguise, accompanied by his squire, Gontier, and has played a trick on Gormont in the guise of a serving-maid; finally he has decamped on Isembart's horse (44–51, 62–8). When the heathen leader is provoked by Hugh's jeering reminder, the two men exchange angry threats (52–61, 69–83). For the epic convention of the boastful threat before single combat (the *gab*), see Rychner, *La Chanson de geste*, p. 130; KNUDSON, C. A., 'Serments téméraires et gabs: Notes sur un thème littéraire', in *Société Rencesvals, IVe Congrès International* (Winter, Heidelberg, 1969), 254–9. Hugh is knocked to the ground, but he manages to seize the reins and remount after Isembart has made an unsuccessful attempt to recover his horse. When Hugh falls dead, Gontier now seizes the reins and mounts (106–42). Thus Isembart remains on foot almost to the end of the battle, when he unhorses his own father, without recognizing him, and takes his mount (*Gormont* 569–75).

Gormont is also on foot throughout the battle, for he remains in a fixed position on a hillock hurling javelins at the charging French knights. Riding Isembart's horse, Gontier knocks him to his knees (149) as Hugh had previously done (100). Like Hugh, Gontier in turn mocks Gormont, informing him that it was he who took the golden cup from his tent and offered it to Saint-Riquier, the monstery that the raiders had burnt (150–8). Gormont, however, proudly declines to fight with a mere squire (159–64). Zenker's opinion (*ZRP*, 23, 255–9) that several *laisses* describing their encounter have been lost at this point is untenable: further combats would break the mounting tension (see De Vries, *Rom.*, 80 [1959], 41–2).

(ii) Filled with remorse at not having challenged his enemy to single combat at the outset, Louis now enters the battle to prevent further loss of his men (165–78). He slays Gormont (195–200), but incurs an internal injury, which later causes his death, in attempting to withdraw his sword. For the remainder of the poem it is Isembart who dominates the scene: an atmosphere of imminent doom pervades the poem, for Gormont has paid the price for his burning of Saint-Riquier, and it had already been prophesied to Isembart in England by a Saracen soothsayer that he would be either captured or slain if he joined the heathen army (231–3). And so each man meets his fate: Gormont, the violator of a Christian church, is cut down by Louis, the champion of Christianity, and Isembart, the instigator of the attack, will be slain unrecognized by four Frenchmen.

Cf. Bayot vv. 196-488

Dunc l'en esgarda Hugelin,
Celui qui le message fist.
Quant Damnedeu ot si laidir,
Forment en fut al cor mari.
Le cheval brocha u il sist,   5
Poinant en vint a Lo[o]wis;
Il l'en apele, si li dist:
'A! gentil rei de riche lin,
Aveez veü de Antecrist
Qui tuz nos homes nus ocist   10
E Damnedeu tant fort laidist?
De ceo sui mut el quor marri.
Si m'aït Deus, qui ne menti,
Jeo ne·l lerroie pur murir
Que jeo ne l'auge ja ferir,   15
Que ke m'en deie avenir.'
E l'emperrere respondi:
'Avoi, beau frere Hugelin,
Veus me tu dunc issi guerpir?
Se tu esteies ore occis,   20
Dunc n'ai jeo mais suz ciel ami.'

Dist Hüelin: 'Ne pot pas estre!
Pruz [fut] mun pere e mun ancestre,
E jeo sui mut de bone geste
E, par meïmes, dei pruz estre.   25
Si m'aï[t] Deus, la grant Paterne,
Jeo ne·l lerreie pur terrestre
Que [jeo] ne l'auge ja requerre.'
Le rei le vot seisir as resnes,
Quant [Hugelin] se pent sur destre.   30
Al bon cheval lascha les resnes
E od l'espié depart la presse.
Il ne vait gens cumme terrestre:
Prof vait bruiant cumme tempeste;
Gesques al rei Gorm[un]d n'areste,   35

3 ot] out   6 al rei lowis   7 si] fil   24 sui] fui   26 Deus] dous   27 lerrai
pur home terrestre; *cf.* 33   32 espié] aspee; *cf.* 38-9   33 gens] geus

Si·l fert sur la targe novele
Qu'il la li freint e eschantele.
Sa hanste brise par asteles;
E Huon ad l'espee treite,
Si l'ad feru amunt el helme: 40
Tut l'enclinot encuntre terre.
La l'eüst mort icist, a certes,
Quant li tolirent gent averse.
Hüelin dist une novele
Qui a Gorm[un]d ne fut pas bele: 45
'C'est Hüelin qui vos meisele,
Qui l'autrir fut a voz herberges
Le message Lo[o]wis faire.
Si vos servi come pulcele,
Le poün mis en l'asquiele: 50
Unkes n'en mustes la maissele.'
'A!', dist G[ormund], 'si vait de guerre:
Le guerredon vus en dei faire.
Aincés k'augiez guerres de terre,
Men enscïent, l'avrez mut pesme.'   55
Del fort espié grant cop li serre;
Mut l'ad nafré al flanc senestre:
Tute est muillee la suzcele.
Jus le trebucha a la terre.

Puis s'escria li reis Gorm[un]d: 60
'Trop estes [vos] vantez, bricun!
Jeo te conois assez, Hugon,
Qui l'autrir fus as pavilluns;
Si me servis de mun poün
Que n'en mui unkes le gernun,   65
Si pur folie dire nun.
E le cheval a mun barun
En amenas par traïsun.
Or en avras le guerredun:
Mort t'en girras sur le sablun;   70
Ne dirras mes ne o ne nun
Ne, pur nul mire de cest mund,
Nen avras mes guarrantisun

43 li] il   58 tute] que tute   69 avras] aueras

Ne, pur tun Deu, espacïun.'
'Vos i mentez!', ceo dist Hugon.   75
'Jeo n'ai trenché ke l'alqeton
E un petit del peliçon.
Ja me ravrez a cumpainon
E me verrez par is[t] campon
Criant l'enseinne al rei baron,   80
La Lo[o]wis, le fiz Charlun.
Lié serrunt cil k'avüeron,
Dolent serrunt paien felun.'
Il resaut sus encuntre munt.
A dous poins prist le gunfanun;   85
Ja'n eüst mort le rei Gorm[un]d,
Quant uns Ireis saut entredous.
Hüe le fiert tut a bandon,
Que mort l'abat as piez Gorm[un]d;
Puis rest munté sur le gascun.   90
Par la bataille vait Huon,
Tut depleié sun gunfanun,
Criant l'enseine al rei baron,
La Lo[o]wis, le fiz Charlun.
Liez en sunt cil qui de[s] suens sunt,   95
Dolenz en sunt paien felons.
Il fist sun tur par le champon,
Si repaira al rei Gorm[un]d;
Si·l feri sur sun escu rund
K'el pré l'abat a genoillons.   100
El tor qu'il prist, le fer[t] Gorm[un]d,
L'espié enz al cors li repont,
K'il le rabat sur le sablon.

Or fu Hugon al pré, a pié,
Navré dous feiz del grant espié.   105
Dunc li eschapa sun destrier.
Quant Isembart le reneié
Vit le cheval cure estraer,
D'une chose s'est afichié:
S'il [le] poeit as puins baillier,   110
Que einz se lerreit detrenchier

78 ravrez] rauerez   82 avüeron] aweron   101 tor] tort

Que mes pur home le perdi[e]st.
Cele part vent tut eslessé;
Od l'arestil de sun espié
Vot acoler le bon destrier.   115
Le cheval porta haut le chef,
Que il ne·l pot mie baillier.
Hüe s'[en] est tant avancié
Qu'il vait avant, cuntre, plein pié.
Delez li passe le destrier,   120
Seissist le as resnes d'or mer,
Entre les dous arçuns se set.
En prof traient arbalastiers
E lur serganz e lur archiers.
E Hüe point e broche et fiert,   125
Qu'il lur est auques esloinné.
Ses plaies prennent a sainnier,
Li cor li ment e Hüe chiét.
Ceo fut damages e pechié,
Car mut par ert bon chevalier   130
E en bataille fesant bien.
De l'autre part fut dan Gontier,
Celui qui fut sun esqüier,
Fiz de sa sor, si ert ses niez:
Ceo dit la geste a Seint Richier.   135
Uncore n'ot oit jorz entierz
Qu'il [l]'ot armé a chevalier.
Quant sun seinur vit trebuchier,
Mut fo dolent e esmaié.
Cele part vint tut eslessé;   140
Par les resnes prist le destrier;
Entre les dous arçons s'asiét.
En sun poin tint le brant d'acier;
Tut fut sanglant e enoché,
De Sarrazins envermeillié.   145
Al rei G[ormund] brochant en vient;
Si·l fiert sur sun helme vergié
Que les quire[n]s en abatié;
El pré le fist agenoillier.

114 l'arestil] le restiu   119 qu'il] que il   133 fut ia sun   147 escu *expuncted,*
helme *added above*   149 agenoillier] esgenoillier

Puis li ad dit en reprover :   150
'Sire Gorm[un]d, rei dreiturer,
Conoistrïez [vos] l'esqüier
Qui a vostre tref fud l'autrer
Ove Hüe, le messagier ?
Jo'n aportai le nef d'or mier ;   155
Cele mis jo a seint Richier.
Que vus arsistes sun mustier,
Mesavenir vus en deit bien.'
Li rei Gorm[un]d li respundié
Cum orguillos e cum[e] fier :   160
'Fui de sur mei, garz pautener !
Jeo sui de lin a chevalier[s],
De [mut] riches e de preisiez.
N'i tocherai oi esqüier.'

Quant Lo[o]wis, le rei preisié,   165
Vit si murir ses chevaliers
E ses cumpainnes detrenchier,
Mut fut dolenz e esmaié.
'Aïe, Deu, pere del ciel !',
Dist Lo[o]wis, li reis preisié.   170
'Tant par me tenc [pur] enginné
Ke n'i jostai oi [de] premier[s]
Tot cors a cors a l'aversier.
Ja est il rei e rei sui gié :
La nostre [joste] avenist bien.   175
Le quel de nus idunc venqui[e]st,
N'en fussent mort tant chevalier
Ne tanz francs homes detrenchiez.
Ber saint Denis, or m'an aidiez !
Jeo tenc de vus quite mun fiev ;   180
De nul autre n'en conois ren,
Fors sul [de] Deu, le veir del ciel.
Ber seint Richier, or m'en a[i]diez !
Ja vus arst il vostre mustier.
En l'onur Deu, pur l'eshaucier,   185
Jeo·[l] vus crestrai trente [e] set piez.

152 Conoisterez lesquier   174 gié] ieo   179 Denis] denise   185 le pur eshaucier
186 vus *interlinear insertion*

Pernez les resnes del destrier,
Gesques a lui me cunduiez.'
A icest mot s'est eslessé.
Gorm[un]d li ad treis darz lanciez;   190
Deu le guarri, par sa pitié,
K'il ne l'ad mie en char tochié.
Reis Lo[o]wis fud mut irrié;
A joste mie ne·l requiert.
Encuntre munt drescha l'espié;   195
Si l'ad feru parmi le chief
Que l'elme agu li ad trenchié
E del hauberc le chapelier.
Gesqu'al brael le purfendié,
Qu'en pré en cheent les meitez;   200
En terre cola li espié.
Tant bonement le pursiwié
A ben petit que il ne chiét,
Quant sur le col del bon destrier
S'est retenu li rei preisié.   205
Mut li costa l'auberc dubler
E le vert helme qu'ot al chief,
Al col sun escu de quartiers.
Le fer del bon trenchant espié,
Ke de lé ot un dimi pié,   210
Mut li costa a sus sachier,
E pur Franceis s'est vergoinié.
Si s'aficha sur ses estri[e]us,
Le fer en plie suz ses piez,
Trei deie esloigna le quirrie[n].   215
De tel aïr s'est redrescié
Ke les corneilles dunc rumpié,
Ke trente jorz pus ne vesquié.
Ceo fut damages e pechiez,
Car mut [par] ert bon chevalier   220
E en bataille fesant ben,
A crestïens veir cunseillier.

---

197 que les heaumes ad   200 que en pre en cheent: en *added above line before*
cheent; meitez] mertez   206 l'auberc] le hauberc   207 qu'ot] que ot   208 quartiers]
quartres   214 suz] sus   217 corueilles sunt rumpie

Ceo dit la geste, e il est veir,
Puis n'ot en France nul dreit eir.

Quant paiens virent Gorm[un]d mort,   225
Fuiant s'en turnent vers le port.
Le Margari les cris en ot;
A l'estandart poinant [vient] tost;
Le rei Gorm[un]d ad trové mort,
Treis feiz se pasma sur le cors.   230
'Allas!', dist il, 'veir dist le sort,
Si jeo veneie en icest ost,
Que jeo serreie u pris u mort.
Or sai jeo ben que veir dist trop.'

La bataille durra treis dis   235
Entre Gorm[un]d e Lo[o]wis.
Al quart, comencent a fuïr
Turz e Persanz e Arabiz
Par mi Vimeu e par Pontif,
Vers les aloés Saint Valeri.   240
Le Margari en ot les crisz;
Il poinst vers eus, si lur ad dit:
'U füez vus, paiens chaitifz?
N'avez recét en cest païs,
Parent ne uncle ne cusin,   245
U vus puissiez [ja] revertir.
Tornez ariere les chimins,
Se vengerom le Arabi,
Nostre emperrere de Leutiz,
Qui nos dona les granz païs,   250
Le ver, le gris e le [h]ermin,
E les chastiaus e les fortiz.'
Mais ne l'entendent Sarrazins:
Fuiant s'en turnent les chemins.
Isembart veit n'i metra fin.   255
Tel dol en ot le Margari
Que il se quide esrager vif.
A une part del camp se mist,
Si fiert un chevalier Seguin,

233 ieo i serreie   236 e reis lowis

Cosin germein rei Lo[o]wis.   260
L'escu li ad freit e malmis,
L'auberc desmaela e rumpi,
Par mi le cors l'espié li mist;
Tant cum la hanste li tendi
Del bon cheval mort l'abati.   265
E dous Franceis des plus gentilz
Nos i a mo[r]t le Margari
E puis se rest al chemin [mis].

Or jut G[ormund] mort en la pree,
Envers, sanglent, gule baee.   270
Eis Isembart par une estree;
Vers li ad sa resne viree.
La fist grant del e grant pasmee;
Oimés orresz grant regretee:
'Ahi!', dist il, 'rei emperrere,   275
Tant le vus dis, plusurs feeiiees
A Cirencestre, a voz cuntrees,
Que Franceis sunt gent aduree.
Mut le vus dis en la galee:
Ça troverez tel[e] meisn[i]ee;   280
Mes veirement l'avez trovee,
La gentil gent e l'onuree.
Tele ne fut de mere nee.
Sur eus n'ert terre cunquestee.
Ahi! Gorm[un]d, rei emperere,   285
Cum avïez la face clere,
La chere bele e culuree!
Cum l'avez ja teinte e müee!
A! Lo[o]wis, bon emperere,
Cum as France oi ben aquitee,   290
E Gorm[un]d l'ad chier comparee!
Ja ne faudrai a sa meisn[i]ee
Pur tant cum pusse ceindre espee.'

262 Le hauberc desmaela e malmist   264 hanste] lance   269 jut] uint
272 viree] i uiree *or* uuree (?); *see Note*   276 plusures fiez   280 ça] de ca
290 oi France

8. *Charroi de Nîmes*

One of the twenty-four *chansons de geste* that were to be grouped in the thirteenth century to form the cycle of Orange, the *Charroi de Nîmes* has as its central character William of Orange, the historical William, Count of Toulouse, cousin of Charlemagne. After the disaster of Roncevaux, Charlemagne established the realm of Aquitaine, the defence of which he entrusted to William, as the king, Louis the Pious, was still too young to undertake the responsibility. Although virtually defeated by the Saracens in 793, William regained supremacy and took part in the conquest of Barcelona in 803. He entered Aniane as a monk in 804, founded the monastery of Gellone, later to be called Saint-Guilhem-du-Désert in his honour, and retired there in 806. Witburgh (or Vuitburgh), the first wife of William, clearly became the Guibourc of the poems in the cycle (see De Riquer, *Les Chansons de geste françaises*, pp. 122-31).

One of the earliest episodes in the poetic biography of William of Orange, the *Charroi de Nîmes* was written about the middle of the twelfth century (see *Le charroi de Nîmes, chanson de geste du XIIᵉ siècle*, ed. D. McMillan [Klincksieck, Paris, 1972], pp. 41-3) to provide a transition between the period of the hero's early manhood as a knight without a fief in the service of King Louis—a period described in the *Couronnement de Louis*—and the later episodes of William's career that take place in the south of France, in particular the capture of Orange from the Saracens recounted in the *Prise d'Orange*. As Tyssens points out, 'les trois récits (*Couronnement, Charroi, Prise d'Orange*) forment une unité dans la biographie poétique de Guillaume. . . .C'est la période triomphante: Guillaume, dans toute la force de l'âge, est le seul soutien du faible héritier de Charlemagne' (TYSSENS, M., *La Geste de Guillaume d'Orange dans les manuscrits cycliques* [Les Belles Lettres, Paris, 1967], pp. 101-23. See also JEANROY, A., 'Études sur le cycle de Guillaume au court nez', ii. '*Les enfances Guillaume, Le charroi de Nîmes, La prise d'Orange . . .*', *Rom.*, 26 [1897], 1-33; FRAPPIER, J., *Les Chansons de geste du cycle de Guillaume d'Orange*, i. *La chanson de Guillaume, Aliscans, La chevalerie Vivien* [SEDES, Paris, 1955]; ii. *Le couronnement de Louis, Le charroi de Nîmes, La prise d'Orange*, 2nd edn. [SEDES, Paris, 1967], pp. 183-4).

Enraged at the ingratitude of the king, who has forgotten to provide for him when distributing the fiefs (*Charroi de Nîmes, laisses* 1-12),

William leads an army of impoverished *bachelers* into 'Spain', that is to say the southern part of France occupied by the Saracens, in order to conquer a fief at Nîmes. The raid is not entirely fictitious: Charles Martel captured the town from the Saracens and destroyed it in 738 (see LOT, F., 'Le Charroi de Nîmes', *Rom.*, 26 [1897], 564-9). Added to the themes of the king's ingratitude and the defeat of the Saracens is that of the glorification of Christianity—a theme less fully developed by the poet than the other two (see ADLER, A., 'A propos du *Charroi de Nîmes*', in *Mélanges Frappier* [Droz, Geneva, 1970], 9-15).

The poem is written in *laisses* of assonating decasyllabic lines with the caesura after the fourth syllable.

I have transcribed the text of the base MS. A^2 (Paris, B.N., fr. 1449, fols. 38ʳ-47ᵛ) from microfilm prints and have referred to McMillan's edition. In making emendations I have also consulted microfilms of the following MSS.: group A (A^1: Paris, B.N., fr. 774, fols. 33ᵛ-41ᵛ. A^3: Paris, B.N., fr. 368, fols. 163ʳ-167ʳ. A^4: Milan, Trivulziana 1025, fols. 38ʳ-47ᵛ); group B (B^1: London, Brit. Lib., Royal 20 D XI, fols. 112ᵛ-118ᵛ. B^2: Paris, B.N., fr. 24369-70, fols. 91ʳ-99ᵛ); C (Boulogne-sur-mer, Bibl. munic. 192, fols. 38ʳ-47ᵛ); D (Paris, B.N., fr. 1448, fols. 90ᵛ-99ᵛ). For a detailed list of editions, commentaries and translations see BOSSUAT, nos. 293-6, 6069, 7157; KLAPP.

Vv. 761-1084

The extract given may be divided into two sections: (i) the journey south to the frontiers of the territories occupied by the Saracens; (ii) the ruse by which the French, dressed as merchants, succeed in introducing a small force of men into Nîmes, unbeknown to the enemy.

(i) William follows the *via Regordane*, the pilgrimage route through Bride (Brioude) 64, Clermont 73, Ricordane 80, and Le Pui (Le Puy) 81; on the way he places offerings in the churches at Brioude (64-7) and Le Puy (82-6). Yet the principal motives for his journey are not religious, as Bédier seems to imply ('Brioude, le Puy, ce sont des stations de pèlerinage, et, si Guillaume s'y arrête, c'est en pèlerin', *Lég. ép.*, i. 376), but rather political. It was Bertrand who had offered the solution of asking Louis for a fief in the Saracen-occupied part of France (*Charroi* 450-4), and William had readily agreed to the plan as a political expedient: by venturing into Saracen 'Spain', they could satisfy their feudal ambitions without depriving other noblemen of their fiefs; and, at the same time, they would remain loyal vassals of their overlord King Louis (see MANCINI, M., 'L'Édifiant, le comique et l'idéologie dans le *Charroi de Nîmes*', in *Société Rencesvals*, *IVᵉ Congrès International* [Winter, Heidelberg, 1969], 203-12).

(ii) Throughout the second part of the extract (87-324), the sustained epic tone of the opening scenes of the poem, in which William had angrily confronted King Louis, gives way to a comic realism strongly suggestive of the fabliaux. Parodying the episode of the Trojan horse, the poet contrives the plan of concealing the French warriors in barrels to be carried through the gates of Nîmes on a train of wagons and carts drawn by teams of oxen. This idea is suggested to the French when they meet a peasant returning from Saint-Giles-en-Provence with a barrel of salt on a wagon pulled by four oxen (114-69). William and his men retrace their steps to Ricordane, where they seize barrels, wagons, and oxen, in which the soldiers and their equipment are concealed (195-221). Led by William and Bertrand disguised as merchants (222-86), the convoy of wagons makes its way south to Nîmes unchallenged.

The poem has now become a loosely constructed narrative relying for its effect largely on contrast, unconscious irony, and the unexpected. The peasant is concerned only with the harvesting of his crops and the price of bread (114-52), whereas William and his aristocratic followers are anxious to know the numbers of the enemy and to estimate their fighting prowess (153-5). The comic descriptions of the disguises assumed by the French leaders and the account of Bertrand's unskilful attempts to move the wagon bogged down to the axles are expressed in the traditional formulaic diction usually reserved for armour and battle scenes (228-86). On hearing the inventory of the supposed goods in the barrels, the Saracen occupants of Nîmes remark, with more truth than they realize, that never before were such goods transported (304-18). By means of this stratagem William takes the enemy by surprise and succeeds in capturing the town. (See PAYEN, J. C., 'Le *Charroi de Nîmes*, comédie épique?', in *Mélanges Frappier* [Droz, Geneva, 1970], 891-902.)

Vet s'en Guillelmes, li marchis au vis fier.
En sa conpaigne avoit il maint princier
Et Guïelin et dan Bertran ses niés.
Ensenble o els mainnent .iii. somiers.
Bien vos sai dire que porte li premiers: 5
Calices d'or et messeaus et sautiers,
Chapes de paile et croiz et encensiers;
Quant il venront enz el regne [essillié],
Serviront tuit Damedieu tot premier.

Bien vos sai dire que reporte li autres: 10
Vesseaus d'or fin, messeus et breviaire,
Et crucefis et molt riches toailles;

10 reporte] reportent

Quant li venront enz el regne sauvage,
S'en serviront Jesu l'esperitable.

Bien vos sai dire que reporte li tierz: 15
Poz et paielles, chauderons et trepiez,
Et croz aguz, tenailles et andiers;
Quant il venront [enz] el regne essillié,
Que bien en puissent atorner a mengier,
S'en serviront Guillelme le guerrier,   20
Et enaprés trestoz ses chevaliers.

Vet s'en Guillelmes o sa conpaigne bele;   *43ᶜ*
A Deu conmande Francë et la Chapele,
Paris et Chartres et tote l'autre terre.
Passent Borgoigne et Berri et Auvergne;   25
Au gué des porz sont venu a un vespre,
Tendent i tres, paveillons et herberges.

En cez cuisines ont cez feus alumez
Cil qui se hastent del mengier conraer.
Li quens Guillelmes estoit dedenz son tref;   30
Parfondement conmence a soupirer,
Del cuer del ventre conmença a penser.
Voit le Bertran, se·l prent a esgarder:
'Oncle,' dist il, 'qu'avez a dementer?
Estes vos dame qui pleurt ses vevetez?'   35
'Nenil, voir, niés einçois pense por el;
Que diront ore cil baron chevalier:
"Vez de Guillelme, le marchis au vis fier,
Conme il a ore son droit segnor mené:
Demi son regne li volt par mi doner;   40
Il fu tant fox qu'il ne l'en sot nul gré,
Ainz prist Espaigne ou n'ot droit herité."
Ne verrai mes .iiii. gent assenbler
Que je ne cuide de moi doient parler.'
'Oncle Guillelmes, por ce lessiez ester.   45
De ceste chose ne vos chaut d'aïrer:
De l'aventure vet tot en Damedé;
Demandez l'eve, s'aseons au souper.'

16 chauderons] chanderons   20 s'en] si   34 dementer] demander

'Niés,' dit li quens, 'bien fet a creanter.'
A tronpëors ont l'eve fet corner;   50
Conmunement s'asieent au souper;
Assez i orent venoison de sengler,
Grues et gentes et poons enprevez.
Et quant il furent richement conraé,
Li escuier vont les napes oster.   55
Cil chevalier repairent as hostiex
Trusqu'au demain que il fu ajorné
Que il monterent es destriers abrivez.
Vont a Guillelme le marchis demander:
'Sire,' font il, 'que avez en pensé?   60
Dites quel part vos vorroiz ore aler.'
'Franc chevalier, tuit estes esfraé.   *43ᵈ*
N'a encor gaires que tornasmes d'ostel;
Tot droit a Bride le cor saint hennoré,
Nos iron la et a la Mere Dé: 65
De noz avoirs i devons presenter,
Si proiera por la crestïenté.'
Et il responnent: 'Si con vos conmandez.'
Lors chevauchierent et rengié et serré,
Si ont les tertres et les monz trespassé.   70

Par le conseil que lor done Guillelmes
Ont trespassé et Berri et Auvergne.
Clermont lesserent et Monferent a destre.
La cit lessierent et les riches herberges;
Ceus de la vile ne vorrent il mal fere.   75

La nuit i jurent, au matin s'en tornerent,
Cueillent les tres, les paveillons deublerent,
Et les aucubes sor les somiers trosserent.
Par mi forez et par bois chevauchierent,
Par Ricordane outre s'en trespasserent,   80
Desi au Pui onques ne s'aresterent.

Li quens Guillelmes vet au mostier orer;
.iij. mars d'argent a mis desus l'autel,

73 Monferent] monterent

Et .iiij. pailes et .iij. tapiz roëz.
Grant est l'offrende que li prince ont doné,   85
Puis ne devant n'i ot onques sa per.
Del mostier ist Guillelmes au cort nes;
Ou voit ses homes, se·s a [a]resonez:
'Baron,' dist il, 'envers moi entendez.
Vez ci les marches de la gent criminel;   90
D'or en avant ne savroiz tant aler
Que truissiez home qui de mere soit nez
Que tuit ne soient Sarrazin et Escler.
Prenez les armes, sus les destriers montez,
Alez en fuerre, franc chevalier menbrez.   95
Se Dex vos fet mes bien, si le prenez;
Toz li païs vos soit abandonez.'
Et cil responent: 'Si con vos conmandez.'
Vestent hauberz, lacent hiaumes gemez,
Ceingnent espees a ponz d'or noielez,   100
Montent es seles des destriers abrivez;
A lor cos pendent lor forz escus bouclez,   *44ª*
Et en lor poinz les espiez noielez.
De la vile issent et rengié et serré,
Devant els font l'orifanble porter;   105
Tot droit vers Nymes se sont acheminé.
Iluec vit l'en tant heaume estanceler!
En l'avangarde fu Bertran l'alosé,
Gautier de Termes et l'Escot Gilemer,
Et Guïelin il preuz et li senez.   110
L'arriere garde fist Guillelmes le ber
A tot .x̃. de François bien armez
Qui de bataille estoient aprestez.
Il n'orent mie .iiij. liues alé
Qu'an mi la voie ont un vilain trové: 115
Vient de Saint Gile, ou il ot conversé,
A .iiij. bués que il ot conquesté
Et .iij. enfanz que il ot engendré.
De ce s'apense li vilains que senez,
Que sel est chier el regne dont fu nez;   120
Desor son char a un tonnel levé,
Si l'ot enpli et tot rasé de sel.

102 cos] cops

Les .iij. enfanz que il ot engendrez
Jeuent et rient et tienent pain assez;
A la billete jeuent desus le sel.   125
François s'en rient; que feroient [il] el?
Li quens Bertrans l'en a aresoné:
'Di nos, vilain, par ta loi, don es né?'
Et cil respont: 'Ja orroiz verité.
Par Mahon, sire, de Laval desus Cler.   130
Vieng de Saint Gile, ou ge ai conquesté.
Or m'en revois por reclorre mes blez:
Se Mahomez les me voloit sauver,
Bien m'en garroie, tant en ai ge semé.'
Dient François: 'Or as que bris parlé!   135
Quant tu ce croiz que Mahomez soit Dé,
Que par lui aies richece ne planté,
Froit en yver ne chalor en esté,
L'en te devroit toz les menbres coper.'
Et dit Guillelmes: 'Baron, lessiez ester.   140
D'un autre afaire vorrai a lui parler.'

Li quens Guillelmes li conmença a dire: *44^b*
'Diva, vilain, par la loi dont tu vives,
Fus tu a Nymes, la fort cité garnie?'
'Oïl voir, sire, le paage me quistrent;   145
Ge sui trop povres, si ne·l poi baillier mie;
Il me lesserent por mes enfanz qu'il virent.'
'Di moi, vilain, des estres de la vile.'
Et cil respont: 'Ce vos sai ge bien dire.
Por un denier .ij. granz pains i preïsmes;   150
La deneree vaut .ij. en autre vile;
Molt par est bone se puis n'est enpirie.'
'Fox,' dit Guillelmes, 'ce ne demant je mie,
Mes des paiens chevaliers de la vile,
Del roi Otrant et de sa conpaignie.'   155
Dit li vilains: 'De ce ne sai ge mie
Ne ja par moi n'en iert mençonge oïe.'
S'i fu Garniers, un chevalier nobile;
Vavassor fu et molt sot de voidie,
D'engignement sot tote la mestrie.   160

152 enpirie] enpiriee

Il resgarda les .iiij. bués qu'i virent:
'Sire,' fet il, 'se Dex me beneïe,
Qui avroit ore .M. tonneaus de tel guise
Conme cele est qui el char est assise
Et les eüst de chevaliers emplies,   165
Se·s conduisist tot le chemin de Nymes,
Sifetement porroit prendre la vile.'
Et dit Guillelmes: 'Par mon chief, voir en dites.
Ge le feré se·l loe mes enpires.'

Par le conseil que celui a doné   170
Font le vilain devant els arester,
Si li aportent a mengier a plenté
Et pain et vin et pyment et claré.
Et cil menjue, qui molt l'ot desirré.
Et quant il fu richement conraé,   175
Li quens Guillelmes a ses barons mandé,
Et il i vienent sanz plus de demorer.
Ou qu'il les voit, se·s a aresonnez:
'Baron,' dist il, 'envers moi entendez.
Qui avroit ore .M. tonneaus ancrenez   180
Conme cil est que en cel char veez
Et fussent plain de chevaliers armez,   *44ᶜ*
Se·s conduisist tot le chemin ferré
Tot droit a Nymes, cele bon cité,
Sifaitement porroit dedenz entrer.   185
Ja n'i avroit ne lancié ne rüé.'
Et cil responnent: 'Vos dites verité.
Sire Guillelmes, franc hon, quar en pensez.
En ceste terre a bien charroi assez,
Chars et charretes i a a grant planté.   190
Faites voz genz arriere retorner
Par Ricordane, ou nos somes passé,
Si faites prendre les bués par poesté.'
Et dit Guillelmes: 'Si en iert bien pensé.'

Par le conseil que li preudon lor done   195
Li quens Guillelmes fist retorner ses homes
Par Ricordane .xiiij. liues longues.

174 menjue] meniuent; ot] ont   183 se·s] se

Prennent les chars et les bués et les tonnes.
Li bon vilain qui les font et conjoingnent
Ferment les tones et les charrues doublent.   200
Bertran ne chaut se li vilain en grocent :
Tiex en parla qui puis en ot grant honte,
Perdi les eulz et pendi par la goule.

Qui dont veïst les durs vilains errer
Et doleoires et coignies porter,   205
Tonneaus loier et toz renoveler,
Chars et charretes chevillier et barrer,
Dedenz les tonnes les chevaliers entrer,
De grant barnage li peüst remenbrer.
A chascun font un grant mail aporter,   210
Quant il venront a Nymes la cité
Et il orront le mestre cor soner,
Nostre François se puissent aïdier.

Es autres tonnes si sont mises les lances
Et en chascune font fere .ij. ensaignes,   215
Quant il venront entre la gent grifaigne,
N'i entrepaingnent li soldoier de France.

En autre tonne furent li escu mis ;
En chascun fonz font fere .ii. escris,
Quant il venront entre les Sarrazins,   220
Nostre François ne soient entrepris.   *44ᵈ*

Li quens se haste del charroi aprester.
Qui dont veïst les vilains del regné
Tonneaus loier, refere et enfonser,
Et cez granz chars retorner et verser,   225
Dedenz les tonnes les chevaliers entrer,
De grant barnage li peüst remenbrer.
Huimés devon de dan Bertran chanter
Confetement il se fu atorné.
Une cote ot d'un burel enfumé ;   230
En ses piez mist uns merveilleus sollers :
Grant sont, de buef, deseure sont crevé.

214 si se sont   219 escris] escrins

'Dex,' dit Bertran, 'beaus rois de majesté,
Cist m'avront sempres trestoz les piez froé.'
Ot le Guillelmes, s'en a un ris gité.   235
'Niés,' dit li quens, 'envers moi entendez.
Fetes cez bués trestot cel val aler.'
Et dist Bertran: 'Por neant en parlez.
Ge ne sai tant ne poindre ne bouter
Que ge les puisse de lor pas remüer.'   240
Ot le Guillelmes, s'en a un ris gité.
Mes a Bertran est molt mal encontré,
Qu'il ne fu mie del mestier doctriné;
Ainz n'en sot mot, s'est en un fanc entré,
Trusqu'a moieus i est le char entré;   245
Voit le Bertran, a poi n'est forsené.
Qui le veïst dedenz le fanc entrer
Et as espaules la roe sozlever,
A grant merveille le peüst resgarder;
Camoisié ot et la bouche et le nes.   250
Voit le Guillelmes, si le prist a gaber:
'Beaus niés,' dist il, 'envers moi entendez.
De tel mestier vos estes or mellez
Dont bien i pert que gaires ne savez.'
Ot le Bertran, a pou n'est forsenez.   255
En cele tonne que li quens dut mener
Fu Gilebert de Faloise sor mer,
Gautier de Termes et l'Escot Gilemer:
'Sire Bertran, de conduire pensez,
Ne gardons l'eure que nos soions versez.'   *45ᵃ*   260
Et dit Bertrans: 'A toz tens i vendrez.'
De cels des chars devons ore chanter
Qui le charroi devoient bien mener:
Portent corroies et gueilles et baudrez,
Portent granz borses por monnoie changier,   265
Chevauchent muls et sonmiers toz gastez.
Se·s veïssiez encontremont errer,
De male gent vos peüst remenbrer.
En cele terre ne savront mes aler,
Por qu'il soit jor qu'en les puist aviser,   270
Por marcheant soient ja refusé.
Sor la chaucie passent Gardone au gué;

Par d'autre part herbergent en un pré.
Des or devons de Guillelme chanter,
Confetement il se fu atornez.   275

Li cuens Guillelmes vesti une gonnele
De tel burel conme il ot en la terre,
Et en ses chanbes unes granz chauces perses,
Sollers de buef qui la chauce li serrent;
Ceint un baudré un borjois de la terre,   280
Pent un coutel et gaïne molt bele,
Et chevaucha une jument molt foible;
.ij. viez estriers ot pendu a sa sele;
Si esperon ne furent pas novele,
.xxx. anz avoit que il porent bien estre;   285
Un chapel ot de bonét en sa teste.

Delez Gardon, contreval le rivage,
Iluec lessierent .ij. homes a armes
De la mesniee Guillelme Fierebrace.
Toz les vilains firent il ensus trere,   290
Par nul de ceus que novele n'en aille
Confét avoir feront des tonneaus trere.
Plus de .ij. leur aguillons afetent,
Tranchent et fierent, s'acueillent lor voiage.
Ainz ne finerent, si vindrent a Nesene,   295
A Lavardi ou la pierre fu trete
Dont les toreles de Nymes furent fetes.
Cil de la vile s'en vont a lor afere;
Adont regardent, si parlent l'un a l'autre: *45^b*
'Ci voi venir de marcheanz grant masse.'   300
'Voir,' dit li autres, 'onques mes [ne] vi tale.'
Tant les coitierent que il vinrent au mestre,
Si li demandent: 'Quel avoir fetes traire?'
'Nos, syglatons et dras porpres et pailes
Et escarlates et vert et brun proisable,   305
Tranchanz espiez et hauberz et verz heaumes,
Escuz pesanz et espees qui taillent.'
Dient paien: 'Ici a grant menaie.
Or alez dont au mestre guionage.'

287 *The beginning of the new laisse is not shown in any of the MSS.* AB
296 trete] droite

Tant ont François chevauchie et erré,   310
Vaus et montaignes et tertres trespassé,
Qu'il sont venu a Nymes la cité.
Dedenz la porte font lor charroi entrer,
L'un enprés l'autre, si conme il est serré.
Par mi la vile en est le cri alé: 315
'Marcheant riche de cel autre regné
Tel avoir mainnent, onc ne fu tel mené;
Mes en toneaus ont tot fet enserrer.'
Li rois Otrans, qui en oï parler,
Il et Harpins avalent les degrez: 320
Freres estoient, molt se durent amer,
Segnor estoient de la bone cité.
Trusqu'au marchié ne se sont aresté;
.cc. paiens ont avec els mené.

321 durent] deuent

9. Wace: *Roman de Brut*

In the concluding lines of the *Roman de Brut* Wace states that he completed the poem in 1155. We learn further from Layamon in his English adaptation of the *Brut* (ed. Madden, vv. 31-43) that Wace presented his poem to Eleanor of Aquitaine, Henry II's new queen. Wace himself provides some autobiographical details in his unfinished chronicle on the dukes of Normandy entitled the *Roman de Rou* (ed. H. Andresen, 2 vols. [Henninger, Heilbronn, 1877-9]). He was born in the island of Jersey (*Wace de l'isle de Gersui* 5322), whence he was taken as a child to study at Caen (*A Chaem fui petiz portez, Illoques fui a letres mis* 5326-7). Then followed a long period of study in the Île de France (see FOULON, C., 'Wace', in *Arthurian Literature in the Middle Ages*, ed. R. S. Loomis [Clarendon Press, Oxford, 1967], 94-103), either at Chartres (see FRANCIS, E. A., 'Note sur un terme employé par Wace, avec quelques observations sur la chronologie de ses œuvres', in *Mélanges offerts à Mario Roques*, vol. 2 [Éditions Art et Science, Bade; Didier, Paris, 1953], 81-92), or at Paris (see HOLMES, Jr., U. T., 'Norman Literature and Wace', in *Medieval Secular Literature: Four Essays* [University of California P., 1965, repr. 1967], 46-67). On his return to Caen, Wace began to write *romanz* (*Rou* III 5331), that is poems in the vernacular (Foulon, Holmes), or, perhaps, his historical works (Francis). Elsewhere in *Rou* (III 153) he tells us that he also wrote *serventeis*, which Francis interprets as his hagiographical translations (*Vie de sainte Marguerite*, *Vie de saint Nicolas*, and the *Conception de Notre Dame*). Under Henry I, then under Henry II and his son Henry the Young, Wace held the position of *clerc lisant* (see *Rou* II 179-80), which appears to mean a historian or teacher devoted to the study of history (Francis), or a 'teacher, reader, lector' (Holmes). We also learn that Wace was given a prebend at Bayeux by Henry II (*Rou* III 173-4). The composition of the *Rou* was interrupted in 1174, when the king, dissatisfied with Wace's slow progress, invited Benoît de Sainte-Maure to write a history of the dukes of Normandy (see *Le roman de Brut de Wace*, ed. I. Arnold, vol. 1 [SATF, Paris, 1938], pp. lxxviii-lxxix; vol. 2, 1940).

In the *Roman de Brut* Wace translated and expanded, by the introduction of concrete, picturesque detail, the *Historia regum Britanniae* (1136) of Geoffrey of Monmouth. The part of this chronicle that was to have great influence on medieval French and English literature

concerns the legends of King Arthur, the embodiment of the ideal of
Christian chivalry that spread through Western Europe in the twelfth
century. With the *Brut* Arthur appears for the first time in extant ver-
nacular literature; and it is to Wace that we owe the introduction of the
Round Table, the poetic symbol of altruistic knighthood. Like Charle-
magne and the Twelve Peers in the *Roland*, King Arthur and the Knights
of the Round Table, especially Cador, Key, Bedevere, and Arthur's
nephew Gawain, become in Wace's *Brut* the defenders of Christian
civilization.

The son of Utherpendragon and Ygerna, Arthur was first crowned at
Silchester at the age of fifteen (*Brut* 9011-12), after his father had been
poisoned by the Saxons. Arthur's first task as king was to defeat these
heathen invaders and then their allies, the Picts and Scots (*Brut* 9044-5),
which he did with the aid of his sword Caliburn (Excalibur), that had
been forged in the Isle of Avalon (*Brut* 9279-81). Then he began two
campaigns of conquest, the first to subdue Ireland, Iceland, the Orkneys,
and Gotland (*Brut* 9659-730), the second, after twelve years of peace, to
subdue Scandinavia, Denmark, and France (*Brut* 9799-10196). Having
made the kings and nobles of these widespread regions his vassals,
Arthur summoned them to a plenary court to be held during Whitsuntide
at the city of Caerleon on Usk in Monmouthshire (*Brut* 10202-5). The
court festivities were interrupted by the arrival of ambassadors from
Rome with a challenge from the emperor Lucius (*Brut* 10639 ff.); and
so, having entrusted the kingdom to Mordret, one of his nephews (*Brut*
11173-6), Arthur set out for France, where he succeeded in defeating the
Romans. During his absence, however, he was betrayed by Mordret, who
usurped the power in the land (*Brut* 13016-24) and committed adultery
with the queen (*Brut* 13207-10). In the ensuing battle between uncle and
nephew, the latter was slain (*Brut* 13271); but Arthur, grievously
wounded, caused himself to be taken to Avalon, whence it was hoped that
he would return with his wounds healed (*Brut* 13275-93).

The poem is composed in masculine and feminine rhyming octosyllabic
couplets with the accent on the eighth syllable in the feminine lines.

I have transcribed the text of the base MS. *P* (London, Brit. Lib.,
Additional 45103, fols. 13^r-85^v, 98^r-166^r) from microfilm prints. In
making emendations to *P*, I have also consulted microfilm prints of the
following MSS.: *A* (London, College of Arms, Arundel XIV, fols. 1-92^v);
B (London, Brit. Lib., Royal 13. A. XXI); *C* (London, Brit. Lib., Cotton
Vitellius A. X, fols. 19^r-115^v); *D* (Durham Cathedral C. IV. 27. 1, fols.
1^r-94^r); *F* (London, Brit. Lib., Additional 32125, fols. 1-57); *G* (Paris,
Bibl. Sainte-Geneviève 2447, fols. 1^r-91^r); *H* (Paris, B.N., fr. 1450,
fols. 112^v-139^v, 225^r-238^r); *J* (Paris, B.N., fr. 1416, fols. 63^v-182^r);
K (Paris, B.N., fr. 794, fols. 286^r-342^r); *L* (Lincoln Cathedral, no. 104,
fols. 1-108^r); *N* (Paris, B.N., fr. 1454, 105 fols.); *R* (Paris, Bibl. de

l'Arsenal, 2981, fols. 1-90ᵛ); *S* (Paris, B.N., nouv. acq., fr. 1415, 109 fols.); *T* (Cambridge, Corpus Christi College, 50, fols. 7ᵛ-89ᵛ). For a description of the manuscripts see the edition of I. Arnold above, also *La Partie arthurienne du roman de Brut* (*Extrait du manuscrit B.N., fr. 794*), ed. I. D. O. Arnold and M. M. Pelan (Klincksieck, Paris, 1962). For a detailed list of editions and commentaries see Bossuat, nos. 3708-28, 6686-90, 6697-9, 7819-22, 7826-7; Klapp.

Vv. 10301-10542

The Whitsuntide court festivities at Caerleon described in the extract have been commanded by King Arthur to celebrate his second coronation, now that he is at the height of his power. A preliminary passage (1-58) lists the names of the vassals summoned to appear and suggests, in a cascade of short, repetitive phrases, the feverish haste with which preparations are being made to receive them. Then the poet gives an account of the ceremony during which Arthur is crowned by Dubric, archbishop of Caerleon—he had previously crowned the young king at Silchester—and led to the church of Saint Aaron (59-84). Meanwhile, after being crowned separately in her own chamber, Queen Guinevere is taken in procession to the church of Saint Julius (85-116). The pomp of the processions and the resounding solemnity of high mass are described with an accompanying gleam of humour: the knights hurry from one church to the other, torn between their inclination to listen to the music and their desire to look at the ladies (117-36). After the ceremonies the separate banquets take place, one for the king and his vassals, one for the queen and her ladies, both portrayed in lavish detail that will be imitated by later romance writers (137-92). Before recounting the sports in which the knights compete after the banquets (221-42), Wace interpolates a discourse on the art of love practised by the knights and ladies of the court (193-220).

This discourse has considerable importance in the history of the spread of courtly literature throughout France and the Anglo-Norman domain, for it is not entirely the invention of Wace himself, but rather the expansion of a shorter Latin passage in Geoffrey of Monmouth (see Faral, E., *La Légende arthurienne*, vol. 3 [Champion, Paris, 1929], p. 246). Clearly, therefore, two decades before Wace had completed the *Brut*, some of the fundamental ideas of the doctrine of courtly love had already been developed independently in Britain without the likelihood of any influence by the Provençal troubadour poets: love is purifying and ennobling, it inspires valour among the knights, to whom the ladies remain faithful because of the deeds of prowess carried out to please them. The influence of women continues to be associated with chivalry throughout Arthurian literature. (See Hoepffner, E., 'Le Brut de Wace',

Rev. des cours et conf., 34 [1933], 591-601; FRAPPIER, J., 'Vues sur les conceptions courtoises dans les littératures d'oc et d'oïl au XIIᵉ siècle', *CCM*, 2 [1959], 135-55.)

Cf. Arnold vv. 10301-542

Assez out en la curt baruns
Dunt jo ne sai dire les nuns:
Gillamur i fu, reis d'Irlande,
E Malvaisus, li reis d'Islande,
E Doldanïed de Gollande,   5
Ki n'unt pas plenté de viande.
A[s]chil i fu, reis de[s] Daneis,
E Loth, ki ert reis de[s] Norreis,
E Gonvais, li reis d'Orchenie,
Ki maint utlage out en baill[i]e.   10
D'ultre mer li cuens Ligier vint,
Ki de Buluine l'enur tint,
De Flandres i fu cuens Holdin
E de Chartres li cuens Gerin;
Cil amena par grant noblei   15
Les duze pers de France od sei.
Guitart i vint, cuens de Peitiers,
E Keis, ki esteit cuens d'Angiers,
E Bedoer de Normendie,
Ki dunc aveit nun Neüstrie;   20
E del Mans i vint cuens Borel   *124ᵇ*
E de Bretaine i vint Hoel.
Hoel e tuit cil de vers France
Furent de noble cuntenance,
De beles armes, de bels dras,   25
De bels lorains, de chevals gras.
N'out remis barun des Espaine
Dessi al Rim vers Alemainne
Ki a la feste ne venist,
Pur ço k'il la sumunse oïst,   30
Tant pur Artur, tant pur ses duns,
Tant pur cunustre ses baruns,
Tant pur veeir ses mananties,
Tant pur oïr ses curteisies,

26 gras] cras

Tant pur amur, tant pur banie,   35
Tant pur enur, tant pur baillie.
Quant la curt le rei fu justee,
Mult veïssez bele assemblee,
Mult veïssez cité fremir,
Servanz aler, servanz venir,   40
Ostels saisir, ostels purprendre,
Maisuns vuider, curtines tendre,
Les mareschals ostels livrer,
Soliers e chambres delivrer,
A cels ki n'aveient ostels   45
Faire loges e tendre tres.
Mult veïssiez as esqüiers   *124^c*
Palefreiz mener e destriers,
Faire estables, paissuns fichier,
Chevals mener, cheval[s] lïer,   50
Chevals furbir e abevrer,
Aveine, foerre, herbe porter.
Mult veïssiez en plusurs sens
Errer vaslez e chamberlens,
Mantels pendre, mantels plaier,   55
Mantels escurre e atachier,
Peliçuns porter vairs e gris :
Feire semblast, ço vus fust vis.
    Al matin, le jur de la feste,
Ço dit l'estorie de la geste,   60
Vindrent tut trei li arcevesque
E li abé e li evesque ;
El palais le rei corunerent
E puis al mustier le menerent.
Dui arcevesque le menoent,   65
Ki a ses dous costés aloent ;
Chescuns un braz li susteneit
Dessi qu'a sun siege veneit.
Quatre espees i out a or,
Que pont, que helt, que entretor ;   70
Quatre rei cez quatre portoent,
Ki dreit devant le rei aloent ;

Cist mestiers lur aparteneit   *124^d*
Quant li reis feste e curt teneit:
Cil d'Escoce e cil de Nortguales   75
E li tierz esteit de Sutguales;
Cador de Cornoaille esteit
Qui la quarte espee teneit;
N'aveit pas menur digneté
Que se il eüst realté.   80
Dubric, ke de Rome ert legat
E de Karlion ert prelat,
Enprist a faire le mestier,
E ço esteit en sun mustier.

   La reïne, de l'altre part,   85
Fu servie par grant esguart;
Devant la feste aveit mandees
E a cele feste assemblees
Les gentilz dames del païs;
E les femes a ses amis,   90
Ses amies e ses parentes,
E meschines beles e gentes
Fist a la feste a li venir
Pur la feste od li maintenir.
En sa chambre fu corunee   95
E al temple as nonains menee.
Pur la grant presse departir,
Que uns lieus ne peüst sufrir,
Quatre dames, ki devant vindrent,   *125^a*
Quatre columbes blanches tindrent;   100
As quatre esteient mariees
Ki portoent les quatre espees.
Emprés la reïne veneient
Altres dames, ki la siveient,
Od grant joie e od grant leesce   105
E od merveilluse noblesce.
Mult esteient bien afublees,
Bien vestues, bien aturnees;
Mainte en i peüssez veeir
Ki mainte altre quidout valeir;   110

84 mustier] mestier   93 li] lui   94 od li] out lui

Mult i aveit chiers guarnemenz,
Chiers aturs e chiers vestemenz,
Riches bliauz, riches mantels,
Riches nusches, riches anels,
Mainte pelice vaire e grise   115
E guarnemenz de mainte guise.
  A[s] processïuns out grant presse;
Chescuns d'aler avant s'engresse.
Quant la messe fu comenciee,
Ke le jur fu mult exalciee,   120
Mult oïssiez orgues suner
E clers chanter e orgener,
Voiz abaissier e voiz lever,
Chanz avaler e chanz munter;
Mult veïssiez par les mustiers   *125^b*   125
Aler e venir chevaliers;
Tant pur oïr les clers chanter,
Tan[t] pur les dames esgarder,
D'un mustier a l'altre cureient,
Mult aloent e mult veneient,   130
Ne saveient certainement
Al quel fussent plus lungement;
Ne se poeient saüler
Ne de veeir ne d'esculter;
Se tuz li jurs issi durast,   135
Ço qui, ja ne lur ennuiast.
   Quant li servise fu finez
E *Ite missa est* chantez,
Li reis ad sa curune ostee
Qu'il aveit el mustier portee;   140
Une curune menur prist,
E la reïne ensement fist;
Jus mistrent les grainnurs aturs,
Plus legiers pristrent e menurs.
Quant li reis turna del mustier,   145
En sun palais ala mangier.
La reïne en un altre ala
E les dames od sei mena:

Li reis manga ovec ses humes
E la reïne ovec les dames, 150
A grant deduit e a grant joie. *125ᶜ*
Custume soleit estre a Troie
E Bretun encor la teneient,
Quant ensemble feste faiseient,
Li hume od les humes manjoent, 155
Que nule feme n'i menoent;
Les dames manjoent aillurs,
N'i aveit ke lur serviturs.
Quant li reis fu al deis assis,
A la custume del païs 160
Assis sunt li barun entur,
Chescuns en l'ordre de s'enur.
Li seneschals, Kei aveit nun,
Vestuz de hermin peliçun,
Servi a sun mangier le rei, 165
Mil gentilz homes ovec sei
Ki tuz furent vestu d'ermine;
Cil serveient de la cuisine,
Suvent aloent e espés,
Escüeles portant e mes. 170
Bedoer, de l'altre partie,
Servi de la buteillerie,
Ensemble od lui mil damaisels
Vestuz d'ermine, genz e bels;
Od cupes e od nes d'or fin 175
E od hanaps portoent vin.
N'i aveit hume ki servist *125ᵈ*
Ki d'ermine ne se vestist.
Bedoer devant els alout,
Ki la cupe le rei portout; 180
Li dameisel emprés veneient,
Ki les baruns del vin serveient.
    La reïne rout ses servanz,
Ne vus sai dire quels ne quanz;
Richement e bel fu servie, 185
Ele e tute sa compainie.

Mult veïssiez riche vaissele,
Ki mult ert chiere e [mult ert] bele,
E de mangiers riche servise
E de beivres de mainte guise.   190
Ne puis tut ne ne sai numer
Ne les richesces acunter.
   De buens homes e de richesce
E de plenté e de noblesce
E de curteisie e d'enur   195
Portout Engleterre la flur
Sur tuz les regnes d'envirun
E sur tuz cels que nus savum.
Plus erent curteis e vaillant
Neïs li povre païsant   200
Que chevalier en altres regnes,
E altresi erent les femes.
Ja ne veïssiez chevalier   *126ᵃ*
Ki de rien feïst a preisier
Ki armes e dras e atur   205
Nen eüst tut d'une culur;
D'une culur armes faiseient
E d'une culur se vesteient;
Si rerent les dames preisiees
D'une culur apareillees.   210
Ja nul chevalier n'i eüst,
De quel parage que il fust,
Ja peüst aveir drüerie
Ne curteise dame a amie,
Se il n'eüst treis feiz esté   215
De chevalerie pruvé.
Li chevalier mielz en valeient
E en estur mielz [en] faiseient;
E les dames meillur esteient
E plus chastement en viveient.   220
   Quant li reis leva del mangier,
Alez sunt tuit esbanïer;
De la cité es chans eissirent,
A plusurs gieus se departirent;

196 portout] portent

Li un alerent bohorder 225
E lur isnels chevals mustrer;
Li altre alerent escremir
Ou pierre geter ou saillir;
Tels i aveit ki darz lançoent *126^b*
E tels i aveit ki lutoent. 230
Chescuns del gieu s'entremeteit
Dum entremettre se saveit.
Cil ki ses compainnuns venqueit
E ki d'alcun gieu pris aveit
Esteit sempres al rei menez 235
E a tuz les altres mustrez;
E li reis del suen li donout
Tant dunt cil tuz liez s'en alout.
Les dames sur les murs muntoent
Pur esgarder cels ki juoent; 240
Ki ami aveit en la place
Tost li turnot l'oil e la face.

229 aveit] out   230 aveit] out

10. Marie de France: *Lanval*

Little is known about Marie de France: she was born in France, but she appears to have written under royal and noble patronage in England. She gives her name three times, once in the Epilogue of her *Fables*, where she states *Marie ai num, si sui de France*, v. 4, once in the lay *Guigemar* (v. 3), and once in the concluding lines of the *Espurgatoire S. Patrice* (v. 2297). The *Lais* are dedicated in the Prologue to the 'noble king' (v. 43), probably Henry II. Marie's second collection of poems, the *Fables*, was translated from Latin for a certain 'cunte Willalme' (Epilogue, v. 9); the *Espurgatoire S. Patrice* was also translated from Latin, probably after 1189 (see *Marie de France, Lais*, ed. A. Ewert, BFT [Blackwell, Oxford, 1944], p. viii; *Les Lais de Marie de France*, ed. J. Rychner, CFMA 93 [Champion, Paris, 1968], p. xii). D. J. A. Ross (*MLR*, 65 [1970], 896-8) has rejected the view that these works were composed by four different authors (see BAUM, R., *Recherches sur les œuvres attribuées à Marie de France* [Winter, Heidelberg, 1968], pp. 218-20).

The only one of the lays of Marie de France to take place at King Arthur's court, *Lanval* derives its setting from Wace's *Brut* (see HOEPFFNER, E., 'Pour la chronologie des Lais de Marie de France', *Rom.*, 59 [1933], 351-70). For her plot Marie adapted an early tale about the Breton hero Graëlent who, persecuted by the queen for having rejected her love, is taken away by his faery mistress to the hereafter (see HOEPFFNER, E., '"Graëlent" ou "Lanval"?', in *Recueil de travaux offerts à M. C. Brunel* [Société de l'École des Chartes, Paris, 1955], ii. 1-8). Marie skilfully combines this theme of Celtic enchantment with that of the nascent courtly ideal (see FRAPPIER, J., 'Remarques sur la structure du lai: essai de définition et de classement', in *La Littérature narrative d'imagination. Des genres littéraires aux techniques d'expression. Colloque de Strasbourg 23-25 avril 1959* [P.U.F., Paris, 1961], 23-37).

Lanval was certainly composed after the *Roman de Brut* (1155), the *Roman de Thèbes* and the *Eneas* (*c.* 1160), but probably before Chrétien's *Erec et Enide* (*c.* 1170) (see Hoepffner, *Rom.*, 59 [1933], 351-70).

The poem is composed in masculine and feminine rhyming octosyllabic couplets with the accent on the eighth syllable in the feminine lines.

I have transcribed the text of the base MS. *H* (London, Brit. Lib., Harley 978, fols. 154^v-159^v, new foliation 133^v-138^v) from microfilm prints. *Lanval* also occurs in *C* (London, Brit. Lib., Cott. Vesp. B XIV, fols. 1ʳ-8ᵛ); *P* (Paris, B.N., fr. 2168, fols. 54ʳ-58ᵛ); *S* (Paris, B.N., fr. 1104, fols. 6ʳ-10ᵛ). In making emendations to *H*, I have consulted the parallel diplomatic texts of *C*, *P* and *S* published in *Marie de France, Lai de Lanval*, ed. J. Rychner (Droz, Geneva; Minard, Paris, 1958). For a detailed list of editions, commentaries, and translations see BOSSUAT, nos. 1480-520, 1528-9, 6277-92, 7351-70; KLAPP.

Vv. 80-358; 547-646

Forgotten when the king distributes fiefs to the other counts and barons of the Round Table (*Lanval* 13-20), Lanval, himself the son of a king in a distant land, is consoled by the love of a supernatural maiden whose beauty has no equal. Lanval's unnamed faery mistress has been convincingly identified as Morgain, first mentioned in Geoffrey of Monmouth's *Vita Merlini*, and later described in the thirteenth-century prose romance *La mort le roi Artu* as King Arthur's sister (see O'SHARKEY, E. M., 'The Identity of the Fairy Mistress in Marie de France's *Lai de Lanval*', *Trivium*, 6 [1971], 17-25). She promises to grant whatever Lanval requests and to appear, visible to him alone, whenever he summons her, provided that he does not betray their secret (extr. 1-109). However, when he is accused of sodomy by the queen, whose amorous advances he has rejected (158-207), in self-defence Lanval indiscreetly reveals the existence of his faery mistress. As Hoepffner aptly comments: 'Lanval s'est rendu coupable à son égard d'une faute impardonnable, d'une infraction à l'une des lois essentielles du code de l'amour courtois, la loi de la discrétion' (*Les Lais de Marie de France* [Boivin, Paris, 1935], p. 69). Furthermore, Lanval increases the insult to the queen by boasting of the matchless beauty of his beloved (208-23). To Arthur the queen vindictively accuses Lanval of having attempted to seduce her and also of having humiliated her by disparaging her beauty. The model for 'this lying, vindictive female' (see HOEPFFNER, E., 'The Breton Lais', in *Arthurian Literature in the Middle Ages*, ed. R. S. Loomis [Clarendon Press, Oxford, 1967], 112-21), so different in character from the idealized Guinevere of the prose romances *Lancelot* and *La mort le roi Artu*, is to be found in Wace's *Brut*, where the queen commits adultery with Mordret. As a result of the accusations made against him, Lanval is bidden to appear at court for trial on the double charge, not only of insulting the queen, but also of dishonouring the king, his lord.

During the course of the trial, the judges decide that Lanval will answer the charge of felony against the king if he takes a binding oath, and that he will be pardoned for his harsh words to the queen by having his mistress come forward. However, because he has broken his pledge of secrecy, Lanval despairs of her help. Although she sends her maidens to the court to prepare for her coming, the king and queen grow impatient that judgement should be passed (*Lanval* 415-546). Only at the last moment does the mysterious lady relent and come to vindicate Lanval's rash assertions: clearly her beauty is without compare; and she in turn denies the charge of attempted seduction (extr. 280-357). When Lanval has been exonerated by the king, the two lovers ride away to the Other World of Avalon (358-79).

On the Isle of Avalon, or the Celtic Isle of the Blessed, see HOEPFFNER, E., 'La Géographie et l'histoire dans les lais de Marie de France', *Rom.*, 56 (1930), 1-32. See also above the commentary on Wace's *Brut*.

Treske al tref l'unt amené,
Que mut fu beaus e bien asis.
La reïne Semiramis,
Quant ele ot unkes plus aveir
E plus pussaunce e plus saveir,   5
Ne l'emperere Octovïen
N'esligasent le destre pan.
Un aigle d'or ot desus mis;
De cel ne sai dire le pris,
Ne des cordes ne des peissuns   10
Que del tref tienent les giruns:
Suz ciel n'ad rei ki·[s] esligast
Pur nul aver k'il i donast.
Dedenz cel tref fu la pucele:
Flur de lis [e] rose nuvele,   15
Quant ele pert al tens d'esté,
Trespassot ele de beauté.
Ele jut sur un lit mut bel —
Li drap valeient un chastel —
En sa chemise senglement.   20
Mut ot le cors bien fait e gent.
Un cher mantel de blanc hermine,
Covert de purpre alexandrine,
Ot pur le chaut sur li geté;
Tut ot descovert le costé,   25
Le vis, le col et la peitrine;
Plus ert blanche que flur d'espine.
   Le chevaler avant ala,
E la pucele l'apela.   *134^d* [*155^d*]

Il s'est devant le lit asis.   30
'Lanval,' fet ele, 'beus amis,
Pur vus vienc jeo fors de ma tere;
De luinz vus sui venu[e] quere.
Se vus estes pruz e curteis,
Emperere ne quens ne reis   35
N'ot unkes tant joie ne bien,
Kar jo vus aim sur tute rien.'
Il l'esgarda, si la vit bele;
Amurs le puint de l'estencele
Que sun quor alume e esprent.   40
Il li respunt avenantment:
'Bele,' fet il, 'si vus pleiseit
E cele joie m'aveneit
Que vus me vousissez amer,
Ne savrïez rien comander   45
Que jeo ne face a mien poeir,
Turt a folie u a saveir.
Jeo f[e]rai voz comandemenz,
Pur vus guerpirai tutes genz.
Jamés ne quier de vus partir: 50
Ceo est la rien que plus desir.'
Quant la meschine oï parler
Celui que tant la peot amer,
S'amur e sun cors li otreie.
Ore est Lanval en dreite veie!   55
Un dun li ad duné aprés:
Ja cele rien ne vudra mes
Que il nen ait a sun talent;
Doinst e despende largement,
Ele li troverat asez.   60
Mut est Lanval bien assenez:
Cum plus despendra richement,
[E] plus avrat or e argent.
'Ami,' fet ele, 'or vus chasti,   *135ᵃ* [*156ᵃ*]
Si vus comant e si vus pri,   65
Ne vus descovrez a nul humme!
De ceo vus dirai ja la summe:

43 me aueneit   45 ne savrïez] ia nosiriez   50 quier] queor   52 oï] loi
63 avrat] auerat   64 or] ore   66 descovrez] descouerez

A tuz jurs m'avrïez perdue,
Si ceste amur esteit seüe;
Jamés ne·m purrïez veeir   70
Ne de mun cors seisine aveir.'
Il li respunt que bien tendra
Ceo qu'ele li comaundera.
Delez li s'est al lit cuchiez:
Ore est Lanval bien herbergez!   75
Ensemble od li la relevee
Demurat tresqu'a la vespree,
E plus i fust, se il poïst
E s'amie lui cunsentist.
'Amis,' fet ele, 'levez sus!   80
Vus n'i poëz demurer plus.
Alez vus en! Jeo remeindrai.
Mes un[e] chose vus dirai:
Quant vus vodrez od mei parler,
Ja ne savrez cel liu penser   85
U nuls puïst aver s'amie
Sanz repreoce [e] sanz vileinie,
Que jeo ne vus seie en present
A fere tut vostre talent;
Nul hum fors vus ne me verra   90
Ne ma parole nen orra.'
Quant il l'oï, mut en fu liez;
Il la baisa, puis s'est dresciez.
Celes quë al tref l'amenerent
De riches dras le cunreerent.   95
Quant il fu vestu de nuvel,
Suz ciel nen ot plus bel dancel;
N'esteit mie fous ne vileins.
L'ewe li donent a ses meins   *135ᵇ* [*156ᵇ*]
E la tuaille a [es]suer;   100
Puis li [a]portent a manger.
Od s'amie prist le super:
Ne feseit mie a refuser.
Mut fu servi curteisement
E il a grant joie le prent.   105

70 ne·m] ne me   73 que ele   77 tresque al   85 savrez] sauerez
86 sa amie   90 hum] humme

Un entremés i ot plener,
Que mut pleiseit al chevalier :
Kar s'amie baisout sovent
E acolot estreitement.
    Quant del manger furent levé,   110
Sun cheval li unt amené ;
Bien li ourent la sele mise.
Mut ad trové riche servise.
Il prent cungé, si est muntez ;
Vers la cité s'en est alez.   115
Suvent esgarde ariere sei ;
Mut est Lanval en grant esfrei ;
De s'aventure vait pensaunt
E en sun curage dotaunt ;
Esbaïz est, ne seit que creir[e],   120
Il ne la quide mie a veir[e].
Il est a sun ostel venuz,
Ses humme[s] treve bien vestuz.
Icele nuit bon ostel tient,
Mes nul ne sot dunt ceo li vient.   125
N'ot en la vile chevalier
Ki de surjur ait grant mestier
Quë il ne face a lui venir
E richement e bien servir.
Lanval donout les riches duns,   130
Lanval aquitout les prisuns,
Lanval vesteit les jugleürs,
Lanval feseit les granz honurs.
N'i ot estrange ne privé   *135^c* [*156^c*]
A ki Lanval n'eüst doné.   135
Mut ot Lanval joie e deduit :
U seit par jur u seit par nuit,
S'amie peot veer sovent,
Tut est a sun comandement.
    Ceo m'est avis, meïsmes l'an,   140
Aprés la feste seint Johan,
D'ici qu'a trente chevalier
S'ierent alé esbanïer

---

112 ourent] unt   119 dotaunt] sotaunt   135 n'eüst] nen ust
140 meïsmes] memes

En un vergier desuz la tur
U la reïne ert a surjur.   145
Ensemble od eus [esteit] Walwains
E sis cusins, li beaus Ywains.
E dist Walwains, li francs, li pruz,
Que tant se fist amer de tuz:
'Par Deu, seignurs, nus feimes mal   150
De nostre cumpainun Lanval,
Que tant est larges e curteis,
E sis peres est riches reis,
Qu'od nus ne l'avum amené.'
Atant sunt ariere turné;   155
A sun ostel revunt ariere,
Lanval ameinent par preere.
    A une fenestre entaillie
S'esteit la reïne apuïe;
Treis dames ot ensemble od li.   160
La maisnie le rei choisi,
Lanval conut e esgarda.
Une des dames apela;
Par li manda ses dameiseles,
Les plus quointes [e] les plus beles: 165
Od li s'irrunt esbainïer
La u cil erent al vergier.
Trente en menat od li e plus;
Par les degrez descendent jus.   *135^d* [*156^d*]
Les chevalers encuntre vunt,   170
Que pur eles grant joïe unt.
Il les unt prises par les mains;
Cil parlemenz n'iert pas vilains.
Lanval s'en vait a une part
Luin des autres; mut li est tart   175
Que s'amie puisse tenir,
Baiser, acoler et sentir;
L'autrui joie prise petit,
Si il nen ad le suen delit.

---

154 que od   155 atant se sunt   156 revunt] reuient   161 maisnie] maisne;
le rei] lanual   162 conut] choisi   166 si irrunt   167 erent] sunt
173 parlemenz] par les mains   ·   175 Mut luin des autres ceo li est tart
176 puisse] puist   179 nen ad] nad

Quant la reïne sul le veit,   180
Al chevaler en va tut dreit;
Lunc lui s'asist, si l'apela,
Tut sun curage li mustra:
'Lanval, mut vus ai honuré
E mut cheri e mut amé.   185
Tute m'amur poëz aveir;
Kar me dites vostre voleir!
Ma drüerie vus otrei:
Mut devez estre lié de mei.'
'Dame,' fet il, 'lessez m'ester!   190
Jeo n'ai cure de vus amer.
Lungement ai servi le rei;
Ne li voil pas mentir ma fei.
Ja pur vus ne pur vostre amur
Ne mesf[e]rai a mun seignur.'   195
La reïne s'en curuça,
Irie fu, si mesparla:
'Lanval,' fet ele, 'bien le quit,
Vus n'amez gueres cel delit;
Asez le m'ad hum dit sovent   200
Que des femmez n'avez talent.
Vallez avez bien afeitiez,
Ensemble od eus vus deduiez.
Vileins cuarz, mauveis failliz,   *136ᵃ* [*157ᵃ*]
Mut est mi sires maubailliz   205
Que pres de lui vus ad suffert;
Mun escïent que Deus en pert.'
   Quant il l'oï, mut fu dolent;
Del respundre ne fu pas lent.
Teu chose dist par maltalent   210
Dunt il se repenti sovent.
'Dame,' dist il, 'de cel mestier
Ne me sai jeo nïent aidier;
Mes jo aim [e] si sui amis
Cele ke deit aver le pris   215
Sur tutes celes que jeo sai.
E une chose vus dirai,

200 hum] humme

Bien le sachez a descovert:
Une de celes ke la sert,
Tute la plus povre meschine,   220
Vaut meuz de vus, dame reïne,
De cors, de vis e de beauté,
D'enseignement e de bunté.'
    La reïne s'en part atant,
En sa chambrë en vait plurant.   225
Mut fu dolente e curuciee
De ceo k'il [l]'out [si] avilee.
En sun lit malade cucha;
Jamés, ceo dit, ne levera,
Si li reis ne l'en feseit dreit   230
De ceo dunt ele se pleindreit.
    Li reis fu del bois repeiriez,
Mut out le jur esté haitiez.
As chambres la reïne entra.
Quant el le vit, si se clamma;   235
As piez li chiét, merci [li] crie
E dit que Lanval l'ad hunie:
De drüerie la requist;
Pur ceo qu'ele l'en escundist,   *136ᵇ* [*157ᵇ*]
Mut [la] laidi e avila;   240
De tele amie se vanta
Que tant iert cuinte e noble e fiere
Que meuz valut sa chamberere,
La plus povre que la serveit,
Que la reïne ne feseit.   245
Li reis s'en curuçat forment,
Juré en ad sun ser[e]ment:
S'il ne s'en peot en curt defendre,
Il le ferat arder u pendre.
Fors de la chambre eissi li reis,   250
De ses baruns apelat treis;
Il les enveie pur Lanval,
Que asez ad dolur e mal.
A sun ostel fu revenuz;
Il s'est[eit] bien aparceüz   255

224 part] parte   231 pleindreit] pleinereit   235 el] ele   239 que ele
244 que la] que tant   248 si il   252 enveie] enueit   254 ostel] chastel

Qu'il aveit perdue s'amie:
Descovert ot la drüerie.
En une chambre fu tut suls.
Pensis esteit e anguissus;
S'amie apele mut sovent,   260
Mes ceo ne li valut neent.
Il se pleigneit e suspirot,
D'ures en autres se pasmot;
Puis li crie cent feiz merci
Qu'ele parolt a sun ami.   265
Sun quor e sa buche maudit;
C'est merveille k'il ne s'ocit.
Il ne seit tant crïer ne braire
Ne debatre ne sei detraire
Qu'ele en veulle merci aveir   270
Sul tant que la puisse veeir.
Oi! las, cument se cuntendra?
Cil ke li reis ci enveia,
Il sunt venu, si li unt dit   *136^c* [*157^c*]
Qu'a la curt voise sanz respit: 275
Li reis l'aveit par eus mandé,
La reïne l'out encusé.
Lanval i vet od sun grant doel;
Il l'eüssent ocis sun veoil.

. . . .

    Ja departissent a itant,   280
Quant par la vile vient errant
Tut a cheval une pucele,
En tut le secle n'ot plus bele.
Un blanc palefrei chevachot,
Que bel e süef la portot: 285
Mut ot bien fet e col e teste,
Suz ciel nen ot plus bele beste.
Riche atur ot al palefrei:
Suz ciel nen ad cunte ne rei
Ki tut [le] peüst eslegier   290
Sanz tere vendre u engagier.

---

265 que ele parlot   267 ceo est   270 que ele   275 que a   279 sun]
a lur   289 cunte] quens   290 peüst] pust

Ele iert vestue en itel guise:
De chainsil blanc e de chemise,
Que tuz les costez li pareient,
Que de deus parz laciez esteient. 295
Le cors ot gent, basse la hanche, *138ᵃ* [*159ᵃ*]
Le col plus blanc que neif sur branche,
Les oilz ot vairs e blanc le vis,
Bele buche, neis bien asis,
Les surcilz bruns et bel le frunt 300
E le chef cresp e aukes blunt:
Fil d'or ne gette tel luur
Cum si chevel cuntre le jur.
Sis manteus fu de purpre bis,
Les pans en ot entur li mis. 305
Un espervier sur sun poin tient
E un levrer aprés li vient.
Il n'ot al burc petit ne grant
Ne li veillard ne li enfant
Que ne l'alassent esgarder. 310
Si cum il la veent errer,
De sa beauté n'iert mie gas.
Ele veneit meins que le pas.
Li jugeür, que la veeient,
A [grant] merveille le teneient: 315
Il n'ot un sul ki l'esgardast
De dreite joie n'eschaufast.
Cil ki le chevaler amoent
A lui vienent, si li cuntouent
De la pucele ki veneit, 320
Si Deu plest, que·l delivereit:
'Sire cumpain, ci en vient une,
Mes el n'est pas fave ne brune;
Ceo [e]st la plus bele del mund,
De tutes celes kë i sunt.' 325
Lanval l'oï, sun chief dresça,
Bien la cunut, si suspira;
Li sanc li est munté al vis.
De parler fu aukes hastifs.

303 si chevel] sun cheual   307 leuerer apres lui   317 ne seschaufast
319 vienent] ueneient   321 que le   323 el] ele

'Par fei,' fet il, 'ceo est m'amie!   330
Or m'en est gueres ki m'ocie,   *138^b* [*159^b*]
Si ele n'ad merci de mei,
Kar gariz sui quant jeo la vei.'
La damë entra al palais:
Unques si bele n'i vient mais.   335
Devant le rei est descendue
Si que de tuz iert bien veüe.
Sun mantel ad laissié chaeir,
Que meuz la puïssent veer.
Li reis, que mut fu enseigniez,   340
Il s'est encuntre li dresciez
E tuit li autre l'enurerent,
De li servir se presenterent.
Quant il l'orent bien esgardee
E sa beauté forment loëe,   345
Ele parla en teu mesure,
Kar de demurer nen ot cure:
'Reis, j'ai amé un tuen vassal.
Veez le ci: ceo est Lanval!
Acheisuné fu en ta curt —   350
Ne vuil mie qu'a mal li turt —
De ceo qu'il dist; ceo sachez tu
Que la reïne ad tort eü:
Unques nul jur ne la requist.
De la vantance ke il fist,   355
Si par me peot estre aquitez,
Par voz baruns seit delivrez!'
Ceo qu'il [en] jugerunt par dreit
Li reis otrie k'issi seit.
N'i ad un sul que n'ait jugié   360
Que Lanval ad tut desrainié.
Delivrez est par lur esgart,
E la pucele s'en depart.
Ne la peot li reis retenir;
Asez gent ot a li servir.   365

---

331 or] ore   335 unques] unc   337 veüe] uenue   338 chaeir] cheir
341 li] lui   348 ieo] ai   349 ci] ici   351 que] a   354 unques] unc
357 delivrez] deliuerez   359 ke] issi   362 delivrez] deliuerez

Fors de la sale aveient mis   *138ᶜ* [*159ᶜ*]
Un grant perrun de marbre bis,
U li pesant humme muntoent,
Que de la curt le rei aloent.
Lanval esteit munté desus.   370
Quant la pucele ist fors a l'us,
Sur le palefrei detriers li
De plain eslais Lanval sailli.
Od li s'en vait en Avalun,
Ceo nus recuntent li Bretun,   375
En un isle que mut est beaus.
La fu ravi li dameiseaus.
Nul hum n'en oï plus parler
Ne jeo n'en sai avant cunter.

369 aloent] uenoent   378 hum] humme

11. Chrétien de Troyes: *Erec et Enide*

Little is known of the life of Chrétien de Troyes. After giving his full name (*Chrestiens de Troies*, v. 9), in his first romance, *Erec et Enide*, he then calls himself simply *Crestiens* (*Cligès* 45, *Le chevalier de la charrete* 25, *Yvain* 6805, *Perceval* 7, 62). Although there is no evidence to prove that Chrétien was born at Troyes, his language shows him to be a native of Champagne. He no doubt lived for a time at Troyes, working under the patronage of Marie, the daughter of Louis VII of France and Eleanor of Aquitaine, who became Countess of Champagne (*ma dame de Chanpaigne*, v. 1 of *Le chevalier de la charrete*) in 1164. *Perceval*, the last of Chrétien's romances, remained incomplete at the time of his death. It was dedicated to Philippe d'Alsace, who became Count 'Phelipes de Flandres' (v. 13) in 1168.

In the opening lines of *Cligès*, Chrétien lists as his earlier works, not only *Erec et Enide*, but also the *Comandemenz Ovide*, the *Art d'Amors*, the *Mors de l'espaule*, then a version of the story of King Mark and Iseut the Fair and, finally, the *Muance de la hupe, de l'aronde et du rossignol*. With the exception of *Erec et Enide*, only the last-mentioned of these early poems has survived. Known as the *Philomena*, it occurs in renewed form in the *Ovide moralisé*, which dates from the end of the thirteenth century (see FRAPPIER, J., *Chrétien de Troyes*, new edn. [Hatier, Paris, 1968], chap. i).

At a time when burgeoning courtly literature was largely concerned with the theme of extra-marital love, Chrétien boldly took love within marriage as the subject of *Erec et Enide*. The love felt by Erec, son of King Lac, for his bride Enide develops, throughout the central part of the romance, from an all-absorbing passion, indulged in isolation, to a mature, more altruistic feeling; and so, in the final section, the couple resume their rightful place within the structure of chivalric society. One of the Knights of the Round Table, Erec wins his bride Enide whilst he is absent from King Arthur's court for the purpose of avenging an insult paid to Queen Guinevere and himself by Yder, the son of Nut. These incidents occur in the first of the three parts of the romance. The central section concerns the sudden estrangement and the gradual reconciliation of the husband and wife. In the final part of the romance, Erec frees Mabonagrain from the selfish domination of his mistress, Enide's cousin, thereby bringing about the 'Joy of the Court'. (See HOEPFFNER, E.,

'"Matière et sens" dans le roman d'*Erec et Enide*', *Arch. rom.*, 18 [1934], 433–50; FRAPPIER, J., 'Chrétien de Troyes', in *Arthurian Literature in the Middle Ages*, ed. R. S. Loomis [Clarendon Press, Oxford, 1959], 157–91; ZADDY, Z. P., 'The Structure of Chrétien's *Erec*', *MLR*, 62 [1967], 608–19.)

Erec et Enide was probably written about 1170 (see FOURRIER, A., 'Encore la chronologie des œuvres de Chrétien de Troyes', *BBSIA*, 2 [1950], 69–88).

The poem is composed in the usual metre of the Old French romances, masculine and feminine rhyming octosyllabic couplets with the accent on the eighth syllable in the feminine lines.

I have transcribed the text of the base MS. *A* (Paris, B.N., fr. 794, fols. 1^r–27^r) from microfilm prints (see MICHA, A., *La Tradition manuscrite des romans de Chrétien de Troyes* [Droz, Geneva, 1939], pp. 32–4; ROQUES, M., 'Le Manuscrit fr. 794 de la Bibliothèque nationale et le scribe Guiot', *Rom.*, 73 [1952], 177–99). In making emendations I have consulted microfilm prints of the following control MSS.: *P* (Paris, B.N., fr. 375, fols. 281^v–295^v); *B* (Paris, B.N., fr. 1376, fols. 95^r–144^v); *R* (Paris, B.N., fr. 1450, fols. 140^r–158^v). The sigla are those of Roques in *Les Romans de Chrétien de Troyes édités d'après la copie de Guiot* (*Bibl. Nat., fr. 794*), i. *Erec et Enide*, ed. M. Roques, CFMA 80 (Champion, Paris, 1952). For a detailed list of editions, commentaries, and translations see BOSSUAT, nos. 1747–76, 6333–9, 7437–47; KLAPP; KELLY, D., *Chrétien de Troyes: an analytic bibliography* (Grant & Cutler Ltd., London, 1976).

Vv. 2377–2691

The extract given recounts the crisis in the relationship between the newly-married husband and wife, the sudden quarrel that leads to their estrangement and their departure from Erec's father's court. A short introductory passage (1–53) describes the celebrations in honour of their arrival, the gifts given to Erec, and points out the high esteem in which Enide is held. Chrétien then indicates the growing feeling of discontent among Erec's followers at their lord's neglect of arms and chivalry (86–7). The fact that Erec is being called *recreant* (175) causes Enide great distress (54–98). The climax is reached during a dramatic scene of confrontation between the lovers: having lamented aloud Erec's unfortunate loss of reputation, a state of affairs for which she generously takes the blame, Enide is then compelled by her husband, who has partly heard her words as he lies half awake, to explain the reason for her tearful outburst: '*Amis, con mar fus!*' 127. When he eventually learns the truth, he orders her to put on her best dress ready for departure (99–208). Soliloquizing on her foolishness, Enide makes preparations (209–44), after which follows

the parallel scene of Erec's ceremonial arming (245–83). He then departs
with her on a secret quest, without attendants or companions. Suspecting
that Enide no longer loves him because of the mockery brought upon him
by his neglect of duty, Erec is, in fact, about to undertake a journey of
penance: their love will be renewed through the hardships that each will
endure for the other (see *Erec et Enide* 5203–5). (See also ZADDY, Z. P.,
'Pourquoi Erec se décide-t-il à partir en voyage avec Enide?', *CCM*, 7
[1964], 179–85; KELLY, D., 'La Forme et le sens de la quête dans l'*Erec
et Enide* de Chrétien de Troyes', *Rom.*, 92 [1971], 326–58.)

Cf. Roques vv. 2377–691

> Quant Enyde ot s'ofrande fete, 10ra
> Un petit s'est arriere trete;
> De sa destre main s'est seigniee
> Come fame bien anseigniee.
> Atant fors del mostier s'an vont,   5
> Droit a l'ostel revenu sont;
> La comança la joie granz.
> Le jor ot Erec mainz presanz
> De chevaliers et de borjois:
> De l'un un palefroi norrois   10
> Et de l'autre une cope d'or;
> Cil li presante un ostor sor,
> Cil un brachét, cil un levrier,
> Et li autres un esprevier,
> Li autres un destrier d'Espaigne,   15
> Cil un escu, cil une ansaigne,
> Cil une espee et cil un hiaume.
> Onques nus rois an son rëaume
> Ne fu plus lieemant veüz
> N'a greignor joie receüz.   20
> Tuit de lui servir se penerent;
> Molt plus grant joie demenerent
> D'Enyde que de lui ne firent
> Por la grant biauté qu'an li virent
> Et plus ancor por sa franchise.   25
> An une chanbre fu assise
> Desor une coute de paile
> Qui venue estoit de Tessaile.

1 s'ofrande] soferande   28 Tessaile] cessaile

Antor li avoit mainte dame,
Mes ausi con la clere jame   30
Reluist desor le bis chaillot
Et la rose sor le pavot,
Ausi ert Enyde plus bele
Que nule dame ne pucele
Qui fust trovee an tot le monde,   35
Qui le cerchast a la rëonde,
Tant fu gentix et enorable,
De saiges diz et acointable,
De bon ere et de boen atrét.
Onques nus ne sot tant d'aguét   40
Qu'an li poïst veoir folie
Ne malvestié ne vilenie.
Tant a d'afaitemant apris
Que de totes bontez ot pris
Que nule dame doie avoir 10rb 45
Et de largesce et de savoir.
Tuit l'amerent por sa franchise:
Qui li pooit feire servise,
Plus s'an tenoit chiers et prisoit;
Ne nus de li ne mesdisoit,   50
Car nus n'an pooit rien mesdire.
El rëaume ne an l'empire
N'ot dame de si boenes mors.
Mes tant l'ama Erec d'amors
Que d'armes mes ne li chaloit   55
Ne a tornoiemant n'aloit,
N'avoit mes soing de tornoier.
A sa fame volt dosnoier,
Si an fist s'amie et sa drue:
En li a mise s'antendue,   60
En acoler et an beisier;
Ne se quierent d'el aeisier.
Si conpaignon duel en avoient;
Sovant entr'ax se demantoient
De ce que trop l'amoit assez.   65
Sovant estoit midis passez
Einz que de lez lui se levast;
Lui estoit bel, cui qu'il pesast.

Molt petit de li s'esloignoit,
Mes ainz por ce moins ne donoit   70
De rien nule a ses chevaliers
Armes ne robes ne deniers.
Nul leu n'avoit tornoiemant
Ne·s anveast molt richemant
Aparelliez et atornez.   75
Destriers lor donoit sejornez
Por tornoier et por joster,
Que qu'il li deüssent coster.
Ce disoit trestoz li barnages
Que granz diax ert et granz domages   80
Quant armes porter ne voloit
Tex ber com il estre soloit.
Tant fu blasmez de totes genz,
De chevaliers et de sergenz,
Qu'Enyde l'oï antredire   85
Que recreant aloit ses sire
D'armes et de chevalerie;
Molt avoit changiee sa vie.
De ceste chose li pesa;   *10*ʳᶜ
Mes sanblant fere n'an osa,   90
Que ses sire an mal ne·l preïst
Asez tost, s'ele le deïst.
Tant li fu la chose celee
Qu'il avint une matinee,
La ou il jurent an un lit,   95
Qu'il orent eü maint delit.
Boche a boche antre braz gisoient
Come cil qui molt s'antramoient.
    Cil dormi et cele veilla.
De la parole li manbra   100
Que disoient de son seignor
Par la contree li plusor.
Quant il l'an prist a sovenir,
De plorer ne se pot tenir.
Tel duel en ot et tel pesance   105
Qu'il li avint par mescheance

---

98 s'antramoient] santre amoient

Qu'ele dist lors une parole
Dom ele se tint puis por fole;
Mes ele n'i pansoit nul mal.
Son seignor amont et aval   110
Comança tant a regarder,
Le cors vit bel et le vis cler,
Et plora de si grant ravine
Que, plorant, desor la peitrine
An chieent les lermes sor lui.   115
'Lasse,' fet ele, 'con mar fui!
De mon païs que ving ça querre?
Bien me doit essorbir la terre
Quant toz li miaudres chevaliers,
Li plus hardiz et li plus fiers   120
Qui onques fust ne cuens ne rois,
Li plus lëax, li plus cortois,
A del tot an tot relanquie
Por moi tote chevalerie.
Dons l'ai ge honi tot por voir;   125
Ne·l volsisse por nul avoir.'
     Lors li dist: 'Amis, con mar fus!'
Atant se tot, si ne dist plus.
Et cil ne dormi pas formant,
La voiz oï tot an dormant;   130
De la parole s'esveilla
Et de ce molt se merveilla
Que si formant plorer la vit. 10va
Puis li a demandé et dit:
'Dites moi, dolce amie chiere,   135
Por coi plorez an tel meniere?
De coi avez ire ne duel?
Certes, je le savrai, mon vuel.
Dites le moi, ma dolce amie,
Gardez ne·l me celez vos mie,   140
Por qu'avez dit que mar i fui?
Por moi fu dit, non por autrui.
Bien ai la parole antandue.'
Lors fu molt Enyde esperdue,
Grant pëor ot et grant esmai.   145
'Sire,' fet ele, 'je ne sai

Neant de quanque vos me dites.'
'Dame, por coi vos escondites?
Li celers ne vos i valt rien.
Ploré avez, ce voi ge bien;   150
Por neant ne plorez vos mie;
Et an plorant ai ge oïe
La parole que vos deïstes.'
'Ha! biax sire, onques ne l'oïstes,
Mes je cuit bien que ce fu songes.'   155
'Or me servez vos de mançonges:
Apertemant vos oi mantir;
Mes tart vandroiz au repantir
Se voir ne me reconuissiez.'
'Sire, quant vos si m'angoissiez,   160
La verité vos an dirai,
Ja plus ne le vos celerai;
Mes je criem qu'il ne vos enuit.
Par ceste terre dient tuit,
Li blonc et li mor et li ros,   165
Que granz domages est de vos
Que voz armes antrelessiez.
Vostre pris est molt abessiez.
Tuit soloient dire l'autre an
Qu'an tot le mont ne savoit l'an   170
Meillor chevalier ne plus preu;
Vostres parauz n'estoit nul leu.
Or se vont tuit de vos gabant,
Juesne et chenu, petit et grant;
Recreant vos apelent tuit.   175
Cuidiez vos qu'il ne m'an enuit
Quant j'oi dire de vos despit?   *10vb*
Molt me poise quant l'an le dit;
Et por ce m'an poise ancor plus
Qu'il m'an metent le blasme sus;   180
Blasmee an sui, ce poise moi,
Et dient tuit reison por coi,
Car si vos ai lacié et pris
Que vos an perdez vostre pris

178 *Copied twice by Guiot*   l'an] an lan

Ne ne querrez a el antandre.   185
Or vos an estuet consoil prandre
Que vos puissiez ce blasme estaindre
Et vostre premier los ataindre,
Car trop vos ai oï blasmer.
Onques ne·l vos osai mostrer;   190
Sovantes foiz, quant m'an sovient,
D'angoisse plorer me covient:
Si grant angoisse orainz en oi
Que garde prandre ne m'an soi,
Tant que je dis que mar i fustes.'   195
'Dame,' fet il, 'droit an eüstes,
Et cil qui m'an blasment ont droit.
Apareilliez vos or androit,
Por chevauchier vos aprestez.
Levez de ci, si vos vestez   200
De vostre robe la plus bele
Et feites metre vostre sele
Sor vostre meillor palefroi.'
Or est Enyde an grant esfroi;
Molt se lieve triste et panssive,   205
A li seule tance et estrive
De la folie qu'ele dist:
Tant grate chievre que mal gist.
     'Ha!' fet ele, 'fole malveise!
Or estoie je trop a eise,   210
Qu'il ne me failloit nule chose.
Ha! lasse, por coi fui tant ose
Qui tel forssenaige osai dire?
Dex! don ne m'amoit trop mes sire?
Par foi, lasse, trop m'amoit il.   215
Or m'estuet aler an essil.
Mes de ce ai ge duel greignor
Que ge ne verrai mon seignor,
Qui tant m'amoit de grant meniere
Que nule rien n'avoit tant chiere.   *10^vc*   220
Li miaudres qui onques fust nez
S'estoit si a moi atornez
Que d'autre rien ne li chaloit.
Nule chose ne me failloit;

Molt estoie boene eüree.   225
Mes trop m'a orguialz alevee
Quant ge ai dit si grant oltraige.
An mon orguel avrai domaige
Et molt est bien droiz que je l'aie:
Ne set qu'est biens qui mal n'essaie.'   230
Tant s'est la dame demantee
Que bien et bel s'est atornee
De la meillor robe qu'ele ot;
Mes nule chose ne li plot,
Einçois li dut molt enuier.   235
Puis a fet un suen escuier
Par une pucele apeler,
Si li comande a anseler
Son riche palefroi norrois;
Onques meillor n'ot cuens ne rois.   240
Des qu'ele li ot comandé,
Cil n'i a respit demandé:
Le palefroi veir ansela.
Et Erec un autre apela,
Si li comande a aporter   245
Ses armes por son cors armer.
Puis s'an monta en unes loiges
Et fist un tapiz de Limoiges
Devant lui a la terre estandre;
Et cil corrut les armes prandre   250
Cui il l'ot comandé et dit,
Se·s aporta sor le tapit.
Erec s'asist de l'autre part
Sor une ymage de liepart,
Qui el tapiz estoit portraite.   255
Por armer s'atorne et afaite:
Premieremant se fist lacier
Une chauces de blanc acier.
Un hauberc vest aprés tant chier
Qu'an n'an puet maille detranchier;   260
Molt estoit riches li haubers
Que an l'androit ne an l'anvers
N'ot tant de fer com une aguille,
N'onques n'i pot coillir reoïlle,   11ra

Que toz estoit d'argent feitiz,   265
De menües mailles tresliz.
Si ert ovrez si soutilmant
Dire vus puis seüremant
Que ja nus qui vestu l'eüst
Plus las ne plus doillanz n'an fust   270
Ne que s'eüst sor sa chemise
Une cote de soie mise.
Li sergent et li chevalier   •
Se prenent tuit a mervellier
Por coi il se feisoit armer,   275
Mes nus ne l'ose demander.
Quant del hauberc l'orent armé,
Un hiaume a cercle d'or jamé,
Qui plus cler reluisoit que glace,
Uns vaslez sor le chief li lace;   280
Puis prant l'espee, si la ceint.
Lors comanda qu'an li amaint
Le bai de Gascoigne anselé;
Puis a un vaslét apelé.
'Vaslez,' fet il, 'va tost et cor   285
An la chanbre delez la tor
Ou ma feme est; va, se li di
Que trop me fet demorer ci;
Trop a mis a li atorner.
Di li qu'el veigne tost monter,   290
Que ge l'atant.' Et cil i va;
Apareilliee la trova,
Son plor et son duel demenant;
Et cil li dist tot maintenant:
'Dame, por coi demorez tant?   295
Mes sires la hors vos atant
De totes ses armes armez.
Grant piece a que il fust montez
Se vos fussiez apareilliee.'
Molt s'est Enyde merveilliee   300
Que ses sires ot an corage;
Mes de ce fist ele que sage,
Car plus lieemant se contint
Qu'ele pot quant devant lui vint.

Devant lui vint en mi la cort 305
Et li rois Lac aprés li cort.
Chevalier corent qui mialz mialz:
Il n'i remaint juenes ne chauz 11rb
N'aille savoir et demander
S'il an voldra nul d'ax mener. 310
Chascuns s'an porofre et presante,
Mes il lor jure et acreante
Qu'il n'an manra ja conpaignon,
Se sa fame solemant non;
Ensi dit qu'il en ira seus. 315

12. Chrétien de Troyes:
Le chevalier de la charrete

Requested by the Countess Marie de Champagne to write *Le chevalier de la charrete*, Chrétien adopted the subject and the interpretation (*matiere et san* [*Charrete* 26]) suggested to him by his patroness. His task was to embody in the narrative form of the romance the lyric theme of extra-conjugal love that Marie had learnt from the Provençal troubadour poets.

(On the importance of *Le chevalier de la charrete* in the history of the literature of courtly love see COHEN, G., *Un Grand Romancier d'amour et d'aventure au XIIᵉ siècle, Chrétien de Troyes et son œuvre*, new edn. [Rodstein, Paris, 1948], pp. 276-7; KELLY, D., *'Sens' and 'Conjointure' in the 'Chevalier de la charrette'* [Mouton, The Hague, 1966], pp. 36-85.)

The plot, in which Chrétien developed the theme of the perfect lover (*amis antiers* 3800, *fin amant* 3962) submissive in the service of his lady, seems to have been borrowed from a Celtic myth, a twelfth-century version of which occurs in the *Vita sancti Gildae* written by the Welsh clerk Caradoc de Llancarvan (see MICHA, A., 'Sur les sources de la "Charrette"', *Rom.*, 72 [1950], 345-58; SOUTHWARD, E., 'The Unity of Chrétien's Lancelot', in *Mélanges offerts à Mario Roques*, vol. 2 [Editions Art et Science, Bade; Didier, Paris, 1953], 281-90). In this clerkly rehandling of the tale, King Melwas carried off Guennuvar to his home in Glastonbury, whence King Arthur rescued her. In Chrétien's poem the abductor becomes Meleagant, the son of Bademagu, who is king of the realm of Gorre; and it is Lancelot, not Arthur, who sets out on a quest lasting six days in search of Guinevere. Inspired by his devotion to the queen, Lancelot fights with great prowess and defeats Meleagant in single combat, thus securing her release. Before Guinevere returns to Arthur's court, she and Lancelot become lovers. In the conclusion of the romance added by Godefroi de Lagny, Lancelot finally kills Meleagant in single combat after escaping from a tower where he has been treacherously imprisoned by this evil prince.

Chrétien appears to have begun writing both *Le chevalier de la charrete* and *Yvain* about Whitsuntide 1177 and to have continued working concurrently on the two romances for several years (see FOURRIER, A., 'Encore la chronologie des œuvres de Chrétien de Troyes', *BBSIA*, 2 [1950],

60-88; MENARD, P., 'Note sur la date du *Chevalier de la Charrette*', *Rom.*, 92 [1971], 118-26). He then entrusted the completion of *Le chevalier de la charrete* to the clerk Godefroi de Lagny. Whilst agreeing that the composition of the two romances was concurrent, D. J. Shirt suggests that Chrétien may have added the Noauz episode (vv. 5359-6104 Roques) to *Le chevalier de la charrete* after Godefroi had completed it (SHIRT, D. J., 'How much of the lion can we put before the cart? Further light on the chronological relationship of Chrétien de Troyes's *Lancelot* and *Yvain*', *FS*, 31 [1977], 1-17).

The romance is composed in rhyming octosyllabic couplets; see *Erec et Enide*.

I have transcribed the text of the base MS. *C* (Paris, B.N., fr. 794, fols. 27^r-54^r) from microfilm prints (see Micha, *La Tradition manuscrite des romans de Chrétien de Troyes*, pp. 32-7). Other MSS. consulted: *T* (Paris, B.N., fr. 12560, fols. 41^r-83^r); *V* (Vatican, Christina of Sweden 1725, fols. 1^r-34^r); *A* (Chantilly, Musée Condé, 472, fols. 196^r-213^v); *E* (Madrid, Escurial, M. iii. 21, fols. 1-32, incomplete, as far as v. 5763 of the edition by W. Foerster). The sigla are those of Foerster in *Christian von Troyes' sämtliche erhaltene Werke*, iv. *Der Karrenritter* (*Lancelot*) *und das Wilhelmsleben* (*Guillaume d'Angleterre*) (Niemeyer, Halle, 1889; Rodopi, Amsterdam, 1965); also consulted: *Les Romans de Chrétien de Troyes édités d'après la copie de Guiot* (*Bibl. nat. fr. 794*), iii. *Le chevalier de la charrete*, ed. M. Roques, CFMA 86 (Champion, Paris, 1967). For a detailed list of editions, commentaries, and translations see BOSSUAT, nos. 1790-800, 6343-9, 7455-61; KLAPP; Kelly, *Chrétien de Troyes: an analytic bibliography*.

Vv. 4313-4736

The extract may be divided into three sections: (i) Lancelot's return journey to Bademagu's castle (1-142); (ii) the reconciliation of Lancelot and Guinevere, during which the reason for the misunderstanding between them is explained (143-220); (iii) Lancelot's visit to the queen's chamber, where their love is consummated (221-374).

(i) At the beginning of this section, Lancelot soliloquizes on his melancholy state of mind, after having been prevented from taking his own life. Although, in an earlier episode, he had defeated Meleagant, the queen had received him coldly; and when he later heard false reports of her death, he was reduced to despair. Here, he ponders over the possible reasons for the queen's displeasure, wrongly supposing it due to his riding in the infamous cart in order to pursue her and her abductor (36 ff.). Lancelot's thoughts on the humiliations that a true lover should gladly endure for his lady (44 ff.) clearly show Chrétien's familiarity with the precepts of courtly love enumerated by Andreas Capellanus in his

De amore (see Note). The service of love (*cist servises* 65) owed to the lady
ennobles him who undertakes it (81-2). The remainder of this section
prepared us for the reconciliation: false rumours of the death of Guinevere
and Lancelot having been dispelled (88-94; 98-101), the poet then shows
the anticipation felt by each.

(ii) Whereas, during their former short interview after the combat, the
queen had rebuffed Lancelot, his favourable reception (148-52) now
emboldens him to ask the reason for her conduct. She explains that she
received him in silence (but her hostility was merely feigned, see *Charrete*
v. 4205) because he had hesitated for two steps (175) before submitting
to the humiliation of riding in the cart.

(iii) The scene describing the union of the lovers in the queen's
chamber conveys, with remarkable delicacy and psychological insight,
the intensity of Lancelot's love for Guinevere, a love that she, to a lesser
degree, returns. Such is his devotion that, after summing up the strength
to remove the bars from the window, he makes the almost idolatrous
gesture of kneeling to the queen as to a holy relic (340). Likewise, when
he departs, he bows to the room as though to an altar (404-6) (see Cohen,
op. cit., p. 281). Chrétien was no doubt inspired by Beroul in this episode
of the plot: just as the blood from Tristran's wound stains the sheets of
Yseut's bed (*Tristran* 701-70), so here the injury to Lancelot's fingers
(327-34) leaves incriminating stains on Guinevere's bed (387-9).

Cf. Roques vv. 4313-736

Ce pesoit lui qu'an le gardoit;
A po que de duel n'en ardoit,
Que molt volantiers s'oceïst
Se nus garde ne s'an preïst.
Et quant il mal ne se puet faire,   5
Se dit: 'Ha! vix Morz deputaire,
Morz, por Deu, don n'avoies tu
Tant de pooir et de vertu
Qu'ainz que ma dame m'oceïsses!
Espoir, por ce que bien feïsses,   10
Ne volsis feire ne daignas.
Par felenie le lessas,
Que ja ne t'iert a el conté.
Ha! quel servise et quel bonté!
Con l'as or an boen leu assise!   15
Dahez ait qui de cest servise
Te mercie ne gré t'an set!
Je ne sai li quex plus me het,

Ou la Vie qui me desirre,
Ou Morz qui ne me vialt ocirre.   20
Ensi l'une et l'autre m'ocit;
Mes c'est a droit, se Dex n'aït,
Que malëoit gré mien sui vis;
Que je me deüsse estre ocis
Des que ma dame la reïne   25
Me mostra sanblant de haïne;
Ne ne le fist pas sanz reison,
Einz i ot molt boene acheson,
Mes je ne sai quex ele fu.
Mes se ge l'eüsse seü,   30
Einz que s'ame alast devant Dé,
Je le li eüsse amandé
Si richemant con li pleüst,
Mes que de moi merci eüst.
Dex, cist forfez, quex estre pot?   35
Bien cuit que espoir ele sot
Que je montai sor la charrete.   43vb
Ne sai quel blasme ele me mete,
Se cestui non. Cist m'a traï.
S'ele por cestui m'a haï,   40
Dex, cist forfez, por coi me nut?
Onques Amors bien ne conut
Qui ce me torna a reproche;
Qu'an ne porroit dire de boche
Riens qui de par Amors venist   45
Qui a reproche apartenist;
Einz est amors et corteisie
Quanqu'an puet feire por s'amie.
Por m'amie ne·l fis je pas.
Ne sai comant je die, las!   50
Ne sai se die amie ou non;
Ne li os metre cest sornon.
Mes tant cuit je d'amor savoir
Que ne me deüst mie avoir
Por ce plus vil s'ele m'amast,   55
Mes ami verai me clamast
Quant por li me sanbloit enors
A feire quanque vialt Amors,

Nes sor la charrete monter.
Ce deüst ele amor conter,   60
Et c'est la provance veraie:
Amors ensi les suens essaie,
Ensi conuist ele les suens.
Mes ma dame ne fu pas buens
Cist servises; bien le provai   65
Au sanblant que an li trovai.
Et tote voie ses amis
Fist ce don maint li ont amis
Por li honte et reproche et blasme;
S'ai fet ce geu don an me blasme,   70
Et de ma dolçor m'amertume.
Par foi, car tex est la costume
A cez qui d'amor rien ne sevent
Et qui enor en honte levent;
Mes qui enor an honte moille   75
Ne la leve pas, einz la soille.
Or sont cil d'Amors nonsachant
Qui ensi la vont despisant;
Et molt ansus d'Amors se botent
Qui son comandemant ne dotent.   80
Car, sanz faille, molt en amande   *43^{vc}*
Qui fet ce qu'Amors li comande,
Et tot est pardonable chose;
S'est failliz qui feire ne l'ose.'
      Ensi Lanceloz se demante;   85
Et sa genz est lez lui dolante
Qui le gardent et qui le tienent.
Et antretant noveles vienent
Que la reïne n'est pas morte.
Tantost Lanceloz se conforte;   90
Et s'il avoit fet de sa mort,
Devant, grant duel et fier et fort,
Encor fu bien .c̃. tanz
La joie de sa vie granz.
Et quant il vindrent del recét   95
Pres a .vi. liues ou a set,

71 m'amertume] ma nertume   78 la] les

Ou li rois Bademaguz iere,
Novele que il ot molt chiere
Li fu de Lancelot contee —
Se l'a volantiers escotee —   100
Qu'il vit et vient sains et heitiez.
Molt an fist que bien afeitiez,
Que la reïne l'ala dire.
Et ele li respont: 'Biax sire,
Quant vos le dites, bien le croi;   105
Mes s'il fust morz, bien vos otroi
Que je ne fusse ja mes liee.
Trop me fust ma joie estrangiee
S'uns chevaliers an mon servise
Eüst mort receüe et prise.'   110
    Atant li rois de li se part;
Et molt est la reïne tart
Que sa joie et ses amis veingne.
N'a mes talant que ele teigne
Atahine de nule chose.   115
Mes novele, qui ne repose,
Einz cort toz jorz qu'ele ne fine,
Derechief vient a la reïne
Que Lanceloz ocis se fust
Por li se feire li leüst.   120
Ele an est liee et se·l croit bien;
Mes n·el volsist por nule rien,
Que trop li fust mesavenu.
Et antretant ez vos venu
Lancelot qui molt se hastoit.   *44ra* 125
Maintenant que li rois le voit,
Se·l cort beisier et acoler.
Vis li est qu'il doie voler
Tant le fet sa joie legier.
Mes la joie font abregier   130
Cil qui le lïerent et pristrent:
Li rois lor dist que mar i vindrent,
Que tuit sont mort et confondu.
Et il li ont tant respondu
Qu'il cuidoient qu'il le volsist.   135
'Moi desplest il, mes il vos sist,'

Fet li rois; 'n'a lui rien ne monte.
Lui n'avez vos fet nule honte,
Se moi non qui le conduisoie;
Comant qu'il soit, la honte est moie.   140
Mes ja ne vos an gaberoiz
Quant vos de moi eschaperoiz.'
    Qant Lanceloz l'ot correcier,
De la pes feire et adrecier
Au plus qu'il onques puet se painne   145
Tant qu'il l'a feite; lors l'en mainne
Li rois la reïne veoir.
Lors ne lessa mie cheoir
La reïne ses ialz vers terre,
Einz l'ala lieemant requerre,   150
Si l'enora de son pooir
Et se·l fist lez li aseoir.
Puis parlerent a lor pleisir
De quanque lor vint a pleisir;
Ne matiere ne lor failloit,   155
Qu'Amors assez lor an bailloit.
Et quant Lanceloz voit son eise,
Qu'il ne dit rien que molt ne pleise
La reïne, lors a consoil
A dit: 'Dame, molt me mervoil   160
Por coi tel sanblant me feïstes
Avant hier, quant vos me veïstes,
N'onques un mot ne me sonastes:
A po la mort ne m'an donastes,
Ne je n'oi tant de hardemant   165
Que, tant com or vos an demant,
Vos en osasse demander.
Dame, or sui prez de l'amander
Mes que le forfét dit m'aiez   *44ʳᵇ*
Dom j'ai esté molt esmaiez.'   170
Et la reïne li reconte:
'Comant? Don n'eüstes vos honte
De la charrete, et si dotastes?
Molt a grant enviz i montastes
Quant vos demorastes .ij. pas.   175
Por ce, voir, ne vos vos je pas

Ne aresnier ne esgarder.'
'Autre foiz me doint Dex garder,'
Fet Lanceloz, 'de tel mesfét;
Et ja Dex de moi merci n'et　　　　　　　　180
Se vos n'eüstes molt grant droit.
Dame, por Deu, tot orandroit
De moi l'amande an recevez;
Et se vos ja le me devez
Pardoner, por Deu, se·l me dites.'　　　185
'Amis, toz an soiez vos quites,'
Fet le reïne, 'oltreemant:
Je·l vos pardoing molt boenemant.'
'Dame,' fet il, 'vostre merci;
Mes je ne vos puis mie ci　　　　　　　190
Tot dire quanque ge voldroie;
Volantiers a vos parleroie
Plus a leisir s'il pooit estre.'
Et la reïne une fenestre
Li mostre a l'uel, non mie au doi,　　195
Et dit: 'Venez parler a moi
A cele fenestre anquenuit
Quant par ceanz dormiront tuit,
Et si vanroiz par cel vergier.
Ceanz antrer ne herbergier　　　　　　200
Ne porroiz mie vostre cors;
Je serai anz et vos defors,
Que ceanz ne porroiz venir.
Ne je ne porrai avenir
A vos, fors de boche ou de main;　　205
Et, s'il vos plest, jusqu'a demain
I serai por amor de vos.
Asanbler ne porrïens nos,
Qu'an ma chanbre devant moi gist
Kex, li seneschax, qui lenguist　　　210
Des plaies dom il est coverz.
Et li huis ne rest mie overz,
Einz est bien fers et bien gardez.　　*44*^{rc}
Quant vos vandroiz, si vos gardez
Que nule espie ne vos truisse.'　　　215
'Dame,' fet il, 'la ou je puisse,

Ne me verra ja nule espie
Qui mal i pant ne mal an die.'
Ensi ont pris lor parlemant,
Si departent molt lieemant.   220
    Lanceloz ist fors de la chanbre
Si liez que il ne li remanbre
De nul de trestoz ses enuiz.
Mes trop li demore la nuiz;
Et li jorz li a plus duré,   225
A ce qu'il i a enduré,
Que cent autre ou c'uns anz entiers.
Au parlemant molt volentiers
S'an alast s'il fust anuitié.
Tant a au jor vaintre luitié   230
Que la nuiz molt noire et oscure
L'ot mis desoz sa coverture
Et desoz sa chape afublé.
Quant il vit le jor enublé,
Si se fet las et traveillié   235
Et dit que molt avoit veillié,
S'avoit mestier de reposer.
Bien poëz antendre et gloser,
Vos qui avez fet autretel,
Que por la gent de son ostel   240
Se fet las et se fet couchier;
Mes n'ot mie son lit molt chier,
Que por rien il n'i reposast,
N'il ne poïst ne il n'osast,
Ne il ne volsist pas avoir   245
Le hardemant ne le pooir.
Molt tost et soëf s'an leva;
Ne ce mie ne li greva
Qu'il ne luisoit lune n'estoile,
N'an la meison n'avoit chandoile   250
Ne lanpe ne lanterne ardant.
Ensi s'an ala regardant
C'onques nus garde ne s'an prist;
Einz cuidoient qu'il se dormist

242 molt] tant

An son lit trestote la nuit.   255
Sanz conpaignie et sanz conduit
Molt tost vers le vergier s'an va   *44va*
Que conpaignie n'i trova;
Et de ce li est bien cheü
C'une piece del mur cheü   260
Ot el vergier novelemant.
Par cele fraite isnelemant
S'an passe et vet tant que il vient
A la fenestre; et la se tient
Si coiz qu'il n'i tost n'esternue   265
Tant que la reïne est venue
En une molt blanche chemise;
N'ot sus bliaut ne cote mise,
Mes un cort mantel ot desus
D'escarlate et de cisemus.   270
Quant Lanceloz voit la reïne
Qui a la fenestre s'acline,
Qui de gros fers estoit ferree,
D'un dolz salu l'a saluee.
Et ele un autre tost li rant,   275
Que molt estoient desirrant
Il de li et ele de lui.
De vilenie ne d'enui
Ne tienent parlemant ne plet.
Li uns pres de l'autre se tret   280
Et andui main a main se tienent.
De ce que ansanble ne vienent
Lor poise molt a desmesure,
Qu'il an blasment la ferreüre.
Mes de ce Lanceloz se vante   285
Que, s'a la reïne atalante,
Avoec li leanz anterra:
Ja por les fers ne remanra.
Et la reïne li respont:
'Ne veez vos con cist fer sont   290
Roide a ploier et fort a fraindre?
Ja tant ne les porroiz destraindre
Ne tirer a vos ne sachier
Que les poïssiez arachier.'

'Dame,' fet il, 'or ne vos chaille!   295
Ja ne cuit que fers rien i vaille.
Rien fors vos ne me puet tenir
Que bien ne puisse a vos venir.
Se vostre congiez le m'otroie,
Tote m'est delivre la voie;   300
Mes se il bien ne vos agree,   *44vb*
Donc m'est ele si anconbree
Que n'i passeroie por rien.'
'Certes,' fet ele, 'je·l voel bien,
Mes voloirs pas ne vos detient.   305
Mes tant atandre vos covient
Que an mon lit soie couchiee,
Que de noise ne vos meschiee;
Qu'il n'i avroit geu ne deport
Se li seneschax, qui ci dort,   310
S'esveilloit ja por nostre noise.
Por c'est bien droiz que je m'an voise,
Qu'il n'i porroit nul bien noter
Se il me veoit ci ester.'
'Dame,' fet il, 'or alez donques,   315
Mes de ce ne dotez vos onques
Que je i doie noise faire.
Si soëf an cuit les fers traire
Que ja ne m'an traveillerai
Ne nelui n'an esveillerai.'   320
    Atant la reïne s'an torne
Et cil s'aparoille et atorne
De la fenestre desconfire.
As fers se prant et sache et tire
Si que trestoz ploier les fet   325
Et que fors de lor leus les tret.
Mes si estoit tranchanz li fers
Que del doi mame jusqu'as ners
La premiere once s'an creva
Et de l'autre doi se trancha   330
La premerainne jointe tote;
Et del sanc qui jus an degote

329 once] ongle

Ne des plaies nule ne sant
Cil qui a autre chose antant.
La fenestre n'est mie basse,   335
Neporquant Lanceloz i passe
Molt tost et molt delivremant.
An son lit trueve Kex dormant
Et puis vint au lit la reïne,
Si l'aore et se li ancline,   340
Car an nul cors saint ne croit tant.
Et la reïne li estant
Ses braz ancontre, si l'anbrace,
Estroit pres de son piz le lace,
Si l'a lez li an son lit tret;   44^{vc}   345
Et le plus bel sanblant li fet
Que ele onques feire li puet,
Que d'Amors et del cuer li muet.
D'Amors vient qu'ele le conjot;
Et s'ele a lui grant amor ot,   350
Et il .c. mile tanz a li,
Car a toz autres cuers failli
Amors avers qu'au suen ne fist.
Mes en son cuer tote reprist
Amors et fu si anterine   355
Qu'an toz autres cuers fu frarine.
Or a Lanceloz quanqu'il vialt
Quant la reïne an gré requialt
Sa conpaignie et son solaz,
Quant il la tient antre ses braz   360
Et ele lui antre les suens.
Tant li est ses jeus dolz et buens,
Et del beisier et del santir,
Que il lor avint sanz mantir
Une joie et une mervoille   365
Tel c'onques ancor sa paroille
Ne fu oïe ne seüe;
Mes toz jorz iert par moi teüe,
Qu'an conte ne doit estre dite.
Des joies fu la plus eslite   370
Et la plus delitable cele
Que li contes nos test et cele.

Molt ot de joie et de deduit
Lanceloz tote cele nuit.
Mes li jorz vient, qui molt li grieve,   375
Quant de lez s'amie se lieve.
Au lever fu il droiz martirs,
Tant li fu griés li departirs,
Car il i suefre grant martire.
Ses cuers adés cele part tire   380
Ou la reïne se remaint.
N'a pooir que il l'an remaint,
Que la reïne tant li plest
Qu'il n'a talant que il la lest :
Li cors s'an vet, li cuers sejorne.   385
Droit vers la fenestre s'an torne ;
Mes de son sanc tant i remaint
Que li drap sont tachié et taint
Del sanc qui cheï de ses doiz.   *45ra*
Molt s'an part Lanceloz destroiz,   390
Plains de sopirs et plains de lermes.
Del rasanbler n'est pas pris termes,
Ce poise lui, mes ne puet estre.
A enviz passe a la fenestre,
S'i antra il molt volantiers.   395
N'avoit mie les doiz antiers,
Que molt fort s'i estoit bleciez ;
Et s'a il les fers redreciez
Et remis an lor leus arriere,
Si que ne devant ne derriere   400
N'an l'un ne an l'autre costé
Ne pert qu'an an eüst osté
Nus des fers ne tret ne ploié.
Au departir a soploié
A la chanbre et fet tot autel   405
Con s'il fust devant un autel.
Puis s'an part a molt grant angoisse,
N'ancontre home qui le conoisse
Tant qu'an son ostel est venuz.
An son lit se couche toz nuz,   410
Si c'onques nelui n'i esvoille.
Et lors a primes se mervoille

De ses doiz qu'il trueve plaiez;
Mes de rien n'an est esmaiez
Por ce qu'il set tot de seür   415
Que au traire les fers del mur
De la fenestre se bleça.
Por ce pas ne s'an correça,
Car il se volsist mialz del cors
Andeus les braz avoir traiz fors   420
Que il ne fust oltre passez;
Mes s'il se fust aillors quassez
Et si laidemant anpiriez,
Molt an fust dolanz et iriez.

13. Beroul: *Tristran*

The name Beroul, found twice in the extant fragment of *The Romance of Tristran* (*Berox* 1268, 1790), appears to be that of the poet. Struck by the psychological consistency of the main characters and the literary unity of the surviving 4,485 lines, many scholars maintain that Beroul wrote the whole fragment, not just the first part up to v. 2754 or 2764 (for example LE GENTIL, P., 'La Légende de Tristan vue par Béroul et Thomas. Essai d'interprétation', *RP*, 7 [1953-4], 111-29; HANOSET, M., 'Unité ou dualité du *Tristan* de Béroul?', *MA*, 67 [1961], 503-33; WHITTERIDGE, G., 'The *Tristan* of Béroul', in *Medieval Miscellany presented to Eugène Vinaver* [Manchester U.P., 1965], 337-56; HOLDEN, A., 'Note sur la langue de Béroul', *Rom.*, 89 [1968], 387-99; EWERT, A., *The Romance of Tristran*, ii. *Introduction, Commentary* [Blackwell, Oxford, 1970], 1-3; VARVARO, A., *Beroul's 'Romance of Tristran'*, trans. J. C. Barnes [Manchester U.P., 1972]; BARNES, J. C., 'Postscript, 1971', in ibid., 200). On the other hand, certain medievalists continue to reject the unitary thesis, maintaining, as Muret had done in his first edition (SATF, 1903), that there were two poets, the second of whom completed the romance after an interval of some twenty or thirty years (for example RAYNAUD DE LAGE, G., 'Faut-il attribuer à Béroul tout le Tristan?', *MA*, 64 [1958], 249-70; LOOMIS, R. S., 'A Survey of Tristan Scholarship after 1911', in SCHOEPPERLE LOOMIS, G., *Tristan and Isolt. A Study of the Sources of the Romance*, 2nd edn. [Franklin, New York, 1963], ii. 565-87; JODOGNE, O., 'La Légende de Tristan et d'Iseut interprétée par Béroul', *Filološki pregled*, 1-2 [1964], 261-70; REID, T. B. W., 'The *Tristan* of Beroul: One Author or Two?', *MLR*, 60 [1965], 352-8; id., 'A Further Note on the Language of Beroul', *Rom.*, 90 [1969], 382-90).

Urged by the barons of his court to take a wife and so ensure the succession to the throne of the kingdom of Cornwall, King Marc sends his nephew Tristran in search of the woman one of whose golden hairs has been dropped by a swallow. The hair belongs to Yseut, daughter of the king of Ireland. She consents to return with Tristran to become Marc's bride; but, after drinking a love-potion intended for Marc, Tristran and Yseut are united by a magic force that they are powerless to resist. After the marriage, the lovers continue to meet (the fragment begins), with the result that the evil dwarf Frocin and three hostile barons, Godwin, Ganelon, and Denoalan, vassals of the king, inform their lord of his wife's

infidelity. Blood from a wound recently received by Tristran stains
Yseut's bed: convinced by this evidence of their guilt, Marc summarily
condemns the adulterous lovers to be burnt at the stake, without allowing
them their right to defend themselves. (On the poet's knowledge of
medieval legal procedure see JONIN, P., *Les Personnages féminins dans les
romans français de Tristan au XIIe siècle, étude des influences contem-
poraines* [Ophrys, Aix-en-Provence, 1958], pp. 59-108.) However,
Tristran escapes and, when he later succeeds in rescuing Yseut, they take
refuge from the sanctions of society in the Forest of Morrois. Here they
remain for three years until the force of the love-potion ceases and
Tristran decides to return Yseut to the king.

The date of composition of *The Romance of Tristran* has remained the
subject of controversy. Ewert dates the romance in the last decade of
the twelfth century (op. cit., ii. 33-6); for the arguments of those who
date it several decades earlier see especially WHITTERIDGE, G., 'The Date
of the Tristan of Beroul', *Med. Aev.*, 28 (1959), 167-71; LEGGE, M. D.,
'Place-names and the Date of Beroul', *Med. Aev.*, 38 (1969), 171-4. On
the problem of dual authorship and dating see Barnes, op. cit., p. 200.

The Romance of Tristran is written in octosyllabic couplets, the usual
metre of the Old French romances.

The text of the extract has been transcribed from microfilm prints of
the only extant MS.: Paris, B.N., fr. 2171 (incomplete and damaged).
In making emendations I have consulted the following: *Béroul, le roman
de Tristan*, ed. E. Muret, 4th edn. revised by L. M. Defourques, CFMA
12 (Champion, Paris, 1947); *The Romance of Tristran*, i. *Introduction,
Text, Glossary, Index*, ed. A. Ewert (Blackwell, Oxford, 1939); REID,
T. B. W., *The 'Tristran' of Beroul, a Textual Commentary* (Blackwell,
Oxford, 1972). For a detailed list of editions, commentaries, and trans-
lations see BOSSUAT, nos. 1641-56, 6308-9, 6311, 7378-99; KLAPP.

Vv. 1835-2146

Tristran and Yseut are found asleep in their bower deep in the Morrois
by the forester (1-16), who quickly returns to inform King Marc (17-
108). The king comes unaccompanied to find the lovers (109-46), angrily
bent on putting them to death (147-60). When he sees them lying clothed,
with Tristran's sword between them, his anger abates: the sword is the
symbol of chastity (Varvaro, op. cit., p. 115) (161-92). After exchanging
rings with Yseut and swords with Tristran, and leaving his gloves to
protect Yseut's face from the sun, Marc departs without disturbing the
fugitives (193-220). The significance of the ring, the sword, and the gloves
has been interpreted as feudal and juridicial: the king pardons the
fugitives on the condition that they renew their feudal ties with their
lord and accept his authority (MARX, J., 'Observations sur un épisode

de la légende de Tristan', in *Recueil de travaux offerts à M. Clovis Brunel* [Société de l'École des Chartes, Paris, 1955], ii. 265-73; LE GENTIL, P., 'L'Épisode du Morois et la signification du Tristan de Béroul', in *Studia Spitzer* [Francke, Berne, 1958], 267-74). Frappier accepts this view, but sees in Marc's actions a gesture of love as well as forgiveness (FRAPPIER, J., 'Structure et sens du *Tristan*', CCM, 6 [1963], 255-80, 441-54, esp. 272). Others reject the feudal interpretation of this episode, Varvaro seeing in the ring, the sword, and the gloves merely an indication of Marc's affection and compassion (op. cit., p. 116), Vinaver regarding the objects as no more than a means of making the king's visit known (VINAVER, E., 'La Forêt de Morois', CCM, 11 [1968], 1-13). When Tristran and Yseut realize that Marc has discovered their whereabouts, they flee in fear to Wales (221-98). In the concluding section of the extract (299-312), Beroul interrupts the narrative to tell his audience—for the first time in the extant fragment—that the effect of the love-potion is to last for three years. During that time the lovers endure increasing hardship without being aware of their suffering (SCHOEPPERLE, G., 'The Love-Potion in *Tristan and Isolt*', Rom., 39 [1910], 277-96; WHITEHEAD, F., 'Tristan and Isolt in the Forest of Morrois', in *Studies Presented to Professor Mildred K. Pope* [Manchester U.P., 1939], 393-400).

Oëz, seignors, quel aventure:
Tant lor dut estre pesme et dure!
Par le bois vint uns forestiers,
Qui avoit trové lor fulliers
Ou il erent el bois geü.   5
Tant a par le fuellier seü
Qu'il fu venuz a la ramee
Ou Tristran out fait s'aünee.
Vit les dormanz, bien les connut:
Li sans li fuit, esmarriz fut.   10
Molt s'en vet tost, quar se doutoit;
Bien sot, se Tristran s'esvellot,
Que ja n'i metroit autre ostage,
Fors la teste lairoit en gage.
Se il s'en fuit, n'est pas mervelle;   15
Du bois s'en ist, cort a mervelle.
    Tristran avoc s'amie dort;
Par poi qu'il ne reçurent mort.

16 cort a] nest pa

D'iluec endroit ou il dormoient,
Qui, .ii. bones liues estoient   20
La ou li rois tenét sa cort.
Li forestier grant erre acort,
Qar bien avoit oï le ban
Que l'en avoit fait de Tristran: *14^b*
Cil qui au roi en diroit voir   25
Asez aroit de son avoir.
Li forestier bien le savoit,
Por c'acort il a tel esploit.
Et li rois Marc en son palais
O ses barons tenoit ses plaiz;   30
Des barons ert plaine la sale.
Li forestier du mont avale
Et s'en est entré, molt vait tost.
Pensez que onc arester s'ost
Desi que il vi[n]t as degrez   35
De la sale? Sus est montez.
  Li rois le voit venir grant erre,
Son forestier apele en erre:
'Soiz noveles, qui si toz viens?
Ome senbles qui core a chiens,   40
Qui chast sa beste por ataindre.
Veus tu a cort de nullui plaindre?
Tu senbles home qu'ait besoin,
Qui ça me soit tramis de loin.
Se tu veus rien, di ton mesage.   45
A toi nus hon veé son gage
Ou chacié fors de ma forest?'
'Escoute moi, roi, se toi plest,
Et si m'entent un sol petit.
Par cest païs a l'on banit,   50
Qui ton nevo porroit trover,
Q'ançois s'osast laisier crever
Qu'il nu preïst, ou venist dire.
Ge l'ai trové, s'en criem vostre ire:
Se ge·l t'ensein, dorras moi mort?   55
Je te merrai la ou il dort,

28 c'acort] ce acort   43 qu'ait] qui ait   45-6 *transposed in MS.*   47 fors] uos
49 m'entent] mescoute

Et la roïne ensenble o lui.
Ge·l vi, poi a, ensenble o lui;
Fermement erent endormi.   *14^c*
Grant poor oi quant la les vi.'   60
Li rois l'entent, boufe et sospire,
Esfreez est, forment s'aïre.
Au forestier dist et conselle
Priveement, dedenz l'orelle:
'En qel endroit sont il? Di moi!'   65
'En une loge de Morroi
Dorment estroit et enbrachiez.
Vien tost, ja seron d'eus vengiez.
Rois, s'or n'en prens aspre venjance,
N'as droit en terre, sanz doutance.'   70
Li rois li dist: 'Is t'en la fors.
Si chier conme tu as ton cors,
Ne dire a nul ce que tu sez,
Tant soit estrange ne privez.
A la Croiz Roge, as chemins fors,   75
La on enfuet sovent les cors,
·Ne te movoir, iluec m'atent.
Tant te dorrai or et argent
Con tu voudras, je l'afi toi.'
Li forestier se part du roi,   80
A la Croiz vient, iluec s'asiét.
Male gote les eulz li criét,
Qui tant voloit Tristran destruire!
Mex li venist son cors conduire,
Qar puis morut a si grant honte   85
Con vos orrez avant el conte.
Li rois est en la chanbre entrez,
A soi manda toz ses privez,
Pus lor voia et defendi
Qu'il ne soient ja si hardi   90
Qu'il allent aprés lui plain pas.   *14^d*
Chascun li dist: 'Rois, est ce gas,
A aler vos sous nule part?
Ainz ne fu rois qui n'ait regart.

Qel novele avez vos oïe?   95
Ne vos movez por dit d'espie.'
Li rois respont: 'Ne sai novele,
Mais mandé m'a une pucele
Que j'alle tost a lié parler.
Bien me mande n'i moigne per.   100
G'irai tot seus sor mon destrier,
Ne merrai per ne escuier,
A ceste foiz irai sanz vos.'
Il responent: 'Ce poise nos.
Chatons conmanda a son filz   105
A eschiver les leus soutiz.'
Il respont: 'Je le sai assez.
Laisiez moi faire auques mes sez.'
    Li rois a fait sa sele metre,
S'espee çaint; sovent regrete   110
A lui tot sol la cuvertise
Que Tristran fist quant il l'ot prisse,
Yseut la bele o le cler vis,
O qui s'en est alé fuitis.
S'il les trove, molt les menace,   115
Ne laira pas ne lor mesface.
Molt est li rois acoragiez
De destruire: c'es[t] granz pechiez.
De la cité s'en est issuz
Et dist mex veut estre penduz   120
Qu'il ne prenge de ceus venjance
Que li ont fait tel avilance.
A la Croiz vint, ou cil l'atent,
Dist li qu'il aut isnelement
Et qu'il le meint la droite voie.   125
El bois entrent, qui molt onbroie.   *15^a*
Devant le roi se met l'espie;
Li rois le sieut, qui bien s'i fie,
En l'espee que il a çainte,
Dont a doné colee mainte.   130
Si fait il trop que sorquidez;
Quar, se Tristran fust esvelliez,

Li niés o l'oncle se meslast,
Li uns morust, ainz ne finast.
Au forestier dist li roi Mars   135
Qu'il li dorroit d'argent .xx. mars
Se·l menoit tost a son forfét.
Li forestier — qui vergonde ait! —
Dist que pres sont de lor besoigne.
Du buen cheval, né de Gascoingne,   140
Fait l'espie le roi decendre,
De l'autre part cort l'estrier prendre;
A la branche d'un vert pomier
La reigne l'ient du destrier.
Poi vont avant quant ont veü   145
La loge por qu'il sont meü.
    Li rois deslace son mantel,
Dont a fin or sont li tasel;
Desfublez fu, molt out gent cors.
Du fuerre trait l'espee fors,   150
Iriez s'en torne, sovent dit
Q'or veut morir s'il ne·s ocit.
L'espee nue, an la loge entre.
Le forestier entre soventre,
Grant erre aprés le roi acort;   155
Li ros li çoine qu'il retort.
Li rois en haut le cop leva,
Ire le fait, si tressüa.
Ja decendist li cop sor eus,
Se·s oceïst — ce fust grant deus —   160
Qant vit qu'ele avoit sa chemise   15^b
Et q'entre eus deus avoit devise,
La bouche o l'autre n'ert jostee.
Et qant il vit la nue espee
Qui entre eus deus les desevrot,   165
Vit les braies que Tristran out:
'Dex!' dist li rois, 'ce que puet estre?
Or ai veü tant de lor estre,
Dex! je ne sai que doie faire,
Ou de l'ocire ou du retraire.   170

140 Gascoingne] Gasconigne   158 tressüa] se tresva

Ci so[n]t el bois bien a lonc tens;
Bien puis croire, se je ai sens,
Se il s'amasent folement,
Ja n'i eüsent vestement,
Entrë eus deus n'eüst espee,   175
Autrement fust cest' asenblee.
Corage avoie d'eus ocire;
Ne·s tocherai, retrairai m'ire.
De fole amor corage n'ont.
N'en ferrai nul. Endormi sont: 180
Se par moi eirent atouchié,
Trop par feroie grant pechié;
Et se g'esvel cest endormi
Et il m'ocit ou j'oci lui,
Ce sera laide reparlance.   185
Je lor ferai tel demostrance
Que, des que il s'esvell[er]ont,
Certainement savoir porront
Qu'il furent endormi trové
Et qu'en a eü d'eus pité,   190
Que je ne·s vuel noient ocire,
Ne moi ne gent de mon enpire.
Ge voi el doi a la reïne
L'anel o pierre esmeraudine
Que li donnai — molt par est buens —   195
Et g'en rai un qui refu suens: 15ᶜ
Osterai li le mien du doi.
Uns ganz de vair rai je o moi,
Qu'el aporta o soi d'Irlande;
Le rai qui sor la face brande —   200
Qui, li fait chaut — en vuel covrir.
Et, quant vendra au departir,
Prendrai l'espee d'entre eus deus
Dont au Morhot fu le chief blos.'
      Li rois a deslïé les ganz,   205
Vit ensenble les .ii. dormanz,

---

187 que, des que] que ancois que   195 que] or   198 ganz] granz; vair rai] uoirre ai
200 le rai] li rois; brande] branche *corrected by the scribe to* blanche   204 blos *with*
l *written over* r *or* e

Le rai qui sor Yseut decent
Covre des ganz molt bonement.
L'anel du doi defors parut;
Souef le traist qu'el ne se mut.   210
Primes i entra il enviz;
Or avoit tant les doiz gresliz
Qu'il s'en issi sanz force fere;
Molt l'en sot bien li rois fors traire.
L'espee qui entre eus .ii. est   215
Souef oste, la soue i met.
De la loge s'en issi fors,
Vint au destrier, saut sor le dos;
Au forestier dist qu'il s'en fuie,
Son cors trestort, si s'en conduie.   220
    Vet s'en li rois, dormant les let;
A cele foiz n'i a plus fait.
Reperiez est a sa cité.
De plusorz parz out demandé
Ou a esté et ou tant fut.   225
Li rois lor ment, pas n'i connut
Ou il ala ne que il quist
Ne de faisance que il fist.
    Mais or oiez des endormiz,
Que li rois out el bois gerpiz.   230
Avis estoit a la roïne   15^d
Qu'ele ert en une grant gaudine,
Dedenz un riche pavellon;
A li venoient .ii. lion,
Qui la voloient devorer;   235
El lor voloit merci crïer,
Mais li lion, destroiz de fain,
Chascun la prenoit par la main.
De l'esfroi que Iseut en a
Geta un cri, si s'esvella.   240
Li gant paré du blanc hermine
Li sont choiét sor la poitrine.
    Tristran, du cri qu'il ot, s'esvelle,
Tote la face avoit vermelle.

Esfreez s'est, saut sus ses piez,　　　　　　245
L'espee prent com home iriez,
Regarde, el brant l'osche ne voit;
Vit le pont d'or qui sus estoit,
Connut que c'est l'espee au roi.
La roïne vit en son doi　　　　　　　　　250
L'anel que li avoit doné,
Le suen revit du dei osté.
Ele cria: 'Sire, merci,
Li rois nos a trovez ici.'
Il li respont: 'Dame, c'est voirs.　　　　255
Or nos covient gerpir Morrois,
Qar molt li par somes mesfait.
M'espee a, la soue me lait;
Bien nos peüst avoir ocis.'
'Sire, voire, ce m'est avis.'　　　　　　260
'Bele, or n'i a fors du fuïr.
Il nos laissa por nos traïr;
Seus ert, si est alé por gent,
Prendre nos quide, voirement.
Dame, fuion nos en vers Gales.　　　　　265
Li sanc me fuit.' Tot devient pales.　　　*16ᵃ*
Atant es vos lor escuier,
Qui s'en venoit o le destrier;
Vit son seignor pales estoit,
Demande li que il avoit.　　　　　　　270
'Par foi, mestre, Marc li gentis
Nos a trovez ci endormis;
S'espee lait, la moie en porte;
Felonie criem qu'il anorte.
Du doi Yseut l'anel, le buen,　　　　　275
En a porté, si lait le suen;
Par cest change poön parçoivre,
Mestre, que il nos veut deçoivre,
Quar il ert seus quant nos trova:
Poor li prist, si s'en torna.　　　　　　280
Por gent s'en est alé arrire,
Dont il a trop et baude et fire;

279 quant] si

Se·s amerra, destruire veut
Et moi et la roïne Yseut;
Voiant le pueple, nos veut prendre,   285
Faire ardoir et venter la cendre.
Fuion, n'avon que demorer.'
N'avét en eus que esfreer.
S'il ont poor, n'en püent mais:
Li rois sevent fel et engrés.   290
Torné s'en sont bone aleüre,
Li roi doutent, por l'aventure.
Morrois trespasent, si s'en vont,
Grans jornees par poor font,
Droit vers Gales s'en sont alé.   295
Molt les avra amors pené:
Trois anz plainiers sofrirent peine,
Lor char pali et devint vaine.
   Seignors, du vin de qoi il burent
Avez oï, por qoi il furent   300
En si grant paine lonctens mis;   *16ᵇ*
Mais ne savez, ce m'est avis,
A conbien fu determinez
Li lovendrins, li vin herbez:
La mere Yseut, qui le bolli,   305
A .iii. anz d'amistié le fist.
Por Marc le fist et por sa fille:
Autre en pruva, qui s'en essille.
Tant con durerent li troi an,
Out li vins si soupris Tristran   310
Et la roïne ensenble o lui
Que chascun disoit: 'Las n'en sui.'

---

283 veut] uoist   288 esfreer] demorer   304 lovendrins] loucuendris
308 pruva] prima   312 los men fui

14. *La mort le roi Artu*

The Death of King Arthur (*La mort le roi Artu*) forms the concluding part of the vast thirteenth-century prose romance known as the *Prose Lancelot* or the *Vulgate Cycle*. The first and second parts of the trilogy are entitled respectively *Lancelot* and *The Quest of the Holy Grail*. Whereas Lot maintains that one author composed the three works (LOT, F., *Étude sur le Lancelot en prose* [Champion, Paris, 1918; repr. 1954], p. 85), Frappier argues, more convincingly, that the three works are by different authors (FRAPPIER, J., *Étude sur la Mort le roi Artu, roman du XIIIe siècle, dernière partie du Lancelot en prose*, 2nd edn. [Droz, Geneva, 1968], pp. 142-6), the plan of the whole having been conceived by the 'architect', who himself wrote only the first romance (id., 'Plaidoyer pour l'"Architecte", contre une opinion d'Albert Pauphilet sur le Lancelot en prose', *RP*, 8 [1954-5], 27-33).

The opening sentences of the *Lancelot* (ed. H. O. Sommer [repr. AMS Press, New York, 1969]), tell us that Lancelot's father, King Ban, ruled over the kingdom of Banoic, situated in the west of Gaul on the frontier of Little Britain (Sommer, iii. 3). After early episodes devoted to Lancelot's childhood and youth, this romance deals with the career of Lancelot as the finest knight in the chivalrous fraternity of the Round Table at King Arthur's court, and his adulterous love affair with Queen Guinevere. Renouncing his love for the queen throughout the second part of the trilogy, Lancelot joins in the quest of the Holy Grail. Because of his sin, however, he plays only a secondary role, and the successful completion of the quest is granted to his son Galahad, his cousin Bors, and Perceval. In *The Death of King Arthur* the author develops the parallel themes of the destruction of the Arthurian world, against which Fortune has turned, and the gradual progress through sin and expiation to the final apotheosis of Lancelot. Lancelot's renewed adultery with Guinevere at the beginning of the romance has set in motion a fatal chain of events leading ineluctably to the disastrous war between Arthur and Mordret on Salisbury plain, a chain that cannot be broken despite Lancelot's final separation from the queen and his unfailing chivalry towards the king (see LOT-BORODINE, M., 'Le Double Esprit et l'unité du *Lancelot* en prose', in *Mélanges Ferdinand Lot* [Champion, Paris, 1925], 477-90).

The mention in *The Death of King Arthur* (§ 160) of Meaux and Champagne suggests that the author, probably a clerk, was of Champenois origin (Lot, *Étude*, p. 150; Frappier, *Étude*, pp. 21-4). Frappier tentatively dates the composition of the romance between 1230 and 1235 (*Étude*, pp. 20, 133-8).

I have transcribed the text of the base MS. *A* (Paris, Bibl. de l'Arsenal, 3347, fols. 294-349) from microfilm prints without modifying the original spelling. Control MSS. consulted on microfilm prints: *O* (Paris, B.N., fr. 120, fols. 565 *bis*-602, extr. 586rb-587^{vd}); *D* (Paris, B.N., fr. 342, fols. 150-234, extr. 197rb-200rb); *R* (Paris, B.N., fr. 344, fols. 518-48, extr. 531^{vc}-533ra); *V* (Rome, Vatican, Palatinus Latinus 1967, fols. 39-102, extr. 73rb-75^{vc}); *B* (Bonn, Universitätsbibliothek, 526, fols. 455-89, extr. 474va-475^{vc}); *W* (London, Brit. Lib., Royal 19. C. XIII, fols. 323-67, extr. 348ra-349rb). The sigla are those of Frappier. The scribe of *A* considerably abridged the manuscript that he was copying: the omissions, sentences and sometimes long passages, have been restored by Frappier in his critical editions: *La mort le roi Artu, roman du XIIIᵉ siècle*, ed. J. Frappier (Droz, Paris, 1936), and *La mort le roi Artu, roman du XIIIᵉ siècle*, 3rd edn., TLF 58 (Droz, Geneva; Minard, Paris, 1964). For a detailed list of editions, commentaries, and translations see BOSSUAT, nos. 2014-28, 6408-10, 7617; KLAPP.

On his return from the quest of the Holy Grail, Lancelot soon resumes his adulterous relationship with Guinevere, behaving so indiscreetly that the affair becomes known to all the knights of the Round Table. Lancelot escapes from a trap set by envious courtiers and rescues the queen, whom King Arthur has condemned to be burnt. During the skirmish, however, Lancelot unknowingly kills Gawain's beloved brother Gaheriet, and Gawain now persuades the king to wage an endless war against Lancelot and his kinsmen.

In the extract quoted (cf. Frappier §§ 117-21), the fugitive lovers are besieged by Arthur's forces in the castle called the Joieuse Garde. The episode in which Lancelot earlier conquered this castle occurs in the *Lancelot* (Sommer, iii. 151-3, 192); before then it had been called the Doloreuse Garde. At this stage of the romance Lancelot's spiritual renewal and eventual redemption have their beginning: he agrees to return the queen to King Arthur in order to safeguard her honour (see FRAPPIER, J., 'The Vulgate Cycle', in *Arthurian Literature in the Middle Ages*, ed. R. S. Loomis [Clarendon Press, Oxford, 1959], 294-318; NOBLE, P., 'Some Problems in "La Mort le roi Artu"', *MLR*, 65 [1970], 519-22). When the lovers have parted for the last time, Lancelot makes the symbolic gesture of sending his shield to be hung in the church of St. Stephen at Camelot. No longer the queen's lover, he now ceases to be an Arthurian knight-errant; and he therefore has his shield placed as a memento in the church, which is itself 'le signe métonymique de la

mort du monde arthurien' (BLAKE, H., 'Étude sur les structures narra-
tives dans la Mort Artu (XIIIᵉ siècle)', *Rbph*, 50 [1972], 733-43).

Throughout the continuing war waged on him in Gaul by Arthur and
Gawain, Lancelot acts with courtesy and chivalry towards his pursuers.
He is truly contrite; and, when he has slain the two sons of the traitor
Mordret, he withdraws from the world to lead a life of asceticism in
a hermitage (Frappier, *Étude*, pp. 219-46).

Cf. Frappier §§ 117-21

Einsi [*328ᵇ*] tint li rois son siege devant la Joieuse Garde .ij. mois
et plus. Dedenz celui terme avint que li apostoiles de Rome sot que
li rois Artus avoit sa fame lessiee et qu'il prometoit qu'il l'ocirroit
s'il la pooit tenir et qu'il ne l'avoit pas prise prouvee el mefſét. Il
5 manda as arcevesques et as esvesques del païs que toute la terre que
li rois Artus tenoit fust entredite se il ne reprenoit sa fame et la tenist
en pes. Qant li rois ot ce mandement, si fu moult corrouciez; si dist
que, se la reine revenoit, que ja por ce la guerre ne remeindra entre
li et Lancelot, puis qu'il l'avoit emprise. Adont vint a la reine li
10 esvesques de Rovecestre, qui li dist: 'Dame, il couvient que vos
railliez au roi Artu vostre seignor, car einsi le commande li apostoiles.
Il vos acreantera, voiant touz ses barons, qu'il vos tendra en pes.' —
'Sire,' fet ele, 'ge m'en conseilleré et vos diré ce q'en m'en loera.'

Lors mande la reine Lancelot et Boort et Hestor et Lyonnel en
15 une chanbre; et qant il furent devant lui, ele leur dist: 'Seigneurs,
vos estes li home el monde ou ge plus me fi: or vos pri que vos me
conseilliez a mon preu et a m'enneur, selonc ce que vos cuideroiz
qui me vaille mieuz. Il m'est venue une nouvele qui moult me doit
plere et a vos ausi; car li rois, qui est li plus preudome del monde,
20 m'a requise que ge m'en aille a lui, et il me tendra ausi chiere comme
il onques fist plus. Et ge vos di que jamés ne me partiré de ci s'il
ne vos pardone son mautalent en tel maniere qu'il vos en lera aler
hors del païs. Or m'en loez ce que vos voudroiz.' — 'Dame,' fet
Lancelos, 'se vos en fesiez ce que mon cuer desirre, vos remeindriez;
25 mes neporqant, por ce que ge vueill que cist aferes aut plus a vostre
enneur, vos en iroiz a vostre seigneur le roi Artu.' Qant Boorz
entent que Lancelos a otroié a la reine qu'ele ira au roi Artus, si
dist: 'Sire, vos avez ceste chose [*328ᶜ*] otroiee; or doint Dex que
biens vos en viengne. Mes certes ge cuit que vos ne feistes onques
30 chose dont autant vos repentissiez. Vos en iroiz en Gaule et madame
sera en ce païs en tel leu que vos ne la verroiz ne tost ne tart. Je vos

connois tant que vos n'i avroiz ja esté un mois que vos voudriez avoir donné tout le monde — s'il estoit vostres — que vos onques n'eussiez fet cest don; si dout que vos n'en aiez encore pis assez que vos ne cuidiez.' Qant Boorz ot dite ceste parole, li autre dui s'i 35 acorderent bien et commencent Lancelot a blasmer, si dient: 'Sire, quel poor avez vos del roi que vos madame li rendrez?' Et il dit qu'il la rendra neis s'il en devoit morir par defaute de lui. Atant est li parlemenz finez qant il oent ce que Lancelos dit qu'il ne·l leroit en nule maniere [qu'il ne la rendist]. La reine rala a l'evesque, qui 40 l'atendoit enmi la sale, et dist: 'Sire, or poez aler a monseingneur; et si li dites que en nule maniere ne partiroie de ceanz s'il n'en lessoit aler Lancelot en tel maniere qu'il n'i perdist vaillant un esperon ne ame de sa mesniee.' Qant li esvesques entent cele parole, si en mercie Dieu de bon cuer, car or voit il bien que la guerre est faillie. 45 Lors s'en ist li esvesques del chastel et vient au roi et li conte ce q'en li mande. Qant li rois entent q'en li rent volentiers la reine, si dist: 'S'il fust tant a Lancelot de la reine comme l'en m'avoit fet entendant, il ne la rendist des mois.' Cele nuit furent [cil de l'ost] lié et joiant qant il virent que la guerre estoit faillie; car moult 50 avoient li pluseur d'eus grant poor que li pis n'en tornast seur eus se la guerre durast longuement.

Cil del chastel furent plein de lermes et dolent, ausi li povre comme li riche, et por ce qu'il veoient que Boorz et Lancelos et Hestors et Lyonniaus [*328^d*] fesoient duel merveillex ausi comme 55 se il veissent tout le monde ocis. Cele nuit ot grant duel a la Joieuse Garde; et qant li jorz fu ajornez, Lancelos dist a la reine: 'Dame, hui est li jorz que nos departirons entre moi et vos et qu'il m'en couvendra a aler de cest païs. Et veez ci un anel que vos me donastes qant ge m'acointai de vos. Or vos pri ge que vos le portoiz mes tant 60 com vos vivroiz; et ge avré celui que vos portez en vostre doi.' Et ele li donne volentiers. Atant fenissent leur parlement; si se vont apareillier au plus bel qu'il porent. Celui jor furent richement acesmé li .iiij. cousin. Qant il furent monté et tuit li autre del chastel, il alerent a sauves trives jusqu'a l'ost a plus de .v. chevax touz 65 couverz de soie. Et li rois vint encontre; et qant ce fu chose que Lancelos vit le roi aprochier de lui, il prist la reine par le frain et dist: 'Sire, vez ci la reine que ge vos rent, qui fust pieça morte par la desloiauté de ceus de votre ostel se ge ne fusse: dont c'eust esté

59 que vos] que ge uos

70 trop grant perte se li desloial de vostre ostel eussent fet ce qu'il
vouloient fere. Si vaut mielz qu'il soient morz qu'ele fust ocise.'
Lors la reçoit li rois moult maz et moult penssis des paroles qu'il
li ot dites. 'Sire,' fet Lancelos, 'se ge amasse la reine de fole amor,
einsi com l'en le vos fesoit entendant, ge ne la vos rendisse des mois
75 et par force ne l'eussiez vos pas.' — 'Lancelos,' fet li rois, 'vos en
avez tant fet que ge vos en sei bon gré; et ce que vos en avez fet vos
porra valoir en aucun tens.' Lors vint avant messire Gauvains et
dist: 'Vos en avez tant fet que l'en vos en set si bon gré com l'en
vos en doit savoir. Or vos requiert li rois que vos li vuidiez sa terre
80 en tel maniere que vos n'i soiez trouvé jamés.' — 'Sire,' fet Lancelos
au roi, 'vos [*329ª*] plest il que ge le face issi?' — 'Puis que Gauvains
le velt,' fet li rois, 'il me plest bien.' — 'Biau sire,' fet Lancelos,
'qant ge seré en ma terre, seré ge asseur? Lequel atendré ge de vos,
ou pes ou guerre?' — 'Asseur poez estre,' fet messire Gauvains,
85 'q'a la guerre ne poez vos faillir que vos ne l'aiez plus fort que vos
ne l'avez eue jusques ci; et durra tant que Gaheriez mes freres sera
vengiez de vostre cors.' — 'Missire Gauvains,' fet Boorz, 'lessiez
atant le menacier, que ge vos di veraiement que mes sires ne vos
crient se petit non. Et se vos tant fesiez que vos aprés nos venissiez
90 el roiaume de Gaule ou en celui de Banoic, asseur soiez que vos
seriez plus pres de perdre la teste que messires ne seroit. Et si avez
dit que messires ocist desloiaument vostre frere. Se vos ce vouliez
prouver comme loiax chevaliers, je deffendroie monseigneur
encontre vostre cors si que, se g'estoie veincuz, que messires
95 Lancelos fust honniz, et se ge vos pooie recreant fere, que vos
fussiez maubailliz. Si remeindroit la guerre atant. Certes, s'il vos
plesoit, moult seroit ceste chose couvenable que par moi et par
vos fust desresniee plus que par .lx. homes.' Et messire Gauvains
tent son gage et dit: 'Sire, puis qu'il s'offre de ceste chose, il n'en
100 ira jamés avant, car ge sui prez de prover encontre son cors que
par traison ocist Lancelos Gaheriet mon frere.' Et Boorz saut avant
et dit qu'il est prez del deffendre. Si fust la bataille afermee se li
rois volsist, car messire Gauvains ne demandoit autre chose et
Boort volsist estre cors a cors encontre lui. Li rois les refusa et dist
105 que, quant il seroient d'iluec parti, que chascuns feist del mieuz
qu'il poist. Atant fine li parlemenz; si s'en revient li rois as tentes
et enmeinne [*329ᵇ*] avec soi la reine. Lors commença entr'eus la

---

100 avant] anant

joie si grant comme se Damledex i fust descenduz. Mes encontre
ce que cil de l'ost furent joianz et liez, autresi s'en alerent cil del
chastel dolent, car trop estoient a malese de ce qu'il veoient leur 110
seigneur plus penssif qu'il ne souloit. Lancelos leur commande
qu'il apareillent leur harnois, car il mouvra demain, si comme il
cuide, a aler a la mer por passer en Gaule. Cel jor prist Lancelos
un escuier qui avoit non Gaudin et li dist: 'Pren mon escu en cele
chambre et t'en va droit a Kamaalot; et si le met en la mestre eglise 115
de Saint Estienne et le lesse en tel leu ou il puisse remanoir et ou
il soit bien veuz, si que tuit cil qui des ore mes le verront aient en
remenbrance les merveilles que ge ai fetes en ceste terre. Et sez
tu por qoi ge li faz ceste enneur? Por ce que ge i reçui primes l'ordre
de chevalerie; si en aing plus la cité que nule autre. Et si ne sei se 120
jamés aventure m'i amenra puis que g'en seré partiz.'

Li vallez prist l'escu et avec li bailla Lancelos .iiij. somiers touz
chargiez d'avoir por ce que li seigneur en amendassent le leu. Et
qant cil qui ce present porterent furent la venuz, l'en les reçut
a moult grant joie. Et qant il virent l'escu Lancelot, il ne furent 125
mie meins liez que de l'autre don. Il le firent tout meintenant pendre
el mileu del moustier a une chaenne d'argent aussi richement com
se ce fust un cors seint. Et qant cil del païs le sorent, il le vindrent
veoir espessement a grant feste; et en ploroient li pluseur, qant il
veoient l'escu, de ce que Lancelos s'en estoit alez. [*329^c*] Mes atant 130
s'en test ore li contes a parler d'eus et retorne a Lancelot et a sa
compaignie.

110 veoient] voient

15. *Aucassin et Nicolette*

The anonymous author of *Aucassin et Nicolette* appropriately calls his composition of alternating passages of verse and prose a *cantefable* (XLI. 24) or song-story, the verse *laisses* of assonating seven-syllable lines terminated by a four-syllable line being sung, and the prose sections being recited. The whole may have been performed 'with the aid of impersonation, voice-changes, and mimetic action' (FRANK, G., *The Medieval French Drama* [Clarendon Press, Oxford, 1954], p. 237; cf. id., 'The cues in *Aucassin et Nicolette*', *MLN*, 47 [1932], 14-16) by a singer and a narrator; but a single actor would suffice.

Whilst the external form, unique in Old French literature, is apparently dramatic, the characters and plot are those of the idyllic romance, for instance *Floire et Blancheflor*, as Mme Lot-Borodine has clearly demonstrated (LOT-BORODINE, M., *Le Roman idyllique au moyen âge* [Picard, Paris, 1913], pp. 75-134). Starting from a misalliance between two lovers of different social condition, the plot of the idyllic romance moves through a nodus in which the lovers are separated, to a happy ending in which they are eventually reunited. Aucassin, the son of the Count of Beaucaire, falls in love with Nicolette, a captive who has been bought from the Saracens by the Viscount of Beaucaire. Imprisonment cannot break their attachment, and the two young lovers flee the wrath of the Count by riding away together to the topsyturvy land of Torelore. From here they are abducted by the Saracens and placed in different ships, which become separated in a storm. After Aucassin's parents have died and Nicolette's true identity as the daughter of the King of Carthage has been established, the lovers are finally reunited and marry.

Mme Lot-Borodine detects the tone of mischievous irony in this charming tale (op. cit., pp. 104-5); but she does not appear to realize that the author has gently parodied the characters, the themes, the motifs, and the language, not only of the idyllic romance, but also of the lyric, the *chanson de geste*, and the courtly romance. The author shows a subtle awareness of the absurdities, as well as the delights, of the various Old French literary *genres*. The elements of pastiche in *Aucassin et Nicolette* have been analysed more recently by PAUPHILET, A., *Le Legs du moyen âge* (Librairie d'Argences, Melun, 1950), pp. 239-48; MICHA, A., 'En relisant "Aucassin et Nicolette"', *MA*, 65 (1959), 279-92; JODOGNE, O., 'La Parodie et le pastiche dans "Aucassin et Nicolette"', *CAI*, 12 (1960),

53–65; GRIFFIN, R., '*Aucassin et Nicolette* and the Albigensian Crusade', *MLQ*, 26 (1965), 243–56; HARDEN, R., '*Aucassin et Nicolette* as Parody', *SP*, 63 (1966), 1–9; SARGENT, B. N., 'Parody in *Aucassin et Nicolette*: Some Further Considerations', *FR*, 43 (1970), 597–605; VANCE, E., 'The Word at Heart: *Aucassin et Nicolette* as a Medieval Comedy of Language', *YFSt*, 45 (1970), 33–51.

Starting from the idea already touched on by Gaston Paris, 'que l'auteur semblait parfois se moquer de son héros' (PARIS, G., *Poèmes et légendes du moyen-âge* [Société d'édition artistique, Paris, 1900], p. 108), June Hall Martin sees in the character and behaviour of Aucassin a parody of the courtly lover himself, rather than of the various literary genres (MARTIN, J. H., *Love's Fools: Aucassin, Troilus, Calisto and the Parody of the Courtly Lover* [Tamesis Books, London, 1972], pp. 23–36). The resemblance between the lovesick, introspective Aucassin and Chrétien de Troyes's hero Lancelot is surely not fortuitous.

Mario Roques dates the composition of *Aucassin et Nicolette* in the first half of the thirteenth century.

I have transcribed the text of the only surviving MS. (Paris, B.N., 2168, fols. 70rb–80vb) from microfilm prints. Editions consulted: *Aucassin et Nicolete*, ed. F. W. Bourdillon (Manchester U.P., 1919; repr. 1930); *Aucassin et Nicolette, chantefable du XIIIe siècle*, ed. M. Roques, 2nd edn., CFMA 41 (Champion, Paris, 1936). For a detailed list of editions, commentaries, and translations see BOSSUAT, nos. 1251–83, 6231–40, 7305–13; KLAPP.

§§ IV–XIII

In the extract given below, the action of the plot begins: the undesirable relationship between the noble Aucassin and the lowly captive Nicolette is thwarted by the expedient of having the young girl imprisoned (IV, V). The author can now exploit to the full the comic device of the reversal of roles, for, throughout the passage, it is Nicolette who shows the resourcefulness and strength of character usually found in the hero, and Aucassin who, when he does act, acts from motives quite unexpected in a feudal nobleman, and who, for the most part, remains inactive, rendered powerless by overwhelming self-pity. For example, Aucassin refuses to marry the daughter of a king or a count, his social equal in the feudal hierarchy, preferring to go to hell, provided that he can have his beloved Nicolette. In the ensuing 'heaven and hell' speech the author permits his hero to mock both the accepted religious values of medieval aristocratic society and the conventions of courtly love (VI). Aucassin agrees to fight the enemy, Count Bolgar of Valence, not because the honour of his lineage must be defended, but because he wants, as a reward, one kiss from Nicolette and the opportunity to exchange a few

140 — *Aucassin et Nicolette*

words with her (VIII). And what a comic parody of the single combat the
fight turns out to be! The ennobling influence of love motivates a scene
of unparalleled buffoonery (X). But, although Count Bolgar is igno-
miniously defeated, Count Garin breaks his word, refuses to allow his
son's request and has him imprisoned instead (XI). The more resourceful
of the two lovers, Nicolette escapes from custody and comes to console
Aucassin, whom she finds weeping and lamenting (XII). The exaggerated
pathos of their conversation held through a crack in the ancient tower
serves to parody a similar situation occurring in the twelfth-century poem
Piramus et Tisbé, with which the author was no doubt acquainted (XIII).

IV. *Or dient et content et flablent*

Quant li quens Garins de Biaucare vit qu'il ne poroit Aucassin son
fil retraire des amors Nicolete, il traist au visconte de le vile, qui ses
hon estoit, si l'apela: 'Sire [vis]quens, car ostés Nicolete vostre
filole! Que la tere soit maleoite dont ele fu amenee en cest païs!
C'or par li pert jou Aucassin, qu'il ne veut estre cevaliers ne faire   5
point de quanque faire doie; et saciés bien que, se je le puis avoir,
que je l'arderai en un fu, et vous meismes porés avoir de vos tote
peor.' — 'Sire,' fait li visquens, 'ce poise moi qu'il i va ne qu'il
i vient ne qu'il i parole. Je l'avoie acatee de mes deniers, si l'avoie
levee et bautisie et faite ma filole, si li donasse un baceler qui du   10
pain li gaegnast par honor; de ce n'eust Aucassins vos fix que faire.
Mais puis que vostre volentés est et vos bons, je l'envoierai en tel
tere et en tel païs que jamais ne le verra de ses ex.' — 'Ce gardés
vous!' fait li quens Garins. 'Grans maus vos en poroit venir.' [71ᵇ]
Il se departent. Et li visquens estoit molt rices hom, si avoit un rice   15
palais par devers un gardin. En une canbre la fist metre Nicolete,
en un haut estage, et une vielle aveuc li por conpagnie et por soisté
tenir; et s'i fist metre pain et car et vin et quanque mestiers lor fu.
Puis si fist l'uis seeler c'on n'i peust de nule part entrer ne iscir, fors
tant qu'il i avoit une fenestre par devers le gardin, assés petite, dont   20
il lor venoit un peu d'essor.

V. *Or se cante.*

Nicole est en prison mise,
En une canbre vautie,
Ki faite est par grant devisse,

IV. 6. puis et auoir

Panturee a miramie.
A la fenestre marbrine   5
La s'apoia la mescine.
Ele avoit blonde la crigne
Et bien faite la sorcille,
La face clere et traitice.
Ainc plus bele ne veïstes.   10
Esgarda par le gaudine
Et vit la rose espanie
Et les oisax qui se crïent,
Dont se clama orphenine:
'Ai mi! lasse! moi caitive!   15
Por coi sui en prison misse?
Aucassins, damoisiax, sire,
Ja sui jou li vostre amie
Et vos ne me haés mie.
Por vos sui en prison misse   20
En ceste canbre vautie,
U je trai molt male vie.   71^c
Mais par Diu le fil Marie,
Longement n'i serai mie,
    Se je·l puis far[e].'   25

VI. *Or dient et content et fablent.*

Nicolete fu en prison, si que vous avés oï et entendu, en le canbre.
Li cris et le noise ala par tote le terre et par tot le païs que Nicolete
estoit perdue. Li auquant dient qu'ele est fuie fors de la terre et li
auquant dient que li quens Garins de Biaucaire l'a faite mordrir.
Qui qu'en eust joie, Aucassins n'en fu mie liés, ains traist au visconte   5
de la vile, si l'apela: 'Sire visquens, c'avés vos fait de Nicolete ma
tres douce amie, le riens e[n] tot le mont que je plus amoie? Avés
le me vos tolue ne enblee? Saciés bien que, se je en muir, faide vous
en sera demandee; et ce sera bien drois, que vos m'arés ocis a vos
.ii. mains, car vos m'avés tolu la riens en cest mont que je plus   10
amoie.' — 'Biax sire,' fait li [vis]quens, 'car laisciés ester. Nicolete
est une caitive que j'amenai d'estrange tere; si l'acatai de mon avoir
a Sarasins, si l'ai levee et bautisie et faite ma fillole, si l'ai nourie,

v. 24 longement l (?) ni *The stroke after* longement *may be the first stroke of* serai *the scribe having omitted* ni

si li donasce un de ces jors un baceler qui del pain li gaegnast par
honor. De ce n'avés vos que faire. Mais prendés le fille a un roi ₁₅
u a un conte. [*71ᵈ*] Enseurquetot, que cuideriés vous avoir gaegnié
se vous l'aviés asognentee ne mise a vo lit? Mout i ariés peu conquis,
car tos les jors du siecle en seroit vo arme en infer, qu'en paradis
n'enterriés vos ja.' — 'En paradis qu'ai je a faire? Je n'i quier entrer
mais que j'ai Nicolete ma tres douce amie que j'aim tant. C'en ₂₀
paradis ne vont fors tex gens con je vous dirai. Il i vont ci[l] viel
prestre et cil viel clop et cil manke qui tote jor et tote nuit cropent
devant ces autex et en ces viés cruutes, et cil a ces viés capes ereses
et a ces viés tatereles vestues, qui sont nu et decauc et estrumelé,
qui moeurent de faim et de soi et de froit et de mesaises. Icil vont ₂₅
en paradis; aveuc ciax n'ai jou que faire. Mais en infer voil jou aler,
car en infer vont li bel clerc, et li bel cevalier qui sont mort as tornois
et as rices gueres, et li buen sergant, et li franc home. Aveuc ciax
voil jou aler. Et s'i vont les beles dames cortoises, que eles ont .ii.
amis ou .iii. avoc leur barons; et s'i va li ors et li argens et li vairs et ₃₀
li gris; et si i vont harpeor et jogleor et li roi del siecle. Avoc ciax
voil jou aler mais que j'aie Nicolete ma tres douce amie aveuc mi.'
— 'Certes,' fait li visquens, [*72ᵃ*] 'por nient en parlerés, que jamais
ne le verrés. Et se vos i parlés et vos peres le savoit, il arderoit et
mi et li en un fu, et vos meismes porriés avoir toute paour.' — 'Ce ₃₅
poise moi,' fait Aucassins. Il se depart del visconte dolans.

VII. *Or se cante.*

Aucasins s'en est tornés
Molt dolans et abosmés.
De s'amie o le vis cler
Nus ne le puet conforter
Ne nul bon consel doner.   5
Vers le palais est alés,
Il en monta les degrés,
En une canbre est entrés,
Si comença a plorer
Et grant dol a demener   10
Et s'amie a regreter:

VI. 23 cruutes] cutes *Bourdillon; Suchier and Roques read* cutes *i.e.* creutes; *Paris* croutes
25 de soi *Paris*] desci   28 buen *Paris, Bourdillon, Roques*] bien; *Suchier* boin
33 jamais] imai   36 il] ise; *Paris* si, *Roques* se

'Nicolete, biax esters,
Biax venir[s] et biax alers,
Biax deduis et dous parlers,
Biax borders et biax jouers,   15
Biax baisiers, biax acolers!
Por vos sui si adolés
Et si malement menés
Que je n'en cuit vis aler,
Suer, douce amie!'   20

VIII. *Or dient en content et fablent.*

Entreus que Aucassins estoit en le canbre et il regretoit Nicolete
s'amie, li quens Bougars de Va[72^b]lence, qui sa guerre avoit a
furnir, ne s'oublia mie, ains ot mandé ses homes a pié et a ceval,
si traist au castel por asalir. Et li cris lieve et la noise; et li cevalier
et li serjant s'arment et qeurent as portes et as murs por le castel   5
desfendre; et li borgois montent as aleoirs des murs, si jetent
quariax et peus aguisiés. Entroeus que li asaus estoit grans et
pleniers, et li quens Garins de Bia[u]caire vint en la canbre u
Aucassins faisoit deul et regretoit Nicolete sa tres douce amie que
tant amoit. 'Ha! fix,' fait il, 'con par es caitis et maleurox, que tu   10
vois c'on asaut ton castel, tot le mellor et le plus fort! Et saces, se tu
le pers, que tu es desiretés. Fix, car pren les armes et monte u ceval
et defen te tere et aiues tes homes et va a l'estor. Ja n'i fieres tu
home ni autres ti, s'il te voient entr'ax, si desfenderont il mix lor
avoir et lor cors et te tere et le miue. Et tu ies si grans et si fors que   15
bien le pués faire, et farre le dois.' — 'Pere,' fait Aucassins, 'qu'en
parlés vous ore? Ja Dix ne me doinst riens que je li demant, quant
ere cevaliers ne monte el ceval ne voise en estor, la u je fiere cevalier
ne autres mi, se vos ne me [72^c] donés Nicolete me douce amie que
je tant aim!' — 'Fix,' dist li pere, 'ce ne puet estre. Ançois sosferoie   20
jo que je feusse tous desiretés et que je perdisse quanques g'ai que
tu ja l'euses a mollier ni a espouse.' Il s'en torne. Et quant Aucassins
l'en voit aler, il le rapela. 'Peres,' fait Aucassins, 'venés avant. Je
vous ferai bons couvens.' — 'Et quex, biax fix?' — 'Je prendrai les
armes, s'irai a l'estor par tex covens que, se Dix me ramaine sain   25
et sauf, que vos me lairés Nicolete me douce amie tant veir que j'aie

VII. 13 biax v., *the* b *corrected from* v   VIII. 17 li *Suchier, Roques*] le

.ii. paroles u trois a li parlees et que je l'aie une seule fois baisie.' —
'Je l'otroi,' fait li peres. Il li creante et Aucassins fu lié.

IX. *Or se cante.*

Aucassins ot du baisier
Qu'il ara au repairier.
Por .c.m. mars d'or mier
Ne le fesist on si lié.
Garnemens demanda ciers;   5
On li a aparelliés.
Il vest un auberc dublier
Et laça l'iaume en son cief,
Çainst l'espee au poin d'or mier;
Si monta sor son destrier   10
Et prent l'escu et l'espiel.
Regarda andex ses piés:
Bien li sissent [es] estriers.
A mervelle se tint ciers.
De s'amie li sovient,   15
S'esperona le destrier.
Il li cort molt volentiers;
Tot droit a le porte en vient
  A la bataille.

X. *Or dient et content.*

[72*d*] [A]ucassins fu armés sor son ceval, si con vos avés oï et
entendu. Dix! con li sist li escus au col et li hiaumes u cief et li renge
de s'espee sor le senestre hance! Et li vallés fu grans et fors et biax
et gens et bien fornis, et li cevaus sor quoi il sist rades et corans, et
li vallés l'ot bien adrecié parmi la porte. Or ne quidiés vous qu'il   5
pensast n'a bués n'a vaces n'a civres prendre, ne qu'il ferist cevalier
ne autres lui. Nenil nient, onques ne l'en sovint, ains pensa tant
a Nicolete sa douce amie qu'il oublia ses resnes et quanquels il dut
faire. Et li cevax qui ot senti les esperons l'enporta parmi le presse,
se se lance tres entremi ses anemis; et il getent les mains de toutes   10
pars, si le prendent, si le dessaisisent de l'escu et de le lance, si l'en

28 fu lié *looks like* falie   IX. 16 le *Paris, Suchier, Bourdillon*] li   18 en] enl *The*
l *after* en *is apparently accidental; Paris* ent

mannent tot estrousement pris et aloient ja porparlant de quel mort
il [le] feroient morir. Et quant Aucassins l'entendi: 'Ha! Dix,' fait
il, 'douce creature! Sont çou mi anemi mortel qui ci me mainent et
qui ja me cauperont le teste? Et puis que j'arai la teste caupee, 15
jamais ne parlerai a Nicolete me douce amie que je tant aim. Encore
ai je ci une bone espee et siec sor bon destrir sejorné. Se or ne me
deffent por li, onques Dix ne li aït se jamais m'aime!' Li vallés fu
grans et fors et li cevax so[r] quoi il sist fu remuans. Et il mist le
main a l'espee, si comence [a ferir] a [73ᵃ] destre et a senestre et 20
caupe hiaumes et naseus et puins et bras et fait un caple entor lui,
autresi con li senglers quant li cien l'asalent en le forest, qu'il lor
abat .x. cevaliers et navre .vii. et qu'il se jete tot estroseement de le
prese et qu'il s'en revient les galopiax ariere, s'espee en sa main.
Li quens Bougars de Valence oï dire c'on penderoit Aucassin son 25
anemi, si venoit cele part; et Aucassins ne le mescoisi mie. Il tint
l'espee en la main, se le fiert parmi le hiaume si qu'i li enbare el
cief. Il fu si estonés qu'il caï a terre; et Aucassins tent le main,
si le prent et l'en mainne pris par le nasel del hiame et le rent a son
pere. 'Pere,' fait Aucassins, 'vesci vostre anemi qui tant vous a 30
gerroié et mal fait. .xx. [ans] a ja duré cest[e] gerre; onques ne pot
iestre acievee par home.' — 'Biax fix,' fait li pere, 'tes enfances
devés vos faire, nient baer a folie.' — 'Pere,' fait Aucassins, 'ne
m'alés mie sermonant, mais tenés moi mes covens.' — 'Ba! quex
covens, biax fix?' — 'Avoi! pere, avés les vos obliés? Par mon cief, 35
qui que les oblit, je ne·s voil mie oblier, ains me tient molt au cuer.
Enne m'eustes vos en covent que, quant je pris les armes et j'alai
a l'estor, que, se Dix me ramenoit sain et sauf, que vos me lairiés
Nicolete ma douce amie tant veir que j'aroie parlé a li .ii. paroles
[73ᵇ] ou trois et que je l'aroie une fois baisie? [Ce] m'eustes vos en 40
covent et ce voil je que vos me tenés.' — 'Jo?' fai[t] li peres. 'Ja Dix
ne m'aït quant ja covens vos en tenrai. Et s'ele estoit ja ci, je l'arderoie
en un fu et vos meismes porriés avoir tote paor.' — 'Est ce tote la
fins?' fait Aucassins. — 'Si m'aït Dix,' fait li peres, 'oïl.' — 'Certes,'
fait Aucassins, 'je sui molt dolans quant hom de vostre eage ment. 45
Quens de Valence,' fait Aucassins, 'je vos ai pris.' — 'Sire, voire,'
fait li quens. — 'Bailiés ça vostre main,' fait Aucassins. — 'Sire,

x. 13 feroient] foroient   21 hiaumes] h'm; *Paris* helmes   22 forest et quil
31 gerre] gre *with abbreviation sign for* er; *Paris* guerre   35 obliés] obliees   39 j'aroie]
laroiee   41 ce *Paris, Suchier, Bourdillon, Roques*] ie   45 je *Paris etc.*] ce   47 fait
aioire fait li quens   fait] fiat

volentiers.' Il li met se main en la siue. 'Ce m'afiés vos,' fait Aucas-
sins, 'que, a nul jor que vos aiés a vivre, ne porrés men pere faire
honte ne destorbier de sen cors ne de sen avoir, que vos ne li faciés.' 50
— 'Sire, por Diu,' fait il, 'ne me gabés mie, mais metés moi a
raençon. Vos ne me sarés ja demander or ni argent, cevaus ne pale-
frois, ne vair ne gris, ciens ne oisiax, que je ne vos doinse.' —
'Coment?' fait Aucassins. 'Ene connissiés vos que je vos ai pris?'
— 'Sire, oje,' fait li quens Borgars. — 'Ja Dix ne m'aït,' fait Aucas- 55
sins, 'se vos ne le m'afiés, se je ne vous fac ja cele teste voler!' —
'Enon Du!' fait il, 'je vous afie quanque il vous plaist.' Il li afie;
et Aucassins le fait monter sor un ceval et il monte sor un autre, si
le conduist tant qu'il fu a sauveté.

XI. *Or se cante.*

Qant or voit li quens Garins   *73ᶜ*
De son enfant Aucassin
Qu'il ne pora departir
De Nicolete au cler vis,
En une prison l'a mis   5
En un celier sosterin,
Qui fu fais de marbre bis.
Quant or i vint Aucassins,
Dolans fu, ainc ne fu si.
A dementer si se prist   10
Si con vos porrés oïr:
'Nicolete, flors de lis,
Douce amie o le cler vis,
Plus es douce que roisins
Ne que soupe en maserin.   15
L'autrier vi un pelerin,
Nes estoit de Limosin,
Malades de l'esvertin,
Si gisoit ens en un lit.
Mout par estoit entrepris,   20
De grant mal amaladis.
Tu passas devant son lit,
Si soulevas ton traïn
Et ton peliçon ermin,

---

55 Borgars] bor; *Paris* Bougars

La cemisse de blanc lin,   25
Tant que ta ganbete vit.
Garis fu li pelerins
Et tos sains, ainc ne fu si;
Si se leva de son lit,
Si rala en son païs   30
Sains et saus et tos garis.
Doce amie, flors de lis,
Biax alers et biax venirs,
Biax jouers et biax bordirs,   *73^d*
Biax parlers et biax delis,   35
Dox baisiers et dox sentirs,
Nus ne vous poroit haïr.
Por vos sui en prison mis
En ce celier sousterin,
U je fac mout male fin.   40
Or m'i convenra morir
    Por vos, amie.'

XII. *Or dient et content et fabloient.*

Aucasins fu mis en prison, si com vos avés oï et entendu, et
Nicolete fu d'autre part en le canbre. Ce fu el tans d'esté, el mois
de mai, que li jor sont caut, lonc et cler, et les nuis coies et series.
Nicolete jut une nuit en son lit, si vit la lune luire cler par une
fenestre et si oï le lorseilnol center en garding, se li sovint d'Aucassin   5
sen ami qu'ele tant amoit. Ele se comença a porpenser del conte
Garin de Biaucaire qui de mort le haoit; si se pensa qu'ele ne
remanroit plus ilec, que, s'ele estoit acusee et li quens Garins le
savoit, il le feroit de male mort morir. Ele senti que li vielle dormoit
qui aveuc li estoit. Ele se leva, si vesti un bliaut de drap de soie que   10
ele avoit molt bon, si prist dras de lit et touailes, si noua l'un a l'autre,
si fist une corde si longe conme ele pot, si le noua au piler de le
fenestre, si s'avala contreval le gardin; et prist se vesture a l'une
main devant et a l'autre deriere, si s'escorça por le rousee qu'ele vit
grande sor l'erbe, si s'en ala aval le gardin. Ele [*74^a*] avoit les caviaus   15
blons et menus recercelés, et les ex vairs et rians, et le face traitice,
et le nes haut et bien assis, et lé levretes vremelletes plus que n'est
cerisse ne rose el tans d'esté, et les dens blans et menus; et avoit

XI. 41 m'i] ni   XII. 1 Aucasins] Aaucasins   6 del] des

les mameletes dures, qui li souslevoient sa vesteure ausi con ce
fuissent .ii. nois gauges; et estoit graille parmi les flans, qu'en vos   20
dex mains le peusciés enclorre; et les flors des margerites qu'ele
ronpoit as ortex de ses piés, qui li gissoient sor le menuisse du pié
par deseure, estoient droites noires avers ses piés et ses ganbes, tant
par estoit blance la mescinete. Ele vint au postic, si le deffrema, si
s'en isci parmi les rues de Biaucaire par devers l'onbre, car la lune   25
luisoit molt clere, et erra tant qu'ele vint a le tor u ses amis estoit.
Li tors estoit faele[e] de lius en lius; et ele se quatist delés l'un des
pilers, si s'estraint en son mantel, si mist sen cief parmi une creveure
de la tor qui vielle estoit et anciienne, si oï Aucassin qui la dedens
plouroit et faisoit mot grant dol et regretoit se douce amie que tant   30
amoit. Et quant ele l'ot assés escouté, si comença a dire.

XIII. *Or se cante.*

Nicolete o le vis cler
S'apoia a un piler,
S'oï Aucassin plourer   *74^b*
Et s'amie regreter.
Or parla, dist son penser: 5
'Aucassins, gentix et ber,
Frans damoisiax honorés,
Que vos vaut li dementer[s],
Li plaindres ne li plurers,
Quant ja de moi ne gorés?   10
Car vostre peres me het
Et trestos vos parentés.
Por vous passerai le mer,
S'irai en autre regné.'
De ses caviax a caupés,   15
La dedens les a rüés.
Aucassins les prist, li ber,
Si les a molt honerés
Et baisiés et acolés.
En sen sain les a boutés,   20
Si recomence a plorer,
Tout por s'amie.

23 sans ganbes   XIII. 4 samie a regreter   11 vostre] ure *without the contraction sign*
14 regné] regnes

16. Lyric Poems

a. CHANSON DE TOILE

The expression *chanson de toile* (used by Henri d'Andeli in *Le lai d'Aristote*, v. 377) or *chanson a toile* (used by Gerbert de Montreuil in *Le roman de la violette*, v. 2301) designated, in the first half of the thirteenth century, a group of short poems whose central figure was often a young girl of noble birth seated weaving or sewing by a window and thinking of her lover. These poems were also called *chansons d'histoire* by Jean Renart, who quoted a number of stanzas from various texts in his romance *Guillaume de Dole* (see v. 1151), a name suggesting their second general characteristic: 'l'évocation des choses d'une époque ancienne' (p. 433 of FARAL, E., 'Les Chansons de toile ou chansons d'histoire', *Rom.*, 69 [1946-7], 433-62). Both lyric and narrative, the poems relate a crucial stage in the love affair, for instance the reconciliation of Erembor and Raynaut after a misunderstanding provoked by the latter's apparently groundless jealousy. The versification (usually assonating decasyllabic lines), the language and the style of many of the *chansons de toile* are markedly archaic. Convinced that the poems were written in the thirteenth century, Faral believes the archaisms to be a deliberate pastiche of the *chansons de geste* (see esp. p. 452); but Joly (JOLY, R., 'Les Chansons d'histoire', *RJb*, 12 [1961], 51-65) and Jonin (JONIN, P., 'Les Types féminins dans les chansons de toile', *Rom.*, 91 [1970], 433-66) follow Jeanroy (JEANROY, A., *Les Origines de la poésie lyrique en France au moyen âge*, 3rd edn. [Champion, Paris, 1925], pp. 216-30) in dating the early *chansons de toile*, including *Bele Erembor*, from the twelfth century. At this time, before the influence of troubadour poetry had been felt, the poet would naturally resort to the formulaic language of the epic to express the new theme of love seen from the woman's point of view.

I have transcribed the text of the poem (Paris, B.N., fr. 20050, fols. 69ᵛ-70ʳ) from the facsimile published in *Le Chansonnier français de Saint-Germain-des-Prés* (*Bibl. Nat. fr. 20050*). *Reproduction phototypique avec transcription*, ed. P. Meyer and G. Raynaud, SATF, vol. i (Didot, Paris, 1892; Johnson Reprint Corporation, New York, 1968). Edition consulted: *Romances et pastourelles françaises des XIIᵉ et XIIIᵉ siècles. Altfranzösische Romanzen und Pastourellen*, ed. Karl Bartsch

150 *Lyric poems*

(Wissenschaftliche Buchgesellschaft, Darmstadt, 1967; repr. of 1870 edn., Leipzig). Bibliography: JEANROY, A., *Bibliographie sommaire des chansonniers français du moyen âge (manuscrits et éditions)* (Champion, Paris, 1918), pp. 10–11; *G. Raynauds Bibliographie des altfranzösischen Liedes*, revised and enlarged by H. Spanke (Brill, Leyden, 1955); BOSSUAT, nos. 2279–86 bis, 7656; KLAPP.

> Quant vient en mai, que l'on dit as lons jors,
> Que Franc de France repairent de roi cort,
> Reynauz repaire devant el premier front.
> Si s'en passa lez lo meis Arembor,
> Ainz n'en dengna le chief drecier amont.   5
>   *E Raynaut amis!*
>
> Bele Erembors a la fenestre au jor
> Sor ses genolz tient paile de color;
> Voit Frans de France qui repairent de cort
> Et voit R[aynaut] devant el premier front.   10
> En [70^r] haut parole, si a dit sa raison.
>   *E R[aynaut] amis!*
>
> 'Amis R[aynaut], j'ai ja veü cel jor,
> Se passisoiz selon mon pere tor,
> Dolanz fussiez se ne parlasse a vos.'   15
> 'Ja·l mesfaïstes, fille d'emperëor,
> Autrui amastes, si oblïastes nos.'
>   *E R[aynaut] amis!*
>
> 'Sire R[aynaut], je m'en escondirai:
> A cent puceles sor sainz vos jurerai,   20
> A .xxx. dames que avuec moi menrai,
> C'onques nul home fors vostre cors n'amai.
> Prennez l'emmende et je vos baiserai.'
>   *E R[aynaut] amis!*
>
> Li cuens R]aynauz] en monta lo degré,   25
> Gros par espaules, greles par lo baudré;
> Blonde ot lo poil, menu recercelé;
> En nule terre n'ot si biau bacheler.
> Voit l'Erembors, si comence a plorer.
>   *E R[aynaut] amis!*   30

16 ja·l] iel

Li cuens R[aynauz] est montez en la tor,
Si s'est assis en un lit point a flors.
Dejoste lui se siét bele Erembors.
[. . . . .]
Lors recomencent lor premieres amors.   35
E R[aynaut] amis!

b. AUBE

Known in Provençal literature as the *alba* and in French literature as the
aube or the *aubade* or the *chanson d'éveil*, the dawn-song flourished in
France during the thirteenth century and perhaps earlier (WOLEDGE, B.,
'Old Provençal and Old French', in *Eos. An Enquiry into the Theme of
Lovers' Meetings and Partings at Dawn in Poetry*, ed. A. T. Hatto [Mouton,
The Hague, 1965], 344–89), both as a popular *genre* and as an aristocratic
genre. In the poems that seem to be of popular inspiration, for example
Entre moi et mon ami (Bartsch, *Romances et Pastourelles*, 1, 31), the lovers
are warned of the approach of day by the song of the birds; but, in the
aristocratic dawn-songs, the sentinel on the castle tower informs the
lovers when dawn begins to break. Of the four (Jeanroy, *Les Origines de
la poésie lyrique en France au moyen âge*, p. 77) or five (Woledge, p. 346)
surviving French dawn-songs, the anonymous poem *Gaite de la tor*
alone presents the character of the watchman. As Jeanroy (*Rom.*, 33
[1904], 616) and Bédier ('Les plus anciennes danses françaises', *Revue
des deux mondes*, 31 [1906], 398–424) have shown, the poem comprises
five stanzas of lively dialogue exchanged between the watch and either
a second sentinel or the lover's waiting companion, followed by two
stanzas in which the lover confides to the watch his joy and his regrets,
his joy for having experienced the pleasures of love, his regrets for having
been parted from his mistress by the dawn. The dialogue is interrupted
throughout by the warning blasts of the watchman's horn. If, as Bédier
suggests, *Gaite de la tor* was presented as 'un menu spectacle dramatique'
(p. 419), the lover's mistress and the 'traïtor' may have mimed or danced
their roles while the three principal actors sang the words of the song.

The poem contains seven stanzas, each with the following metrical
scheme: $a_5a_4b_6a_5a_4b_6c_7c_4b_6c_7b_6$.

I have transcribed the text of the poem (Paris, B.N., fr. 20050, fols.
83^{r-v}) from the facsimile published in *Le Chansonnier français de Saint-
Germain-des-Prés* (*Bibl. Nat. fr. 20050*). *Reproduction phototypique avec
transcription*, ed. P. Meyer and G. Raynaud, SATF, vol. i (Didot, Paris,

---

34 *The scribe has omitted a line*   35 recomencent] recomence

1892; Johnson Reprint Corporation, New York, 1968). Editions consulted: BARTSCH, K., *Chrestomathie de l'ancien français* (*VIIIe–XVe
siècles*), 12th edn. revised by L. Wiese (Hafner, New York, 1969; facsimile
of 1920 edn.); Bédier, op. cit.; Woledge, op. cit. Bibliography: Spanke,
G. Raynauds Bibliographie des altfranzösischen Liedes, no. 2015; BOSSUAT,
nos. 2217–20.

'Gaite de la tor,
Gardez entor
Les murs, se Deus vos voie,
C'or sont a sejor
Dame et seignor,   5
Et larron vont en proie.'
'Hu et hu et hu et hu!
Je l'ai veü
La jus soz la coudroie.
Hu et hu et hu et hu!   10
A bien pres l'ocirroie.'

'D'un douz lai d'amor
De Blancheflor,
Compains, vos chanteroie,
Ne fust la poor   15
Del traïtor
Cui je redotteroie.'
'Hu et hu [et hu et hu!
Je l'ai veü
La jus soz la coudroie.   20
Hu et hu et hu et hu!
A bien pres l'ocirroie.']

'Compainz, en error
Sui, k'a cest tor
Volentiers dormiroie.   25
N'aiez pas paor!
Voist [*83^v*] a loisor
Qui aler vuet par voie!'
'Hu et hu et hu et hu!
Or soit teü,   30

15 poor] poors   26 aiez *appears to have been corrected from* aiet

Compainz, a ceste voie!
Hu et hu! Bien ai seü
Que nos en avrons joie.'

'Ne sont pas plusor
   Li robëor;   35
N'i a c'un, que je voie,
   Qui gist en la flor
     Soz covertor,
Cui nomer n'oseroie.'
'Hu [et hu et hu et hu!   40
   Or soit teü,
Compainz, a ceste voie!
Hu et hu! Bien ai seü
Que nos en avrons joie!']

'Cortois amëor,   45
   Qui a sejor
Gisez en chambre coie,
   N'aiez pas frëor,
     Que tresq'a jor
Poëz demener joie.'   50
'Hu [et hu et hu et hu!
   Or soit teü,
Compainz, a ceste voie!
Hu et hu! Bien ai seü
Que nos en avrons joie.']   55

'Gaite de la tor,
   Vez mon retor
De la ou vos ooie.
   D'amie et d'amor
     A cestui tor   60
Ai ceu que plus amoie.'
'Hu et hu et hu et hu!'
   'Pou ai geü
En la chambre de joie.'
'Hu et hu!' — 'Trop m'a neü   65
L'aube qui me guerroie.'

'Se salve l'onor
Au Criator
Estoit, tot tens voudroie
Nuit feïst del jor;   70
Jamais dolor
Ne pesance n'avroie.'
'Hu et hu et hu et hu!'
'Bien ai veü
De biauté la monjoie.'   75
'Hu et hu!' — 'C'est bien seü.
Gaite, a Deu tote voie!'

c. CHANSON DE CROISADE

BY LE CHASTELAIN DE COUCI

The author of the poem *A vous, amant, ains k'a nul' autre gent* has been
identified as Gui, le Châtelain de Couci, who participated in the Third
and Fourth Crusades between 1186 and 1203, and who died at sea whilst
returning home in 1203 (*Chansons attribuées au Chastelain de Couci
(fin du XIIᵉ siècle — début du XIIIᵉ siècle)*, ed. A. Lerond [P.U.F., Paris,
1964], pp. 16-20). The Châtelain may also have been the comrade, Gui
de Ponceaux, to whom Gace Brulé dedicated five of his songs (*Gace
Brulé, trouvère champenois, édition des chansons et étude historique*, ed.
H. P. Dyggve [Helsinki, 1951], pp. 74-84).

The crusade songs are of three types: occasional verse inspired by a
particular event, verse sermons exhorting the faithful to take the cross,
and love songs in which the poet, 'partagé entre le devoir de se croiser
et le regret de quitter sa dame, dépeint le conflit des sentiments qui
l'agitent' (*Les Chansons de croisade*, ed. J. Bédier [Champion, Paris,
1909], p. ix). *A vous, amant, ains k'a nul' autre gent* belongs to the third
category. Using the traditional vocabulary and motifs common to the
love lyrics of *fin' amors* sung by the troubadours and the trouvères, the
poet yet manages to infuse a genuine poignancy into his expressions of
resentment and resignation. God is making him pay dearly for the love
that he has enjoyed: on the point of his departure for the crusade, he
will do bitter penance indeed if he is to forgive the treacherous flatterers
who have envied him his happiness. Tormented by the premonition that
he will not return, the poet begs his beloved to keep their vows of love.

There are six stanzas of eight decasyllables, the rhymes differing in
each of the three groups of two stanzas. The rhymes are arranged
ababbaac, with the same rhyme *c* (-*ais*) in the last line of each stanza. On
versification see DRAGONETTI, R., *La Technique poétique des trouvères*

dans la chanson courtoise. Contribution à l'étude de la rhétorique ("De Tempel", Bruges, 1960).
I have transcribed the text of the base MS. *T* (Paris, B.N., fr. 12615, fol. 155^r), from microfilm prints. Other MSS. consulted: *U* (Paris, B.N., fr. 20050, fols. 19^v-20^r); *A* (Arras, Bibl. munic. 139, fol. 153^{r-v}); *M* (Paris, B.N., fr. 844, fols. 52^v, 53^r); *O* (Paris, B.N., fr. 846, fols. 4^v-5^r); *C* (Berne, Bibl. munic. 389, fols. 17^v-18^r); *K* (Paris, Bibl. de l'Arsenal 5198, pp. 107-8); *P* (Paris, B.N., fr. 847, fols. 39^r-40^r); *R* (Paris, B.N., fr. 1591, fol. 119^{r-v}); *V* (Paris, B.N., fr. 24406, fol. 80^r); *X* (Paris, B.N., nouv. acq. fr. 1050, fols. 76^v-77^r). Besides the editions of Bédier and Lerond, I have also consulted *Die Lieder des Castellans von Coucy*, ed. F. Fath (Hörning, Heidelberg, 1883). Bibliography: Spanke, G. *Raynauds Bibliographie des altfranzösischen Liedes*, no. 679; BOSSUAT, nos. 2327-8; KLAPP.

A vous, amant, ains k'a nul' autre gent,
Est bien raisons ke ma dolor complaigne,
Car il m'estuet partir outreement
Et desevrer de ma loial compaigne;
Et, quant l'i pert, n'est riens ki me remaigne;   5
Si saichiés bien, Amors, seürement,
S'ainc nus morut por avoir cuer dolent,
Dont n'ert par moi mais meüs vers ne lais.

Beaus sire Diex, k'iert il dont, et coment?
Convenra il k'ens la fin congié praigne?   10
Oïl, par Dieu, ne puet estre autrement:
Sans li m'estuet aler en terre estraigne.
Or ne quic mais ke grans maus me soffraigne
Quant de li n'ai confort n'alegement;
Ne de nule autre amor joie n'atent,   15
Fors que de li: ne sai se ch'iert jamais.

Beaus sire Diex, k'iert il del consirrer
Del grant soulas et de la compaignie
Et des dols maus dont seut a moi parler
Cele ki m'ert dame, compaigne, amie?   20
Et quant recort sa douce compaignie
Et le soulas ke me soloit mostrer,
Coment me puet li cuers el cors durer?
Quant ne s'em part, certes il est mauvais.

5 pert *The scribe appears to have corrected* c *to* t

Ne me vaut pas Diex por noient doner 25
Tos les soulas k'ai eüs ens ma vie,
Ains les me fait cierement comperer;
S'ai grant paour chis loiers ne m'ochie.
Merchi, Amors! S'ainc Diex fist vilonie,
Com vilains fait boine amors desevrer; 30
Ne je ne puis l'amor de moi oster,
Et si m'estuet ke jou ma dame lais.

Or seront lié li faus losengëor
Cui tant pesoit de[s] biens k'avoir soloie;
Mais ja de çou n'ere pe[le]rins jor 35
Ke ja vers aus boine volenté aie;
Por tant porrai perdre tote ma voie,
Car tant m'ont fait de mal li traïtor,
Se Diex voloit k'il eüssent m'amor,
Ne me porroit cargier plus pesant fais. 40

Je m'en vois, dame. A Dieu le Creator
Comanc vo cors en quel lieu ke je soie;
Ne sai se ja verrés mais mon retor:
Aventure est se jamais vous revoie.
Por Dieu vous pri, en quel lieu ke je soie, 45
Ke nos convens tenez, viegne ou demour;
Et je proi Dieu k'ausi me doinst honor
Com je vous ai esté amis verais.

d. CHANSON
BY CONON DE BÉTHUNE

Born about the middle of the twelfth century, Conon de Béthune belonged to an illustrious family of Artois. His name is mentioned for the first time in a deed of 1180 or 1181. About this time he must have stayed at the French court, for, as he informs us in the song *Mout me semont Amors ke je m'envoise*, the queen (Alix de Champagne) and her son (Philippe-Auguste) mocked his provincial language (*mos d'Artois* 13) in the presence of the countess, probably his patroness Marie de Champagne. Conon de Béthune participated in the Third Crusade (1189-93), and again in the Fourth Crusade (1202-4), during which he distinguished himself in

27 me fait] meffait

important diplomatic missions (see Villehardouin, *La Conquête de Constantinople*). A relative of Baudouin IX, the first French Emperor of Constantinople, Conon himself became seneschal in 1217 and regent in 1219. He died either the same year or the following year.

Within the framework of the traditional courtly lyric, Conon de Béthune has included the autobiographical digression relating his humiliation at court. In the first four lines he vents the general feeling of dejection that prevents him from singing about his love. Then follow a stanza and a half (5–14) in which we learn the detailed reasons for his state of mind: his patroness was among those present to witness his discomfiture. When, in the third stanza, the poet has sufficiently overcome his diffidence to express his feelings in daring protestations of love, we find that the countess herself appears to be the object of his affections.

The poem contains three stanzas of seven decasyllables, the rhymes differing in the third stanza from those of the first two. The rhyme-scheme is as follows: *ababbba*. On versification see Dragonetti, *La Technique poétique des trouvères dans la chanson courtoise*, pp. 320–1.

I have transcribed the text of the base MS. *T* (Paris, B.N., fr. 12615, fol. 99ʳ) from microfilm prints. The poem also appears in *M* (Paris, B.N., fr. 844, fol. 45) and the fragment *e* (fol. 2ᵛ, third stanza only, diplomatic transcription published by A. Wallensköld, *NM*, 18 [1917], 2–17). Editions: Bartsch, *Chrestomathie de l'ancien français (VIIIᵉ–XVᵉ siècles)*, p. 160; PARIS, G. and LANGLOIS, E., *Chrestomathie du moyen âge*, 13th edn. (Hachette, Paris, 1965), pp. 281–2; *Les Chansons de Conon de Béthune*, ed. A. Wallensköld, CFMA 24 (Champion, Paris, 1921), p. 5. Bibliography: Spanke, *G. Raynauds Bibliographie des altfranzösischen Liedes*, no. 1837; BOSSUAT, nos. 2335–8, 6453; KLAPP.

> Mout me semont Amors ke je m'envoise
> Quant je plus doi de chanter estre cois;
> Mais j'ai plus grant talent ke je me coise,
> Por çou s'ai mis mon chanter en defois;
> Ke mon langaige ont blasmé li François   5
> Et mes cançons, oiant les Champenois
> Et la Contesse encoir, dont plus me poise.
>
> La Roïne ne fist pas ke cortoise,
> Ki me reprist, ele et ses fiex li Rois.
> Encoir ne soit ma parole franchoise,   10
> Si la puet on bien entendre en franchois;
> Ne chil ne sont bien apris ne cortois,

1 je] ien

S'il m'ont repris se j'ai dit mos d'Artois,
Car je ne fui pas norris a Pontoise.

Diex, ke ferai? Dirai li mon coraige? 15
Li irai je dont s'amor demander?
Oïl, par Dieu, car tel sont li usaige
C'on n'i puet mais sans demant riens trover;
Et se jo sui outraigex del trover,
Ne s'en doit pas ma Dame a moi irer, 20
Mais vers Amors, ki me fait dire outraige.

e. CHANSON

BY GACE BRULÉ

A knight and a member of the minor nobility, the Champenois poet Gace Brulé was born about 1160 in Brie, where he probably held a fief at Nanteuil-lès-Meaux. His name appears as Gatho Bruslé(z) in two documents of 1212–13, and as Gace Brulé in a third document dating from 1236. Like Chrétien de Troyes, he wrote under the patronage of Marie de Champagne. Gace Brulé, Conon de Béthune, and a third trouvère, Blondel de Nesle, counted among their close friends Guillaume de Garlande, the Noblet to whom *Al renovel de la dolçor d'esté* is dedicated. As Dyggve has shown (*Gace Brulé, trouvère champenois, édition des chansons et étude historique*, ed. H. P. Dyggve [Helsinki, 1951], p. 50), Gace Brulé must have composed his song about 1183, when its recipient was aged no more than twenty (see also Dragonetti, *La Technique poétique des trouvères dans la chanson courtoise*, pp. 354–5).

The song *Al renovel de la dolçor d'esté* contains many of the traditional formal elements of the courtly love lyric (motifs, formulas, key words), orchestrated around the theme of love into a complex, yet unified whole. After an introductory reference in the first four lines to the return of summer, the poet evokes the tormented melancholy of the perfect lover (*fin amant* 7) patiently serving the Goddess of Love in timid expectation of her gratitude. Having submitted his heart to the test, the poet-lover knows that, without love, there can be no true happiness. Purified and ennobled by this experience, he expresses his feelings to his Sweet Lady (*Douce Dame* 25, 33), despite the slander of false deceivers. A gracious glance of favour (*bel samblant* 34) given by her will suffice to bring him joy, but cold indifference will cause the death of her devoted liegeman. In the envoy Gace Brulé bids his song commiserate with Noblet who does

21 fait] font

not know the joys of requited love. This poem provides an excellent
illustration of the critical views expressed by Guiette on the *chanson
courtoise*: 'Le thème n'est qu'un prétexte. C'est l'œuvre formelle, elle-
même, qui est le sujet.' (See p. 65 of GUIETTE, R., 'D'une poésie formelle
en France au moyen âge', *RSH*, 54 [1949], 61–8.)

There are five stanzas of eight decasyllables rhyming *abababcc*. The
envoy has the unusual rhymes *cccc*, instead of the scheme of the last four
lines of the stanza (Dyggve, p. 282).

I have transcribed the text of the base MS. *U* (Paris, B.N., fr. 20050,
fol. 23^{r–v}) from the facsimile published in *Le Chansonnier français de
Saint-Germain-des-Prés* (*Bibl. Nat. fr. 20050*). *Reproduction photo-
typique avec transcription*, ed. P. Meyer and G. Raynaud, SATF, vol. i
(Didot, Paris, 1892; Johnson Reprint Corporation, New York, 1968).
Manuscripts also examined on microfilm prints: *C* (Berne, Bibl. munic.
389, fols. 7^v–8^r); *K* (Paris, Bibl. de l'Arsenal 5198, pp. 54b–55b);
L (Paris, B.N., fr. 765, fol. 48^r); *M* (Paris, B.N., fr. 844, fol. 32^{r–v});
N (Paris, B.N., fr. 845, fols. 15^v–16^r); *O* (Paris, B.N., fr. 846, fol. 3^{r–v});
P (Paris, B.N., fr. 847, fol. 17^{r–v}); *R* (Paris, B.N., fr. 1591, fols. 114^r–
115^r); *V* (Paris, B.N., fr. 24406, fol. 27^v); *X* (Paris, B.N., nouv. acq.
fr. 1050, fols. 43^r–44^r). Besides Dyggve see *Chansons de Gace Brulé*, ed.
G. Huet, SATF (Didot, Paris, 1902), text of *N*. Bibliography: Spanke,
G. Raynauds Bibliographie des altfranzösischen Liedes, no. 437; BOSSUAT,
nos. 2339–40, 6454; KLAPP.

Al renovel de la dolçor d'esté
Que resclarcist la doiz en la fonteine
Et que sont vert bois et vergier et pré
Et cil rosier flori en mai en greine,
Lors chanterai, que tant m'avra duré   5
Ire et esmai qui m'est al cuer prochaine,
Don fins amanz est tost oquisonez
Et molt sovent de legier esfraez.

Voirs est k'Amors m'a estre loi mené,
Si m'est molt bel k'a son plaisir me meine,   10
Car, se Deu plaist, encor me savra gré
De mes travalz et de ma longue paine.
Mais paor ai que ne [*23^v*] m'ait oblié
Par lo conseil de fasse gent vilaine
Dont li torz est si seüz et provez   15
Ke senz morir n'en cuz estre eschapez.

15 seüz] seust

Tant ai d'amor mon fin cuer esprové
Que ja senz li n'avrai joie certeine,
Ainz sui toz siens et a sa volenté,
Que nus desirs mon talent ne refreinne.
Qant plus mi truis pansif et esgaré,
Plus me delit es biens dont ele est plaine;
Et vos, seignor, qui serviz et amez,
Faites ensi, se joïr en volez.

Douce Dame, tant m'ont oquisoné
Fals trechëor en lor parole veine
Que lor dehait m'ont si desconforté,
Pres ne m'ont mort. Deus lor doint male estreine!
Mais mal gré els vos ai mon cuer doné,
Plain de l'amor qui ja n'iert lonteine;
Si finement s'est en vos esmerez
Que ja si fins n'iert seüz ne trovez.

Dolce Dame, car m'otroiez, por Dé,
Un bel samblant de vos en la semeine,
Si atendrai en ceste seürté
Joie et merci, se boens eürs l'ameine.
Remenbre vos que laide crualté
Fait qui ocit son lige home domeine.
Dolce Dame, d'orgoil vos desfandez,
N'en traïsiez voz biens ne voz bontez.

Füez, chançons, ja ne mi regardez,
Droit a Noblet, mon seignor, en irez,
Et dites li de male ore fut nez,
Que toz jors sert ne ja n'en iert amez.

f. CHANSON DE TABLE

BY COLIN MUSET

Colin Muset came from a region in present-day Haute-Marne, on the frontiers between Champagne and Lorraine. His poetic activity covered the second third of the thirteenth century, during the time of Louis IX, king of France from 1226 to 1270, and Thibaut de Champagne, king of Navarre from 1234 to 1253 (see DYGGVE, H.P., 'Personnages historiques figurant dans la poésie lyrique française des XIIe et XIIIe siècles, i. Colin Muset', *NM*, 36 [1935], 1-19).

Described by Paulin Paris as *une chanson de table* (*HLF*, 23 [1856], 816), the poem *Qant je lou tans refroidier Voi et geleir* contains an urgent plea for assistance, in which Colin, the better to emphasize his destitution, sharply contrasts opulent fantasy with harsh reality. Now that winter has come, the needy minstrel sends his song as intermediary to his patron Gui de Sailly (stanza VI) in the hope that a recompense will allow him to enjoy clear wine and fat capons beside a glowing fire (stanzas I and IV). Not for him the fracas of battle between quarrelling barons who plunder the countryside: his admiration goes to the lords who joust in tournaments and restore happiness by giving liberally of their riches (stanzas II and III). But gastronomic and pecuniary dreams are quickly dispelled by the prospect of a cheerless winter (stanza V). Composed with something of the wit and verve that Clémont Marot was later to display in his *Epistle to Francis I*, this song merited the generosity of its recipient.

The poem contains four long stanzas with the metrical scheme $a_7b_4a_7b_4a_7b_4a_7b_4c_5c_5c_5c_7$. These are followed by two short stanzas with the metrical scheme $c_5c_5c_5c_7$, the second being the envoy.

I have transcribed the text of the MS. *U* (Paris, B.N., fr. 20050, fol. 136^{r-v}) from the facsimile published in *Le Chansonnier français de Saint-Germain-des-Prés* (*Bibl. Nat. fr. 20050). Reproduction phototypique avec transcription*, ed. P. Meyer and G. Raynaud, SATF, vol. i (Didot, Paris, 1892; Johnson Reprint Corporation, New York, 1968). Editions: *Chansons satiriques et bachiques du XIIIe siècle*, ed. A. Jeanroy and A. Långfors, CFMA 23 (Champion, Paris, 1921), pp. 74-6; *Les Chansons de Colin Muset*, ed. J. Bédier, 2nd edn., CFMA 7 (Champion, Paris, 1938), pp. 25-6; HENRY, A., 'La chanson R 1298', *Rom.*, 75 (1954), 108-15. Bibliography: Spanke, *G. Raynauds Bibliographie des altfranzösischen Liedes*, no. 1298; JEANROY, A., *Bibliographie sommaire des chansonniers français du moyen âge*, CFMA 18 (Champion, Paris, 1918), p. 68; BOSSUAT, nos. 2238, 2332-3, 6451-2; KLAPP.

> Qant je lou tans refroidier *136^r*
> Voi et geleir
> Et ses arbres despoillier
> Et iverneir,
> Adonc me voil et aizier 5
> Et sejorneir
> A boen feu, leiz lou brazier,
> Et a vin cleir,

1-2 Qant ie uoi lou tans refroidier et geleir

An chade mason,
Por lou tans fellon.   10
Ja n'ait il pardon
Ki n'amet sa garison!

Je ne voil pais chivachier
          Et feu bouteir
Et se haz mout garroier   15
          Et cris leveir
Et grans proes acoillir
          Et jant robeir:
Aseiz i et fol mestier
          A tot gasteir.   20
     A poc d'ochoson
     Se prannent baron;
     Par consoil bricon
Muevent gerres et tanson.

Asseis valt muez tornoier   25
          Et behordeir
Et grosses lances brisier
          Et bial josteir
Et joie rancomansier
          Et tout doneir   30
Et despandre sans dongier
          Et fors geteir.
     Avoirs an prison
     Ne valt un bouton;
     Kant plus ait prodon,   35
Plus vieut avoirs a foison.

Qant je seus leis lou braiser
          Et j'oz vanteir
Et je voi plain lou hastier
          A feu torneir   40
Et lou boen vin dou sillier
          Amont porteir,

19 mestier] mesteir   24 tanson] tansons   25 tornoier] tornoer   35 prodon]
prodons   36 vieut] vient (?)   37 Qant] kQant *The scribe wrote* k *but the
rubricator later added* Q

Adonc voil boivre et maingier
Et repozeir
A feu de charbon.   45
Se j'ai grais chapon,
N'ai pas cuzanson
D'aisaillir a un donjon.

Nen a [un] plonjon
Tan[*136ᵛ*]dut sus glaison: 50
N'avrai gueridon
Par ceste froide saison.

A Saillit, Guion,
Ki antant raison,
Anvoi ma chanson   55
Voir se je fas bien ou non.

g. PASTOURELLE

BY THIBAUT DE CHAMPAGNE

Born in 1201, Thibaut IV, count of Champagne, grandson of Marie de
Champagne, became king of Navarre in 1234, and died at Pamplona in
1253. During his adventurous life, Thibaut took the cross, departing
in 1239 on the disastrous expedition that was to result in the loss of Gaza.
The following passage from the thirteenth century *Grandes Chroniques
de France* shows his renown as a poet: 'Si fist entre luy et Gace Brulé les
plus belles chançons et les plus delitables et melodieuses qui onques
fussent oïes en chançon ne en vielle' (see *Les Chansons de Thibaut de
Champagne roi de Navarre*, ed. A. Wallensköld, SATF [Champion,
Paris, 1925; Johnson Reprint Corporation, New York, 1968], p. xvii;
FAWTIER, R., 'Thibaut de Champagne et Gace Brulé', *Rom.*, 59 [1933],
83-92). The poetic activity of Thibaut de Champagne belongs to the
second third of the thirteenth century.

The extant Old French *pastourelles* number more than one hundred
and fifty, excluding the *chansons de danse* (II, 80-90, 115-22) published
by Bartsch in *Romances et pastourelles* (see ZINK, M., *La Pastourelle.
Poésie et folklore au moyen âge* [Bordas, Paris, 1972], pp. 31-2). The
pastourelles may be broadly classified in two kinds, firstly, comic scenes
of rustic life in which the poet watches the shepherds and shepherdesses
either disporting themselves or quarrelling, and, secondly, chance

45 charbon] charbons   46 chapon] chapons   49 a *written as a capital*
53 Saillit] faillit

meetings between a shepherdess and the poet, whose sexual advances are
sometimes rejected by the heroine, but who often succeeds, if need be
by the use of force (see PARIS, G., 'Les Origines de la poésie lyrique en
France', *Journal des savants* [December 1891], 729–42; FARAL, E., 'La
Pastourelle', *Rom.*, 49 [1923], 204–59; RADCLIFFE, M. and HALLIGAN,
G. T., 'Étude du genre de la pastourelle', *AUMLA*, 44 [1975], 220–46).
It is to this second category, the recognized type of *pastourelle* (Paris,
p. 734; Faral, p. 207), that the poem *J'aloie l'autrier errant* belongs. After
making some show of resistance to the poet's pressing advances, the
shepherdess soon consents to ride away with him. The *dénouement* of
this brief interlude follows rapidly, precipitated by the cries of the
approaching shepherds. Gaston Paris comments: 'Dans la pièce III, 4
(de Tibaud de Champagne), la bergère est consentante, et même (voir
le v. 58) l'intervention des pasteurs qui font fuir le poète se produit trop
tard' (p. 736, Note 1).

The poem contains five stanzas, each with the following metrical
scheme: $a_7b_4a_7b_6a_7b_4a_7b_6c_7c_7c_7b_6$. In MS. *O* v. 48 contains seven syllables.
See Wallensköld, pp. 176–7.

I have transcribed the text of the base MS. *O* (Paris, B.N., fr. 846,
fols. 57^v–58^r), from microfilm prints. See also the facsimile published
by BECK, J.-B., *Les Chansonniers des troubadours et des trouvères publiés
en fac-similé et transcrits en notation modernes*, I. *Reproduction photo-
typique du manuscrit Cangé* (*Paris, Bibl. Nat. fr. ms. 846*) (Paris, Phila-
delphia, 1927). Other MSS. consulted: *K* (Paris, Bibl. de l'Arsenal
5198, pp. 2–3); *M* (Paris, B.N., fr. 844, fols. 13^v and 59^r); *N* (Paris,
B.N., fr. 845, f. 2^{r-v}); *S* (Paris, B.N., fr. 12581, fol. 375^v); *T* (Paris,
B.N., fr. 12615, fols. 2^v–3^r); *V* (Paris, B.N., fr. 24406, fols. 1^v–2^r);
X (Paris, B.N., nouv. acq. fr. 1050, fol. 9^{r-v}). Bibliography: Spanke,
G. *Raynauds Bibliographie des altfranzösischen Liedes*, no. 342; BOSSUAT,
nos. 2267–78, 2395–8, 6486; KLAPP.

> J'aloie l'autrier errant
>   Sanz compaignon
> Sor mon palefroi, pensant
>   A faire une chançon,
> Quant j'oï, ne sai coment,   5
>   Lez un boisson
> La voix dou plus bel enfant
>   C'onques veïst nus hom;
> Et n'estoit pas enfes, si
> N'eüst .xv. anz et demi.   10
> Onques nule [57^d] riens ne vi
>   De si gente façon.

Vers li m'en vois en riant,
 Mis l'a raison:
'Bele, dites moi coment,   15
 Por Deu, vos avez non.'
Et ele saut maintenant
 A son baston:
'Se vos venez plus avant,
 Ja avrez la tançon.   20
Sire, fuiez vos de ci!
N'ai cure de tel ami,
Que j'ai [mout] plus bel choisi,
 Qu'en clainme Robeçon.'

Quant je la vi esfreer   25
 Si durement
Qu'el ne me doigne esgarder
 Ne faire autre semblant,
Lors començai a penser
 Confaitement   30
Ele me porroit amer
 Et changier son talent.
A terre lez li m'assis.
Com plus resgar son cler vis,
Tant est plus mes cuers espris,   35
 Qui double mon talant.

Lors li pris a demander
 Mout belement
Que me doignast esgarder
 Et faire autre semblant.   40
Ele comence a plorer
 Et dit itant:
'[Je] ne vos puis esgarder;
 Ne sai qu'alez querant.'
Vers li me trais, si li dis: 45
'Ma bele, por Deu, merci.'
Ele rit, si respondi:
 'Vos faites paour la gent.'

14 l'a] lai a   15-16 Bele por deu dites moi Coment uos   22 n'ai cure] ie nai
cure   27 qu'el] quele

Devant moi lors la montai
    Demaintenant   50
Et trestot droit m'en alai
    Lez un bois verdoiant.
Aval les prez esgardai,
    S'oï criant
.ij. pastors par mi un blé,   55
    Qui venoient huant,   58ᵃ
Et leverent un grant cri.
Assez fis plus que ne di :
Je la lais, si m'en foï ;
    N'oi cure de tel gent.   60

55 blé] blef   60 n'oi] ne oi   tel gent] telx genz

17. 'Fixed Forms'

a. RONDEAU

BY GUILLAUME DE MACHAUT

Born about 1300, Guillaume de Machaut takes his name from the Champenois village of Machault situated to the north-east of Reims. The first part of his adult life was spent in the service of Jean de Luxembourg, roi de Bohème, whose secretary he remained from 1323 until the king's death at Crécy in 1346. Meanwhile Guillaume had become a canon of Reims Cathedral in 1337. He subsequently entered the service of Charles II of Navarre, but withdrew his allegiance after the king's imprisonment in 1356 and 1357. From then on he enjoyed the patronage of the Dauphin, the future Charles V, and of his brother Jean, duc de Berry. Most of Guillaume's major poetical and musical compositions belong to this second part of his career (see *La louange des dames by Guillaume de Machaut*, ed. N. Wilkins [Scottish Academic Press, 1972], pp. 4–5). He died in 1377. For a detailed biography see MACHABEY, A., *Guillaume de Machault 130?-1377. La vie et l'œuvre musical*, 2 vols. (Richard-Masse, Paris, 1955), i. 13–82.

The rondel or rondeau beginning *Blanche com lis* forms part of the collection *La louange des dames*, which comprises, in its final version (MS. *G*), about two hundred and eighty poems in the 'fixed forms': ballades, rondeaux, virelays, *chants royaux*, and *complaintes*.

Although the rondeau had numerous forms during the twelfth and thirteenth centuries (see VAN DEN BOOGAARD, N. H. J., *Rondeaux et refrains du XIIe siècle au début du XIVe* [Klincksieck, Paris, 1969]), the commonest form by the beginning of the fourteenth century was *AB aA ab AB*. This simple rondeau of eight lines, the *rondel sangle* as Deschamps calls it in his *Art de Dictier*, has survived in modern literature as the triolet. On the rondeau see RAYNAUD, G., *Rondeaux et autrs poésies du XVe siècle*, SATF (Didot, Paris, 1889), p. xxxvii; CHATELAIN, H., *Recherches sur le vers français au XVe siècle, rimes, mètres et strophes* (Champion, Paris, 1908), pp. 200–2; LOTE, G., *Histoire du vers français*, 2 vols. (Boivin, Paris, 1949–51), ii. 237–8; REANEY, G., 'The Development of the Rondeau, Virelai and Ballade from Adam de la Hale to Guillaume de Machaut', in *Festschrift Fellerer*, ed. H. Hüschen (Bosse, Regensburg, 1962), 421–7; COCKING, J. M., 'The "Invention" of the

Rondel', *FS*, 5 (1951), 49–55; WILKINS, N., 'The Structure of Ballades, Rondeaux and Virelais in Froissart and in Christine de Pisan', *FS*, 23 (1969), 337–48.

In *Blanche com lis* Guillaume takes the conventional theme of the true lover (*fin amant*) devoutly serving his lady, yet he succeeds in giving new life to this worn-out idea by the vivid imagery of the refrain and the perfect simplicity of expression.

The base MS. is *G* (Paris, B.N., fr. 22546, fol. 53^r). The poem also occurs in the following MSS.: *Vg.* (New York, Gallery Wildenstein, formerly Bibl. du Marquis de Vogüé, fol. 12^v); *A* (Paris, B.N., fr. 1584, fol. 189^v); *B* (Paris, B.N., fr. 1585, fol. 12^v); *C* (Paris, B.N., fr. 1586, fols. 132^v–133^r); *D* (Paris, B.N., fr. 1587, fol. 16^r); *E* (Paris, B.N., fr. 9221, fol. 16^r); *M* (Paris, B.N., fr. 843, fol. 179^v). Besides the edition by Wilkins, I have consulted *Guillaume de Machaut, poésies lyriques*, ed. V. Chichmaref, 2 vols. (Champion, Paris, 1909), pp. 90–1. Bibliography: BOSSUAT, nos. 4351–74, 6817–20, 7881–2; KLAPP.

> *Blanche com lis, plus que rose vermeille,*
> *Resplendissant com rubis d'Oriant,*
>
> En remirant vo biauté nompareille,
> *Blanche com lis, plus que rose vermeille,*
>
> Sui si ravis que mes cuers toudis veille   5
> A fin que serve a loy de fin amant,
>
> *Blanche com lis, plus que rose vermeille,*
> *Resplendissant com rubis d'Oriant.*

b. BALLADE

FROM *LE VOIR DIT* BY GUILLAUME DE MACHAUT

Composed about 1363, *Le voir dit* relates the supposed love affair between Guillaume de Machaut, then aged more than sixty, and a girl of noble birth, Peronnelle d'Armentières, who had read the poet's rondeaux and ballades and who sent him copies of her own poems. Guillaume has set the forty-six letters exchanged by them, and numerous lyric poems, in a narrative of octosyllabic couplets. Some of the lyrics, including *Plourés, dames, plourés vostre servant*, are set to music. The poet's feelings are expressed in this ballade with convincing sincerity: confined to bed for a long period by a serious illness, Guillaume claims to have sent the poem to Peronnelle as his testament, with the following comment: 'Je vous envoie aussi une balade de mon piteus estat qui a esté ... Si verrez comme je prie aus dames qu'elles se vestent de noir, pour l'amour de moi' (*Le voir dit*, Letter IV, p. 42). Forebodings of death preoccupied his mind, so he turned for consolation to God and to the ladies. See POIRION,'D., *Le Poète et le prince. L'Évolution du lyrisme courtois de Guillaume de Machaut à Charles d'Orléans* (P.U.F., Paris, 1965), p. 200; also GYBBON-MONYPENNY, G. B., 'Guillaume de Machaut's Erotic "Autobiography": Precedents for the Form of the *Voir-Dit*', in *Studies in Memory of Frederick Whitehead*, ed. W. Rothwell, W. R. J. Barron, D. Blamires, and L. Thorpe (Manchester U.P., 1973), 133-52, who doubts the authenticity of the love affair and describes the *Voir dit* as 'erotic pseudo-autobiography' (p. 133); and CALIN, W., *A Poet at the Fountain. Essays on the Narrative Verse of Guillaume de Machaut* (University Press of Kentucky, Lexington, 1974), pp. 167-202.

All Machaut's ballades consist of three stanzas with the same rhyme[2] scheme in each, the last line of the stanza providing the refrain. The four-line envoy was not added to the ballade until later in the fourteenth century. The stanza form of this poem with the shortened fifth line ($a_{10}b_{10}a_{10}b_{10}c_7c_{10}d_{10}D_{10}$), one of the commonest to be used by Machaut (see Wilkins, *La louange des dames*, p. 21), is also found in Froissart, Deschamps, and Christine de Pisan (see Chatelain, op. cit., pp. 167-85; Lote, op. cit., pp. 270-85).

I have transcribed the text of the base MS. *F* (Paris, B.N., fr. 22545, fol. 141[r]) from microfilm prints. The poem is also found in *A* (Paris, B.N., fr. 1584, fol. 226[r]) and *E* (Paris, B.N., fr. 9221, fol. 173[r-v]). Edition: *Guillaume de Machaut, Le livre du voir-dit*, ed. P. Paris (Paris, 1875; Slatkine Reprints, Geneva, 1969), pp. 25-6, vv. 571-94.

L'amant

Balade et y a chant

Plourés, dames, plourés vostre servant
Qui tousdis ai mis mon cuer et m'entente,
Corps et pensers et desirs en servant
L'onneur de vous, que Dieus gart et augmente!
    Vestés vous de noir pour mi,   5
Car j'ai cuer taint et viaire palli
Et si me voi de mort en aventure
Se Dieus et vous ne me prenés en cure.

Mon cuer vous lais et met en vo commant,
Et l'ame a Dieu devotement presente,   10
Et voist ou doit aler le remanant!
La char aus vers, quar c'est leur droite rente,

Et l'avoir soit departi
Aus povres gens. Hé! las, en ce parti,
En lit de mort sui a desconfiture   15
Se Dieus et vous ne me prenés en cure.

Mais certains sui qu'en vous de bien a tant
Que dou peril ou je suis, sans attente,
Me jetterés se de cuer en plourant
Priés a Dieu qu'a moy garir s'assente.   20
        Et pour ce je vous depry
Que Dieu pour moy veuilliez faire depry,
Ou paier crieng le treü de Nature
Se Dieus et vous ne me prenés en cure.

c. BALLADE

BY EUSTACHE DESCHAMPS

Born at Vertus in Champagne in 1344 (see PRIEUR, C., 'Eustache Des-
champs Maître de la léproserie de Fismes', *Revue des Études Historiques*,
70 [1904], 505-13), Deschamps may have been the nephew of Guillaume
de Machaut. He studied law at the University of Orléans and was later
appointed bailiff of Valois in 1373 and of Senlis in 1389. From 1368
Deschamps was also in the service of various members of the royal
family: *écuyer* to Philippe, duc d'Orléans and subsequently to his son
Louis, *huissier d'armes* to Charles V and, after the king's death, to his son
Charles VI. He died in 1404. For a detailed biography see *Œuvres
complètes de Eustache Deschamps*, ed. Le marquis de Queux de Saint-
Hilaire and G. Raynaud, 11 vols., SATF (Didot, Paris, 1878-1904;
Johnson Reprint Corporation, New York, 1966), xi. 9-99.

Deschamps was unable to write music; and in his *Art de Dictier* (1392)
he distinguished between poetry, which he called 'musique naturele',
and music, which he described as 'artificiele' (see LAURIE, I. S., 'Des-
champs and the Lyric as Natural Music', *MLR*, 59 [1964], 561-70).

In the ballade beginning *Je doy estre chancelliers des Fumeux* Des-
champs recalls an earlier time of boisterous companionship when, from
1366 onwards, he was president of the *Fumeux* under the burlesque title
of *Jean Fumée* (Raynaud, op. cit., xi. 14-15). Although he still gives him-
self the mock-serious name 'chancellor of the Malcontents', the tone of
moody introspection appears to reflect a genuine state of mind. The

13 l'avoir] li auoir

symmetry of the thought fits the tripartite mould of the ballade structure. Because of his violent fluctuations of humour, he must now remain isolated in his study (I). As he is by nature melancholy and irascible, any attempt to act against this innate tendency will be of no avail (II). The poet therefore concludes as he began (*Donc je conclus* 19): he has no choice but to brood alone in his 'chancellery' (III). Throughout the text words suggesting ill-humour (*Fumeux* 1, *folye* 6, *fumee* 8, *colerique* 11, *merveilleux* 12, *fumeux* 23, *fumeusement* 24, *fumeuse* 24) and melancholy (*dolens* 7, *merencolieux* 10, *merencolie* 15) echo the notion contained in the verb *muser* of the refrain. On the other hand, words denoting the opposite mood of happiness (*faire chere lys* 7, *joyeux* 19) are rare.

The ballade is dated by Raynaud after 1372 (op. cit., xi. 15).

Stanza form: $a_{10}b_{10}a_{10}b_{10}b_{10}c_{10}c_{10}d_{10}D_{10}$ (see Chatelain, op. cit., p. 173; Poirion, op. cit., pp. 360-91).

I have transcribed the text of the poem from a microfilm of the MS.: Paris, B.N., fr. 840, fol. 213ᵛ. See also the SATF edition, vol. iv, no. 813. For a detailed list of editions and commentaries see BOSSUAT, nos. 4406-30, 6826-31, 7885-7; KLAPP.

Autre Balade

Je doy estre chancelliers des Fumeux
Et en l'office [a] tousjours demourer,
Car de l'ordre maintenir sui songneux,   *213ᶜ*
Si c'on ne puet ma personne trouver
En un estat, ains me voit on muer   5
Soudainement mon sçavoir en folye,
Estre dolens, puis faire chere lye.
Ainsi me fait fumee, par ma foy,
Muser souvent et si ne say pourquoy.

De nature sui merencolieux,   10
Colerique, voir, me puet l'en trouver;
Si sui enclins a estre merveilleux
Naturelment: donc doy je retourner
A ma nature, sans moy desnaturer,
Et estre plains de grant merencolie;   15
Car resister n'est pas de ma partie,
Ains me defuit. Ce me fait en requoy
Muser souvent et si ne say pourquoy.

5 voit *interlinear insertion* puet *erased with a stroke*   7 dolens et puis

Donc je conclus, s'on me voit pou joyeux,
Que je m'en puis par nature excuser,   20
Car je ne suis pas si ingenieux
Que je sache contre nature aler.
Fumeux seray, riens n'i vault le parler,
Fumeusement menray fumeuse vie,
Demourer doy en ma chancellerie,   25
Qu'a tousjours maiz me verrez en ce ploy
Muser souvent et si ne say pourquoy.

d. VIRELAY
BY EUSTACHE DESCHAMPS

Possibly a dance-song in origin, the virelay may be simple or double or
triple. The simple virelay comprises three sections: (1) an opening
refrain; (2) a stanza of two parts, the first of which has different rhymes
and metre from those of the refrain; (3) a closing refrain. In the double
virelay three refrains encircle two bipartite stanzas, whilst in the triple
virelay a third stanza is followed by a fourth refrain. Like the majority
of the virelays written by Deschamps, *Mort felonne et despiteuse* is double.
The rhyme and metre of this poem take the following scheme:

$$A_7 A_7 B_5 B_7 A_7 \mid b_7 b_3 a_7 b_7 b_3 a_7 \mid a_7 a_7 b_5 b_7 a_7 \mid A_7 A_7 B_5 B_7 A_7 \text{ etc.}$$

(see SARRADIN, A., *Eustaches Des Champs, sa vie et ses œuvres* [Cerf,
Versailles; Baudry, Paris, 1879], p. 296; Chatelain, op. cit., pp. 191-8;
Lote, op. cit., ii. 259-70; Poirion, op. cit., pp. 326-33, 343-8).

This poem may have been written to lament the death of a nun of
Notre-Dame de Soissons, Marguerite de Saint-Dizier, who died in the
epidemic of 1399 (see Raynaud, op. cit., xi. 85-6).

Indignation has moved Deschamps to address an apostrophe to Death:
the poet complains angrily to God of Death's lawless rule. Enclosed by
the three refrains expressing this passionate outburst, the two bipartite
stanzas both develop the antithesis between the joyous faith of the
gracious young woman and the wanton cruelty of the perfidious strumpet
Death.

I have transcribed the text of the poem from a microfilm of the MS.:
Paris, B.N., fr. 840, fol. 193^{r-v}. See also the SATF edition, vol. iv,
no. 726.

Mort felonne et despiteuse,
Fausse, desloyal, crueuse,

Qui regnes sanz loy,
Je me plaing a Dieu de toy,
Car tu es trop perilleuse.   5

Merveille est que ne marvoy
    Quant je voy   *193ᶜ*
Morte la plus gracieuse
Et la meuldre en bonne foy
    Qui, je croy,   10
Soit jamaiz, ne plus joyeuse;

C'est par toy, fausse crueuse;
Ta venue est trop doubteuse,
    Tu n'as point d'arroy;
Espargner prince ne roy   15
Ne veulx, tant es orguilleuse.

Mort felonne et despiteuse,
Fausse, desloyal, crueuse,
    Qui regnes sanz loy,
Je me plaing a Dieu de toy,   20
Car tu es trop perilleuse.

Pourquoy pren[s] tu en tel ploy,
    Dy le moy,
Joeune gent et vertueuse,
Et espargnez en recoy,   25
    Par anoy,
Viellesse la dolereuse?

Tu joues a la coureuse
Orrible, laide et hideuse.
    Fui t'en, je te proy,   30
Va faire ailleurs ton envoy:
T'acointance est hayneuse.

Mort felonne et despiteuse,
Fausse, desloyal, crueuse,
    Qui regnes sanz loy,   35
Je me plaing a Dieu de toy,
Car tu es trop perilleuse.

e. BALLADE

BY CHRISTINE DE PISAN

Christine de Pisan was born in Venice in 1363 or 1364. Invited by
Charles V to come to the court in Paris, her father was joined by his wife
and daughter several years later in 1368. In 1379 Christine married
Étienne du Castel, who was secretary to Charles V, and, after the king's
death in 1380, to Charles VI. Étienne died 'en fleur de jeunece' in 1389
leaving his widow with a daughter and two sons to support. By the
beginning of the fifteenth century, Christine had turned seriously to
writing as a career and her patrons included the brothers and the family
of Charles V: Jean duc de Berri, Philippe duc de Bourgogne, Charles VI
and the queen Isabeau de Bavière, and Louis duc d'Orléans. Forced to
flee from Paris in 1418 when the Burgundians entered, she spent the
remainder of her life in a convent. She died in 1430 or 1431. The short
poems expressing her sorrow at the death of her husband are contained
in her early collection *Cent Balades* and in the *Rondeaux*. For the bio-
graphy of Christine de Pisan and an account of her works in poetry and
prose see PINET, M.-J., *Christine de Pisan 1364-1430. Étude biographique
et littéraire* (Champion, Paris, 1927), pp. 1-200; Poirion, op. cit.,
pp. 237-54; SOLENTE, S., 'Christine de Pisan', *HLF*, 40 (1969), 1-13;
CASTEL, F. du, *Damoiselle Christine de Pizan veuve de Me Étienne de
Castel 1364-1431* (Picard, Paris, 1972); McLEOD, E., *The Order of the
Rose. The Life and Ideas of Christine de Pizan* (Chatto & Windus, London,
1976).

We learn from Christine's *Avision*, written in 1405, that she decided
not to remarry, but to assume the responsibility of rearing her three
children alone. The courageous resolution to bear her sorrow alone pro-
vides the theme that the poetess repeats and analyses with many varia-
tions throughout the twenty-five lines of the ballade beginning *Seulete
sui et seulete vueil estre*. After telling in abstract terms of her grief at the
loss of her lover and companion (1), she then situates herself, a lonely
figure, in the privacy of her dwelling, which she evokes by means of
concrete images (*huis, fenestre, englait, chambre*). Here the poetess
reiterates that nothing pleases her more than to be alone (v. 12): her
steadfast rejection of mawkish pathos forms the focal point around which
she groups the insistent expressions of her sorrow. In the third stanza
Christine extends her vision beyond the confines of her chamber;
wherever she is, she feels forsaken and alone. The envoy leaves us with
the image of the dignified solitary figure in mourning.

This poem, no. XI of the *Cent Balades*, was written about 1393 (Pinet,
op. cit., p. 24).

The rhyme and metre are as follows:

$$a_{10}b_{10}a_{10}b_{10}b_{10}c_{10}C_{10} \mid b_{10}b_{10}c_{10}C_{10}$$

Now that lyric poetry was being written without a musical accompaniment, the envoy could be added to the ballade. Eighteen of the *Cent Balades* contain an envoy (see Pinet, op. cit., pp. 237-40; WILKINS, N., 'The Structure of Ballades, Rondeaux and Virelais in Froissart and in Christine de Pisan', *FS*, 23 [1969], 337-47).

I have transcribed the text of the base MS. A^2 (London, Brit. Lib., Harley 4431, fol. 6^r) from microfilm prints. Other MSS. consulted: A^1 (Paris, B.N., fr. 835, fol. 3^r); B^1 (Paris, B.N., fr. 604, fol. 3^v-4^r); B^2 (Paris, B.N., fr. 12779, fol. 3^{r-v}); B^3 (Chantilly, Musée Condé, 492, fol. 4^{r-v}). Editions: *Œuvres poétiques de Christine de Pisan*, ed. M. Roy, 3 vols., SATF (Didot, Paris, 1886-96; Johnson Reprint Corporation, New York, 1965); *Christine de Pisan's Ballades, Rondeaux and Virelais*, ed. K. Varty (Leicester U.P., 1965); *One Hundred Ballades, Rondeaux and Virelais from the Late Middle Ages*, ed. N. Wilkins (Cambridge U.P., 1969). For a detailed list of editions and commentaries see BOSSUAT, nos. 4437-82, 5115, 6834-45, 7888-92, 7900; KLAPP.

> Seulete sui et seulete vueil estre,
> Seulete m'a mon doulx ami laissee,
> Seulette sui, sanz compaignon ne maistre,
> Seulette sui, dolente et courroussiee,
> Seulette sui en langour mesaisiee, 5
> Seulette sui plus que nulle esgaree,
> *Seulette sui sans ami demouree.*
>
> Seulette suis a huis ou a fenestre,
> Seulette sui en un englait muciee,
> Seulette sui pour moy de plours repaistre, 10
> Seulette sui, dolente ou appaysiee,
> Seulette sui — rien n'est qui tant me siee —
> Seulette sui en ma chambre enserree,
> *Seulette sui sans ami demouree.*
>
> Seulette sui par tout et en tout estre, 15
> Seulette sui, ou je voise ou je siee,
> Seulette sui plus qu'aultre riens terrestre,
> Seulette sui, de chacun delaissiee,
> Seulette sui durement abaissiee,
> Seulette sui souvent toute esplouree, 20
> *Seulette sui sanz ami demouree.*

Princes, or est ma douleur commenciee.   6^b
Seulette sui, de tout dueil menaciee,
Seulette sui, plus tainte que moree,
Seulette sui sanz ami demouree.   25

f. RONDEAU

BY CHRISTINE DE PISAN

The rondeau beginning *Com turtre suis sans per toute seulete* was written seven years after the death of Étienne du Castel, that is in 1396. Once again the theme is that of Christine's sorrow at the loss of her husband. By comparing herself to gentle creatures, the turtledove without a mate and the lost sheep without a shepherd, the poetess heightens our awareness of her despair in the face of a joyless life devoid of consolation. The direct, unpretentious style stripped of the conventionalized mannerisms of courtly poetry achieves the effect of complete sincerity. See LE GENTIL, P., 'Christine de Pisan, poète méconnu', in *Mélanges Daniel Mornet* (Nizet, Paris, 1951), 1–10.

Com turtre suis is a shortened form of what Deschamps called in his *Art de Dictier* the double rondeau. The sixteen-line double rondeau, known also as the 'rondeau quatrain', rhymes *ABAB abAB abab ABAB*. In Christine's rondeaux only the *incipit* of the first line of the refrain appears in the manuscripts at the half repetition and full repetition points (Wilkins, *FS*, 23 [1969], 343). When this line is written out in full, the scheme becomes:

$$A_{10}B_{10}B_{10}A_{10}\ a_{10}b_{10}A_{10}\ a_{10}b_{10}b_{10}a_{10}\ A_{10}$$

Christine prefers the shortened, twelve-line form of the double rondeau with lines mostly of seven, eight, or ten syllables. See RAYNAUD, G., *Rondeaux et autres poésies du XVe siècle*, SATF (Didot, Paris, 1889), pp. xliv–xlvii; Chatelain, op. cit., pp. 199–221; Lote, ii. 290–304; Varty, op. cit., pp. xxx–xxxi.

I have transcribed the base MS. A^2 (London, Brit. Lib., Harley 4431, fol. 28^v) from microfilm prints. Other MSS. consulted: A^1 (Paris, B.N., fr. 835, fol. 25^r); B^1 (Paris, B.N., fr. 604, fol. 32^r); B^2 (Paris, B.N., fr. 12779, fol. 39^r); B^3 (Chantilly, Musée Condé, 492, fol. 41^r). Editions consulted are those of Roy and Varty cited in 17e.

> *Com turtre suis sans per toute seulete*
> *Et com brebis sans pastour esgaree,*
> *Car par la mort fus jadis sepparee*
> *De mon doulx per qu'a toute heure regrete.*

Il a .vij. ans que le perdi, lassette!   5
Mieulx me vaulsist estre lors enterree.
Com turtre sui sans per toute seulete.

Car depuis lors en dueil et en souffrette
Et en meschief tres grief suis demouree
Ne n'ay espoir, tant com j'aray duree,   10
D'avoir solas qui en joye me mette.

Com turtre sui sans per toute seulete.

18. *D'un preudome qui rescolt son conpere de noier*

A fisherman pierces a man's eye with a boat-hook as he rescues him from drowning. This ungrateful fellow later complains to the mayor about the injury that he has sustained, and demands compensation. The members of the court are at a loss whether to decide in favour of the plaintiff or of the fisherman, when a wise fool suggests that the injured man be thrown back into the sea. If he succeeds in saving himself unaided, the fisherman should pay compensation for the loss of the man's eye. The plaintiff then withdraws his charge.

In the article 'A propos d'un fabliau', *MA*, 55 (1949), 17-20, MICHA, A. gives as a very likely source of this fabliau a brief Latin anecdote called *De homine et serpente* in the *Disciplina Clericalis* by Petrus Alphonsi.

An anonymous work, *D'un preudome qui rescolt son conpere de noier* dates from the thirteenth century (see FARAL, E., *Le Manuscrit 19152 du fonds français de la Bibliothèque nationale, reproduction phototypique* [Droz, Paris, 1934], p. 21). It is written in octosyllabic couplets.

I have transcribed the text of the MS. (Paris, B.N., fr. 19152, fols. 35ᵛ-36ʳ) from the facsimile published by Faral. Editions consulted: *Recueil général et complet des fabliaux des XIIIᵉ et XIVᵉ siècles*, ed. A. Montaiglon and G. Raynaud, 6 vols. (Paris, 1872-90; Franklin, New York, 1971); *Fabliaux*, ed. R. C. Johnston and D. D. R. Owen, BFT (Blackwell, Oxford, 1957); *Twelve Fabliaux*, ed. T. B. W. Reid (Manchester U.P., 1958). On the fabliaux in general see BOSSUAT, nos. 2431-538, 6496-511, 7675-87; KLAPP; and especially NYKROG, P., *Les Fabliaux, étude d'histoire littéraire et de stylistique médiévale* (Ejnar Munksgaard, Copenhagen, 1957).

> Il avint a un peschëor   35ᵛᶜ
> Qui en la mer aloit un jor,
> En un batel tendi sa roi,
> Garda, si vit tres devant soi
> Un home molt pres de noier.   5
> Cil fu molt preuz et molt legier;
> Sor ses piez salt, un croq a pris,
> Lieve, si fiert celui el vis,

Que parmi l'ueil li a fichié.
El batel l'a a soi saichié;   10
Arriers s'en vait sanz plus atendre,
Totes ses roiz laissa a tendre.
A son ostel l'en fist porter,
Molt bien servir et honorer
Tant que il fu toz respassez.   15
    A lonc tens s'est cil porpenssez
Que il avoit son oill perdu
Et mal li estoit avenu:
'Cist vilains m'a mon ueil crevé,
Et ge ne l'ai de riens grevé;   20
Ge m'en irai clamer de lui
Por faire li mal et enui.'
Torne, si se claime au major,
Et cil lor mest terme a un jor.
Endui atendirent le jor   25
Tant que il vinrent a la cort.
Cil qui son hueil avoit perdu
Conta avant, que raison fu:
'Seignor,' fait il, 'ge sui plaintis
De cest preudome, qui tierz dis   30
Me feri d'un croq par ostrage;
L'ueil me creva, s'en a[i] domaige.
Droit m'en faites, plus ne demant;
Ge ne sai que contasse avant.'   *36ra*
Cil lor respont sanz plus atendre: 35
'Seignor, ce ne puis ge deffendre
Que ne li aie crevé l'ueil;
Mais en aprés mostrer vos vueil
Conment ce fu, se ge ai tort.
Cist hom fu en peril de mort   40
En la mer, ou devoit noier.
Ge li aidai; ne·l quier noier,
D'un croq le feri, qui ert mien.
Mais tot ce fis ge por son bien:
Ilueques li sauvai la vie;   45
Avant ne sai que ge vos die.

22 li] lui   34 ge ne sai] ne sai ge

Droit me faites, por amor Dé.'
Cil s'esturent tuit esgaré
Ensanble por jugier le droit,
Quant un sot qu'en la cort avoit   50
Lor a dit: 'Qu'alez vos doutant?
Cil preudons qui conta avant
Soit arrieres en la mer mis,
La ou cil le feri el vis,
Que, se il s'en puet eschaper,   55
Cil li doit son oeil amender.
C'est droiz jugemenz, ce me sanble.'
Lors s'escrïent trestuit ensanble:
'Molt as bien dit, ja n'iert deffait.'
Cil jugemenz lors fu retrait.   60
Quant cil oï que il seroit
En la mer mis ou il estoit,
Ou ot soffert le froit et l'onde,
Il n'i entrast por tot le monde.
Le preudome a quite clamé,   65
Et si fu de plusors blasmé.
    Por ce vos di tot en apert
Que son tens pert qui felon sert.
Raembez de forches larron
Quant il a fait sa mesprison,   70
Jamés jor ne vos amera.
[.   .   .   .   .   .   .]
Ja mauvais hom ne savra gré
A autre s'i[l] li fait bonté;
Tot oublie, riens ne l'en est,   75
Ençois seroit volentiers prest
De faire li mal et anui
S'il venoit au desus de lui.

<hr>

74 a autre] a mauuais

19. *De Brunain, la vache au prestre*

It has been shown conclusively that the author of *Brunain* is Jean Bodel of Arras (see FOULON, C., 'Jean Bedel ou Jean Bodel? Interprétation du manuscrit 354 de Berne', *Rom.*, 72 [1950], 396-8). In the prologue to the fabliau *Les deux chevaux*, the writer lists (vv. 1-15), among eight other fabliaux that he composed, both *Brunain* and *Le souhait desvé*. He signs his name in the latter poem as *Johans Bodiaus, Uns rimoieres de flabiaus* (vv. 209-10, MS. Berne 354). A careful examination of the vocabulary, the rhymes, and the ideas contained in these nine fabliaux has convinced Foulon (FOULON, C., *L'Œuvre de Jehan Bodel* [P.U.F., Paris, 1958], pp. 21-8) that Johans Bodiaus is Jean Bodel of Arras, better known as the author of *La chanson des Saisnes*, *Le jeu de saint Nicolas*, and the *Congés*.

Written soon after 1190, *Brunain* was one of the earliest works to be composed by Jean Bodel (Foulon, *L'Œuvre*, p. 17). This fabliau may be described as an anticlerical satire in miniature, in which the author combines, with humour and dramatic skill, the traditional themes of the avarice of the clergy and the apparent simplicity of the peasant. Assured in a sermon by the priest, Master Constant, that what they offer to God will be returned twofold, the peasant and his wife agree to donate their cow Blerain. After all, she yields little milk. To accustom the cow to her new surroundings, the priest has the altar-boy (*le clerc*) tether her to his own cow Brunain. The climax to the rustic comedy is reached when Blerain arrives home again pulling Brunain with her. The peasant interprets this unexpected turn of events as the fulfilment of the priest's sermon, and his practical mind turns to the smallness of the shed in which the two cows will be housed.

I have transcribed the text of the MS. (Paris, B.N., fr. 837, fol. 229[b-c]) from microfilm prints. Editions consulted: *Recueil général*, ed. Montaiglon and Raynaud, i., no. 10; *Fabliaux*, ed. Johnston and Owen, pp. 34-5; *Les Fabliaux de Jean Bodel*, ed. P. Nardin (Faculté des Lettres et Sciences humaines, Dakar, 1959); id., *Jean Bodel, Fabliaux* (Nizet, Paris, 1965). For the fabliaux in general see BOSSUAT, nos. 2431-538, 6496-511, 7675-87; KLAPP; and Nykrog, *Les Fabliaux*.

D'un vilain cont et de sa fame,
C'un jor de feste Nostre Dame

Aloient ourer a l'yglise.
Li prestres, devant le servise,
Vint a son proisne sermoner   5
Et dist qu'il fesoit bon doner
Por Dieu, qui reson entendoit;
Que Dieus au double li rendoit,
Celui qui le fesoit de cuer.
'Os,' fet li vilains, 'bele suer,   10
Que noz prestres a en couvent:
Qui por Dieu done a escïent,
Que Dieus li fet mouteploier.
Mieus ne poöns nous emploier
No vache, se bel te doit estre,   15
Que por Dieu le donons le prestre:
Ausi rent ele petit lait.'
'Sire, je vueil bien qu'il l'ait,'
Fet la dame, 'par tel reson.'
Atant s'en vienent en meson,   20
Que ne firent plus longue fable.
Li vilains s'en entre en l'estable,
Sa vache prent par le lïen,
Presenter le vait au doien.
Li prestres ert sages et cointes.   25
'Biaus sire,' fet il a mains jointes,
'Por l'amor Dieu Blerain vous doing.'
Le lïen li a mis el poing,
Si jure que plus n'a d'avoir.
'Amis, or as tu fet savoir,'   30
Fet li provoires, dans Constans,
Qui a prendre bee toz tans.
'Va t'en. Bien as fet ton message.
Quar fussent or tuit ausi sage
Mi paroiscien comme vous estes: 35
S'averoie plenté de bestes.'
Li vilains se part du provoire.
Li prestres commanda en oirre
C'on face por aprivoisier
Blerain avoec Brunain lïer,   40
La seue grant vache demaine.   *229^c*
Li clers en lor jardin la maine.

Lor vache trueve, ce me samble;
Andeus les acoupla ensamble.
Atant s'en torne, si les lesse.   45
La vache le prestre s'abesse
Por ce que voloit pasturer;
Mes Blere ne·l vout endurer,
Ainz sache le lïen si fors,
Du jardin la traïna fors.   50
Tant l'a menee par ostez,
Par chanevieres et par prez
Qu'ele est reperie a son estre
Avoeques la vache le prestre,
Qui molt a mener li grevoit.   55
Li vilains garde, si le voit;
Molt en a grant joie en son cuer.
'Ha!' fet li vilains, 'bele suer,
Voirement est Dieus hon doublere,
Quar li et autre revient Blere: 60
Une grant vache amaine brune.
Or en avons nous .ii. por une:
Petis sera nostre toitiaus.'
    Par example dist cis fabliaus
Que fols est qui ne s'abandone;   65
Cil a le bien qui Dieu le done,
Non cil qui le muce et enfuet;
Nus hon mouteploier ne puet
Sanz grant eür, c'est or del mains.
Par grant eür ot li vilains   70
Deus vaches, et li prestres nule.
Tels cuide avancier qui recule.

44 andeus] an.ii.   66 qui Dieu] cui diex

20. *Roman de Renart*

Fables and stories in which animals talk and behave like human beings, whilst retaining the distinctive traits of their species, were popular and widespread in medieval French literature from the twelfth century. The comic tales combined to form the cycles of poems in the *Roman de Renart* contain a very early manifestation of the *esprit gaulois*: characters such as the hero, Renart the Fox, the king, Noble the Lion, Tibert the Cat, Ysengrin the Wolf, and Chanticleer the Cock parody in their behaviour the conduct, and especially the foibles, of human beings throughout the whole feudal hierarchy. The mockery vented by the various authors shows a good-natured, if somewhat cynical disillusionment with a society where the ideal qualities of prowess, loyalty, generosity, and piety, so extolled by the writers of epic and romance, were perhaps not always to be found in reality.

According to Mario Roques, the episode relating the dispute between Renart the Fox and Tibert the Cat over the chitterling sausage can be ascribed to Pierre de Saint-Cloud, the author of the earliest episodes of the *Roman de Renart*, contained in Branche II (*Le roman de Renart, Branches II–VI*, ed. M. Roques, CFMA 79 [Champion, Paris, 1951], pp. x–xi). On the other hand, Foulet and Bossuat maintain that this episode was written soon afterwards by a different author who succeeded in capturing the style and spirit of Pierre de Saint-Cloud (see FOULET, L., *Le Roman de Renard*, 2nd edn. [Champion, Paris, 1968], pp. 249–56; BOSSUAT, R., *Le Roman de Renard*, new edn. [Hatier, Paris, 1967], pp. 111–21). Branche II dates from between 1174 and 1177 (Foulet, p. 118; cf. also pp. 258–9).

The *Roman de Renart* is written in octosyllabic couplets, a metre well suited to rapid, linear movement in the narrative and to snatches of animated dialogue.

I have transcribed the text of the base MS. *B* (Paris, B.N., fr. 371) from microfilm prints. Other MSS. consulted: *K* (Chantilly, Musée Condé, 472, this extract fols. 246^v–247^v); *L* (Paris, Bibl. de l'Arsenal, 3335, this extract fols. 6^r–7^v). The extract quoted corresponds to vv. 4897–5138 of Branche IIIB in the edition of Mario Roques; also consulted *Le roman de Renart*, ed. E. Martin, 3 vols. (Trübner, Strasbourg, 1882–7; repr. de Gruyter, Berlin, 1973), extract Branche XV, vv. 101–364. For a detailed list of editions and commentaries see BOSSUAT, nos. 2560–91, 2598–601, 6517–21, 7688–98; KLAPP.

Vv. 4897–5138

In his tale of Renart and Tibert, each seeking to outwit the other in order to gain possession of the chitterling sausage that they have found beside the road, the author subtly parodies the language and the code of honour of the feudal nobility (see Foulet, pp. 256–8; Bossuat, pp. 111–21). Renart seizes the sausage first, only to be tricked into giving it to Tibert, who nimbly climbs out of reach on one of the arms of a cross atop a hillock (vv. 85–9). Here he prepares to eat his fill unmolested. Tibert justifies his conduct by arguing sophistically that the chitterling is a hallowed object to be exalted on a high place (99–114). Medieval theology, as well as feudalism, is being subjected to ridicule. The author composes this burlesque scene with great comic invention: the cat assumes the role of a religious or a hermit, before whom the ravenous fox sheds tears that his tormentor, with mock piety, attributes to true repentance (131–6). Renart rashly swears on the cross to besiege Tibert for a long time until he descends (149–73); but the fox must immediately break his oath, and thereby deny his faith as well, when the approaching dogs put him to flight (182–233). The truce abruptly ends and hostilities again break out.

Cf. Roques vv. 4897–5138

Endui s'en tornent une sente;
N'i a celui qui son cuer sante,
Que fain avoient fort et dure;
Mais par mervoilleuse avanture
Une grant andoille ont trovee   5
Lez le chemin en une aree.
Renart l'a premerains saisie
Et Tibert a dit: 'Diex aïe!
Biax conpoinz Renart, g'i ai part.'
'Et conment dont?' ce dist Renart.   10
'Qui vos en viaut tolir partie?
Ne vos ai ge ma foi plevie?'
Tibert mout poi s'i aseüre,
En ce que dant Renart li gure.
'Compoinz,' dist il, 'qar le menjons.'   15
'Avoi!' dist Renart, 'non ferons. 42^a
Se ici nos arestïons,
Ja en pes n'i demorrïons.

9 Renart] di tibert   17 ici] icil

Porter la nos covient avant.'
Ce dit Tibert: 'Et je creant',   20
Qant voit que autre ne puet estre.
Renart fu de l'andoille maistre;
Par le mileu as danz l'estraint,
Que de chascune part l'enpaint
La droite moitié igaument.   25
Ne li viaut partir autrement.
   Qant Tibert vit que il l'en porte,
Mout durement s'en desconforte;
Un poi s'est de lui aprimez.
Dist Tibert: 'Or voi malvaistiez.   30
Conment portez vos cele endoille?
Ne veez vos con ele soille?
Par la poure la traïnez
Et as voz danz la debavez:
Toz li cuers m'en va ondoient.   35
Mais une chose vos creant:
S'ainsi la portez longement,
Je la vos lairai quitement.
Mout la portase ore autrement.'
Ce dit Renart: 'Et vos conment?'   40
['Mostre le ça, si le venrois,'
Ce dist Tibert; 'or est il drois]
Que ja la vos doie alegier,
Car vos la veïstes premier.'
Renart ne li quiert ce veer,   45
Et si se prent a porpenser
Que, s'il estoit auques chargiez,
Tant seroit il plus tost plaissiez   *42ᵇ*
Et miauz le porroit il reprendre.
Por ce li fait l'endoil[le] prandre.   50
Tibert ne fu pas petit liez.
L'endoille prent com afaistiez,
L'un des chiés en met en sa bouche,
Puis la balence, si l'atoiche
Desor son dous conme senez,   55
Puis s'en est vers Renart tornez.

'Compoinz,' fait il, 'si porterez
L'endoille qant vos la ravrez,
Car ele a la poudre n'atouche
Ne je ne la soil en ma bouche; 60
Ne la port pas vilainement:
Mout vaut un poi d'afaistement.
Mais ainsi or nos en irons
Tant que a ce tertre vanrons
Ou ge voi cele croiz fichie. 65
La soit nostre endoille mengie.
Ne sai que vaut la portisons;
Mais ileuc nos en delivrons.
La ne poöns nos riens cremir,
Que de partot verrons venir 70
Içaus qui nos porront mal faire.
Por ce nos i fait il bon traire.'
Renart de tot ce n'eüst cure;
Mais Tibert mout grant aleüre
Se met devant lui ou chemin; 75
Onques de corre ne prist fin
Tant qu'il est a la croiz venuz.
Renart en est mout irascuz, *42ᶜ*
Qu'il se parçut de la voidie.
A plaine boche li escrie. 80
'Conpoinz,' dist il, 'quar m'atendez.'
'Renart,' dist il, 'ne vos doutez!
Ja n'i avra riens se bien non.
Mais suivez moi a esperon.'
  Tiebert ne fu mie a aprandre: 85
Bien sot monter et bien descendre.
As ongles a la croit se prent,
Si ronpe sus mout vistement;
Desor un des braz s'est asis.
Renart fu dolenz et pansis, 90
Car de voir set que moqué l'a.
'Tibert,' fait il, 'ce que sera?'
'N'est riens,' dist Tibert, 'se bien non.
Mais montez sus, si mengeron.'
'Se seroit,' dist Renart, 'grant mal; 95
Mais vos, Tibert, venez aval.'

'Vos deüsiez mout bien savoir
Qui ceste endoille doit avoir,
Que c'est chose saintefïe[e],
Si ne doit pas estre mengie[e]   100
Se sor croiz non ou sor mostier:
Mout la doit l'on bien essaucier.'
Ce dit Renart: 'Or n'i a plus.
Gitez en donques ma part jus.'
Tibert respont: 'Mervoilles dites.   105
Pires iestes que nus erites,
Qui me rovez chose giter
Que l'en ne doit desonorer.   *42^d*
Par foi, ja n'avrai tant beü
Que a la terre le vos ru: 110
Mout enpireroi[e] ma foi.
Ce est saintime chose en lai,
Andoille a non, bien le savez,
Conter l'avez oï asez.
Or vos dirai que vos feroiz: 115
Vos souferrez or ceste foiz;
Et je vos en doing ci le don,
La premiere que troveron,
Que ele iert vostre sanz faintie.
Ja mar m'en donroiz une mie.'   120
'Tibert, Tibert,' ce dist Renart,
'Tu cherras encor en mes laz.
Seviaus qar m'en gités un poi.'
'Mervoilles,' ce dit Tibert, 'oi.
Ne poëz vos dont tant atandre   125
C'as poinz nos en viengne une tendre
Qui sera vostre sanz doutence?
N'iestes pas de bone atenence.'
Tibert a laissié le plaidier,
Si aquieut l'endoille a mengier.   130
    Qant Renart vit qu'il la menjue,
Si li troble auques la veüe.
'Renart,' fait Tibert, 'mout sui liez
Qant vos plorez por voz pechiez.

Diex, qui connoist ta repantence, . . . 135
Vos en avrez la penitence.'
Ce dit Renart: 'Or n'i a plus.
Mais tu venras encor ça jus; *43^a*
A tot le moins quant avras soif,
T'en covendra venir par moi.' 140
'Ne savez pas,' ce dit Tiberz,
'Come Diex m'est amis aperz:
Encor a tel crués delez moi
Qui m'estaindra mout bien ma soi.
N'a encor gaires que il plut 145
Et de l'eve assez i estut,
Ou plus o mains d'une jalaie,
Que j'en bevrai conme la maie.'
'Toutes voies,' ce dist Renart,
'Vendrez vos jus ou tost ou tart.' 150
'Ce n'iert,' ce dit Tibert, 'des mois.'
'Si sera,' dist Renart, 'ainzcois
Que vii. anz soient trespassé.'
'Et quar l'eüssiez vos juré!'
Et dist Renart: 'Je jur le siege 155
Tant que je t'avrai en mon piege.'
'Or serez,' dist Tibert, 'daiaubles
Se cist serement n'est estables.
Mais a la croiz qar l'afiez,
Si sera donc miauz afiez.' 160
Ce dit Renart: 'Et je l'afi
Que ja ne me movroi d'ici
Tant que li termes soit venuz,
Si en esterai mieuz creüz.'
'Assez en avez,' dist il, 'fait. 165
Mais d'une chose me desheit
Et si en ai mout grant pitié,
Que vos n'avez encor mangié — *43^b*
Et vii. anz devez jeüner!
Porrez vos dont tant endurer? 170
Ne vos en poëz resortir:
Le sairement covient tenir

156 en mon] emon   157 dist] dont   158 n'est] niert   160 donc] done

Et la foi que plevie avez.'
Ce dist Renart: 'Vos ne tamez.'
Tibert respont: 'Et je m'en tes.   175
Certes je n'en parleré mes,
Taire m'en doi et si est droiz.
Mais gardés que ne vos mouvoiz.'
Tibert se taist et si menjue;
Renart fremie et si tressue   180
De lecherie et de fine ire.
Que que il iert en cel martire,
Si oit tel chose qui l'esmaie,
Car uns chaiaus de loing l'abaie,
Qui en avoit sentu la trace.   185
Or li covient guerpir la place
Se il ne viaut laissier la pel,
Que tuit sivoient li chael
A celui qui avoit la queste.
Li venierres ilec s'areste,   190
As chiens parole, se·s semont.
Et Renart garde contremont.
'Tibert,' dist il, 'qu'es ce que j'oi?'
'Atandez,' dist Tibert, 'un poi
Et si ne vos remüez mie.   195
C'est une douce melodie:
Par ci trespasse une conpaingne
Qui vient parmi ceste chanpaingne;   *43ᶜ*
Pa[r] cez buisons, par cez espines,
Vont chantant messes et matines;   200
Aprés por les morz chanteront
Et ceste croiz aoreront.
Or si vos i covient a estre:
Ausi futes vos jadis prestre.'
    Renart, qui set que ce sont chien,   205
Si parçut ce n'iert mie bien:
Metre se veut au desarer.
Qant Tibert vit qu'il est levez,
'Renart,' fait il, 'por quel mestier
Vos voi ge si apareillier?   210

178 Certes ie nen parlerai mais *repetition of* 176; *see Notes*   188 li] le   207 metre]
maistre

Que ce est que vos volez faire?'
'Je me voil,' fait il, 'ensus traire.'
'Ensus, por Dieu, et vos conment?
Sovaingne vos dou sairement
Et de la foi qui est plevie.   215
Par certes, vos n'en irez mie;
Estez ileuc, je le conment.
Par Dieu, se vos alez avant,
Vos en rendroiz, ce est la pure,
En la cort Noble [la] droiture,   220
Que la serez vos apelez
De ce dont vos vos parjurez
Et de plus que de foi mentie:
Si doublera la felonie.
vii. anz est li sieges jurez,   225
Par foi pleviz et afiez;
Con mauvés vos en deduiez
Qant au premier jor en fuiez.   43^d
Mout par sont bien de moi li chien;
Se vos ja les doutez de rien,   230
Ainz que faiissiez tel outrage,
Donroie ge por vos mon gage
Et vers aus trives en prendroie.'
Renart le laist, si va sa voie.
Li chien, qui l'ont aparceü,   235
Se sont aprés lui esmeü,
Mais por noient, que le païs
Sot si Renart que ja n'iert pris.
Bien s'en eschapa sanz morsure;
Mout menace Tibert et jure   240
O lui se vodra acoupler,
Se jamés le puet encontrer;
Esfondree est vers lui la guerre,
Ne viaut mes trives ne pes querre.

---

218 Dieu] certes   231 tel] tele   238 sot *corrected from* sos   239 morsure]
droiture

21. Rutebeuf: *Le miracle de Théophile*

A native of Champagne, Rutebeuf probably studied at the newly-founded University of Paris, an institution for which he manifests his sympathy in the poem *La discorde de l'Université et des Jacobins*. During the time of his literary activity, extending from about 1250 to 1280, Rutebeuf lived mostly in Paris, and he included among his patrons the comte de Poitiers, brother of Louis IX. Personal poems such as *Le mariage Rutebeuf*, *La complainte Rutebeuf* and *La repentance Rutebeuf* describe, no doubt with exaggeration to amuse his audience, his unhappy marriage, his poverty, his love of pleasure, and his spiritual wretchedness. Parallels can be drawn between certain aspects of this literary portrait and the vicissitudes of Theophilus in *Le miracle de Théophile*, dated by Faral and Bastin at 1261 (see *Œuvres complètes de Rutebeuf*, ed. E. Faral and J. Bastin, 2 vols., Fondation Singer-Polignac [Picard, Paris, 1959–60], ii. 175). On the life and works of Rutebeuf, see also CLÉDAT, L., *Rutebeuf* (Hachette, Paris, 1891); HAM, E. B., 'Rutebeuf—Pauper and Polemist', *RP*, 11 (1958), 226–39; PESCE, L.-G., 'Le Portrait de Rutebeuf, sa personnalité morale', *RUO*, 28 (1958), 53–118.

In his play *Le miracle de Théophile*, Rutebeuf has retold, with penetrating dramatic insight, the legend of the miraculous intervention of the Virgin Mary to free Theophilus, an administrator of the church in Cilicia (cf. Gautier de Coinci, *Les miracles de Nostre Dame*, ed. Koenig, i. 51, vv. 17–21), from the iniquitous agreement that he entered into with the Devil. Basing the incidents of the play on Latin and French sources (see FRANK, G., *The Medieval French Drama* [Clarendon Press, Oxford, 1945], p. 109), Rutebeuf shows Theophilus, resentful at having been dismissed from office by the bishop, seeking the aid of the Jew Salatin to arrange an interview with the Devil. In order to regain his dignity, Theophilus denies God and swears an oath of allegiance to Satan, even handing over a letter to this effect written in his own blood (extr. v. 270). It is only through the intervention of the Virgin in the second half of the play that the letter is retrieved.

I have transcribed the text of the base MS. *A* (Paris, B.N., fr. 837, fols. 298ᵛ–302ᵛ) from microfilm prints. Vv. 384–539 of *Le miracle de Théophile* are also found in MS. *C* (Paris, B.N., fr. 1635, fols. 83ʳ–84ᵛ). See the facsimile of the base MS. in OMONT, H., *Fabliaux, dits et contes en vers français du XIIIᵉ siècle* (Leroux, Paris, 1932). Editions: *Rutebeuf*,

Le miracle de Théophile, miracle du XIIIe siècle, ed. G. Frank, 2nd edn.,
CFMA 49 (Champion, Paris, 1949, repr. 1967); *Œuvres complètes de
Rutebeuf*, ed. Faral and Bastin, ii. 167-303. For a detailed list of editions
and commentaries see BOSSUAT, nos. 3922-8, 6750-3; KLAPP.

Vv. 384-663

The opening passage of the extract (vv. 1-48) shows a dramatic change
of attitude in Theophilus from his former arrogance to wretched and
sorrowful remorse, a change that is emphasized by the repetition of the
words *chetif* 1, 9 and *dolent*, 9, 13 (cf. *dolor* 44) (see YEDLICKA, L. C.,
*Expressions of the Linguistic Area of Repentance and Remorse in Old
French* [The Catholic University of America Press, Washington, D.C.,
1945], p. 297). Theophilus confesses his sins and repents of his wicked-
ness after having served as Satan's liegeman (42) for a long time (21);
yet he dares not call for help either from the Virgin (26, 46) or from God
and his saints (41, 45). Finally, however, he decides to beg Our Lady
for mercy, beseeching her, in a long prayer full of sincere contrition and
humility, to regain possession of the letter from the Devil (50-156). In
return for the true confession that he has made, Theophilus hopes to be
'healed' (*medeciner* 138): the Virgin here appears in her role of the
physician of souls (Yedlicka, op. cit., pp. 165-6), as she does also in
*La repentance Rutebeuf: Je sai une fisiciene Que a Lions ne a Viane Ne
tant comme li siecles dure N'a si bone serurgiene* 49-52. (On the notion that
confession is the supreme medicine for curing ailments of the soul, see
PAYEN, J.-C., *Le Motif du repentir dans la littérature française médievale
(des origines à 1230)* [Droz, Geneva, 1967], pp. 546, 559 n. 8, 589.) At
first the Lady angrily refuses to intercede on Theophilus's behalf, but
soon relents (157-89). Having snatched back the deed (190-202), she
returns it to Theophilus, who must ask the bishop to read it to the people
(219-48). What the bishop reads, however, is not the infamous letter,
but a document sent by the Devil recounting the guilty conduct of
Theophilus. (See LAZAR, M., 'Theophilus: Servant of Two Masters.
The Pre-Faustian Theme of Despair and Revolt', *MLN*, 87 [1972],
31-50.)

Rutebeuf skilfully varies his metrical patterns and stanza forms to suit
the dramatic situations. Theophilus's solemn confession (1-48) and the
bishop's dire warning (257-72) are written in slow-moving, mono-
rhymed quatrains of alexandrines. The distraught penitent prays in
rapid six-syllable lines set in stanzas of twelve lines rhyming *aabaabbbabba*.
The animated dialogue is written in octosyllabic couplets or tercets
followed by a short line of four syllables: $aa(a)_8b_4$, $bb(b)_8c_4$ (see *Le
miracle de Théophile*, ed. Frank, p. xx).

Ici se repent Theophiles
et vient a une chapele de Nostre Dame et dist:

Hé! laz, chetis, dolenz, que porrai devenir?
Terre, comment me pués porter ne soustenir
Quant j'ai Dieu renoié et celui voil tenir
A seignor et a mestre qui toz maus fet venir?

Or ai Dieu renoié, ne puet estre teü;   5
Si ai lessié le basme, pris me sui au seü.
De moi a pris la chartre et le brief receü
Maufez, se li rendrai [*301ᵃ*] de m'ame le treü.

Hé! Diex, que feras tu de cest chetif dolent
De qui l'ame en ira en enfer le boillant,   10
Et li maufez l'iront a leur piez defoulant?
Ahi! terre, quar oevre, si me va engloutant!

Sire Diex, que fera cist dolenz esbahis
Qui de Dieu et du monde est hüez et haïs,
Et des maufez d'enfer engingniez et trahis?   15
Dont sui je de trestoz chaciez et envaïs?

Hé! las, com j'ai esté plains de grant nonsavoir
Quant j'ai Dieu renoié por un petit d'avoir!
Les richeces du monde que je voloie avoir
M'ont geté en tel leu dont ne me puis ravoir.   20

Sathan, plus de .vij. anz ai tenu ton sentier;
Maus chans m'ont fet chanter li vin de mon chantier.
Molt felonesse rente m'en rendront mi rentier;
Ma char charpenteront li felon charpentier.

Ame doit l'en amer: m'ame n'ert pas amee.   25
N'os demander la Dame qu'ele ne soit dampnee.
Trop a male semence en semoisons semee
De qui l'ame sera en enfer sorsemee.

Ha! las, com fol bailli et com fole baillie!
Or sui je mal baillis et m'ame mal baillie.   30
S'or m'osoie baillier a la douce baillie,
G'i seroie bailliez et m'ame ja baillie.

28 sorsemee] forsemee

Ors sui et ordoiez [*301ᵇ*] doit aler en ordure.
Ordement ai ouvré, ce set Cil qui or dure
Et qui toz jours durra, s'en avrai la mort dure.   35
Maufez, com m'avez mors de mauvese morsure!

Or n'ai je remanance ne en ciel ne en terre.
Ha! las, ou est li lieus qui me puisse soufferre?
Enfers ne me plest pas ou je me voil offerre;
Paradis n'est pas miens, que j'ai au Seignor guerre.   40

Je n'os Dieu reclamer ne ses sainz ne ses saintes,
Las, que j'ai fet hommage au deable mains jointes.
Li Maufez en a lettres de mon anel empraintes.
Richece, mar te vi: j'en avrai dolors maintes.

Je n'os Dieu ne ses saintes ne ses sainz reclamer,   45
Ne la tres douce Dame que chascuns doit amer.
Mes por ce qu'en li n'a felonie n'amer,
Se je li cri merci, nus ne m'en doit blasmer.

C'est la proiere que Theophiles dist devant Nostre Dame.

       Sainte roïne bele,
       Glorieuse pucele,   50
       Dame de grace plaine
       Par qui toz biens revele,
       Qu'au besoing vous apele
       Delivrez est de paine;
       Qu'a vous son cuer amaine   55
       Ou pardurable raine
       Avra joie novele.
       Arousable fontaine
       Et delitable et saine,
       A ton Filz me rapele!   60

       En vostre douz servise
       Fu ja m'entente mise,
       Mes trop tost fui temptez.
       Par celui qui atise
       Le mal et le bien brise   *301ᶜ* 65

Sui trop fort enchantez.
Car me desenchantez,
Que vostre volentez
Est plaine de franchise,
Ou de granz orfentez   70
Sera mes cors rentez
Devant la fort justice.

Dame sainte Marie,
Mon corage varie
Ainsi que il te serve,   75
Ou jamés n'ert tarie
Ma dolors ne garie,
Ains sera m'ame serve.
Ci avra dure verve
S'ainz que la mors m'enerve,   80
En vous ne se marie
M'ame qui vous enterve.
Souffrez li cors deserve
L'ame ne soit perie.

Dame de charité   85
Qui par humilité
Portas nostre salu,
Qui toz nous a geté
De duel et de vilté
Et d'enferne palu,   90
Dame, je te salu.
Ton salu m'a valu,
Je·l sai de verité.
Gar qu'avoec Tentalu
En enfer le jalu   95
Ne praingne m'erité.

En enfer ert offerte,
Dont la porte est ouverte,
M'ame par mon outrage.
Ci avra dure perte   100
Et grant folie aperte

80   m'enerve] ne nerue

Se la praing herbregage.
Dame, or te faz hommage :
Torne ton douz visage.
Por ma dure deserte,　　　　　　105
El non ton Filz le sage,
Ne souffrir que mi gage
Voisent a tel poverte.

Si comme en la verriere
Entre et reva arriere　　　　　　110
Li solaus que n'entame,
Ainsinc fus virge entiere
Quant Diex, qui es ciex iere,
Fist de toi mere et dame.
Ha! resplendissant jame,　　*301ᵈ*　115
Tendre et piteuse fame,
Car entent ma proiere
Que mon vil cors et m'ame
De pardurable flame
Rapelaisses arriere.　　　　　　120

Roïne debonaire,
Les iex du cuer m'esclaire
Et l'obscurté m'esface;
Si qu'a toi puisse plaire
Et ta volenté faire,　　　　　　125
Car m'en done la grace.
Trop ai eü espace
D'estre en obscure trace;
Encor m'i cuident traire
Li serf de pute estrace;　　　　130
Dame, ja toi ne place
Qu'il facent tel contraire!

En vilté, en ordure,
En vie trop obscure
Ai esté lonc termine;　　　　　135
Roïne nete et pure,
Quar me pren en ta cure
Et si me medecine.

Par ta vertu devine
Qu'adés est enterine,   140
Fai dedenz mon cuer luire
La clarté pure et fine
Et les iex m'enlumine,
Que ne m'en voi conduire.

Li proieres qui proie   145
M'a ja mis en sa proie:
Pris serai et preez;
Trop asprement m'asproie.
Dame, ton chier Filz proie
Que soie despreez.   150
Dame, car leur veez,
Qui mes mesfez veez,
Que n'avoie a leur voie.
Vous qui lasus seez,
M'ame leur deveez   155
Que nus d'aus ne la voie.

Ici parole Nostre Dame a Theophile et dist:

Qui es tu, va, qui vas par ci?

[*Theophiles*]

Ha! Dame, aiez de moi merci!
    C'est li chetis
Theophile, li entrepris   160
Que maufé ont loié et pris.
    Or vieng proier
A vous, Dame, et merci crïer,   302ª
Que ne gart l'eure qu'asproier
    Me viengne cil   165
Qui m'a mis a si grant escil.
Tu me tenis ja por ton fil,
    Roïne bele.

Nostre Dame parole:

Je n'ai cure de ta favele.
Va t'en, is fors de ma chapele.   170

Theophiles parole:

Dame, je n'ose.
Flors d'aiglentier et lis et rose,
En qui li Filz Dieu se repose,
          Que ferai gié?
Malement me sent engagié   175
Envers le Maufé enragié.
          Ne sai que fere:
Jamés ne finerai de brere.
Virge, pucele debonere,
          Dame honoree,   180
Bien sera m'ame devoree,
Qu'en enfer fera demoree
          Avoec Cahu.

Nostre Dame

Theophile, je t'ai seü
Ça en arriere a moi eü.   185
          Saches de voir,
Ta chartre te ferai ravoir
Que tu baillas par nonsavoir.
          Je la vois querre.

Ici va Nostre Dame por la chartre Theophile.

Sathan! Sathan! es tu en serre?   190
S'es or venuz en ceste terre
Por commencier a mon clerc guerre,
          Mar la penssas.
Rent la chartre que du clerc as,
Quar tu as fet trop vilain cas.   195

Sathan parole:

Je la vous rande!
J'aim miex assez que l'en me pende!
Ja li rendi je sa provande
Et il me fist de lui offrande
          Sanz demorance   200
De cors et d'ame et de sustance.

182 fera] sera

Nostre Dame

Et je te foulerai la pance.

Ici aporte Nostre Dame la chartre a Theophile.

Amis, ta chartre te raport.
Arivez fusses a mal port
Ou il n'a solaz ne deport.   *302^b* 205
 A moi entent:
Va a l'evesque et plus n'atent;
De la chartre li fai present;
 Et qu'il la lise
Devant le pueple en sainte yglise   210
Que bone gent n'en soit sorprise
 Par tel barate.
Trop aime avoir qui si l'achate:
L'ame en est et honteuse et mate.

Theophile

Volentiers, Dame!   215
Bien fusse mors de cors et d'ame.
Sa paine pert qui ainsi same,
 Ce voi je bien.

Ici vient Theophiles a l'evesque et li baille
sa chartre et dist:

Sire, oiez moi, por Dieu merci!
Quoi que j'aie fet, or sui ci.   220
 Par tens savroiz
De qoi j'ai molt esté destroiz.
Povres et nus, maigres et froiz
 Fui par defaute.
Anemis, qui les bons assaute,   225
Ot fet a m'ame geter faute,
 Dont mors estoie.
La Dame qui les siens avoie
M'a desvoié de male voie
 Ou avoiez   230
Estoie et si forvoiez
Qu'en enfer fusse convoiez

Par le deable,
Que Dieu, le pere esperitable,
Et toute ouvraingne charitable	235
   Lessier me fist.
Ma chartre en ot de quanqu'il dist;
Seelé fu quanqu'il requist.
   Molt me greva,
Par poi li cuers ne me creva.	240
La Virge la me raporta
   Qu'a Dieu est mere,
La qui bonté est pure et clere;
Si vous vueil proier, com mon pere,
   Qu'el soit leüe,	245
Qu'autre gent n'en soit deceüe
Qui n'ont encore aperceüe
   Tel tricherie.

Ici list l'evesque la chartre et dist:

Oiez, por Dieu le Filz Marie,
Bone gent, si orrez la vie	250
   De Theophile	*302ᶜ*
Qui Anemis servi de guile.
Ausi voir comme est Evangile
   Est ceste chose;
Si vous doit bien estre desclose.	255
Or escoutez que vous propose:

'A toz cels qui verront ceste lettre commune
Fet Sathan a savoir que ja torna Fortune,
Que Theophiles ot a l'evesque rancune,
Ne li lessa l'evesque seignorie nesune.	260

'Il fu desesperez quant l'en li fist l'outrage;
A Salatin s'en vint qui ot el cors la rage,
Et dist qu'il li feroit molt volentiers hommage
Se rendre li pooit s'onor et son domage.

'Je le guerroiai tant com mena sainte vie,	265
C'onques ne poi avoir desor lui seignorie.
Quant il me vint requerre, j'oi de lui grant envie;
Et lors me fist hommage, si rot sa seignorie.

'De l'anel de son doit seela ceste lettre;
De son sanc les escrist — autre enque n'i fist metre —   270
Ains que je me vousisse de lui point entremetre
Ne que je le feïsse en dignité remetre.'

Issi ouvra icil preudom.
Delivré l'a tout a bandon
    La Dieu ancele;   275
Marie, la virge pucele,
Delivré l'a de tel querele.
Chantons tuit por ceste novele.
    Or levez sus,
Disons: 'Te Deum laudamus'.   280

Explicit le miracle de Theophile.

22. Adam de la Halle:
Le jeu de Robin et de Marion

Adam de la Halle, also known as Adam le Bossu and Adam d'Arras, was born about 1237. Married very young, he temporarily separated from his wife Marie in order to study at the University of Paris (see his works *Le jeu de la feuillée*, vv. 1–12 and *Le congé*, stanza 5). Adam later entered the service of Robert, comte d'Artois, in whose entourage he went to Italy in 1283, when the French king sent help to Charles d'Anjou, king of Naples and Sicily, after the massacres of the Sicilian Vespers. The unfinished poem *C'est du roi de Sezile* was written by Adam in praise of Charles. The poet died in Italy about 1288 (CARTIER, N. R., *Rom.*, 89 [1968], 116–24). The pastoral play *Le jeu de Robin et de Marion*, written in octosyllabic couplets interspersed with fragments of popular songs, appears to have been composed to entertain an aristocratic audience and may date from the time of the author's stay at the court of Naples. For the life and works of Adam de la Halle see GUY, H., *Essai sur la vie et les œuvres du trouvère Adan de la Hale* (Paris, 1898; Slatkine Reprints, Geneva, 1970), pp. 1–200; *Adam le Bossu, trouvère artésien du XIIIe siècle, Le jeu de la feuillée*, ed. E. Langlois, 2nd edn., CFMA 6 (Champion, Paris, 1923, 1951), pp. iii–viii.

On the literary aspects of the play see PETIT DE JULLEVILLE, L., *La Comédie et les mœurs en France au moyen âge* (Paris, 1886; Slatkine Reprints, Geneva, 1968), pp. 17–39; BÉDIER, J., 'Les Commencements du théâtre comique en France', *Revue des Deux Mondes*, 99 (1890), 869–97; Guy, op. cit., pp. 485–532; FRANK, G., *The Medieval French Drama* (Clarendon Press, Oxford, 1954), pp. 231–6; FRAPPIER, J., *Le Théâtre profane en France au moyen âge* (CDU, Paris, 1959), pp. 109–23; DUFOURNET, J., 'Du *Jeu de Robin et Marion* au *Jeu de la feuillée*', in *Études offertes à Félix Lecoy* (Champion, Paris, 1973), 73–94. Called 'le plus ancien de nos opéras-comiques' (Petit de Julleville, p. 27), 'une paysannerie' (Bédier, p. 887), 'cette aimable bergerie' (Guy, p. 176), *Le jeu de Robin et de Marion* may be more correctly defined as a dramatized combination of two lyric genres, the *pastourelle* (the first half of the play, corresponding to the extract given) and the *bergerie* (the second half of the play). The latter *genre* describes the dances, the songs, and the rustic games of the peasants (see above p. 163).

I have transcribed the text of the base MS. *P* (Paris, B.N., fr. 25566, fols. 39ʳ–48ᵛ) from microfilm prints, and have consulted the other two MSS. in making emendations: *Pa* (Paris, B.N., fr. 1569, fols. 140ʳ–144ᵛ); *A* (Bibl. de Méjanes, Aix-en-Provence, 572, fols. 1–11ᵛ). Editions: *Adam de la Halle, Œuvres complètes (poésies et musique)*, ed. E. de Coussemaker (Paris, 1872; Slatkine Reprints, Geneva, 1970); *Adam le Bossu, trouvère artésien du XIIIᵉ siècle. Le jeu de Robin et de Marion, suivi du Jeu du pèlerin*, ed. E. Langlois, CFMA 36 (Champion, Paris, 1924, 1958); *Le jeu de Robin et de Marion par Adam de la Halle précédé du Jeu du pèlerin*, ed. K. Varty (Harrap, London, 1960); *Adam de la Halle, Le jeu de Robin et de Marion. Li rondel Adam*, ed. F. Gennrich (Langen, Frankfurt, 1962). Bibliography: Bossuat, nos. 3969–89, 6762–4; Klapp.

Vv. 1–412

In the first half of the play (the extract quoted), the main characters, Robin the shepherd, Marion the shepherdess, and Aubert the knight, represent the three traditional figures that frequently appear in the short lyric *pastourelles*. The knight attempts to seduce the shepherdess, but he desists when Marion protests her fidelity to Robin (1–108). Robin and Marion have lunch, then Robin performs various acrobatic dance steps (109–227). Robin departs to ask his friends to join them (228–71). After beating Robin for handling his falcon roughly, Aubert abducts Marion by force: she again rejects him and escapes; Robin has been watching at a safe distance (272–380). Marion gently mocks the braggart Robin for his cowardice. The charm of this part of the play lies mainly in the subtle means by which the author has contrasted the behaviour of the hero and the heroine: Marion's pretended foolishness serves the purpose of thwarting the amorous knight; Robin's faint-heartedness belies his empty vaunting (see also Mazouer, C., 'Naïveté et naturel dans le "Jeu de Robin et de Marion"', *Rom.*, 93 [1972], 378–93). With wit, humour, and spontaneous poetic fancy, Adam de la Halle succeeds in revitalizing the sterotyped characters of the *pastourelle*.

Chi commenche li gieus de Robin et
de Marion c'Adans fist.

Marions

'Robins m'aime, Robins m'a,
Robins m'a demandee, si m'ara.
Ro[*39ᵇ*]bins m'acata cotele
D'escarlate bonne et bele,
Souskanie et chainturele.   5

A leur i va!
Robins m'aime, Robins m'a,
Robins m'a demandee, si m'ara.'

Li Chevaliers

'Je me repairoie du tournoiement,
Si trouvai Marote seulete au cors gent.'   10

Marions

'Hé! Robin, se tu m'aimes,
Par amours, maine m'ent.'

Li Chevaliers

Bergiere, Diex vous doinst bon jour!

Marions

Diex vous gart, sire!

Li Chevaliers

Par amour,
Douche puchele, or me contés   15
Pour coi ceste canchon cantés
Si volentiers et si souvent:
'Hé! Robin, se tu m'aimes,
Par amours, maine m'ent'?

Marions

Biaus sire, il i a bien pour coi: 20
J'aim bien Robinet et il moi,   *39*ᶜ
Et bien m'a moustré qu'il m'a chiere;
Donné m'a ceste panetiere,
Ceste houlete et cest coutel.

Li Chevaliers

Di moi, veïs tu nul oisel   25
Voler par deseure les cans?

Marions

Sire, j'en vi je ne sai kans.
Encore i a en ces buissons

12 maine m'ent] mainenent   27 Sire ien ai ueu ne sai kans

Cardonnercules et pinçons,
Qui mout cantent joliement. 30

Li Chevaliers

Si m'aït Dieus, bele au cors gent,
Che n'est point che que je demant.
Mais veïs tu par chi devant
Vers ceste riviere nule ane?

Marions

C'est une beste qui recane? 35
J'en vi ier .iij. seur che quemin,
Tous quarchiés aler au molin.
Est che chou que vous demandés?

Li Chevaliers

Or sui je mout bien assenés!
Di moi, veïs tu nul hairon? 40

Marions

Herens, sire? Par me foi, non!
Je n'en vi nes un puis quaresme,
Que j'en vi mengier chiés dame Eme,
Me taiien, cui sont ches brebis.

Li Chevaliers

Par foi, or sui jou esbaubis, 45
N'ainc mais je ne fui si gabés!

Marions

Sire, foi que vous mi devés,
Quele beste est che seur vo main? 39^d

Li Chevaliers

C'est uns faucons.

Marions

Mengüe il pain?

---

29 cardonnereules] cardonnereuls; *see Notes*   41 herens] hairons

Li Chevaliers

Non, mais bonne char.

Marions

     Cele beste? 50
Esgar! Ele a de cuir le teste.
Et ou alés vous?

Li Chevaliers

   En riviere.

Marions

Robins n'est pas de tel maniere;
En lui a trop plus de deduit.
A no vile esmuet tout le bruit 55
Quant il joue de se musete.

Li Chevaliers

Or dites, douche bregerete,
Ameriés vous un chevalier?

Marions

Biaus sire, traiiés vous arrier.
Je ne sai que chevalier sont. 60
Deseur tous les homes du mont
Je n'ameroie que Robin.
Chi vient au vespre et au matin
A moi toudis et par usage.
Chi m'aporte de son froumage; 65
Encore en ai je en mon sain
Et une grant pieche de pain
Que il m'aporta a prangiere.

Li Chevaliers

Or me dites, douche bregiere,
Vauriés vous venir avoec moi 70
Jeuer seur che bel palefroi,
Selonc che boskét, en che val?

Marions au Chevalier

Aimi! sire, ostés vo cheval! 40^a
A poi que il ne m'a blechie.

Li Robins ne regiete mie   75
Quant je vois aprés se karue.

Li Chevaliers

Bregiere, devenés ma drue
Et faites che que je vous proi.

Marions au Chevalier

Sire, traiés ensus de moi.
Chi estre point ne vous affiert.   80
A poi vos chevaus ne me fiert.
Comment vous apele on?

Li Chevaliers

               Aubert.

Marions au Chevalier

'Vous perdés vo paine, sire Aubert,
Je n'amerai autrui que Robert.'

Li Chevaliers

Nan, bregiere?

Marions au Chevalier

           Nan, par ma foi!   85

Li Chevaliers

Cuideriés empirier de moi,
Qui si lonc jetés me proiere?
Chevaliers sui et vous bregiere.

Marions au Chevalier

Ja pour che ne vous amerai.
'Bergeronnete sui, mais j'ai   90
Ami bel et cointe et gai.'

Li Chevaliers

Bregiere, Diex vous en doinst joie!   40[b]
Puis qu'ensi est, g'irai me voie.
Hui mais ne vous sonnerai mot.

Marions au Chevalier

'Trairi, deluriau, deluriau, deluriele,   95
Trairi, deluriau, delurau, delurot.'

Li Chevaliers

'Hui main, jou chevauchoie les l'oriere d'un bois,
Trouvai gentil bergiere, tant bele ne vit roys.
Hé! trairi, deluriau, deluriau, deluriele,
Trairi, deluriau, deluriau, delurot.'   100

Marions

Hé! Robechon, leure leure va,
Car vien a moi, leure leure va,
S'irons [*40^c*] jeuer dou leure leure va,
Dou leure leure va.'

Robin[s]

'Hé! Marion, leure leure va,   105
Je vois a toi, leure leure va,
S'irons jeuer dou leure leure va,
Dou leure leure va.'

Marions

Robins!

Robin[s]

Marote!

Marions

Dont viens tu?

Robins

Par le saint [Dieu], j'ai desvestu,   110
Pour che qu'i fait froit, men jupel,
S'ai pris me cote de burel,
Et si t'aport des pommes. Tien!

---

101 leure leure] deure leure

Marions

Robin, je te connuc trop bien
Au canter, si con tu venoies.   115
Et tu ne me reconnissoies?

Robins

Si fis, au chant et as brebis.

Marions

Robin, tu ne ses, dous amis,
Et si ne le tien mie a mal,
Par chi vint uns hom a cheval,   120
Qui avoit cauchie une moufle
Et portoit aussi c'un escoufle
Seur sen poing; et trop me pria
D'amer; mais poi i conquesta,   *40ᵈ*
Car je ne te ferai nul tort.   125

Robins a Marote

Marote, tu m'aroies mort.
Mais se g'i fusse a tans venus —
Ne jou ne Gautiers li Testus
Ne Baudons, mes cousins germains —
Diable i eüssent mis les mains.   130
Ja n'en fust partis sans bataille.

Marions a Robin

Robin, dous amis, ne te caille,
Mais or faisons feste de nous.

Robins

Serai je drois ou a genous?

Marions

Vien, si te sié encoste moi,   135
Si mengerons.

Robins

       Et jou l'otroi.
Je serai chi les ton costé,

Mais je ne t'ai riens aporté;
Si ai fait certes grant outrage.

Marions

Ne t'en caut, Robin, encore ai je   140
Du froumage chi en mon sain
Et une grant pieche de pain
Et des poumes que m'aportas.

Robins

Diex! que chis froumages est cras!
Ma seur, mengüe.

Marions

        Et tu aussi.   145
Quant tu vieus boire, si le di:
Ves chi fontaine en un pochon.

Robins

Diex! qui ore eüst du bacon
Te taiien, bien venist a point.

Marions

Robinet, nous n'en arons point,   *41ᵃ*   150
Car trop haut pent as quieverons.
Faisons de che que nous avons,
Ch'est assés pour le matinee.

Robins

Diex! que j'ai le panche lassee
De le choule de l'autre fois!   155

Marions

Di, Robin, foy que tu mi dois,
Choulas tu? Que Diex le te mire!

Robins

'Vous l'orrés bien dire,
Bele, vous l'orrés bien dire.'

Marions

Di, Robin, veus tu plus mengier?   160

Robins

Naie voir.

Marions

Dont metrai je arrier
Che pain, che froumage en mon sain,
Dusqu'a ja que nous arons fain ?

Robins

Ains le met en te panetiere.

Marions

Et ves li chi. Robin, quel chiere !   165
Proie et commande, je ferai.

Robins

Marote, et jou esprouverai
Se tu m'ies loiaus amiete,
Car tu m'as trouvé amiét.
'Bergeronnete, douche baisselete,   170
Don[41ᵇ]nés le moi, vostre chapelét,
Donnés le moi, vostre chapelét.'

Marions

'Robin, veus tu que je le meche
Seur ton chief, par amourete ?'

Robins

'Oïl, et vous serés m'amiete.   175
Vous averés ma chainturete,
M'aumosniere et mon fremalét.
Bergeronnete, douche baisselete,
Donnés le moi, vostre chapelét.'

Marions

'Volentiers, men douc amiét.'   180
Robin, fai nous un poi de feste.

Robins

Veus tu des bras ou de le teste ?
Je te di que je sai tout faire.
Ne l'as tu point oï retraire ?

Marions

'Robin, par l'ame ten pere,   *41^c*   185
Ses tu bien aler du piét?'

Robins

'Oïl, par l'ame me mere,
Resgarde comme il me siét,
Avant et arriere,
Bele, avant et arriere.'   190

Marions

'Robin, par l'ame ten pere,
Car nous fai le tour dou chief.'

Robins

'Marot, par l'ame me mere,
J'en venrai mout bien a chief.
I fait on tel chiere,   195
Bele, i fait on tel chiere?'

Marions

'Robin, par l'ame ten pere,
Car nous fai le tour des bras.'

Robins

'Marot, par [*41^d*] l'ame me mere,
Tout ensi con tu vaurras.   200
Est chou la maniere,
Bele, est chou la maniere?'

Marions

'Robin, par l'ame ten pere,
Ses tu baler as seriaus?'

Robins

'Oïl, par l'ame me mere,   205
Mais j'ai trop mains de chaviaus
Devant que derriere,
Bele, devant que derriere.'

204 as seriaus] au seraiu; *see Notes*

Marions

Robin, ses tu mener le treske?

Robins

Oïl, mais li voie est trop freske,　　210
Et mi housel sont desquiré.

Marions

Nous sommes trop bien atiré,
Ne t'en caut. Or fai, par amour.

Robins

Aten, g'irai pour le tabour
Et pour le muse au grant bourdon;　　215
Et si amenrai chi Baudon —
Se trouver le puis — et Gautier:
Aussi m'aront il bien mestier
Se li chevaliers revenoit.

Marions

Robin, revien a grant esploit;　　*42ª*　220
Et se tu trueves Peronnele,
Me compaignesse, si l'apele:
Le compaignie en vaura miex.
Ele est derriere ces courtiex,
Si c'on va au molin Rogier.　　225
Or te haste.

Robins

　　　　Lais m'escourchier.
Je ne ferai fors courre.

Marions

　　　　　Or va.

Robins

Gautiers, Baudon, estes vous la?
Ouvrés moi tost l'uis, biau cousin!

---

226 me escourchier

Gautiers

Bien soies tu venus, Robin!   230
C'as tu, qui ies si essouflés?

Robins

Que j'ai? Las! je sui si lassés
Que je ne puis m'alaine avoir.

Baudons

Di s'on t'a batu.

Robins

       Nenil voir.

Gautiers

Di tost s'on t'a fait nul despit.   235

Robins

Signeur, escoutés un petit.
Je sui chi venus pour vous deus,
Car je ne sai ques menestreus
A cheval pria d'amer ore
Marotain, si me douch encore   240
Que il ne reviegne par la.

Gautiers

S'il revient, il le comperra.

Baudons

Che f[e]ra mon, par ceste teste!

Robins

Vous averés trop bonne feste,   42*b*
Biau seigneur, se vous i venés,   245
Car vous et Huars i serés,
Et Peronnele. Sont chou gent?
Et s'averés pain de fourment,
Bon froumage et clere fontaine.

Baudons

Hé! biau cousin, car nous i maine!   250

Robins

Mais vous deus irés chele part
Et je m'en irai pour Huart
Et Peronnele.

Baudons

Va don, va!

Gautiers

Et nous en irons par deça
Vers le voie devers le Pierre;   255
S'aporterai me fourke fiere.

Baudons

Et je, men gros baston d'espine,
Qui est chiés Bourguet, me cousine.

Robins

Hé! Peronnele! Peronnele!

Peronnele

Robin, ies tu che? Quel nouvele?   260

Robins

Tu ne ses? Marote te mande,
Et s'averons feste trop grande.

Peronnele

Et qui i sera?

Robins

Jou et tu,
Et s'arons Gautier le Testu,
Baudon et Huart et Marote.   265

Peronnele

Vestirai je me bele cote?

Robins

Nennil, Perrote, nenil nient,   42^c
Car chis jupiaus trop bien t'avient.
Or te haste, je vois devant.

Peronnele

Va, je te sievrai maintenant   270
Se j'avoie mes aigniaus tous.

Li Chevaliers

Dites, bergiere, n'estes vous
Chele que je vi hui matin?

Marions

Pour Dieu, sire, alés vo chemin,
Si ferés mout grant courtoisie.   275

Li Chevaliers

Certes, bele, tres douche amie,
Je ne le di mie pour mal,
Mais je vois querant chi aval
Un oisel a une sonnete.

Marions

Alés selonc ceste haiete.   280
Je cuit que vous l'i trouverés:
Tout maintenant i est volés.

Li Chevaliers

Est, par amours?

Marions

       Oïl, sans faille.

Li Chevaliers

Certes, de l'oisel ne me caille
S'une si bele amie avoie.   285

Marions

Pour Dieu, sire, alés vostre voie,
Car je sui en trop grant frichon.

Li Chevaliers

Pour qui?

Marions

Certes, pour Robechon.

Li Chevaliers

Pour lui?

Marions

Voire, s'il le savoit,   42^d
Jamais nul jour ne m'ameroit   290
Ne je tant rien n'aim comme lui.

Li Chevaliers

Vous n'avés garde de nului
Se vous volés a mi entendre.

Marions

Sire, vous nous ferés sousprendre.
Alés vous ent! Laissié[s] m'ester,   295
Car je n'ai a vous que parler.
Laissié[s] m'entendre a mes brebis.

Li Chevaliers

Voirement, sui je bien caitis
Quant je mec le mien sens au tien.

Marions

Si en alés, si ferés bien: 300
Aussi oi je chi venir gent.
'J'oi Robin flagoler au flagol d'argent,
    Au flagol d'argent.'
Pour Dieu, sire, or vous en alés!

Li Chevaliers

Bergerete, a Dieu remanés;   305
Autre forche ne vous ferai.
Ha! mauvais vilains, mar i fai!
Pour coi tües tu mon faucon?
Qui te donroit un horion,
Ne l'aroit il bien emploiét?   310

---

295 me ester   297 me entendre

Robins

Ha! sire, vous feriés pechiét.
Peür ai que il ne m'escape.

Li Chevaliers

Tien de loier ceste souspape
Quant tu le manies si gent.   *43ᵃ*

Robins

Hareu! Diex! hareu, bonne gent!   315

Li Chevaliers

Fais tu noise? Tien che tatin.

Marions

Sainte Marie! J'oi Robin.
Je croi que il soit entrepris.
Ains perderoie mes brebris
Que je ne li alasse aidier.   320
Lasse! je voi le chevalier.
Je croi que pour moi l'ait batu.
Robin, dous amis, que fais tu?

Robins

Certes, douche amie, il m'a mort.

Marions

Par Dieu, sire, vous avés tort   325
Qui ensi l'avés deskiré.

Li Chevaliers

Et comment a il atiré
Mon faucon? Esgrardés, bregiere!

Marions

Il n'en set mie la maniere.
Pour Dieu, sire, or li pardonnés!   330

Li Chevaliers

Volentiers, s'aveuc moi venés.

Marions

Je non ferai.

Li Chevaliers

Si ferés, voir,
N'autre amie ne voeil avoir,
Et voeil que chis chevaus vous porte.

Marions

Certes dont me ferés vous forche!   335
Robin, que ne me resqueus tu?

Robins

Ha! las, or ai jou tout perdu!
A tart i venront mi cousin.   43^b
Je perc Marot, s'ai un tatin
Et desquiré cote et sercot.   340

Gautiers

'Hé! resveille toi Robin,
Car on en maine Marot,
Car on en maine Marot.'

Robins

Aimi! Gautier, estes vous la?
J'ai tout perdu, Marote en va!   345

Gautiers

Et que ne l'alés vous reskeure?

Robins

Taisiés! Il nous courroit ja seure
S'il en i avoit .iiij. chens!
C'est uns chevaliers hors du sens,
Qui a une si grant espee.   350
Ore me donna tel colee
Que je le sentirai grant tans.

347 courroit] couroit

Baudons

Se g'i fusse venus a tans,
Il i eüst eü merlee.

Robins

Or, esgardons leur destinee,   355
Par amours, si nous embuissons
Tout troi derriere ces buissons,
Car je voeil Marion sekeure
Se vous le m'aidiés a reskeure.
Li cuers m'est un peu revenus.   360

Marions

Biau sire, traiés vous ensus
De moi, si ferés grant savoir.

Li Chevaliers

Demisele, non ferai, voir;   43^c
Ains vous en menrai aveuc moi
Et si arés je sai bien coi.   365
Ne soiiés envers moi si fiere!
Prendés cest oisel de riviere,
Que j'ai pris, si en mengeras.

Marions

J'ai plus chier mon froumage cras
Et men pain et mes bonnes poumes   370
Que vostre oisel a tout les plumes;
Ne de rien ne me poés plaire.

Li Chevaliers

Qu'est che? Ne porrai je dont faire
Chose qui te viengne a talent?

Marions

Sire, sachiés certainement   375
Que nenil; riens ne vous i vaut.

Li Chevaliers

Bergerete, et Diex vous consaut!
Certes, voirement sui je beste
Quant a ceste beste m'areste!
A Dieu, bergiere.

Marions

        A Dieu, biau sire.   380
Lasse! or est Robins en grant ire,
Car bien me cuide avoir perdue.

Robins

Hou! hou!

Marions

        Dieus! C'est il qui la hue.
Robin, dous amis, comment vait?

Robins

Marote, je sui de bon hait   385
Et garis puis que je te voi.

Marions

Vien donques cha, acole moi.

Robins

Volentiers, suer, puis qu'il t'est bel.   *43ᵈ*

Marions

Esgarde de cest sosterel
Qui me baise devant le gent!   390

Baudons

Marot, nous sommes si parent;
Onques ne vous doutés de nous.

Marions

Je ne le di mie pour vous,
Mais il par est si soteriaus

377 bergerete] bergiere

Qu'il en feroit devant tous chiaus   395
De no vile autretant comme ore.

Robins

Et qui s'en tenroit?

Marions

Et encore?
Esgarde comme est reveleus!

Robins

Diex! Con je seroie ja preus
Se li chevaliers revenoit!   400

Marions

Voirement, Robin? Que che doit
Que tu ne ses par quel engien
Je m'escapai?

Robins

Je le sai bien.
Nous veïsmes tout ton couvin.
Demandés Baudon, men cousin,   405
Et Gautier, quant t'en vi partir,
S'il orent en moi que tenir.
Trois fois leur escapai tous .ij.

Gautiers

Robin, tu ies trop corageus;
Mais quant li cose est bien alee,   410
De legier doit estre ouvliee
Ne nus ne le doit point reprendre.

403 sai] soi

23. *La passion du Palatinus*

La passion du Palatinus, the oldest extant French Passion play (see
FRANK, G., 'The *Palatine Passion* and the Development of the Passion
Play', *PMLA*, 35 [1920], 464-83), dates from the beginning of the
fourteenth century. It presents the main incidents surrounding Christ's
betrayal, trial, crucifixion, and resurrection. Whilst most of the scenes
are based on incidents related in the four accepted Gospels, three episodes
are drawn from other sources. These are the scenes in which the black-
smith's wife offers to forge the nails, the centurion Longinus regains his
sight, and Christ descends into hell.

I have transcribed the text of the MS. (Vatican, Palatinus Latinus
1969, fols. 221^r-234^r) from microfilm prints, vv. 1-5 from fol. 228^v,
vv. 6-215 from fols. 230^r-231^r. Editions consulted: CHRIST, K., 'Das
altfranzösische Passionsspiel der Palatina', *ZrP*, 40 (1920), 405-88; *La
passion du Palatinus, mystère du XIVe siècle*, ed. G. Frank, CFMA 30
(Champion, Paris, 1922, 1970); PAUPHILET, A., *Jeux et sapience du moyen
âge* (Gallimard, Paris, 1951), pp. 211-78. Partial edition: HENRY, A.,
Chrestomathie de la littérature en ancien français, 4th edn. (Francke,
Berne, 1967), i. 268-72, vv. 1235-450. Bibliography: BOSSUAT, nos.
5713-17; also ROY, E., *Le Mystère de la Passion en France du XIVe au
XVIe siècle* (Dijon, 1903-4; Slatkine Reprints, Geneva, 1974); FRANK,
G., *The Medieval French Drama* (Clarendon Press, Oxford, 1954);
JEANROY, A., *Le Théâtre religieux en langue française jusqu'à la fin du
XIVe siècle*, from *HLF*, 39 (1959).

Vv. 1235-450

Based on chapters 18-27 of the apocryphal Gospel of Nicodemus (see
Christ, p. 482; Jeanroy, p. 15), the scene of Christ's descent into hell
forms the extract given below. This episode opens with a violent quarrel
between Satan and Hell (*Enfers*), the former boastful and domineering,
the latter contemptible and faint-hearted. The Infernus of the Gospel of
Nicodemus, Hell is described by Jeanroy as a 'personnage mystérieux
qui paraît symboliser l'ensemble des anges déchus' (p. 15). He also
appears in the Old French prose versions of the descent into hell (see
L'Évangile de Nicodème. Les versions courtes en ancien français et en prose,
ed. A. E. Ford [Droz, Geneva, 1973], pp. 52, 92). The confrontation

La passion du Palatinus 225

between these two characters provides lively comic relief, chiefly verbal in nature: faced with the imminent arrival of Christ in their midst, Satan and Hell exchange threats and insults in colloquial and vituperative terms (1-151). The Saviour quickly gains the upper hand of his two enemies and releases the captive souls from torment (162-215).

The play is written for the most part in octosyllabic couplets. However, the diablerie contains a number of different stanzas or groups of lines arranged according to a variety of rhyme-schemes: 45-56, 57-69, 70-7, 78-86, 111-20, 151-61, 162-7, 168-75, 176-85, 186-94 (see *La passion du Palatinus*, ed. Frank, p. viii).

Cf. Frank vv. 1235-450

[*Sathanas*]

Or sus, deable, tuit ensemble!
Die chacun ce qu'il li semble
Apertement, n'i ait celee,
Du traïtour de Galilee
Qui ce faisoit apeler Crist,　　　　　　　　　5
Fil Dieu, si com cil l'ont escrit　　　　　　*230ᵃ*
Qui le tenoient a seigneur.
Mout po li a duré s'honeur,
Sa seigneurie et sa puissance.
Veez le mort a grant viltance,　　　　　　10
Entre .ij. larrons crucefiez
Et par les mains et par les piez,
Plus vilment que nul autre lerrez.
Or seroit or bons enchantierres
S'orendroit nous venoit sus corre.　　　　15
Hé! deable, de bone eure
Veïsmes né et genuï
Judas Carïot, nostre ami,
Qui le vendi a nostre gent.
Trente pieces de blanc argent　　　　　　20
En prit, qu'il i avoit raison.
Je pourchaçay la treïson,
Le berat et la tricherie;
Onques si bele lecherie

2 qu'il] que il　8 s'honeur] son honeur　10 le] la　14 ore bons　15 se orendroit
17 genuï] gemi

Ne fit deable ne maufé.   25
Or est li lerres atrapé,
Mort et ocis par mon pechié.
Par teste, par mains et par bras
Li ai fet sanc issir a tas.
L'ai fet sallir, et par destraice,   30
Le sanc. Fort est, si se redrece.
N'en a pooir, n'en avons doute,
Mort est li lierres, ne voit goute;
Jamais ne nous fera moleste.
Or n'i a que du faire feste,   35
Joie, soulas et rigolage,
De bon cuer et de bon courage,
D'enfer toute la compaignie.
N'i ait si hardi qui desdie!
Or tost faisons joie trestuit   40
Puis que mort avons et destruit
Le fel truant, le lozengier
Qui de nous se cuidoit vengier.

[*Li deable*]

Or tost faisons joie tresuit!

[*Enfers*]

Qu'est ce, deables? C'est yvrece,   45
Ou c'est orgueil, ou c'est destresse.   230^b
Compains, com tu as autre prise!
Qui te dourroit sus la crabosse
Et il te feït plaie ou boce . . .

[*Sathanas*]

L'amendë en seroit tost prise!   50
Je qui le feu d'enfer atise
De luxure et de convoitise,
Je sai de traïtour la guise.

[*Enfers*]

Compoins, que tu as autre prise!
Et si te di or sans fointise   55

44 tost] tout   45 qu'est] que est

Que c'est uns hons de grant noblece.
Pour. lui serons deseritez
Et li prisonier acquitez
Que nous tenons pris de lonc tens.
Li lierres plains d'iniquité   60
Venrra sus nous par verité,
De la mort delivres et frans.
Or i parra nostre deffans,
Nostre pooir et nostre sens
Que de lui ne soions robé.   65
J'ai tel paour quant a lui pens
Que trestout li cors et li sanc
Si me tremble de malvetié
[Que] plus ne puis sus piez ester.

[*Sathanas*]

Va sus, lierres! De toy ferir   70
J'ai grant talent et grant envie.
Je te ferai les iex sallir.
Fil a putain, je te deffie.
Nous ne verrons ja avenir
Qu'enfer perde sa seigneurie   75
Tant com nous porrons maintenir
Orgueil, barat et tricherie.
Va sus, lierre! Ne t'esmoier,
Vré deauble, eu commencier!

[*Enfers*]

Li roy, li conte et li princier,   80
Li apostoile et li legat,
Li cardinal et li prelat,
Li moine noir, li jacobin,
Li cordelier, li faus devin,
Li avocat, li amparlier,   *230ᶜ*   85
Li robeür, li usurier,
Clers et lais de par tout le mont
Qui dedens le feu d'enfer sont
Soient a mon commandement!
Or oëz, deable, comment   90

75 que enfer

Nous avons folement ovré.
J'ai bien oï et esprové
Que ce lierres que la voi pendre
Venrra contre nous pour deffendre
Prochainement a vostre enfer.   95
N'i venrra pas armez de fer,
De haubert ne d'espee d'acier,
Et si vourra tout deffroissier
Nos portes et nos fermetez.
Grant tens a qu'il s'en est ventez.   100
Par sa force et par son bobant
Ira par vostre enfer bobant.
Ne li porront faire deffence
Nostre gent, ne nostre despance
Nous robera tout a un fes.   105
Vers lui ne poöns avoir pais.
Dites, deables, que ferons?
Et fuirons nous ou atendrons,
Ou irons nous sauver nos vies
Chacun en diverses parties?   110
Die en chacun ce qu'il en loe!

[*Sathanas*]

Fil a putain, plus noir que choe,
Laissiez ester vostre donnoy!
Joué avez a la bell' oe.
Rien ne savez encontre moy.   115
Je ferai a Jesucrist la moe
Se je seans venir le voy.
Tant li jeterai fiens et boue
Que je le ferai tenir quoy;
Sertainement ne par ma foy,   120
S'il est si hardiz, qu'il i viegne!

[*Enfers*]

Aussint la passïon te tiegne!
Ja ne ses tu fors que sosfler,
Tes joes amplir et enfler.   230^d

100 qu'il] que il

Seigneur, ne creez pas cestu.   125
Miex vaut que nous aions perdu
.xxx. ou .xx. de nos prisons
Que ce qu'a lui nos combatons.
Tornez vous, resgardez avant!
Vez ci venir le sodeant   130
Plus blanc que nule fleur de lis.
Ne sai comment il est revis.
En sa main porte nostre mort,
La croys ou il fu mis a tort.
Tel paour ai quant le regarde   135
Qu'i me semble tout li cors m'arde
Du feu d'enfer, et si fait il.
Fuions nous en touz en escil!

[Sathanas]

De male mort soit trebuchiez
Qui ne li tournera les piez   140
Avant qu'il de nous aprochait,
Quar espooir il se cachat.

[Enfers]

Bien voy vous estes hors du sens.
Fuions nous en hors de seans!

[Sathanas]

Fil a putain, trop estes nice.   145
Je demourrai en mon office.
Tant sousflerai le feu d'enfer
A mes soufflos et a mon fer,
Se Jesucrist veut dire mot,
Je li brulerai le toupot.   150
Or viegne s' il cuide bien faire!

[Une ame]

Glorïeus pere debonaire,
Irez d'enfer vos amis traire:
Roys et sire de paradis,
Vo cors a esté en croys mis,   155

128 qu'a] que a   130 vez] ueez   141 qu'il] que il   151 s'il] se il   153 irez] uous irez
155 vo] puis que uo

La Deïté le puet bien faire.
Biax douz pere, sire de gloire,
Tu meïsmes le me deïs
Que grant pieça leur as promis.

[*Enfers*]

Je m'en vois, ne m'en doy retraire;   160
Si enterra li roys de gloire.

[*Li esperiz Jesu*]

Ovrez les portes infernaus!

[*Sathanas*]

Qui es tu? Va, lerres mortaus!

[*Li esperiz Jesu*]

Je te ferai en mon Dieu croyre.   *231ᵃ*

[*Sathanas*]

Va t'an arrier et sain et saus!   165
Je sui sires des infernaus,
Sus moy ne pués avoir victoire.
Va t'en arier apartement!
Va, au deable te commant!
Que tu n'aies jamais puissance,   170
Que tu n'aies jamais audiance!

[*Li esperiz Jesu*]

Je·l sui des le commancement,
Sui du monde roy par sapience.
Se tu t'aproches plus avant,
Je te monterai sus la pance.   175
Va, Sathanas, si te maudie!

[*Sathanas*]

Hé! las, ou est ma companie?
Maintenant en avoit ci .iiij. :
Herbargiez se sont chiez Gravate!

158 tu] quar tu; me] mei   165 saus] sauf   167 pués] puet   172 je·l] jeil
173-4 *transposed in MS.*   176 Sathanas] Satharas

Fuïz en sont par couardie.   180
Cil m'a vaincu, que que nul die,
Qui a pooir de tout abatre,
Touz ceus solacier et esbatre.
Or m'en irai en Lumbardie
A touz jours mais user ma vie,   185
En despit du roy Jesucrist.

[*Une ame*]

Adam, cil qui le monde fit
Nous vient delivrer de prison.
Grant tens a qu'il le nous promit
Par Davi et par Salemon.   190
C'est li fuiz du Saint Esperit.

[*L'ame David*]

Chantons lui novele chançon,
Car il vient pour nous faire saus,
Le douz perë esperitaus.

[*Les ames*]

GLORIA, LAUS ET HONOR TIBI SIT. P[r]ïon!   195

[*Li esperiz Jesu*]

Issiez hors de ceste prison,
Mi ami, mi cousin, mi frere.
Je vieng de la destre mon pere.
Pour vous sauver ai mort sofferte.
Maintenant vous sera overte   200
La porte d'enfer et li huis.   231^b
Ou moy en paradis laissus
Vous en menrrai en mon repos.
Or est tout fait et tout esclos
Quanqu'il dit en la prophetie   205
De Jesucrist, le fil Marie.
Or tost venez en, mi ami!

---

189 qu'il] que il   197 ami] ami ami   204 *After this line the scribe wrote* Vous en menrrai en merrai e *which appears to be a repetition of* 203; *Christ includes as an additional line* Vous en menrrai en [ma] mennie

[*Une ame*]

Sauvez nous, Diex Adonaÿ!

[*Les ames*]

Merci, sire, merci, merci!
Merci de bon cuer vous prïons   210
Des pechiez que nous fais avons.
Mil anz et plus avons esté
En enfer pris et tormenté.
Or nous a ta mort delivré.
Bon feusse tu en terre nez!   215

24. Robert de Clari:
The Conquest of Constantinople

The Fourth Crusade was fervently preached throughout the Île de France in 1198, during the pontificate of Innocent III, by the parish priest Foulques de Neuilly; and, owing to his influence, many feudal lords and knights took the cross. Under the leadership of Thibaud de Champagne, and then, after his death in 1201, under that of Boniface de Montferrat, the Crusaders were to recapture the Holy City from the Turks, sailing in ships to be built by the Venetians. (That the expedition was to go to Egypt was kept secret from the public.) As insufficient money could be found, the Venetians were willing to provide the transport only after the leaders agreed to help them subdue the Christian city of Zara, the rival of Venice for supremacy in the Adriatic. Whilst the Crusaders were wintering at Zara, the rightful heir to the throne of Constantinople, Prince Alexis, sent envoys to seek their assistance against his uncle, Alexis III, who had deposed his father, Isaac Angelus. At the instigation of Boniface, the Crusaders decided to change destination and sail to Constantinople. The conditions were as follows: Alexis was to bring the Greek church under the influence of Rome, he was to join the Crusade and he was to assist with money, men, and supplies. The city quickly capitulated (July 1203), the Venetians attacking from the sea, the French from the land. Once installed in power, however, the new emperor Alexis IV failed to honour his promises, with the result that hostilities between the Crusaders and the Greeks increased. Then another usurper, Murzuphlus, murdered Alexis and seized the throne. The city was again beseiged; and it is the second of two successive assaults (12 April 1204), in the course of which the usurper fled, that is recounted in the following extracts from the chronicles of Robert de Clari and Geoffroy de Ville-hardouin. Soon after, the first Latin Emperor of Constantinople, Baudouin de Flandre, was elected. The Latin Empire survived until 1261. (See ROUSSET, P., *Histoire des croisades* [Payot, Paris, 1957].)

A poor knight, and one of the vassals of Pierre d'Amiens, Robert de Clari was born at Cléry-les-Pernois (Somme) about 1170. With his brother Aleaume, he took the cross and accompanied the expedition to Constantinople, whence he seems to have returned in 1205. He died after 1216, the date at which his chronicle ends.

Robert de Clari 'a fait metre en escrit' (Lauer § CXX) a personal, eye-witness account of the expedition. Whilst the author's often biased reporting lessens the historical value of his chronicle, the true merit of his work lies in his lively narrations of the skirmishes in which he himself took part and in the colourful descriptions of the wealth and splendour of Constantinople, which filled him with an almost childlike wonder. In the extract quoted (cf. Lauer §§ LXXIV–LXXVIII), Robert recounts the heroic exploits carried out by the French, including his brother Aleaume, during the second assault on the city (12 April 1204). When the Crusaders eventually succeed in penetrating the towers and walls of the city, thanks to the daring and prowess of the French knight André d'Ureboise and of Aleaume de Clari, the usurper Murzuphlus (*Morchofles*) makes a futile attempt to drive out the invaders and then flees with his followers. (See PAUPHILET, A., 'Sur Robert de Clari', *Rom.*, 57 [1931], 289–311; BAGLEY, C. P., 'Robert de Clari's *La conquête de Constantinople*', *Med. Aev.*, 40 [1971], 109–15.)

I have transcribed the text of the only surviving MS. (Copenhagen, Royal Library, 487, fols. 100–28) from microfilm prints. Editions: *Robert de Clari, La conquête de Constantinople*, ed. P. Lauer, CFMA 40 (Champion, Paris, 1924); PAUPHILET, A., *Historiens et chroniqueurs du moyen âge* (*Robert de Clari, Villehardouin, Joinville, Froissart, Commynes*) (Gallimard, Paris, 1952). Partial edition: PARIS, G. and JEANROY, A., *Extraits des chroniqueurs français* (*Villehardouin, Joinville, Froissart, Comines*), 11th edn. (Hachette, Paris, 1927). Bibliography: BOSSUAT, nos. 3641–54, 6668, 7812; KLAPP. See especially DEMBOWSKI, P. F., *La Chronique de Robert de Clari. Étude de la langue et du style* (University of Toronto Press, 1963).

THE SECOND ASSAULT, 12 APRIL 1204

Cf. Lauer §§ LXXIV–LXXVIII

Aprés quant li vesque eurent preechié et moustré as pelerins que le batalle estoit droituriere, si se confesserent molt bien tout et furent kemenié. Quant che vint le deluns par matin, si s'atornerent molt bien tot li pelerin et s'armerent, et li Venicien, et refisent les pons de leur nes et leur uissiers et leur galies; si les arengierent coste   5
a coste et se misent a le voie pour aler assalir; et avoit li navies bien une grandesme liwe de front; et quant il furent arivé et il se furent trait au plus pres qu'il peurent des murs, si geterent ancres. Et quant il furent a ancre, si commenchierent durement a assalir et a traire et a lanchier et a geter fu grijois as tours; mais ne s'i pooit   10
prendre li fus pour les cuirs dont eles erent couvertes. Et dedens

se desfendoient molt durement et faisoient bien geter .lx. perrieres
et getoient a cascun caup seur les nes; mais les nes estoient si bien
couvertes de mairien et de sarment de vingne ker ne leur faisoient
mie grant mal; et estoient les pierres si grans que uns hons n'en   15
peust mie une [*119ª*] lever de se tere. Et Morchofles li empereres
estoit en sen monchel; si faisoit ses buisines d'argent sonner et ses
timbres, et faisoit molt grant beubant, et renheudissoit se gent, et
disoit: 'Alés la! Alés cha!' et les renvoie la ou il veoit que li graindes
besoins estoit. Et n'avoit mie en tout le navie plus haut de .iiij. nes   20
ou de .v. qu'il peussent avenir as tours, si erent eles hautes; et tout
li estage des tours de fust qui erent faites seur les tours de pierre,
dont il i avoit bien .v. ou .vi. ou .vij., estoient toutes warnies de
serjans, qui les tors desfendoient. Et tant i assalirent que le nef le
vesque de Sessons s'ahurta a une de ches tors par miracle de Dieu,   25
si comme le mers, qui onques n'est coie, le porta, et seur le pont de
chele nef avoit un Venicien et .ij. chevaliers armés. Si comme le nef
se fu ahurtee a chele tour, si se prent li Veniciens a piés et a mains
au miex qu'il peut, si fait tant qu'il fu ens. Quant il fu ens, et li
serjant qui estoient en chel estage, Enclés, Danois et Grius que il i   30
avoit, si wardent, si le voient, se li keurent il sus a haches et as espees,
si le decauperent tout. Si comme le mers reporta avant le nef, si se
rahurta a chele tour. Si comme ele s'i fu rahurtee, si ne fait mais
el li uns des .ij. chevaliers, Andriex de Dureboise avoit a non, si se
prent il a piés et as mains a chele breteske et fait tant qu'il se mist 35
ens a genoullons. Quant il fu laiens a genoullons, et chil li keurent
il sus a haches, as espees, si le ferirent durement; mais qu'il estoit
armés, le grace Dieu, si ne le navrerent mie, si comme Diex le
wardoit, qui ne vo[*119ᵇ*]loit mie consentir qu'il duraissent plus ne
que chil i morust mie. Ains voloit, pour le traison d'aus et pour le   40
murdre que Morchofles avoit fait et pour le desloiauté d'aus, que
le chités fust prise et que il fussent tot honni, que li chevaliers fu en
piés; et quant il fu en piés, si traist s'espee. Quant chil le virrent
en piés, si furent si esbahi et si eurent grant peur qu'il s'en fuirent en
l'autre estage desous. Quant chil de l'autre estage virent que chil   45
de deseure aus s'en afuioient si, si revuidierent chelui estage ne
onques n'i oserent demourer; et li autres chevaliers i entra aprés
et si i entra assés gens aprés. Et quant il furent ens, si prenent boines
cordes, si loient molt bien chele nef a le tor; et quant il l'eurent

18 renheudissoit] renheudissoient *the final* en *partly erased*   23 ou .vij., estoient]
ou .vij. et estoient

loi[i]e, si i entrerent assés gent. Et quant le mers reportoit le nef 50
ariere, si branloit chele tors si durement que il sanloit bien que le
nes le deust traire jus, si que par forche — et par peur — leur
couvint le nef desloier. Et quant chil des autres estages par desous
virent que le tors emploit si des Franchois, si eurent si grant peur
que onques nus n'i osa demorer, ains vuidierent toute le tour. Et 55
Morchofles veoit bien tout chou, si renheudissoit se gent et les
envoioit la ou il veoit que li graindes assaus estoit. Entre ches entre-
faites que chele tours fu par tele miracle prise, si se rahurte le nes
seigneur Pierrum de Braichoel a une autre tor; et quant ele s'i fu
rahurtee, si commenchent chil qui estoient seur le pont de le nef 60
[*119ᶜ*] a asalir durement a chele tour, et tant que, par miracle de
Dieu, que chele tors fu prise.

   Quant ches .ij. tors furent prises et eles furent warnies de nos
gens et il furent es tours, ne ne s'osoient mouvoir pour le grant
plenté de gent que il veoient seur le mur entour aus et dedens les 65
autres tours et jus des murs, que ch'estoit une fine merveille tant
en i avoit il. Quant mesires Pierres d'Amiens vit que chil qui estoient
es tours ne se mouvoient et il vit le convine des Grius, si ne fait mais
el, si descent il a tere a pié, et se gent avec lui, en un peu d'espace de
tere qui estoit entre le mer et le mur. Quant il furent descendu, si 70
gardent avant, si veoient il une fause posterne dont li wis avoient
esté osté, si estoit muree de nouvel; si vient il la, si avoit avec lui
bien .x. chevaliers et bien .lx. serjans. Si i avoit un clerc, Aliaume
de Clari avoit a non, qui si estoit preus en tous besoins que ch'estoit
li premiers a tous les assaus ou il estoit; et a le tor de Galatha prendre 75
fist chis clers plus de proeches par sen cors, un pour un, que tout
chil de l'ost, fors seigneur Pierron de Braiechoel. Che fu chis qui
tous les autres passa, et haus et bas, que il n'en i eut onques nul
qui tant i fesist d'armes ne de proeches de sen cors comme fist
P[ierres] de Braiechoel. Quant il furent venu a chele posterne, si 80
commenchierent a pikier molt durement; et quarrel voloient si dru
et tant i getoit on de pierres de lassus des murs que il sanloit enaises
k'il y fussent enfoi es pierres, tant en i getoit on; et chil de desous
avoient escus et targes, dont [*119ᵈ*] il couvroient chiaus qui picoient
a le posterne. Et getoit on leur de lassus pos plains de pois boulie 85
et fu grijois et grandesmes pierres, que ch'estoit miracles de Dieu
que on ne les confondoit tous; et tant i souffri mesires P[ierres] et

se gent d'ahans et de grietés que trop. Et tant pichierent a chele
posterne de hasches et de boines espees, d'es, de bous et de pis
que il i fisent un grant pertruis. Et quant chele posterne fu perchie,   90
si eswarderent par mi et virent tant de gent, et haut et bas, que
sanloit que demis li mondes i fust, si qu'il ne s'osoient enhardir
d'entrer i.

Quant Aliaumes li clers vit que nus n'i osoit entrer, si sali avant
et dist qu'il i enterroit. Si avoit illuec un chevalier, un sien frere,   95
Robers de Clari avoit a non, qui li desfendi et qui dist qu'il n'i
enterroit mie; et li clers dist que si feroit, si se met ens a piés et
a mains. Et quant ses freres vit chou, si le prent par le pié, si com-
menche a sakier a lui, et tant que maugré sen frere, vausist ou ne
dengnast, que li clers i entra. Quant il fu ens, se li keurent sus tant   100
de ches Grius que trop, et chil de deseur les murs li acuellent a geter
grandesmes pierres. Quant li clers vit chou, si sake le coutel, si leur
keurt sus, si les faisoit aussi fuir devant lui comme bestes. Si disoit
a chiax de defors, a seigneur P[ierron] et a se gent: 'Sire, entrés
hardiement! Je voi qu'il se vont molt desconfissant et qu'il s'en   105
vont fuiant.' Quant mesires P[ierres] oï chou et se gent qui par
dehors erent, si entra ens mesires P[ierres] et se gent, si ne fu mie
plus que li disime de chevaliers, mais bien i avoit .lx. serjans avec
lui; et tout estoient a pié laiens. Et quant [*120ª*] il furent ens et chil
qui estoient seur les murs et en chel endroit les virent, si eurent tel   110
peur qu'il n'oserent demorer en chel endroit, ains vuidierent grant
partie du mur, si s'en fuirent qui miex miex. Et li empereres Mor-
chofles li traitres estoit molt pres d'iluec, a mains de le getee d'un
cailléu, et faisoit sonner ses buisines d'argent et ses timbres et
faisoit un mout grant beubant.   115

Quant il vit mon seigneur Pierron et se gent qui estoient ens
a pié, si fist molt grant sanlant de lui corre sus et de ferir des esperons
et vint bien dusques en mi voies. Quant mesires Pierres le vit venir,
si commencha a reconforter se gent et a dire: 'Or, seigneur, or du
bien faire! Nous arons ja le bataille: veschi l'empereur ou il vient.   120
Wardés qu'il n'i ait si hardi qui refust arriere, mais or pensés du
bien faire!'

Quant Morchofles li traitres vit qu'il ne fuiroient nient, si
s'arresta et puis se retorna ariere a ses tentes. Quant mesire P[ierres]
vit que li empereres fu retornés, si envoie il une trope de ses serjans   125
a une porte qui pres estoit d'iluec et kemanda que on le despechast
et que on l'ouvrist. Et chil alerent, si commenchent a buskier et

a ferir a chele porte et de haches et d'espees tant qu'il rompirent les
verax de fer, qui molt estoient fort, et les flaiaus, et qu'il ouvrirent
le porte. Et quant le porte fu ouverte et chil de dehors virent chou,   13
si font atraire leur uissiers avant et les chevax amener hors, si
monterent, si commencherent a entrer grant aleure en le chité par
mi le porte. Et quant li Franchois furent ens tout monté et quant
li empereres Morchofles li traitres les vit, si eut si grant peur que
il laissa ses tentes [*120^b*] et ses juiaus illuec, si s'en fui avant en le   13
chité, qui molt estoit grande et longe et lee, car on dit la que a aler
entor les murs a bien .ix. liwes, tant ont li mur d'achainte qui entor
le vile vont, et a bien larguement le chités par dedens .ij. liwes
franchoises de lonc et .ij. de lé; et si ke sires P[ierres] de Braiechoel
eut les tentes Morchofle et ses cosfres et ses juiaus qu'il illuec   14
laissiés avoit. Quant chil qui desfendoient as tors et as murs virent
que li Franchois estoient entré en le chité et leur empereres s'en
estoit fuis, si n'i oserent demorer, ains s'en fuirent qui miex miex:
ensi fu le chités prise.

128 tant *interlinear insertion*

25. Villehardouin:
The Conquest of Constantinople

Born at Villehardouin near Troyes, possibly as early as 1148, Geoffroy de Villehardouin was a liegeman of the Count of Champagne. His name appears for the first time in 1172 in a list of the Count's vassals as *Gofridus de Ville Hardouin*. From 1185 he bore the title of Marshal of Champagne (*Gaufridus marescallus*). Like his overlord, Count Thibaud de Champagne, Villehardouin took the cross; he played an important part in negotiating with the Venetians for the construction of a fleet to transport the crusading army. After the death of Thibaud in 1201, it was Villehardouin himself who proposed offering the leadership of the Fourth Crusade to Boniface de Montferrat. Throughout the successive operations against Constantinople and the following rebellions by the Greeks against the newly-founded Latin Empire, Villehardouin distinguished himself as a diplomat and as a soldier, gaining the high office of Marshal of Romania in 1204 or 1205. Documents show that he died between 1212 and 1218, probably whilst still abroad. His chronicle begins with the preaching of the Fourth Crusade by Foulques de Neuilly in 1198 and ends abruptly with the death of Boniface in 1207. (See LONGNON, J., *Recherches sur la vie de Geoffroy de Villehardouin* [Champion, Paris, 1939].)

It is evident throughout his chronicle that Villehardouin has attempted to vindicate the diversion of the Fourth Crusade from Jerusalem to Constantinople and to justify the conflict between the Christian West and the Christian Eastern Empire. To this end the author has recourse to a theory of accidents. The Latin invasion of Constantinople was the consequence of a series of fortuitous events following an initial misfortune: the fact, frequently emphasized by Villehardouin, that the Venetians could not be paid the sum of money agreed upon for transportation because many of the Crusaders went to ports other than Venice. Hence the characteristic passage: 'Ha! cum grant domages fu quant li autre qui alerent as autres porz ne vindrent illuec! Bien fust la crestïenté halcie et la terre des Turs abasie' (Faral § 57). In order to justify the war against the Christian Greeks, Villehardouin repeatedly claims divine intervention on behalf of the Crusaders, whose official policy, sanctioned by Innocent III, was to bring the Eastern Empire under the authority of Rome (cf. Faral § 225). Although the author explicitly states that he never put anything in his work that was contrary to the truth ('ainc n'i menti de mot a son escient' [Faral § 120]), his veracity has been questioned by some modern historians. Perhaps he did not reveal the whole truth, but gave only superficial causes. (On the question of Villehardouin's sincerity şee FARAL, E., 'Geoffroy de Villehardouin, la question de sa sincérité', *Revue historique*, 177 [1936], 530–82; ARCHAMBAULT, P., *Seven French Chroniclers, Witnesses to History* [Syracuse U.P., 1974], pp. 25–39.) The diversion of the Fourth Crusade was no doubt a more complex event than Villehardouin's chronicle suggests. It seems likely, for instance, that the commercial interests of Venice and the political ambitions both of Boniface de Montferrat and of Philip of Swabia, the brother-in-law of Alexis IV, were also instrumental in changing the direction of the Crusade. (See ROUSSET, P., *Histoire des croisades* [Payot, Paris, 1957]; for a survey of the century-long controversy among historians over the deviation of the Fourth Crusade, see *The Latin Conquest of Constantinople*, ed. D. E. Queller [Wiley, New York, 1971].)

Villehardouin's lucid and orderly narrative, stripped of personal emotion and colourful detail, contrasts strongly with the naïve effusions of Robert de Clari. To appreciate the different style and approach of the two chroniclers, compare their respective accounts of the second assault on Constantinople (12 April 1204). Whereas Robert de Clari is concerned mainly with personal feats of valour, Villehardouin makes only passing mention of the individual soldier (e.g. André d'Ureboise), but concentrates instead on broad political and military objectives.

I have transcribed the text of the base MS. *O* (Oxford, Bodleian Library, Laud. misc. 587, fols. 1–56) from microfilm prints. The text has also been preserved in the following MSS.: *A* (Paris, B.N., fr. 4972); *B* (Paris, B.N., fr. 2137, fols. 47–150^v); *C* (Paris, B.N., fr. 12204); *D* (Paris, B.N., fr. 12203, fols. 69–112); *E* (Paris, B.N., fr. 24210, fols. 73–194). The sigla are those of Faral. Editions: *Villehardouin, La conquête de Constantinople*, ed. E. Faral, 2nd edn., 2 vols. ('Les Belles Lettres', Paris, 1961); PAUPHILET, A., *Historiens et chroniqueurs du moyen âge* (*Robert de Clari, Villehardouin, Joinville, Froissart, Commynes*) (Gallimard, Paris, 1952); *La conqueste de Constantinople, Geoffroy de Villehardouin*, ed. J. E. White, Jr. (Appleton–Century–Crofts, New York, 1968). Bibliography: BOSSUAT, nos. 3617–40, 6665–7, 7811; KLAPP. On Villehardouin's use of epic language and style, see BEER, J. M. A., *Villehardouin, Epic Historian* (Droz, Geneva, 1968).

THE SECOND ASSAULT, 12 APRIL 1204

Cf. Faral §§232-45

Or vos lairons de cels, si parlerons de cels qui sunt devant Costantinoble remés, qui mult bien firent lor engins atorner et lor perrieres et lor mangonials drecier par les nes et par les uissiers, et toz engins qui ont mestier a vile prandre, et les eschieles des antaines des nes, qui estoient si haltes que n'ere se merveille non. Et quant ce virent li Grieu, si recomencierent la ville a rehorder endroit als, qui mult ere ferme[e] de halz murs et de haltes tors; ne n'i avoit si halte tor ou il ne feissent .ij. estages ou .iiij. de fust, por plus alcier; ne onques nulle ville ne fu si bien hordee. Ensi laborent d'une part et d'autre li Grieu et li Franc grant partie de la quaresme.

[*25*ᵃ] Lors parlerent ensemble cil de l'ost et pristrent conseil coment il se contendroient. Assez i ot parlé et avant et arriere; mais la summe del conseil fu tels que, se Dieus donoit qu'il entrassent en la ville a force, que toz li gaainz qu'il issiroit seroit apportez ensemble et departiz comunelment si com il devroit. Et se il estoient postei de la cité, .vj. homes seroient de François et .vj. de Venisiens; et cil jureroient sor sains que il esliroient a empereor celui cui il cuideroient que fust plus a profit de la terre. Et cil qui empereres seroit par l'eslecion de cels, si aroit lo quart de tote la conqueste, et dedenz la cité et defors, et aroit le palais de Bochelion et celui de Blaquerne. Et les .iiij. pars seroient parties par mi, la moitié as Venisiens et la moitié a cels de l'ost. Et lors seroient pris .xij. des plus sages de l'ost des pelerins et .xij. des Venisiens; et cil departiroient les fiez et les honors par les hommes et deviseroient quel servise il en feroient a l'empereor. Ensi fu ceste convenance asseuree et juree d'une part et d'autre [*25*ᵇ] des François et des Venisiens, qu'a l'issue de marz en un an s'en porroit aler qui voldroit; et cil qui demorroient en la terre seroient tenu de servise a l'empereor tel com ordené seroit. Ensi fu faite la convenance et asseuree, et escommenié tuit cil qui ne le tendroient.

Mult fu bien li navilles atornez et hordez, et recuilliez les viandes totes as pellerins. Joesdi aprés mi quaresme entrerent tuit es nes et traistrent les chevaus es uissiers; et chascune bataille si ot son

naville par soi. Et furent tuit coste a coste arengiez, et furent departies 35
les nes entre les galies et les uissiers. Et fu grant mervoille a regarder.
Et bien tesmoigne li livres que bien duroit demie liue françois[e] li
assals, si com il ere ordenez. Et le vendresdi maitin, si traistrent les
nes et les galies et les autres vaissiaus vers la ville, si com ordené
ere. Et comence li assals mult fors et mult durs. En mains leus 40
descendirent a terre et allerent trosque as murs, et an main[s] leus
refurent les eschieles des nes si aprochies que cil [*25^c*] des tors et
des murs et cil des eschieles s'entreferoient de glaives de main
tenant.

Ensi dura cil assals mult durs et mult fors et mult fiers trosque 45
vers hore de none en plus de .c. leus. Mais par noz pechiez furent
li pelerin resorti de l'asault et cil qui estoient descendu a terre des
galies et des uissiers furent remis enz a force. Et bien sachiez que
plus pardirent cil de l'ost cel jor que li Grieu, et furent li Grieu
resbaudi. Tels i ot qui se traistrent ariere de l'assaut et les vaissials 50
en quoi il estoient; et tels i ot qui remestrent a ancre si pres de la
ville que il getoient a perrieres et a mangonials li un as autres.

Lors pristrent a la vespree un parlement cil de l'ost et li dux de
Venise, et assemblerent en une yglise d'autre part, de cele part ou
il avoient esté logié. La ot maint conseil doné et pris; et furent mult 55
esmaié cil de l'ost por ce que il lor fu le jor mescheu. Assez i ot de
cels qui loerent que on alast d'autre part de la ville, de cele part ou
elle n'ere mie hordee. Et li Venicien, qui plu[s] savoient [*25^d*] de
la mer, distrent que, se il i aloient, li corranz de l'aigue les enmenroit
contreval le Braz, si ne poroient lor vaissiaus arester. Et sachiez que 60
il avoit de cels qui volsissent que li corranz les enmenast les vaissials
contreval le Braz, ou li venz: a cels ne cassist u, mais qu'il partissent
de la terre et alassent en voie; et il n'ere mie mervoille, que mult
erent en grant peril. Assez i ot parlé et avant et arriere, mais la
summe del conseil si fu tels que il ratorneroient lor afaire l'endemain, 65
qui semadi ere, et le diemenche tote jor; et le lunedi iroient a l'assaut;
et lieroient les nes, ou les eschieles estoient, .ij. et .ij. Ensi assaur-
oient .ij. nes une tor por ce qu'i orent veu que a cel jor n'avoit
assailli que une nes a une tor, si estoit trop grevee chascune per soi:
que cil de la tor estoient plus que cil des eschieles; et por ce si fu 70
bon proposement que plus greveroient .ij. eschieles a une tor que

36 entre] dentre   38 le vendresdi] les uendresdi   39 ordené] ordenee   42 cil]
cils   46 par la noz   48 enz] entre   52 un] uns   53 de l'ost] del lost   62 u]
ne   70 cil de les eschieles   71 greveroient] guerroit

une. Ensi cum il fu devisé, si fu fait; et ensi attendirent le semadi et dimenche.

L'empereres Morchufles s'ere venuz herbergier de[*26ᵃ*]vant l'asaut en une place atot son pooir et ot tendues ses vermeilles 75 tentes. Ensi dura cil affaires trosque a lundi maitin; et lors furent armé cil des nes et des uissiers et cil des galies. Et cil de la ville les doterent meins que il ne firent a premiers; si furent si esbaudi que sor les murs et sor les tors ne paroient se genz non. Et lors comença li assaus fiers et merveilleus; et chaschuns vaissiaus assailloit endroit 80 lui. Li huz de la noise fu si granz que il sembla que terra fondist. Ensi dura li assauls longuement tant que Nostre Sires lor fist lever un vent que on apelle Boire et botta les nes et les vaissiaus sor la rive plus qu'il n'estoient devant, et .ij. nes qui estoient liees ensemble, don l'une avoit nom la Pelerine et li autre li Paravis; et aprochierent 85 a la tor l'une d'une part et l'autre d'autre, si com Diex et li venz les mena, que l'eschiele de la Pelerine se joint a la tor. Et maintenant uns Venitiens et uns chevaliers de France qui avoit nom Andro Durboise entrerent en la tor, et autre genz comence a entrer aprés als. Et cil de la tor se desconfissent et s'en vont. 90

[*26ᵇ*] Quant ce virent li chevalier qui estoient es uissiers, si s'en issent a la terre et drecent eschiele[s] a plain del mur et montent contremont le mur par force; et conquistrent bien .iiij. des tors. Et il comencent a ssaillir des nes et des uissiers et des galies qui ainz ainz, qui mielz mielz. Et peçoient bien trois des portes et entrerent 95 enz; et comencent les chevas a traire des uissiers; et li chevalier comencent a monter et chevaucent droit a la herberge l'empereor Morchuflex. Et il avoit ses batailles rengies devant ses tentes; et cum il virent venir les chevaliers a cheval, si se desconfissent et s'en va l'empereres fuiant par les rues al chastel de Boukelion. Lors 100 veissiez Griffons abatre et chevaus gaaignier et palefroi[s], muls et mulles, et autres avoirs. La ot tant des morz et des navrés qu'il n'en ere ne fins ne mesure. Grant partie des hals hommes de Gregre guenchierent vers la porte de Blacquerne. Et vespres iere ja bas, et furent cil de l'ost laissé de la bataille e de l'ocision. Et si comencent 105 a assembler en une[s] places granz, qui estoient dedenz Costantino[*26ᶜ*]ple; et pristrent conseil que il se herbergeroient pres des murs et des tors que il avoient conquises: que il ne cuidoient mie que il eussent la ville vaincue en un mois, les fors yglises ne le[s]

---

78 meins] plus   84 ensemble] esemble   87 li mena   100 al] as

forz palais, et le pueple qui ere dedenz. Ensi com il fu devisé, si 110
fu fait.

Ensi se herbergierent devant les murs et devant les tors pres de
lor vaissials. Li cuens Baudoins de Flandres et de Hennaut se
herberja es vermeilles tentes l'empereor Morchuflex, qu'il avoit
laissies tendues, et Henris ses freres devant le palais de Blaquerne; 115
Bonifaces li marchis de Monferrat, il et la soe gent devers l'espés
de la ville. Ensi fu l'oz herbergie com vos avés oï et Costantinople
prise le lundi de Pasque floride.

112 se] ses   118 lundi] joesdi

26. Joinville: *The Life of Saint Louis*

Born in 1225, Jean de Joinville probably spent part of his childhood at the court of his overlord Thibaud IV, Count of Champagne (see 16g *Pastourelle*). When Louis IX took the cross in 1244, Joinville soon followed the king's example, leaving to join the Seventh Crusade in 1248. The crusaders wintered at Cyprus (see extract below) and set sail for Egypt on 22 May 1249 (see MONFRIN, J., 'Joinville et la mer', in *Études offertes à Félix Lecoy* [Champion, Paris, 1973], 445-68). After quickly capturing Damietta, the king was defeated and taken prisoner early in 1250 whilst attempting to march to Cairo. Louis and the most important prisoners, including Joinville, were released after a month's captivity and then sailed to the Holy Land, where they remained until 1254. Joinville spent the rest of his life in France, having declined to accompany the king on the Crusade of 1270. He continued to frequent the court during the reigns of Philip III, Philip IV, and Louis X, until his death in 1317. See PARIS, G., *HLF*, 32, 291-459; PARIS, G. and JEANROY, A., *Extraits des chroniqueurs français* (*Villehardouin, Joinville, Froissart, Comines*) 11th edn. (Hachette, Paris, 1927), pp. 87-96; FOULET, A., 'Notes sur la *Vie de Saint Louis* de Joinville', *Rom.*, 58 (1932), 551-64.

Requested by Jeanne of Champagne, grand-niece of Louis IX and wife of Philip IV, to write a book 'des saintes paroles et des bons faiz nostre roy saint Looys', Joinville finally dedicated the completed work to the queen's son Louis X in October 1309, some four years after her death. The *Life of Saint Louis* may have been composed as one whole during the years 1305 and 1306 (see FOULET, A., 'When Did Joinville Write his *Vie de Saint Louis*?', *RR*, 32 [1941], 233-43). On the other hand, Gaston Paris maintains that the chronicle comprises two distinct parts, Joinville's own autobiographical memoirs of the Crusade written as early as 1272-3 (Wailly §§110-663), to which the author later added his recollections of the king's memorable sayings and actions (see PARIS, G., 'La Composition du livre de Joinville sur Saint Louis', *Rom.*, 23 [1894], 502-24; ARCHAMBAULT, P., *Seven French Chroniclers, Witnesses to History* [Syracuse U.P., 1974], pp. 41-57).

I have transcribed the text of the base MS. *A* (Paris, B.N., fr. 13568) from microfilm prints and have consulted the other two MSS.: *B* (Paris, B.N., nouv. acq. fr. 6273); *L* (Paris, B.N., fr. 10148). Editions: *Histoire de Saint Louis par Jean sire de Joinville suivie du Credo et de la lettre à Louis X*, ed. N. de Wailly, SHF (Renouard, Paris, 1868; Johnson Reprint Corporation, New York, 1965); *Jean, sire de Joinville, Histoire de Saint Louis, Credo, et Lettre à Louis X. Texte original, accompagné d'une traduction*, ed. N. de Wailly (Firmin-Didot, Paris, 1874); *Joinville, Histoire de Saint Louis. Texte original, ramené à l'orthographe des chartes, précédé de notions sur la langue et la grammaire de Joinville et suivi d'un glossaire*, ed. N. de Wailly (Hachette, Paris, 1881). Bibliography: BOSSUAT, nos. 3670-87, 6670-83, 7813-15; KLAPP.

THE LANDING IN EGYPT, 1249

Cf. Natalis de Wailly §§ 146-65

Maintenant que mars entra, par le commandement le roy, le roy et les barons et les autres pelerins commanderent que les nez refeussent chargiees de vins et de viandes pour mouvoir quant le roy le commanderoit. Dont il avint ainsi que, quant la chose fu bien [74ᵃ] areee, le roy et la royne se requeillirent en leur nez le vendredi 5
devant Penthecouste; et dist le roy a ses barons que il alassent aprés li en leur nez droit vers Egypte. Le samedi fist le roy voille, et touz les autres vessiaus aussi, qui moult fu belle chose a veoir; car il sembloit que toute la mer, tant comme l'en pooit veoir a l'ueil, feust couverte de touailles, des voilles des vessiaus, qui furent nombrez 10
a .xviijᶜ vessiaus, que granz, que petiz. Le roy encra ou bout d'une terre que l'en appele [74ᵇ] la pointe de Limeson, a touz les autres vessiaus entour li. Le roy descendi a terre, le jour de la Pentecouste. Quant nous eumes oy la messe, un vent grief et fort, qui venoit devers Egypte, leva en tel maniere que de .ij. mille et .viij.c. 15
chevaliers que le roy mena en Egypte, ne l'en demoura que .vij. cens que le vent ne les eust dessevrés de la compaignie le roy et menez en Acre et en autres terres estranges, qui puis ne revindrent au roy de grant piece.

L'andemain de la [75ᵃ] Penthecouste, le vent fu cheu; le roy et 20
nous qui estions avec li demourez, si comme Dieu voult, feismes voille derechief et encontrames le prince de la Moree et le duc de Bourgoingne, qui avoit sejourné en la Moree. Le jeudi aprés Penthecouste ariva le roy devant Damiete et trouvames la tout le pooir du soudanc sur la rive de la mer, moult beles gent a regarder; 25
car le soudanc porte les armes d'or, la ou le soleil feroit, qui fesoit

5 areee] aree   25 gens] gent

les armes resplen[75^b]dir. La noise que il menoient de leur nacaires
et de leurs cors sarrazinnoiz estoit espouentable a escouter.

Le roy manda ses barons pour avoir conseil que il feroit. Moult
de gens li loerent que il attendist tant que ses gens feussent revenus   30
pour ce que il ne li estoit pas demouré la tierce partie de ses gens;
et il ne les en voult onques croire. La reson pourquoy que il dist
que il en donroit cuer a ses ennemis; et meismement que en la mer
devant Da[76^a]miete n'a point de port la ou il peust sa gent attendre
pour ce que un fort vent ne·s preist et les menast en autres terres,   35
aussi comme les autres le jour de Penthecouste.

Acordé fu que le roy descendroit a terre le vendredi devant la
Trinité et iroit combatre aus Sarrazins se en eulz ne demouroit. Le
roy commanda a mon seigneur Jehan de Biaumont que il feist
bailler une galie a mon seigneur Erart de Brienne et a moy, pour   40
nous descendre et nos chevaliers, pour ce que [76^b] les grans nefz
n'avoient pooir de venir jusques a terre. Aussi comme Diex voult,
quant je reving a ma nef, je trouvai une petite nef que ma dame de
Baruch, qui estoit cousinne germainne le conte de Monbeliart et
la nostre, m'avoit donnee, la ou il avoit .viij. de mes chevaus. Quant   45
vint au vendredi, entre moy et mon seigneur Erart, touz armés
alames au roy pour la galie demander; dont mon seigneur Jehan
de Biaumont nous respondi que nous n'en arions [77^a] point.

Quant nos gens virent que nous n'ariens point de galie, il se
lesserent cheoir de la grant nef en la barge de cantiers, qui plus plus,   50
qui miex miex. Quant les marinniers virent que la barge de cantiers
se esfondroit pou a pou, il s'en fuirent en la grant nef et lesserent
mes chevaliers en la barge de cantiers. Je demandai au mestre
combien il i avoit trop de gens; [et il me dist vingt homes a armes];
et si li demandai se il menroit bien nostre gent a terre, se je le des-   55
chargoie de tante gent; et [77^b] il me respondi: 'Oÿl'. Et je le
deschargai en tel maniere que par .iij. foiz il les mena en ma nef ou
mes chevaus estoient. Endementres que je menoie ses gens, un
chevalier qui estoit a mon seigneur Erart de Brene, qui avoit a non
Plonquet, cuida descendre de la grant nef en la barge de cantiers; et   60
la barge esloingna et chei en la mer et fu noyé.

Quant je reving a ma nef, je mis en ma petite barge un escuier que
je fiz chevalier, qui ot a non mon seigneur Hue de Wauque[78^a]lour,

29 manda son ses barons et pour   30 attendist] attendit   32 dist] dit
34 peust] peut   36 les autres auoient le iour   54 il li auoit   56 tante]
tant

et .ij. moult vaillans bachelers, dont l'un avoit non mon seigneur
Villain de Versey et l'autre mon seigneur Guillaume de Danmartin, 65
qui estient en grief courine l'un vers l'autre. Ne nulz n'en pooit
faire la pez, car il s'estoient entrepris par les cheveus a la Moree;
et leur fiz pardonner leur maltalent et besier l'un l'autre par ce que
leur jurai sur sains que nous n'iriens pas a terre atout leur maltalent.
Lors nous esmeumes pour aler a terre et venimes par delez la barge 70
de cantiers [78ᵇ] de la grant nef le roy, la ou le roy estoit. Et sa gent
me commencerent a escrier — pour ce que nous alions plus tost
que il ne fesoient — que je arivasse a l'ensaigne saint Denis, qui
en aloit en un autre vaissel devant le roy. Mes je ne les en cru pas;
ainçois nous fiz ariver devant une grosse bataille de Turs, la ou il 75
avoit bien .vj. mille homes a cheval. Si tost comme il nous virent
a terre, il vindrent, ferant des esperons, vers nous. Quant nous les
veismes venir, nous fichames [79ᵃ] les pointes de nos escus ou sablon
et le fust de nos lances ou sablon et les pointes vers eulz. Maintenant
que il [les] virent ainsi comme pour aler par mi les ventres, il 80
tournerent ce devant darieres et s'en fouirent.

Mon seigneur Baudouin de Reins, un preudomme qui estoit
descendu a terre, me manda par son escuier que je l'attendisse; et
je li mandai que si feroie je moult volentiers, que tel preudomme
comme il estoit devoit bien estre attendu a un tel be[79ᵇ]soing, dont 85
il me sot bon gré toute sa vie. Avec li nous vindrent mi chevaliers;
et soiés certain que, quant je arrivé, je n'oz ne escuier ne chevalier
ne varlét que je eusse amené avec moy de mon pays; et si ne m'en
lessa pas Dieu a aidier.

A nostre main senestre ariva le conte de Japhe, qui estoit cousin 90
germain le conte de Monbeliart et du lignage de Joinville. Ce fu
celi qui plus noblement ariva, car sa galie ariva toute peinte, dedens
mer et dehors, a escussiaus de [80ᵃ] ses armes, les queles armes sont
d'or a une croiz de gueules patee. Il avoit bien .ccc. nageurs en sa
galie et a chascun de ses nageurs avoit une targe de ses armes et 95
a chascune targe avoit un pennoncel de ses armes batu a or. Ende-
mentieres que il venoient, il sembloit que la galie volast par les
nageurs qui la contreingnoient aus avirons; et sembloit que foudre
cheist des ciex, au bruit que les pennonciaus menoient et que les
nacaires, les tabours et les cors sarrazinnois [80ᵇ] menoient, qui 100
estoient en sa galie. Si tost comme la galie fu ferue ou sablon si

86 mi] mille

avant comme l'en l'i pot mener, et il et ses chevaliers saillirent de la galie moult bien armez et moult bien atirez et se vindrent arranger decoste nous.

Je vous avoie oublié a dire que, quant le conte de Japhe fu 105 descendu, il fist tendre ses paveillons; et si tost comme les Sarrazins les virent tendus, il se vindrent touz assembler devant nous et revin[*81ᵃ*]drent, ferant des esperons, pour nous courre sus; et quant il virent que nous ne fuirions pas, il s'en ralerent tantost arieres.

A nostre main destre, bien le tret a une grant arbalestree, ariva 110 la galie la ou l'enseigne saint Denis estoit. Et ot un Sarrazin, quant il furent arivez, qui se vint ferir entre eulz, ou pour ce que il ne pot son cheval tenir, ou pour ce que il cuidoit que les autres le deussent suivre; mes il fu tout decopé.

Quant le roy oy dire que l'enseigne saint Denis estoit a ter[*81ᵇ*]re, 115 il en ala grant pas par mi son vessel, ne onques pour le legat qui estoit avec li ne la voult lessier, et sailli en la mer, dont il fu en yaue jusques aus esseles. Et ala, l'escu au col et le heaume en la teste et le glaive en la main, jusques a sa gent qui estoient sur la rive de la mer. Quant il vint a terre et il choisi les Sarrazins, il demanda quele gent 120 s'estoient; et en li dist que c'estoient Sarrazins; et il mist le glaive desous s'esselle et l'escu devant li et eust couru sus aus Sarrazins [*82ᵃ*] se ses preudeshomes, qui estoient avec li, li eussent souffert.

Les Sarrazins envoierent au soudanc par coulons messagiers par .iiij. foiz que le roy estoit arivé, que onques message n'en orent, pour 125 ce que le soudanc estoit en sa maladie; et quant il virent ce, il cuidierent que le soudanc feust mort et lessierent Damiete. Le roy y envoia savoir par un messager chevalier. Le chevalier s'en vint au roy et dist que il avoit esté dedans les mesons au soudanc et que c'estoit voir. Lors [*82ᵇ*] envoia querre le roy le legat et touz les 130 prelas de l'ost, et chanta l'en hautement: *Te Deum laudamus.* Lors monta le roy et nous touz et nous alames loger devant Damiete. Mal apertement se partirent les Turs de Damiete quant il ne firent coper le pont qui estoit de nez, qui grant destourbier nous eust fait; et grant doumage nous firent au partir de ce que il bouterent le feu 135 en la fonde, la ou toutes les marcheandises estoient et tout l'avoir de poiz. Aussi avint de ceste chose comme qui avroit demain [*83ᵃ*] bouté le feu — dont Dieu le gart! — a Petit Pont.

Or disons dont que grant grace nous fist Dieu le tout puissant

116–17 le legat ne le uoult lessier qui estoit auec li ne le uoult   121 dist] dit
129 dist] dit

quant il nous deffen[*83ᵇ*]di de mort et de peril a l'ariver, la ou nous   14
arivames a pié, et courumes sus a nos ennemis, qui estoient a cheval.
[*83ᵃ*] Grant grace nous fist Nostre Seigneur de Da[*83ᵇ*]miete que
il nous delivra, la quele nous ne deussions pas avoir prise sanz
affamer; et [*84ᵃ*] ce poons nous veoir tout cler, pour ce que par
affamer la prist le roy Jehan au tens de nos peres.   14

145 peres] peres la prist le roy jehan

27. Froissart: *Chronicles*

Jean Froissart was born at Valenciennes in Hainaut in 1337, and he is known to have received minor orders. Going to England in 1361, he was welcomed at the court of Edward III, where the queen, Philippa of Hainaut, engaged him in her service. Whilst attached to the royal household, Froissart travelled widely, to Scotland in 1365, to Bordeaux in 1366-7, residing at the court of the Black Prince, and to Italy in 1368, whence he returned by way of Germany and the Low Countries. After the death of his patroness in 1369, he did not continue to England, but retired instead to his native town and received the priesthood in 1373. In 1384 Froissart became the chaplain of Gui de Blois and obtained a canonry from him at Chimay. In 1388 he journeyed to Foix in Béarn in order to gather information for his chronicles; and in 1394 he even returned to England to refresh his memories. Although Froissart was still alive in 1404, the date of his death is unknown. See MOLINIER, A., 'Jean le Bel et Froissart', *Les Sources de l'histoire de France des origines aux guerres d'Italie*, 6 vols. (Picard, Paris, 1902-6), iv. 4-18; GANSHOF, F.-L., 'Jean Froissart', *Ann. Soc. arch. de Bruxelles*, 42 (1938), 256-72; CIUREA, D., 'Jean Froissart et la société franco-anglaise du XIVe siècle', *MA*, 76 (1970), 275-84.

I have transcribed the text of the extract given below from microfilm prints of the MS. Vatican, Reg. lat. 869 (extract fols. 16^v-17^v), which contains the third version of the first book of Froissart's *Chronicles* (see DILLER, G. T., 'La Dernière Rédaction du premier livre des *Chroniques* de Froissart. Une étude du Reg. lat. 869', *MA*, 76 [1970], 91-125). Editions: *Froissart, Chroniques. Début du premier livre. Édition du manuscrit de Rome Reg. lat. 869*, ed. G. T. Diller (Droz, Geneva, 1972). The revised first version of the first book, contained in MS. Paris, B.N., fr. 6477-9, appears in *Chroniques de J. Froissart*, ed. S. Luce, SHF, 8 vols. (Renouard, Paris, 1869 ff.). For the generally accepted classification of the manuscripts containing the three versions of the first book, see Luce, i (Introduction). VI ff.; the second version of the first book is found complete only in MS. Amiens 486. Bibliography: BOSSUAT, nos. 5067-100, 6962-72, 7972-3; KLAPP.

The first version of the first book of Froissart's Chronicles was presented to Robert de Namur in 1373, the second version was written between 1376 and 1383 under the inspiration of Gui de Blois, whilst the third version probably dates from soon after 1400 (Diller, *Froissart, Chroniques*, p. 23). Froissart transcribed literally from the *Chronicle* of Jean le Bel (eds. J. Viard and E. Déprez, SHF, 2 vols., Paris, 1904-5) much of the account of the early years of the reign of Edward III. In 1327 the king led an expedition against the Scots under the ailing Robert Bruce. Whereas Froissart's first version of this unsuccessful campaign (cf. Luce §§28-30) is almost identical with Jean le Bel (chapters X-XI), the text of the extract from Reg. lat. 869 shows evidence of careful revision by the author. Froissart praises the courage and skill of the Scots, who were able to outwit and outmanœuvre their English foes by riding swiftly, with a minimum of baggage, over the rugged terrain of Northumberland. Anxious to give a stamp of authenticity to his revised account, the author assures his readers that he gained first-hand knowledge of the Scottish character and way of life during his visit to the court of David Bruce in 1365. The raiders burned and laid waste the countryside and seized the cattle, always eluding the English troops who vainly attempted to pursue them over rocky mountains and through marshy valleys.

THE EXPEDITION OF EDWARD III AGAINST THE SCOTS

Cf. Diller §§XXV-XXVI

Li Escot sont dur et hardit et fort travillant en armes et en guerres. Et pour le temps d'adont il amiroient et prisoient moult petit les Englois et encores font il au temps present. Et qant il voellent guerriier et entrer ou roiaulme d'Engleterre, il mainnent bien lor hoost .xx. ou .xxiiij. lieues lonch, que de jour, que de nuit, conment 5
moult de gens se poroient esmervillier de ce, qui ne saveroient lor coustume. Certain est que, qant il voellent entrer en Engleterre, il sont tous a chevaus li uns et li aultres, fors que la ribaudaille qui les sievent a piét. Et sont chevalier et esquier bien monté sus bons, gros ronchins et les aultres honmes de gerre sus jumens ou sus hagenees. 10
Et ne mainnent point de charoi pour les diverses montagnes que il ont a passer ens ou païs de Northombrelande. Et si ne mainnent nulles pourveances de pain ne de vin, car lors usages est tels en guerre et en travillant que il sont moult sobre; et se passent bien deus ou trois jours a mengier char a moitié quite, sans pain, et de 15
boire aige de rieu courant, sans vin ne cervoise. Et n'ont que faire

7 coustume] coustumie

de chaudieres ne de caudrons, car il quisent leurs chars generau-
ment, qant il sont ensi sus un voiage, ens es quirs des bestes, qant
il les ont escorchies. Et s'atendent sur ce que il sevent bien que il
trouveront bestes a grant fuisson ens ou païs ou il voellent aler. 20
Par quoi il ne font aultre pourveance que casquns enporte, entre
la selle et le penniel dou cheval que il cevauce, une plate piere; et
avoech ce il tourse derriere lui unes besaces plainnes de farine en
celle entente, qant il ont tant mengié de char mal quite que lor
estomac samble estre wape et afoiblis, il jettent celle plate piere ou 25
feu et destemprent un petit de leur farine de iaue. Et qant leur piere
est escaufee, il jettent de celle clere paste sus celle caude piere et
en font petit tourtiel a maniere de une oublie de begine et le men-
guent pour conforter lor estomach. Par quoi ce n'est pas mervelles
se il font plus grandes journees que aultres gens. 30

   En tel point estoient il entré ens ou païs desus dit et le gastoient
[*17ʳ*] et ardoient; et trouvoient tant de bestes que il n'en savoient
que faire. Et pooient estre environ trois mille armeures de fier,
chevaliers et esquiers montés sus bons ronchins et bons coursiers,
et vint mille honmes d'aultre[s] gens armés a lor gisse, appers et 35
hardis, montés sus petites hagenees qui ne sont ne loiies ne estrillies,
mais les envoie on tantos pestre c'on est descendu, en prees ou en
bruieres. Telle est la nature et ordenance des Escos.

   Et je Froissars, acteres de ces croniques, fui en Escoce en l'an
de grasce .M.ccc.lxv., car la bonne roine, madame Phelippe de 40
Hainnau, roine d'Engleterre, m'escripsi deviers le roi David
d'Escoce, liquels fu fils au roi Robert de Brus, et au conte de Douglas
qui pour le temps resnoit, et a mesire Robert de Versi, signeur de
Struvelin, et au conte de la Mare, liquel, pour l'onnour et amour de la
bonne roine desus ditte, qui tesmongnoit par ses lettres seelees que 45
je estoie uns de ses clers et familiiers, me requellierent tout douce-
ment et liement. Et fui en la compagnie dou roi un quartier d'un an
et euch celle aventure que, ce que je fui en Escoce, il viseta tout son
païs, par laquelle visitation je apris et comsiderai moult de la matere
et ordenance des Escoçois; et sont de toute tele condition que chi 50
desus vous est devisé.

   Pour le temps que chil Escoçois estoient entré ens ou païs de
Northombrelande, il n'avoient point le roi Robert de Brus en lor
compagnie, mais deuls aultres vaillans honmes a chapitainnes, c'est

a savoir le conte de Moret, et s'armoit pour lors d'argent a trois 55
orilliers de geules, et messire Guillaume de Douglas, le plus hardit,
vaillant et entreprendant de tous les aultres, et s'armoit d'asur a un
chief d'argent a trois estoilles des geulles dedens l'argent. Et estoient
chil doi baron li plus poissant et renonmé de toute Escoce.

Qant les nouvelles furent venues au roi d'Engleterre que lors gens 60
avoient veu les fumieres que li Escoçois faisoient, il fu ordonné de
par les marescals et conmandé a deslogier et que on sievist les
banieres dou roi. Ensi fu fait. Cascuns s'arma et apparilla et se traist
sus les camps, ensi que pour combatre. La furent ordonnees trois
grosses batailles a piét; et en casqune avoit .v.ᶜ armeures de fier, qui 65
estoient en deus ele[s] et devoient demorer a cheval. Et pooient
estre en la compagnie dou roi .viij.M. armeures de fier, chevaliers
et esquiers, et .xxx.M. honmes parmi les archiers, la moitiét monté
sus hagenees, et l'autre moitiét sergans a piét envoiiét de par les
bonnes villes d'Engleterre et a lors gages. Et encores, sans les 70
archiers a cheval, il i avoit bien .xxiiij.M. archiers a piét.

Tout ensi que les batailles furent ordonnees, on cevauça tout
rengiét, sievant les banieres le roi. Et en i avoit .iiij.; et les portoient
li sires de Sees, li sires de Ferrieres, li sires de Morlais et li sires de
Hastinghes. Et chevauçoient et aloient a l'asent des fumieres et 75
ceminerent jusques a basses vespres. Adont se loga li hoos en une
grande pree, priés d'un bois et sus une petite riviere et tout au lonch,
pour euls aisier et pour atendre le charoi et les pourveances. Et tout
ce jour avoient ars li Escoçois a .v. lieues englesces priés d'euls, et
ne les pooient trouver ne raconsievir. Qant ce vint a l'endemain au 80
point dou jour, on sonna les tronpetes. Casquns fu armés et apparil-
liés; et se traissent les banieres sus les camps, casquns en sa bataille
et desous la baniere ou ordonné on estoit. Et cevauchierent les
banieres tout ce jour, sans euls desrouter, par montagnes et par
vallees; et onques ne peurent veoir ne aprochier les Escoçois. Bien 85
veoient li Englois les fumieres que les Escos faisoient, mais entre
euls et les Englois il i avoit grans marés, montagnes et desers,
lesquels on ne pooit passer a l'adrece. Mais convenoit ceminer
autour, et n'osoit nuls fourpasser ne aler devant les banieres, fors
les marescaus. 90

Qant ce vint apriés nonne et toutes gens et chevaus estoient si
travilliét que plus ne pooient, on se loga. Et demora toute li hoost
celle nuit sus une petite riviere, dont il furent rafresqi. Et li rois fu
logiés en [*17ᵛ*] une povre court d'abeie qui la estoit. Gens d'armes

et tous li demorans, charoi et charete, tous furent logiét moult ensus, 95
travilliét oultre mesure.

Qant casquns ot pris pieche de terre pour logier, li signeur se trais-
sent ensamble pour avoir consel conment ils se poroient maintenir
ne trouver la trace des Escos, lesquels il desiroient a veoir et a
combatre. Et fu avis a auquns que li Escot s'en raloient en leur païs 100
et que on ne les averoit point; et pooit estre que il savoient bien tout
le convenant des Englois, mais on ne savoit riens dou leur. La fu
dit a ce consel que, se on se voloit lever devant mienuit et a l'ende-
main un petit haster, on leur torroit le pasage de la riviere et seroient
pris et enclos en Engleterre. 105

Chils consauls fu arestés et acordés et se retraist cascun des
signeurs en son logeis. Et fissent a savoir tout secreement en pluis-
seurs lieus par mi l'ost que, qant les tronpetes sonneroient, on
s'armast et apparillast; et au second son de la tronpete, on fust tous
pres; et au tierc son, on monteroit a cheval. Et fu ordonné que on 110
laisseroit la tous harnois et tous charois et que casquns ne presist
qu'un pain et le toursast derriere lui. Ensi conme il fu ordonné, fu
il fait. Et souperent li pluisseur en grant haste et dormirent un petit;
et li auqun n'eurent nul loisir de dormir, car en esté ou mois de jullé
les nuis sont moult courtes. 115

Devant mienuit un petit on sonna les tronpetes. Au secon[d] son on
fu tous pres; au tierch son on monta a cheval et sievi on les banieres
des mareschaus. Et demorerent chars, charetes et sonmiers et tous
vitailliers derriere; et ne prist casquns que un pain, ensi que ordonné
estoit. Et se hasterent grandement, celle ajournee, de venir a ce 120
pasage pour les Escoçois tolir l'avantage de la riviere. Et chevaucie-
rent en haste despersement par montagnes, par bruieres et par
vallees et par roqailles malaisies, sans point de plain cemin. Et par
desus ces montagnes et ou fons de ces vallees estoient crolieres et
grans marés et si divers pasages que mervelles estoit conment nuls 125
en pooit issir. Car casquns chevauçoit toutdis avant sans atendre
signeur ne compagnon. Et sachiés que, qui fust encrolés en ces
crolieres, il trouvast a grant malaisse qui l'en traist hors. Et s'avan-
çoient chil derriere pour raconsievir cheuls devant; et quidoient
li pluisseur que on euist trouvé les Escos pour la noise qui 130
estoit devant; et la noise venoit des cerfs, des bisses et des dains

95 charete] chare   99 a veoir] au veoir   104 leur] le   118 demorerent]
demorent   127 ces] cez

que li premier trouvoient. Si huoient aprés a hautes vois;
et toutdis aloient li premier avant et sievoient les banieres des
marescaus.

132 hautes] hautez

28. Jean de Meun: *Le Roman de la Rose*

Jean Chopinel, the author of the continuation of the *Romance of the Rose*, was born at Meun-sur-Loire (*Roman de la Rose*, ed. Lecoy, 10535-7), probably between the years 1235 and 1240. He informs us that he began working on the unfinished poem more than forty years after his predecessor Guillaume de Lorris, at a date given by Lecoy as 1269 (*Roman de la Rose*, i. VIII). The poem may have been completed by 1275 (Lecoy, *Rom.*, 89 [1968], 554-5). The other extant works of Jean de Meun are a translation of the *De re militari* by Vegetius, dedicated to Jean de Brienne, a translation of the letters of Abelard and Heloise, and a translation of Boethius' *De consolatione philosophiae*, dedicated to King Philip IV. His preface to the last-mentioned work begins as follows: 'A ta royal majesté, tres noble prince, par la grace de Dieu roy des François, Phelippe le Quart, je Jehan de Meun qui jadis ou Rommant de la Rose, puis que Jalousie ot mis en prison Bel Acueil, enseignai la maniere du chastel prendre et de la rose cueillir et translatay de latin en françois le livre Vegece de Chevalerie et le livre des Merveilles de Hyrlande et la Vie et les Epistres Pierres Abaelart et Heloys sa fame et le livre Aered de Esperituelle Amitié, envoie ore Boece de Consolacion que j'ai translaté de latin en françois' (ed. V. L. Dedeck-Héry, *MSt*, 14 [1952], 165-275). From 1292 until his death in 1305, Jean de Meun lived in Rue Saint-Jacques not far from the Sorbonne. A clerkly writer steeped in medieval philosophy and science, his title *maistre* suggests that he probably studied at the University of Paris.

I have transcribed the text of the extract below from microfilm prints of MS. *H* (Paris, B.N., fr. 1573). See the description in LANGLOIS, E., *Les Manuscrits du Roman de la Rose, description et classement* (Tallandier, Lille; Champion, Paris, 1910), pp. 29-32. Control MSS.: *A* (Chantilly, Musée Condé, 686 [480], extr. fols. 30ᵛ-32ᵛ); *C* (Dijon, Bibl. munic. 526, extr. fols. 61ᵛ-63ʳ); *L* (Paris, B.N., fr. 1559, extr. fols. 36ʳ-39ᵛ); *Z* (Paris, B.N., fr. 25523, extr. fols. 37ᵛ-40ʳ). The sigla are those of Lecoy. Editions: *Le roman de la rose, par Guillaume de Lorris et Jean de Meun, publié d'après les manuscrits*, ed. E. Langlois, SATF, 5 vols. (Firmin-Didot, Paris, 1914-24; Johnson Reprint Corporation, New York, 1965); *Guillaume de Lorris et Jean de Meun, Le roman de la rose*, ed. F. Lecoy, CFMA 92, 95, 98 (Champion, Paris, 1965, 1966, 1970). Bibliography: BOSSUAT, nos. 2806-51, 6551-9, 7718-27; KLAPP.

Vv. 4263-4598

During his quest for the Rose, the Lover receives instruction from Reason, one of his preceptors, on the nature of the different kinds of love. An ironic tirade of antithetical definitions (1-66), evidently intended to discredit the idealized form of courtly love described by Guillaume de Lorris, serves only to bewilder the student Lover, so that he is compelled to ask for a clearer explanation (67-83). Reason then continues in her anti-courtly vein, denouncing the so-called true lovers (*fin amant* 99) as deceivers bent only on the search for pleasure (84-110). The essential purpose of love, according to Reason, is procreation and thereby the continuation of the human species: love is a natural function, the performance of which Nature has ensured by the ingenious promise of pleasure (111-29). He who seeks only pleasure in love, however, hands himself over to the prince of all the vices, for lust is the root of all evil, as Cicero says in *De senectute* (130-46). Reason further supports her argument by interposing a long denunciation of the folly of youth enslaved to sensual pleasure and the futility of old age tormented by remorse (147-252), after which she returns insistently to her doctrine of natural love (*bone amor* 305), with frequent asides on the evils of venality, prostitution, and lechery (*fole amor* 301). In conclusion, Reason accuses the Lover of seeking to possess the Rose (311) only in order to satisfy his sexual appetite (307), wilful conduct that must inevitably result in self-destruction (253-336).

On the philosophy of naturalism expounded by Reason, see FARAL, E., 'Le roman de la rose et la pensée française au XIIIᵉ siècle', *Rddm*, 5 (1926), 430-57; FRANCON, M., 'Jean de Meun et les origines du naturalisme de la renaissance', *PMLA*, 59 (1944), 624-45; HATZFELD, D., 'La Mystique naturiste de Jean de Meung', *WZJena*, 5 (1955-6), 259-69; GUNN, A. M. F., 'Teacher and Student in the *Roman de la Rose*. A Study in Archetypal Figures and Patterns', *EsCr*, 2 (1962), 126-34; FLEMING, J. V., *The Roman de la Rose. A Study in Allegory and Iconography* (Princeton U.P., 1969), pp. 118-21; BADEL, P., 'Raison "Fille de Dieu" et le rationalisme de Jean de Meun', in *Mélanges offerts à Jean Frappier* (Droz, Geneva, 1970), i. 41-52.

Cf. Lecoy vv. 4263-4598

'Amors, ce est pez haïneuse,
Amors, c'est haïne amoureuse;
C'est lëautez la deslëaus,
C'est la deslëautez lëaus;
C'est poor toute asseüree,   5
Esperance desesperee;

C'est reson toute forsenable, *37ª*
C'est forcenerie resnable;
C'est douz perilz a soie noier,
Griés fes legiers a paumoier; 10
C'est Caribdis la perilleuse,
Desagraable et gracieuse;
C'est langueur toute santeïve,
C'est santé toute maladive;
C'est fain saoule en habondance, 15
C'est covoiteuse souffisance;
C'est la soif qui toujors est ivre,
Ivrece qui de soif s'enivre;
C'est faus deliz, c'est tristeur liee,
C'est leesce la courrouciee; 20
Douz mal, douceur malicieuse,
Douce saveur mal savoreuse;
Entechiez de pardon pechiez,
De pechié pardons entechiez;
C'est peine qui trop est joieuse, 25
C'est felonie la piteuse,
C'est li geus qui n'est point estables,
Estaz trop fers et trop muables,
Force enferme, enfermeté fors
Qui tout esmeut par ses efors; 30
C'est fos sans, c'est sage folie,
Prosperité triste et jolie;
C'est ris plains de pleurs et de lermes,
Repos travaillant an touz termes;
Ce est enfers li doucereus, 35
C'est paradis li doulereus;
C'est chartre qui prisons souglage, *37ᵇ*
Printens plein de froit ivernage,
C'est taigne qui riens ne refuse,
Les porpres et les buriaus use, 40
Car ausint bien sunt amoretes
Souz bureaus conme souz brunetes,
Car nus n'est de si haut lignage
Ne nul n'en treuve l'en si sage

---

19 faus *corrected from* fauz 24 entechiez] enthechiez

Ne de force tant esprouvé, 45
Ne si hardi n'a l'en trouvé
Ne qui tant ait d'autres bontez
Qui par Amors ne soit dontez.
Touz li mondes va cele voie;
C'est li dex qui touz les desvoie — 50
Se ne sunt cil de male vie
Que Genius esconmenie
Pour ce qu'il font tort a Nature.
Ne pour ce, se je n'ai d'els cure,
Ne veill je pas que les genz aiment 55
De cele amor dom il se claiment
En la fin las, chetif, dolant,
Tant les vet Amors affolant.
Mes se tu vieuz bien eschever
Qu'Amors ne te puisse grever 60
Et vieuz garir de ceste rage,
Ne peuz bevre si bon bevrage
Conme penser de lui fouir.
Tu n'en peuz autrement joïr.
Se tu le suiz, il te suivra; 65
Se tu t'en fuiz, il s'en fuira.'
    Quant j'oi bien Reson antendue, *37^c*
Qui por naiant s'est debatue,
'Dame,' fis je, 'de ce me vant,
Je n'en sai pas plus que devant 70
A ce que m'en puisse retraire.
En ma leçon a tant contraire
Que je n'en puis neant aprendre;
Si la sai je bien par queur rendre,
C'onc mes queurs riens n'en oblia, 75
Voire entendre quanqu'il i a
Por lire en tout conmunement,
Ne mes a moi tant seulement.
Mes puis qu'amor m'avez descrite
Et tant loee et tant despite, 80
Prïer vos veill dou defenir
Si qu'il m'en puist mieuz sovenir,

Quar ne l'oï defenir onques.'
'Volantiers: or i entent donques.
   Amors, se bien sui apensee,   85
C'est maladie de pensee
Antre .ij. persones annexe,
Franches entr'els, de divers sexe,
Venanz a genz par ardeur nee
De vision desordenee,   90
Por acoler et por besier
Por els charnelment aesier.
Amant autre chose n'entant,
Ainz s'art et se delite en tant.
De fruit avoir ne fet il force,   95
Au deliter sanz plus s'esforce.
Si sunt aucun de tel maniere   *37ᵈ*
Que ceste amor n'ont mie chiere;
Toutevois fins amanz se faignent,
Mes par amors amer ne daignent   100
Et se gabent ausinc des dames
Et leur prometent cors et ames
Et jurent mençonges et fables
A cels qu'i treuvent decevables
Tan qu'il ont leur delit eü.   105
Mes cil sunt li mains deceü,
Car adés vient il mieuz, beau mestre,
Decevoir que deceüz estre,
Meesmemant en ceste guerre,
Quant le maien n'i sevent querre.   110
Mes je sai bien, pas nou devin,
Continuer l'estre devin
A son poair voloir deüst
Quiconques a fame geüst,
Et soi garder an son senblable   115
Por ce qu'il sunt tuit corrunpable,
Si que ja par succession
Ne fausist generacion;
Quar, puis que pere et mere faillent,
Nature veust que li filz saillent   120

96 deliter] deliurer   111 par non deuin

Por recontinuer ceste euvre
Si que par l'un l'autre requeuvre.
Por ce i mist Nature delit,
Por ce veust que l'en si delit
Que cist ovrier ne s'en foïssent   125
Et que ceste euvre ne haïssent,
Quar maint n'i treroient ja tret   *38ª*
se n'iert deliz qui les atrét.
    Ainsinc Nature i sotiva.
Sachiez que nus a droit n'i va   130
Ne n'a pas entencion droite
Qui, sanz plus, delit i couvoite;
Car cil qui va delit querant,
Sez tu qu'i se fet? Il se rant,
Conme sers et chetis et nices,   135
Au prince de trestouz les vices;
Car c'est de touz maus la racine,
Si com Tulles le determine
Ou livre qu'il fist *De Viellece*,
Qu'il loe et veust plus que Jeunece,   140
Car Jeunece boute home et fame
En touz periz de cors et d'ame;
Et trop est fort chose a passer
Sanz mort ou sanz menbre quasser
Ou sanz fere honte ou domage   145
Soit a soi, soit a son lignage.
    Par Jonece s'en va li hons
En toutes dissolucions
Et suit les males conpaignies
Et les desordenees vies   150
Et müe son propos souvent.
Or se rant an aucun couvent,
Qu'il ne set garder la franchise
Que Nature avoit an lui mise,
Et cuide prendre au ciel la grue   155
Quant il se met illeuc en mue,
Et remaint tant qu'il soit profés;   *38ᵇ*
Ou, s'il resent trop grief le fes,

Si s'en repent et puis s'en ist;
Ou sa vie, espoir, i fenist,   160
Qu'il ne s'en ose revenir
Por honte qui l'i fet tenir,
Et contre son queur i demeure.
La vit a grant mesese et pleure
La franchise qu'il a perdue   165
Qui ne li peut estre rendue,
Se n'est que Dex grace li face,
Qui sa mesese li efface
Et le tiegne en obedience
Par la vertu de pacience.   170

Jeunece met home es folies,
Es boules, es ribauderies,
Es luxures et es outrages,
Es mutacions de courages
Et fet conmencier tex mellees   175
Qui puis sunt enviz desmellees.
En tex perilx les met Jennece,
Qui les queurs a Delit adrece.
Ainsint Delit enlace et maine
Le cors et la pensee humaine   180
Par Jennece, sa chamberiere,
Qui des maus fere est coustumiere
Et des genz a Delit atraire,
Ja ne querroit autre euvre faire.

Mes Viellece les en resache.   185
Qui ce ne set, si le resache,
Ou le demant aus ancïens   38*c*
Que Jennece ot en ses lïens;
Qu'il leur remenbre encore assez
Des grans perilz qu'il ont passez   190
Et des folies qu'il ont fetes;
Donc les forces leur a soutretes,
Avec les foles volantez
Donc il seulent estre tantez,
Viellece, qui les acompaigne,   195
Qui mout leur est bone compeigne,

169 le] la   173-5 *The scribe wrote these lines in the order* 174, 173, 175 *and then corrected by adding* b., a., c. *in the right hand margin*   178 qui] que

Qu'el les ramaine a droite voie
Et jusqu'en la fin les convoie.
Mes mal emploie son servise,
Car nus ne l'aime ne ne prise,   200
Au mains jusqu'a ce, tant an sai,
Qu'i la vosist avoir an sai,
Car nus ne veust vieuz devenir
Ne jennes sa vie fenir.
Si s'esbaïssent et merveillent,   205
Quant an leur remenbrance veillent
Et des folies leur souvient,
Si con souvenir leur couvient,
Conment il firent tel besoigne
Sanz recevoir honte et vergoigne;   210
Ou, se honte et domage i orent,
Conment oncore eschaper porent
De telx perilz sanz pis avoir
Ou d'ame ou de cors ou d'avoir.

 Et sez tu ou Jennece maint,   215
Que tant prisent maintes et maint?
Deliz la tient en sa meson   *38ᵈ*
Tant conme ele est en sa seson,
Et veust que Jennece le serve,
Por noiant fust neïs sa serve.   220
Et el si fet si volentiers
Qu'el le trace par touz sentiers
Et son cors a bandon li livre;
N'el ne voudroit pas sanz lui vivre.

 Et Viellece, sez ou demeure?   225
Dire le te veill sanz demeure,
Car la te convient il aler
Se Mort ne te fet avaler,
Ou tens de Jennece, en sa cave,
Qui mout est tenebreuse et have.   230
Travaill et Douleur la herbergent,
Mes il la lient et l'enfergent
Et tant la batent et tourmentent
Que mort proichaine li presentent

---

197 qu'el] quil *the* l *having been added later*   229 en] ou

Et talent de soi repentir,   235
Tant li font de flaeaus sentir.
Adonc li vient en remenbrance
An ceste tardive presence,
Quant el se voit foible et chanue,
Que malemant l'a deceüe   240
Jennece, qui tout a gité
Son preterit an vanité,
Et qu'el a sa vie perdue
Se du futur n'est secourue,
Qui la soutiegne an penitance   245
Des pechiez qu'el fist en enfance,
Et par bien fere an ceste paine   *39ᵃ*
Au souverain bien la ramaine
Donc Jennece la desevroit,
Qui des vanitez s'abevroit;   250
Quar li presens si poi li dure
Qu'il n'i a conte ne mesure.
    Mes conment que la besoigne aille,
Qui veust d'amors joïr sanz faille,
Fruit i doit querre et cil et cele,   255
Quel qu'ele soit, dame ou pucele,
Ja soit ce que du deliter
Ne doivent pas leur part quiter.
Mes je sai bien qu'il an sunt maintes
Qui ne veulent pas estre ençaintes;   260
Et s'els le sunt, il leur an poise,
Si n'en font els ne plet ne noise,
Se n'est aucune fole et nice
Ou Honte n'a point de joustice.
Briefmant tuit a Delit s'acordent   265
Cil qui a ceste euvre s'amordent,
Se ne sunt genz qui riens ne vaillent,
Qui por deniers vilment se baillent,
Qui ne sunt pas des lais l'iees
Par leur ordes vies soilliees.   270
    Mes ja, certes, n'iert fame bone
Qui por dons prendre s'abandone.

243 sa vie] samie   256 quel] quele   266 euvre] heure

Nus hom ne se devroit ja prendre
A fame qui sa char veust vendre.
Pense il que fame ait son cors chier 275
Qui tout vif le veust escorchier?
Bien est chetis et defolez 39^b
Hon qui si vilment est bolez
Qu'il cuide que tel fame l'aime
Por ce que son ami le claime 280
Et qu'el li rit et li fet feste.
Certeinement nule tel beste
Ne doit estre amie clamee
N'el n'est pas digne d'estre amee.
L'en ne doit riens prisier moillier 285
Qui home bee a despoillier.
Je ne di pas que bien ne port
Et par soulaz et par deport
Un joëlét, se ses amis
Le li a doné ou tramis, 290
Mes qu'ele pas ne le demant,
Qu'el le prendroit lors leidement.
Et des siens ausinc li redoigne,
S'el le peut fere sanz vergoigne.
Ainsinc leur queurs emsanble joingnent, 295
Bien s'entraiment, bien s'entredoignent.
Ne cuides pas que je·s dessenble:
Je veill bien qu'il aillent ensanble
Et facent quant qu'il doivent fere
Conme courtais et debonere; 300
Mes de la fole amor se gardent
Donc les queurs esprennent et ardent;
Et soit l'amor sanz couvoitise,
Qui les faus queurs de prendre atise.
Bone amor doit de fin queur nestre: 305
Don n'en doivent pas estre mestre
Ne que·l font corporel soulaz. 39^c
Mes l'amor qui te tient ou laz
Charnex deliz te represente,
Si que tu n'as ailleurs entente. 310
Por ce velz tu la rose avoir,
Tu n'i songes nul autre avoir;

Mes tu n'en ies pas a .ij. daie,
C'est ce qui la peau t'amegraie
Et qui de toutes vertuz t'oste.   315
Mout receüs doulereus hoste
Quant onques Amor hostelas;
Mauvés hoste an ton hostel as.
Por ce te lo que hors l'an boutes,
Qu'i te toust les pensees toutes   320
Qui te doivent a preu tourner:
Ne l'i lesse plus sejourner.
   Trop sunt a grant meschief livré
Queur qui d'amors sunt anivré;
En la fin encor le savras   325
Quant ton tens perdu i avras
Et degastee ta jovente
En ceste leesce dolente.
Se tu peuz ancore tant vivre
Que d'Amors te voies delivre,   330
Le tens qu'avras perdu plourras;
Mes recouvrer ne le pourras
Oncor, se par tant an eschapes;
Car, en l'amor ou tu t'entrapes
Maint i perdent, bien dire l'os,   335
Sens, tens, chatel, cors, ame, los.'

29. *Les quinze joyes de mariage*

The *Quinze joyes de mariage*, written either at the end of the fourteenth century or the beginning of the fifteenth century, remains anonymous in spite of numerous attempts to decipher the author's name concealed in the eight-line acrostic at the end of the work. Although the writer was probably a religious or a cleric, as the tone of the Prologue suggests (see COVILLE, A., *Recherches sur quelques écrivains du XIVe et du XVe siècle* [Droz, Paris, 1935], pp. 144-9, 171), the numerous legal terms found in the text (Coville, pp. 145-6) indicate that he could have belonged to the provincial bourgeoisie and that he was perhaps a notary (see CRESSOT, M., *Vocabulaire des Quinze joyes de mariage d'après le texte de la seconde édition de la Bibliothèque elzévirienne de 1857* [Droz, Paris, 1939], p. xxi).

By its virulent satire of marriage and its realistic observation of the foibles of women, *Les quinze joyes de mariage* belongs to the anti-feminist tradition in Old French literature. Its affinities with the *Roman de la rose* of Jean de Meun, with the French translation by Jehan Le Fèvre of the *Lamentations de Matheolus* (ed. A.-G. Van Hamel, Paris, 1905), and with Deschamps's *Le miroir de mariage* have been firmly established (see SÖDERHJELM, W., 'Les Inspirateurs des Quinze joyes de mariage', *Öfversigt af Finska Vetenskaps-Societetens förhandlingar*, 2 [1908-9]. Afd. B. no. 3). In the Quatorziesme Joye given below the author reflects on the wretchedness of a young man suddenly deprived of his wife by a cruel stroke of fate (*Fortune*) and persuaded shortly afterwards to marry a possessive widow much older than himself (see KASPRZYK, K., 'Les Quinze Joies d'un mariage', in *Mélanges offerts à Jean Frappier* [Droz, Geneva, 1970], 499-508).

I have transcribed the text of the base MS. *R* (Rouen, Bibl. munic. 1052, fols. 84-150) from microfilm prints. The *Quinze joyes de mariage* also occurs in the following MSS.: *C* (Chantilly, Musée Condé 686, fols. 50^r-66^r), containing only the first eleven Joyes; *L* (Leningrad, Saltykov-Shccedrin Public Library, Fr. F. p. xv No. 4, 125 f.); *P* (Phillipps 8338, Robinson Trust, London, fols. 59-121). Editions: *Les .xv. joies de mariage*, ed. J. Rychner, TLF (Droz, Geneva; Minard, Paris, 1963, 1967), based on *R*; *Les Quinze Joyes de Mariage*, ed. J. Crow, BFT (Blackwell, Oxford, 1969), based on *P*. For a detailed list of editions and commentaries see BOSSUAT, nos. 4205-25, 6799-804, 7872; KLAPP.

LA QUATORZIESME JOYE

La quatorziesme joye de mariage si est quant le jeune [homme]
a mis toute sa paine a trouver l'entree de la nasse, qu'il y est [*140ʳ*]
entré et a trouvé une belle jeune femme, doulce et gracieuse, franche,
plaisant et debonnaire, et ont esté en grans delitz et plaisances deux
ou trois ans, qu'ilz n'ont fait nulle chouse qui ait despleu l'un a   5
l'autre, mes se sont fait touz les plaisirs que homme pourroit dire
ne penser, sans aver nulz contens ensemble, eulx baisans come deux
coulombeaux, car ils sont deux en une chose, et Nature y a ouvré
tant par la doulceur de sa forse que, si l'un avoit mal, l'autre le
sentiroit. Et ce advient quant ilz sont en la jeunesse de adolescence.   10
Mais advient que la dame va de vie a trepassement, dont le jeune
home est en tel douleur qu'il n'est home qui le peust penser. Or est
changee fortune, qu'il n'est pas raison que gens qui sont en prison
vivent a leurs plaisirs, car si ainxin estoit, ce ne seroit pas prison.
Le jeune homme entre en grant desconfort: maintenent se plaint   15
de Dieu, de la mort, maintenent se plaint de Fortune, qui trop lui
a couru sus come de luy ouster toute sa joie; et me semble que c'est
auxi grant douleur come nulle qui soit dicte dessus. Ainxin vit
ung temps en misere et en tribulacion de pencees et se tient tout
seul, fuyant compaignies, en pensant tourjours en la grant perte   20
qu'il a faicte, et a tourjours en vision la [*140ᵛ*] face de sa femme,
qu'il avoit tant amee.

Mes il n'est rien qui ne se passe. Si a aucun[s] en la ville ou en
païs qui dient qu'il est bon homme et honneste et a bien de quoy,
et travaillent pour le marier. Et le marient a une aultre, qui a toutes   25
condicions a la premiere contraire[s]; et a aultreffoiz esté mariee
et n'est pas d'icelles belles jeunes, mais est entre deux aages et est
femme qui sceit moult de chouses, car elle a aprins avecques son
mari premier comment elle se doit gouverner avecques le second.
Elle considere et avise ses condicions sagement et est ung grant   30
temps sans monstrer sa malice; mais quant elle voit qu'il est homme
franc et debonnaire et qu'elle le cognoist et sa condicion, elle desplee
et descouvre le venim qui est en sa boueste. Si prent auctorité de
vouloir gouverner et lui fait souffrir pluseurs paines et tourmens,
car il n'est rien plus serf ne en plus grant servage come jeune home   35
simple et debonnaire qui est en subjection et gouvernement de

5 ait] aient   13 qu'il] qui   14 prison] raison   28 elle a] el la

femme veufve, et mesmement quant elle est malle et diverse.
(. . . . . . .) Celui qui chiét en ce point n'a rien a faire, si non prier
Dieu qu'il lui doint bonne [*141ʳ*] pacience a endurer et souffrir
tout, come ung veil ours enmusellé, qui n'a nulles dens, lié d'une   40
grosse chaigne de fer, et est chevauché et chastié o une grosse barre
de bois, et tout le retour qu'il en peut avoir est de crier : mais quant
il crie, il a deux ou trois coups d'aventage. Ainxin est a comparer le
bon home simple qui est marié a femme vefve, malle et diverse.

Et avient souvent, pour ce qu'il est tres jeune envers elle, elle   45
devient jaleuse, car la friandie et lecherie de la jeune chair du jeune
homme la fait gloute et jaleuse, que elle le vouldroit tourjours avoir
entre les bratz et si vouldroit tourjours estre emprés. Elle ressemble
le poisson qui est en une eaue ; et par la force de la grant challeur
d'esté, qui a duré longuement, l'eaue pert son cours et devient   50
tournee, par quoy le poisson qui est dedens est desirent de trouver
eaue nouvelle ; il la suit et monte tant qu'il la trouve. Ainxin fait
la femme qui est aagee quant elle trouve le jeune homme et jeune
chair qui la renouvelle. Et sachez qu'il n'est chouse qui plus des-
plaist a jeune home ne qui plus lui nuist a la santé. Et auxi come ung   55
homme [qui] boit du vin affusté, tant come il le boit et a soif, il s'en
passe assés, mes quant il l'a beu, il a ung tres mauvés desboit pour
cause du fust en quoy il est et n'en bevra plus qu'il en puisse finer
d'aultre. Et ainxin est du jeune homme qui a veille femme, car certes
il ne l'amera [*141ᵛ*] ja ; et encore mains amera la jeune femme le veil   60
home. Et en y a aucuns qui par avarice se marient a veillez femmes,
mes elles sont bien bestes, quelque service qu'ilz leur facent, car
ilz ne tendront ja parolle qu'ilz leur aient promise.

Et encore je tiens a plus beste veil homme qui cuide faire le joli
et se marie avec jeune femme. Quant je voy faire telles chouses, je   65
m'en ry en considerent la fin qu'il en avendra. Car sachez, si l'omme
veil prent jeune femme, ce sera grant aventure si elle se atent a lui
de ses besongnes. Et pensez comment elle, qui est jeune et tendre
et de doulce alaine, puisse endurer veil home qui toussira, crachera
et se plaindra toute la nuit, poit et esternue ; c'est mervoille qu'elle   70
ne se tue. Et a l'alaine aigre pour le faye qui est tourné ou aultres

37 *After* diverse *the following passage occurs in the manuscript* il mest auis a bailler pour simili-
tude que si celui qui est en ce point a comparoir ad ce quant il est malle et diuerse ou eslit
ung mauues garnement cruel et sans pitie pugnir aucuns malfaicteurs   38 ce point que
dit est n'a   38 a faire] affere   39 qu'il] qui   41 chastié] chastre   47 le] la
55 jeune home] jeunes homs   62 leur] leurs   64 joli] jolis   68 pensez] penser

accidens qui aviennent aux veilles gens; et auxi que l'un [fera] sera
contraire a la plaisance de l'autre. Or considerez si c'est bien fait,
mectre deux choses contraires ensemble. C'est a comparer ad ce
que l'en met en ung sac ung chat et ung chien : ilz avront tourjours 75
guerre liens jusques a la fin. Dont avient aucuneffoiz que l'omme et
la femme se pourvoient [mal] de ce qu'il fault et despendent folle-
ment leurs biens tant que l'en en voit pluseurs a pouvreté. Et avient
souvent que telles veilles gens deviennent jaleux et glous plus que
nulz aultres et tourjours empirera la besongne, quar, [*142ʳ*] s'il 80
estoit ores jeune, la besongne en iroit pis. Et quant les galans voient
une belle jeune fille mariee a ung tel homme ou a ung sotin et ilz
voient que elle est jolie et goye, ilz mectent leur aguét, car ilz pensent
bien qu'elle devroit mieulx y entendre que une aultre que a mari
jeune et abille. Et quant il avient qu'une veille prent ung jeune 85
homme, le jeune homme ne le fait que pour l'avarice, dont il avient
que jamés ne l'aymera; et [pluseurs] les batent tres bien et despen-
dent ce que elles ont en mauvés usage et aucuneffoiz viennent a
povreté. Et sachez que continuacion d'une veille femme abrege
la vie d'un jeune home. Pour ce dit Ypocras : *Non vetulam novi, cur* 90
moriar? Et voulentiers telles veilles marieez a jeunes homs sont si
jaleuses et si gloutes qu'elles sont toutes enragees; et quelque part
que le mary aille, soit a l'eglise ou ailleurs, il leur semble qu'il n'y
va que pour mal faire; et Dieu sceit en quel triboil et tourment il
est et les assaulx qu'il a. Et jamés une jeune femme ne seroit si 95
jaleuse, pour les causes dessus dites, et auxi elle s'en fera bien guerir
quant elle vouldra. Celui qui est en ce point dont je parle est si
tenu qu'il ne ouse parler a nulle femme et fault qu'il serve la dame
qui est veille, pour quoy il s'enveillira plus en ung an qu'il n'eust
fait avecques une jeune en dix ans. [*142ᵛ*] [La] veille le sechera tout 100
et encore vivra en noises et en douleurs, en tourmens, ou il demourra
tourjours, et finera miserablement ses jours.

98 qu'il serve] quilz serue   101 encore] encora

30. Alain Chartier
Le quadrilogue invectif

Born at Bayeux, possibly in 1385, Alain Chartier studied in Paris, where he obtained his Master of Arts. After serving in the household of Queen Yolande, the mother-in-law of the Dauphin (later Charles VII), Alain became a secretary in Charles's household and accompanied his master to Bourges in 1418. Various diplomatic missions took him to Hungary, Rome, Venice, and Scotland. The exact date of his death is unknown, but it must have been soon after 1430. On the biography of Alain Chartier see THOMAS, A., 'Alain Chartier chanoine de Paris, d'après des documents inédits', *Rom.*, 33 (1904), 387-402; HOFFMAN, E. J., *Alain Chartier: His Work and Reputation* (New York, 1942; Slatkine Reprints, Geneva, 1975), pp. 9-33; GARAPON, R., 'Introduction à la lecture d'Alain Chartier', *AdNormandie*, 9 (1959), 91-108; LAIDLAW, J. C., 'Master Alain Chartier and Master Alain Lequeu', *FS*, 22 (1968), 191-200.

The *Quadrilogue invectif* was composed between April and August 1422, at a time of crisis when the successful campaigns of the English king, Henry V, forced Charles to remain south of the Loire.

The *Quadrilogue invectif* takes the form of a debate between the grieved mother France and her three children, the People, the Nobility, and the Clergy. As the author explains in the Prologue, he was so filled with compassion by the misery prevailing in France that he composed 'ce petit traictié que je appelle *Quadrilogue*, pour ce que en quatre personnages est ceste oeuvre comprise, et est dit *invectif* en tant qu'il procede par maniere d'envaïssement de paroles et par forme de reprendre'. France reproaches the Three Estates with causing her destruction by pursuing their individual desires and ambitions, to which each replies in turn. The Populace protests that it is pillaged and overrun without the possibility of redress. The Knight, however, lays the responsibility for France's humiliation on the Populace, whose fickleness and disloyalty have brought the enemy among them. Finally, the Clergy interrupts the clash of recriminations: nostalgically recalling the deeds of chivalry that distinguished France's history in earlier times—Chartier was no doubt thinking of the defeat of the French knights at the Battle of Agincourt— the Clergy recommends the return to chivalrous ideals and, in particular, undivided allegiance to the rightful leader Charles.

I have transcribed the text of the base MS. (Paris, B.N., fr. 126, fols. 191–209) from microfilm prints. On the very large number of extant manuscripts containing the works of Alain Chartier, including the *Quadrilogue invectif*, see LAIDLAW, J. C., 'The Manuscripts of Alain Chartier', *MLR*, 61 (1966), 188–98. Edition: *Alain Chartier, Le quadrilogue invectif*, ed. E. Droz, 2nd edn., CFMA 32 (Champion, Paris, 1950). Bibliography: BOSSUAT, nos. 4483–522, 6846–52, 7893–4; KLAPP. See also *Fifteenth-Century English Translations of Alain Chartier's 'Le Traite de l'Esperance' and 'Le Quadrilogue Invectif'*, ed. M. S. Blayney, EETS 270 (O.U.P., London, 1974).

Reste maintenant le tiers point ou nous avons a declairer quelle obeissance doit estre gardee vers le prince guerroiant pour sa chevalerie et pour ses subgiez. Si fais ma premisse jouxte la tres-griefve sentence de Valere: que discipline de chevalerie estroitement retenue et rigoureusement gardee maintient les seigneuries acquises, 5 et si acquiert celles qui sont a l'encontre defendues.

Et qu'est discipline de chevalerie si non loy ordonnee et gardee en l'exercice des armes et des batailles soubz le commandement du chief et pour l'utilité publique?

Ceste ont gardee si curieusement tous ceulx qui oncques acquirent 10 hault honneur et victoire par proesce d'armes que nulle chose ne se faisoit contre droit de chevalerie ou contre le commandement [*206ᵃ*] du chief dont la punicion ne feust capitale ou mortelle. Bien y apparut au fait memorable de Manlius Torquatus, lequel, ou temps qu'il conduisoit les legions rommaines, fist trenchier la teste a son 15 propre filz pour ce qu'il s'estoit combatu aux ennemis contre son commandement, jaçoit ce que il eust la victoire obtenue; et en ce cas la victoire que fist le vaillant jouvencel comme vainqueur ne peut effacier la desobeissance qu'il fist comme transgresseur, pour quoy la rigueur de la discipline chevalereuse vainqui la pitié naturelle du 20 pere, car cellui que Nature admonneste d'estre pere misericors pour le devoir de sang acquiter se monstra juge rigoureux pour la loy d'armes aigrement observer.

Diverses histoires se pourroient produire a ce propos d'autres punicions et aspres justices faictes par faulte de garder l'obbeissance 25 et l'ordre du treshonnourable mestier d'armes; et, oultre de ceulx qui pour ces causes ont esté capitalment punis, trouveroit on pluseurs es rommaines escriptures qui pour menues et petites

5 maintient] maintiennent   13 la punicion *interlinear insertion*   27 on *interlinear insertion*

negligences ont esté batuz de verges a l'estache et rabaessiez du
raeng de chevalerie jusques a l'estat de servans de pié.   30

Par ceste maniere fut puniz Aurelius par le conseil Cotta, car il
fut batu de verges et remis avecques les gens de pié pour ce qu'il
avoit negligemment laissié ardoir par les ennemis partie de la chose
publique et de la closture du logeis qu'il devoit garder. Et Lucius
Tucius fut condempné a aller nuz piez sans compaignie parmy   35
[206ᵇ] l'ost, et les gens de cheval qui avecques lui estoient, a servir
de pierres ceulx qui gettoient des fondes, pour ce qu'il s'estoit rendu
villainement aux ennemis sans defence.

Jugeons les plus grans et difficilles choses par les doubtes que nous
appercevons es maindres, si savrons que nulle communité ou com-   40
paignie ne se peut maintenir sans justice. Et mesmement entre les
larrons, pour continuer ensemble et departir leurs proyes, fault il
une maniere de justice garder et l'un vers l'autre, combien que
justice ne soit ce pas pour faulceté de la matiere et de l'entencion,
si non qu'elle est ainsi dicte par similitude.   45

Et s'il est ainsi que en une famille faille garder ordre et obeissance
vers ung chief, comment durera ung ost de gens garniz d'armes et
esmeuz de couraiges ne comment se pourra garder leur sceurté vers
les ennemis et leur paix entre eulx et leurs amis, se non que leurs
voulentez soient en la puissance d'un chief et leurs povoirs limitez   50
a l'obeissance du commandeur qui sur eulx puisse garder justice
d'armes et discipline de chevalerie?

Que diray je doncques de nous ne quelle esperance pourray je
prendre en noz entreprinses et armes se discipline de chevalerie
et droicturiere justice d'armes n'y sont gardees? Autre chose ne se   55
peut dire fors que en ce cas nous allons comme la nef sans gouvernail
et comme le cheval sans frain.

Dieu tout puissant, tu sceis et cognois que, qui vouldroit les
abuz corriger en ceste partie, plus y avroit de coulpables que de
corrigeurs, [206ᶜ] car chascun veult estre maistre du mestier dont   60
nous avons encore pou de bons apprentiz.

Tous pevent a peine suffire a grever les ennemis par guerre, mais
chascun veult faire compaignie et chief a part soy; et tant y a de
chevetaines et de maistres que a paine treuvent ilz compaignons ne
varlés.   65

Nul ne souloit estre dit escuier s'il ne s'estoit trouvé en fait de
souveraine proesce, nul n'estoit appellé aux gaiges d'omme d'armes

34 la *interlinear insertion*

s'il n'avoit prins honnestement prisonnier de sa main: maintenant savoir ceindre l'espee et vestir ung hauberjon suffist a faire ung nouveau capitaine. 70

Or avient que sont faictes entreprinses ou sieges assis ou le ban des princes est crié et le jour souvent nommé pour les champs tenir; mais plusieurs y viennent par maniere plus que pour doubte d'y faillir et pour paour de avoir honte et de reprouche plus que pour vouloir de bien faire; et si est en leur chois le tost ou le tart venir, le 75 retour ou la demeure. Et de telz en y a qui tant aiment les aises de leurs maisons plus que l'onneur de noblesse dont ilz les tiennent que, lors qu'ilz sont contrains de partir, voulentiers les portassent avecques eulx, comme les limaz, qui tousjours trainent la coquille ou ilz se hebergent; et s'ilz les vouloient garder par la maniere que 80 elles leur furent acquises, ce ne seroit pas en y reposant, car au travail de leurs corps et au peril de leurs vies ont les anciens nobles hommes acquis les honneurs et les drois des noblesces.

Nous [*206ᵈ*] voions nostre prince qui depuis quatre ans n'a cessé de voiager sans guaires de repos ne d'arrest; nous voions les 85 estrangiers alliez de nostre royaume qui passent les fortunes de mer pour venir a nostre secours et estre parçonniers de nostre adversité et de nostre paine; et les plusieurs de ceulx qui sont tenuz de defendre actendent et escoutent quel en sera le bruit et se laisseroient avant chacer et charger du fais de la guerre jusques 90 a estre deboutez de leurs maisons qu'ilz meissent paine de prevenir ne de chacer la guerre loing de soy.

Ceste ignorance ou faulte de cuer est cause des durtez et rapines dont le peuple se complaint, car, en default de ceulx dont on se devroit aider, a convenu prendre ceulx que on a peu finer, et faire 95 sa guerre de gens acquis par dons et par prieres ou lieu de ceulx que leur devoir et loiaulté y semonnoit.

Si est faicte la guerre par gens sans terre et sans maison ou que, la greigneur part, que necessité a contrains de vivre sur autrui; et nostre besoing nous a convaincus a le souffrir; et encores ne nous 100 a la penitance de ce pechié chastiez; et quant les vaillans entrepreneurs, donc, mercy Dieu, a encor en ce royaume de bien esprouvez, mectent paine de tirer sur champs les nobles pour aucun bien faire, ilz delaient si longuement a partir bien enviz et s'avancent bien tost de retourner voulentiers que a paine se peut riens bien 105 commencer, mais a plus grant paine entretenir ne parfaire.

92 de chacer *interlinear insertion*, dacheter *erased with a stroke*   96 que] qui

Encores y a piz que ceste negligence, car avecques la [207ª]
petite voulenté de pluseurs se treuve souvent une si grant arrogance
que ceulx qui ne savroient rien conduire par eulx ne vouldroient
armes porter soubz autrui, et tiennent a deshonneur estre subgiez 110
a cellui soubz qui leur peut venir la renommee d'onneur que par
eulz ilz ne vouldroient acquerir.

O arrogance aveuglee, folie et petite cognoissance de vertu, o
tresperilleuse erreur en fait d'armes et de batailles, par ta male-
diction sont desroutees et desordonnees les puissances et les armes 115
desjoinctes et divisees quant chascun veult croire son sens et suivre
son oppinion. Et pour soy cuider equiparer aux meilleurs font
souvent teles faultes dont ilz sont depprimez soubz tous les mendres.

En memoire me vient que j'ay souvent a plusieurs ouy dire: 'Je
n'yroie pour riens soubz le panon d'un tel, car mon pere ne fut 120
oncques soubz le sien.' Et ceste parolle n'est pas assez pesee avant
que dicte, car les lignaiges ne font pas les chiefs des guerres; mais
ceulz a qui Dieu, leurs sens ou leurs vaillances et l'auctorité du
prince en donnent la grace doivent estre pour telz obeiz. Laquelle
obeissance n'est mie rendue a la personne, mais a l'office et ordre 125
des armes et discipline de chevallerie, que chascun noble doit pre-
ferer a tout autre honneur.

120 n'yroie] nyroire

NOTES

1. Strasbourg Oaths (842)

The language of the Strasbourg Oaths is possibly South-Western. The Oaths may have been written at Poitiers, the capital of the territories controlled by Charles the Bald. The following appear to be South-Western features: (*a*) absence of diphthongization of stressed free vowels, as in Old Provençal; (*b*) use of final *a* as the supporting vowel; (*c*) absence of palatalization of *c*, *k* [k] to [tʃ] before *a*. (See CASTELLANI, A., 'L'Ancien Poitevin et le problème linguistique des Serments de Strasbourg', *CN*, 29 [1969], 201-34; HALL Jr., R. A., 'Yet again the Strassburg Oaths', *Lang.*, 35 [1959], 24-5; PIGNON, J., *L'Évolution phonétique des parlers du Poitou (Vienne et Deux-Sèvres)* [Éditions d'Artrey, Paris, 1960]; REA, J. A., 'Again the Oaths of Strassburg', *Lang.*, 34 [1958], 367-9; TABACHOVITZ, A., *Étude sur la langue de la version française des Serments de Strasbourg* [Almqvist & Wiksell, Uppsala, 1932].)

Possible Latinisms: *pro* 1, *in quant* 2, *quid* 6, *nunquam* 7, *in damno sit* 9.

Whilst admitting the presence of dialectal traits from South-Western France, Ewert believes the Oaths to have been written in a Carolingian court and chancery language that shows the restraining influence of Latin (EWERT, A., 'The Strasbourg Oaths', *Philological Society Transactions*, 1935, p. 35; see also DE POERCK, G., 'Le ms. B.N. lat. 9768 et les Serments de Strasbourg', *VR*, 15 [1956], 188-214; TABACHOVITZ, A., 'Les Serments de Strasbourg et le ms. B.N. lat. 9768', *VR*, 17 [1958], 36-61; EWALD, K., 'Formelhafte Wendungen in den Straßburger Eiden', *VR*, 23 [1964], 35-55; NELSON, H. L. W., 'Die Latinisierungen in den Straßburger Eiden', *VR*, 25 [1966], 193-226; HILTY, G., 'Die Romanisierungen in den Straßburger Eiden', *VR*, 25 [1966], 227-35; BECKER, S., 'Über die Redaktion der Straßburger Eide', *VR*, 28 [1969], 1-13).

The Oaths may first have been drafted in Latin and then translated into French (Ewert, Elcock); however, this suggestion is rejected by ROQUES, M., 'Les Serments de Strasbourg', *Med. Aev.*, 5 (1936), 157-72, and RUGGIERI, R., 'La Stratigraphie linguistique "interne" des Serments de Strasbourg', *TLL*, 3 (1965), 81-92.

Articles: the definite and indefinite articles do not appear.

Nouns: the two-case declension system of the masculine nouns is already operating.

Personal pronouns: objective *mi* 6, probably a contracted form of the Latin dative *mihi* (Pope §832), widely used in the North-Eastern region as the stressed form (= *moi*).

Demonstratives: *ist* 2, cf. 7, 79 (< Lat. *iste*); uncompounded *o* 6 (< Lat. neuter *hoc*) (Pope §850).

Possessives: the Latin possessive nominative *meus* survives only in the Oaths, as *meos* 12 (Pope §858); *meon* 4, 8 (< Lat. acc. *meum*) does not occur elsewhere.

Tenses: *salvarai* 3, *prindrai* 8, the first examples of the Romance analytical future (Pope §965); *er* 16 (< *ero*, 'I shall be'), the etymological future of *estre* (Pope §977).

1 f. The archaic construction *pro Deo amur* and *pro christian poblo . . . salvament* occurs rarely in Later O.F. (Foulet §24), except when the word *Dieu* is used. Usually the noun in the objective case denoting possession, kinship, without the preposition *de*, follows the noun that it modifies (Foulet §§ 19-36). The absolute use of the objective case survives in *l'Hôtel-Dieu*.

2 *Di* (< *diem*) occurs in expressions such as *tuz dis* (*Roland* 1254), 'all the time', *mains dis* (*Aucassin et Nicolette* XLI, 20), 'many a day'; cf. *treis dis* 7, 235; survives in *midi* and in the names of the days of the week.

in quant: 'in so far as' (cf. Mod.Fr. *pour autant que*), appears to be a Latinism modelled on *in quantum*.

3 *savir et podir*: 'wisdom and power', the highest attributes given by God to his chosen ones: 'I thank thee, and praise thee, O thou God of my fathers, who hast given me wisdom and might' (Daniel 2: 23). In the eighth century Isidore of Seville regarded *sapientia* and *fortitudo* as the qualities peculiar to the hero (*Etym.*, i, 39, 9; see MENÉNDEZ PIDAL, R., *La Chanson de Roland et la tradition épique des Francs*, trans. I.-M. Cluzel, 2nd edn. [Picard, Paris, 1960], p. 340), qualities that will distinguish feudal heroes and chivalric knights throughout the Middle Ages: *Rollant est proz e Oliver est sage* (*Roland* 1093). Cf. the words spoken to Lancelot by a hermit: 'il te dona et sens et discrecion de conoistre le bien dou mal; il te dona proece et hardement. ... Toutes ces choses te presta Nostre Sires por ce que tu fusses ses chevaliers et ses serjanz' (*La queste del saint graal*, ed. A. Pauphilet, p. 68, 24 ff.), and also Joinville's discussion of the meaning of *preudomme*, **26**, 82, Note. Ruggieri, op. cit., pp. 90-2, discusses the feudal vocabulary in the Oaths.

See Foulet §312 for the infinitive used as a substantive.

3 f. *si salvarai eo*. Inversion of the subject after the connective *si*, which, following the subordinate clause, may either be rendered 'well then' or be regarded as an untranslatable expletive (Foulet §§ 440, 442).

salvarai . . . in aiudha. Louis guarantees that he will honour his feudal obligation to aid Charles by giving him military reinforcements. Cf. the Latin formula (847): 'in consilio et in auxilio . . . adjutorium ferre' (Roques, *Med. Aev.*, 5 [1936], 165).

4, cf. 8 *cist meon fradre*. The stressed possessive used as an adjective and preceded by a demonstrative or an article (*par le mien escïent* [*Romance de Horn* 232]) occurs until the end of the sixteenth century (Sneyders de Vogel §80). Condemned by Vaugelas (ii, 64), the construction survives in the colloquialisms *un mien ami, un sien cousin*.

6 *dift*: 'ought' (< Lat. *dēbet*), subject *om* (see CORNU, J., '*Dift = debet* dans les Serments', *Rom.*, 4 [1875], 454-7).

6 f. *in o quid . . . fazet*: a conditional clause denoting a provision (Sneyders de Vogel §90).

7 *ab*: 'with', probably the Provençal form (< Lat. prep. *apud*) rather than Latin *ab*.

nunquam: the manuscript spelling *nunquā* may not be a Latinism, but represent the adverb *nunqua+m(e)* used enclitically, 'never as far as I am concerned'. Cf. *nonque* (*Eulalia* 13) (see DE POERCK, G., 'Le ms. B.N. lat. 9768 et les Serments de Strasbourg', *VR*, 15 [1956], 202-7).

8 *meon vol*: 'with my consent, if I have my way, according to my wish'. Ellipsis of the preposition is frequent in such O.F. adverbial phrases; cf. *men escient* (*Roland* 524), 'from or with my knowledge' (Foulet §44).

cist meon fradre, cf. *son fradre Karlo*: the objective case expressing the indirect object without the preposition *a* (Foulet §§37-43).

11 *sagrament*: Provençal spelling, cf. O.F. *sairement*. Note the absence of the definite article although *sagrament* is qualified by an adjectival clause (Sneyders de Vogel §9).

12 f. *et Karlus . . . los tanit*. In O.F. the conjunction *se* (*si*) is omitted before the second of the two conditional clauses co-ordinated by *et*. The verb of the second clause may be in the indicative or the subjunctive mood (NICHOLSON, G.-G., *Recherches philologiques romanes* [Champion, Paris, 1921], pp. 235-41; WAGNER, R.-L., *Les Phrases hypothétiques commençant par 'si' dans la langue française des origines à la fin du XVIᵉ siècle* [Droz, Paris, 1939], p. 93).

Tabachovitz (*Étude*, pp. 91-105) interprets *lostanit* as *lo*+pleonastic *s(e)* used enclitically+*tanit*, a dialectal subj. pr. 3 of *tenir*. For the reading *lostānit* see NELSON, H. L. W., 'Die Latinisierungen in den Straßburger Eiden', *VR*, 25 (1966), 193-226; KELLER, H.-E., 'lostānit: Vers une solution de l'énigme', *ZRP*, 85 (1969), 333-58.

12 *sendra*: '(feudal over-)lord' (<nom. *senior*), the only instance of this spelling in French, otherwise *sire* (<*sejor*) (Pope §600).

14 *int*: 'from it' (<*inde*), already has the pronominal function of the later form *en* (Pope §610).
neuls: 'anyone' or 'no one' (<*ne(c) ullus*).

16 *iu*: 'there' (<*ibi*), replaced early by *i* (Mod. Fr. *y*) also from *ibi*.

2. *Sequence of Saint Eulalia*

The composite literary language of the *Eulalia* (Saint-Amand-les-Eaux, near Valenciennes) shows (a) certain features characteristic of the Picard (Northern) region, (b) certain North-Eastern features, (c) the interconsonantal glide *d*:

(a) retention of velar [k] in *cose* 9, *kose* 23 (Pope §301, N. §i, Gossen §41); [k] is represented by *ch* in *chielt* 13, *chief* 22; opening of *b(l)* in *diaule* 4 (Francien *deable*) (Pope N. §xiv, Gossen §52);

(b) absence of diphthongization of stressed [ɛ] and [ɔ]+palatal (Pope N.E. §i): *melz* 16, *raneiet* 6, *lei* 13, *coist* 20; *seule* 24 for *siecle* (MARCHOT, P., *ZRP*, 20 [1896], 510-14); absence of prosthetic *e* in *spede* 22 (Pope N.E. §x); *souue* 29 = *sowe* for Francien *soe* (Pope N.E. §xiv); *auuisset* 27 = *awisset* for Francien *oüst* (Pope §1028, N.E. §xi); loss of final unsupported *t* in *perdesse* 17, *arde* 19 (Pope §§346-7); lowering of countertonic *e* to *a* in *raneiet* 6, *manatce* 8 (SCHWARZSCHILD, L. A., *FS*, 6 [1952], 235-42);

(c) the glide *d* in *voldrent* 3, 4, *sostendreiet* 16, *voldret* 21, found in Francien, but not characteristic of the North or the North-East (Pope §370, N. §xiii, Gossen §61).

Latinisms: *Eulalia* 1, *anima* 2, *inimi* 3, *rex* 21, *Christus* 27, *post* 28, *clementia* 29.
The articles appear for the first time in French; the declension of nouns and adjectives is strictly observed.

Personal pronouns: note the North-Eastern stressed feminine *lei* 13.

Demonstratives: archaic uncompounded *o* 11, 18, 20 (cf. 1, 6); compounded *czo* 21 (Pope §§ 700, 850).

Tenses, Moods: undiphthongized etymological ind. impf. *eret* 12 (Pope §920); plpf. frequent in Early O.F. *auret* 2, 20, *pouret* 9, *furet* 18, *voldret* 21, *roveret* 22 (Pope §872; MOIGNET, G., *RLaR*, 73 [1959], 1-65); cond. *sostendreiet* 16, with the early ending *-eiet* soon replaced by *-eit* (Pope §917); subj. pr. *raneiet* 6, *degnet* 26, probably *aduret* 15; subj. impf. *auuisset* 27 instead of *awist* (Fouché, *Phonétique*, p. 658), *perdesse* 17 (Francien *perdist*, cf. *perdiest* 7, 112) (Fouché, *Morphologie* §§132, 172); imper. 4 *oram* 26 with North-Eastern ending (Fouché, *Morphologie* §95).

1 *fut*. The preterite frequently has the value of the imperfect in descriptions of qualities and states in O.F. and Mid.Fr. (Foulet §326, Sneyders de Vogel §304).

2 The antithesis between body and soul is a common theme in medieval Latin hagiographical literature (Barnett, op. cit., p. 3).

auret, cf. also 20, *pouret* 9, *furet* 18, *voldret* 21, *roveret* 22, derived from the Latin pluperfect, are usually considered equivalent to the simple past. Moignet believes, however, that these verbs express anteriority (op. cit., pp. 36-8).

3 *li Deo inimi*: the pagans (*FEW* iv. 694a, Barnett, p. 4). For the archaic word order, also *lo Deo menestier* 10, cf. 1, 1, Note.

3f. *Voldrent la veintre, Voldrent la faire*. Normal word order in O.F. is pronoun+verb+infinitive, as in 9, 21, 22, cf. 1, 13f. (Foulet §187). The writer avoided beginning with the unstressed pronoun object *la* (Foulet §§162, 165).

5 *no'nt*: (< *non inde*), cf. *ent* 15 (*FEW* iv. 635b), a form of the pronominal adverb found until the fourteenth century; early reduced to *en* before a consonant. Cf. 1, 14, Note.

6 *Qu' . . . raneiet*. Noun clause; the governing verb of 'advising' is understood in the noun *conselliers* (Ritchie, p. 17).

sus en. In O.F. the adverb *sus* can combine with *en* to form a preposition, likewise the adverb *enz*: *E Mahumet enz en un fossét butent* (*Roland* 2590). More expressive than *en*, *sus en* and *enz en* mean 'right up in (on)' and 'right in the middle of' respectively.

7f. *Ne*: (< *nec*). The doublets *ne* before a consonant—*ned* before a vowel were created by analogy on the model of *a* 18, 25—*ad* 22 and *que* 26—*qued* 14, 27 (Pope §608).

9 *Niule*: (< *ne(c) ulla*). Cf. 1, 14, Note.

omque, *sempre* 10 and *nonque* 13 are written without the paragogic 'adverbial' *-s*, which could be added on the model of Latin adverbs in *-s* (*magis*, *minus*, *plus*) (Ewert §443). Cf. 5, 49, Note.

9f. 'Nothing could ever make the girl submit [and prevent] her from always loving the service of God': a paratactic construction where, in the absence of the conjunction *que*, the subjunctive mood alone denotes subordination. As the main clause expresses the real negation, *non* is an expletive like *ne* preceding the subordinate verb in: *Ne poet müer n'en plurt e ne·s dement* (*Roland* 2517), *Ne tor*

Notes 281

ne mur ne fort chastel Ne me tendra ne face errant Le mandement de mon amant
(Beroul, *Tristran* 2798-800). Not infrequently, however, *que* appears in such
constructions (hypotaxis): *Ne puet laisser que n'i parolt* (Thomas, *Tristan*, ed.
Wind, pp. 91, 133) (Foulet §491, Ewert §395, Ritchie, p. 18).

10 *menestier*: (<*ministerium*); cf. *FEW* vi. 118b: '*Deo menestier*, service de
Dieu, du culte'.

11 *E por o.* ANTOINE, G. (*La Coordination en français*, 2 vols. [D'Artrey, Paris,
1959-62], ii. 915) maintains that *e* 'introduit de fait une nouvelle étape dans le
récit, la précédente étant consacrée au portrait et au passé d'Eulalie, la suivante
à l'épisode de son martyre'. However, it seems unlikely that vv. 3-10 merely relate
Eulalia's past or even a preliminary hearing of the trial conducted by the *mals
conselliers*, as the phrase *por manatce regiel* 8 already indicates the presence of
Maximian. We may assume that the emperor has been present throughout the
trial beginning at v. 3. Repetition of words and incidents emphasizing the central
theme of pagan antagonism to Christian spiritual purity is the most striking
characteristic of the writer's narrative technique. *E por o* marks a dramatic pause,
after which the writer develops the notion adumbrated in *por manatce regiel* 8
and so prepares us for the climax of the trial. Similarly *por o* 18 marks a further
dramatic pause before the announcement of Eulalia's death, the details of which
are enumerated in the following lines. Thus in 11 and 18 *por o* seems equivalent
to the O.F. conjunction *et si.* In 20 *por o* clearly serves as a logical link indicating
reason, 'because of this, for this reason' (cf. Barnett, p. 7).

Maximiien: indirect object; cf. 1, 8, Note.

12 *cels*: 'those', the demonstrative of remoteness used adjectivally. See Foulet
§237; PRICE, G., 'La Transformation du système français des démonstratifs',
ZRP, 85 (1969), 489-505.

13 *dont.* In this context *dont* has already lost its original adverbial value to
become a relative pronoun (= *de quoi*). The remainder of the sentence comprises
the antecedent, summed up in Mod.Fr. by *ce* (Sneyders de Vogel §125).

15 '[and that] she worship his god'. For the correct reading *aduret*, instead of
the former reading *adunet* or *adonet*, see LEARNED, H. D., 'The *Eulalia* MS. at
line 15 reads *aduret*, not "adunet"', *Spec.*, 16 (1941), 334-5. Barnett regards
aduret as the present subjunctive 'worship' (<*adorare*) and translates *lo suon
element* as 'his, i.e. Maximian's god', the whole line being a noun clause parallel
to v. 14 and also governed by *enortet* (op. cit., pp. 9-18).

Ell': apocope, the slurring of final *e* before a vowel (Pope §§273, 604).

16 *empedementz*: (<*impedimentum*; cf. *FEW* iv. 582b), Ewert, 'persecution'
(p. 354), Hatcher, 'trouble, adversity, affliction' (op. cit., p. 247), Barnett,
'molestations, distresses' (op. cit., p. 22), referring to the torture to which Eulalia
is subjected.

17 *que.* For the omission of the conjunction *que* after *que* (= *quam*) introducing
the second term of a comparison (haplology), see *Foulet* §493, Sneyders de Vogel
§251. The subjunctive mood denotes the hypothetical nature of the second term
(Ewert §427).

virginitét: the spiritual virginity of the soul (BARNETT, F. J., '"Virginity" in the
Old French Sequence of Eulalia', *FS*, 13 [1959], 252-5).

18 'And so she died very honourably.'

19 *com*: 'in order that'. *Com* with the original Latin meaning of *quomodo*

(= *ut eo modo*) introducing a clause of purpose is rare in O.F.; cf. '*Pense, fols reis, de ta quisse saner, De faire escache cum tu puisses aler*' (*La chanson de Guillaume* 2195-6). See IMBS, P., *Les Propositions temporelles en ancien français* (Les Belles Lettres, Paris, 1956), p. 169: 'pour que de cette manière elle brûle rapidement'; JENSEN, F., *The Syntax of the Old French Subjunctive* (Mouton, The Hague, 1974), p. 81.

20 ·*s coist*: the pronominal passive (STEFANINI, J., *La Voix pronominale en ancien et en moyen français* [Ophrys, Aix-en-Provence, 1962], pp. 584, 642-3).

24 'She wanted to leave the world and calls upon Christ', or 'and asks this of Christ.'

25 In Prudentius Eulalia's soul emerges from her mouth in the form of a dove.

29 *souue*. The stressed possessive used as an adjective occurs without a preceding article or demonstrative in O.F.; cf. 1, 4, Note (Foulet §233, Sneyders de Vogel §80).

3. *Life of Saint Alexis*

The language of the scribe who copied MS. *L* is twelfth-century Anglo-Norman. Stressed vowels: *e, ei* for *ai* (Menger §2, Pope §1157): *egua* 37, *lermes* 169; *e* for *ie* (Pope §1155, W. §i): *ert* 3, *chef* 176, *vocét* 132, *mesters* 137; *e, ai* for *ei* (Menger §7, Pope §§1085, 1158, W. §vi): *mai* 233, *te* 249, *aver* 298; *o, oe* for *ue* (Menger §24, Pope §1156): *pot* 2, *oilz* 12, *iloec* 85, *poet* 284; *oi* for *ui* (Menger §33): *poissent* 82, *poi* 165, *oi* 312; *u* for *o* (Menger §21, Pope §1085, W. §v): *seinur* 4, *sul* 114, *honur* 177. Pretonic vowels: *an, am* for *en, em* (Menger §17, Pope §1192): *andreit* 1, *an* 22, *anfermetét* 48, *amfermetét* 257; *o for* e (Menger §17, Pope §1139): *bosuinz* 3, *domoret* (spelling of MS. *L*) 230; *u* for *o* (Menger §31): *plurer* 12, *cumandét* 58, *ureisuns* 127. Final vowels: *a* for *e* (Pope §§1207-8): *medra* 6, *tabla* 17, *enca* 51. Consonants: *ch* for *qu* [k] before *i* (Menger §42, Pope §§694, 1209): *chi* 196; *c, ch* [k] for Francien *ch* (Menger §42, Pope §§694, 1091, 1209, N. §i): *cascune* 27, *rice* 72, *cose* 73, *pechét* 90, *riches* 307): retention of the dental fricative (Menger §39, Pope §§1175, 1215): *maisnede* 33, *pechethuor* 131, *pedre* 6, *vedve* 261; unsupported final *d*, also in the West (Menger §40, Pope §§347, 1175, 1176, 1210): *ad* 46, *qued* 49, *oïd* 70, *geüd* 257; unsupported final *t*, also in the West (Pope §§347, 1175, 1176): *aturnét* 15, *converset* 31; *il, in* for palatal *ill, ign* (Menger §36, Pope §1182): *seinur* 4, *conseilers* 28, *esluiner* 30.

The early disintegration of the declension characterizes A.-N. as well as the West (Pope §1246, W. §xii): *le pople* 78, *le serf* 118. The analogical feminine *e* characterizes Early A.-N. (Pope §1244): *dolenta* 166, *dolente* 204. Possessives: *tis* 185 for Francien *tes* (Pope §1260). Demonstratives: accusative *cels* 270 for *cil* characterizes Early A.-N. (Menger §58). Verbs: frequent examples of the A.-N. and Western asigmatic ending *-um* for *-ons* (Pope §§894, 1272): *conuissum* 130, *puisum* 140, *avrum* 274; the subj. pr. in *-ge* (Menger §63, Pope §§910, 1275, Fouché, *Morphologie* §105 (c)): *quergent* 67, *tolget* 275, *tengent* 309; the first person singular in *-c* in the etymological future of *estre*: *erc* 225 (Pope §1274, TANQUEREY, F. J., *L'Évolution du verbe en anglo-français* [Paris, 1915], pp. 39-44).

1 One of Eufemien's servants (*li boens serganz* 106) offered to care for Alexis.

3 *amanvet*. According to G. Paris (*Alexis*, 1887, p. 186) *amanvet* is ind. pr. 3 of *amanver* (< *admanuare*) (cf. God. i. 249a); T.-L. i. 324 and *FEW* xvi. 515b list *amanvet* under *amanevir* (< *manwjan*).

4 *Vers sun*. Paris, Rohlfs; Storey *Contra*[*l*].

14 'Alexis reflects on it' (God. ii. 255a: *consirrer*, subst. inf. 'réflexion, pensée'), or 'Alexis is resigned to it' (T.-L. ii. 737-9, *FEW* ii. 1067).

15 'It is a matter of indifference to him, so inclined is he to serve God.' Paris (1887) adapted MSS. *AS*: *N'at soin que l'veiet, si est a Deu tornez*.

18 'Very noble by birth, he leads a life of great poverty.'

22 Especially when accompanied by a possessive, *cors* often represents the person in O.F. Cf. *pur tei* 167 = *pur le ton cors* 169, *pur le tuen cors* 242 = *pur tei* 243. See Tobler, 'Emploi périphrastique de *cors* pour désigner une personne', in *Mélanges*, pp. 39-45.

24 *musegode*: 'store of victuals' (God. v. 451b, T.-L. vi. 459, *FEW* xvi. 585b < Germ. *musgauda*).

29 *Del Deu servise*: archaic word order as in *le Deu serf* 118, *Par la Deu grace* 132 (but cf. 231, 314). Cf. 1, 1, Note.

35 *net*: 'and', a co-ordinating conjunction linking two negative clauses, cf. 69, 130, 144, 285 (Foulet §423).

37 *linçol*: 'sheet, bed cover', cf. *les dras* 116. Paris *linçol* (1887); Paris (CFMA), Storey, Rohlfs *liçon*.

39 *le lur*. In O.F. the third person direct object pronoun is usually omitted before a third person indirect object pronoun, cf. 53, 121, 125 (Foulet §202; TILANDER, G., 'Un Problème syntaxique de l'ancien français *Je lui donne* = *Je le lui donne*', *Rom.*, 63 [1937], 31-47).

40 *que*. Neuter 'what' usually occurs without the antecedent *ce* in O.F., cf. *quet* 120. Mod.Fr. retains the proverb *advienne que* (subject) *pourra* (Sneyders de Vogel §§99, 116).

42 *nuls sons apartenanz*: 'none of his relations'. Cf. 1, 4, Note.

45 'He cannot help its being evident.' For expletive *ne* in clauses governed by *garder*, *laier*, *müer* etc. cf. 2, 9f., Note.

50 *sei*. For the struggle between *soi* and *lui* see Sneyders de Vogel §77.

52 *tüe mercit*: ellipsis of the preposition, cf. 81. Cf. 1, 8, Note.

54 Paris and Rohlfs also follow *P*; Storey retains the reading of *L*.

57 'So that they will not recognize him', a clause of purpose without a conjunction.

64 *amviét*. In O.F. the past participle does not always agree with the preceding direct object, cf. *oït* 74, *fait* 163, *plurét* 242 (but *pluredes* 169) (Foulet §145, Sneyders de Vogel §288).

66 'In the second utterance of the voice a second order was given.'

70 *Ki*: the relative pronoun without an antecedent introducing a noun clause subject of *remaint*, as in Mod.Fr. *Qui ne dit mot consent*, cf. 282, 315, 316 (Sneyders de Vogel §112).

75 'They expect the earth to engulf them at any moment.' See JEANROY, A., '"Ne garder l'eure" Histoire d'une locution', *Rom.*, 44 (1915-17), 586-94; cf. 8, 260. Storey and Rohlfs retain the expletive *ne* (*nes*) of MS. *L*; but this is not the usual construction and is probably due to the influence of verbs of fearing.

Cf. 4, 212, Note. Paris emended *anglutet* (MS. *L*) to *enclodet* (*encloe* in MS. *A*) for a satisfactory assonance.

90 After *tant*, *tel*, or *si* in the main clause, the conjunction *que* is often omitted from the result clause in O.F. (but *tant* . . . *que* 234) (Ritchie, pp. 144-9).

91 The comparative formula *cume cil ki* still occurs in La Bruyère (Sneyders de Vogel § 106).

98 'There all the other lords look at them.'

102 *sainz Alexis*: the nominative case used for the possessive without the preposition *de* (Foulet §§ 19-22).

105 *tu*. The pronoun subject often appears with the imperative until the sixteenth century (Sneyders de Vogel § 63).

107 *sum pedre*: indirect object; cf. *La main menude* 294. Cf. 1, 8, Note.

134 *guvernëor*: Paris (1887); Storey *nos jugedor* as in *L*.

138 *Lai*: the reading of *A*; Storey *Dune li la* as in *L*.

140 *E ço duinst Deus*: the optative subjunctive without *que*, cf. 180, as in Mod.Fr. *Dieu vous garde! Puissé-je réussir!* (Sneyders de Vogel § 205).

146 *cui*: the stressed form of the relative pronoun (= *à qui*), cf. *cui* 171, *ki* 200 (Foulet § 251).

164 *par*. The intensive adverb *par*, usually combined with *cum*, *molt*, *si*, *tant*, or *trop*, expresses the absolute superlative 'very, completely, exceedingly', and modifies verbs and adjectives, cf. *cum par* 204. In 170 *par* stands alone. Mod.Fr. retains *C'est par trop fort!* (Foulet § 438).

166 *de ta dolenta medra*: an elliptical exclamatory expression, 'How sorrowful your mother is! (What will become of her?)', in which *de* means literally 'concerning'. Cf. *de la tüe carn tendra* 221, 'How delicate you were! (What has become of you?)', and likewise *de ta juvente bela* 246. See CONSTANS, L., *Chrestomathie de l'ancien français IXᵉ-XVᵉ siècles*, 3rd edn. (Welter, Paris, Leipzig, 1906), p. 34.

175 'After my death you would have been honoured thereby.' Eufemien repeatedly expresses his disappointed hopes by means of the imperfect subjunctive equivalent to the conditional perfect: *cuvenist* 181, *doüses* 183, *doüs[sent]* 188, *doüsses* 190 (Foulet § 306).

189 *Que n'am p.*: Storey; Rohlfs retains the MS. reading *Quer am p.*

196 *chi*: 'whoever', cf. Note 70. Here, however, the unexpressed antecedent demonstrative is represented by *il* 200, as in *Ki mult est las, il se dort cuntre tere* (*Roland* 2494), a construction used until the seventeenth century (Le Bidois § 506).

205 'I did not know you any more than if I had never seen you.'

209 Paris (1887), Rohlfs *Por tei m'v.*; Storey follows the MS. reading *Pur quem v.*

210 'It is very astonishing that you were not overcome with pity.' With reference to emotions and feelings *prendre*, 'seize, take possession of, steal over', sometimes takes the dative of the person, as in 13, 280 (cf. T.-L. vii. 1761-2), and sometimes the accusative, as in *Mult grant poür le prent* (*Ph. Thaün Best.* 493) (cf. T.-L. vii. 1758).

211 *mezre*: 'wretched woman' (< *misera* G. Paris, cf. *FEW* vi. part 2, 167b).
oi: either pret. 1 of *aveir* or ind. pr. 1 of *oïr*.

220 *bor i alasses*: 'tu serais parti sous d'heureux auspices' (Constans, *Chrestomathie*, p. 36). Cf. *mar* 207, 'inauspiciously'.

245 The line refers to Alexis. WILMOTTE, M., *MA*, 40 (1930), 138-43, interprets lines 244f.: 'Si tu étais revenu consoler ta femme, ce n'aurait été (de ta part) ni par félonie ni par lâcheté', treachery and cowardice being the two motives most likely to dishonour a knight. Cf. Hatcher's interpretation of lines 243-5: 'So oft have I looked afar for you, [wondering] if you would return—return in order to comfort your wife, not out of sinfulness (*felunie*) or weakness (*lastét*) [for it would be weakness to abandon your holy life, and sinfulness to resume the role of husband]' (op. cit., p. 146, Note 54).

255 'My dear friend, it would be better for me to be dead' (God. viii. 173a: *venir mieus, mieus venir*, 'valoir mieux, convenir mieux, être préférable').

273 *est il goie*. The use of *il* as the subject of impersonal verbs is comparatively rare in O.F. (Sneyders de Vogel §§62, 93). Cf., however, 7, 223f., Note, and 8, 308, Note.

304 *n'avum soin d'altre mune*: the reading of *A*; Storey retains the MS. reading *que avum am bailide*.

306 *nen*: the weakened form of unstressed *non* (see REID, T. B. W., '*Non, Nen* and *Ne* with Finite Verbs in French', in *Studies Presented to Professor Mildred K. Pope* [Manchester U.P., 1939], 305-13).

307 *le jurn*: 'that day'. Cf. Mod.Fr. *de la sorte, à l'instant*. For the definite article with demonstrative value see Ménard §6.

315 *Pooir* with an infinitive may express the shifted meaning 'have reason to' (cf. T.-L. vii. 1419). Cf. 248 and **6**, 5 etc.

4. *Voyage of Saint Brendan*

For a detailed treatment of the phonology of the Anglo-Norman poet of *Brendan*, see Waters, Introduction, pp. cxxxvi-clxiv; for the spelling of the Anglo-Norman MSS., see Appendix II, pp. 143-74. The following are some of the most characteristic Anglo-Norman features of Benedeit's pronunciation in the Judas episode: the rhyming of *u* [u] (= Francien [y]) < [ū] and *u* < [o], a feature found chiefly in Anglo-Norman texts (Waters, pp. cxlix-cl): *durs* (< *dūrus*) 175: *surs* (< *sŭper*+ advl. *s*) 176; possibly in *rüez* 173: *enlüez* 174, in pretonic position (Waters, p. cliii); confusion of *ain* and *ein*, pronounced [ẽin], in feminine rhymes, also found in North-Western French (Waters, p. cxl): *empeintes* 27: *pleintes* 28 (Francien *plaintes*); depalatalization of l-mouillé, also found in continental texts (Waters, p. cliv): *peril* 95 (: *seril*), (*mil*:) *peril* 258; depalatalization of n-mouillé, also sometimes found in continental texts (Waters, p. clvii): *seignet* 43 (: *peinet*). Although in the extract *goüst* 170 is disyllabic, elsewhere in *Brendan* the vowels *ou* are contracted to one syllable in the subj. impf. and the corresponding ending-accented pret. forms of the four verbs *aveir, deveir, poeir*, and *saveir*: *oustes* 1121, *doust* 528, *pouse* 1579, *sousum* 765 (Waters, pp. clii, clxxvii).

Note the following morphological features, many of which are common to Western French: analogical feminine *e* (Waters, pp. clxv-clxvi): *grande* 211, 254; the archaic neuter pronoun *el* 168 (Waters, p. clxvi, Pope W. §xiv); stressed *lui* for dative *li* (Waters, pp. clxvi-clxvii): 55, 233, 237; the archaic neuter demonstrative *cel* 243, common in Early A.-N. (Waters, p. clxvii, Pope W. §xiv); analogical -*c* in ind. pr. 1 and pret. 1 (Waters, pp. clxix-clxx, Pope W. §xvii):

prenc 96, *revenc* 191, *vinc* 220; analogical *-e* in ind. pr. 1 of *-er* verbs (Waters, p. clxix): *demaine* 94, *lie* 243; the asigmatic ending *-um* for *-ons* (Waters, p. clxx, Pope W. §xv): *demurum* 7: *curum* 8; analogical *-e* in subj. pr. 1 of *-er* verbs (Waters, p. clxxii): (*Marie*:) *crie* 38, (*lie*:) *nie* 244; the subj. pr. in *-ge-* (Waters, p. clxxiii, Pope W. §xvii): (*calengent*:) *prengent* 264; the endings *-oue*, *-out*, *-ouent* of the ind. impf. of *-er* verbs (Waters, p. clxxiii, Pope W. §xvi): *celoue* 67, *portout* 65: *enhortout* 66; *aürouent* 79: *coronouent* 80.

6 Benedeit frequently introduces a contrasting notion by means of the conjunction *mais*, cf. *ainz* 90. See MELANDER, J., *Étude sur magis et les expressions adversatives dans les langues romanes* (Uppsala, 1916), pp. 35-50.

13 *pelfiz*: 'stripped of clothes', past participle of *pelfir*; also *pelfrir* and *pelf(r)er*. God. vi. 69a: 'piller'; T.-L. vii. 596: *pelfri*, 'zerschlissen, heruntergekommen'. The O.F. noun is *pelfre*, 'booty'. *Pilfer* and *pelf*, 'money' (contemptuous), remain in English.

18 *rusast*: *ruser*, 'thrust, beat (back)'. God. vii. 161a: *reuser*, 'mettre en fuite, faire reculer, repousser, écarter, éloigner'; T.-L. viii. 1190: *rëuser*, *räuser*, *ruser*, 'zurückschlagen, zurücktreiben'; *FEW* x. 168a: 'repousser, faire reculer (qn.)'.

21 *pur poi ne funt*: 'he almost perishes', cf. 216. For the constructions *por* (*un*) *poi* (*que*), *a poi* (*que*)+a verb in the indicative mood preceded by expletive *ne* expressing an action that almost took place, see Tobler, *Mélanges*, pp. 74-5.

38 *crie*: the present subjunctive in an indirect question (Sneyders de Vogel §222).

50 *mei*: cf. 162, 185, 221, 224. The use of the stressed personal pronoun before the verb appears to be an archaism in Benedeit's syntax (Waters, p. cxcv). Such a construction is rare in later O.F. (Foulet §164).

64 *debardai*: 'I squandered'. God. ii. 433a: 'voler, dérober'. T.-L. ii. 1231 cites a passage showing the correct meaning 'squander, waste': *Tot lo son gaste et debarde* 562 (: *regarde*), *Le livre des manières* by Étienne de Fougères. *FEW* i. 265b gives the modern Swiss word *debardar*, 'dissiper ses biens'; cf. LEGGE, M. D., 'Some Notes on Anglo-Norman Vocabulary', in *Studies in Medieval French Presented to Alfred Ewert*, ed. E. A. Francis (Clarendon Press, Oxford, 1961), 219-20.

66 'He urged that it all be given to the poor.' For Benedeit's frequent use of ellipsis see Waters, p. cxcviii.

72 *mendi*: the accusative instead of the nominative form of the predicative adjective. In general, however, Benedeit carefully observes the declension.

77 *as Judus*. The preposition *a* denotes possession in O.F. (Foulet §§27-33). Originating in the Low Latin of the seventh century, this construction survives in modern colloquial French (*fils à papa*) and, in the written language, to emphasize the possessive (*mon avis à moi*) (Sneyders de Vogel §402).

83 'Then I saw that he was taken away to be put to death.'

98 *Desqu'a*: 'until', cf. 262. *Desque*, the synonym of *jusque* and *tresque*, occurs mainly in A.-N., but also in the North, North-East, and Centre. See FALK, P., '*Jusque*' *et autres termes en ancien français et en ancien provençal marquant le point d'arrivée* (Uppsala, 1934), pp. 42-4, 129.

106 *entrebat*: 'interruption, respite'. God. iii. 279b: 'interruption, repos'; T.-L. iii. 646 cites only this instance, 'Unterbrechung' (<*entrebatre*).

108 *asperir*: 'undergo [torture]'. The more usual spelling is *esperir*. God. iii. 523c incorrectly defines *asperir* in this line as 'se réveiller, reprendre ses esprits', instead of 'essayer, éprouver, expérimenter', as in 523b, with an object understood. Cf. T.-L. iii. 1185: *esperir*, 'versuchen, erproben'; *FEW* iii. 309b: *esperir*, afr. mfr. 'éprouver, essayer'. Cf. also Waters, *MLR*, 22 (1927), 30-1.

122 *Que*. Waters emends to *Qui* as in *B*.

126 'That, in comparison with them, others do not endure torment.'

128 [*Li*] *quels*: the reading of *BDE*. The interrogative pronoun comprising the definite article+*quel* occurs first in the *Roland*: *Il ne sevent li quels d'els la veintrat* 735 etc. See PRICE, G., *The French Language: Present and Past* (Arnold, London, 1971), p. 134.

129 *nuls plus ait*. For the omission of the relative pronoun after the indefinite pronoun *tel*, or after *celui, cele, nul* in negative sentences, see Foulet § 495.

134 *tute*: the reading of *B*. When used adverbially in O.F., *tout* usually agrees, cf. *tuz* 198; *tot* 152 was written by the scribe above the correct form *tuz* (Sneyders de Vogel §§ 46, 149).

145 ff. Judas's account of the various torments to which he is subjected from Monday to Saturday may be compared with the gruesome descriptions of the torments from which Owein, 'li chevaliers Ihesucrist', escapes whilst voluntarily fighting the demons in *Marie de France, Espurgatoire S. Patrice*, ed. K. Warnke (Niemeyer, Halle, 1938), vv. 787-1400.

146 The burning wheel on which the victims are revolved is also described in the *Espurgatoire* 1121-68.

148 *fait*. *Faire* could be used in the second of two symmetrical clauses, especially in the second term of a comparison, to avoid the repetition of a verb (Foulet § 341). According to Ritchie (pp. 98-9) this use of *faire* characterizes A.-N. texts and results from the influence of English.

152 *acaliz*: 'insensible, stupefied', Waters, *MLR*, 21 (1926), 392. God. i. 41a gives 'embrasé'; but the sense is rather 'träg, saumselig' as defined by T.-L. i. 80: *Le vallet n'iert pas acali; Son mestre du cheval descent*, Montaiglon and Raynaud, *Fabliaux*, vi. 40; cf. vi. 280a: *achali, acali*, 'fatigué, lent'.

153 *enz el*: Waters, after *BE*; *A* reads *en le*.

160 Cf. *D*: *Que tant perciez mun cors veez*. The word order of *A* does not allow the medial pause: *Que mun cors tant percét v.*

169 f. For comparative sentences in which the hypothetical nature of the second term is indicated by the subjunctive see JONAS, P., *Les Systèmes comparatifs à deux termes en ancien français* (Éditions de l'Université de Bruxelles, 1971), pp. 166-71. Cf. 2, 17, Note.

176 'That it would not have been melted . . .' Cf. 3, 90, Note.

184 *ceu*: 'dark'. God. ii. 142c: 'obscur'; T.-L. ii. 428: 'dunkel, lichtlos': *Altresi est d'enfer li lius Desuz terre, parfunz e cius* (*Espurgatoire* 133-4).

187 f. 'And then it seems to me there is no torment that I feel more than the cold.' *Que* is omitted after *estre vis*, likewise after *estre avis* 189 f., *dire* 263 f., *saveir* 280. For parataxis in noun clauses depending on verbs of thinking, saying, knowing etc. see Foulet § 490.

189 f. 'And of each (i.e. of the two hells) it seems to me when I am in it that there is no other so severe.'

194 'So that there is not the smallest fragment of skin outside.' For the use of

point and *mie* connected by partitive *de* with a noun particularized by the definite article or the possessive see Tobler, *Mélanges*, pp. 67-72; TILANDER, G., '*De sa fame ne voit mie (point)*—un problème syntaxique du vieux français', *SN*, 24 (1952), 1-39; id., '*De sa fame ne voit mie*, construction syntaxique d'origine cynégétique', *Rom.*, 84 (1963), 289-306; PRICE, G., 'Ancien français *de sa fame ne voit mie*: toujours un problème de syntaxe (Réponse à M. Tilander)', *SN*, 34 (1962), 22-9. In this construction *point* and *mie* are usually interpreted as still having substantival value.

196 *od l'ardant pel*: 'with burning stakes'.

204 *li altre*: 'the other demons'. *Mals* is direct object of *müent*.

206 *fole*: 'dreadful, terrible'. T.-L. iii. 2001 cites only this instance of *fol* meaning 'schrecklich, fürchterlich'.

212 'I expect my heart to burst at any moment.' The usual idiom *ne garder l'eure* appears in *E*. The expletive *ne* of the subordinate clause in *BDE* is probably due to the influence of verbs of fearing. Cf. 3, 75, Note.

216 'I am so racked with pain that I almost burst.'

220 *nune*: 'mid-afternoon'. As the length of the day varied considerably according to the season, no precise clock time can be given to the canonical hours *prime, tierce, midi, none*, and *vespre*, which originally served to mark a change in the daily round of activities in the monasteries between sunrise and sunset. In later texts *midi* and *none* are often synonymous, hence in English *noon*. See ROTHWELL, W., 'The Hours of the Day in Medieval French', *FS*, 13 (1959), 240-51.

230 *reguart*: the reading of *BD*; Waters retains *reguarz*.

234 *Que li dras deit*: 'what the cloth signifies'. According to the *Navigatio Sancti Brendani* (ed. Selmer, chap. 25, lines 4, 44-5) the tattered cloth was not tied round Judas's face, but was suspended from two iron forks or spits given by Judas to the priests of the temple as a stand for their cooking-pots.

242 *fed*: 'individual, fellow'. God. iii. 739a gives only the more usual meaning 'démon', as in *Virent un fed dunt poür unt* (*Brendan* 1136). T.-L. iii. 1677 cites six examples, including 242, of *fed* meaning 'armer Kerl, armer Teufel'; *FEW* iii. 436b: afr. *fé*, 'pauvre diable' (see FOSTER, B., '*Fé, fée* and *maufé*', *FS*, 6 [1952], 345-52).

In the *Navigatio* the cloth or cloak was given to a leper: 'Istum pannum dedi cuidam leproso quando fui camerarius Domini', chap. 25, lines 41-2.

248 'Since it was not bought with my own money' (Waters, p. 126). Cf. *Navigatio*: 'Sed tamen non fuit meus quem dedi. Nam Domini et fratrum suorum erat', chap. 25, lines 42-3. The Latin version states more explicitly than *Brendan* 247 that Judas's torment was increased as a result: 'Ideo ab illo non habeo ullum refrigerium sed magis impedimentum', chap. 25, lines 43-4.

249-52 In the *Navigatio* the rock on which Judas enjoyed his Sunday rest was the very one that he had placed in a ditch to allow pedestrians to cross: 'Petram in qua sedeo, illam misi in fossam in publica uia sub pedes transeuncium antequam fuissem discipulus Domini', chap. 25, lines 46-7. For this reason he was granted a day of relief.

264 'They will not refrain from taking him.' Cf. 2, 9f., Note, 3, 45, Note.

268 'They do not succeed in tearing him away.' *Estorce*, 'act of snatching away', Waters, p. 127. T.-L. iii. 1424 glosses *estorce* as 'Ende' in this passage and

in *Ce n'est l'estorse* (*Parton.* 8732), a phrase that *FEW* xiii, part 2, 96b interprets as 'l'entreprise n'est pas terminé, il n'y a rien de décidé'.

270 *malféd*: the reading of *BE*; Waters *malfez* (n. sg.) *AD*. Cf. above 242, Note.

272 'It is a very long delay for them before daybreak.'

5. *Le chevalier au barisel*

According to Lecoy, the author of *Le chevalier au barisel* wrote 'une langue très légèrement teintée de picardisme' (Introduction, p. xv). Certain Picard features appear in the rhymes of the extract: *-ain-e* with a lowered pronunciation instead of Francien *-ein-e* (Pope §469, N. §ix, Gossen §19): *plain* 69 (: *grain*), *paine* 125 (: *vaine*); *chi* for Francien *ci* [tsi] (Pope §892, N. §i, Gossen §38): *chi* 27: *merchi* 28; *s* [s] for Francien *z* [ts] (Pope §195, N. §xxi, Gossen §40): *puins* (Francien *poinz*) 75: *poins* (*point+s*) 76, *vois* (Francien *voiz*) 77: *vois* (< *voir*) etc.

The Northern spelling features introduced into the body of the text by the scribe of MS. *B* are not necessarily those of the author: *c, k* for Francien *ch* (Pope §301, N. §i, Gossen §41): *cief* 1, *kerca* 20, *carcai* 23; *iau* for Francien *eau* (Pope §540, N. §viii, Gossen §12): *biaus* 18, *barisiaus* 128; *au* for Francien *ou* (Pope §549, N. §viii, Gossen §23): *caup* 149; *nr, ml* for Francien *ndr, mbl* (Pope §369, N. §xiii, Gossen §61): *venredi* 3, *couverra* 96 (*rr* = assimilated *n+r*), *sanle* 148; vocalized preconsonantal *l* after *i* (Pope §391, N. §xix, Gossen §20): *viex* (< *vil+s*) 113.

The following Northern morphological features occur: *le* 53, *te* 72, *se* 150 for the feminine article and possessive (Pope §839, N. §xii, Gossen §§63, 67); stressed personal pronoun *jou* 89 etc. (Pope §830, N. §xxiii, Gossen §64); the stressed forms *mi* 117, *ti* 194 for *moi, toi* (Pope §832, N. §xxiv, Gossen §65); the possessive *vo* 47 etc. (Pope §853, N. §xxv, Gossen §68); the demonstrative *cis* 107, 114 (Pope §845, N. §xxvi, Gossen §70); the neuter demonstrative *çou* 11, *chou* 172 (Pope §849, Gossen §70); the verb ending *-és* for *-ez*: *orés* 6, *avés* 39 etc.; the ending *-c* in ind. pr. 1 (Pope §900, N. §xxviii, Gossen §75): *cuic* 66, *renc* 131.

13 'He did not recognize (anything of) him at all.' *Onques . . . ne*, which may here be translated as an emphatic negative 'not at all', refers to the past and almost always accompanies a verb in the preterite. See SÖDERGÅRD, Ö., 'Étude syntactique sur l'ancien français *onques*', *SN*, 33 (1961), 69–79. This line contains a variation of the construction *de sa fame ne voit mie* (*point*) discussed above 4, 194, Note.

15 'Which was suspended from his neck', literally 'Which he had, hung from his neck'. *Avoir+pendu* do not constitute a true pluperfect; *pendu* has the force of a predicative adjective qualifying *que* (=*bareil*), the object of *avoit*. For the origin of the French analytical perfect and pluperfect tenses in Latin constructions in which the notion of possession predominated, e.g. *In ea provincia pecunias magnas collocatas habent*, 'they have large sums of money invested in this province' (Cic. *De Imp. Pomp.* 18), see Bourciez, *Eléments* §126 (b).

28 *di*. In spite of Frappier's view that *tu* is used in solemn circumstances or under the stress of strong emotion (see Bruneau, pp. 281-2), the alternation of

tu and *vous* appears fortuitous in the *Barisel*. The confusion of *tu* and *vous* is particularly frequent in Norman and Anglo-Norman texts. See Ewert, *Tristran* ii. 133 and Nyrop, *Grammaire historique* v. 232-3.

28 f. *or me di, et si te nome*. The pronoun object of the imperative remains before the verb in O.F. as an unstressed form when the sentence is introduced by an adverb; cf. Mod.Fr. *ne le dis pas* (Foulet §172).

30 f. For comparative sentences in which *si* modifies an adjective or adverb and *comme* introduces the second term, see JONAS, P., *Les Systèmes comparatifs à deux termes en ancien français* (Éditions de l'Université de Bruxelles, 1971), pp. 99-100.

32 f. 'You are very wretched and destitute, just as if Saracens had captured you.'

42 *me*: the unstressed form of the personal pronoun after the imperative affirmative, a usage peculiar to Picard; cf. *ves me chi*, 'here I am', 134 (Gossen §81).

49 *Lor*: written without the 'adverbial' *s*. Cf. **2, 9**, Note.

61 *predom*: cf. *preudom* 123, a fusion of the elements *preu d'omme*, which soon came to be regarded as a single declinable noun. Tobler compares *prodome* with expressions of the type *le fripon de valet* containing, in his opinion, a sort of partitive genitive of a generic term. The particular quality of one individual is indicated by the first element; cf. *vo dyable de barel* (*Barisel*, ed. Lecoy, 474). See Tobler, *Mélanges*, pp. 170-3. Grevisse maintains that *de* links two words in apposition (*Le Bon Usage* §§212, 5; 922, 1).

68 *tan[t] gué*: 'so many fords'. In this construction *tant* is a collective singular adjective.

69 The noun clause object of *cuic* 66 is constructed without the conjunction *que*. Cf. **4, 187 f.**, Note.

Puchier (Francien *puisier*) corresponds to Picard *puc* 196 (Francien *puis*, 'well') (see Fouché, *Phonétique*, p. 923).

84 *Car*: 'do now', emphasizing the imperative; cf. Mod.Fr. *donc* (Foulet §429).

87 *riens*: a neuter indefinite pronoun, hence *boin* remains invariable (Foulet §§401, 403).

que: 'that' (cf. *que*, 'who', 91), used as nominative case of the relative pronoun (Sneyders de Vogel §111).

94 For the omission of *la* (= *povrece* 92) before *li* cf. **3, 39**, Note. Line 94 means literally 'Count [it] for a penance to him', which Schultz-Gora interprets as 'Rechnet es ihm zur Buße an' (*Zwei altfranzösische Dichtungen*, ed. O. Schultz-Gora, 4th edn. [Niemeyer, Halle, 1919], p. 170). Payen: 'Considérez qu'il a expié ses fautes' (*Le Motif du repentir dans la littérature française médiévale*, p. 538).

96 'It will be necessary for me to give you an explanation.' In the thirteenth century the impersonal verb *covenir* appears more frequently than *estovoir*, 'be necessary', but is itself outstripped by *falloir* by the end of the fourteenth century. All three verbs may take an accusative and infinitive or a dative and infinitive. In the present instance *me* is formally indifferent. Besides the pure infinitive, the infinitive with *à* occurs especially in the twelfth and thirteenth centuries; later the infinitive with *de* is the most common. Like *falloir*, *estovoir* and *covenir* also take *que*+the subjunctive in medieval French. See RICKARD, P., '(*Il*) *estuet*, (*il*) *convient*, (*il*) *faut* and their Constructions in Old and Middle French', in *The*

French Language. Studies Presented to Lewis Charles Harmer (Harrap, London, 1970), 65–92.

99 f. In an effort to save the knight, the hermit even invokes his own damnation. See Payen, *Le Motif du repentir dans la littérature française médiévale*, p. 538.

107–11 Lecoy emends *qui* to *chi* (= Francien *ci*), *qui* 110 to *et* and puts a full stop at the end of line 110. However, *cis hom* 107 may be taken as the subject of *pleure* and *souspire* 111. See JODOGNE, O., review of *Le chevalier au barisel*, ed. Lecoy, in *LR*, 13 (1959), 104–5. Lecoy retains the MS. reading *destruist* 110; but cf. *destruit* 115.

118 *en*: 'on him'; cf. *en*, 'about me', 119, 124. *En* replaces the personal pronouns *lui* and *moi* governed by *de*. Likewise *i* 135 means *en lui*, 'within him'. This usage continues until the seventeenth century (Bruneau, pp. 286–90). Cf. **15**, IV. 8 f., Note.

147 'And he utters several such deep sighs running . . .' In O.F. the plural of the indefinite article has collective value, referring to things that occur in pairs or as the individual members of a complex whole. See Ménard, p. 19.

154 'That it is nothing but a marvel.' *Se . . . non* expressing a negative condition becomes *sinon* in Mod.Fr. (Sneyders de Vogel § 358).

157 *Dieu*: indirect object of *avoir en couvent*, 'promise', without the preposition *a*. Cf. **1**, 8, Note.

170 Anacoluthon. After the parenthesis of line 169 the sentence is begun afresh and the subject *Diex* repeated.

172 f. 'And I am not saying so for this reason, (of course) he never committed a base act (i.e. that is not what I am implying).'

180 *boujon*. God. i. 699b–c defines *boujon* as 'grosse flèche, gros trait d'arbalète, assez semblable au matras, et dont l'extrémité se terminait par une tête', and cites among his examples: *Il sceit mieus traire de baston Que abelestiers de bouson* (*Florimont*, Richel. 15101, fol. 27a).

186 *espandus, espars*. For the gradual disappearance in the seventeenth century of *espandre*, 'spread' (replaced by *répandre*), *espardre*, 'scatter', and *espartir*, 'share, divide', see DUBOIS, J. and LAGANE, R., 'Espardre et espartir: conflit homonymique', *FM*, 31 (1963), 105–10.

189 *deseure*. Already in the twelfth century *desus* (adv.) and *sur* (prep.) had begun to supplant *deseure* (< *desoure*) in Francien. *Deseure* was to survive only in the Northern and North-Eastern dialects. See DELBOUILLE, M., 'Note pour l'histoire des couples français *soz-desoz*, *sor-desor*, *sus-dessus* et *sous-dessous*', in *Medium Aevum romanicum. Festschrift für Hans Rheinfelder* (Hueber, Munich, 1963), 78–86.

191 *est estendus*: a continuation of the Latin construction *levatus sum*, 'je me suis levé', in which the auxiliary + past participle are not passive, but have the value of the perfect tense of a reflexive verb (Sneyders de Vogel § 167, Bourciez, *Éléments* § 319).

192 *baisié*. The past participle does not agree with the preceding direct object. Cf. **3**, 64, Note.

6. *Chanson de Roland*

The spelling of MS. *O* is similar to that of MS. *L* of the *Alexis*, of similar date:
Western French *u* for close *o* predominates (Menger §21, Pope §1085, W. §v):
lur 17, *sorur* 30, *culur* 282; unsupported final *-d* and *-t* are frequent, especially in
the monosyllables *od*, *ad*, and in the endings *-et* and *-ét* (Menger §40, Pope §§347,
1175, 1176, 1210); Bédier, *Commentaires*, p. 242, notes twenty examples of inter-
vocalic *-d-*, including *poedent* 151 (Menger §39, Pope §§1175, 1215). There are
many examples of initial *c-* or *k-* for later standard *ch-* (Menger §42, Pope §§694,
1091, 1209, N. §i): *Carles* 13, *Karlon* 37, *Karles* 42, *castier* 49 etc., which may show
a Picard influence. Although the assonating system generally respects 'Bartsch's
law' (the distinction of *e* < *a* and *ie* from all sources), the scribe shows no aware-
ness of it, and uses *e* for *ie* even in words which retain *ie* in Mod.Fr.: *levre* 90,
cel 92, *derere* 142, *melz* 182, including the suffix *-ier*: *mester* 52, *sumers* 58, *musters*
60. The digraph *ie* occurs only in the reflex of Latin *e*, *ae*: *piéd* 56, *bien* 62, *liez* 55.
On the other hand, the scribe makes a more consistent use of *oe* from Latin *ŏ*
free (Menger §24, Pope §1156): *doel* 59, *soefret* 84, *roevet* 102, *oes* 169; but cf.
volt 365 as against *voelt* 344.

The poet makes use of a traditional system of vowel phonology in his assonances.
Here, as elsewhere in the twelfth century, and much later, the close *o* in Latin
free position (*flurs* 120, *poür* 125) assonated with the same vowel in blocked
position (*jurz* 117, *urs* 137) and with close *o* before nasal (126-31) (Pope §§230,
1085, W. §v). However, the Western-Francien system is breached in two
important respects: (i) *an* and *en* are already merged in masculine assonances
(Pope §§448, 450, W. §viii, cf. N. §xx): 12-22 (and see the discussion of Chrétien
de Troyes below); (ii) although 'Bartsch's law' is the norm (Pope §§416, 510, 512,
W. §i), Bédier, pp. 280-93, lists and discusses twenty infractions in Digby 23,
including six cases (*Roland* 359, 433, 2163, 2775, 2861, 3393) where the feature
reappears in the fourteenth-century assonanced MS. V4. Thus 'vernacular'
features of the West and Centre were already in use in epic poetry, even though
the rules of Western-Francien phonology were still observed by couplet writers
a century later (and, to some extent, in standard French, until the end of the
Middle Ages).

On the poet's lax use of the case system, there is a computer-based analysis by
WOLEDGE, B. and others in *Rom.* 88 (1967), 145-74, 90 (1969), 174-201.

7 *que vos ici nen estes.* '(What a pity) that you are not here!'

11 *AOI.* These three letters, which appear 172 times in the *Roland*, have never
been satisfactorily explained. See FOULET, L. in the glossary to Bédier's *La Chanson
de Roland commentée* (referred to henceforth as *Commentaires*), p. 334; MOIGNET,
G., *La chanson de Roland. Texte original et traduction* (Bordas, Paris, 1969), p. 31.

13 *est passant*: the verbal periphrasis expressing an action in progress; also
76, 79. See ASPLAND, C. W., 'La Périphrase verbale *estre* + le participe présent
dans la poésie française du XIIe siècle: étude grammaticale et stylistique', *SN*, 44, 1
(1972), 3-26.

27 This line, with the principal verb and the subordinate verb in the imperfect
subjunctive, contains the commonest type of O.F. hypothetical sentence. Contrary

Notes

293

to fact, it may refer either to the past or to the present (Bourciez, *Éléments* § 325; Foulet §§ 303-4): 'If the king had been here, we should not have had such losses', or 'If the king were here, we should not have such losses'. Also in line 70. Cf. 3, 175, Note.

30 *Alde.* Before his death Roland remembers Durendal, his conquests, Charlemagne, France, the men of his lineage, and finally himself, but not Aude, his betrothed (299-379). This omission may be due to the fact that the Oxford text was based on a version of the poem in which Aude and Oliver were later additions to the original group of central characters. Had Turoldus himself created Aude, he is unlikely to have omitted her from Roland's dying thoughts. See Menéndez Pidal, *La Chanson de Roland et la tradition épique des Francs*, pp. 366-7.

31 *jerreiez.* Many editors emend to the future, e.g. Jenkins. Bédier defends the use of the conditional as a means of suggesting that the hypothesis will never become a reality (BÉDIER, J., 'De l'édition princeps de la *Chanson de Roland* aux éditions les plus récentes. Deuxième article', *Rom.*, 64 [1938], 220-2).

38 *mi sire.* The unsupported final *s* of *mi* has been effaced before the following consonant (Pope § 1203).

47-9 *ot, brochet, vint, prist.* The mingling of the present indicative and the past historic occurs throughout the narrative passages of the *Roland*, but never in the dialogue. For an interpretation of this use of tenses, in which the present greatly outnumbers the past historic, see BLANC, M.: 'Le prétérit ramasse et condense les événements sur lesquels le trouvère-jongleur ne veut pas s'attarder ... Si ... le trouvère-jongleur suit le procès dans son développement, il se servira du présent épique' (pp. 575-6) ('Le Présent épique dans la Chanson de Roland', in *Xe Congrès international de linguistique et philologie romanes. Actes* [Klincksieck, Paris, 1965], ii. 565-78). On the other hand, Antoine points out that the alternation of past and present occurs where there is frequent use of parataxis, maintaining that it serves to counteract the effect of discontinuity produced by the abruptly juxtaposed statements of the narrative. See ANTOINE, G., *La Coordination en français* (D'Artrey, Paris, 1959), i. 584 ff.

54 'Let the king come'; the optative subjunctive without *que.* Cf. 3, 140, Note.

63 ff. The central section of this extract consists of two excellent examples of the technique of *laisses similaires*: 63-105 and 106-51. Each group comprises three *laisses* linked respectively by *Ço dit (dist) li reis* 68, 78, 99 and *N'i ad celoi* 113, 124, 146 (see Rychner, *La Chanson de geste*, pp. 95-9).

90 *vat cornant,* cf. 91 *vait gabant,* 93 *alez arestant.* For the verbal periphrasis sometimes expressing an incomplete action, sometimes conveying no more than a simple tense, see ASPLAND, C. W., '*Aller*+the -*ant* Form in 12th Century Old French Verse: a Grammatical and Stylistic Analysis', *SN*, 43, 1 (1971), 3-30.

100 *peine.* Bédier (*Commentaires*, pp. 218-19), Whitehead; Jenkins, Segre, and Waters, *MLR*, 25, 95-9, *peinte*, 'effort in blowing the horn'.

110 *bloi*: 'blue' or 'yellow'. O.F. form of *bleu*, found mainly in the West and South-West (Fouché, *Phonétique*, p. 310). Cf. G. Paris, *Rom.*, 31 (1902), 444.

113 The omission of the relative pronoun after the demonstrative. Cf. 4, 129, Note.

114 f. Parataxis characterizes the style of the narrative passages in the *Roland*; however, the use of hypotaxis is frequent in the dialogue, where commentary and explanation are necessary. Peeters has found that, whilst there are only ten

examples of the conditional clause in the narrative, there are four times as many in the dialogue. See PEETERS, L., 'Syntaxe et style dans la Chanson de Roland', *RLR*, 80, 1 (1972), 45-59. Cf. the conditional clauses in the dialogue 27, 30-1, 38, 70, 79.

133 The scribe here added the line *Morz est Turpin, le guerreier Charlun* instead of at the end of f. 40b.

143 *rachatent*. TILANDER, G. defines *rachater* as 'répéter ou reprendre les mêmes sons en cornant' (p. 165), in '*Rachater dans la Chanson de Roland*', Rom., 62 (1936), 158-72.

152 f. *li reis Charles* usually emended to *Charlemagnes*, after V^4; *sa blanche barbe* usually emended to *sa barbe blanche*. Bédier defended both readings of *O*, 'De quelques-unes des assonances réputées fautives de la *Chanson de Roland*', in *Mélanges Thomas* (Champion, Paris, 1927), 15-24.

158 Bédier: 'il est dans une telle détresse qu'il n'y survivra pas, je crois'. Jenkins, Moignet, and Owen give similar interpretations; but cf. Robertson: 'If he is hurt, I think none other lives'.

166 *En seintes flurs*. In Christian symbolism the garden signifies eternal life; cf. Foulet in the glossary of Bédier's *Commentaires*: *flurs* 'symbolise la félicité du paradis' (p. 393).

172 *ruboste*: a hapax, but possibly a variant of *rubeste*, 'harsh' (Whitehead, p. 124); Bédier (*Rom.*, 64 [1938], 171-2) retains the MS. reading *rubostl*.

180 *Durendal*. The custom of naming swords is not found in the classical or the medieval Latin epic. It occurs in the Scandinavian epic and was probably introduced into France by the Normans. The *Roland* is the earliest extant western epic to contain names of swords; cf. *Hauteclaire*, Oliver's sword; *Joyeuse*, Charlemagne's sword; *Almace*, Turpin's sword; *Morglais*, Ganelon's sword; *Maltét*, Baligant's lance. LEJEUNE, R. has argued convincingly that *Durendal* means *durant dail*, 'lasting scythe'. See 'Les Noms d'épées dans la Chanson de Roland', in *Mélanges Roques* (Didier, Paris, 1950), i. 149-66. See also WATHELET-WILLEM, J., 'L'Épée dans les plus anciennes chansons de geste. Étude de vocabulaire', in *Mélanges Crozet* (Société d'Études Médiévales, Poitiers, 1966), i. 435-49.

186 ff. Archbishop Turpin of Rheims, the warrior prelate, preaches the militant, crusading doctrine that the popes had promulgated since the ninth century. According to this doctrine those who died fighting a war in the Christian cause were guaranteed eternal life and merited the crown of martyrdom. Hence Roland can say 'Ci recevrums ma[r]tyrie' 232. See FARAL, E., 'A propos de la *Chanson de Roland*. Genèse et signification du personnage de Turpin', in *La Technique littéraire des chansons de geste* (Les Belles Lettres, Paris, 1959), 271-9. The following words (191-2) are not intended to disparage monasticism, but rather to enunciate another traditional doctrine, that 'those who fight' and 'those who pray' have complementary parts to play in the preservation of Christian society.

189 *fiers*: cf. 198. In these two passages *fier*, 'fierce', retains the meaning of C.L. *ferus*. See PENSOM, R., 'The lexical field of "fiers" in Old French', *ALing.*, 1 N.S. (1970), 49-66.

196-241 In the Pseudo-Turpin Chronicle Roland, after his men are slain, forces a black warrior to lead him to Marsile, and slays him outright; here he routs his army, but only cuts off his right fist, so that the heathen king survives to hand over his kingdom to Baligant (*Roland* 2570-608, 2741-844). The black army (*la neire gent* 227) that now takes up the fight may be compared to the Almorávides led by the emir Yusuf who played a decisive role in the battle of Zalaca against Alphonse VI in 1086 (see De Riquer, op. cit., pp. 75-6).

204 f. *mort l'abat, ad ocis*: cf. *fust mort* 40. The verb *tüer* does not occur in the *Roland*; *abatre mort*, 'to kill a knight and knock him down from his horse', appears some twenty times; *ocire* is used some forty times. *Murir* frequently has the active meaning 'to kill', hence its use in the passive voice 'would have been killed' 40. However, *il fut mort cunquerant*, 'he died a conqueror' 346, has been incorrectly listed as passive by Foulet in the glossary of the *Commentaires*, p. 430. See HEMMING, T. D., 'Restrictions lexicales dans la chanson de geste', *Rom.*, 89 (1968), 96-105.

214 *teste*: cf. 272, 339, 343. More picturesque than *chef*, *teste* suits contexts in which the physiological effects of death are described. *Chef* admits of a more general, figurative value and conveys an impression of beauty and nobility, as in 374. See LE GENTIL, P., '*Teste* et *chef* dans la *Chanson de Roland*', *Rom.*, 71 (1950), 49-65.

220 *E car nos en fuiums*. When the imperative is preceded by the conjunction *e* and the adverb *car*, both emphasizing the notion of impatience (cf. 5, 84, Note), the reflexive pronoun remains before the verb (cf. 5, 28 f., Note).

224 *Marganices*. The parallel versions read *l'Algalifes*. L'Algalife, Marsile's uncle, is mentioned in *Roland* 453, 493, 505, 681. Bédier defends the use of the double name Marganice-l'Algalife, *Rom.*, 64 (1938), 233-6.

225 *Alfrere*. Some scholars emend to *Alferne* after *Aluerne* V4. Bédier defends *Alfrere* as the name of an imaginary country, *Commentaires*, p. 220; *Rom.*, 64 (1938), 240-1.

228 *lee la sorcille*. Segre and others emend to *les orilles*; but the Norse translation suggests a different possibility: *la sorcille*, 'the eyebrows'.

234 'But let him be considered a complete knave who does not sell himself dear first.'

241 'He will not fail to bless us.' Cf. 2, 9 f., Note; also 3, 45 and 4, 264.

250 *dous arbres bels*. This emendation is accepted by all editors except Whitehead and Moignet. According to Bédier in *Rom.*, 64 (1938), 207-8, the emendation cannot be justified in the light of the other versions, and can be supported only by the plural in 254 *les arbres*.

254 ff. The episode of the Saracen whom Roland struck dead with the oliphant to prevent him from stealing Durendal has been variously interpreted. G. Paris thought that it was included to explain why the oliphant shown in the church of Saint Seurin at Bordeaux during the twelfth century was cracked (*Roland* 3685-7). Recalling that, in the other versions of the poem, the Saracen inflicts the ultimate humiliation on Roland of pulling his beard, SHORT, I., 'Roland's final combat', *CN*, 30 (1970), 135-55, suggests that *en cel tirer* 266 could refer to such an incident in an omitted line 265a *Prist l'a ses poinz, Rollant tirat la barbe*. However, Roland regains consciousness (266-7), not because he feels his beard being pulled, but because he feels his sword being taken away (Bédier, *Commentaires*, p. 170).

280 ff. The climax of the poem is reached in six *laisses similaires* (280-379) comprising two groups of three. The first group contains a hymn of praise to Durendal which, as the sacred instrument of Christian conquest, assumes the

status of an almost supernatural being like King Arthur's legendary sword Excalibur. The second group of *laisses* develops the two themes 'battre sa coulpe' and 'offrir son gant à Dieu'. See Rychner, *La Chanson de geste*, p. 99.

297 'He could not break it', literally 'he could not break a crumb of it'. Cf. 4, 194, Note and 5, 13.

348, cf. 356, 372 Roland's offer of his glove to God, described by Pauphilet as 'le geste le plus sublime de toute la littérature française' (p. 75) (PAUPHILET, A., 'La Chanson de Roland', in *Le Legs du moyen âge* [Librairie d'Argences, Melun, 1950], 65–89), has both religious and feudal significance (Bédier, *Commentaires*, pp. 310–11), 'sens à la fois liturgique et féodal' (VINAVER, E., 'La Mort de Roland', *CCM*, 7 [1964], 133–43). At the moment of death Roland indicates his allegiance to God, who will henceforth be the overlord and protector of his soul. See also HACKETT, W. M., who reminds us that Roland resorts to this gesture in order to ask God for forgiveness and so assure the salvation of his soul, 'Le Gant de Roland', *Rom.*, 89 (1968), 253–6.

352 f. For the first line of Roland's confession Whitehead suggests 'my sins against your power', Owen 'I confess my sins before your might'.

364 'He cannot help weeping and sighing.' Cf. 241 above and 2, 9 f., Note.

367–71 This prayer closely follows Latin prayers said by the dying, for example the *Ordo commendationis animae* (Bédier, *Commentaires*, p. 311).

377 Most editors supply the words *de la mer* following V^4; but Whitehead emends thus: [*Ensembl' od li*] *seint Michel del Peril*.

7. *Gormont et Isembart*

The manuscript contains features of early Western spelling (see *Roland*, Notes): an example of the old ind. impf. ending of conjugation 1 (Pope §1277, W. §xvi): *enclinot* 41; the Western endings in *tenc* (ind. pr. 1) 171, 180 (Pope §1274, W. §xvii), *auge* 15, 28, *augiez* 54 (Pope §1275, W. §xvii).

In addition it contains some features of late Anglo-Norman:

Tonic vowels: *autrir* for *autrier* 47, 63 (Pope §513, N. §vii); *pusse* 293 for *puisse* (Menger §33); *chastiaus* 252 (but *beau* 18, *helme* 40, 147) (Pope §1165, N. §viii); these show Picard influence on insular spelling; *del* 273 (for *duel*, usually *dol*, *doel*) (Menger §24, Pope §1156). Countertonic vowels: *chimins* 247 (but *chemin* 268) (Pope §1200, N. §xviii); in hiatus *rund* 99 for *roünt* (see Note; Pope §1131), *mustes* 51 for *moüstes* (see Note); the glide *-e-* in fut. and cond. stems, usually after a stem ending in *-v* (Pope §§972, 1173, 1290, N. §xiii): MS. *averas* 69, MS. *raverez* 78; also in MS. *conoisterez* 152 (see Note). Consonants: *-in-* for *-gn-* (Menger §36, Pope §1182): *poinant* 6, *enseine* 93, *seinur* 138; use of *-rr-* for *-r-* (Menger §37): *emperrere* 17, *durra* (= *dura* pret.) 235; *dist* 7, *ocist* 10 (= *dit*, *ocit* pres.) (Menger §62).

Articles: the Picard weakening of the article appears in *le nef* (fem.) 155 (Pope §1252). Pronouns: *jeo* 15, 24 (the poet used *gié*, attested by the assonance in 174), *ceo* 12, 129 (Pope §1248); *li* for stressed masculine *lui* 120, 272 (Pope §1250); *ke* 210 for *ki* (Pope §1262).

The archaic *ist* (MS. *par is campon*) 79, cf. 1, 2, may be regarded as belonging to the language of the original (Pope §1255). The use of *feiiees* (MS. *fiez*) 276 and

Notes

297

meisn[i]ee 280 in a laisse in *é—e* is an infringement of Bartsch's law (see *Roland*, Notes), which is otherwise strictly observed throughout vv. 104-222 (in *ié*).ʼAs this passage makes extensive use of the pret. in *-ié(t)* (148, 159, 199, 202, 217, 218) (Pope §1278, S.W. §xii), we must assume reconstructed forms *perdiest, venquiest* for MS. *perdist* 112, *venquist* 176 (Pope §1006). For an attempt to locate the text in the West or South-West on the basis of such features see G. Paris, *Rom.*, 31 (1902), 447 and M. Pope, *MLR*, 13 (1918), 335-8.

9 *de Anticrist*. On the use of *de* Tobler comments: 'des expressions servant à inviter à voir ou à écouter, lesquelles peuvent se présenter sous forme d'interrogation, sont suivies, parfois, au lieu du simple accusatif pour désigner l'objet de l'action, du cas oblique précédé de *de*' (*Mélanges*, p. 20). Among his examples Tobler cites the lines from our extract 8, 38 f.

14 *ne·l lerroie*. On this construction with *que ne*+subjunctive, cf. vv. 27 f. and 2, 9 f., Note.

16 *Que ke*: 'whatever', introducing a generalizing adjectival clause in the subjunctive mood to express concession (Ménard §48).

34 *bruiant*. Bayot *bruianz*; but this is an instance of the construction *aller*+the invariable gerund. Cf. 6, 90, Note.

36 *la targe novele*: 'the fresh shield', i.e. renewed after each encounter. In a succession of single combats a French knight charges at Gormont smashing the Saracen leader's shield. Each time, however, the Frenchman is knocked from his horse, which Gormont then drives back to the Saracen ranks; and each time Gormont holds out his spear, to the tip of which one of his men hangs a fresh shield by the straps. These repeated movements are described in the refrain following *laisses* 1, 2, 3, 4, 6, and 7 of the Brussels fragment: *Quant il ot mort le bon vassal, Ariere enchaça le cheval*; *Puis mist avant sun estandart: Uem la li baille un tuenard*. See ORR, J., 'Gormont et Isembart. Critical Notes on M. Bayot's Édition', *MLR*, 15 (1920), 265-9; GYÖRY, J., 'Épaves archaïques dans *Gormond et Isembart*', in *Mélanges René Crozet* (Société d'Études Médiévales, Poitiers, 1966), 675-84.

43 *li*: 'from him', i.e. from Hugh. The preceding direct object *le*, i.e. Gormont, is omitted. Cf. 3, 39, Note.

51 *Unkes n'en mustes*. Bayot *Unc n'en meüstes*.

58 Bayot *Que tute en mueille la suzsele*.

74 *espaciun*: 'respite' (?). G. Paris (*Rom.*, 16, 605), Bayot and T.-L. iii. 1138 interpret as 'respite'. Spitzer reads *ne por tun Deu espaciun*, 'ni pour la présence de ton Dieu' (see 'Un *Hapax* ne peut être expliqué par la linguistique seule: *espaciun* dans *Gormont et Isembart*', *MP*, 42 [1945], 133-6, reprinted in SPITZER, L., *Romanische Literaturstudien 1936-1956* [Niemeyer, Tübingen, 1959], 26-33). According to Spitzer *espaciun* is a dialectal A.-N. spelling of **aspeciun < aspectio* with the same meaning as *aspectus*, 'face, presence (of God)', both words occurring in the Church Fathers.

76 'Only my acton is cut.' Cf. 5, 15, Note.

80 *enseinne*. Like the *gab*, the battle-cry constitutes one of the commonest of the epic motifs introduced into the descriptions of single combats. Cf. *Munjoie*, Charlemagne's battle-cry, in the *Roland*. See Rychner, *La Chanson de geste*, p. 130.

81 *La Lo[o]wis*: 'that (= battle-cry) of Louis', cf. 94. In O.F. the definite article may be equivalent to the demonstrative when followed by a noun used absolutely to denote possession (Sneyders de Vogel §8).

86 *eüst mort*. In tenses compounded with *avoir*, *morir* means 'kill'. The verb *tüer* does not appear either in *Gormont* or in *Roland*. Cf. 6, 204 f., Note.

99 *sun escu rund*: Bayot *l'escu roünt*.

114 *l'arestil*. T.-L. viii. 1085 quotes the MS. form *restiu* without a meaning. *Arestil*: God. i. 393c, 'poignée, entaille de l'espieu'; T.-L. i. 519, 'Handhabe der Lanze'; cf. *arestuel* God. i. 394b.

123 f. Like Gormont and Isembart, the whole Saracen army of *arbalestiers, serganz*, and *archiers* is on foot. See Györy, op. cit., p. 676.

133 Bayot *Cil qui fut ja*.

152 *Conoistrïez [vos]*. The MS. reads *Conoisterez lesquier*. The glide *-e-* is a feature of Anglo-Norman; hence it is appropriate to adopt the conditional form with the hiatus as characteristic of the old literary language. Paris, *Rom.*, 5 (1876), 379, proposed: 'au lieu d'ajouter *vus* pour compléter le vers, lisez *Conoisteriez*'.

160 *fier*: has the same meaning as *orguillos* in this context. On the etymological sense of *fier*, 'fierce, cruel', cf. 6, 189, Note.

179 According to Paris (*Rom.*, 31 [1902], 446), the French king could be said to hold his realm in fief from Saint Denis after 1082, when the County of Vexin, in which the Abbey of Saint-Denis stood, was annexed to the royal domain. Lot believes vv. 179 f. to contain a much less specific reference: he points out that the French kings considered Saint Denis as their patron saint from the time of Louis the Pious and Charles the Bald in the ninth century (*Rom.*, 53 [1927], 325–42).

181 'I do not acknowledge that I hold it (= any of it) from anyone else.' Cf. 4, 194, Note; 5, 13.

185 *pur l'eshaucier*. The usual O.F. construction is preposition+stressed pronoun+infinitive (Foulet §177). Foulet also cites numerous instances of preposition+infinitive+unstressed third person pronoun referring to a thing (§182). However, instances of preposition+unstressed third person pronoun+ infinitive are rare (§186). Pope appears to attribute this construction to the poet, whose dialect she considers to be that of the South-West (*MLR*, 13 [1918], 336).

186 *trente [e] set*. This emendation was suggested by Orr, *MLR*, 15 (1920), 266, to accord with the traditional usage of cardinal numbers.

197 The line is clearly corrupt in the MS.; the emendation is by Bayot, who also suggests *enclin* as an alternative to *agu*.

203 'He very nearly fell.' Cf. 4, 21, Note.

217 THOMAS, A., derives *corneilles*, 'diaphragm', from a V.L. feminine *corniculas* (*Rom.*, 46 [1920], 581–5; 48 [1922], 266–70). See also T.-L. ii. 873: *corneille*, plur. 'Zwerchfell', in this passage.

223 f. These two lines, assonating differently from the rest of the *laisse*, appear to be an interpolation. However, the use of impersonal *il* does not necessarily mean that the lines are a late addition: *il* occurs in *Alexis* and *Brendan* (cf. 3, 273, Note); and Foulet lists seventeen examples in the glossary of the *Roland*.

225 The three following *laisses*, containing successive lamentations by Isembart, are classified by Bayot (*Rom.*, 51 [1925], 285) and Rychner (*La Chanson de geste*, pp. 115–17) as *laisses similaires*. In the first (225–34) Isembart swoons over

the body of Gormont, in the second (235-68) he pursues the fleeing Saracens, calling on them to avenge their munificent leader, in the third (269-93) he returns to the body and bemoans his overlord's death at length. Cf. *Roland* 2870-944, where Charlemagne grieves over Roland in six *laisses similaires*.

227 *Le Margari.* Perhaps of Byzantine origin (Bédier, *Lég. ép.*, iv. 44, 46), the common noun *margari* signifies 'admiral'. With the meaning 'renegade, apostate', it applies only to Isembart.

242 *poinst*: cf. *poinant* 228. As Isembart has not yet succeeded in obtaining a horse, *poindre* appears to mean in these two lines 'run, dash' rather than 'spur, gallop' (see Györy, op. cit., p. 676).

248 *le Arabi.* Paris, *Rom.*, 5 (1876), 380, objects to the hiatus and believes that the scribe substituted *Arabi* for a word that he did not understand.

262 The pair of verbs *desmaillier* and *rompre* occurs twice in the *Roland* 2079, 2158 with reference to the hauberk; cf. *Gormont* 169.

264 *hanste.* MS. *lance.* *Espié* and *lance* are not synonymous: 'The *Epieu* was a short heavy weapon, a sort of pike, but with a broad blade capable of being used to cut as well as thrust . . . It was used for closer work than the lance' (Orr, *MLR*, 15 [1920], 268).

272 As Isembart still appears to be on foot, the expression *virer sa resne* perhaps has the figurative meaning 'turn' (see Györy, op. cit., p. 676).

8. *Charroi de Nîmes*

The scribe copied the base MS. *A²* in the middle of the thirteenth century, writing in Francien which also shows sporadic Northern orthographic features: *ié+e > ie* (Pope N. §v, Gossen §8): *enpirie* 152, *chaucie* 272; *liue* 114 for *lieue* (Pope §328, Gossen §9); *iau* for *eau* (Pope N. §viii, Gossen §12): *hiaumes* 99; *nr* for *ndr* in *venront* 8, *vinrent* 302, and absence of a consonantal glide in *vorrent* 75, *vorrai* 141 (Pope N. §xiii, Gossen §61); *s* for *z* (Pope N. §xxi, Gossen §40): *escus* 102, *Otrans* 319; metathesis of *r* (Pope N. §xxii, Gossen §57): *enprevez* 53, *ancrenez* 180; cf. also metathesis of *l* in *orifanble* 105.

The following morphological features may be attributed to the scribe: violation of the declension in 3, 45, 95, 111, 158, 159 etc.; the lowering of *on* to *en* in 107, 139, 270 (Pope §478); analogical *-e* in ind. pr. 1 *pense* 36 (Pope §898) and subj. pr. 1 in *cuide* 44 (Pope §909); *-é* for *-ai* in *feré* 169 (Pope §966); *-on* for *-ons* in *iron* 65, *devon* 228 (Pope §894); the archaic etymological future ending *-oiz* for *-ez* in *vorroiz* 61, *savroiz* 91, *orroiz* 129 (Pope §967); analogical *-s-* in the preterite forms *tornasmes* 63, *preïsmes* 150 (Pope §999).

1 *marchis*: 'one who holds a frontier province as a fief from the king', derived from *marche*, 'frontier province' (cf. *les marches de la gent criminel* 90), a word of Germanic origin (< **marka*). Mod.Fr. *marquis* results from the crossing of O.F. *marchis* with Italian *marchese*.

5 The techniques of construction used in the passage 5-9 and the two following *laisses* 10-14 and 15-21 suggest those of the *laisses parallèles* and the *laisses similaires* analysed by Rychner, *La Chanson de geste*, pp. 83-107. Identical

formulas occur, *Bien vos sai dire* . . . 5, 10, 15, and *Quant il venront* . . . 8, 13, 18, a technique described by Rychner as *recommencement* (pp. 74–83). The theme of vv. 15–21—the need to carry ample kitchen utensils with which to prepare food for William and his men—is a comic variation of the theme repeated in vv. 5–9 and 10–14—the need to cater for their spiritual appetites. The three successive passages of four lines each 210–13, 214–17, 218–21 may also be described as parallel.

10 *que reporte li autres*: 'what, on the other hand, the following troop of one hundred pack-horses is carrying'. McMillan *reporte*; Perrier (*Le charroi de Nîmes, chanson de geste du XIIe siècle*, ed. J.-L. Perrier, 2nd edn., CFMA 66 [Champion, Paris, 1968]) retains the MS. reading *reportent*. Cf. *que reportent li autre* MS. *C* and *que reporte li autres* MS. *D*.

25 *Borgoigne*: occurs in MSS. *ABC*. Payen, J.-C., comments: 'Le *Charroi de Nîmes*, surtout dans la version du manuscrit C, dénote un très grand souci d'exactitude géographique, malgré quelques bizarreries (comme de faire passer Guillaume par la Bourgogne alors qu'il se rend d'Île de France en Languedoc)', pp. 262–3, 'Encore le problème de la géographie épique', in *Société Rencesvals, IVe Congrès International* (Winter, Heidelberg, 1969), 261–5.

28 *cez*: the so-called 'epic' demonstrative (Foulet §246, Ménard, p. 20). Cf. *Roland* 191.

29 *qui*. McMillan emends to *queu* after MSS. *BC*.

conraer: (<*conredare*) here has the generic meaning 'prepare'; cf. *conroi*. With this meaning, *conroyer* (derivative *conroy*) is still used in the sixteenth century. It has disappeared from general use in Mod.Fr. in favour of *préparer* and the more precise *apprêter* owing to homonymic clash with derivatives of *corrigia* (>*courroie*) and *corium* (>*cuir*). However, as McMillan, D., points out, numerous technical derivatives of *conredare* have survived throughout the Gallo-Roman domain (see 'Old French *conreer* and its derivatives', in *Studies in Romance Philology and French Literature presented to John Orr* [Manchester U.P., 1953], 177–87). *Corroyer* has various technical meanings in Mod.Fr. and *curry* exists in English with literal and figurative connotations ('to curry a horse', 'to curry favour').

32 *Del cuer del ventre*: 'in his innermost self', a figurative expression used of consciousness as well as of emotion. *Ventre* designates literally the breast, not the stomach (see Zaddy, Z. P., 'Chrétien de Troyes and the localisation of the heart', *RP*, 12 [1959], 257–8).

38 *Vez de Guillelme*. For the use of *de* after *voir* cf. 7, 9, Note.

47 'The venture is completely in God's hands.'

87 *Guillelmes au cort nes*. In the earliest of the poems of the cycle of Orange, *La chanson de Guillaume*, the hero is called *Willame al curb nes*, a nickname that had already occurred as *Ghigelmo Alcorbitunas* or *Alcorbitanas* in the Latin *Nota Emilianense* (1065–75), itself evidently based on some lost written poem. Subsequently, through the confusion of *curb*, 'hooked', with the commoner adjective *curt*, 'short', the name changed to *Guillelme al cort nes* (*Couronnement de Louis* 1164, *Charroi* 147, *Prise d'Orange* 428, etc.). The poets then felt obliged to explain how the supposed disfigurement was inflicted on William: in the *Couronnement* the redoubtable Saracen Corsolt cut off the tip (*someron* 1041) of William's nose; in the *Charroi* Corsolt gashed William's nose, which was then inexpertly put back

in place by the doctor, with a resulting bump (*boce* 145). (See Frappier, op. cit., i. 89-94, ii. 86.)

115 *vilain*. The *vilain* shows none of the frivolous unreality that characterizes the shepherds in *Aucassin et Nicolette* and in the *pastourelles*. Nor, on the other hand, is he grotesque like the ugly *vallét* in *Aucassin et Nicolette* XXIV or the pagans in the *Roland* (see Mancini, op. cit., p. 209).

119 *que senez*: 'wisely', literally 'what a wise man would' (Tobler, *Mélanges*, p. 14); cf. 135. For the elliptical use of neuter *que = ce que* see Sneyders de Vogel §116.5.

162 *se Deus me beneïe*: 'God give me his blessing!', a six-syllable variation of the parenthetical formula *se Deus m'aïst*, 'so help me God!' (*Charroi* 382). Much less often the formula is introduced by *si* with the word order *si m'aït Deus* 7, 13.26. According to REID, T. B. W. (*FS*, 8 [1954], 199-203), the type *se Deus m'aït* is the direct descendant of the Christianized Latin formula *sic te Deus adjutet* with atonic *sic* reduced to *se*, and the type *si m'aït Deus*, introduced by stressed 'so', is the Gallo-Roman form with the word order adverb-verb-subject. Reid rejects the earlier explanation of FOULET, A. (*Rom.*, 53 [1927], 301 ff.) that *si m'aït Deus* was the original form and that the type with *se* arose through the confusion of *si* with the conditional conjunction *se/si*.

163 *qui*. Followed by the conditional or the subjunctive, *qui* means 'if one'; cf. 180, 204, 223, 247 (Sneyders de Vogel §113).

174 *menjue, ot*: as in MSS. *B*; Perrier retains *menjuent, ont* as in MSS. *A*.

190 *chars, charretes*. The differences of construction between the wagon and the cart are shown in the following note by RÉGNIER, C.: 'De nos jours les chars à quatre roues sont nettement différents des charrettes à deux roues parce qu'ils comprennent deux trains mobiles que l'on peut séparer et réunir par une fausse flèche lorsqu'on veut "batailler" le char. L'auteur du *Charroi* ne fait aucune distinction de ce point de vue entre *char* et *charrete*. Il ne semble pas que les chars médiévaux aient été articulés; c'étaient des charrettes à quatre roues, sans souplesse.' (See p. 39 of '*Le mellor de mes bues, Roget, le mellor de me carue*', in *Mélanges Frappier* [Droz, Geneva, 1970], 935-43.)

200 *les charrues doublent*. Each team of oxen pulling a wagon would be increased from four (cf. 161) to eight, and each team pulling a cart from two to four (see Régnier, ibid., 939).

207 *chevillier et barrer*. The *vilains* increase the capacity and the strength of the wagons and carts by means of extra cross-pieces.

213, cf. 217, 221. Each of these lines contains a clause of purpose without *que*. Cf. 3, 57, Note. For subordinate clauses in parataxis see Ménard §95.

217 *soldoier*: 'soldier, man-at-arms', literally a hired mercenary serving in the pay (*la solde*) of a ruler.

219 *escris*: 'marks'. This is the Picard form (*escrit+s*) occurring in MS. *C*. Perrier and McMillan retain *escrins*, the reading of MSS. *A*, the former giving the meaning 'marques, signes', the latter 'coffres'.

222-75 On the looseness of structure of this composite *laisse* see Rychner, op. cit., p. 110.

231 *uns sollers*: 'a pair of shoes'; cf. *unes chauces* 278, 'a pair of breeches'. Cf. 5, 147, Note.

242 'But Bertrand fared very badly.'

246 *a poi n'est forsené*: cf. 255, 'he almost took leave of his senses'. Cf. 4, 21, Note.

260 'We expect to be overturned at any moment.' Cf. 3, 75, Note.

264 *gueilles*: *gueules* MS. *A³*, *gueles* MS. *A⁴*, *gourles* MS. *B. Gorle*, m. or f., denotes a wallet or a money-belt. *FEW* xvi. 103a: (**gurdil*) *gorle*, 'ceinture dans laquelle on portait son argent'.

269-71 'In this land they will not be able to go any further, provided that it is daylight so that they can be seen, without people taking them for merchants.'

280 'He put on the cross-belt of an inhabitant (literally, someone living in a fortified town, *borc*) of the region.'

283 'He had two old stirrups suspended from his saddle.' Cf. 5, 15, Note.

286 *bonét*: in O.F. the material from which the headgear was made (God. i. 681c, T.-L. i. 1058). *Bonnet* with the meaning 'cap' dates from 1401.

289 *Guillelme Fierebrace*. William frequently bears this name in the poems of the cycle: it occurs ten times in the *Couronnement*, where *Fierebrace* alone is used a further six times. For historical personages given the name *Fierebrace*, see De Riquer, *Les Chansons de geste françaises*, pp. 156-7.

295 After a negative principal clause *si* may act as a temporal conjunction meaning 'until' (Foulet §496, T.-L. ix. 624).

308 *Ici a grant menaie*. Numerous examples of impersonal verbs occur in the extract without the impersonal pronoun subject *il*, cf. 46, 86, 189, 190, 209, 227, 242, 254, 285. In all instances the verb is preceded by a stressed syntactical element (adverb, adverbial phrase, noun object). When no such stressed element precedes, the impersonal subject *il* is expressed before the verb: 57, 270, 277. Cf. FALK, P., 'Particularisme des propositions impersonnelles en ancien français', *SN*, 41 (1969), 235-52: 'On pourrait dire en somme que si en ancien français le type: compl. + verbe impers. est numériquement supérieur à la construction: *il* neutre + verbe, c'est en souvenir de l'époque lointaine où *il* n'existait pas' (p. 251). Cf. also 3, 273, Note and 7, 223 f., Note.

309 *guionage*: 'toll-house'; cf. T.-L. iv. 793-4: 'Zollstätte'.

320 *avalent*. In O.F. *avaler* is more concrete and picturesque than *descendre*, which has a more elevated tone and refers, in the *Roland*, mainly to a knight dismounting from a horse. Although it may be intransitive, *avaler* frequently takes an object (cf. *avale le planchier* [*Charroi* 700]), and conveys the hasty undignified action of Mod.Fr. *dégringoler* (*l'escalier*). In the present context Otrant and Harpin, filled with curiosity, hurry down the stairs to meet the merchants. The modern meaning of *avaler*, 'swallow, devour', appears as early as the thirteenth century and, by the end of the sixteenth century, has ousted the original meaning 'come down'. (See FOULET, L., '*Avaler* et *descendre*', in *Medieval Studies in Honor of Jeremiah Denis Matthias Ford Smith* [Harvard U.P., 1948], 25-52.)

9. Wace: *Roman de Brut*

The base MS. *P* was copied by an Anglo-Norman scribe in the thirteenth century. Vowels: *ei* remains undifferentiated to *oi* (Menger §7, Pope §§226, 230, 1085, W. §vi): *reis* 4, *sei* 16; *o* for *ue* (Menger §24, Pope §1156): *oil* 242; *u* for *ui* (Menger

§33): *cunustre* 32; *u* for *o* (Menger §21, Pope §1085, W. §v): *enur* 12, *amur* 35, *culur* 206. Consonants: *l* retained before a consonant (Menger §35, Pope §1108): *ultre* 11, *bels* 25, *chevals* 26; *in* for *ign* (Menger §36, Pope §1182): *grainnurs* 143, *compainie* 186.

The following morphological features are characteristic of A.-N.: *que* for nominative *qui* (Menger §60, Pope §1262): *ke* 81, 120; the ind. impf. endings *-out*, *-ot*, *-oent* (Pope §§916, 1277, W. §xvi): *quidout* 110, *turnot* 242, *menoent* 65.

After an examination of the rhymes, Arnold concluded that Wace, educated in Normandy and Paris, used the literary Francien of the twelfth century.

8 *Loth*: married Arthur's sister Anna (*Brut* 9635), by whom he had two sons, Walwein (*Brut* 9639) and the treacherous Mordret (*Brut* 11173).

10 *utlage*: 'outlaw (banished from his country), pirate', from Old Norse *út*, 'out, out of', *lagu, 'law' (*OED* vii. 258a), through the intermediate stage of *utlaga* in Anglo-Saxon (Bosworth, Tiller, *A.-S. Dict.*, p. 1146) and Germanic (*FEW* xvii. 416b). Cf. *De utlages sunt dunc asailliz, Meis il les unt trestuz occis* (*An Anglo-Norman Brut*, ed. A. Bell, vv. 631-2).

15 *noblei*: 'pomp, magnificence', a word frequently employed by Wace in *Brut* and *Rou* (see KELLER, H.-E., *Étude descriptive sur le vocabulaire de Wace* [Akademie, Berlin, 1953], p. 200). Described as 'Mot de l'ouest et surtout mot de Wace' (WOLEDGE, B., 'Guiot copiste de Wace', in *Mélanges Frappier*, vol. 2 [Droz, Geneva, 1970], 1139-54), *noblei* is also used by Thomas in *Horn* 506, 2658).

16 *Les duze pers.* As the word *noblei* is meant to suggest, the twelve peers brought by Gerin of Chartres serve to enhance the importance of their overlord at Arthur's court. Cf. the twelve peers in the *Roland*, whose death at Roncevaux Charlemagne mourned so deeply (*Roland* 2402-11). Of feudal origin and dating from as early as the first half of the eleventh century, the institution of the Twelve Peers had the judicial function of assisting their overlord in the court of justice (see MENÉNDEZ PIDAL, R., *La Chanson de Roland et la tradition épique des Francs*, 2nd edn. [Picard, Paris, 1960], pp. 371-2, 395-406). The knowledge of this feudal institution in France and of the personal relationship between Charlemagne and the twelve peers in the *Roland* may have prompted Wace to add to his translation of Geoffrey's chronicle the noble concept of the fraternity of the Knights of the Round Table. (Cf. HUET, G., 'Notes d'histoire littéraire: I. Le témoignage de Wace sur les "fables" arthuriennes', *MA*, 19 [1915-16], 234-49, and FOULON, C., 'Wace', in *Arthurian Literature in the Middle Ages*, p. 99, who take the view that Wace had no doubt heard legends concerning the Round Table and was merely the first to mention it in extant literature.) These knights were Arthur's intimate friends who served him at court (*Brut* 10283-4); they were all equal in rank and none took precedence of the others (*Brut* 9747-60). For a summary of critical views on the Round Table, see RICKARD, P., *Britain in Medieval French Literature 1100-1500* (Kraus, New York, 1968), pp. 85-6.

18 *Keis.* Cf. *A Kei, sun maistre senescal, Un chevalier pruz e leal, Duna* (subject Arthur) *tut Angou e Angiers* (*Brut* 10154-5). Kay reappears in the romances of Chrétien de Troyes, see 12, 210.310.

22 *Hoel*: was king of 'Bretainne la menur', that is Brittany (*Brut* 9142). Wace follows Geoffrey of Monmouth: 'Erat autem Hoelus filius sororis Arturi' (see Faral, op. cit., p. 230). However, Walwein and Mordret were the sons of Arthur's

sister Anna; Hoel, the son of the sister of Utherpendragon, was therefore Arthur's cousin (see *Geoffrey of Monmouth, The History of the Kings of Britain*, trans. L. Thorpe [Penguin Books, Harmondsworth, 1966], p. 214).

26 *gras*: as in *ACDFGKLNS*; *B* reads *de gras chevals*.

27 *remis*: also occurs in the other A.-N. MSS. *ABCDLST*; Arnold emends to *remés* as in *JKNR* (*G* reads *remeis*). However, the analogical form of the past participle of *remaneir*, modelled on *metre*, was common in A.-N. in the first half of the thirteenth century (Pope §§1014, 1310). Wace used the etymological form in the rhyme *nes: remés* (*Brut* 7056).

31 ff. *tant pur*. The repetition, in a series of lines, of the same word or construction is the favourite stylistic device of Wace. See WARREN, F. M., 'Some Features of Style in Early French Narrative Poetry (1150–70), II. Direct Repetition of Words, Phrases, and Lines', *MP*, 4 (1906–7), 1–27; JIRMOUNSKY, M., 'Essai d'analyse des procédés littéraires de Wace', *RLaR*, 63 (1928), 261–96.

34 *oïr ses curteisies*: 'to hear of his gracious favours'. This use of *oïr* is exemplified in *Si j'oi vostre bosoig, sai (çai=ça) tost vendrai erraunt* (*Horn* 2102). For *curteisie* meaning 'service gracieux', see God. ii. 320c, also T.-L. ii. 922-3.

43 *mareschals*: derived from Germanic *marhskalk, 'a servant (*skalk*) entrusted with the care of the horses (*marah*)'; cf. the Latin of the Salic Law *mariscalcus* (Bloch–Wartburg, *Dictionnaire étymologique*). The *mareschal* was the principal assistant of the *conestable* (*comes stabuli*). In this context, however, the marshals appear to be functionaries of Arthur's household to whom authority has been delegated to arrange lodgings for the visiting nobles. Cf. *marshal* and *earl-marshal* in English.

44 *Soliers*: 'sol(l)ars', that is 'upper rooms or apartments', derived from *solarium* (*sol*, sun). See LEGGE, M. D., 'Some Notes on Anglo-Norman Vocabulary', in *Studies Presented to Alfred Ewert*, ed. E. A. Francis (Clarendon Press, Oxford, 1961), 214–31.

49 *paissuns*: 'stakes to which horses are tethered', God. v. 700a-b, T.-L. vii. 77, *FEW* viii. 97b, Keller, p. 219b. Cf. *Les chevals des estables fors faiseient saillir, Nes poeient paissun ne chevestre tenir* (*Rou* II 1653).

54 *chamberlens*: derived from Germanic *kamarling, the stem of which comes from Latin *camera*. The chamberlains in the present context appear to be of humble rank, some of Arthur's chamber attendants. The chamberlain in O.F. and Mid.Fr. could also be an officer in charge of the king's private chambers (God. ix. 32b, *FEW* xvi. 298b, T.-L. ii. 190).

56 *atachier*: as in *ABCDFGHJKLNST*.

58 *feire*: as in *ABCDHJKLNR*.

60 *l'estorie de la geste*. Wace is referring to Geoffrey of Monmouth's chronicle *Historia regum Britanniae*.

69 f. In these two lines Wace has expanded Geoffrey's phrase *quatuor aureos gladios* (Faral, op. cit., p. 245). The use of additional concrete detail is an important characteristic of Wace's style (see Jirmounsky, *RLaR*, 63 [1928], 283).

75 f. The cardinal points *est*, *north*, *north-west*, *suth-est*, all borrowed from the Germanic languages, appear to be neologisms due to Wace (see WOLEDGE, B., 'Notes on Wace's Vocabulary', *MLR*, 46 [1951], 16–30). The French terms for the compass points occur in Wace (*orient, soleil levant, midi, none, occident, soleil cochant, septentrion*, listed by Keller, pp. 325-6); but he 'uses only the Germanic

terms as a complete system' (ROTHWELL, W., 'Winds and Cardinal Points in French', *FS*, 13 [1959], 29–56).

77. One of Arthur's most valiant knights, Cador defeated the Saxons and killed their leader Cheldric (*Brut* 9389–405).

82 *Karlion*: Caerleon on Usk in Monmouthshire, founded by Belin (*Brut* 3164 ff.), called the City of Legions by Geoffrey because of the Roman legions stationed there; cf. *cité as legiuns* (*Brut* 3195).

prelat: 'prelate, archbishop', a possible neologism due to Wace (see Woledge, *MLR*, 46 [1951], 17, 19).

84 *mustier*: as in *ABCFGHJKNRST*.

85 *la reïne*. Arthur took Guinevere as his queen (*Brut* 9645) after defeating the Saxons and their allies the Picts and Scots. The daughter of a noble Roman family, Guinevere had been brought up in Cador's household. She bore Arthur no children: *Mais entr'els dous n'orent nul eir Ne ne porent emfant aveir* (*Brut* 9657–8).

87 f. *mandees, assemblees*. Wace usually does not make the past participle agree when the direct object (*dames* 89) follows the verb. The agreement in this instance occurs throughout the manuscripts. See Arnold, *Le roman de Brut de Wace*, vol. 1, pp. xxvii–xxviii; WOLEDGE, B., 'Guiot copiste de Wace', in *Mélanges Frappier*, vol. 2 [Droz, Geneva, 1970], 1139–54.

93 *li*: as in *CDJKNR*.

94 *od*: as in *ABCDGJKLNRS*; *li*: as in *ACDJKR*.

96 *al temple as nonains*: translates Geoffrey's phrase *ad templum dicatarum puellarum* (Faral, op. cit., p. 245). The 'dedicated virgins' were the nuns in the choir of the church of Saint Julius.

101 *As*: Guiot (Champagne) wrote *es* in *K*. The use of *en* instead of the more usual *a* after *marier* may be a regional construction (cf. Woledge, op. cit., p. 1142: 'Guiot, seul, écrit *es*'). However, the scribe of *R*, a manuscript that does not appear to show any marked regional characteristics, also clearly wrote *es*.

113 *bliauz*. The *bliaut* was a long tunic with sleeves worn by men or women. Examples in T.-L. i. 1001–2 indicate that it could be worn by men, either under the hauberk or under furs, or over the hauberk. The *bliaut* is often described as embroidered at the neck and wrists, cf. God. i. 662b.

117 *A[s]*: as in *ABCDFGHLST*.

118 *s'engresse*: as in *ABCGHJKRT*.

120 *le jur*: 'that day'. Cf. 3, 307, Note.

121–4 Wace has expanded Geoffrey's brief statement *tot organa, tot cantus . . . fiunt* (Faral, op. cit., p. 245) by his favourite device of repetition and also by the use of words with technical connotations (see Woledge, *MLR*, 46 [1951], 16–30).

132 *fussent*. In O.F. the subjunctive continued to be used in indirect questions, as it had been in Latin (Sneyders de Vogel §222). Cf. 4, 38, Note.

136 *Ço qui*: as in *DCL*; Arnold emends to *Jo qui* as in *ABJKR*.

138 *Ite missa est*: 'Go, mass has been said', the liturgical formula preceding the final blessing. This is a further instance of Wace's use of technical terms for stylistic effect (Woledge, *MLR*, 46 [1951], 22).

152 *Troie*. According to Geoffrey, and Wace, the line of British kings was founded by Brutus, the grandson of Aeneas who escaped from Troy after its destruction by the Greeks.

153 *la*: as in *ABCDFGHKLRST*.

158 *ke*: as in *BCDGHJKLNRS*.

serviturs: the learned word, replaced by the popular word in *F* (*serueors*) and *J* (*seruours*) (Woledge, *MLR*, 46 [1951], 28).

159 *deis*: derived from L. *discum*, 'discus, quoit, disk', then in L.L. 'tray, table'. In O.F. and Mid.Fr. *deis* denotes a 'grande table à manger seigneuriale' (*FEW* iii. 92b-93a). Keller believes that *deis* in the *Brut* means a round table (op. cit., p. 211b); but the purpose of the *Roünde Table*, designed especially by Arthur (*Brut* 9751 ff.), was to allow his greatest knights to sit without distinction in rank, whilst in this context (see v. 162) the nobles from all Arthur's domains were seated in order of rank. It is more likely that the *deis* is the king's long, rectangular table at the head of the great hall. In the Middle Ages *deis* also denoted the raised platform on which the table stood, a meaning that survives in English (*dais*).

163 *seneschals*: derived from Germanic **siniskalk*, 'the oldest servant', *FEW* xvii. 69b. The seneschal was the 'officier féodal qui, dans un certain ressort, était chef de la justice et commandait la noblesse quand elle était convoquée par l'arrière-ban; officier qui exerçait la surintendance de l'hôtel royal' (God. x. 660a; see also T.-L. ix. 441-3). Cf. v. 18, Note.

164 *de hermin*: as in *DL*; Arnold retains *d'ermine*, as in *PCKN*.

188 [*mult ert*]: as in *ADGKNS*.

196 *portout*: as in *ABCT*; cf. *portot* in *DLS*.

213 *drüerie*. One of the key words in the vocabulary of courtly literature, *drüerie* denotes the physical relationship of love, for instance in the *Tristran* of Beroul (see LAZAR, M., *Amour courtois et fin' amors dans la littérature du XIIᵉ siècle* [Klincksieck, Paris, 1964], pp. 153-6), and in the *Lais* of Marie de France (cf. 10, 238.257). Similarly *dru*, defined by L. Foulet in the glossary of Bédier's edition of the *Roland* as 'Qui a toute la confiance de son seigneur ou de son roi' (p. 371), comes to mean 'lover', in the feminine *drue*, 'mistress'.

216 *chevalerie*: 'knightly valour'. Elsewhere in the *Brut* this word denotes Arthur's retinue of knights (*la grant chevalerie Qu'il out afaitee e nurrie*, vv. 9801-2) (Keller, op. cit., p. 168a), or a feat of arms worthy of a knight (thus Walwein extolling the pleasures of courtly love that can be enjoyed in times of peace: '*Pur amistié e pur amies Funt chevaliers chevaleries*', vv. 10771-2).

218 [*en*]: as in *BDGHKLNRS*.

229 *aveit*: as in *ABCDGHJKLNRS*.

230 *aveit*: as in *ABCGHJKLNRS*.

238 *dunt*: 'that, in consequence of which', the relative pronoun introducing a consecutive adjectival clause; cf. 10, 211 and 11, 213 (see A. Tobler, *ZRP*, 4 [1880], 161, T.-L. ii. 2023). Preceded by *si*, the relative pronoun may still introduce a consecutive adjectival clause in Mod.Fr.: *il n'est si bon cheval qui ne bronche* (SANDFELD, Kr., *Syntaxe du français contemporain*, vol. 2, 2nd edn. [Droz, Geneva, 1965], p. 251).

10. Marie de France: *Lanval*

Marie herself appears to have written 'standard' literary French, which, at the time, still showed Norman influence; cf. Wace (see Ewert, *Lais*, p. xx).

The language of the scribe who copied the base MS. *H* in the middle of the thirteenth century is Anglo-Norman. Vowels: *e*, *ei* for *ai* (Menger §2, Pope §1157): *fere* 89, *afeitiez* 202; *ein* for *ain* (Menger §4, Pope §1159): *remeindrai* 82, *vileins* 98; *aun* for *an* (Menger §4, Pope §1152); *pussaunce* 5, *pensaunt* 118; *e* for *ie* (Menger §12, Pope §1155, W. §i): *cher* 22, *chevaler* 28; *eu* for *eau* (Menger §16): *beus* 31, *manteus* 304; *e* for *ei* (Menger §7, Pope §§1085, 1158, 1309, W. §vi): *aver* 13, *veer* 138, *arder* 249; *e*, *eo*, *eu*, *o*, *oe*, *u* for *ue* (Menger §24, Pope §§1156, 1229): *quor* 40, *peot* 53, *treve* 123, *voil* 193, *veulle* 270, *doel* 278, *vuil* 351; *u* for *o* (Menger §21, Pope §§1085, 1220, W. §v): *peissuns* 10, *flur* 15, *amur* 186; *uin* for *oin* (Menger §§30, 36): *luinz* 33, *puint* 39. Consonants: *k* for *qu*, *c* (Menger §42): *ki* 12, *kar* 37; supported final *d* for *t* (Menger §41, Pope §1233): *veillard* 309, *mund* 324; unsupported final *d*, *t* (Menger §40, Pope §§347, 1175, 1176, 1210): *ad* 56, *troverat* 60, *demurat* 77; frequent use of double consonants (Pope §1217): *humme[s]* 123, *irrunt* 166; *in* for *ign* (Menger §36, Pope §1182): *cumpainun* 151, *luin* 175, *poin* 306.

MS. *H* contains numerous Anglo-Norman morphological features: frequent infringements of the declension; analogical *e* (Menger §53, Pope §1244): *dolente* 226, *tele* 241; analogical *s* (Menger §54, Pope §1243): *peres* 153, *sires* 205; the graphical variants *jeo*, *ceo* (Menger §58, Pope §1248); the Western possessives (Menger §59, Pope §§853, 1203, 1260, 1261): *mi sires* 205, *sis* 147; *que* as the nominative instead of *qui* (Menger §60, Pope §1262); the Western ind. impf. of the first conjugation (Menger §64, Pope §§914, 1267, 1277): *baisout* 108, *acolot* 109, *amoent* 318: *cuntouent*; the older third person preterite forms (Menger §67, Pope §§1025, 1268): *out* 233, 277 (but *ot* 4, *orent* 344); the Western verb ending -*um* (Menger §62, Pope §1272, W. §xv): *avum* 154; the ending -*c* in pret. 1 (Tanquerey, *L'Évolution du verbe en anglo-français*, pp. 39–42, 631): *vienc* 32; the strong form of the present tense stem in the preterite (Ewert, *Lais*, p. xxv, Tanquerey, p. 636): *vienc* 32, *tient* 124, 306, *vient* 125, 307, 335.

1 ff. Cf. the description of the tent of Adrastus in *Thebes* (3979 ff.) and of Aeneas in *Eneas* (7290 ff.) (see Hoepffner, *Rom.*, 59 [1933], 363).

3 *Semiramis*: mentioned in *Thebes* (893–902) as the giver of a curtain of inestimable value.

6 *Octovien*. The legendary Emperor Octavian is said to have died from the administering of a draught of molten gold. Cf. Villon, *Ballade contre les ennemis de la France*, vv. 23–4: *D'Octovien puist revenir le tems: C'est qu'on luy coule au ventre son tresor.*

25 *costé*. *Costé*, *lez* and *flanc* were all used in O.F. to designate the side of the body, especially the place for the warrior's sword (see WAGNER, R. L., 'Les Sens du substantif français "Côté". Essai de classement', in *History and Structure of French. Essays in Honour of Professor T. B. W. Reid* [Blackwell, Oxford, 1972], 245–56).

32 *ma terre*: the Isle of Avalon, see 374.

45 *Ne savriez: Jan savriez* (BURGER, A., 'La Tradition manuscrite du *Lai de Lanval*', *LPR*, 10 [1965], 655–66).

58 *nen: n'en* (BAR, F., 'Sur le texte des *Lais* de Marie de France', *MA*, 68 [1962], 153–60). Bar interprets *que* as a consecutive conjunction rather than a relative pronoun.

61 *assenez*: as in *PSC*, 'provided for' (God. i. 434a, T.-L. i. 578); Ewert, Lods

retain *herbergez* MS. *H*. Concerning *en dreite veie* 55, *bien assenez* 61, *bien herbergez* 75, WATHELET-WILLEM, J., remarks: 'Il y a une progression psychologique entre ces trois termes, progression malencontreusement rompue par *H*...' ('Le Mystère chez Marie de France', *Rbph*, 39 [1961], 661-86).

66 On the importance of secrecy in the literature of courtly love see WIND, B. H., 'L'Idéologie courtoise de Marie de France', in *Mélanges offerts à Maurice Delbouille* (Duculot, Gembloux, 1964), ii. 741-81.

70 *ne·m purriez*. Burger, p. 63, Rychner; Ewert retains *ne me purriez* MS. *H*.

79 For the omission of the subordinating conjunction before the second of two parallel conditional clauses cf. 1, 12f., Note.

84 *od mei parler*: cf. *od eus parler* (*Guigemar* 136) used in preference to *parler a* (Ewert, *Lais*, p. xxv).

88 'But I shall be present . . .' or 'Without my being present . . .'. After a negative main clause *que* . . . *ne* (= *sans que*) takes the subjunctive mood (Ritchie, pp. 38-40). For this construction in Mod.Fr. see Le Bidois §1541. After a positive main clause in O.F. *que* . . . *ne* usually takes the indicative mood, e.g. 13, 210, 26, 125 (Ritchie, pp. 37-8).

116 *sei*. For *sei* instead of *lui* cf. 3, 50, Note.

130 ff. The repetition in these lines shows the influence of Wace's favourite stylistic device. Cf. 9, 31 ff., Note.

146 f. Marie learned from Wace that Walwain's father Loth and Ywain's father Urien were brothers (Hoepffner, *Rom.*, 56 [1930], 24). Cf. 9, 8, Note.

161 *le rei*. All editors follow *SC*.

167 *erent*. All editors follow *PS*. Burger prefers *sunt* as in *HC* (*LPR*, 10 [1965], 660).

176 *puisse*: as in *PSC*, also Warnke, Rychner; Lods *peüst*; Ewert *puïst*, the reading of *H*.

178 *L'autrui joie*: 'the joy of another' (see Pope §870, Foulet §272).

187 *Kar me dites*. For the unstressed pronoun preceding the imperative cf. 5, 28 f., Note.

188 *drüerie*: 'love', also 238. Cf. 9, 213, Note.

190 ff. The 'Potiphar's wife' theme (cf. Genesis 39) recurs in *La chastelaine de Vergi*: a knight is forced to reveal his secret love for the Chatelaine in order to prove to the duke that he did not attempt to seduce the duchess.

212 *cel mestier*: 'sodomy' (see LEVY, R., *RP*, 15 [1961], 81-3). Cf. *Cil cuiverz est de tel nature Qu'il n'a guaires de femme cure; Il prise plus le plein mestier* (*Eneas* 8567-9).

233 *le jur*: 'that day'. Cf. 3, 307, Note.

284 Cf. the description of Antigone's palfrey in *Thebes* 3825-42 and of Camille's palfrey in *Eneas* 4049-84.

292 ff. On the portrait of the Faery Mistress, in ascending order of the parts of the body instead of the usual descending order, see COLBY, A. M., *The Portrait in Twelfth-Century French Literature: an Example of the Stylistic Originality of Chrétien de Troyes* (Droz, Geneva, 1965), pp. 18, 21-2. Detailed descriptions of beautiful women appear in French literature for the first time in *Thebes* (Antigone 3801-24, Ismene 3626-41) and *Eneas* (Camille 3959 ff.) (see Hoepffner, *Rom.*, 59 [1933], 359-62).

375 On the question of Marie's indebtedness to the Breton storytellers see

Hoepffner, in *Arthurian Literature in the Middle Ages*, pp. 118-19. See also
FOULON, C., 'Marie de France et la Bretagne', *AdBretagne*, 60 (1953), 243-58:
he shows convincingly that Marie must have heard some of her tales from bilingual
Breton or Welsh storytellers.

11. Chrétien de Troyes: *Erec et Enide*

The scribe Guiot, a Champenois, copied the base MS. *A* at the end of the twelfth
century or the beginning of the thirteenth. On Guiot's spelling see Roques, *Erec
et Enide*, pp. xliii-xlvii; on the principal phonological features of Champagne
differing from Francien see *Chrestien de Troyes, Yvain*, ed. T. B. W. Reid (Man-
chester U.P., 1942), pp. xvii-xix: *ai* for *a* before *g* (Pope §§423, 718, E. §xv,
S.C. §x): *saiges* 38; *ai* for *ei* before a nasal (Pope §466, Reid §23): *estaindre* 187:
ataindre; *an, am* for *en, em*, pronounced [ã(n, m)] (Pope §§442, 447-8, Reid §22):
ofrande 1, *jame* 30; *ei, e* for earlier *ai* (Pope §§528-9, Reid §21): *fete* 1: *trete, feire*
48, *fere* 90; *e* for *ei* in hiatus before stressed *a* (Reid §6): *rëaume* 18; [o] remains as
[o] or [u] before *r* (Pope §230, E. §xviii): *mors* 53: *amors, seignor* 110; *eau* dif-
ferentiated to *iau* (Pope §§501, 540, N. §viii): *hiaume* 17; [e]+[l] > *au* (Pope
§501, E. §ix, N. §xvii, S.C. §xi): *ax* 64 for *eus*; [ie]+[l] > iau (Pope §501, E. §ix,
N. §xvii, S.C. §xi): *miaudres* 119; also in *diax* 80; *ueu* reduced to *eu* (Pope §557):
leu 73; *aign, oign* for *agn, ogn* (Pope §§408, 445, E. §xxiii, S.C. §xiii): *Espaigne*
15, *Gascoigne* 283; [e]+palatal l > *eil* > *oil* (Pope §408, E. §xxii, S.C. §xii):
consoil 186.

Morphology: *on* lowered to *an* (Pope §478, S.C. §vi): *l'an* 170; the dialectal
form *se* instead of *si* (Foulet §439): *se·s* 252; the etymological ending -*oiz* for -*ez*
in the future (Pope §§896, 967, E. §xxvi): *vandroiz* 158; the form *veigne* 290
instead of the etymological subj. pr. *viegne* (Pope §931, S.C. §xx).

1 *ofrande*. The reading *orison* in *RBP* was changed to *ofrande* in *A* when two
long passages (Roques, vv. 2323-46, 2349-76) were interpolated in the text
immediately before the extract.
2 O.F. frequently used the adverbs *arriere* and *avant* with verbs of movement
like *traire, aller, venir*, where Mod.Fr. employs single verbs such as *reculer,
approcher* (see FOULET, L., 'L'Effacement des adverbes de lieu, iv. Le Groupe
d'*avant* et d'*arrière*', *Rom.*, 81 [1960], 433-82). Cf. *metre sus* 180.
36 The adjectival clause here expresses a hypothesis: 'If one were to search . . .'
(see FABRIEK, P., *La Construction relative dans Chrétien de Troyes* [H. J. Paris,
Amsterdam, 1924], p. 61). Cf. 8, 163, Note.
59 *drue*: 'mistress'. Cf. 9, 213, Note.
67 *Einz que*, 'before', and its synonym *ainçois que* were frequent until the end
of the sixteenth century (see Foulet, *Rom.*, 81 [1960], 444-5).
74 'But he would send them . . .'
85 *antredire*: 'say in secret, in a low voice' (T.-L., iii. 653). The verb possibly
conveys a reciprocal notion as well 'say among themselves' (see HANOSET, M., 'Sur
la valeur du préfixe *entre*- en ancien français', in *Mélanges offerts à M. Delbouille*
[Duculot, Gembloux, 1964], i. 321).
87 *chevalerie*: cf. 9, 216, Note.

99 For various interpretations of 'la scène énigmatique des "larmes d'Enide"', see Hoepffner, *Arch. rom.*, 18 (1934), 444-7; also LAURIE, H. C. R., *Two Studies in Chrétien de Troyes* (Droz, Geneva, 1972), p. 31.

100 *parole*: i.e. *recreant* (see Kelly, *Rom.*, 92 [1971], 345-51).

107 *parole*: i.e. *con mar fus* 127, 'how unfortunate you were'; cf. 131, 141, 143, 195.

175 *recreant*: 'le mot-pivot du roman' (COHEN, G., *Chrétien de Troyes et son œuvre*, new edn. [Rodstein, Paris, 1948], p. 135).

178 Guiot copied this line twice. *L'an le dist* is the reading of *B*.

201 In the earlier Welsh tale of *Gereint*, the hero tells Enid to put on her worst dress as he suspects her of infidelity: a tattered dress was the symbol of adultery. Chrétien may have substituted 'best dress' to avoid any suggestion of sexual jealousy on Erec's part. (Gaston Paris considered jealousy to be the only possible motive for the quest, *Rom.*, 20 [1891], 164.) HATTO, A. T., believes that the idea of Enide's infidelity is nevertheless still present ('Enid's Best Dress: a Contribution to the Understanding of Chrétien's and Hartmann's *Erec* and the Welsh *Gereint*', *Euphorion*, 54 [1960], 437-41). Kelly maintains that Erec is acting as the conventional feudal husband (*Rom.*, 92 [1971], 344).

208 Cf. MORAWSKI, J., *Proverbes français antérieurs au XVᵉ siècle* (Champion, Paris, 1930), no. 2297. 'She had now made her bed, and must lie in it.' This proverb constitutes the first line of Villon's *Ballade des proverbes*.

213 *Qui* introduces an adjectival clause of consequence; *RBP* contain an adverbial clause of consequence introduced by *que*. Cf. 9, 238, Note.

230 Cf. Morawski, no. 1356: 'Ne set que c'e[s]t biens qui n'essaie qu'est maus'.

235 *Einçois*: 'on the contrary', adversative particle after a negation (see Foulet, *Rom.*, 81 [1960], 444-5). Cf. 12, 28, Note.

289 *li*: 'herself' (Foulet § 179). Cf. 27, 78, Note.

302 'But concerning this she acted wisely'. Cf. 8, 119, Note.

303 f. According to Tobler, in constructions of the type *vint plus tost qu'il pot*, the relative pronoun *que* (= *ce que*) has the quantitative value of *combien* (*Mélanges*, pp. 219-24).

307 *qui mialz mialz*: 'their fastest, as fast as they could'. The modern form *à qui mieux mieux* appears first in Montaigne (Le Bidois §§ 10, 509).

12. Chrétien de Troyes: *Le chevalier de la charrete*

For the main Champenois linguistic features of the scribe Guiot, who copied the base MS. Paris, B.N., fr. 794, see *Erec et Enide*, Notes. Observe also the following morphological features: the first person plural ending *-iens* (< *-eamus*, < *-iamus*) in the conditional *porriens* 208 (Pope §§ 907, 919, N. § xxvii, E. § xxvi) (cf. Joinville *ariens* 26, 49); the alternative forms of the imperfect subjunctive *poïst* 244, *poissiez* 294, instead of *peüst* and *peüssiez* (Pope § 1024, Reid, *Yvain* § 20).

2 *A po que*: 'almost'; cf. *A po* 164. Cf. 4, 21, Note.

9 Cf. *A Lancelot vient la novele/ que morte est sa dame et s'amie* (*Charrete* Roques 4250-1).

10 *Espoir*: cf. 36, 'perhaps'; ind. pr. 1 of *esperer*, used adverbially (T.-L. iii. 1183).

28 *Einz*: 'on the contrary', adversative particle after a negation (see Foulet, *Rom.*, 81 [1960], 442-3). Cf. 11, 235, Note.

37 Lancelot rode in a cart driven by a dwarf on the first day of the quest for Guinevere and Meleagant (*Charrete* Roques 314-444). See SHIRT, D. J., 'Chrétien de Troyes and the Cart', in *Studies in Memory of Frederick Whitehead*, ed. W. Rothwell, W. R. J. Barron, D. Blamires, L. Thorpe (Manchester U.P., 1973), 279-301.

44 ff. See PARRY, J. J., *The Art of Courtly Love by Andreas Capellanus* (Ungar, New York, 1959); ZADDY, Z. P., '*Le Chevalier de la Charrete* and the *De amore* of Andreas Capellanus', in *Studies in Memory of Frederick Whitehead*, 363-99.

47 f. The expression *amour courtois* appears to have been created by Gaston Paris with these lines in mind ('Études sur les romans de la Table Ronde, ii. Le Conte de la Charrette', *Rom.*, 12 [1883], 516-19). To avoid confusion between 'courtoisie' in the general sense and extra-marital love, Frappier prefers the term *fine amor* (see FRAPPIER, J., 'Notes lexicologiques: i. "Gole", ii. "Amour courtois"', in *Mélanges Jean Boutière*, ed. I. Cluzel and F. Pirot [Soledi, Liège, 1971], i. 233-52).

65 *servises*: cf. 109. The service of love performed by the perfect lover for his lady has often been compared with the feudal service owed by the vassal to his overlord (see FRAPPIER, J., 'Vues sur les conceptions courtoises dans les littératures d'oc et d'oïl au XIIe siècle', *CCM*, 2 [1959], 141; LAURIE, H. C. R., '*Eneas* and the *Lancelot* of Chrétien de Troyes', *Med. Aev.*, 37 [1968], 142-56; but cf. JONIN, P., who argues that the service of love entails the complete negation of the bond of mutual obligation linking vassal and overlord, in 'Le vasselage de Lancelot dans le *Conte de la Charrette*', *MA*, 58 [1952], 281-98).

71 'And what was sweet to me has been made bitter.'

92 *fier*. In this instance *fier* has lost its basic meaning 'cruel, fierce' and, like *fort*, acts as an intensifier reinforcing *grant* (see PENSOM, R., 'The Lexical Field of "fiers" in Old French', *ALing.*, 1 N.S. [1970], 59). Cf. 6, 189, Note.

102 'He behaved very courteously.' Cf. 8, 119, Note.

131 *pristrent*. Foerster and Roques emend to *prindrent*.

140 'In any case the shame is mine.' The stressed possessive without the definite article is replaced in Mod.Fr. by *à*+personal pronoun (Foulet §232).

157 'And when Lancelot sees how favourably he is being received.'

175 The scribe Guiot inadvertently omitted the couplet relating the incident to which the queen now alludes: *Tantost a sa voie tenue/ li chevaliers que il n'i monte* (*Charrete* Roques 360-1). Foerster includes the missing lines: *Tantost a sa voie tenue* (= the dwarf) *Qu'il ne l'atant ne pas ne ore. Tant solemant deus pas demore Li chevaliers que il n'i monte* 362-5 (see VINAVER, E., 'Les deux pas de Lancelot', in *Mélanges pour Jean Fourquet*, ed. P. Valentin and G. Zink [Klincksieck, Paris; Hueber, Munich, 1969], 355-61).

191 *Tot* is the antecedent of the neuter relative pronoun *quanque*, 'all that'; cf. Mod.Fr. *tout ce que* (see FABRIEK, P., *La Construction relative dans Chrétien de Troyes* [H. G. Paris, Amsterdam, 1924], p. 87).

201 *vostre cors*. The direct object of *herbergier*, *vostre cors* is equivalent to the reflexive pronoun object *vos*. Cf. 3, 22, Note.

210 *Kex.* The seneschal Kay had asked Arthur the honour of being the queen's champion against Meleagant (*Charrete* Roques 81-211); but he was defeated and led away captive with Guinevere to Gorre.

216. *la ou je puisse*: 'so far as lies within my power, if I can help it.'

242 *molt*: all MSS. except Guiot, who wrote *tant*.

254 *dormist*. When *cuidier* used positively is followed by the subjunctive mood, it means *penser à tort* (Ritchie, p. 4).

276f. *desirrant . . . de*: 'desirous of'. On the present participle (+*de*) used adjectivally see ASPLAND, C. W., 'La Périphrase verbale *estre* + le participe présent dans la poésie française du XIIe siècle: étude grammaticale et stylistique', *SN*, 44 (1972), 13-14.

297 f. 'Nothing but you can prevent me from being able to come to you.' Cf. 2, 9f., Note.

317 'That I shall make any noise.' *Devoir* denotes the future in a subordinate noun clause requiring the subjunctive mood. Both *devoir* and *pouvoir* are still used in this way in Mod.Fr. (Grevisse §1052).

322 The reflexive pronoun object *se* of the two verbs *aparoille* and *atorne* is expressed only once (Sneyders de Vogel §75). Cf. 19, 67, Note.

351 *Et* has the grammatical function of linking the principal clause to the preceding subordinate clause. This construction is common in O.F. after a conditional clause. *Et*, 'for his part, as for him', indicates a marked contrast (see TANQUEREY, F. J., '*Et* particule', in *Studies Presented to Professor Mildred K. Pope* [Manchester U.P., 1939], 339-50).

352 f. 'For Love failed all other hearts compared with what it did to his.'

399 For the use of verb+*arriere* where a verb alone suffices in Mod.Fr. see Foulet, *Rom.*, 81 (1960), 459. Cf. 11, 2, Note.

416 *au traire les fers*. The substantival infinitive remains sufficiently verbal to govern a direct object (Sneyders de Vogel §§259-60).

13. Beroul: *Tristran*

Beroul was possibly a native of the South-West. The following features of the poet's language occur in the extract: reduction of [ýi] to[u̧í] (Pope W. §iv): (*endormi*:) *lui* 184; [ãi] > [ẽi] > [ẽ] (Pope W. §iii): *çainte* 129: *mainte* 130, *peine* 297: *vaine* 298; effacement of final supported -*t* (Pope S.W. §viii): *doi* 197 (: *moi*), (*roi*:) *doi* 250.

The following morphological features can be attributed to the poet: the n. sg. for the acc. (Pope W. §xii): *filz* 105 (: *soutiz*); the reduction of *ele* to *el* 199, 236 (Pope W. §xiv); analogical unsupported *t* in pret. 3 and pp. (Pope §998; but cf. Reid, *MLR*, 60 [1965], 354): (*connut*:) *fut* 10, (*petit*:) *banit* 50, *fut* 225 (: *connut*), *bolli*[*t*] 305 (: *fist*); analogical subj. pr. *moigne* 100, *anorte* 274.

The spelling of MS. 2171 appears to be that of an early thirteenth-century Norman scribe disfigured by a later thirteenth-century copyist (EWERT, A., 'On the Text of Beroul's *Tristran*', in *Studies Pope* [Manchester U.P., 1939], 89-98). Western spellings corresponding to those of the original are -*or* (*seignors* 1, *lor* 2, *poor* 60), -*on* for -*ons* (*seron* 68, *fuion* 265, *poön* 277). Certain more markedly

Western spellings are due to the final copyist: *lié* 99 for *li* (Pope S.W. §i). Other spellings, either Central (*-oi* for Western *-ei* in the imperfect ending *-oit* and in *roi* 25, *moi* 192, *voi* 193) or Northern (*aroit* 26 for *avreit* [Pope §976, N. §xiii], *-ch-* for *-c-* in *enbrachiez* 67 [Gossen §38], confusion of *s* and *ss* in *prisse* 112, *amasent* 173, *eüsent* 174 [Gossen §49]), appear to be due to an intermediate scribe.

2 *dut.* Like the expression *par poi (que)* . . . *ne* (cf. v. 18 and 4, 21, Note), *devoir* may express an action that almost took place (RAYNAUD DE LAGE, G., *Introduction à l'ancien français*, 4th edn. [SEDES, Paris, 1964], p. 124).

4 *fulliers*: cf. *fuellier* 6. Ewert, ii. 182, 'dense wood'; Reid, p. 69, more convincingly suggests 'trace(s)', hence in v. 6 'followed by means of the trace'.

28 *Por c'acort il*: Muret⁴, Reid, p. 69; Ewert *por ce acort (il)*.

40 *Ome.* Ewert, ii. 19, regards *ome* as the oblique form used for the nominative. Reid, p. 70, takes *senbler* as transitive 'resemble, look like'; cf. 43.

43 *home qu'ait.* Reid, p. 70; Ewert *hom qui ait.*

46 'Has any man refused you his fee?'

47 *fors.* Reid, p. 70.

58 *poi a, ensenble o lui.* Muret⁴; Ewert *poi a, si con je quit.*

73 *Ne dire*: cf. *ne te movoir* 77. The negative infinitive expresses a prohibition in O.F. (Ewert, *The French Language* §330).

74 Ewert: 'Whether (lit. 'however much') he be a stranger or privy to my councils.'

75 *as chemins fors*: 'at the crossroads', Reid, p. 70, following Frappier's interpretation of the MS. reading *au chemin fors* (<*forc*, adj. 'forked') as 'au chemin fourchu, à la bifurcation' (*Rom.*, 84 [1963], 77-9).

76 *la*: cf. *lau, lo, leu*, a reduced form of *la ou* (Reid, p. 71).

82 Ewert: 'May the drop serene destroy his eyes!' *Gutta serena* was a disease of the optic nerve.

84 *son cors conduire*: 'to betake himself off'. Cf. 3, 22, Note.

93 *aler vos*: an instance of the rare use of a pronoun subject with an infinitive (see HACKETT, W. M., 'Syntactical Features Common to *Girart de Roussillon* and Beroul's *Tristan*', in *Medieval Miscellany Presented to Eugène Vinaver* [Manchester U.P., 1965], 157-66).

100 *n'i moigne per*: 'not to bring any companion', a noun clause object of *mander* without the conjunction *que*; cf. v. 116 (Ritchie, p. 140).

108 Ewert: 'Let me have my own way a little.'

112 *quant il l'ot prisse*: 'when he had taken her', in which *l'* duplicates *Yseut* in v. 113 (Reid, p. 72).

115 f. 'He threatens them direly that, if he finds them, he will not refrain from injuring them.'

118 *c'es[t] granz pechiez*: 'this is a great misfortune'. In v. 182 *pechié* = 'outrage' (see CAULKINS, J. H., 'The Meaning of "pechié" in the *Romance of Tristran* by Béroul', *RoNo*, 13 [1971-2], 545-9).

131 'However, he acts very presumptuously.' Cf. 8, 119, Note.

134 'Never would it end until one of them was dead.'

137 *forfét.* Ewert, ii. 185, translates 'to the (place of the) fulfilment of his bargain, or the redeeming of his pledge or promise'. Reid, p. 72, follows T.-L. iii. 2092: 'the man who had offended against him'.

138 *qui vergonde ait*: '(who) may he be filled with shame', a relative clause expressing a wish (Ménard, §49).

146 *por qu'il = por qu(i) il* or *por qu(e) il*. For O.F. *qui* governed by a preposition and referring to things see Sneyders de Vogel §114.

158 Ewert, Muret[4]: *Iré le fait, si se tresva*. HENRY, A., *Rom.*, 73 (1952), 406, and *Études de syntaxe expressive* (P.U.F., Paris, 1960), p. 64, reads *ire le fait*, 'anger causes it', i.e. 'anger causes him to do it'. For the second half of the line, in which Ewert glosses *soi tresaler* as 'to faint' and Henry as 'passer, aller trop loin, dépasser les bornes', or, if the king is the subject, 'perdre tout contrôle', Reid, p. 74, proposes *si tressüa*, 'and he sweated'.

159 ff. Henry: 'Le coup allait fondre sur eux [et] il allait les tuer, ç'aurait été grand malheur.' Henry describes *decendist* as 'un subjonctif d'imminence contre-carrée, subjonctif essentiellement dramatique' (*Rom.*, 73 [1952], 405, and *Études de syntaxe expressive*, p. 64). Reid, pp. 74-6, accepts this interpretation, in which *se·s* 160 = connective *si + les*. Ewert, ii. 186-7 interprets v. 160 as 'had he killed them, it would have been a grievous thing'.

177 *d'eus ocire*. The stressed personal pronoun is used as the preceding direct object of an infinitive when the infinitive is itself governed by a preposition (Foulet §177). Cf. 27, 78.

182 *Trop par*: 'exceedingly', also *molt . . . par* 257. Cf. 3, 164, Note.

184 On the omission of the conjunction before the second of two parallel conditional clauses joined by *et* cf. 1, 12 f., Note.

187 *Que, des que il* Reid, *Ançois que il* Ewert, *Que, ançois qu'il* Muret[4].

196 *suens* = Mod.Fr. *à elle* (Foulet §232). Cf. 12, 140, Note.

198 *vair rai* Muret[4].

199 *o soi*: 'with her'. Cf. 3, 50, Note.

204 Ewert: 'Wherewith the Morholt was beheaded.' Muret[4] emends to *Dont le Morhot fu del chief blos*. For a summary of details of Tristran's fight with the Merholt, during which a fragment of the steel blade of Tristran's sword remains embedded in his adversary's skull, see Ewert, ii. 188.

210 'He gently drew it off without her moving': *el* Muret[4] and Reid, pp. 77-8. Ewert retains the reading *il*: 'without the finger moving'; see ii. 188.

221 *dormant les let*. On this construction see ASPLAND, C. W., 'La Proposition participe (*mes anemis voi ici aproichans*) et la proposition gérondif (*jo vei paens venant*) dans la poésie française du douzième siècle', *SN*, 46 (1974), 15-31.

224 *out demandé*: 'it was asked' (Ewert, ii. 189, Reid, p. 78).

229 ff. The two ravenous lions seen by Yseut in her dream symbolize the two powerful knights Tristran and Marc, the rivals for her love (see JONIN, P., 'Le songe d'Iseut dans la forêt du Morois', *MA*, 64 [1958], 103-13).

261 'Now there is nothing for it but to flee.' On the expressions *n'i a que de*, *n'i a fors de* + infinitive see Tobler, *Mélanges*, p. 23.

279 *quant*. Reid, p. 78; Ewert and Muret[4] retain the MS. reading *si*.

285 *Voiant le pueple*: 'in the presence of the people.' In this construction the gerund has become a preposition (see ASPLAND, C. W., 'The So-Called Absolute Construction in Old French, Types *voiant toz, oiant toz*', *AUMLA*, 30 [1968], 151-68).

287 *n'avon que demorer*: 'we have no reason to delay, we must not delay' (Reid, p. 79).

288 *esfreer*. Reid, p. 79, who translates 'in them there was nothing but fear'.
296 *pené*. In O.F. the past participle does not always agree with the preceding
direct object. Cf. 3, 64, Note.
299 f. On the use of *oïr de* in O.F. cf. 7, 9, Note.
312 *Las n'en sui*. Muret⁴, 'I am not weary of it'.

14. *La mort de roi Artu*

Although the scribe who copied MS. *A* at the end of the thirteenth century for
the most part wrote Francien, certain dialectal spellings suggest that he was
Champenois: *ein* for Francien *ain* (Pope § 466): *einsi, remeindra, meintenant, seint*;
also *ain* for Francien *ein*: *frain*; *eau* differentiated to *iau* (Pope §§ 388, 501, 540,
N. § viii): *Lyonniaus, biau*; frequent use of the spelling *leu*, also *mileu*, instead of
lieu (Pope § 557).
The following morphological features are to be noted: the lowered form *en*
(*l'en*) for the indefinite pronoun *on* (Pope § 487, S.C. § vi); the ending *é* for *ai* in
fut. 1 (Pope § 966): *conseilleré, diré, partiré, seré*; the etymological second person
plural ending in the fut. and subj. pr. (Pope § 967, E. § xxvi): *cuideroiz, iroiz,
verroiz, avroiz, portoiz, vivroiz*; the alternative form of the subj. impf. 3 *poist*
106 instead of *poust/ peust* (Pope § 1024).

6 *entredite*: 'interdicted'. This incident recalls a similar situation in the *Lancelot*
(Sommer, iv. 73) when the Pope laid Great Britain under an interdict because
Arthur would not leave his new wife, the false Guenever, who had usurped the
queen's place (see Frappier, *Étude*, pp. 210-11).
17 f. *selonc ce que . . . mieuz*: 'according to what you think will avail me best'.
19 *li plus preudome del monde*: 'the noblest man in the world'. Cf. 5, 61, Note.
The word *preudome* could imply physical valour, its commonest meaning in the
Roland, or moral and spiritual excellence, as in this context and in the *Barisel* (see
CROSLAND, J., '*Prou, preux, preux hom, preud'ome*', FS, 1 [1947], 149-56).
33 *vostres*: Mod.Fr. *à vous*. Cf. 13, 196, Note.
38 *par defaute de lui*: 'because he felt the want of her'.
39 f. *il ne·l* (*ne* MSS. *BRVO*) *leroit . . . [qu'il ne la rendist] RBDVO*: 'he would
not fail to return her'. In this construction *laier* (T.-L. v. 68-9) and *laissier* (T.-L.
v. 91-2) are usually preceded by simple *ne*; only three examples quoted in T.-L.
contain *nel* (cf. also the two instances in 7, 14, 27). *Nel* is an enclitic form com-
prising *ne*+neuter *le*, which anticipates and duplicates the following subordinate
clause. Cf. 2, 9 f., Note.
43 f. *il n'i perdist vaillant un esperon ne ame*: 'he should not lose anything or
anybody'. For formulas of the type *vaillant un esperon* see ASPLAND, C. W.,
A Syntactical Study of Epic Formulas . . . (University of Queensland Press, 1970),
pp. 39-42.
48 f. *comme l'en m'avoit fet entendant*: 'as I had been given to understand'.
Besides *faire entendant*, O.F. also contains the synonymous constructions *faire a
entendant, faire a entendre, faire conoissant*, and *faire a conoissant*, all of which have
the same meaning as Mod.Fr. *faire entendre, faire comprendre* (Foulet §§ 132, 136).
49 [*cil de l'ost*]: as in *RBDVOW*.

59 *anel.* In the *Lancelot* we learn that Arthur's sister Morgain once offered to release Lancelot from her prison in exchange for this ring: *Et vous seres quites fait elle pour lanel que vous aues en vostre doi. Et ce estoit li aniaus que la royne li auoit donne auec samor* (Sommer, iv. 124). We further learn that Morgain wished to obtain this ring in order to take revenge on the queen, who had banished her from the court: *Et de la mut la grant hayne que elle ot tout iors enuers la royne. Et por ce assaioit elle se ia a lancelot porroit atraire lanel* (ibid.).

64 *li .iiij. cousin:* Lancelot, Hestor des Mares, Lyonnel, Bohort. Lancelot's father Ban, king of Banoic, was the brother of Bohort, king of Gaunes. King Bohort's two sons were called Lionel and Bors (Bohort) (Sommer, iii. 16). Hestor (Hector) appears first as an unidentified knight (Sommer, iii. 278), and his identity as Lancelot's half-brother is not revealed until much later when he has proved himself worthy in many chivalrous adventures (Sommer, v. 117).

65 *a sauves trives:* 'under a safe-conduct'. *Trive* is derived from a Frankish word **triuwa* (Bloch–Wartburg, *Dictionnaire étymologique*) meaning 'safety'. The expression is also introduced by *par: par sauues triues* MSS. *BRD.*

66 *qant ce fu chose que:* literally 'when it was the case that', i.e. 'when' (T.-L. ii. 417).

90 *Gaule:* Frappier *Gaunes.*

99 f. *il n'en ira jamés avant.* The scribe wrote *anant.* In his TLF. edition Frappier reads *avant* and interprets *il* either as personal: 'he (Bors) will not need to insist further', 'he will not be able to find a way out of it', or as impersonal: 'there will never be any way out of it'.

105 On the repetition of the conjunction *que* after an interpolated clause when the principal verb is one of 'saying', 'promising', 'commanding', see Foulet §494.

107 *avec soi: auec lui* MSS. *BRDOW.*

15. *Aucassin et Nicolette*

On the questions of the language and the native region of the author of *Aucassin et Nicolette* see Roques, op. cit., pp. xv–xvi. The language of the scribe, who copied the manuscript at the end of the thirteenth century, is Picard: *c* for Francien *ch* (Pope N. §i, Gossen §41): *canbre, caitive, decauc*; *g* for *j* (Pope N. §i, Gossen §42): *gardin, ganbete*; *iu* and *u* for *ieu* and *ueu* respectively (Pope N. §vi, Gossen §25): *lius, fu*; reduction of the diphthongs *ai* and *ie* to the first stressed element (Pope N. §vii, Gossen §§6, 10): *Biaucare, fare, civres, destrir*; *iau* for *eau* (Pope N. §viii, Gossen §12): *biax, damoisiax*; *au* for *ou* (Pope N. §viii, Gossen §23): *vautie, cauperont*; *nr* for *ndr* (Pope N. §xiii, Gossen §61): *remanroit*; reduction of *vr, dr* by the elimination of *v* (Pope N. §xiii, Gossen §74): *arés, ariés, ara,* or by the introduction of a vocalic glide: *arderai, arderoit*; the lowering of *e* to *a* before *l*+consonant (Pope N. §xvii, Gossen §12): *ciax, ax, caviaus*; vocalization of preconsonantal *l* after *i* (Pope N. §xix, Gossen §20): *fix, gentix*; *s* for *z* (Pope N. §xxi, Gossen §40): verb ending *-és, grans, fors, corans, vallés*; metathesis of *r* (Pope N. §xxii, Gossen §57): *vremelletes, deffrema.*

The following Northern morphological features occur: the stressed first person pronoun *jou* (Pope N. §xxiii, Gossen §64); *mi* as well as *moi* (Pope N. §xxiv,

Gossen §65); the feminine definite article *le*, *li* (Pope N. §xii, Gossen §63); the unstressed possessive *men*, *ten*, *sen* (Pope N. §xii, Gossen §66); *vo* instead of *vostre* (Pope N. §xxv, Gossen §68); the stressed possessive *miue*, *siue* (Pope N. §xxv, Gossen §69); the neuter demonstrative *çou* as well as *ce* (Pope §849, Gossen §70); ind. pr. 1 ending in -*c* (Pope N. §xxviii, Gossen §75): *fac*, *siec*.

IV. 8 f. *i*: 'to her'. On the use of *i* and *en* referring to persons cf. 5, 118, Note, also Sneyders de Vogel §78.

IV. 12 f. *vostre volentés . . . et vos bons . . . en tel tere et en tel païs*. The author uses numerous pairs of synonyms or near-synonyms (ROGGER, K., 'Étude descriptive de la chantefable "Aucassin et Nicolete"', *ZRP*, 67 [1951], 409-57; 70 [1954], 1-58; esp. pp. 431-2).

IV. 13 f. *Ce gardés vous*: 'see that you do it', the imperative with the subject expressed; also *Or ne quidiés vous* x. 5, *Ce m'afiés vos* x. 48. Cf. 3, 105, Note.

V. 1 f. These lines recall the phrase *En une canbre la fist metre Nicolete . . .* IV. 16, and are themselves echoed in the opening words of VI: *Nicolete fu en prison*. Cf. the last sentence of VI and the first sentence of VII. Rogger, op. cit., pp. 438-41, analyses the author's use of *reprise* and *enchaînement*, devices already found in the *chansons de geste* (Rychner, *La Chanson de geste*, pp. 74-93). The sections IV-XIII of *Aucassin et Nicolete* comprise 'une série de couples se composant d'un morceau de prose et d'une laisse qui l'achève' (Rogger, p. 440): IV+XI, VI+VII, VIII+IX, XII+XIII.

V. 4 *miramie*: 'mot factice pour la rime' (God. v. 340a). ORR, J. suggests 'beautifully', 'wonderfully' for *a miramie*, and analyses *miramie* as a popular compound of imperative (*mire*: 'look!') and vocative: *à mir'amie*, 'look my love!' (*MLR*, 31 [1936], 99).

V. 19, 24 *ne . . . mie*. *Mie* is the usual particle accompanying the negative adverb in Picard: only one example of *pas* appears in the text (GUIRAUD, P., 'L'opposition actuel-virtuel. Remarques sur l'adverbe de négation dans "Aucassin et Nicolette"', in *Mélanges Delbouille* [Duculot, Gembloux, 1964], i. 295-306).

VI. 4 *l'a faite mordrir*. In Mod.Fr. the past participle *fait* followed by an infinitive always remains invariable (Sneyders de Vogel §296).

VI. 8 f. *faide vous en sera demandee*: 'vengeance will be wreaked upon you'. *Faide* (< Frankish **faihida*, *FEW* iii. 375a, T.-L. iii. 1556) is defined by Godefroy as 'droit qu'avaient les parents ou amis d'un assassiné de venger sa mort' (iii. 697a).

VI. 21 *Il i vont*: The impersonal verb *vont* agrees in the plural with the following logical subject (Foulet §293).

VI. 23 *cruutes*: the MS. reading; Roques *creutes*.

VI. 24 *estrumelé*: 'without breeches' (PARIS, G., *Rom.*, 10 [1881], 399, 490).

VI. 34 On the conditional sentence *se*+*parlés*+*savoit . . . arderoit* see WAGNER, R.-L., *Les Phrases hypothétiques commençant par "si" dans la langue française, des origines à la fin du XVIe siècle* (Droz, Paris, 1939), pp. 93-4. Having first warned Aucassin in a peremptory tone (present indicative), the viscount then changes to the imperfect indicative followed by the conditional, thus conveying what, to his mind, is unlikely to eventuate.

VIII. 13 f. *Ja n'i fieres tu home ni autres ti*: 'Even if you never strike anyone nor anyone else strikes you.'

VIII. 17 ff. *Ja Dix ne me doinst riens . . . que je tant aim!*: 'May God never give me anything that I ask Him, if ever I am a knight and mount a horse and go into battle, where I might strike a knight or someone else strike me, unless you give me Nicolette, my sweet love, whom I love so much.' Roques explains *quant ere cevaliers* . . . : 'Le sens n'étant pas affirmatif, mais hypothétique, la coordination de la temporelle éventuelle avec les phrases suivantes se fait régulièrement par *ne* et non par *et*' (ROQUES, M., 'Sur deux leçons contestées du manuscrit d'*Aucassin et Nicolette*', in *Mélanges Salverda de Grave* [Wolters, Groningen, 1933], 263-71).

X. 4, 19 *sor quoi*: After a preposition *quoi* is used in O.F. with the name of a thing or an animal as the antecedent; it may also refer to names of persons as well as *cui* (Foulet §§256-7, Sneyders de Vogel § 119).

X. 12 *aloient ja porparlant*: 'they were already discussing'. For *aller*+gerund cf. **6**, 90, Note.

X. 22 f. *qu'il lor abat .x. cevaliers*: 'with the result that he overthrew ten of their knights'.

X. 26 *venoit*. On the use of the ind. impf. instead of the pret. to express a completed action in the narrative in O.F. and Mid.Fr. see SCHØSLER, L., *Les Temps du passé dans Aucassin et Nicolete* (Odense U.P., 1973), pp. 52-4.

X. 42 *quant ja covens vos en tenrai*: 'if ever I keep my word'.

XI. 15 *Ne que soupe en maserin*: 'Or than a wine-sop in a mazer.' *Maserin*, an adjective used as a noun, from the noun *madre*, *mazre* (< Frankish *maser*, *FEW* xvi. 539a, T.-L. v. 767a-b). A mazer was a drinking vessel made of onyx or of veined wood in imitation of onyx (God. v. 63b).

The words *roisins, maserin, Limosin, esvertin, train, lin,* introduced to provide an assonance, occur nowhere else in the text; likewise the words *devisse, miramie, crigne, sorcille, gaudine, vie, Marie* in laisse v. Simone Monsonégo has found that specialized words of low frequency occur mainly in the *laisses* (MONSONÉGO, S., *Étude stylo-statistique du vocabulaire des vers et de la prose la chantefable Aucassin et Nicolette* [Klincksieck, Paris, 1966], p. 69).

XII. 13 *s'avala*: 'descended hastily, slipped down'. Cf. **8**, 320, Note.

XII. 15 ff. The beginning of the description of Nicolette closely resembles that of Aucassin; cf. also that of Raynaut in the *chanson de toile* (**16a**). Unlike Marie de France in her portrait of Lanval's mistress (cf. **10**, 292 ff., Note), the author follows the traditional models given by the writers of the medieval Latin arts of poetry: he describes Nicolette in descending order of the parts of the body. See FARAL, E., *Les Arts poétiques du XIIe et du XIIIe siècle, recherches et documents sur la technique littéraire du moyen âge* (Champion, Paris, 1923), pp. 79-81.

XII. 20 *nois gauges*: 'walnuts'; *gauge, jauge* (< **gallicus*, *FEW* iv. 36b, T.-L. iv. 1597), adjective 'qualifiant une sorte de noix' (God. iv. 246b), occurs in Normandy, Picardy, and Flanders from the twelfth to the sixteenth centuries.

XII. 20 *flans*: 'waist'. Cf. **10**, 25, Note.

16. Lyric Poems

a. CHANSON DE TOILE

The language of the scribe, who copied the manuscript in the middle of the thirteenth century, contains some Eastern and North-Eastern features: *ei* for Francien *e* from stressed free *a* (Pope E. §iv, N.E. §iv): *meis* 4; [o]+*r* raised to [u] (Pope E. §xviii): *color* 8, *tor* 14, *emperëor* 16, *flors* 32, *amors* 35; *iau* for *eau* (Pope N. §viii; N.E. and Champagne, Pope §540): *biau* 28; accusative singular of the article *lo* (Pope E. §xxv): 4, 25, 26, 27; the second person plural etymological ending *-oiz* (Pope E. §xxvi): *passisoiz* 14.

2 *Franc de France*: cf. 9, an archaic expression found in *Roland* 177, 804.

de roi cort: 'from the king's court', archaic word order also found in 14 *mon pere tor*; cf. 1, 1f., Note. The double omission of the article (= *de la cort le roi*) is discussed by Tobler, *Mélanges*, pp. 89–91.

2f. *repairent, repaire*, cf. 9f. *Voit, E voit*, 25 *Raynauz en monta*, 31 *Raynauz est montez*. The device of *recommencement* (Faral, p. 450) recalls the literary technique of the *chansons de geste*.

16 *Ja·l*: emendation by A. Tobler for MS. *iel*.

The expression *le mesfaire*, 'to do wrong, to behave badly', also occurs in *Le chevalier de la charrete*, ed. Roques, vv. 3781–2: *non pas por ce que il ne l'ait/ bien vers vos et vers lui mesfait*, 'not that he (Meleagant) has not behaved very badly towards you (Guinevere) and him (Lancelot)' (see HENRY, A., 'Ancien français *le mesfaire*', *Rom.*, 75 [1954], 389–90).

17 *Autrui amastes*: 'you loved another'. Cf. 10, 178, Note.

19f. Erembor offers to clear herself of the charge of having been untrue to Raynaut during his absence by taking an oath on the holy relics with thirty companions or *cojuratores*. This method of self-justification was allowed by an ancient Germanic law (LEWIS, C. B., 'The Origin of the Weaving Songs and the Theme of the Girl at the Fountain', *PMLA*, 37 [1922], 141–81; cf. also Faral, p. 450).

26 This formulaic line occurs in *Ogier le Danois* 2557, end of twelfth century (Faral, p. 451).

27 The identical line appears in *Girart de Vienne* 3389, first quarter of the thirteenth century. However, vv. 26 and 27 contain the rehandling of a traditional type of description already found in the formulaic portrait of Baligant: *Graisles [l]es flancs e larges les costez, Gros ad le piz, belement est mollét, Lees les espalles e le vis ad mult cler, Fier le visage, le chef recercelét* (*Roland* 3158–61). Cf. 15, XII. 15ff., Note.

b. AUBE

Note the Eastern neuter demonstrative *ceu* 61 (Pope E. §xxv).

3 *se Deus vos voie*: 'God bless you!' Cf. 8, 162, Note.

8 *Je l'ai veü*. Bédier adds the following note: 'Qui a-t-il vu? L'ennemi, mari ou rival, le "traïtor" qui pourrait troubler l'amoureux, et dont on redoute la venue'

(p. 421). However, the 'traïtor', like the solitary robber of v. 36, is perhaps merely the poet himself observing the scene.

13 *Blancheflor*: the heroine of the romance *Floire et Blancheflor*.

15 f. *Ne fust la poor Del traïtor*: 'were it not for fear of the betrayer'. For the conditional clause without a conjunction see Sneyders de Vogel §245.

26 *aiez*: Bédier *aient*.

30, cf. 41, 52 *soit teü*: 'let the horn be kept silent'. Cf. 3, 140, Note.

31, cf. 42, 53 *a ceste voie*: 'this time'. *Voie* (<*via*, *FEW* xiv. 378a) can mean Mod.Fr. *fois*. Cf. Tobler, *Mélanges*, pp. 233–4.

32 f. Bédier: 'Je le savais bien, que l'aventure tournerait à notre joie'.

36 *que je voie*: 'as far as I can see'. Cf. Mod.Fr. *que je sache* (Sneyders de Vogel §116, Grevisse §§550, 747, Tobler, *Mélanges*, pp. 149–50).

37 ff. 'Whom I should not dare name, who is lying concealed among the flowers'.

77 *tote voie*. Tobler observes that *tote voie*, *totes voies* 'ont signifié d'abord "dans tous les chemins", "en tout cas", puis "néanmoins" et "cependant"; cf. *always*' (*Mélanges*, p. 234).

c. CHANSON DE CROISADE
BY LE CHASTELAIN DE COUCI

The language of the scribe, who wrote at the end of the thirteenth century, contains some Picard features: *c* for Francien *ch* (Pope N. §i, Gossen §41): *cierement* 27, *cargier* 40; *ch* for Francien *c* [ts] (Pope N. §i, Gossen §38): *ochie* 28, *merchi* 29; *au* for *ou* (Pope N. §viii, Gossen §23): *vaut* 25; the lowering of *e* to *a* before *l* (Pope N. §xvii, Gossen §12): *aus* 36; the stressed form *boine* 30 (Pope §599); *s* for *z* (Pope N. §xxi, Gossen §40): *saichiés* 6, *ens* 10, *verrés* 43; *vo* for *vostre* (Pope N. §xxv, Gossen §68): 42; *chis* for *cist* (Pope N. §xxvi, Gossen §§40, 70): 28; *çou* for *ce* (Pope §849, Gossen §70): 35; ind. pr. 1 ending in -*c* (Pope N. §xxviii, Gossen §75): *quic* 13, *comanc* 42.

3 *estuet*. The poet repeats the notion that external necessity is cruelly imposed upon him by God; cf. *convenra* 10, *estuet* 12, 32.

6 *Amors*: cf. 13 *maus*, 15 *amor*, *joie*, 18 *soulas*, 20 *dame*, *amie*, 23 *cuers*, 28 *ochie*, 33 *losengëor*, 38 *traïtor*, 48 *amis*. For the key word in the courtly lyric see ZUMTHOR, P., *Langue et technique poétiques à l'époque romane* (*XIᵉ–XIIIᵉ siècles*) (Klincksieck, Paris, 1963), pp. 126–45.

19 *maus*: 'words', Picard spelling.

35 f. Bédier: 'Pour comprendre ces vers, il faut se rappeler que, en prononçant leur vœu de pèlerinage ou de croisade, les pèlerins promettaient de pardonner à tous ceux qui les avaient offensés' (p. 106).

46 *viegne ou demour*: 'whether I come back or whether I remain there', alternatives expressed without *que* (Sneyders de Vogel §245).

d. CHANSON
BY CONON DE BÉTHUNE

The rhyme in -*s* (*cois* 2) instead of Francien -*z* must be due to the poet.
The following Picard features may be attributed to the scribe, who copied the

manuscript at the end of the thirteenth century: *c* for Francien *ch* (Pope N. §i, Gossen §41): *cançons* 6 (but *chanter* 2, 4); *ch* for *c* (Pope N. §i, Gossen §38): *chil* 12; vocalization of preconsonantal *l* after *i* (Pope N. §xix, Gossen §20): *fiex* 9 (Francien *fiz*); the demonstrative *çou* 4 (Pope §849, N. §xxvi, Gossen §70).

4 *mis*. Wallensköld believes that the scribes of *M* and *T* wrote *nus*. However, both MSS. clearly read *mis*.

6 *oiant*. The gerund of *oïr* became a preposition, 'in the hearing of, in the presence of'; cf. *voiant* 13, 285, Note.

7 *dont plus me poise*: 'which distresses me most of all'. For the omission of *ce* before the relative pronoun cf. 2, 13, Note.

8 'The queen did not behave in a courtly manner.' Cf. 8, 119, Note.

13 *S'il m'ont*. Paris and Langlois emend to *Qui m'ont*.

19 Literally: 'And if I am presumptuous in the matter of composing songs'. Paris and Langlois emend *trover* to *rover*.

21 *fait*: the reading of MS. *e*; Wallensköld retains *font*, the reading of *T*.

e. CHANSON
BY GACE BRULÉ

On the Champenois language of the poet see Huet, pp. l–lv, Dyggve, pp. 175–80. The following Eastern features may be attributed to the scribe, who copied the manuscript in mid-thirteenth century: palatalization of intertonic [e] to *i* before *s* (Pope E. §ii, N. §xviii): *oquisonez* 7, *oquisoné* 25; the reduction of [yi] to *u* [y] (Pope E. §xiii, N.E. §vii): *cuz* 16 (Francien *cuit*), *füez* 41; effacement of *l* before a consonant (Pope E. §xx): *fasse* 14; the accusative singular of the article *lo* 14 (Pope E. §xxv); the pronoun *mi* 21, 41 (Pope N. §xxiv; Fouché, *Phonétique*, p. 402; also used by the poet); the second person plural etymological ending *-iz* (Pope E. §xxvi): *serviz* 23.

6 *prochaine*. The adjective agrees with *ire*, not with *esmai*.

7 *fins amanz*. MSS. *CKLMNOPRVX*; cf. *fin cuer* 17, MSS. *CKLMNOPVX*. *finement* 31, MSS. *CKLMNOPRVX*, *fins* 32, *U* only: Gace Brulé makes frequent use of the key word *fin*, as do the troubadours (LAZAR, M., *Amour courtois et 'fin' amors' dans la littérature du XII*e *siècle* [Klincksieck, Paris, 1964], pp. 262–3).

19 *toz siens*. Mod.Fr. 'tout à fait à elle'. Cf. 13, 196, Note.

31 Huet: 'Mon cœur s'est affiné, purifié en séjournant chez vous (à qui je l'avais confié)'.

38 *lige hom*: 'liegeman'. The lover serving his lady is compared to the feudal vassal under an oath of allegiance to his lord. Cf. 12, 65, Note.

f. CHANSON DE TABLE
BY COLIN MUSET

The language of Colin Muset shows the characteristics of the dialects of Lorraine (Bédier, p. xxvi). The following Eastern features may be attributed to the scribe of MS. *U*: *ei* for Francien *e* (Pope E. §iv, N.E. §iv): *geleir* 2, *iverneir* 4, *sejorneir* 6, *leiz* 7, *cleir* 8 etc.; *o* for *ue* before a palatal consonant (Pope E. §x, N.E. §i): *voil* 5; *ai, e* for *a* before *s, t* (Pope E. §xv): *pais* 13, *et* (Francien *a*) 19, *ait* (Francien *a*) 35, *grais* 46; *a* for *au* before a consonant (Pope E. §xx): *chade* 9, *chivachier* 13; *consoil* 23 for Francien *consel* (Pope E. §xxii, S.C. §xii); the article *lou* for *le* (Pope E. §xxv); *dou* 41 for *del, du* (Pope §843); the connective *se* 15 for *si* (Foulet §439).

17 *acoillir.* P. Paris and Henry emend to *acoillier.* Henry glosses *a. proe* as 'faire une razzia de bétail, faire du butin'.

19 *i et = il y a.*

22 *prendre (soi).* Jeanroy, Långfors gloss as 'se quereller'.

32 *fors geteir.* Bédier 'jeter par la fenêtre'.

36 *vieut.* Jeanroy, Långfors, and Bédier emend to *vient.* P. Paris (*vuet*) and Henry (*vieut*) interpret as ind. pr. 3 of *voloir.* Vv. 35 f. may be interpreted: 'The more a worthy man has, the more he wants to hoard riches (whereas he should generously bestow largesse on the needy)'.

49 ff. *plonjon.* Meyer reads *ploujon* and suggests the correction *plomion* (MEYER, P., *Recueil d'anciens textes bas-latins, provençaux et français* [Vieweg, Paris, 1877], p. 382). He therefore seems to regard the meaning as 'diving bird': *plojon, plommion, plonjon, ploumion, plungon, plungun, plunjon* are the variants of *plongeon*, 'diver', listed by God. x. 358c and *FEW* ix. 95b; cf. also T.-L. vii. 1185: *plonjon*, 'Taucher (Vogel)'. Noting that Colin Muset uses numerous names of birds and animals, Henry interprets vv. 49-52: 'Il n'y a même pas un grèbe tendu [dressé, le cou tendu, aux aguets, pour plonger sur sa proie] sur une motte [= l'hiver est très dur]; je n'aurai nul recours en cette froide saison' (*Rom.*, 75 [1954], 114). Bédier less convincingly interprets *plonjon* as 'meule'. Whereas Henry takes *gueridon* as a variant of *guerredon*, 'récompense', therefore 'ressource, recours', others regard *gueridon* as a form of *guerison, guarison*, 'protection' (see BANITT, M., 'Le Vocabulaire de Colin Muset. Rapprochement sémantique avec celui d'un prince-poète Thibaut de Champagne', *RP*, 20 [1966], 151-67; LEVY, R., 'Remarques lexicographiques sur les chansons de Colin Muset', *RR*, 59 [1968], 241-78).

53 *Guion*: 'to Gui', Gui de Joinville, the lord of Sailly from 1206 to 1256 (Dyggve, *NM*, 36 [1935], 12-13). Jeanroy and Langfors: *Saillit* for MS. *faillit*.

g. PASTOURELLE

BY THIBAUT DE CHAMPAGNE

On the Champenois dialect of the poet see Wallensköld. pp. lxii-lxiii. The following Eastern features may be attributed to the scribe, who copied MS. *O* at the end of the thirteenth century: *x* for Francien *s*: *telx* 60 (MS. reading); *dou* 7 for *del, du* (Pope §843).

24 *Robeçon.* In the *pastourelles* the shepherd is usually called *Robin*, sometimes *Guiot, Perrin, Simon* (Paris, p. 735).

36 *qui = ce qui.* For the use of neuter *qui* when the antecedent is a clause see Foulet §249. Cf. 2, 13, Note and 5, 48.

48 'You frighten people.' A similar reply occurs in Richart de Semilli (Bartsch III, 12, 35 f.): *Ele m'a geté un ris Et dit qu'ele ert tuee.* However, there is evident confusion in MS. *O* between *paour, poür*, 'fear', and *pour, por*, 'for'. Cf. Bartsch,

Wallensköld: *Ne faites pour la gent* (the reading of *MT*), 'do not do anything here because people will see us'.

54 f. *oï criant .ij. pastors*: cf. **13**, 221, Note.

58 'I did much more than I tell.' The poet is less boastful than Jocelins de Bruges: *Asses plus ke je ne di Fimes de mes avels./ Quant j'oi fait mes volentes, Vois m'en riant* . . . (Bartsch III, 51, 35–8).

17. 'Fixed forms'

a. RONDEAU
BY GUILLAUME DE MACHAUT

The scribe copied MS. *G* in the second half of the fourteenth century. Note the use of the Northern possessive *vo* (all MSS.) 3 by the poet (Pope N. § xxv).

6 'So that I may serve [you with undivided allegiance] like a true lover.' Cf. **12**, 47 f., Note, **12**, 65, Note, **16e**, 7, Note.

b. BALLADE
FROM *LE VOIR DIT* BY GUILLAUME DE MACHAUT

The scribe copied MS. *F* in the second half of the fourteenth century. For the language of the poet, note the stressed pronoun *mi* 5 (: *palli*) found in the North, North-East, and East (Pope N. § xxiv, Fouché, *Phonétique*, p. 402) and the Northern possessive *vo* 9 required by the metre (Pope N. § xxv). Both these forms are used by the Champenois poet Gace Brulé.

4 *que Dieus gart*: literally 'which may God protect', a relative clause expressing a wish. Cf. **13**, 138, Note.

11 'And may my mortal remains go where they should!'

23 'Or I am afraid that I shall die.'

c. BALLADE
BY EUSTACHE DESCHAMPS

The scribe copied the manuscript in the first quarter of the fifteenth century. There do not appear to be any marked regional features in his spelling.

3 'For I am anxious to maintain law and order.' The poet seems to be alluding to his legal functions, possibly to his duties as bailiff of Valois.

17 *Ains me defuit*: 'Rather does resistance flee from me'.

d. VIRELAY
BY EUSTACHE DESCHAMPS

17 The manuscript gives only the *incipit* of the second refrain *Mort felonne etc.*

33 Similarly for the third refrain: *Mort etc.*

e. BALLADE
BY CHRISTINE DE PISAN

The scribe copied the base MS. *A*² early in the fifteenth century. The language of the poetess is the dialect of the Île de France (see Solente, op. cit., 82–4).

1 *Seulete.* One of the characteristics of Christine's vocabulary is the abundance of diminutives (see Solente, p. 83).

5 *mesaisiee.* Christine uses compound words that have already become obsolete by the end of the fourteenth century (Solente, p. 83).

9 *englait.* The spelling in the other MSS. is *anglet.*

10 For the construction of preposition+stressed personal pronoun+infinitive cf. 13, 177, Note.

16 'I am alone, whether I am walking or whether I am seated.'

22 *Princes*: The four-line envoy was originally addressed to the president (*prince*) of the poetic society (*puy*) before whom the poem was read. Christine uses this traditional term of address in ballades I, II, IV, V, VI, VII, IX. Cf. *Mon doulz ami* XXII, *Medecins* XLIII, *Gentiz amans* LIV.

25 *Seulette etc* in the MS.

f. RONDEAU
BY CHRISTINE DE PISAN

7 *com turtre sui* in the MS.
12 *com turtre sui* in the MS.

18. *D'un preudome qui rescolt son conpere de noier*

The scribe copied the manuscript at the end of the thirteenth century or the beginning of the fourteenth century. The dialectal spelling *ai* for Francien *a* in *saichié* 10, *domaige* 32 may be attributed to the scribe (Pope §423, E. §xv, S.C. §x). There appear to be no marked dialectal features in the language of the author as shown by the rhymes (Reid, op. cit., p. 100). The declension has several times been infringed for the rhyme: *legier* 6, *mien* 43, *blasmé* 66, *prest* 76.

Title *preudome*: 'worthy man'. Cf. 5, 61, Note, 14, 19, Note.

9 *li = le li.* Cf. 3, 39, Note.

18 'And that he had fared badly.'

34 *Je ne sai que*: Reid *Ne sai que ge.* The other editors retain the MS. reading *Ne sai ge*; but unstressed *ne* is not followed by inversion of the subject in O.F. (Foulet §474).

41 *devoit noier*: 'he was about to drown'. For the auxiliary *devoir*+infinitive expressing the immediate future see HENRY, A., *Rom.*, 73 (1952), 398.

51 *Qu'alez vos doutant*: 'why are you hesitating?' Cf. 6, 90, Note. For *que* with the value of the interrogative adverb *pourquoi* see Sneyders de Vogel §136, also 3, 189, 208.

Notes 325

59 f. The double infraction of the declension in *deffait:retrait*, instead of *deffaiz:retraiz* to agree with *jugemenz* 57, 60, may be due to the author.

68 Cf. MORAWSKI, J., *Proverbes français antérieurs au XVe siècle*, CFMA 47 (Champion, Paris, 1925), 2272: *Sun tens pert ki felun sert*.

69 ff. A version of this proverb occurs in Beroul, *Tristran*: *Qui de forches traient larron, Ja pus nes amera nul jor* 42-3. Cf. Morawski 1048: *Lerres n'amera ja celui qui le respite des fourches.*

72 For the missing line Reid suggests: *Ainz a toz jorz mais vos harra.*

74 *A autre s'i[l]*: Reid for MS. *A mauvais si.*

77 *De faire li*: cf. *Por faire li* (MS. *lui*) 22. For the construction of preposition + infinitive + unstressed pronoun see Foulet §181. Cf. 7, 185, Note.

19. *De Brunain, la vache au prestre*

The language of the scribe, who copied the manuscript in the thirteenth century, is literary Franco-Picard with characteristic Northern features: *iau* for Francien *eau* (Pope N. §viii, Gossen §12): *biaus* 26, *toitiaus* 63, *fabliaus* 64; *ie* for *iee* (Pope N. §v, Gossen §8): *reperie* 53; a vocalic glide in the group *vr* (Pope N. §xiii, Gossen §44): *averoie* 36; *s* for *z* (Pope N. §xxi, Gossen §40): *os* 10, *mieus* 14, *dans* 31, *fors* 49, *petis* 63.

The following Northern morphological features occur: personal pronoun *le* 16, 24, possibly 56, for *la* (Gossen §63); the possessive *noz* 11, *no* 15 (Pope N. §xxv, Gossen §68); the demonstrative *cis* 64 (Pope N. §xxvi, Gossen §§40, 70).

Title *Au prestre*. For *a* denoting possession cf. 4, 77, Note.

8 *li = le li*, also 13. Cf. 3, 39, Note.

9 *Celui*: (= *à celui*) in apposition with *li* in v. 8.

10 *Os*: (= Francien *oz*) ind. pr. 2 replacing etymological imper. 2 *o*.

15 'If this should be agreeable to you.'

34 *Quar*: intensifies a wish. Cf. 5, 84, Note. The imperfect subjunctive denotes regret that the wish has not been granted: 'Would that all were . . .'. Cf. Mod.Fr. *Plût à Dieu que* (Sneyders de Vogel §205).

49 *fors*: Picard spelling of the adjective *fort* + *s*, used as an adverb.

50 For the omission of *que* in a clause of result after *si* cf. 3, 90, Note; but cf. *Brunain* 51 ff. *tant . . . que*.

60 *li*: stressed pronoun f. sg. in apposition with *Blere*: 'she and another one'.

66 'He gains wealth who gives it to God.' The MS. reading *cui Deus* is retained by Nardin.

67 *le*: direct object of *muce* and *enfuet*. When two verbs have the same pronoun object, the pronoun may be omitted before the second verb in O.F. The construction still occurs in Corneille, Racine, and Molière, but it is condemned by the Academy and by Vaugelas (Sneyders de Vogel §75).

69 *c'est . . . del mains*: 'that goes without saying'. The evolution of the meaning of this expression has been traced by Orr from 'that is of no importance' to 'it stands to reason' and 'assuredly' (ORR, J., *Essais d'étymologie et de philologie françaises* [Klincksieck, Paris, 1963], pp. 137-57). See also T.-L. vi. 149-50.

72 Proverb. MORAWSKI, J., *Proverbes français antérieurs au XVe siècle* (Champion, Paris, 1925), no. 2370.

20. *Roman de Renart*

The base MS. *B* was copied at the end of the thirteenth century. The language of
the scribe shows a combination of Northern, Eastern, and Southern dialectal
features, which indicates that the scribe may have been a native of Champagne
(Pope §1324): *iau* for Francien *eau* (Pope N. §viii): *biax* 9, *seviaus* 123, *chaiaus*
184; *ain* for *ein* (Pope N. §ix): *estraint* 23, *enpaint* 24; *le* for *la* (Pope N. §xii):
15, 110; *s* for *z* (Pope N. §xxi): *gités* 123; metathesis of *r* (Pope N. §xxii): *souferrez*
116; *ie* for *iee* (Pope N. §v, E. §iii): *fichie* 65, *mangie* 66; *nr, ur* for *ndr, udr* (Pope
N. §xiii, E. §viii): *vanrons* 64, *venras* 138, *poure* 33; *dou* 214 found in the North
and East (Pope §§502, 843); *voil* for *vueil* (Pope N.E. §i, E. §x): 212; *iestes* for
estes (Pope N.E. §iii, E. §xiv): 106, 128; the lowering of *e* to *a* before *l*+consonant
(Pope N. §xvii, E. §ix, S.C. §xi): *viaut* 11, *miauz* 49, *içaus* 71, *aus* 233; after
e a palatal glide developed before palatal *l, ei* differentiating to *oi* (Pope E. §xxii,
S.C. §xii): *mervoilleuse* 4, *mervoilles* 105; after *a* a palatal glide developed before
palatal *n* (Pope E. §xxiii, S.C. §xiii): *conpaingne* 197, *chanpaingne* 198; *ai* for *oi*
(Pope S.C. §iv): *lai* 112, *jalaie* 147, *maie* 148; the palatalized form of *venir* (Pope
S.C. §xx, also Champagne, Pope §931): *sovaingne* 214; *oi* for *ai* in fut. 1 (Pope
§966, South-Centre): *movroi* 162; effacement of preconsonantal *l* (Pope §391,
E. §xx): *vodra* 241.

7 *Renart*: derived from the Franconian proper name **Reginhart*. Owing to the
widespread popularity of the *Roman de Renart*, in the thirteenth century the word
renard began to eliminate the older word *goupil* (< Low Latin *vulpiculus*). The
name *Reinardus* appears in the Latin epic *Ysengrinus* (1151) written by Nivard.

24 f. 'So that on each side of him the exact half protrudes equally.' Cf. Martin:
Que de chascune part li pent, XV, 124.

35 'My whole inside is heaving with disgust because of it.'

41 f. added from *K*. Roques attributes v. 41 to Renart and treats *venrois* as fut. 1
of *veoir* (p. xvii). I have followed Martin in giving v. 41 to Tibert and in taking
venrois as fut. 5.

67 'I do not know what would be the use of our carrying it.'

102 *essaucier*: (< V.L. **exaltiare*), *FEW* iii. 257a: 'Afr. mfr. *essalcier*, "élever;
glorifier, élever en honneur; accomplir"'. Tibert justifies his action by playing
on the literal and figurative meanings of *essaucier* in O.F.

120 'Do not give me a crumb of it.' For the prohibition in positive form com-
prising *mar*+future tense, see Bourciez, *Éléments* §320.

133 ff. The author has used the motif of 'le repentir larmoyant' for comic
purposes. Cf. above p. 29.

147 *jalaie*: 'bucket, tub' (< *galleta*, 'Eimer', *FEW* iv. 35a); T.-L. iv. 1550:
jaloie, 'Flüssigkeitsmaß, Kübel, Eimer'; God. iv. 628c: *jalaie*, 'mesure pour les
liquides, les grains et la terre'.

153 *vii. anz*: 'many years, a long time'. For the use of 'seven' as a good round
number expressing long duration or high numerical strength, see T.-L. ix. 581.

154 'Would that you had sworn it!' Cf. 19, 34, Note.

174 *Vos ne tamez*: 'Don't be afraid', or 'don't you worry'. For the subject with
the imperative cf. 3, 105, Note, 15, IV. 13f., Note.

178 supplied from *K*; the scribe repeated v. 176.

204 On this reference to Renart playing the role of a priest, see Foulet, p. 259. In Branche III (Martin = XII Roques) Renart pretends to be a monk and tricks Ysengrin the Wolf into allowing himself to be tonsured.

207 'He wanted to flee.' On the verb *desarer*, *desairier*, 'make off, flit', here used substantivally, see God. ii. 533a, T.-L. ii. 1459, *FEW* i. 134b.

208 'When Tibert sees that he has got up.' Cf. 5, 191, Note.

219 *ce est la pure*: 'this is the honest truth'.

220 *Noble*. According to Foulet, p. 258, the poet alludes to Branche va (Martin = VIIb Roques), in which Renart is tried at the court of the king, Noble the Lion, for having violated Ysengrin's wife Hersent (see also Foulet, pp. 164-216, Bossuat, pp. 17-22).

223 'And the more because you have belied your faith.' On the use of *de* equivalent to the English 'the' before a comparative see Tobler, *Vermischte Beiträge zur französischen Grammatik* ii. 62-4.

241 'That he will want to set upon him.' For this example of *soi acoupler* Littré gives the meaning 'assaillir'.

243 'War has broken out against him.' *Effondrer*, *esfondrer*, 'break out (of war)': God. iii. 11c, T.-L. iii. 1041, *FEW* iii. 875a.

21. Rutebeuf: *Le miracle de Théophile*

The base MS. *A* was copied in the last third of the thirteenth century. The language of the scribe is Francien with some Picard spellings, e.g. *solaus* 111, *aus* 156 (both forms also occur in Champagne, South-Centre, and the West), *ors* 33, *mors* 216, 227.

6 'I have given up the balm and turned towards the elder-tree.' By means of this metaphor Rutebeuf explains that, in desperation, Theophilus has renounced the sweetness (= balm) of God's love for the bitterness (= acrid elder) of submission to the Devil's power. For the figurative use of *seü* in this passage see T.-L. ix. 588. It seems likely that the poet is also comparing Theophilus to the traitor Judas, who, according to medieval tradition, hanged himself from an elder-tree in despair.

9 *tu*: Theophilus uses the 'thou' of prayer in his address to God and in his prayer to the Virgin; but elsewhere he respectfully says 'vous'. The Virgin uses the familiar 'tu' when speaking to Theophilus (157) and to Satan (190). Rutebeuf may have found this distinction between the polite and the familiar forms in the educated Parisian society of the second half of the thirteenth century (see FARAL, E., 'Quelques remarques sur le *Miracle de Théophile* de Rutebeuf', *Rom.*, 72 [1951], 182-201). Cf. 5, 28, Note.

21 *plus de .vij. anz*: 'a long time'. Cf. 20, 153, Note.

23 Cf. *La repentance Rutebeuf* 45-6: *De male rente m'a renté Mes cuers* (see FRANK, G., 'Rutebeuf and Théophile', *RR*, 43 [1952], 161-5).

28 *sorsemee*: here used figuratively 'corrupted'; literally 'measly' (of pork), 'rotten inside' (of wood); see T.-L. ix. 924, *FEW* xi. 438a.

52 *revele*: (<*rebellare*, 'sich auflehnen', *FEW* x. 135; cf. God. vii. 165b), here intransitive, 'revives' (Jeanroy), 'bursts out joyously' (Frank).

53 ff. 'Whoever appeals to you in need is delivered from affliction; whoever brings you his heart will have joy afresh in the eternal kingdom.'

74 *varie*: imperative 'change, cause to change' (Faral, Bastin, Frank).

79 *dure verve*: 'distressing situation' (*FEW* xiv. 277-8: 'situation pénible').

80 *m'enerve*: reading of *C*.

83 f. 'Allow me to deserve that my soul be not lost.'

90 *enferne palu*: literally 'the morass of hell', a metaphor for 'damnation'.

106 *Envers ton Fil lou sage*: reading of *C*.

107 *Ne souffrir*: a prohibition; cf. 13, 73, Note.

111 *que n'entame*: 'without [the glass] suffering any damage'.

120 *Rapelaisses*: imperfect subjunctive depending on the idea 'I should like' implicit in *proiere* (Faral, Bastin).

144 'For I cannot see with them (i.e. with my eyes) to guide myself' (Faral, Bastin).

164 'For I am expecting at any moment that . . .' Cf. 3, 75, Note.

182 *fera*: Faral, Bastin; Frank retains the MS. reading *sera*.

184 f. 'Theophilus, I knew that you had formerly been mine.' *Eü = estre eü* instead of *avoir esté*.

195 'For you have acted very basely.'

196 *Je la vous rande*: The polemic subjunctive is used in the repetition of a command (cf. 194) to denote a controversial attitude (see JENSEN, F., *The Syntax of the Old French Subjunctive* [Mouton, The Hague, Paris, 1974], p. 19).

211 *en*: anticipates the idea of the following line.

224 *defaute*: 'lack'; see God. ii. 455b, T.-L. ii. 1275.

226 *geter faute*. In this expression, used with reference to the game of dice, *faute* means 'miss, false throw'; here used figuratively (T.-L. iii. 1663).

243 *La qui bonté*: 'whose goodness'. *Qui* (= *cui*) preceded by the definite article expresses the possessive case of the relative pronoun (Foulet §252).

246 f. *Gent* here takes both a singular and a plural verb (Foulet §290).

258 The construction *faire a savoir*, like *faire a entendant*, *faire entendant*, and *faire connoissant*, is equivalent to Mod.Fr. *faire savoir*, *faire entendre*, *faire comprendre*. See ASPLAND, C. W., 'La Proposition participe (*mes anemis* voi ici *aproichans*) et la proposition gérondif (*jo vei paens venant*) dans la poésie française du douzième siècle', *SN*, 46 (1974), 15-31. Cf. 14, 48 f., Note.

262 *qui*: refers to Theophilus.

270 *fist metre*: On the use of the periphrasis *faire*+infinitive as equivalent to a simple verb, see GOUGENHEIM, G., *Étude sur les périphrases verbales de la langue française* (Les Belles Lettres, Paris, 1929), pp. 330-8.

22. Adam de la Halle: *Le jeu de Robin et de Marion*

The base MS. *P* was copied at the end of the thirteenth or the beginning of the fourteenth century. For the Northern spelling and morphological features used by the scribe cf. Notes to extracts 5, 15, 16c and d, and 19. A study of the rhymes and the metre also shows the language of the author to be Northern: *ie* for Francien *iee* (Pope N. §v, Gossen §8): *blechie* 74 (: *mie*); -*ent* and -*ant* remain separate (Pope §450, N. §xx): *joliement* 30: *gent* 31, *demant* 32: *devant* 33; *s* for *z*

(Pope N. §xxi, Gossen §40): (*cans:*) *kans* 27, *chens* 348 (: *sens*); *courtiex* for *co(u)rtis* (Pope N. §xix, Gossen §20): (*miex:*) *courtiex* 224; *averés* 244 for *avrez* (Pope N. §xiii, Gossen §74); *porche* (the scribe wrote *porte*) 334: *forche* 335 (Pope N. §i, Gossen §38).

1 Marion weaves a garland as she watches her sheep.

8 A separate edition of this song has been published in *Rondeaux, Virelais und Balladen aus dem Ende des XII., dem XIII. und dem ersten Drittel des XIV. Jahrhunderts mit den überlieferten Melodien*, ed. F. Gennrich (Niemeyer, Halle, 1921), pp. 71-2. The technique of inserting fragments of popular songs in longer works had already been practised by Jean Renart in the romance *Guillaume de Dole* (see CHAILLEY, J., 'La Chanson populaire française au moyen âge', *AUP*, 26 [1925], 153-74) and the author of *La chastelaine de Vergi.*

9 The knight rides towards Marion holding a hooded falcon on his wrist.

27 *vi je*: emendation suggested by HENRY, A., 'Sur deux passages du Jeu de Robin et Marion', *Rom.*, 73 (1952), 234-8.

29 *Cardonnereules*: emendation suggested by Henry, ibid. Cf. God. ii. 68b: *chardonereulle, cardonnereulle*; also T.-L. ii. 261: *chardoneruele*.

34 *ane*: 'duck'. Marion appears deliberately to misinterpret as *asne*, 'ass', in which the 's' was no longer pronounced. Dufournet believes that Marion's misunderstandings are not deliberate, and serve to illustrate the gap between courtly society and the peasantry (op. cit., p. 81).

75 *Li Robins*: 'that of Robin'. Cf. 7, 81, Note.

97 The knight departs singing.

105 Robin sings off-stage.

117 *Si fis*: 'I did so', i.e. 'yes, certainly'. On adversative *si*, 'yes', in answer to a negative question, see Foulet §344. Cf. Mod.Fr. *si fait*.

121 f. Marion describes the knight's leather glove and his falcon (cf. v. 49) in terms that Robin will understand. The *moufle* was, and still is, a large mitten worn by peasants (God. v. 354a-b, x. 180c). Marion likens the falcon to a kite.

Ausi c' = 'like'; Adam frequently uses *que* for *comme*. Cf. T.-L. i. 683: *aussi que* 'etwas wie'.

135 Marion has sat down on the grass.

148 f. 'If we now had some of your granny's bacon, it would be just what we need.' Cf. 8, 163, Note.

155 *le choule*: Robin has been playing a kind of lacrosse. Cf. God. vii. 511c-512a: '*soule* sf. en Bretagne et en Normandie, ballon de cuir, rempli de son, avec lequel on jouait à la balle; dans le Nord, boule de bois ou d'autre matière dure qu'on poussait avec une crosse'. Spelling in Normandy *chaule*, in Picardy *chole*, *choule*. See also T.-L. ii. 555-6: *çole*.

173 *meche*: Presumably Adam used the Francien form *mete* (cf. MSS. *PaA*) to rhyme with *amourete*.

180 This song sung by Robin and Marion (vv. 170-80) has been separately edited by Gennrich, *Rondeaux, Virelais und Balladen*, pp. 72-3.

Marion has taken the garland from her head and offered it to Robin in exchange for his belt, purse, and buckle.

187 ff. Robin dances or performs acrobatics, making certain movements with his feet, his head (*le tour du chief* 192) and his arms (*le tour des bras* 198).

204 *baler as seriaus*: 'danser aux soirées' (?) (Langlois). The following lines indicate, however, that Robin performs a movement with his head back and his hair hanging down behind. Guy considers all Robin's movements to be 'une rude gymnastique' (p. 519).

209 *treske*: a chain of six dancers, that is a farandole (Guy, pp. 519–20).

227 Robin runs off to the house of Gautier and Baudon.

247 *Sont chou gent*: 'It's quite a crowd, isn't it?' For the collective noun with a plural verb cf. 21, 246 f., Note.

260 *ies tu che*: Mod.Fr.: 'est-ce toi?' For stressed *ce* in O.F. see Foulet §487. Cf. Mod.Fr. *sur ce*.

271 Robin runs to Huart's house whilst Peronnele rounds up her sheep.

272 The knight returns without his falcon.

284 f. Note the unusual present subjunctive *caille* instead of the conditional in the principal clause when the verb of the hypothetical clause is in the imperfect indicative *avoie*.

306 f. The knight leaves Marion and meets Robin mishandling his falcon. He shouts *mar i fai*, 'don't do that!' On the use of the adverb *mar*+imperative to express a prohibition see T.-L. v. 1111, where this command is translated 'non faire!' For the prohibition *mar*+future tense cf. 20, 120, Note.

313 'Take this punch under the chin as a reward.' *De* serves to introduce the noun *loier* predicated of the object *souspape*. Cf. Mod.Fr. *comme, en*.

322 Marion runs to Robin and the knight.

334 The knight abducts Marion.

348 'Even if there were four hundred of us!'

360 The three peasants have concealed themselves behind the hedge.

381 *ire*: 'sorrow, grief'. See HACKETT, W. M., '*Ire, courroux* et leurs dérivés en ancien français et en provençal', in *Études offertes à Félix Lecoy* (Champion, Paris, 1973), 169–80: 'Le mot *ire* et ses dérivés, tout en gardant le sens primitif de "colère", peuvent, dès les plus anciens textes, exprimer des nuances de chagrin et de douleur' (p. 169).

387 *acole*: The author distinguishes between *acoler*, 'embrace', and 390 *baisier*, 'kiss'.

389 'Just look at this silly little fool.' On the use of *de* with verbs denoting 'see' and 'listen to', cf. 7, 9, Note and 8, 38.

401 ff. 'How can it be that you don't know by what trick I escaped?' For *devoir* used interrogatively expressing the desire to know the reason for a surprising fact see Henry, *Rom.*, 73 (1952), 237–8. Cf. Beroul, *Tristran* 984: *Que dut ice que ne m'ocis?* Ewert translates: 'What did it portend that I did not kill myself?'

407 'Whether they found it easy to hold me back.'

23. *La passion du Palatinus*

The manuscript was copied in the first half of the fourteenth century. A study of the rhymes and metre indicates that the play may have originated in Burgundy, to the south-east of the Île de France (Frank, p. xi). Note the following Eastern and Northern features: *nr, lr* for Francien *ndr, ldr* (Pope E. §viii, N. §xiii): *venrra* 61, *vourra* 98; the lowering of *e* to *a* before *l*+consonant (Pope §501,

Notes 331

E. §ix, N. §xvii, S.C. §xi): (*infernaus:*) *mortaus* 163; the reduction of *ui* to *u* (Pope E. §xiii, N.E. §vii): *cestu* 125 (: *perdu*); *au* for *a* before *bl* (Pope E. §xvi): *deauble* 79; *ar* for *er* (Pope §496, E. §xvii): *apartement* 168, *herbargiez* 179; *oi* for *ai* after a labial consonant *esmoier* 78; *oin* for *ain, ein* after a labial *compoins* 54 (cf. *compains* 47), *fointise* 55 (Christ, p. 419, Frank, p. xi, Pope E. §xix); confusion of *s* and *c*: *ce* 5, *seans* 117, *sertainement* 120, *si* 161; cf. *ses* (=*ces*) 16f, 3; *s* for *z* (Pope N. §xxi): *saus* 193, *fais* 211; metathesis of *r* (Pope N. §xxii): *enterra* 161; the Northern possessive *vo* 155 (Pope N. §xxv); *aprochait* 141, *cachat* 142 appear to be South-Eastern forms of subj. pr. 3; cf. Pope E. §xxxi.

17 *genuï*: Christ.

35 'Now there is nothing for it but to celebrate.' Cf. 13, 261, Note.

47 *com tu as autre prise*: 'what a mistake you have made!' Pauphilet explains literally: 'tu as pris autre chose que ce que tu pensais'.

48-50 'If anyone were to hit you on the head and give you a wound or a bump . . .' 'He would pay for it immediately!' Interpretation of SNEYDERS DE VOGEL, K., 'Quelques annotations critiques à la *Passion du Palatinus*', in *Mélanges Alfred Jeanroy* (Droz, Paris, 1928), 597-602. For the second of two parallel conditional clauses cf. 1, 12f., Note, 10, 79, 13, 184.

70 *De toy ferir*. On the use of the stressed pronoun cf. 7, 185, Note, 13, 177, Note.

78 *Ne t'esmoier*: 'Don't be dismayed.' Cf. 13, 73, Note.

79 *eu* = *en le*: Henry.

80 ff. This list of Hell's supporters appears to have been modelled on the names of the sinners denied the benefit of Redemption found in vv. 1621-9 of the popular narrative poem *La passion des jongleurs* (see Jeanroy, p. 16, note 1).

104 f. Henry interprets: '. . . and he will take away from us all at once our reserve of souls'.

112 *choe*: 'jackdaw' (God. ii. 126b, T.-L. ii. 407, *FEW* xvi. 304a). *Plus noir que choe* is a proverbial expression in O.F. (Cornu, *ZRP*, 16 [1892], 520).

114 'You have been an idiot.' The emendation suggested by Sneyders de Vogel (op. cit., p. 601) *Joué nous avez a belloi*, in which *a belloi* (*besloi*) = 'unjustly, treacherously', is unsatisfactory because of the rhyme.

122 'May torment seize you!'

128 'Than that we should fight with him.' For the omission of the conjunction *que* after *que*, 'than', before the second term of a comparison, the one *que* having a double function (haplology), cf. 2, 17, Note. The use of *que ce que* as a means of avoiding *que que* appeared in Mid.Fr. and continued until the seventeenth century (Ritchie, p. 96, Sneyders de Vogel §97).

142 *espooir*: 'perhaps'. Cf. 12, 10, Note.

152 *debonaire*: 'gentle, kind'. Cf. 21, 121, where *debonaire* describes Our Lady. Originally meaning 'of good lineage' with reference to Turpin (*Roland* 2252), this adjective remains a term of praise in O.F. to indicate goodness, kindness of heart, but has become derogatory since the sixteenth century (see RAYNAUD DE LAGE, G., 'De quelques épithètes morales', in *Etudes offertes à Félix Lecoy* [Champion, Paris, 1973], 499-505).

162-76 Christ attributes this whole passage to Jesus; in Frank vv. 172-5 are spoken by Satan. I have followed Henry's arrangement of the dialogue.

167 *pués*: Christ, Henry.

172 *Je·l*: *Je i* Frank; Henry retains the MS. reading *jeil=je le* referring to v. 166. It seems equally possible that *le* anticipates v. 173.

176 'Go, Satan, my curse upon you!'

191 *fuiz*: from the Picard form *fius* (Francien *fiz*) (Fouché, *Phonétique historique*, p. 316).

215 'You must have been born on earth in an auspicious hour!' The imperfect subjunctive acts as a conditional with affective value to attenuate a more direct statement 'You certainly were born . . .' (Le Bidois §817 *bis*). Cf. vv. 16-18 where Satan expresses a similar idea concerning Judas.

24. Robert de Clari: *The Conquest of Constantinople*

The manuscript, copied at the end of the thirteenth century or the beginning of the fourteenth century, probably originated at Corbie in Picardy. On the Northern spelling and morphological features used by the scribe, cf. Notes to extracts 5, 15, 16c and d, 19.

3 *deluns*: 'Monday', is found from 1200 to 1350 in texts from the Picard-Walloon area corresponding to present-day Somme, Pas-de-Calais, Nord, Flanders, western Belgian Hainaut, and Brabant. Cf. also *demars*, 'Tuesday', *demerkes*, 'Wednesday', *dioes*, 'Thursday', *devenres*, 'Friday' (HENRY, A., 'Les Noms des jours de la semaine en ancien français', *Rom.*, 72 [1951], 1-20).

5 *nes*. The *nef* was essentially a transport vessel, but also served as a merchant ship (GOUGENHEIM, G., 'Notes sur le vocabulaire de Robert de Clari et de Villehardouin', *Rom.*, 68 [1944], 401-21).

uissiers: 'transport ships'. 'Les *huissiers*, qui doivent leur nom aux portes dont ils sont munis, sont destinés à transporter la cavalerie, hommes et chevaux' (ibid., p. 402).

galies: 'Les *galées*, mues à la rame et à la voile, sont les navires de guerre par excellence. Elles sont plus rapides et plus maniables que les nefs' (ibid., p. 402).

6 *li navies*. Used by Robert de Clari to designate the fleet as a whole in the concrete sense; *estore*, *estoire*, also used by the author, has the more abstract meaning of 'expedition'.

14 *ker*: 'that', consecutive conjunction. Cf. *Li vens leva si forz et si orribles car il nous batoit a force sus l'ille de Cipre* (Joinville). See T.-L. ii. 40-1, Sneyders de Vogel §338, Note 2.

16 *Morchofles*. Murzuphlus, released from prison by Alexis IV; later murdered the Emperor and usurped his place.

30 *chel estage*. For the system of masculine singular demonstrative adjectives in the text, see DEBRIE, R., 'Démonstratifs chez Robert de Clari', *RLR*, 37 (1973), 181-91.

33 f., cf. 68 f. *ne fait mais el*: 'he does not think twice'. Cf. T.-L. iii. 24.

52 *deust*. *Devoir* here conveys the notion of imminence or futurity, 'that the ship was going to pull it down'. Cf. 12, 317, Note and 18, 41, Note.

75 *le tor de Galatha*. The tower of Galata at the entrance to the port of Constantinople had been captured by the Crusaders 6 July 1203 during the first siege.

76 *un pour un*: 'considering each man in turn'.

88, cf. 101 *que trop*. Frequently used by Robert de Clari, this expression denotes a very great number.

99 f. *vausist ou ne dengnast*: 'whether he wanted or not'. Cf. **16c**, 46, Note.

107 f. *si ne fu mie plus que li disime de chevaliers*: 'there were no more than ten knights all told, including him'.

119 f. *or du bien faire*: 'now let us fight valiantly'. The substantival infinitive preceded by *or+de+le* (T.-L. ii. 1225) can be used positively as an imperative meaning 'now let us . . .' (see EINHORN, E., *Old French, a Concise Handbook* [Cambridge U.P., 1974], p. 120).

121 *refust*. Paris, Jeanroy *reüst* (<*reüser*, 'retreat'); Pauphilet *refuie*.

25. Villehardouin: *The Conquest of Constantinople*

The base MS. *O* was copied in the second half of the fourteenth century. The following mixed dialectal features from the North, East, and South-Centre suggest that the scribe was possibly of Champenois origin: *ie* for Francien *iee* (Pope N. §v, E. §iii): *aprochies* 42, *rengies* 98; *iau* for *eau* (Pope N. §viii): *mangonials* 3, *vaissiaus* 39; *lr* for *ldr* (Pope N. §xiii): *assauroient* 67 f.; reduction of *vr* (Pope N. §xiii): *aroit* 20; the lowering of *e* to *a* before *l+*consonant (Pope N. §xvii, E. §ix, S.C. §xi): *als* 7; *s* for *z* (Pope N. §xxi): *sains* 18, *pars* 22; *ai* for *a* before dentals (Pope E. §xv): *maitin* 38, *laissé* 105; the lowering of *e* to *a* before *r* (Pope E. §xvii): *pardirent* 49; effacement of *l* before a consonant (Pope E. §xx): *cassist* 62, *chevas* 96; the development of a palatal glide after *e* before palatal *l*, the diphthong *ei* differentiating to *oi* (Pope E. §xxii): *mervoille* 36; *leu* 40 for *lieu* (Pope §557); the article *lo* 20 (Pope E. §xxv).

1 *Or vos lairons de cels, si parlerons de.* This transitional device, borrowed from the *chansons de geste*, appears frequently in the chronicle (see Beer, pp. 40–2; id., 'Villehardouin and the Oral Narrative', *SP*, 67 [1970], 267–77).

5 *que n'ere se merveille non*: literally 'that it was nothing if not a marvel', therefore 'that it was a veritable marvel' (see YVON, H., 'Les expressions négatives dans la Conqueste de Constantinople de Villehardouin', *Rom.*, 81 [1960], 296–307).

30 *Ensi fu faite la convenance et asseuree*, cf. 117 *Ensi fu l'oz herbergie com vos avés oï*. Villehardouin also uses the epic technique of recapitulating the contents of the preceding passage.

32 *navilles*: 'fleet' = *navie* used by Clari (see GOUGENHEIM, G., 'Notes sur le vocabulaire de Robert de Clari et Villehardouin', *Rom.*, 68 [1944], 401–21).

43 *s'entreferoient*: 'they were striking one another'. Cf. 11, 85, Note.

53 f. *li dux de Venise*. Although aged and blind, the Doge of Venice, Enrico Dandolo, insisted on taking an active part in the attack on Constantinople.

75 *vermeilles*. Unlike the epic poets, Villehardouin rarely uses colour in his descriptions (Beer, *Villehardouin, Epic Historian*, pp. 106–7).

81 *que terra fondist*: 'that the earth was crumbling'. Cf. 'The heathen raged, the kingdoms were moved: he uttered his voice, the earth melted' (Psalm 46: 6).

88 f. *Andro Durboise*. André d'Ureboise. Cf. Robert de Clari.

89 *comence a entrer*, cf. 105 f. *comencent a assembler*. In O.F. and Mid.Fr. the

construction *commencer* à+infinitive, in the historic present tense, is used frequently to denote a sudden change of action (MARTIN, R., *Temps et aspect. Essai sur l'emploi des temps narratifs en moyen français* [Klincksieck, Paris, 1971], pp. 382-3).

118 *le lundi de Pasque floride.* Monday, 12 April 1204, the Monday before Palm Sunday.

26. Joinville: *The Life of Saint Louis*

The base MS. *A* was copied in the fourteenth century. The scribe used the following mixed dialectal spellings, which indicate that he himself may have been a native of Champagne: *iau* for Francien *eau* (Pope §540, N. §viii): *vessiaus* 8, *escussiaus* 93, *pennonciaus* 99; reduction of *vr* (Pope N. §xiii): *arions* 48, *ariens* 49; *s* for *z* (Pope N. §xxi): *vaillans* 64, *sains* 69; effacement of *l* before a consonant (Pope E. §xx): *decopé* 114, *coper* 133; *l'en* 12, *en* 121 for *on* (Pope S.C. §vi); *estient* 66 for *estoient*. Wailly ('Mémoire sur la langue de Joinville', *BEC*, 29 [1868], 22-478) regards this isolated form in the *Life of Saint Louis* as a possible scribal error and emends to *estoient* in his edition §154 (see op. cit., p. 374, Pope E. §xxix).

7 *fist voille.* Examples of *faire voile*, 'set sail', are rare in O.F. Monfrin has found the earliest instance in a letter written in 1249 by Jean Sarrazin to Nicolas Arrode (ed. A. Foulet [Champion, Paris, 1924], II. 4) concerning the same events as Joinville describes (see Monfrin, op. cit., p. 452).

12 *la pointe de Limeson*: 'Limassol Headland.' *Pointe*, 'headland, tongue (of land)', occurs rarely in medieval French; T.-L. vii. 2121 quotes only this example (see Monfrin, p. 451).

23 f. *Le jeudi aprés Penthecouste.* Gaston Paris corrects Joinville's inaccuracy: 'C'est le jeudi de l'octave de la Pentecôte (4 juin 1249)', *Rom.*, 23 (1894), 523.

25 *soudanc.* The Sultan Malek-Adel died of illness soon after the arrival of the Crusaders.

26 *porte.* On the use of the historic present with the value of the imperfect indicative in Mid.Fr., especially during the first half of the fourteenth century, see MARTIN, R., *Temps et aspect. Essai sur l'emploi des temps narratifs en moyen français* (Klincksieck, Paris, 1971), pp. 379-80.

32 *dist.* Wailly *BL*.

34 *peust.* Wailly *BL*.

37 f. *le vendredi devant la Trinité.* Read 'the Friday after Trinity Sunday'.

38 *se en eulz ne demouroit.* Wailly: 'si eux ne s'y refusaient'. Impersonal construction, see T.-L. ii. 1386.

50 *barge de cantiers.* A rare technical expression defined as 'une grosse chaloupe qui suit à la traîne' (Monfrin, p. 456; see also T.-L. i. 843-4). Besides being used for disembarkation, the longboat served as a place of confinement for murderers and thieves (Wailly §643).

54 [*et il me dist vingt homes a armes*]. Wailly *BL*.

63 *ot*, cf. 112 *pot.* For the continued use of the past historic with the value of

the imperfect indicative in Mid.Fr., see Martin, pp. 175-82. Cf. **2**, **1**, Note and **15**, x. 2, 3, 18, 19 etc.

67 *entrepris*. On verbs expressing reciprocity cf. **11**, 85, Note.

81 *ce devant darieres*: 'back to front, hind-side before' (T.-L. ii. 1850). Cf. in the fifteenth century *c'en dessus dessous*, 'ce qui est en dessus mis en dessous' (Littré); likewise *c'en devant deriere*. The meaning of the two expressions was misunderstood and the spelling corrupted to *sens dessus dessous, sens devant derrière* from the sixteenth century (Pasquier).

82 *preudomme*. For the evolution of meaning of *preudomme* in O.F. cf. **14**, 19, Note. Joinville clearly regards the *preudomme* as a knight capable not only of great physical courage, but also of unfailing devotion to God, whose grace he has received: the *preudomme* embodies the knightly ideal of chivalry in its highest sense (see Archambault, pp. 48–56, Wailly § 560).

86 *mi: mille* in *ABL*. Emendation by G. Paris, *Rom.*, 3 (1874), 406, who recalls that only seven hundred knights reached Egypt, the remainder having been driven away in their ships by the storm off Cyprus.

93 *les queles: Lequel* is not widely used until Mid.Fr. In this example *lequel* (still written as two words by the scribe) acts as a relative adjective. Cf. Mod.Fr. *auquel cas* (Grevisse § 439).

94 *une croiz de gueules patee*: 'a cross patée gules'. A *cross patée* or *formée* is one 'in which the limbs are narrow where they meet, and gradually expand, the whole forming nearly a square' (*SOED*); see T.-L. vii. 478. *Gueules* (heraldry) 'gules', the red colour of shields and banners; sf. pl. in O.F., sm. pl. in Mod.Fr. (see T.-L. iv. 420).

121 *dist* Wailly *BL*.

123 *li eussent = le li e.* Cf. **3**, 39, Note.

137 f. *aussi . . . comme qui avroit demain bouté le feu*: 'just as if someone were tomorrow to set fire'. The relative clause expressing a condition is the second term of a comparison after *comme*. Mod.Fr. *comme qui dirait*, 'as if one were to say, so to speak, something like'. Cf. **8**, 163, Note.

138 *dont Dieu le gart*: literally 'from which God keep him'. For the relative clause expressing a wish, cf. **13**, 138, Note.

145 *le roy Jehan*. Jean d'Acre or de Brienne, king of Jerusalem, captured Damietta in 1219.

27. Froissart: *Chronicles*

The base manuscript was copied in the late fourteenth or early fifteenth century. The language of the scribe contains numerous Northern features already listed in the Notes to extracts, **5**, **15**, **16c**, and **d**, **19** and **22**. Note also the palatalization of countertonic *e* to *i* before palatal *l* and *n* (Pope N. §xviii, E. §ii): *travillant* 1, *esmervillier* 6, *orilliers* 56, *apparilla* 63, *signeur* 97.

12 *ens ou païs*. Note the increased use of *ens en* (+*le*) in the third version; cf. first version *et parmi che pays dessus dit que on claimme N., B.N., fr. 6477, fol. 18ᵛ d. Likewise *ens es quirs* 18 for first version *ou cuir*, fol. 18ᵛ d; *ens ou païs* 20 for first version *ou pays*, fol. 18ᵛ d. Froissart probably used *ens ou* in order to avoid the

confusion between *ou* (*en+le*) and *au* (*a+le*) that was very frequent in Mid.Fr. (see SHEARS, F. S., 'The Language of the First and Third Versions of Froissart's Chronicles', *Med. Aev.*, 1 [1932], 56–60).

28 *oublie*: 'wafer' (<*oblatus*, *FEW* vii. 266b; medieval Latin *oblata*, 'offering'; see God. v. 663a, T.-L. vii. 942), obsolete in Mod.Fr. meaning 'cornet-shaped wafer'.

Begine (English *beguine*) was derived from the surname of Lambert Bègue or le Bègue, 'the Stammerer', a priest of Liège who founded a lay sisterhood in the twelfth century.

38, 50 *ordenance*: 'conduct, behaviour' (see FOULET, L., 'Étude sur le vocabulaire abstrait de Froissart, ordonnance', *Rom.*, 67 [1942–3], 145–216).

39–51 This passage, in which Froissart tells of his three months' visit to Scotland in 1365, does not occur in the first version (B.N., fr. 6477, fol. 19ʳ a) or in the second version (Amiens 486, fol. 7ᵛ d).

41 f. *David d'Escoce*. David Bruce (1324–71), King of Scotland, the only son of Robert Bruce, by his second wife (*Dict. of Nat. Biog.*).

42 *fils au roi*, cf. 62 f. *les banieres dou roi*, 73 *les banieres le roi*. The possessives with *a* and with no preposition are far less frequent in the third version than in the first; the third version shows a 'marked extension of the possessive *de*' (Shears, *Med. Aev.*, 1 [1932], 59).

Douglas. William, the first Earl of Douglas (1327?–84) (*Dict. of Nat. Biog.*); offered Froissart hospitality for a fortnight at Dalkeith castle during his visit to Scotland.

49 *comsiderai*. In this context *considerer* denotes 'appreciate', a meaning that it often has in Froissart when coupled with *imaginer* (see FOULET, L., 'Études sur le vocabulaire abstrait de Froissart, deuxième article', *Rom.*, 68 [1944–5], 257–72).

53 *Robert de Brus*. Robert Bruce, King of Scotland 1306–29, died of leprosy (*Dict. of Nat. Biog.*).

55 *Moret*. Sir Thomas Randolph, the first Earl of Moray or Murray (d. 1332), the most trusted friend and adviser of Robert Bruce, became regent on the king's death in 1329 (*Dict. of Nat. Biog.*).

55, 57 *s'armoit*: first version *portoit un escut* (fol. 19ʳ b).

56 *Guillaume de Douglas*. Not William, but Sir James Douglas, 'the Good' (1286?–1330) (*Dict. of Nat. Biog.*).

75 *a l'asent*: 'guided by'; Diller *a la sent* as written by the scribe. *Assent*, 'sign, indication', is a verbal substantive from *assentir*, 'scent', which survives in the Mod.Fr. expression *assentir la voie*, 'to pick up the scent' (hunting). *Assens*, *assent*, see God. i. 435a, T.-L. i. 579–80.

76 *jusques a basses vespres*: 'until late evening, i.e. nightfall'. *Vespres* (cf. English *vespers*), the sixth of the seven canonical hours in the breviary. Cf. 4, 220, Note.

78 *pour euls aisier*, 84 *sans euls desrouter*. On the tendency in O.F. to avoid the stressed reflexive pronoun in the construction preposition+pronoun+infinitive see Foulet § 179. Froissart himself systematically avoids *soi* and never uses it in the plural (see PRICE, G., 'The Pronoun *soi* in Jean le Bel and Froissart', *SN*, 33 [1961], 3–7).

83 *Et cevauchierent*: first version *si chevaucierent*. Shears cites a number of instances in the third version where *si* is replaced by *et*: the connective *si* was clearly obsolescent at the end of the fourteenth century (*Med. Aev.*, 1 [1932], 57).

91 *nonne*: 'mid-afternoon'. Cf. **4, 220**, Note.

107 *fissent a savoir*: 'it was made known'. Cf. **21, 258**, Note.

112f. *fu il fait*. After a preceding subordinate clause, the word order verb-subject in a principal clause not introduced by an adverb is extremely rare in Froissart (see PRICE, G., 'Aspects de l'ordre des mots dans les "Chroniques" de Froissart', *ZRP*, 77 [1961], 15–48, esp. 31–4).

127 *qui fust encrolés*: 'if anyone were stranded'. Cf. **8, 163**, Note.

133 *aloient . . . avant*. There are numerous instances in Froissart of a verb of movement constructed with the adverb *avant*, where a single verb such as *s'avancer*, *approcher* conveys the same idea in Mod.Fr. (see FOULET, L., *Rom.*, 81 [1960], 464–8). Cf. **11, 2**, Note.

28. Jean de Meun: *La roman de la Rose*

The base MS. *H* was copied at the end of the thirteenth century. The language of the scribe, as well as that of the poet, contains features characteristic of the Orléanais (South-Centre): the lowering of [ẽ] to [ã] as in Francien (Pope S.C. §i): *sans* 31, *entant* 93 (: *tant*), (*querant*:) *rant* 134; the differentiation of *ou* as *eu* as in Francien (Pope S.C. §ii): *haïneuse* 1: *amoureuse* 2, *doucereus* 35: *doulereus* 36, *tristeur* 19; the Francien and Western developments of *ue* (Pope S.C. §iii): *treuve* 44, *peuz* 62, *euvre* 121: *requeuvre* 122, *illeuc* 156; *veill* 55 (Francien *vueil*); *ei* monophthongized to [ɛ] (spellings *ei, ai, e*) (Pope S.C. §iv, cf. W. §vi): *maien* 110, *poair* 113, *sai* (*savoir*): *sai* (*soi*) 202, *lais* (*lois*) 269, *courtais* 300, *daie* 313: *amegraie* 314; *ai* levelled to *e* [ɛ] (Pope S.C. §v, cf. W. §ii, S.E. [E. §xxiv]): *lermes* 33 (: *termes*), *reson* 67, *mestre* 107 (: *estre*), *tret* 127: *atrét* 128; *en* for *on* (Pope S.C. §vi): *l'en* 44, 124; *poi* 251 for *pou* (Pope S.C. §ix, cf. S.W. §v); between *a* and palatal *n* a palatal glide developed and the diphthong levelled to [ɛ̃] (Pope S.C. §xiii, cf. E. §xxiii): *acompaigne* 195: *compeigne* 196; preconsonantal *l* was effaced after *o* (Pope S.C. §xiii): *fos* 31 (=*fous*).

24 Emended as in Langlois; Lecoy retains *de pechiez pardon* as in *H*.

52 *Genius*. The allegorical figure of Genius, that is the God of generation, the figure representing man's instinct for natural sexual activity, had occurred already in the commentaries by William of Conches on Boethius' *De consolatione philosophiae* and in the *De planctu naturae* by Alanus (Fleming, pp. 192–7). The reference to unnatural sexual activity can be traced to the *De planctu naturae*, where Alanus condemns homosexuality in Burgundian monasteries (Fleming, p. 194).

72 *ma leçon*: 'the lesson that you have taught me'.

76 *Voire*: the reading of *ALZ*.

77 'To teach all about it publicly', i.e. 'to everybody'. *Por lire en*: Jean de Meun uses the word order preposition+infinitive+pronoun, as well as the more usual order preposition+pronoun+infinitive, as in *por els aesier* 92 (see Langlois, i. 347). But cf. **18, 77**, Note.

85–96 Jean de Meun translated this definition of love from the *De amore* of Andreas Capellanus (see LANGLOIS, E., *Origines et sources du Roman de la Rose* [Slatkine Reprints, Geneva, 1973], p. 153).

89 *Venanz*. The inflected verbal form in *-ant*, as in *ACZ*; Langlois emends to *venant*. Jean de Meun constantly uses the inflected verbal form in *-ant* in his translation of Boethius. See ASPLAND, C. W., 'The Old French Verbal Form in *-ant* without *en*: Present Participle or Gerund?', *AUMLA*, 37 (1972), 37-56.

96 *deliter*: the reading of *ACLZ*.

111 *pas nou devin*: 'I do not guess it', so emended by Langlois and Lecoy, the reading of *A*.

114 *fame*, also 274, 275, *home* 286. In O.F. the indefinite article is omitted before a noun denoting a class (see Foulet §76; GARVEY, Sister M. C., *The Syntax of the Declinable Words in the 'Roman de la Rose'* [The Catholic University of America P., Washington, D.C., 1936; AMS Press, New York, 1969], p. 45).

155 *prendre au ciel la grue*: an ironical expression meaning 'do wonders, perform a glorious deed' (see God. ix. 731b, T.-L. iv. 715).

169 *le*: the reading of *ACL*.

178 *Qui*: the reading of *ACLZ*.

197 *Qu'el*: the reading of *AL*.

229 *en*: the reading of *ACLZ*.

243 *sa vie*: the reading of *ACLZ*.

256 *Quel*: the reading of *AL*.

266 *euvre*: the reading of *ACLZ*.

290 *Le li*: Contrary to normal O.F. usage, Jean de Meun frequently expresses the third person direct object pronoun before the third person indirect object pronoun (cf. Langlois, i. 347; also **3**, 39, Note.

296 *s'entraiment, s'entredoignent*. Cf. **11**, 85, Note.

306 f. 'Gifts must not be master of it any more than bodily pleasures (must be).'

327 *degastee*: Throughout the *Romance of the Rose* the past participle frequently agrees with the following direct object by anticipation (Garvey, pp. 82-3; cf. **9**, 87 f.).

29. *Les quinze joyes de mariage*

The base MS. *R* is dated November 1464. *Les quinze joyes de mariage* probably originated in the West of France (see Rychner, pp. xxxii–xxxvii; J. Monfrin, *Rom.*, 87 [1966], 267-9). Several spellings in the Quatorziesme Joye are Western: *aver* 7 for *avoir*, *desplee* 32 for *desploie*, *faye* 71 for *foie* (Pope W. §vi; cf. S.C. §iv), and the present participle/gerund in *-ent*: *desirent* 51, *considerent* 66 (Pope §921).

2 *nasse*. The author first introduces the word *nasse*, 'wicker basket for catching fish, trap', in the Prologue as a metaphor to describe the loss of freedom suffered by the husband on entering marriage. For its frequent use throughout the text, see Cressot, pp. 63-4.

7 *eulx baisans*. For the use of the forms *lui, eux* instead of *soi*, the stressed form of the reflexive pronoun, before the infinitive and the verbal form in *-ant* in O.F. and Mid.Fr., see Foulet §180. On the inflected verbal form in *-ant* cf. **28**, 89, Note.

24 *de quoy*: 'enough to live on, the wherewithal'. The relative pronoun *quoi* without an antecedent appears in O.F. and still occurs today, e.g. *il n'y a pas de quoi* (Sneyders de Vogel §118).

27 *icelles*. In Mid.Fr. the reinforced demonstrative in *ic-* was already restricted mainly to the elevated style (see DEES, A., *Étude sur l'évolution des démonstratifs en ancien et en moyen français* [Wolters-Noordhoff, Groningen, 1971], pp. 146-50). Cf. modern legal terminology: *la maison et les prés attenant à icelle* (Ac.).

29 *le second*. At this point of the text *P* contains a long interpolation on the unfairness with which the children of the husband's first wife are now treated by his second wife (see edn. by Crow, pp. 82-3, lines 32-56).

38 *celui qui*, cf. 97. From the middle of the fourteenth century *celui* replaced *cil* as nominative masculine singular (see Dees, p. 155).

43 *deux ou trois coups d'aventage*: 'two or three blows extra'. This passage shows *davantage* meaning 'de plus, de rabiot, par dessus le marché' and conveying the notion of quantity (see FOULET, L., 'Le "Plus" quantitatif et le "plus" temporel', in *Études romanes dédiées à Mario Roques* [Droz, Paris, 1946], 131-47; WESTRIN, M., *Étude sur la concurrence de 'davantage' avec 'plus' dans la période allant de 1200 à la révolution* [Gleerup, Lund, 1973], p. 25). *Davantage* acquired this function early in the fifteenth century in order to avoid confusion between *plus*, which had served to express quantity in O.F., and *ne . . . plus*, which replaced O.F. *ne . . . mais* with temporal meaning by the beginning of the fifteenth century. In the sixteenth century *davantage* also comes to express comparison with a following *que*.

58 *quoy*. *Quoi* may represent a particular object or quality in French from the twelfth century to the seventeenth, after which it is replaced by *lequel* (Sneyders de Vogel §119). Cf. **15**, x. 4, Note.

58 f. *n'en bevra plus qu'il en puisse finer d'aultre*: 'he will no longer drink any of it if he can find other wine'.

74 f. *C'est a comparer ad ce que l'en met*: 'It is to be compared with putting . . .'

84 *y entendre*: 'pay attention to them'. Cf. **5**, 118, Note.

que a mari. Rychner emends to *qui* (see Pope §864).

90 f. *Non vetulam novi, cur moriar?* This aphorism, supposedly by Hippocrates, appears in *P* as *Vetulam non novi, cur morior?*, where it is translated: *comment puis je morir, car je n'ay point congnut vielle femme?* (Crow, p. 85).

30. Alain Chartier: *Le quadrilogue invectif*

The base manuscript was copied in the fifteenth century.

4 *Valere*. The Latin historian Valerius Maximus lived in the age of Tiberius; he wrote nine books entitled *Facta et Dicta Memorabilia*.

10 *ceulx*, cf. 21 *cellui*. From the middle of the fourteenth century the O.F. nominative form, singular and plural, *cil qui*, fell into disuse, leaving *celui qui* singular and *ceux qui* plural (see DEES, A., *Étude sur l'évolution des demonstratifs en ancien et en moyen français* [Wolters-Noordhoff, Groningen, 1971], p. 155). Cf. **29**, 38, Note.

75 *le tost ou le tart venir*. The substantival infinitive remains sufficiently verbal in force to be modified by an adverb. Cf. **12**, 416, Note. The substantival infinitive begins to disappear in the sixteenth century and survives only as an archaism in

Mod.Fr., usually preceded by *au*: *au tomber du jour* (Suarès, quoted by Grevisse §752).

84 *notre prince*. The Dauphin, later Charles VII, had been forced by the Burgundians to flee from Paris in May 1418.

ABBREVIATED TITLES OF
COLLECTIONS OF TEXTS AND
WORKS CONSULTED

BIBLIOGRAPHIES

BOSSUAT   BOSSUAT, R., *Manuel bibliographique de la littérature française du moyen âge* (Librairie d'Argences, Melun, 1951); id. and MONFRIN, J., *Supplément (1949-1953)* (Librairie d'Argences, Melun, 1955); BOSSUAT, R., *Second Supplément (1954-1960)* (Librairie d'Argences, Melun, 1961).

KLAPP   KLAPP, O., *Bibliographie der französischen Literaturwissenschaft* (Klostermann, Frankfurt, 1960+).

PERIODICALS AND SERIALS

The abbreviations used are those found in the above-mentioned bibliographies.

COLLECTIONS OF TEXTS

BFT   Blackwell's French Texts, Oxford.
CFMA   Classiques français du moyen âge, Paris.
EETS   Early English Text Society, London.
SATF   Société des anciens textes français, Paris.
SHF   Société de l'histoire de France, Paris.
TLF   Textes littéraires français, Geneva, Lille.

DICTIONARIES

God.   GODEFROY, F., *Dictionnaire de l'ancienne langue française et de tous ses dialectes du IXe au XVe siècle*, 10 vols. (Paris, 1880-1902; Kraus Reprint, 1969).

FEW   WARTBURG, W. von, *Französisches etymologisches Wörterbuch* (Bonn, Leipzig, Berlin, Basle, 1922+).

OED   *The Oxford English Dictionary.*

T.-L.   TOBLER, Ad. and LOMMATZSCH, E., *Altfranzösisches Wörterbuch* (Weidmann, Berlin; Steiner, Wiesbaden, 1925+).

WORKS ON SYNTAX, MORPHOLOGY, AND PHONOLOGY

Bourciez, *Éléments*	BOURCIEZ, E., *Éléments de linguistique romane*, 5th edn. revised by the author and BOURCIEZ, J. (Klincksieck, Paris, 1967)
Bourciez, *Phonétique*	BOURCIEZ, E. and J., *Phonétique française: étude historique* (Klincksieck, Paris, 1967).
Bruneau	BRUNOT, F. and BRUNEAU, Ch., *Précis de grammaire historique de la langue française*, 3rd edn. (Masson, Paris, 1949).
Elcock	ELCOCK, W. D., *The Romance Languages* (Faber & Faber, London, 1960).
Ewert	EWERT, A., *The French Language*, 2nd edn. (Faber & Faber, London, 1943; repr. 1964).
Fouché, *Morphologie*	FOUCHÉ, P., *Morphologie historique du français: le verbe*, new edn. (Klincksieck, Paris, 1967).
Fouché, *Phonétique*	FOUCHÉ, P., *Phonétique historique du français*, 3 vols. (Klincksieck, Paris, 1952-61).
Foulet	FOULET, L., *Petite syntaxe de l'ancien français*, 3rd edn., CFMA (Champion, Paris, 1928; repr. 1968).
Gossen	GOSSEN, C.-T., *Grammaire de l'ancien picard*, new edn. (Klincksieck, Paris, 1970).
Grevisse	GREVISSE, M., *Le Bon Usage*, 10th edn. (Duculot, Gembloux, 1975).
Le Bidois	LE BIDOIS, G. and LE BIDOIS, R., *Syntaxe du français moderne*, 2 vols., 2nd edn. (Picard, Paris, 1968).
Ménard	MÉNARD, P., *Manuel d'ancien français: 3, Syntaxe*, 2nd edn. (Sobodi, Bordeaux, 1972).
Menger	MENGER, L. E., *The Anglo-Norman Dialect* (AMS Press, New York, 1966).
Nyrop	NYROP, Kr., *Grammaire historique de la langue française*, 6 vols. (Gyldendalske Boghandel, Copenhagen; Picard, Paris, 1899-1930).
Pope	POPE, M. K., *From Latin to Modern French* (Manchester U.P., 1934; repr. 1952).
Ritchie	RITCHIE, G., *Recherches sur la syntaxe de la conjonction "que" dans l'ancien français depuis les origines de la langue jusqu'au commencement du XIIIe siècle* (Champion, Paris, 1907).
Sneyders de Vogel	SNEYDERS DE VOGEL, K., *Syntaxe historique du français*, 2nd edn. (Wolters, Groningen and The Hague, 1927).
Tobler, *Mélanges*	TOBLER, Ad., *Mélanges de grammaire française* (1st series), trans. M. Kuttner and L. Sudre (Picard, Paris, 1905).

GLOSSARY

The glossary is selective and, with a few exceptions, Modern French words, unchanged in meaning today, have been omitted. References are not exhaustive; but detailed references are given when a word or idiom or construction is difficult or controversial. An asterisk immediately following the reference indicates an explanation in the notes. Numerous spelling variants have been listed alphabetically with a cross-reference to the form (usually a common Francien spelling) under which they are grouped: this spelling, however, does not necessarily occur in the texts. When identifying words, the reader should bear in mind the following common variants:

ei/*oi*: *rei*/*roi*, *deveir*/*devoir*. The diphthong *ei* [ei] > *oi* [ɔi] in the first half of c. xii, but remained *ei* [ei] in the West.

ai/*ei*/*e*: *faire*/*feire*/*fere*, *maison*/*meison*/*meson*. Preconsonantal [ai] > [ɛi] > [ɛ] in c. xii.

en/*an*: *endroit*/*androit*, *encore*/*ancore*. The nasal vowel [ẽ] lowered to [ã] in late c. xi or early c. xii, e.g. in the *Roland*. The phonetic spelling *an* is regularly employed in the Guiot MS. of Chrétien de Troyes.

ein/*ain*: *plein*/*plain*, 'full'.

on/*om*/*um*: indef. pron. 'one'; *compaignon, con-, cumpaignun*.

ue/*oe*/*eu*/*oeu*: *duel*/*doel*/*deul*, *oeuvre*. The early diphthong [ue] was pronounced [œ] by the end of c. xii or the beginning of c. xiii.

eur/*our*/*ur*/*or*: *oneur*/*onour*/*onor*/*onur*. The early diphthong [eu] was pronounced [œ] in c. xiii. The spellings *ur* and *or* occur in Western texts in c. xii.

eur/*our*: *fleur, tour*. Note in c. xiii the etymologically distinct spellings *eur* < [o] free stressed, as in *fleur* (< *flōrem*), and *our* < [o] blocked stressed, as in *tour*. The c. xii form *tor* [tor] (< *tŭrrem*) became *tour* [tur] in the following century.

eus/*ous*/*us*/*os*: *glorieus*/*glorious*/*glorius*/*glorios*. The variants *us* and *os* occur in Western texts in c. xii.

oi/*ui*: *conois*/*conuis, angoisseus*/*anguissus*.

oin/*uin*: *loing*/*luing, poing*/*puing*.

chie/*che*, *gie*/*ge*: *chier*/*cher*, *mangier*/*manger*. The group *ie* was reduced to *e* [ɛ] or [e] in c. xiv. Anglo-Norman scribes often wrote *e* for *ie* in the O.F. period: *chief*/*chef*.

l+consonant/*u*+consonant: *altre*/*autre, halt*/*haut*. Preconsonantal *l* was vocalized to *u* [u] in the first half of c. xii.

-ll-/*-ill-*; *-l*/*-il*: *fille, vieille*; *fil, travail*. Palatal *l* (*l mouillé*), intervocalic and final, survived until Mid.Fr. and then became [j].

-gn-/*-ign-*/*-ngn-*; *-ng*: *digneté, besoigne, besongne*; *poing*. Palatal *n* (*n mouillé*) intervocalic and final.

mb/*nb*; *mp*/*np*: *chambre*/*chanbre*; *champ, chanpaingne*.

h/Ø: (*h*)*om*, (*h*)*onor*. The *h* is silent in most words of Latin origin. In the initial position *h* was sounded in O.F. in words of Germanic origin: *heaume*, *herberge*.

gu/*g*/*w*: *guarder*, *garder*, *warder*. In Picard Germanic *w* [w] was retained at the beginning of a word owing to strong Frankish influence (cf. Robert de Clari), a feature that survives today. Elsewhere in O.F. initial Germanic *w* became *gu*, *g* [g], through a stage [gw].

s/Ø (preconsonantal): *isle*, *blasme*; *espee*, *escrire*, *feste*. Before a voiced consonant, *s* ceased to be pronounced in c. xi (cf. English *isle*, *blame*); before the breathed consonants (*p*, *k*, *t*), *s* continued to be pronounced until c. xiii (cf. English *feast*). The *s* was retained in spelling until c. xviii.

-*s* [s]/-*z* [ts]: *murs*, *granz* (*grant*+*s*). In c. xii final -*s* and -*z* were etymologically distinct; but, from the beginning of c. xiii [ts] > [s], although the spelling *z* was retained: *anz*, but *ans* in Mid.Fr.; *filz*, *fiz*, but *fils* in Mid.Fr. The spelling *z* survives in the second person plural verb ending -*ez* in Mod.Fr. The Picard scribes wrote *grans* for *granz*, *petis* for *petiz*, showing the early shift of [ts > s] in the North. The symbol *z* is not used in the MS. of *Aucassin* (late c. xiii).

us/*x* (late c. xii): *merveilleus*/*merveillex*.

The verbal forms are entered under the infinitives, which, if they occur in the texts, are given in full with line-references immediately after. The verb entries contain, for the most part, irregular forms and also dialectal forms. Declinable words are listed under the accusative singular form (masculine if varying in gender), with the exception of most pronouns, which appear under the nominative singular (*je*, *tu*, *il*, *cil*, *cist*, *qui*, etc.). The possessives appear under the unstressed accusative singular masculine form (*mon*, *ton*, *son*, etc.). Unless it differs from the nominative singular, the accusative plural of nouns and adjectives is usually omitted. All words are assigned to a grammatical category (for *miramie* 15,v.4 see Note).

The following abbreviations appear in the glossary: *sm.* masculine substantive, *sf.* feminine substantive, *neut.* neuter, *n.* and *nom.* nominative, *voc.* vocative, *acc.* accusative, *obj.gen.* objective genitive, *gen.* genitive, *dat.* dative, *sg.* singular, *pl.* plural, *str.* stressed, *unstr.* unstressed, *pron.* pronoun, *pers.* personal, *demonstr.* demonstrative, *rel.* relative, *interrog.* interrogative, *poss.* possessive, *adj.* adjective, *comp.* comparative, *sup.* superlative, *num.* numeral, *adv.* adverb, *advl.* adverbial, *prep.* preposition, *conj.* conjunction, *interj.* interjection, *exclam.* exclamation, *art.* article, *def.* definite, *indef.* indefinite, *v.a.* transitive verb, *v.n.* intransitive verb, *refl.* reflexive, *impers.* impersonal, *abs.* absolute, *ind.* indicative, *subj.* subjunctive, *pr.* present, *impf.* imperfect, *imper.* imperative, *plpf.* pluperfect indicative, *pret.* preterite, *fut.* future, *cond.* conditional, *pp.* past participle, *pr.pt.* present participle, *subst.inf.* infinitive as substantive, *lit.* literal, *fig.* figurative. The persons of the verbs are numbered *1* to *6*. Latin words are marked (*L*).

a: *before vowel* **ad** 2,22 *etc.*; *with article* **al** 3,92 *etc.*, **au** 5,1 *etc.*; *as* 3,23 *etc.*, **aus** 26,38, **aux** 30,16: *prep.* (1) *Local*: (*a*) to 2,25.28 *etc.*; (*fig.*) 3,15. 4,86. 6,16; to, up to (*see* **ci**, **jusques**, **tresqu'**); against 6,87.157; (*b*) at, by the side of 4,249; at, through 6,13.76; at 9,88; (*c*) from 5,15;

(*d*) in, on 7,4.100.104; *see* **destre**, **enz**, **senestre**; (2) *Temporal*: (*a*) at, in 2,12. 5,1. 6,194 *etc.*; (*b*) up to, until; *see* **dusque**, **jusques**, **tresqu'**; (*c*) for, during 6,17. 17c,26. 18,16; (*d*) in 6,151; (3) *Dative*: (*a*) in 2,21; to 3,25. 4,66.71 *etc.*; (*b*) for 4,242; (*c*) from

3,94. 4,70; (4) *Possession*: as **mains as Judus** 4,77*, cf. 13,193.249. 15,VI.15. 27,42*; (5) *Final*: 3,273. 4,198. 6,169; *see* **oes**; (+ *inf.*) avoir a 3,137. 6,233 (*see* **acueillir, prendre**); (6) *Modal* (*manner*): with 2,18. 3,161. 4,55. 6,97.112.154.209.276 *etc.*; (*accompanying circumstances*) 3,18. 4,170. 5,80; a **bandon** 7,88. 21,274. 28,223 (*see* **bandon**); (*accompaniment*) with 6,156. 8,117. 16a,20.21; (*attribute, material*) 6,108.271. 7,162. 8,1. 9,69; in accordance with 10,46.58. 17a,6; (7) *Means, instrument*: with, by 2,22. 3,157. 4,260.267. 6,135 *etc.*

a, *interj.* ah! 3,164. 4,29.31 *etc.*; *see* **las.**

aage *see* **eage**; **aagee** *see* **eagié.**

ab, *prep.* with 1,7*.

abaier, *v.a.* bark at 20,184.

abaissier 9,123, **abess**-: *v.n.* drop 9,123; *v.a.* lower, diminish 11,168; bring low, cast down 17e,19; *v.refl.* lower the head 19,46.

abandoner, *v.a.* place at the disposal of 8,97; *v.refl.* give freely 19,65; yield oneself 28,272.

abatre; *ind.pr.3* abat 6,204; *pret.3* abatié 7,148: *v.a.* knock down, overthrow 23,182; a. mort, kill 6,204*. 7,89.265.

abevrer 9,51: *v.a.* water (horse); *v.refl.* (+ de) slake one's thirst for, bask in 28,250.

abille, *adj.* fit 29,85.

abosmer; *pp.adj.* distressed 15,VII.2.

abrivé, *adj.* high-spirited 8,58.

absoluthe *see* **assoldre.**

acalir; *pp.adj.* stupefied 4,152.

accident, *sm.* disability 29,72.

acer, *sm.* steel 6,272.

acesmer, *v.a.* array 14,64.

achainte, *sf.* length 24,137.

achater, aca- 4,242. 15.IV.9. 22,3: *v.a.* purchase; obtain 21,213.

acheson 12,28, **ocoison** 5,95, **ochoson** 16f,21: *sf.* cause 5,95. 12,28; **par m'o.,** because of me 5,95; **a poc d'o.,** on the slightest pretext 16f,21. **acheisuner, oquison**-, *v.a.* accuse, charge 10,350; annoy, chagrin 16e,7.25.

aciever, *v.a.* end 15,X.32.

acliner, *v.refl.* lean 12,272.

acoillir *see* **acueillir.**

acointable, *adj.* friendly 11,38. **acointance,** *sf.* acquaintance, company

acointier, *v.refl.* (+ de) make the acquaintance of 14,60.

acoler 3,199: *v.a.* embrace 3,199. 10,109. 22,387*; catch (horse) 7,115; *subst.inf.* caress, embrace 15,VII.16.

acomunier 3,27: *v.a.* give communion to.

acoragier; *pp.adj.* determined 13,117.

acorder, *v.a.* agree upon 27,106; *v.refl.* (+ a) agree with 14,36; give oneself up to 28,265; *v.impers.* agree upon 26,37.

acorre; *ind.pr.3* acort 13,22, 6 **acorent** 3,280: *v.n.* come running.

acoupler 20,241: *v.a.* tie together 19,44; *v.refl.* (+ o) attack, set upon 20,241*.

acquiter *see* **aquiter.**

acreanter, *v.a.* promise 11,312. 14,12.

acteor; *n.sg.* acteres 27,39: *sm.* author.

acueillir, acoillir 16f,17; *ind.pr.3* aquieut 20,130, 6 **acueillent** 8,294, **acuellent** 24,101: *v.a.*; a. lor voiage, set out 8,294; a. proes, acquire booty 16f,17*; *v.n.* (+ a + *inf.*) begin to 20,130. 24,101.

acunter 9,192: *v.a.* enumerate.

acurer; *pp.f.* acurede 3,170: *v.a.* wound to the heart, afflict.

acustumer, *v.a.* invest in robes of state 3,269.

ad *see* **a** *and* **avoir.**

adenz, *adv.* face downwards 6,341.

adés, *adv.* always 12,380.

adjutorie, *sm.* help, assistance 3,274.

admonnester, *v.a.* admonish 30,21.

adoler; *pp.adj.* sad, grieved 5,119. 15,VII.17.

adonc 16f,5, **adont** 5,17: *adv.* then; **pour le temps d'a.,** at that time 27,2.

adrecier 12,144: *v.a.* restore (peace) 12,144; direct 15,X.5. 28,178; *v.refl.* run, trickle 5,178. **adrece,** *sf.* short cut; **passer a l'a.,** go straight across 27,88.

adub, *sm.* equipment 6,118. **aduber,** *v.refl.* arm oneself 6,103.107.

aduré, *adj.* hardy, brave 7,278.

aduret *see* **aorer.**

adv- *see* **av-.**

aeisier 11,62, **aizier** 16f,5, **aisier** 27,78, **aesier** 28,92: *v.refl.* take pleasure, enjoy oneself; refresh oneself 27,78*.

afaire 8,141, **afere** 8,298: *sm.* affair, matter 8,141. 14,25; business 8,298; **ratorner lor a.,** overhaul their equipment 25,65.

afaitier, afaist- 20,52, **afeit-, afet-**: *v.a.* prepare 8,293; train 10,202; educate

12,102; *v.refl.* get ready 11,256. **afaite-mant** 11,43, **afaistement** 20,62: *sm.* refinement, skill.

aferir; *ind.pr.3* **affiert** 22,80: *v.n.* be fitting.

afermer, *v.a.* confirm, swear 14,102.

affoler, *v.a.* maltreat, drive crazy 28,58.

affusté, *adj.* fusty 29,56.

afichier, *v.refl.* (+ **de**) pride oneself on 7,109; brace oneself up 7,213.

afïer, *v.a.* promise, swear 13,79. 15,X.48. 20,159.160.

afoiblir; *pp.adj.* enfeebled 27,25.

afubler, *v.a.* dress 9,107; conceal 12,233.

afuir, *v.refl.* (+en) flee 24,46.

agnel 4,74; *acc.pl.* **aigniaus** 22,271: *sm.* lamb.

agraver; *pp.* **agravét** 3,59: *v.a.* make heavy.

agreer, *v.impers.* please 12,301.

agreger 4,144: *v.a.* make heavy, grievous.

agu 7,197, **agut** 6,350: *adj.* pointed; steep 6,350.

aguét, *sm.* guile 11,40; **ilz mectent leur a.**, they are on the look-out 29,83.

aguillon, *sm.* goad 8,293.

aguisier; *pp.adj.* sharpened 15,VIII.7.

ahan, *sm.* suffering 3,43. 4,106; effort 6,71.

ahurter, *v.refl.* (+ **a**) knock against 24,25.

ai, ahi 7,275: *interj.* alas!; **ai mi** 15,V.15, **aimi** 22,73, woe is me!

aïdier 8,213, **aidier** 10,213; *imper.2* **aïe** 6,216. 7,169 (*abs.*). 20,8 (*abs.*), **aiue** 6,286 (*abs.*), **aiues** 15,VIII.13; *subj.pr.3* **aït** 6,175: *v.a.* help 15,VIII.13; *v.n.* (+ *dat.*) help 18,42; *v.refl.* (+ **de**) avail oneself of 10,213; **si m'aït Deus** 7,13.26, **se Dex m'aït** 12,22, so help me God! (*see* 8,162, Note).

aïe, *sf.* aid 6,42.

aiés, aiet *see* avoir.

aige, aigue *see* eaue.

aigniaus *see* agnel.

aillors 12,422, **aillurs** 9,157: *adv.* else-where.

aim, aimet, aing *see* amer.

aincés *see* ançois.

ainsinc, ainsint, ainxin *see* ensi.

ainz 3,39, **ains** 5,30, **einz** 6,191: (1) *adv.* rather 6,191, sooner 7,111; (*adversative particle after neg.*) on the contrary, but 3,39. 4,90. 12,28*; **qui a. a.**, as fast as they could 25,94 (*cf.* 11,307*. 26,50); *prep.* **e. le vespre**, before evening 6,46;

conj. a. que 3,226. 4,272, **e. que** 6,114. 11,67*, before; (2) **ainc** 16c,17, **ains** 5,57, **ainz** 8,295: *adv.* ever 16c,7; a. (+ *neg.*), never 5,57. 8,295. 13,134*; a. **mais** (+ *neg.*), never before 5,30. 22,46.

ainzcois *see* ançois.

aïrer 8,46, **-ier**: *v.n. and refl.* become angry 13,62. **aïr**, *sm.* anger; **de tel a.**, so violently 7,216.

aisaillir *see* assaillir.

aise 30,76, **eise** 11,210: *sf.* ease, comfort; favourable reception 12,157*; **estre a e.**, be happy 11,210.

aisier *see* aeisier.

ait, *sm.* vigour; **ad a.**, vigorously 6,112.154.

aït *see* aïdier.

aitre, *sm.* square (in front of a church) 6,60.

aiude, *sf.* help 3,305. **aiudha**, *sf.* (feudal) aid 1,4; **estre in a.**, be of assistance 1,15.

aiue, aiues *see* aïdier.

aizier *see* aeisier.

ajorner; *pp.* **ajurnét** 4,277: *v.n.* grow light 8,57. **ajournee**, *sf.* dawn 27,120.

al *see* a.

al- *see* au-.

alascer, *v.a.* release 3,142.

alasser, *v.refl.* grow weary 3,267.

alcier *see* haut.

alegier 20,43, **aleger** 4,143: *v.a.* alleviate 4,143; relieve 20,43. **alegement**, *sm.* solace 16c,14.

aleine 6,99, **alaine** 22,233: *sf.* blast 6,99; breath 22,233.

aleoir, *sm.* rampart walk 15,VIII.6.

aler 3,49; *ind.pr.1* **voi** 4,108, **revois** 8,132, **vois** 16c,41, *2* **vas** 4,114, *3* **vat** 3,93, **vait** 3,103, **vet** 8,1, **va** 5,80, *5* **alez** 6,93, **alés** 22,52, *6* **vunt** 6,221, **vont** 8,55; *imper.2* **va** 11,285, *4* **alum** 6,178, *5* **alez** 8,309, **alés** 15,X.34; *ind.impf.1* **aloie** 16g,1, *3* **alout** 9,179, **aloit** 11,56, *4* **alions** 26,72, *6* **aloent** 9,66, **aloient** 15,X.12; *subj.pr.1* **auge** 7,15, **voise** 12,312, **alle** 13,99, **aille** 14,20, *3* **voise** 10,275, **aille** 8,291, **aut** 13,124, **voist** 16b,27, *5* **augiez** 7,54, **railliez** 14,11, *6* **allent** 13,91, **voisent** 21,108; *fut.1* **irai** 13,103, *3* **ira** 11,315, *4* **iron** 8,65, **irons** 20,63, *5* **iroiz** 14,26, **irez** 16e,42, **irés** 22,251, *6* **irrunt** 10,166, **iront** 21,11; *cond.1* **yroie** 30,120, *3* **iroit** 26,38, *4* **iriens** 26,69, *6* **iroient** 25,66; *pp.* **alét** 3,57, **alé** 8,315: *v.n.* go; *exclamatory imper.* **va**, hey! now! 21,157; *v.impers.*

take place, happen 8,47; go 15,VI.21*; *v.n.* (+ en) go away 4,114; *v.refl.* (+ en) go away 3,49; *subst.inf.* 15,VII.13. For **aler** + *gerund see* 6,90, Note.

aleüre, *sf.*; bone a. 13,291, (mout) grant a. 20,74. 24,132, swiftly, at full speed.

alever, *v.a.* make presumptuous 11,226.

alexandrin, *adj.* of Alexandria: purpre alexandrine 10,23 *see* porpre.

alïen, *adj.* foreign 3,187.

almosne 3,294, **almoine** 4,241: *sf.* alms.

aloé, *sm.* alodium (estate held in absolute ownership) 7,240.

aloer; *pp.n.sg.m.* **alüez** 3,315: *v.a.* place.

aloser; *pp.adj.* renowned 8,108.

alqeton, *sm.* acton (quilted jacket worn under mail) 7,76*.

alquant; *n.pl.m.* **alquanz** 3,87, **auquant** 15,VI.3: *indef.pron.* some.

alques *see* **auques**.

als *see* **il**.

am *see* **en** (*adv. and pers.pron.*).

amaine, amaint *see* **amener**.

amaladir, *v.n.* be ill 15,XI.21.

amander 12,168, **amender** 18,56: *v.a.* make amends for 5,43. 12,32. 18,56; improve 14,123; *v.n.* be the better for 12,81; *subst.inf.* 12,168. **amande** 12,183, **emmende** 16a,23, **amende** 23,50: *sf.* amends, reparation.

amant, *sm.*; fin a., perfect lover 16e,7*. 17a,6.

amanver, *v.a.* prepare 3,3*.

ambes, *adj.* both 3,157. **ambsdous** 6,21, **amedous** 4,130, **amsdous** 6,273, **andeus** 12,420, **andex** 15,IX.12; *n.pl.* **andui** 12,281, **endui** 18,25: *adj. and pron.* both.

ame 5,114, **anima** 2,2, **aneme** 3,102, **aname** 3,136, **anema** 3,314, **anme** 6,158, **arme** 15,VI.18: *sf.* soul; life (?) 6,158*; (+ *neg.*) not a soul 14,44.

amegraier, *v.a.* cause to waste away 28,314.

amener; *ind.pr.3* **ameine** 16e,36, **amaine** 19,61, 6 **ameinent** 10,157; *subj.pr.3* **amaint** 11,282; *fut.1* **amenrai** 22,216, *3* **amerra** 13,283, **amenra** 14,121: *v.a.* bring 10,94; (+ en) lead away 7,68.

amëor *see* **amer**.

amer, *subst.adj.* bitterness 21,47.

amer 8,321; *ind.pr.1* aim 10,37, **aing** 14,120, *2* **aimes** 22,11, *3* **aimet** 3,20,

aime 15,X.18, **amet** 16f,12, *5* **amez** 10,199, 6 **aiment** 30,76; *fut.3* **aymera** 29,87: *v.a.* love; *v.refl.* 13,173. **amëor**, *sm.* lover 16b,45.

ametre; *pp.* **amis** 12,68: *v.a.* impute.

amfermetét *see* **enferm**.

ami, *sm.* lover 9,241. 10,214 *etc.*; friend 19,30. **amie**, *sf.* mistress 9,214. 10,256 *etc.* **amiét**, *sm.* beau, lover 22,169.

amiete, *sf.* sweetheart, mistress 22,168.

amisté 5,117, **amistié** 13,306; *sf.* love.

amirer, *v.a.* admire 27,2.

amont 11,110, **amunt** 4,22: *adv.* up, upwards; cuntre ciel a., heavenward 6,324; a. et aval, from head to foot 11,110.

amor 12,350, **amur** 1,1: *sf.* love; avoir a. a, feel love for 12,350; fole a., wanton love, lechery 13,179. 14,73. 28,301; par amour(s), please 22,12.213; amer par amors, love truly 28,100. **amorete** 28,41, **amourete** 22,174: *sf.* love, love affair; par a., as a token of love 22,174.

amoureus, *adj.* amorous, loving 28,2.

amordre, *v.refl.* (+ a) apply oneself to 28,266.

amparlier, *sm.* glib talker 23,85.

amperedor *see* **emperëor**.

ampirie *see* **empire**.

amplir *see* **emplir**.

amsdous *see* **ambsdous**.

amvier; *pp.* **amviét** 3,64*: *v.a.* convoke, summon.

an *see* **en** *and* **on**.

an 10,140; *n.sg.* **anz** 12,227: *sm.* year; meïsmes l'an, that very year 10,140; .vii. anz, a long time 20,153*. 21,21*; *see* ui.

aname *see* **ame**.

ancele, *sf.* servant 21,275.

ancessor; *n.sg.* **ancestre** 7,23: *sm.* forbear, grandfather.

ançois 13,52, **aincés** 7,54, **einçois** 8,36, **ençois** 18,76, **ainzcois** 20,152: *adv.* rather, sooner 13,52; (*adversative particle after neg.*) on the contrary 8,36. 11,235* *etc.*; *conj.* a. que, before 7,54. 20,152.

ancrené, *pp.adj.* fitted with hoops 8,180.

ancumbrer 3,154, **anconbr-**: *v.a.* obstruct 12,302; *v.refl.* burden oneself 3,154.

andeus, andex *see* **ambsdous**.

andier, *sm.* fire-dog 8,17.

anditer; *pp.* **anditét** 3,83: *v.a.* say, command.

andoille 20,5, **endoille** 20,31: *sf.* sausage (of chitterlings).

andui *see* ambsdous.

andurede[s] *see* endurer.

ane, *sf.* duck 22,34*.

anel, *sm.* ring 9,114. 14,59*.

anema, aneme, anima, anme *see* ame.

anemi *see* ennemi.

anfermetét *see* enferm.

angle, *sm.* angel 6,245.

angoissier, *v.a.* harass 11,160. **angussus** 3,227, **anguisus** 4,216*, **anguissus** 10,259: *adj.* full of anguish, racked with pain.

angregier; *ind.pr.3* **angreget** 3,48: *v.n.* grow worse, become more painful.

annexe, *adj.* joint 28,87.

annuit *see* enuier.

anorte *see* enorter.

anoy *see* enui.

anpir- *see* empirier.

anquenuit, *adv.* tonight 12,197.

ansaigne *see* enseigne; **anseint** *see* enseignier.

anseler 11,238: *v.a.* saddle.

antaine, *sf.* lateen yard 25,5.

antendue *see* entendre.

anterra *see* entrer.

antr-, antre- *see* entr- *and* entre-.

antrelessier, *v.a.* abandon, forsake 11,167.

antretant, *adv.* meanwhile 12,88.

anveast *see* envoier.

anuit *see* enuier.

anuit, *adv.* tonight 4,226.228.

anuitier, *v. impers.* grow dark 12,229.

anz *see* enz.

aoi, *interj.* 6,11*.

aorer, adur-, aür-; *ind.impf.6* **aürouent** 4,79; *subj.pr.3* **aduret** 2,15*: *v.a.* adore, worship.

apaiser 4,62: *v.n.* bring about a reconciliation.

apar- *see* apercevoir.

apareillier 14,63, **aparell-, aparoill-, apparill-**: *v.a.* attire 9,210; equip 11,75. 27,63; make ready 14,112; *v.n.* get ready 20,210; *v.refl.* attire oneself 14,63; (+ de) prepare to 12,322*.

aparoir; *pret.3* **apparut** 30,14; *pp.f.sg.* **apar[e]üde** 3,179; *v.n.* appear; *pr.pt.adj.* **aparissant, aparent,** evident 3,45. 6,89.

apartenir; *ind.pr.3* **apartient** 5,107: *v.n.* belong 9,73; be related, akin 5,107. 12,46. **apartenant**, *sm.* relation 3,42*.

apeler 11,237, **apell-, appel-, appell-**; *subj.pr.3* **apelt** 6,244; *pp.* **apelét** 3,50: *v.a.* accuse 3,35; address 5,17; call, summon 11,237; *v.refl.* be named 23,5.

apenser, *v.refl.* think 8,119.

apercevoir, apar-, apper-; *ind.pr.4* **apercevons** 30,40; *pret.3* **aperçut** 6,266; *pp.* **aparceü** 20,235: *v.a.* perceive; *v.refl.* regain consciousness 6,266; become aware 10,255.

apert; *n.pl.* **appers** 27,35: *adj.* manifest, evident 21,101; skilful, alert 27,35; en a., openly 18,67. **apertemant** 11,157, **-ment** 23,3, **apartement** 23,168: *adv.* openly 11,157; quickly 23,168; cleverly: **mal a.**, unwisely 26,132.

apoier; *pp.f.* **apuïe** 10,159: *v.refl.* lean 15,v.6.

aporter 11,245, **app-** 25,15: *v.a.* bring 3,53; (+ en) take away 7,155.

apostoile 3,71, **apostoile** 14,2. 23,81: *sm.* pope.

aprendre 28,73, **aprandre** 20,85; *pret.1* **apris** 27,49; *pp.* **apris** 11,43, **aprins** 29,28: *v.a.* learn 27,49; teach 20,85; **bien apris**, well brought up 16d,12.

aprés, apriés 27,91: *adv.* after, afterwards, next 10,56. 11,259; **en a.**, next 18,38 (*cf.* enaprés); *prep.* after 10,141.307; **a. nonne** 27,91.

aprester 3,93: *v.a.* make ready; *v.refl.* make preparations 11,199.

aprochier 14,67; *subj.pr.3* **aprochait** 23,141; *pp.f.pl.* **aprochies** 25,42: *v.a.* 27,85; *v.n.* (+ de) 14,67; *v.refl.* 23,174, approach.

aproismier, apresmer 4,44; *pp.* **aprimez** 20,29: *v.n.* 3,59; *v.refl.* (+ de) approach 20,29.

apuier; *pp.f.* **apuïe** 10,159: *v.refl.* lean.

aquieut *see* acueillir.

aquiter, acquiter 30,22: *v.a.* save, rescue 7,290; release 10,131; acquit 10,356; carry out, fulfil 30,22.

ara, aray *see* avoir.

arbalastier, *sm.* cross-bowman 7,123. **arbalestree**, *sf.* cross-bow shot 26,110. **arcbaleste**, *sf.* cross-bow 6,248.

ardoir 13,286, **ardeir** 4,174, **arder** 10,249; *ind.pr.3* **art** 4,134.186, 6 **ardent** 28,302; *ind.impf.3* **ardoit** 12,2, 6 **ardoient** 27,32;

subj.pr.3 **arde** 2,19; *pret.3* **arst** 7,184, *5*
arsistes 7,157; *fut.1* **arderai** 15,IV.7;
cond.1 **arderoie** 15,X.42, *3* **arderoit**
15,VI.34; *pp.* **ars** 27,79: *v.a. and n.* burn;
v.refl. (*fig.*) 28,94; *pr.pt.adj.* **ardant**
4,196 *etc.*

aree, *sf.* ploughed field 20,6.

areer, *v.a.* arrange 26,5.

arenger, arengi- 24,5, **arranger** 26,103:
v.a. and refl. line up.

arere *see* **ariere**.

arés *see* **avoir**.

aresnier 12,177, **areson-, aresonn-**: *v.a.*
speak to 8,88.127.178.

arester 13,34, **arr-**: *v.a.* stop 25,60; decide
27,106; *v.n. and refl.* stop 6,93 *etc.*
arrest, *sm.* stop, pause 30,85.

arestil, *sm.* handle (?) 7,114*.

ariens, -ions, ariés *see* **avoir**.

ariere 7,247, **arere** 4,18, **arrire** 13,281,
arriers 18,11, **arrieres** 18,53, **arrier**
22,59, **arier** 23,168, **arieres** 26,109: *prep.*
behind 10,116; *adv.* backwards, back,
away 4,18. 7,247. 10,155. 11,2*. 12,399*
etc.; through 21,110; **ça en a.**, formerly
21,185.

ariver 26,140, **arr-**; *pret.1* **arrivé** 26,87:
v.n. reach the shore, land 24,7; *subst.inf.*
26,140.

arme *see* **ame**.

arme, *sf.* arm, weapon; *pl.* armour 9,25;
[home a armes] 26,54, **omme d'armes**
30,67, man-at-arms; **gens d'armes**,
men-at-arms, soldiers 27,94. **armer**
11,256: *v.n.* buckle on one's armour;
v.(refl.?) arm 4,2; *v.refl.* bear a coat of
arms 27,55.57. **armeure**, *sf.* (man clad
in) armour 27,33.

aroie, -oies, -oit, -ons, -ont *see* **avoir**.

arousable, *adj.* gushing 21,58.

arroy, *sm.* retinue 17d,14.

ars, arsistes, arst, art *see* **ardoir**.

as *see* **a** *and* **es**.

as- *see* **ass-**.

asent, *sm.* sign, indication; **a l'a. de**, guided
by 27,75*.

[a]**serir**, *subst.inf.* nightfall 4,107.

asognenter, *v.a.* make a mistress of
15,VI.17.

asolue *see* **assoldre**.

asperir 4,108*: *v.n.* undergo torture.

aspre, *adj.* harsh 13,69. **asprement**, *adv.*
cruelly 21,148. **asproier** 21,164: *v.a.*
torment 21,148.

asquiele, *sf.* bowl 7,50; *cf.* **escüele**.

assaillir, aisaillir 16f,48, **asalir** 15,VIII.4,
assalir 24,6; *ind.pr.3* **asaut** 15,VIII.11, *6*
asalent 15,X.22; *ind.impf.3* **assailloit**
25,80; *pret.6* **assalirent** 24,24; *cond.6*
assauroient 25,67; *pp.* **assailli** 25,69:
v.a. and n. assail, attack. **asault** 25,47,
asaut 25,75, **assaut** 25,50; *n.sg.* **asaus**
15,VIII.7, **assaus** 24,57, **assals** 25,40,
assauls 25,82; *acc.pl.* **assaulx** 29,95: *sm.*
assault, attack.

assauter, *v.a.* assault, attack 21,225.

assembler, assenbler 8,43, **asanbler**
12,208: *v.a.* call together 9,88; *v.n.* as-
semble 8,43. 25,54; meet 12,208. **as-
semblee** 9,38, **asenblee** 13,176: *sf.*
company 9,38; embrace 13,176.

assener; *pp.* **assenez**, provided for 10,61*;
assenés, informed 22,39.

assentir, *v.refl.* consent 17b,20.

asseoir, aseoir 12,152; *ind.pr.3* **asiét**
7,142, *6* **asieent** 8,51; *imper.4* **aseons**
8,48; *pret.3* **asist** 10,182; *pp. and adj.*
assis 9,159.161, **asis** 10,2; **bien a.**, re-
gular (nose) 15,XII.17: *v.a.* place, set up
8,164; fix up, pitch 10,2; place, bestow
12,15; lay (siege) 30,71; *v.n. and refl.* sit
down 8,48.51 *etc.*

asseürer, aseür-, *v.a.* confirm, settle 25,26;
reassure 28,5; *v.refl.* be reassured 20,13.
asseur, *adj.* safe, secure 14,83; **estre a.**,
be sure, assured 14,84.90.

as(s)ez, assés 5,33, **aseiz** 16f,19, **asseis**
16f,25: *adv.* many 3,172; much, in plenty
8,52; very well 6,105; enough 22,153;
intensifying adj. or adv. very 5,33; much
6,53 *etc.*

assoldre; *pp.f.* **absoluthe** 3,180, **asolue**
6,294: *v.a.* absolve; **France l'asolue**,
blessed France 6,294.

astele, *sf.*; **par asteles**, into splinters 7,38.

astenence, *sf.* abstinence 20,128.

asur, *sm.* azure blue 27,57.

atahine, *sf.* quarrel; **tenir a.**, bear a grudge
12,115.

ataindre 11,188: *v.a.* reach, regain; catch
13,41.

atalanter, *v.impers.* please 12,286.

atant, *adv.* thereupon 10,155.

atendre 18,11, **atandre** 12,306; *ind.pr.1*
atant 11,291, **atent** 16c,15, *3* **atant**
11,296, **atent** 13,123, *6* **actendent** 30,89;
imper.2 **atent** 13,77, **aten** 22,214; *fut.1*

atendré 14,83; *pp.f.* atendude 3,239: *v.a.* wait 3,239; wait for 3,318; expect 14,83; *v.n.* wait 12,306; *v.refl.* (+ sur) 27,19, (+ a) 29,67, rely on. atente, *sf.* wait 3,213.

atirer, *v.a.* attire 22,212; treat 22,327; *pp.adj.* equipped 26,103.

atiser, *v.a.* provoke, incite 21,64. 28,304; fan, stir up 23,51.

atochier, atoi-, atou-, *v.a.* touch 13,181; throw 20,54; *v.n.* (+ a) touch, reach 20,59.

atorner 8,19, aturn-; *pp.* aturnét 3,15*: *v.a.* turn; a. a mengier, prepare a meal 8,19; attire 9,108; *v.refl.* fit oneself out 8,229; (+ a) devote oneself to 11,222; (+ por, de) prepare to 11,256. 12,322*. atur, *sm.* equipment, adornment 9,112.143.205. 10,288.

atout 26,69, a tot 8,112, a tout 22,371: *prep.* with.

atraire 24,131; *ind.pr.3* atrét 28,128; *pret.3* atraist 5,179: *v.a.* draw; pull 24,131; attract 28,128.183. atrét, *sm.* courtesy; de boen a., well-mannered 11,39.

auberc *see* hauberc.

auctorité, *sf.* initiative 29,33; authority 30,123.

aucube, *sf.* sort of tent 8,78.

aucun 14,77, alc- 9,234, auq- 27,100: *indef.pron. and adj.* some, someone; en a. tens, some time or other 14,77. aucuneffoiz, *adv.* sometimes 29,76.88.

audiance, *sf.* hearing, court (of justice) 23,171.

auge, augiez *see* aler.

aumosniere, *sf.* purse (attached to the belt) 22,177.

aünee, *sf.* abode (?) 13,8.

auquant *see* alquant.

auques 7,126, alques 4,246, aukes 10,301: *pron.* something of 4,246; *adv.* somewhat, a little 6,266. 7,126 *etc.*

aür- *see* aorer.

auret *see* avoir.

aus *see* il.

aussi, ausi, 5,180, aussint 23,122, ausint 28,41, ausinc 28,101, auxi 29,18: *adv.* also, likewise 14,19. 22,145; *introducing additional reason, with inversion* moreover 19,17 *etc.*; *introducing asseveration* 23,122*; so, thus 28,101. 29,72; a. c' (= a. comme), like 22,122 (*see* 22,121f., Note); a. com, a. .... comme, a. bien ... conme, a. comme se, a.... comme qui *see* com.

aut *see* aler.

autel 12,406; *acc.pl.* autex 15,VI.23: *sm.* altar.

autel, *pron.neut.* the same; tot a., just the same 12,405; *cf.* autretel.

autre 7,181, altra 3,66, altre 3,77, aultre 29,25: *indef.pron. and adj.* second, another, other; (+ *neg.*) nothing else 6,177; a fois, formerly 5,16; a. foiz, on another occasion 12,178; l'a. an, last year 11,169; l'a. fois, the other day 22,155; *see* autrui. aultreffoiz, *adv.* formerly 29,26.

autrement 13,176, alt- 6,190: *adv.* otherwise 16c,11.

autresi 14,111, alt- 1,6: *adv.* likewise 9,202; a. cum *see* com.

autretant 22,396, alt-: *adv.* just as long 4,140; a. comme, as much as, the same as 22,396.

autretel, *pron.neut.* the same, the like 12,239; *cf.* autel.

autrier, *adv.*; l'autrir 7,47.63, l'autrer 7,153, l'autrier 15,XI.16, the other day, recently.

autrui, *indef.pron.* (*oblique case of* autre) of another 10,178*; *acc.* another, someone else 11,142. 16a,17*; (+ *neg.*) anyone else 22,84.

auuisset *see* avoir.

aval, *adv.* down 20,96; chi a., down here 22,278; *prep.* down 15,XII.15.

avaler 9,124: *v.n.* descend hurriedly, rush down 8,320*. 28,228; fall 9,124; *v.refl.* slip down 15,XII.13*.

avancier, *v.refl.* hasten 7,118. 30,104.

avant, *adv.*: (1) *Local*: ahead 3,93. 27,133*; forward 4,260; further on 13,86; plus a., closer 16g,19; si a. comme, as far as 26,101; parler a., speak further 4,54; cunter a. 10,379, dire a. 18,46, tell, say more; aler a., insist further (?) 14,100*; (2) *Temporal*: first 18,28.52; in a. 1,2, d'or en a. 8,91, henceforward; avant... que, before 30,90f.

avantage 27,121, aven-: *sm.* advantage; deux ou trois coups d'a., two or three blows extra 29,43*.

avec, avecques *see* avuec.

aveine, *sf.* oats 9,52.

avenantment, *adv.* fittingly 10,41.

avenir 3,276, adv-; *ind.pr.3* avient 22,268, advient 29,10.11, 6 aviennent 29,72; *ind.impf.3* aveneit 10,43; *pret.3* avint 5,6; *subj.impf.3* avenist 7,175; *fut.3* avendra 29,66; *pp.* avenu 18,18: *v.n.* approach 3,276; happen 7,175; (+ *dat.*) befall 10,43, become 22,268; (+ a) reach 12,204; *impers.* befall 5,6 *etc.* 18,1.18*.

aventure 3,211, avan-: *sf.* mishap 3,211; venture 8,47; adventure 13,1; chance 16c,44; good fortune 27,48; male a., disaster, ruin 5,80; en a., exposed to worldly temptations 5,99; en a. de, in danger of 17b,7; par mervoilleuse a., by a wonderful chance 20,4.

aver, averés, averons *see* avoir.

avers, *adj.* enemy, hostile 7,43. aversier, *sm.* enemy 7,173.

avers, *prep.* in comparison with 12,353. 15,XII.23.

aveuc, avoc, avoec, avoech, avoeques *see* avuec.

aviler, *v.a.* abandon, disgrace 3,217; vilify 10,227.240. avilance, *sf.* disgrace 13,122.

avis, *sm.*; m'est [a]vis 4,189, ceo m'est a. 10,140, it seems to me; *cf.* estre a. a 13,231; *cf.* vis.

aviser 3,165. 8,270: *v.a.* recognize; think over 29,30.

avoër; *fut.4* avüeron 7,82: *v.a.* protect, defend.

avogler, -ir; *pp.* avoglét 3,164; *f.* avoglie 3,204: *v.a.* blind.

avoi, *interj.* (= a! + *imper.2* of voir) look here! come now! 7,18 *etc.*

avoier; *subj.pr.1* avoie 21,153: *v.a.* guide 21,228.230; *v.n.* walk, set out 21,153.

avoir 12,54, aver 3,298, aveir 6,28; *ind.pr.1* ai 3,111, *2* as 3,90, *3* ad 3,44, at 3,289, a 5,48, et 16f,19, ait 16f,35, *4* avums 3,123, avum 3,302, avons 6,233, avon 13,287, *5* avés 5,39, avez 6,21, aveez 7,9, 6 un[t] 3,70, ont 8,28; *imper.5* aiez 16b,26; *ind.impf.1* aveie 3,172, avoie 13,177, *2* aveies 3,178, *3* aveit 3,104, avoit 5,16, avét 13,288, *5* avïez 7,286, aviés 15,VI.17, 6 aveient 9,45, avoient 14,51; *plpf.3* auret 2,2*.20; *subj.pr.1* aie 5,118, *2* aies 8,137, *3* aiet 3,278, ait 6,164, et 12,180, *4* aions

23,126,5 aiez 12,169, aiés 15,X.49; *pret.1* oi 3,211, oz 26,87, euch 27,48, *2* oüs 3,203, *3* out 3,7, ot 5,61, eut 24,140, *4* eumes 26,14, *5* eüstes 11,196, 6 orent 8,52, ourent 10,112, eurent 24,44; *subj.impf.1* oüsse 3,226, eüsse 12,30, *2* euses 15,VIII.22, *3* auuisset 2,27, eüst 5,67, euist 27,130, *4* oüsum 6,27*, *5* eüssiez 20,154, 6 eüscent 5,32, eüssent 10,279, eüsent 13,174; *fut.1* avrai 3,262, avré 14,61, arai 15,X.15, aray 17f,10, *2* avras 7,69, *3* avrat 3,170, avra 13,296, ara 15,IX.2, *4* avrum 3,274, avrons 16b,33, arons 22,150, averons 22,262, *5* avrez 7,55, avroiz 14,32, arés 15,VI.9, averés 22,176, 6 avront 8,234, aront 22,218; *cond.1* aroie 15,X.39, averoie 19,36, *2* aroies 22,126, *3* avreit 6,52, avroit 8,163, aroit 13,26, averoit 27,101, *4* arions 26,48, ariens 26,49; *5* avrïez 10,68, ariés 15,VI.17; *pp.* oüd 4,276, eü 10,353: *v.a.* have; hold, consider 12,54; *see* chier, froit, gaires, nïent, nom, plus; a. a (+ *inf.*) have to (*see* a); *v.impers.* 3,306 *etc.*, (*accompanied by* i, y) 4,117 *etc.* 29,61, (*introduced by* il) 22,20 (*see* bien); *expression of time:* hui a un an, a year ago today 5,22; n'ot oit jorz entierz, it was not a full week ago 7,136; grant tens a, a long time ago 23,100.189; *see* piece; *subst.inf.* possessions, wealth, money 3,293. 4,63 *etc.* (*see* poiz).

avuec 16a,21, -ec 8,324, -oec 12,287, -oc 13,17, -euc 15,IV.17, -oeques 19,54, -oech 27,23, -ecques 29,32, ovec 4,139, ove 7,154, ovec 9,149: *prep.* with; o. la nuit, at nightfall 4,139; a. ce, besides, in addition 27,23.

avüeron *see* avoër.

ax *see* il.

ba, *interj.* bah! 5,40.

bacheler 16a,28, bace- 15,IV.10: *sm.* young man; young knight aspirant 26,64.

baer 15,X.33, be-: *v.n.* gape; gule baee, mouth agape 7,270; b. a folie, dream foolishly 15,X.33; b. a (+ *inf.*), be eager to, strive to 19,32.

baillier 7,110, bail- 15,X.47, bailler 26,40, baillir 3,136: *v.a.* govern 3,136; control, lay hold of (?) 6,332; seize 7,110.117; give 8,146 *etc.*; subject, guide 21,32; *v.refl.*

entrust oneself 21,31; surrender oneself 28,268; **mal bailli**, ill-treated 21,30 (*see* **maubaillir**). **bailli,** *sm.* master (of oneself) 21,29. **bailie** 3,308, **baillie** 6,227: *sf.* possession 3,308; authority, power 6,227 *etc.*; conduct, control (of oneself) 21,29.

baisier 15,VII.16, **beisier** 12,363, **besier** 26,68; *pp.f.* **baisie** 15,VIII.27; *pr.pt.* **baisans** 29,7*: *v.a.* kiss; *v.refl.* 29,7; *subst. inf.* 12,363. 15,VII.16.

baisselete, *sf.* girl 22,170.

balencer, *v.a.* swing 20,54.

baler 22,204*: *v.n.* dance.

banc; *acc.pl.* **bans** 3,97: *sm.* seat.

bandon, *sm.* free disposal, liberty; **tut a b.,** violently 7,88, generously 21,274; **a b.,** entirely, without restraint 28,223.

baniere, *sf.* troop or company ranged under a banner 27,82.84.

banir; *pp.* **banit** 13,50: *v.a.* issue a ban, proclaim. **banie,** *sf.* proclamation 9,35.

barat 23,77, **berat** 23,23: *sm.*; **barate** 21,212: *sf.* deceit, underhand dealing.

bareil 5,14, **baril** 5,47; *n.sg.* **bareus** 5,164: *sm.* barrel. **barisel;** *n.sg.* **barisiaus** 5,128: *sm.* small barrel.

barge de cantiers, *sf.* longboat 26,51*.

baron, -un 6,111; *n.sg.* **ber** 8,111: *sm.* brave warrior, valiant knight 6,6 *etc.*; husband 15,VI.30; *adj.* mighty 6,337; valiant 7,80; good (an epithet used of saints) 7,179.183. **barnage,** *sm.* bravery 8,209; company of knights 11,79.

barrer 8,207*: *v.a.* fit with rails or cross-pieces.

bas, *adj.*: (1) *Local*: low 12,335; (2) *Temporal*: late (of evening) 25,104; **jusques a basses vespres** *see* **vespre;** *subst.*; **em b.,** in a low voice 5,104 (*see* **haut**).

basme, *sm.* balm 21,6*.

bataille 7,131, **batalle** 24,2: *sf.* battle; body of troops, battalion 25,34.

batre; *pp.* **batud** 6,351: *v.a.* beat 3,194; **batu a or,** appliquéd in gold 26,96.

baudré 8,280: *sm.* shoulder-belt; belt, waist 16a,26.

baut; *f.* **baude** 13,282: *adj.* lively, spirited.

bautisier; *pp.f.* **bautisie** 15,IV.10: *v.a.* baptize.

be- *see* **baer.**

begine, *sf.* beguine 27,28*.

behordeir *see* **bohorder.**

beivre *see* **boivre.**

bel 2,2; *n.sg.m.* **bels** 6,261, **beaus** 10,2; *voc.sg.* **biaus** 5,18, **beus** 10,31, **biax** 12,104, **biau** 14,82; *f.* **bela** 3,246, **bele** 3,251, **bell'** 23,114: *adj.* handsome, beautiful, fine; pleasant 7,45; (*form of address*) good 3,51, fair 5,18, dear 10,31; **estre bel a,** please 11,68; *subst.f.* (*in address*) fair lady, dear 13,261. 16g,15; *adv.* well, handsomely 3,269. 10,285; beautifully 9,185; **bial,** splendidly 16f,28; **bien et b.,** in good and elegant fashion 11,232. **bellezour,** *adj.* (*comparative of* **bel**) more beautiful 2,2. **belement,** adv. courteously 16g,38.

beneïr; *subj.pr.1* **beneïe** 8,162*, *3* **beneïsse** 6,241: *v.a.* bless.

ber *see* **baron.**

berat *see* **barat.**

bergiere 22,13, **bregiere** 22,68; **bregerete** 22,57; **bergeronnete** 22,90: *sf.* shepherdess.

besace, *sf.* double sack; *pl.* wallet, pouch 27,23.

besoigne 13,139, **besongne** 29,68: *sf.* affair, concern 13,139. 28,253; task, undertaking 28,209; need 29,68; situation 29,80. **besoin, besoing** 21,53; *n.sg.* **bosuinz** 3,3: *sm.* need; extremity 26,85; **aveir b.,** be in need 13,43. **busuinos,** *adj.* in need 3,135.

beste, *sf.* creature 22,48; simpleton 22,379.

beü *see* **boivre.**

beubant *see* **bobant.**

beus *see* **bel.**

bevrage, *sm.* drink, potion 28,62.

bevrai, -a, bevre *see* **boivre.**

bien, ben 6,64: *adv.* well, very well 3,49; completely 4,71.199; certainly, indeed 5,157. 7,158; wisely 6,62; hard, powerfully 6,64; elaborately 6,120; valiantly 6,186; opportunely 7,175; closely, intently 10,344; *strengthened by* **mult** 6,62, **asez** 6,186, **trop** 22,114.212.268, **mout par** 20,229; *strengthening adj. or adv.* very 8,189. 11,229 *etc.*; *with numeral* fully 12,93; *see* **petit, pres; b. soies tu venus!** welcome! 22,230. **bien,** *sm.* possessions, property 3,188; money 4,248*; good fortune 10,36; good, right 11,230; favour 16c,34; good quality 16e,40; well-being

18,44; **faire b. a,** give succour to 8,96; **il i a b.,** there is good reason 22,20.

billete, *sf.* game of marbles 8,125.

bis; *f.* **byse** 6,283: *adj.* dark-coloured 10,304.

bisse, *sf.* hind 27,131.

blanc 3,176; *f.* **blance** 3,157; *acc.pl.m.* **blans** 15,XII.18: *adj.* white.

blasme, *sm.* blame 6,28. **blasmer** 3,5: *v.a.* blame; criticize 18,66.

blastenger 3,87: *v.a.* blame, reproach.

blé; *acc.pl.* **blez** 8,132: *sm.* grain; field of wheat 16g,55.

blecier; *pp.* **blecét** 6,158;*f.* **blechie** 22,74: *v.a. and refl.* injure (oneself).

bliaut, *sm.* tunic 9,113*.

bloi, *adj.* blue (?), yellow (?) 6,110*.

blonc 11,165, **blund** 6,214, **blunt** 10,301, **blonde** 16a,27 (*masc.*); *acc.pl.m.* **blons** 15,XII.16: *adj.* fair, fair-haired.

blos, *adj.* bereft 13,204*.

bobant 23,101, **beubant** 24,18: *sm.* arrogance, vaingloriousness.

bober, *v.n.* sneer 23,102.

boce 23,49, **boche** 4,3: *sf.* hump 4,3; bump 23,49.

bohorder 9,225, **behordeir** 16f,26: *v.n.* joust, jilt.

boisson *see* **buison.**

boivre 16f,43, **beivre** 4,201.214, **bevre** 28,62; *ind.pr.3* **boit** 29,56; *pret.6* **burent** 13,299; *fut.1* **bevrai** 20,148, *3* **bevra** 29,58; *pp.* **beü** 20,109: *v.a. and n.* drink; *subst.inf.* beverage, drink 9,190.

boler, *v.a.* deceive 28,278.

bolir; *ind.pr.1* **buil** 4,163; *pret.3* **bolli** 13,305; *pp.f.* **boulie** 24,85: *v.a. and n.* boil; *pr.pt.adj.* **boillans** 5,188, **boillant** 21,10. **boullon,** *sm.* froth 5,189.

bon 6,4, **boen** 3,145, **boin** 5,87, **buen** 9,193; *f.* **buona** 2,1, **bone** 3,305, **boene** 11,53, **boine** 16c,30: *adj.* virtuous 2,1; good 3,145; brave 6,4; noble 7,24; auspicious 23,16; **boene eüree** *see* **eüré;** *sm.* will, pleasure 15,IV.12; good man 21,225; *adv.* auspiciously, by good fortune 23,215; **il fait bon** (+ *inf.*), it is advisable, well to 19,6. 20,72. **bonement** 7,202, **boenemant** 12,188: *adv.* vigorously 7,202; willingly 12,188; kindly 13,208.

bonét, *sm.* material, stuff 8,286*.

bor, *adv.* under good auspices 3,220*.

border 15,VII.15, **bordir** 15,XI.34: *subst.inf.* jesting.

borjois *see* **burc.**

boskét, *sm.* grove 22,72.

bosuinz *see* **besoin.**

bouche 8,250, **buce** 3,251, **buche** 4,244, **bouce** 5,156, **boche** 11,97: *sf.* mouth; **dire de b.,** utter, express 12,44; **a plaine b.,** loudly 20,80.

bouclé, *adj.;* **escu b.,** buckler, shield with boss 8,102.

boueste, *sf.* box 29,33.

boufer, *v.n.* puff out one's cheeks 13,61.

boujon, *sm.* bolt (of cross-bow) 5,180*.

boule, *sf.* debauch 28,172.

boullon *see* **bolir.**

bout; *acc.pl.* **bous** 24,89: *sm.* bar, rail.

bouter 8,239, **bouteir** 16f,14, bot-, bott-: *v.a.* thrust, push 25,83; *v.refl.* 12,79; **b. feu,** set things on fire 16f,14; **b. le feu en** 26,135, **b. le feu a** 26,138, set fire to.

brace *see* **braz.**

brachét, *sm.* hunting dog 11,13.

brael, *sm.* belt 7,199.

brant, *sm.* blade, sword 7,143. **brander,** *v.n.* burn 13,200. **branler,** *v.n.* shake 24,51.

braz 6,21, **bratz** 29,48: *sm.* arm. **brace,** *sf.* embrace, two arms 6,31; *cf.* 8,289, Note.

bregiere, bregerete *see* **bergiere.**

breteske, *sf.* battlement 24,35.

bricon 16f,23, -**un** 3,36; *n.sg.* **bris** 8,135: *sm.* idiot, fool; *adj.* treacherous 16f,23.

brief; *n.sg.m.* **briés** 3,318: *adj.* brief; *sm.* letter 21,7. **briefmant,** *adv.* in short 28,265.

brocher, *v.a. and n.* spur 6,48.

bruire; *gerund* **bruiant** 7,34*: *v.n.* rush noisily.

brun, *sm.* brown cloth 8,305. **brunete,** *sf.* fine cloth of dark (brown) colour 28,42.

brunie, *sf.* byrnie (leather tunic with metal discs or rings) 3,181. 6,153.

buef 8,232; *acc.pl.* **bués** 8,117: *sm.* ox 8,117; ox hide 8,232.

buen, buona *see* **bon.**

buisine, *sf.* trumpet 24,17.

buison 20,199, **boisson** 16g,6: *sm.* bush.

burc, *sm.* town 10,308. **borjois,** *sm.* townsman, citizen 8,280*. 11,9.

burel 8,230; *acc.pl.* **buriaus** 28,40, -**eaus** 28,42: *sm.* coarse woollen cloth.

buskier 24,127: *v.n.* knock.

busuinos see besoigne.
buteillerie, *sf.* butlery 9,172.
byse see bis.

c' *see* ce, que, qui.
ca- *see* cha-.
ça 5,19, **cha** 22,387: *adv.* here, hither; there 7,280; **ça devant,** ahead 6,94.
cachier; *subj.pr.3* (?) cachat 23,142: *v.refl.* hide.
cadhun; *f.* -una 1,5: *adj.* every.
caeignun see chaenne.
caeit, caï, caiuz see cheoir.
cailleu 24,114, **chaillot** 11,31: *sm.* pebble.
çaint, -e, çainst see ceindre.
calenger, *v.a.* dispute, contest 4,263; defend 6,236.
camoisier, *v.a.* bruise 8,250.
cantiers see barge.
canue, canuthe see chenu.
capitaine 30,70, **chapitainne** 27,54: *sm.* captain, military leader.
capitalment, *adv.*; **punir c.,** put to death 30,27.
caple, sm. slaughter 15,X.21.
car 5,16, **quer** 3,40, **quar** 3,262, **kar** 6,34, **qar** 13,23, **ker** 24,14: *conj.* for; (*consecutive*) that 24,14*; (*emphasizing imper.*) now, do now 5,84*. 6,93.220* *etc.*; (*emphasizing a wish*) 19,34*. 20,154*.
cardonnereule, *sf.* goldfinch 22,29*.
cas, *sm.* transaction, work 21,195.
cassist see chaloir.
cataigne, cataignie see chevetaine.
cauchier; *pp.f.* cauchie 22,121: *v.a.* put on.
caup see coup.
cauper see coper.
caut see chaloir.
cave, *sf.* cave 28,229.
caviaus see chevel.
ce *see* cist *and* soi.
ce 5,25, **czo** 2,21, **ço** 3,19, **içо** 3,298, **çou** 5,11, **c'** 5,165, **chou** 5,172, **ceo** 7,12, **ceu** 16b,61, **ch'** 16c,16, **se** 20,95, **che** 22,32, **s'** 26,121: *demonstr.pron.neut.* this, that, it; (*used pleonastically*) 3,19.28.81.110 *etc.*; (*introduces following noun clause*) 3,123 *etc.*; (*refers to what precedes*) 5,172 *etc.*; içо (ce) que, the fact that 4,232. 12,285. 14,109. 29,74*; ço'st, it is 3,133 *etc.*; (*stressed*) 22,260*; ce que puet estre? 13,167, ce que sera? 20,92, what can this

mean?; *see* avuec, de, encontre, ja, jusques, par, por.
ceals see cil.
ceanz 12,198, **seans** 23,117.144: *adv.* in here; **par c.,** throughout this place 12,198; **hors de seans,** out of here 23,144.
ceindre 7,293, **ceindra** 3,182; *ind.pr.3* ceint 11,281, çaint 13,110, 6 ceingnent 8,100; *pret.3* ceinst 6,304, çainst 15,IX.9; *pp.f.* çainte 13,129: *v.a.* gird on.
cel see ciel.
cel, cele, celi, cellui, celoi, celui, cels *see* cil.
celer; *pp.* celét 3,90: *v.a.* conceal, hide 4,67; *subst.inf.* dissimulation 11,149.
celee, *sf.* secrecy 23,3.
celier 15,XI.6, **sillier** 16f,41: *sm.* cellar.
cener; *ind.pr.3* çoine 13,156: *v.a.* beckon.
cent 10,264; *acc.pl.* chens 22,348: *num.adj.* hundred.
center see chanter.
ceo see ce.
cerchier, *v.a.* search 11,36.
cercle, *sm.* band 11,278.
certain; *f.* certeine 16e,18: *adj.* certain, assured. **certeinement** 28,282, **sertainement** 23,120: *adv.* certainly.
certement, *adv.* with certainty 4,51. **certes,** *adv.* certainly 3,112; a c., assuredly 7,42; par c., assuredly 20,216.
ces, cest, cesta, ceste, cestu, cestui *see* cist.
ceu, *adj.* blind; dark 4,184*.
ceu see ce.
ceulx, ceulz, ceus see cil.
cevalch-, cevauc- *see* chevauchier.
cez *see* cist.
ch' *see* ce.
cha *see* ça.
chacer 30,90; *subj.pr.3* chast 13,41; *pp.* chacié 13,47: *v.a.* hunt, pursue 13,41; drive away 13,47.
chaeir see cheoir.
chael 20,188; *n.sg.* chaiaus 20,184: *sm.* young dog.
chaenne 14,127, **chaigne** 29,41: *sf.* chain. **caeignun,** *sm.* iron collar 6,136.
chaille see chaloir.
chaillot see cailleu.
chainsil, *sm.* linen 10,293.
chainturele 22,5, **chainturete** 22,176: *sf.* (little) belt.

chair 29,46, carn 3,202, char 7,192, car 15,IV.18: *sf.* flesh; meat 15,IV.18. 27,15.

chaitif, chetif 21,9; *n.sg.m.* chaitis 4,130, caitis 15,VIII.10, chetis 21,1; *f.* caitive 15,V.15; *voc.pl.m.* chaitifz 7,243: *adj.* wretched 4,130 *etc.*; *subst.* captive, slave 15,VI.12.

chaloir; *ind.pr.3* chielt 2,13, calt 6,116, chaut 8,46; *ind.impf.3* chaloit 11,55; *subj.pr.3* chaille 12,295, caille 22,132.284*, caut 22,140; *subj.impf.3* cassist 25,62: *v.impers.* (+ *dat.* + *de*) concern, matter; ne vos chaille 12,295, ne te caille 22,132, ne t'en caut 22,140.213, don't worry.

chalor 8,138, challeur 29,49: *sf.* heat.

chamberere 10,243, chamberiere 28,181: *sf.* chamber-maid.

chamberlen, *sm.* chamberlain, chamber attendant 9,54*.

chambre 9,44, cambre 6,315, chanbre 11,286, canbre 15,IV.16: *sf.* chamber; territory, province (under the direct control of a prince) 6,315; royal apartment 9,95. 13,87.

champ 6,92, camp 6,148; *acc.pl.* chans 9,223, cans 22,26: *sm.* field, battlefield. champon 7,97, ca- 7,79: *sm.* battlefield. chanpaingne, *sf.* countryside 20,198.

chanbe *see* ganbe.

chancellier 17c,1, canceler 3,146: *sm.* clerk 3,146; chancellor, chief officer 17c,1.

chançon 16e,41, cançon 16d,6, canchon 22,16: *sf.* song.

chandoile, *sf.* candle 12,250.

chaneviere, *sf.* hemp field 19,52.

change, *sm.* exchange 13,277.

chanpaingne *see* champ.

chanter 8,274, center 15,XII.5, canter 22,115: *v.a. and n.* sing; *subst.inf.* 16d,4. 22,115. chant, *sm.* chant, melody 9,124; song 21,22.

chantier, *sm.* stand (for barrels) 21,22.

chape 8,7, cape 15,VI.23: *sf.* cope 8,7; cloak 12,233. 15,VI.23. chapel, *sm.* hat 8,286. chapelét, *sm.* garland of flowers 22,171. chapelier, *sm.* hood (part of the hauberk that protects the head) 7,198.

char *see* chair.

char, *sm.* wagon 8,121.190*. charrete 8,190*. 12,37*, charete 27,95: *sf.* cart.

charroi 8,189, charoi 27,11: *sm.* cartage, wagon traffic 8,189; convoy, wagon train 8,222.263.313. 27,11; *pl.* vehicles (for carting) 27,111.

charger 30,90, cargier 16c,40, chargi-; *pret.1* carcai 5,23, *3* kerca 5,20, *5* carcastes 5,46; *pp.n.sg.m.* charchiés 5,128; *acc.pl.* quarchiés 22,37: *v.a.* entrust 5,20; (+ *de*) load with 14,123. 26,3. (*fig.*) 30,90; burden 20,47.

charnel; *acc.pl.m.* charnex 28,309: *adj.* carnal. charnelment, *adv.* carnally, sensually 28,92.

charpenter, *v.a.* cut into shape 21,24.

charrue 8,200, karue 22,76: *sf.* team (of oxen) 8,200*; plough 22,76.

chartre 21,7, cartra 3,54, cartre 3,118: *sf.* letter 3,54.118: deed, document 21,7.

chartre, *sf.* prison 28,37.

chascun 8,219, chescun 4,189, cascun 5,149, chaschun 25,80, casqun 27,21: *pron. and adj.* each one, each.

chastel 10,19, castel 15,VIII.4; *acc.pl.* chastiaus 7,252: *sm.* castle.

chastïer, castïer 6,49: *v.a.* rebuke 6,49; admonish 10,64; chastise 29,41.

chatel, *sm.* possessions 28,336.

chauce 8,279; *acc.pl.* chauces 8,278. 11,258: *sf.* hose, stockings 8,278; leggings or breeches of chain mail (fastened with leather straps) 11,258.

chaucie, *sf.* road 8,272.

chauderon 8,16, caudron 27,17: *sm.* cauldron. chaudiere, *sf.* large cauldron 27,17.

chauf; *n.sg.m.* chauz 11,308: *adj.* bald.

chaut *see* chaloir.

chaut 10,24, cald 4,201, càut 15,XII.3; *n.sg.m.* calz 4,137; *f.* chade 16f,9, caude 27,27: *adj.* hot; *sm.* heat 4,217 *etc.*

chaviaus *see* chevel.

che *see* ce.

cheent, cheï, cheist *see* cheoir.

chef *see* chief.

chele, chelui *see* cil.

chemin 7,254, chimin 7,247, quemin 22,36, cemin 27,123: *sm.* road; way: torner ariere les c.s, make one's way back, turn back 7,247; sei en turner les c.s, turn away 7,254; *see* metre. ceminer 27,88: *v.n.* make one's way.

chemise 10,20, cemisse 15,XI.25: *sf.* undertunic.

chen *see* chien.

chens *see* cent.

chenu 11,174; *f.* canuthe 3,165, canue 6,291, chanue 28,239: *adj.* hoary, white (of hair); old 11,174.

cheoir 12,148, chaeir 10,338; *ind.pr.3* chet 3,195, chiét 7,128, 6 cheent 7,200, chieent 11,115; *pret.3* cheï 12,389, caï 15,X.28, chei 26,61; *subj.impf.3* cheist 26,99; *fut.2* cherras 20,122; *pp.* cheü 12,259.260; *n.sg.m.* caeit 6,252, caiuz 6,279; *n.pl.* choiét 13,242: *v.n.* fall; drip 12,389; *v.impers.* (+ *dat.*) bien c., turn out fortunately for 12,259.

cher *see* chier.

chere *see* chiere.

ches *see* cist.

chescun *see* chascun.

chetif, chetis *see* chaitif.

cheuls *see* cil.

cheval 6,48, ceval 15,VIII.3; *n.sg.* chevaus 22,81; *acc.pl.* chevax 14,65, chevas 25,96: *sm.* horse.

chevalier 5,102, chevaler 6,163, cevalier 15,IV.5: *sm.* knight; faire c., dub 26,63. chevalerie 9,216, chevallerie 30,126: *sf.* knightly valour 9,216*; chivalry, knighthood 14,120. 30,4; knights, nobility 30,3. chevalereus, *adj.* knightly 30,20.

chevauchier 11,199, chevalc- 6,93, cevalch- 6,122, chevalch- 6,144, chevach- 10,284, chivachier 16f,13, chevauc- 25,97, cevauc- 27,22, cevauch- 27,83; *pp.* chevauché, beaten, tamed (?) 29,41: *v.a. and n.* ride.

chevel 10,303; *acc.pl.* chevels 3,201, caviaus 15,XII.15, chav- 22,206, cheveus 26,67: *sm.* hair.

chevetaine 30,64, cataigne 6,156, cataignie 6,303: *sm.* captain, chief.

chevillier 8,207*: *v.a.* peg.

chi *see* ci *and* qui.

chiaus, chiax *see* cil.

chief 2,22, chef 3,176, cief 5,1; *acc.pl.* chiés 20,53: *sm.* head 2,22; end 5,1. 20,53; (heraldry) chief, upper third of a shield 27,58; chief, leader 30,9; venir a c. de, accomplish 22,194.

chielt *see* chaloir.

chien 5,65, chen 6,61, cien 15,X.22: *sm.* dog.

chier 4,240, cher 3,220, kier 3,246, cier 15,IX.5: *adj.* dear; costly 9,111; avoir c., love 5,114; soi tenir c. *see* tenir; *adv.* dearly 7,291; *cf.* cierement 16c,27.

chiere 22,165, chere 4,76: *sf.* face, countenance; avoir c. mate, be depressed 4,76; faire c. lye, be joyful 17c,7; quel c.! what an expression! 22,165.

chiés 22,43, chiez 23,179: *prep.* at the house of.

chiét, choiét *see* cheoir.

chievre 11,208*, civre 15,X.6: *sf.* she-goat.

chil *see* cil.

chis *see* cist.

choe, *sf.* jackdaw 23,112*.

choisir, *v.a.* catch sight of 10,161. 26,120; choose 16g,23.

chose 7,109, cosa 1,5, cose 2,9, kose 2,23, chouse 29,5: *sf.* thing; qant ce fu c. que, when 14,66*; ne ... c., nothing 22,373; la c. publique, public property 30,33.

chou *see* ce.

choule, *sf.* ball, lacrosse 22,155*. chouler, *v.n.* play ball, lacrosse 22,157.

chrestïen, christian, christiien *see* crestïen.

ci 3,131, chi 5,27, ici 10,142, si 23,161: *adv.* here; par ci 20,197, par chi devant 22,33, this way; *prep.* desi a 8,81, dessi a 9,28, dessi qu'a 9,68, up to, as far as; d'ici qu'a, as many as 10,142; *conj.* desi que, until 13,35.

cief *see* chief.

ciel 2,6, cel 4,70; *acc.pl.* ciex 21,113: *sm.* sky, heaven.

cien *see* chien.

cierement *see* chier.

cil, *n.sg.m.* 3,38, cel 6,99, icil 6,202, celui 7,2, chil 24,40, celi 26,92, chils 27,106, cellui 30,21; *f.* cele 8,164, chele 22,273; *acc.sg.m.* cel 3,50, icel 3,80, celoi 6,113, celui 14,2, chel 24,30*, chelui 24,46, cellui 30,111; *f.* celle 2,23, icele 3,73, cele 5,184, chele 22,251; *neut.* cel 4,243. 6,89; *dat.sg.m.* celui 19,9*; *n.pl.m.* icil 3,95, cels 3,270, cil 3,286, chil 16d,12, ceulx 30,10*, ceulz 30,123; *acc.pl.m.* cels 2,12*, icel[s] 3,188, ceals 4,78, ceus 8,75, ciax 15,VI.28, içaus 20,71, chiaus 22,395, chiax 24,104, cheuls 27,129, ceulx 30,37; *f.* celes 10,216, icelles 29,27*, celles 30,6: *demonstr.pron. and adj.* that one, that, those; he, she; *used as the def.art.* 6,118.120.121 *etc.*

cisemus, *sm.* fur of the souslik or ground-squirrel 12,270.

cist, *n.sg.m.* 3,136, **cis** 5,107, **icist** 7,42, **chis** 16c,28; *f.* **cesta** 3,272, **ceste** 5,125, **iceste** 6,17, **cest'** 13,176; *acc.sg.m.* **cist** 1,4, **cest** 3,134, **cestui** 3,274, **icest** 3,304, **ce** 11,187, **cestu** 23,125; *f.* **iceste** 3,88, **cest'** 4,177, **ceste** 5,79; *neut.* **cest** 4,243.246; *dat.sg.m.* **cestui** 5,90; *n.pl.m.* **cist** 8,234. 28,125; *f.* **ches** 22,44; *acc.pl.m.* **icez** 4,48, **cez** 6,191, **ces** 15,VI.14, **ses** 16f,3. 26,58, **ches** 24,101; *f.* **cez** 8,28, **ces** 15,VI.23, **ches** 24,25: *demonstr.pron. and adj.* this one, this, these; *used as the def.art.* 6,191. 8,28 *etc.*

cit 8,74; **cité** 8,184, **citét** 3,62; *n.sg.* **chités** 24,42: *sf.* city.

civre *see* **chievre**.

clamer 18,21; *ind.pr.3* **cleimet** 6,347.366, **clainme** 16g,24, **claime** 18,23, 6 **claiment** 28,56; *pret.3* **clamma** 10,235: *v.a.* call 12,56; call, name 16g,24; *v.refl.* complain aloud 10,235; proclaim oneself 15,V.14. 28,56; (+ **de**) make appeal about 18,21; **c. sa culpe**, confess one's sins aloud 6,347.366; **c. quite**, exonerate 18,65.

claré, *sm.* spiced wine 8,173.

clementia (*L*), *sf.* grace 2,29.

cler 3,117, **cleir** 16f,8: *adj.* clear, bright 6,299; open, frank 7,286; *adv.* brightly 11,279; **estre c. ajurnét**, be broad daylight 4,277.

clerc 3,145; *n.sg.* **clers** 19,42: *sm.* clerk (in holy orders).

clop, *adj.* lame 15,VI.22.

closture, *sf.* enclosure 30,34.

ço *see* **ce**.

cognois, cognoist *see* **conoistre**.

coi *see* **qui**.

coi 15,XII.3, **quoi** 5,99, **quoy** 23,119; *n.sg.* **coiz** 12,265: *adj.* quiet; **laiscier quoi**, leave (s.o.) to his own devices 5,99; **soi tenir c.**, keep quiet, lie low 12,264. 23,119; **estre c. de**, refrain from 16d,2.

coiement, *adv.* quietly 5,158. **coisier**, *v.refl.* be quiet, remain silent 16d,3.

coignie, *sf.* axe 8,205.

coillir *see* **cueillir**.

çoine *see* **cener**.

cointe 19,25, **quointe** 10,165, **cuinte** 10,242: *adj.* refined 10,165.242; clever 19,25; elegant, graceful 22,91.

coisier *see* **coi**.

coist *see* **cuire**.

coitier, *v.a.* beset, press hard 8,302.

col 5,15; *acc.pl.* **cos** 8,102: *sm.* neck.

colee, *sf.* blow 13,130.

coler, *v.n.* slip, slide 7,201.

colomb 2,25*, **coulon** 26,124: *sm.* dove, pigeon; **par coulons messagiers**, by carrier-pigeon 26,124. **coulombel**; *pl.* **coulombeaux** 29,8: *sm.* little dove.

colp *see* **coup**.

colpe 2,20, **culpe** 6,347.352*.366: *sf.* sin, fault.

columbe, *sf.* dove 9,100.

com- *see* **con-**.

com 2,19, **cum** 1,5, **cume** 3,91*, **cumme** 7,33, **come** 7,49, **conme** 8,39, **con** 8,68, **comme** 14,54: *adv. and conj.* (1) *adv.* how 3,55, (*exclam.*) how 3,270; like 3,91; **si c.** 6,129, **altresi c.** 6,137. 15,X.22, **aussi ... c.** 24,103, **aussi c.** 26,36, (just) like; **aussi ... c.** 14,53, **ausint bien ... c.** 28,41, as well as; **ainsi c.**, as if 26,80; **auxi ... c.**, as ... as 29,18; (2) *conj.* (*a*) (*comparative and modal*) as 6,361; **c. si** 4,169, **c. se** 14,127 (+ *subj.*) as if; **ausi c.**, (just) as 5,180; **ausi c. ... ausi**, (just) as ... so 11,30; **einsi c.** 14,74, **ensi c.** 25,117. 27,112, (just) as; **ensi c. ... si**, as ... so 25,72; **ausi c. se** (+ *subj.*), just as though 14,55; **aussi ... c. qui**, just as if someone 26,137*; **ausi c.** (+ *subj.*), as if 15,XII.19; (*b*) (*temporal*) when 3,101.217. 4,255; (*c*) (*final*) in order that 2,19*; (3) *prep.* **c. de**, so ... that, so as to 29,17; *see also* **plus, si, tant, tel, tost**.

comander 10,45, **comaun-** 10,73, **kem-** 24,126, **comm-**, **conm-**, **cum-**; *ind.pr.1* **cumant** 4,50, **comant** 4,265, **comanc** 16c,42, **conment** 20,217, **commant** 23,169; *pp.* **cumandét** 3,58: *v.a.* entrust, hand over 6,127; **c. a Deu**, commend to God 8,23; *v.n.* command, order 8,68; *v.refl.* (+ *auxiliary* **avoir**) commend oneself 3,58. **comant** 6,85, **commant** 17b,9: *sm.* command, order. **comandement** 10,139, **cumande-** 3,63, **comandemant** 12,80: *sm.* command.

combatre 26,38, **cum-**: *v.n.* fight 6,79; *v.refl.* fight 6,87.

combien 26,54, **con-**: *adv.* how much, how many; **a c.**, for how long 13,303; **c. que**, although 30,43.

comencier, comanc- 11,7, commencier 21,192, conmencier 28,175, commench-; *pp.* recumencét 6,194: *v.a. and n.* commence, begin; c. a (+ *inf.*) 25,89*; *v.refl.* be started 30,105f.; *subst.inf.* 23,79.

coment 15,X.54, cument 6,10, comant 12,50, conment 18,39: *adv.* how, what; c. que (+ *subj.*): c. qu'il soit 12,140, c. que la besoigne aille 28,253, however it may be, in any case.

commovoir; *pret.3* commot 4,46, 6 commourent 3,281: *v.a.* arouse 4,46; *v.refl.* be moved, touched 3,281.

commun, *adj.* mutual 1,1; said by all 3,78; addressed to all 21,257 (*see* lettre). communité *sf.* community 30,40. comunelment, *adv.* publicly, to all 25,16. conmunement 8,51, cumune- 6,148: *adv.* all together; publicly, to everybody 28,77*.

compaignon 16g,2, -painnun 9,233, conpaignon 11,63, cumpaignun 6,2, -paignon 6,131, -painon 7,78, -painun 10,151; *voc.sg.* cumpainz 6,3, -pain 10,322, compains 16b,14, -painz 16b,31, -poins 23,54, conpoinz 20,9: *sm.* companion, comrade; follower; member of a company of troops 30,64; c. de la quisine, scullion 6,131. compaigne 16c,4, -peigne 28,196, conpaigne 8,2, -paingne 20,197, cumpaigne 6,67, -painne 7,167: *sf.* battalion, body of troops 6,67; *pl.* troops 7,167; company, retinue 6,159. 8,2; mistress 16c,4; (female) companion 28,196. compaignesse, *sf.* (female) companion 22,222. compainie 9,186, -paignie 14,132, -panie 23,177, -pagnie 27,47, conpaignie 8,155; -pagnie 15,IV.17, cumpaignie 6,45: *sf.* companionship 6,45; retinue (of followers) 8,155. 9,186 *etc.*; company 15,IV.17; body of troops 30,63: faire c. et chief, lead a company.

comparer, cum- 7,291, comperer 16c,27; *fut.3* comperra 22,242: *v.a.* pay for.

complaindre; *ind.pr.3* complaint 30,94; *subj.pr.1* complaigne 16c,2: *v.a.* deplore, bewail 16c,2; *v.refl.* complain 30,94.

comunelment *see* commun.
concreidre 2,21: *v.refl.* give in, submit.
condempner, *v.a.* condemn 30,35.

condition 27,50, -dicion 29,26.30.32: *sf.* conduct, behaviour 27,50. 29,30; character trait 29,26; character 29,32.

conduire 8,259, cun-; *ind.pr.3* cunduit 4,149; *imper.5* cunduiez 7,188; *subj.pr.3* conduie 13,220; *pret.3* conduist 15,X.59; *subj.impf.3* conduisist 8,166: *v.a.* drive onwards 4,149; lead 7,188; escort, protect 12,139; *v.n.* lead, drive 8,259; *v.refl.* betake oneself off 13,84*.220; guide oneself 21,144*. conduit, *sm.* escort, protection 12,256.

coneümes *see* conoistre.
confés, *adj.*; sei rendre c., make one's confession 4,91.

confét, *adj.* what kind of 8,292. confaitement 16g,30, -fetement 8,229, cumfaitement 6,9: *adv.* how.

confondre 5,141: *v.a.* confound 12,133; *v.refl.* be troubled 5,141.

conforter 15,VII.4: *v.a.* console 5,123; *v.refl.* take comfort 12,90.

congié 16c,10, cungé 10,114: *sm.* permission 12,299; prendre c., take leave 10,114.

conjoindre; *ind.pr.6* conjoingnent 8,199: *v.a.* assemble.

conjoir; *ind.pr.3* conjot 12,349: *v.a.* welcome.

conmunement *see* commun.

conoistre, cunustre 9,32; *ind.pr.1* conois 7,62, connois 14,32, 2 cognois 30,58, 3 conuist 12,63, connoist 20,135, cognoist 29,32, 4 conuissum 3,130, 5 connissis 15,X.54; *ind.impf.1* cunuisseie 3,205; *subj.pr.3* conoisse 12,408; *pret.1* connuc 22,114, 3 counut 5,13, conut 5,14, cunut 10,327, connut 13,9, 4 coneümes 3,130; *cond.5* conoistrïez 7,152*: *v.a.* know, recognize; acknowledge, admit 7,181*. 13,226. 15,X.54.

conpere, *sm.* fellow 18 (title).

conquerre, cun-; *pret.1* cunquis 6,305, 3 cunquist 6,361, 6 conquistrent 25,93; *pp.* cunquis 6,169, conquis 15,VI.17: *v.a.* capture, conquer; *v.n.* win 6,346.

conqueste, *sf.* booty 25,20. conquester, cun-, *v.a.* (+ sur) conquer from 7,284; acquire 8,117; achieve 22,124; *v.n.* make purchases 8,131.

conraer 8,29, conre-, cunre-: *v.a.* make ready, prepare 3,268. 8,29*; satisfy 8,54.175; fit out 10,95.

conseillier, -seiler, -sellier; *subj.pr.3* consaut 22,377; *fut.1* conseilleré 14,13; *pp.* conseilét 3,108: *v.a.* say in secret 3,108. 13,63; advise 22,377; *v.refl.* take counsel 14,13. conseil 8,71, consoil 11,186, consel 15,VII.5; *n.sg.* consauls 27,106: *sm.* advice; plan 27,106; prandre c. 11,186, avoir c. 27,98, take counsel; a c., in confidence 12,159. conseiler 3,28, consellier 2,5, cunseillier 7,222: *sm.* counsellor.

consentir 24,39, cun- 10,79: *v.a.* allow, grant 3,133.

conserver; *ind.pr.3* conservat 1,12: *v.a.* keep, observe (an oath).

considerer, com- 27,49; *gerund* considerent 29,66: *v.a.* appreciate 27,49*; consider 29,66.73.

consirrer, *subst.inf.* thought, resignation 3,14*; deprivation 16c,17. consirede, *sf.* privation 3,168.

consivre; *pp.* consoüt 6,355: *v.a.* overtake, strike down.

conte 15,VI.16, cunte 6,126; *n.sg.* quons 3,284, quens 6,1, cuens 8,276: *sm.* count.

contenir; *pret.3* contint 11,303; *fut.3* cuntendra 10,272; *cond.6* contendroient 25,13: *v.refl.* act, behave. cuntenance, *sf.* demeanour, bearing 9,24.

contens, *sm.* dispute 29,7.

conter 12,60, cunter 10,379: *v.a.* relate; attribute 12,13; count as 12,60. conte, *sm.* tale, story 5,50; reckoning 28,252.

continuacion, *sf.* prolonged association 29,89.

contraindre, contrein-; *ind.impf.6* contreignoient 26,98; *pp.* contrains 30,78.99: *v.a.* propel 26,98; compel 30,78.99.

contraire 21,132, contrarie 4,182: *sm.* vexation 4,182; harm 21,132; contradiction 28,72.

contre 17c,22, contra 1,15, cuntre 4,192: *prep.* against; compared with 6,240; c. soleil 6,118, c. le jur 10,303, in the sunlight; c. [le] ciel, heavenward 6,324; *adv.* towards him 7,119.

contredire; *pret.3* contredist 2,23: *v.a.* oppose, resist.

contree 5,51, cuntree 7,277: *sf.* region, district.

contremont, *adv.* up, upwards 5,144. 20,192; *see* ramper.

contreval, *prep.* down, along 8,287; down into 15,XII.13.

conuissum, conuist *see* conoistre.

convenance, convenant, convenra, convent, convenu, convient *see* covenir *and* covent.

converser; *pp.* conversét 3,111: *v.n.* live, stay 3,26. 8,116. convers, *sm.* life 3,119.

convine, *sf.* attitude 24,68. couvin, *sm.* conduct 22,404.

convoier; *pp.* convoiez 21,232: *v.a.* escort 28,198.

convoitise *see* couvoitier.

cop *see* coup.

cope 11,11, cupe 9,175: *sf.* cup, goblet.

coper 8,139, caup- 15,X.15: *v.a.* cut off 8,139; cut 26,133.

cor *see* cors *and* cuer.

corage, -aige *see* cuer.

cordelier, *sm.* Franciscan friar 23,84.

corneilles, *sf.pl.* diaphragm 7,217*.

corner, *v.a.* sound (horn) 6,12; call for (by blowing the horn) 8,50; *v.n.* sound the horn 6,90*; *subst.inf.* 6,52.

corre 20,76, curre 3,282, cure 7,108, courre 22,227; *ind.pr.3* keurt 5,190, cort 11,306, 6 corent 11,307, qeurent 15,VIII.5, keurent 24,31; *imper.2* cor 11,285, 4 curum 4,8; *subj.pr.3* core 13,40; *pret.3* corrut 11,250, 4 courumes 26,141; *cond.3* courroit 22,347; *pp.* couru 26,122: *v.n.* run; sail 4,8; c. (+ *dat.*) seure 5,190, sus 23,15, rush upon, attack, *pr.pt.adj.* swift 6,141 *etc.*; *subst.* corrant, current 25,61.

correcier 12,143, coruc- 3,35, curuc- 10,196, corrouc- 14,7, courrouss- 17e,4, courrouc- 28,20: *v.a.* make angry 10,226; distress 17e,4; *v.n.* grow angry 12,143; *v.refl.* grow angry 3,55 curuçus, *adj.* angry 6,123.

corrigeur, *sm.* chastiser 30,60.

corrunpable, *adj.* prone to decay 28,116.

cors 5,81, corps 2,2, cor 8,64: *sm.* body; (= *refl.pron.*) -self 3,22*. 11,246. 12,201*; c. a c., hand to hand, in single combat 7,173. 14,104; cor(s) saint, holy relic 8,64 *etc.*

cort, *adj.* short 8,87*.

cort 11,305, curt 9,1, court 27,94: *sf.* courtyard 11,305; (royal) court 9,1; court (of justice) 18,26; tenir c., hold court 9,74.

cortois 11,122, curteis 9,199, courtais 28,300: *adj.* courtly, courteous, refined. corteisie 12,47, courtoisie 5,171, curteisie 9,34: *sf.* act of generosity 5,171; gracious favour 9,34; courtly refinement 9,195. curteisement, *adv.* in a courtly manner 10,104.

cos *see* col.

cosa, cose *see* chose.

cosfre, *sm.* coffer 24,140.

coste, *sf.* side 24,5.

costé 9,66, costéd 4,84: *sm.* side of the body 4,84. 10,25*; side 9,66.

coster, *v.n.* cause pain 7,206.211; cost 11,78. custe, *sf.* trouble, pain 4,104.120.

costume 12,72, cus- 9,152, cous- 27,7: *sf.* custom. coustumier, *adj.* accustomed 28,182.

cote, *sf.* tunic 8,230; gown, over-garment 12,268. cotele, *sf.* gown 22,3.

çou *see* ce.

cou, *sm.* cook 6,127.

couardie *see* cuardie.

couchier 12,241, cuch-, culch-; *pp.* culchét 6,341; *n.sg.m.* cuchiez 10,74: *v.n.* lie down 10,228; *v.refl.* lie down 6,341 *etc.*

coudroie, *sf.* hazel-tree 16b,9.

coulombel, coulombeaux, coulon *see* colomb.

coup 29,43, caup 5,149, cop 7,56; *acc.pl.* colps 6,22: *sm.* blow; a cascun c., each time 5,149.

couraige *see* cuer.

courine, *sf.* anger, hatred 26,66.

courre, courroit *see* corre.

courtil; *acc.pl.* courtiex 22,224: *sm.* garden, garth.

cousin 14,64, cusin 7,245, cosin 7,260: *sm.*; cousine 22,258, cousinne 26,44: *sf.* cousin; *see* germain.

coustumier *see* costume.

coute, *sf.* quilt, cushion 11,27.

coutel, *sm.* knife 8,281.

couvin *see* convine.

couvoitier, *v.a.* covet, desire 28,132. couvoitise 28,303, convoitise 23,52: *sf.* covetousness, concupiscence. covoiteus, *adj.* covetous 28,16.

covenir, con-, cou-; *ind.pr.3* covient 11,192, couvient 14,10, convient 28,227; *pret.3* couvint 24,53; *subj.impf.3* cuvenist 3,181; *fut.3* couverra 5,96*, couvendra 14,59, convenra 15,XI.41,

covendra 20,140; *pp.* convenu 30,95: *v.impers.* be necessary. covent 15,X.37, conv- 16c,46, couvent 5,157: *sm.* agreement, promise; monastery 28,152; avoir en c., promise 5,157. convenant, *sm.* disposition (of troops) 27,102. convenance, *sf.* agreement 25,26. couvenable, *adj.* suitable, fitting 14,97.

covertor, *sm.* cover, protection 16b,38. coverture, *sf.* cover, protection 12,232.

covoiteus *see* couvoitier.

covrir 13,201, couv-, cuv-; *ind.pr.3* covre 13,208; *pp.* cuvert 3,116, covert 10,23; *n.sg.m.* coverz 12,211; *acc.pl.* couverz 14,66: *v.a.* cover.

crabosse, *sf.* head, nut 23,48.

cras, *adj.* rich 22,144.

creablement *see* croire.

creanter, *v.a.* grant, agree 8,49 *etc.*

creature, *sf.* living being, person 3,253. 5,79. 15,X.14.

creez, creient, creir[e], creïsez *see* croire.

creindre, cremir 20,69; *ind.pr.1* criem 11,163, crieng 17b,23, *3* crient 14,89: *v.a.* fear.

creistre; *fut.1* crestrai 7,186: *v.a.* enlarge.

cresp, *adj.* curly 10,301.

crestïen 7,222, christian 1,1, christiien 2,14, cristïen 3,110, chrestïen 6,195: *adj. and subst.* Christian. crestïenté, *sf.* Christianity 8,67.

creüz *see* croire.

crever 13,52; *subj.pr.3* criét 13,82: *v.a.* burst, destroy; kill 13,52; *v.refl.* be gashed 12,329. creveure, *sf.* crack 15,XII.28.

crïer 3,161. 13,236; *subj.pr.1* crie 4,38*: *v.a.* shout 3,161; invoke 4,49; beg for (c. merci) 4,38; *v.n.* shout, cry out 4,30; *v.refl.* call to one another 15,V.13. cri, crit 3,272; *acc.pl.* crisz 7,241: *sm.* cry, shout.

crigne, *sf.* hair 15,V.7. crin, *sm.* hair 3,198.

croc 4,260, croq 18,7; *acc.pl.* croz 8,17: *sm.* hooked staff, crook 4,260; hook 8,17; boat-hook 18,7.

croire 13,172, creir[e] 10,120, croyre 23,164; *ind.pr.1* croi 12,105, croy 17d,10, *2* croiz 8,136, *3* croit 12,121, *6* creient 3,92; *imper.5* creez 23,125; *pret.1* cru 26,74; *subj.impf.5* creïsez 6,38; *pp. n.sg.m.* creüz 20,164: *v.a. and n.* believe. creablement, *adv.* confidently 4,6.

croiz 8,7, **cruz** 4,85, **croit** 20,87, **croys** 23,134: *sf.* cross; c. patee, cross patée 26,94*.

croliere, *sf.* quagmire 27,124.

cropir; *ind.pr.6* **cropent** 15,VI.22: *v.n.* crouch.

crucefier, *v.a.* crucify 23,11. **crucefis,** *sm.* crucifix 8,12.

crüel; *f.* **crueuse** 17d,2: *adj.* cruel. **crualté,** *sf.* cruelty 16e,37.

crués, *sm.* hollow 20,143.

cruisir; *ind.pr.3* **cruist** 6,285.296.323: *v.n.* grate, crunch.

cruute, *sf.* crypt 15,VI.23.

cuardie 6,334, **couardie** 23,180: *sf.* cowardice. **cuart,** *sm.* coward 10,204.

cuch- *see* **couchier.**

cueillir, cuilir 4,88, **coillir** 11,264; *ind.pr.6* **cueillent** 8,77: *v.a.* accept 4,88; gather, collect 8,77; *v.n.* collect (of rust) 11,264.

cuens *see* **conte.**

cuer 5,76, **quor** 3,215, **quer** 4,212, **cor** 7,4, **queur** 28,74: *sm.* heart; courage 22,360; le c. del ventre, the innermost self 8,32*; de c., sincerely 17b,19; **contre son queur,** reluctantly 28,163; **doner c. a,** hearten 26,33. **corage** 11,301, **cur-** 3,216, **coraige** 16d,15, **cour-** 30,48: *sm.* heart, feelings 3,216; intention: **avoir an c.,** have in mind 11,301; **avoir c. de** (+ *inf.*), intend to 13,177; **avoir c. de** (+ *subst.*), be intent upon 13,179; de bon c., willingly 23,37.

cui *see* **qui.**

cuidier, cuider 30,117; *ind.pr.1* **cuic** 5,66, **quit** 6,158, **qui** 9,136. 13,20, **cuit** 11,155, **quic** 16c,13, **cuz** 16e,16, 6 **qüient** 4,6; *subj.pr.3* **cuide** 8,44: *v.a. and n.* think; (+ *subj.*) think wrongly 12,254*; (+ *inf.*) expect, hope 3,298 *etc.*; ço qui, methinks 9,136*.

cuinte *see* **cointe.**

cuir 22,51, **quir** 4,198.215. 27,18: *sm.* leather, hide; skin 4,198.215.

cuire; *ind.pr.6* **quisent** 27,17; *pret.3* **coist** 2,20; *pp.f.* **quite** 27,15: *v.a.* cook; *v.refl.* burn 2,20*.

culchét *see* **couchier.**

culpe *see* **colpe.**

culuré, *adj.* fresh-complexioned, ruddy, 7,287.

culvert, *adj.* base, ignoble 6,275. **cuvert-ise,** *sf.* wickedness 13,111.

cum-, cun- *see* **com-** *and* **con-.**

cuntenance *see* **contenir.**

cuntralïer, cuntrarïer 6,47: *v.n.* quarrel 6,47; *v.refl.* quarrel 6,51.

cur (*L*), *adv.* why, wherefore 29,90.

curage *see* **cuer.**

cure, curre *see* **corre.**

cure, *sf.* care, anxiety; (*in negative construction with* avoir + de): wish, desire (for) 3,178. 16g,22. 20,73; be no longer master of 6,288; scorn 28,54; (+ *inf.*) 10,191.347; **prendre en c.,** care for 17b,8.

curieusement, *adv.* carefully 30,10.

curt *see* **cort.**

curteisement *see* **cortois.**

curtine, *sf.* hanging, tapestry 9,42.

curuc- *see* **correcier.**

custe *see* **coster.**

cuvertise *see* **culvert.**

cuz *see* **cuidier.**

cuzanson, *sf.* burning desire, eagerness 16f,47.

czo *see* **ce.**

dahez *see* **dehait.**

daiaubles *see* **diable.**

daie *see* **doit.**

dain, *sm.* deer 27,131.

damage 6,27, **dom-** 11,80, **domaige** 11,228, **doumage** 26,135: *sm.* harm, loss, injury.

damno, *sm.* harm; in d. (*L*), detrimental 1,9.

damoisel, damaisel 9,173, **dameisel** 9,181; *n.sg.* **dameiseaus** 10,377; *voc.* **damoisiax** 15,V.17: *sm.* young man (of noble birth). **damoisele, domnizelle** 2,23, **dameisele** 10,164, **demisele** 22,363: *sf.* girl (of noble birth); (*in address*) young lady 22,363.

dampner, *v.a.* damn 4,92. 21,26.

dan 7,132, **danz** 3,14, **dam** 3,86, **dans** 19,31, **dant** 20,14: *sm.* (title) sir, lord, master.

dancel, *sm.* young man (of noble birth) 10,97.

danz *see* **dent.**

dart, *sm.* javelin 7,190.

de 1,13 *etc.*, **d'** 1,2 *etc.*; *with article* **del** 3,17 *etc.*, **du** 5,196 *etc.*, **dou** 16f,41, **des** 4,2 *etc.*; *prep.* (1) *Local:* (a) from (*lit. and fig.*) 3,102.275. 4,95. 5,196 *etc.*; (b) **de ci**

11,200, desi a 8,81, dessi a 9,28, dessi
qu'a 9,68, d'ici qu'a 10,142, desi que
(*conj.*) 13,35; *see* ci; (*c*) (*origin*) 3,10.150.
7,8.24.162.283 *etc.*; de par Amors 12,45,
de par les bonnes villes 27,69 (*see*
part); (*d*) (*source*) 3,249. 4,280. 6,37.42
etc.; (*e*) (*place where*) on: 4,271. 9,171.
10,295; *see* part *and* partie; (2)
Temporal: (*a*) from: 1,2. 4,92 (*see* di).
8,91. 10,263 (*see* eure); (*b*) for: 23,59 (*see*
tens). 26,19 (*see* piece); (*c*) by: 27,5; (3)
Partitive: of, out of: 3,95.188. 4,93.194
etc.; *cf.* de *with expressions of quantity*:
3,21. 6,162. 8,182 *etc.*; (4) *Respective*:
concerning, in the matter of, about: (*a*)
(*after adjectives*) 7,12. 10,209.329. 12,277.
16d,19; (*b*) (*after substantives*)
3,73.302.304. 10,151.231.312. 11,137 *etc.*;
(*c*) (*before substantives and pronouns after
verbs*) sei esforcer de 3,29, blasmer de
3,112, caloir de 6,116.150.223. 22,284,
preier de 6,244.245, veoir de 7,9*.
8,38*, esgarder de 22,389* *etc.*; (5)
Comparative: than: (+ *pron.*) 6,167.
10,221; (+ *num.adj.*) 6,229. 20,147. 21,21
etc.; (6) *Modal*: in, with: 7,216.
10,17.373. 14,45 *etc.*; (7) *Qualifying*: of:
4,31.132.225.227. 6,261. 8,233. 9,24 *etc.*;
(8) *Causal*: out of, from: 3,257. 6,59.177.
9,234. 11,192. 12,2.308 *etc.*; d'iço que,
because, owing to the fact that 4,232, de
ceo ke, because 10,227, de ce que,
because 11,65 *etc.*, de ce que, in that
26,135; (9) *Material*: of: 4,167. 6,48.255.
7,121.143.155 *etc.*; (10) *Possessive*: of:
3,117.236. 4,37. 5,1. 6,74.75 *etc.*;
(de + *pers.pron.* = *poss.adj.*) l'anme de
mei 6,370, l'onneur de vous 17b,4, le
traison d'aus 24,40, le desloiauté
d'aus 24,41; (11) *Determining genitive*:
of: 2,25. 3,143.281. 4,19. 6,60.157.162
etc.; (12) *Objective genitive*: perte des
soens 6,1, traïsun de ma maisnee
6,130, damage de chrestïens 6,195;
(13) *Agent*: by: 4,86.156. 10,149. 11,83.
22,86; (14) *Instrument*: with, by: 3,17.
4.2.15.80. 6,48 *etc.*; *see* faire; (15) de
with infinitive: (*a*) *dependent on sub-
stantival locutions*: 4,120. 10,191. 11,57.
12,237. 13,177 *etc.*; (*b*) *dependent on
adjectives*: 13,118. 14,100. 16d,2. 17c,3;
(*c*) *dependent on verbs*: 4,44. 8,29.259.
9,118.134. 10,343. 11,62.104 *etc.*

deable, deauble *see* diable.
debarder, *v.a.* squander 4,64*.
debatre 3,197; *pp.f.* debatue 28,68: *v.a.*
strike 3,197; *v.n.* struggle 10,269; *v.refl.*
debate, argue 28,68.
debaver, *v.a.* slaver 20,34.
debonaire 21,121, debonere 21,179, de-
bonnaire 29,4: *adj.* gentle, gracious, kind
23,152*. 28,300; de bon ere 11,39.
debouter, *v.a.* drive out 30,91.
deça, *adv.* on this side; par d., this way
22,254.
decauc, *adj.* barefoot 15,VI.24.
decendre, decent *see* descendre.
decés, *sm.* death 3,175.
decevoir 28,108; *pp.* deceü 28,106: *v.a.*
deceive. decevable, *adj.* gullible
28,104.
declairer 30,1: *v.a.* explain.
deçoivre 13,278: *v.a.* deceive; *cf.* decevoir.
decoper, decaup- 24,32: *v.a.* cut to pieces
26,114.
dedenz 3,144, dedens 5,57: *adv.* inside,
within 3,144. 5,57. 6,86 *etc.*; *prep.* in, into,
within 8,30.247. 10,14; during 14,2.
dedevant, *prep.* in front of 6,283.
deduire; *ind.pr.3* deduit 3,18.32, *5* de-
duiez 10,203; *pp.* deduit 3,187: *v.a.*
lead, live 3,18.32; *v.refl.* live 3,187; amuse
oneself 10,203; act 20,227. deduit, *sm.*
pleasure, delight 9,151. 10,136. 15,VII.14.
defaillir; *ind.pr.3* defalt 6,45: *v.n.* fail.
default, *sm.* lack; en d. de, for want of
30,94. defaute, *sf.* loss, want 14,38*;
lack 21,224.
defendre 30,89, deffendre 14,102, des-
fendre 15,VIII.6, desfand-; *ind.pr.1* def-
fent 15,X.18; *imper.2* defen 15,VIII.13;
fut.6 desfenderont 15,VIII.14: *v.a.* for-
bid 4,71. 13,89; defend 15,VIII.6.13; deny
18,36; *v.n.* make an attack, assert oneself
23,94; *v.refl.* defend oneself 15,X.18. 16e,
39; *subst.inf.* denial (of an accusation by
judicial combat) 14,102. defois, *sm.*
resistance, renunciation: tout sains d.,
certainly 5,22; metre en d., renounce
16d,4. defence 30,38, deff-: *sf.* re-
sistance; faire d., resist 23,103. def-
fans, *sm.* resistance 23,63. defension,
sf. resistance 6,197.
defenir 28,83: *v.a.* define; *subst.inf.* 28,81.
deffait *see* desfaire.
deffier; *ind.pr.1* deffie 23,73: *v.a.* defy.
deffremer, *v.a.* unlock 15,XII.24.

deffroissier 23,98: *v.a.* break, smash.

defire 4,178: *v.n.* perish.

defois *see* defendre.

defors, *adv.* outside 4,194. 12,202.

defouler, *v.a.* trample 21,11; *pp.adj.* de-folez, down-trodden 28,277.

defuïr; *ind.pr.3* defuit 17c,17*: *v.a.* avoid, flee from.

degaster, *v.a.* destroy, waste 28,327.

degoter, *v.n.* drip from, trickle from 12,332.

degrét 3,1, degré 8,320: *sm.* staircase 3,1; *pl.* steps, stairs 8,320. 10,169.

dehaiter, desheit-, *v.a.* sadden 4,82; *v.refl.* (+ de) be sorry 20,166. dehait, *sm.* calumny 16e,27; dehez ait, a curse upon 12,16.

dei, deie *see* devoir *and* doit.

deignier, daign- 12,11, dengn- 16a,5, doign- 16g,27.39; *subj.pr.3* degnet 2,26: *v.n.* deign.

deis, *sm.* royal high table 9,159*.

deïs, deïst, deïstes *see* dire.

deit, deivent *see* devoir.

dejeter 3,197: *v.a.* throw to the ground.

dejoste 16a,33, dejuste 4,119: *prep.* by the side of 16a,33; *adv.* close by 4,119.

dejus, *adv.* below, beneath 4,24.

del *see* de *and* duel.

delacherer; *pp.adj.* lacerated 4,14.

delaier, *v.n.* delay 30,104.

delaissier, *v.a.* forsake 17e,18.

delez 7,120, delés 15,XII.27: *prep.* beside; par d., alongside of 26,70.

deliter, *v.refl.* take delight 16e,22; take one's pleasure 28,94; *subst.inf.* delight 28,96. delit 10,179; *voc.sg.* delis 15,XI.35; *n.sg.* deliz 28,19; *acc.pl.* delitz 29,4: *sm.* delight, pleasure. delitable, *adj.* delightful 12,371.

delivrer 9,44; *cond.3* delivereit 10,321: *v.a.* make available 9,44; free, release 10,321.357. 21,54; *v.refl.* (+ de) dispose of 20,68. delivre, *adj.* free 3,295.

delivremant, *adv.* nimbly 12,337.

deluns, *sm.* Monday 24,3*; *cf.* lundi.

demain, *sm.* morrow, next day 4,151.

demaine 19,41, domeine 16e,38: *adj.* own.

demaintenant, *adv.* straightway 16g,50.

demander 8,59; *ind.pr.1* demant 8,153; *subj.pr.3* demant 28,187: *v.a.* ask. demant, *sm.* request 16d,18.

demener 3,196; *ind.pr.1* demaine 4,94, *2* demeines 4,111; *subj.pr.3* demeint

6,155: *v.a.* display (emotions); undergo, endure 4,94; *v.refl.* exist, live 4,111; d. son plor, weep 11,293.

dementer 8,34, demant- 11,64: *v.n. and refl.* lament; *subst.inf.* 15,XIII.8.

dementres, *adv.*; an (en) tant d., meanwhile 3,101.268.

demeure *see* demorer.

demi 8,40, dimi 7,210: *adj. and sm.* half 24,92.

demorer 8,177. 11,288. 13,287*, de-mourer 17c,25, demorr-, demourr-, demur-; *ind.pr.1* demoir 4,140; *fut.1* demourrai 23,146; *cond.4* demorrïons 20,18, *6* demorroient 25,29; *pp.* de-murét 6,116: *v.n.* delay, tarry 3,230. 4,7 *etc.*; remain 4,140. 17c,25; hesitate 12,175*; *v.impers.* remain 26,16.31; be a delay 26,38*; *subst.inf.* delay 8,177; *subst.pr.pt.* remainder 27,95. demeure, *sf.* delay 28,226; staying, tarrying 30,76.

demorance, *sf.* delay 21,200. de-moree, *sf.* delay; faire d., tarry 21,182; *cf.* demurede, *sf.* period of waiting 3,238.

demustrer 3,56: *v.a.* show. demos-trance, *sf.* proof 13,186.

denier 8,150, dener 4,87: *sm.* piece of silver 4,87; penny (the twelfth part of a sol) 6,190. 8,150; *pl.* money 11,72 *etc.* de-neree, *sf.* the value of a denier 8,151.

dengn- *see* deignier.

dent; *acc.pl.* danz 20,23, dens 29,40: *sm. and f.* tooth.

departir 9,97: *v.a.* part, separate 4,132.133. 7,32. 9,97; (*abs.*) decide, give (a verdict) 10,280; distribute 17b,13. 25,35. 30,42; *v.n.* separate, part 12,220. 14,58; *v.refl.* separate, part 6,210. 9,224 *etc.*; *subst.inf.* departure 12,378. 13,202. departie, *sf.* distribution 3,293; parting 6,46.

depleier, *v.a.* unfurl 7,92.

deporter; *ind.pr.1* deport 4,100: *v.a.* set aside. deport, *sm.* joy 12,309.

depprimer, *v.a.* bring down, crush 30,118.

depreier; *ind.pr.1* depry 17b,21, *6* de-prient 3,81: *v.a.* beseech. depry, *sm.* intercession; faire d. (+ *dat.*), intercede with 17b,22.

deputaire, *adj.* vile, of evil repute 12,6.

derechief, *adv.* once more 12,118.

deriere 15,XII.14, derere 6,142, darieres 26,81: *adv. and prep.* behind; ce devant d., back to front 26,81*.

derumpre; *ind.pr.3* derumpt 3,157.
6,203: *v.a.* tear 3,157; break 6,203.

des 6,354: (1) *prep.* from, since: d. l'ure
que, from the time when 6,354; d. or
8,274, d. ore mes 14,117, henceforth; (2)
d. que, *conj.* as soon as 11,241.

desarer, *v.n.* be gone; *subst.inf.* soi metre
au d., make off 20,207*.

desboit, *sm.* after-taste 29,57.

descendre 20,86, decendre 13,141;
ind.pr.1 descent 4,141, descen 4,208,
3 decent 13,207; *subj.impf.3* decendist
13,159*: *v.n.* descend; dismount 6,56;
v.a. disembark 26,41.

deschargier, *v.a.* relieve (of a load)
26,55.57.

descirer, desquir- 22,211, deskir-: *v.a.*
tear; ill-treat 22,326; *pp.adj.* torn 4,14.

desclore; *pp.f.* desclose 21,255: *v.a.*
disclose.

descombrer, *v.a.* disencumber 5,136.
discumbrement, *sm.*; aver d., be dis-
encumbered 3,298.

desconfire 12,323; *ind.pr.6* desconfissent
25,90: *v.a.* demolish 12,323; *v.refl.* be put
to rout 24,105. 25,90. desconfiture, *sf.*
discomfiture; a d., in a sorry plight
17b,15. descunfisun, *sf.* damage (?)
6,204.

desconforter, *v.a.* distress 3,74; *v.refl.* be
distressed 20,28. desconfort, *sm.* dis-
tress 29,15.

desconseiler; *pp.* desconseilét 3,89: *v.a.*
distress.

descorder, *v.a.* set at variance 4,62.

descovrir; *ind.pr.3* descuevre 5,136, des-
couvre 29,33; *pp.* descovert 10,25: *v.a.*
strip, uncover 5,136. 10,25; reveal 10,257.
29,33; *v.refl.* reveal one's secret 10,66; a
descovert, openly 10,218.

descrire; *pp.f.* descrite 28,79: *v.a.*
describe.

descunfisun *see* desconfire.

desdire; *subj.pr.3* desdie 23,39: *v.n.*
contradict.

desenchanter, *v.a.* free from a spell 21,67.

deseriter, desiret-, *v.a.* disinherit
15,VIII.12; dispossess 23,57.

deserter; *pp.* desertét 6,172: *v.a.* make
desolate. desert; *acc.pl.* desers 27,87;
sm. waste. desert, *adj.* bereft 6,6.

deservir, *v.n.* be deserving 21,83. de-
serte, *sf.* reward 21,105.

desesperer; *pp.adj.* desperate 21,261;
hopeless 28,6.

deseur, deseure *see* desor.

desevrer 16c,4.30, dessevr-; *ind.pr.3* de-
seivret 3,102: *v.a.* separate 13,165. 26,17.
28,249; *v.n.* depart 3,102; part 16c,4;
faire d., tear asunder 16c,30.

desfaire; *pp.* deffait 18,59*: *v.a.* undo,
revoke; *pp.adj.* undone, broken 5,12.

desfand- *see* defendre.

desfubler; *pp.adj.* divested of his cloak
13,149.

desheit- *see* dehaiter.

deshonor, *sm.* dishonour; a d., shamefully
6,138. desonorer, *v.a.* desecrate 20,108.

desi *see* ci.

desirer, desirrer 3,209; *pp.* desirrét
3,241: *v.a.* desire, want; *pr.pt.adj.*
(+ de): desirrant, filled with longing
(for) 12,276*; desirent, desirous (of)
29,51. desirier, *sm.* desire 5,167. de-
sirrus, *adj.* filled with longing 3,226.

desiret- *see* deseriter.

desist *see* dire.

desjoindre; *pp.f.pl.* desjoinctes 30,116:
v.a. disjoin, disrupt.

deskir- *see* descirer.

deslacier, *v.a.* undo 13,147.

deslëal, desloyal 17d,2; *n.sg.f.* deslëaus
28,3: *adj.* disloyal. deslëauté, des-
loiauté 14,69: *sf.* disloyalty 28,4. des-
loiaument, *adv.* treacherously 14,92.

deslïer, desloier 24,53: *v.a.* untie 13,205.

deslogier 27,62: *v.n.* leave one's quarters.

desmaillier, desmael- 7,262*: *v.a.* break
the mail (of a hauberk).

desmeller, *v.a.* settle, quell 28,176.

desmesure, *sf.* excess; a d., inordinately
12,283.

desnaturer 17c,14: *v.refl.* act contrary to
one's nature.

desonorer *see* deshonor.

desor 8,121, deseure 5,189*, desur 6,153,
deseur 22,61: *prep.* on 6,153. 8,121; (*fig.*)
over 21,266; above, more than 22,61;
reluire d., outshine 11,31; par d., above,
over 22,26; *adv.* on top 5,189. 8,232; par
d., on top 15,XII.23.

desordonner, desorden-, *v.a.* throw into
disorder 30,115; *pp.adj.* passionate 28,90.

desoz 12,233, desuz 6,250, desous 24,53:
prep. and adv. beneath; par d., under-
neath 24,53.

despechier, *v.a.* break to pieces 24,126.

despendre, despandre 16f,31: *v.a.* spend (time) 5,82; squander 16f,31. 29,77; *v.n.* distribute largess 10,59. despance, *sf.* reserve (of souls) 23,104*.

despersement, *adv.* in different directions 27,122.

despire; *pp.f.* despite 28,80; *gerund* despisant 12,78: *v.a.* despise 12,78; disparage 28,80. despit, *sm.* contempt 11,177; injury 22,235; en d. de, in defiance of 23,186. despiteus, *adj.* contemptible 17d,1.

desplaire; *ind.pr.3* desplest 12,136, desplaist 29,54; *pp.* despleu 29,5: *v.impers.* displease 12,136; *v.n.* 29,5.54.

desploier; *ind.pr.3* desplee 29,32: *v.a.* display.

despoillier 16f,3. 28,286: *v.n.* lose leaves 16f,3; *v.a.* despoil, rob 28,286.

despreer, *v.a.* deliver, free 21,150.

desprendre; *pp.adj.* despris, deprived 5,31.

desqu' *see* dusque.

desquir- *see* descirer.

desraisnier, desrain-, desresn-, *v.a.* defend successfully 10,361; settle (by combat) 14,98.

desrochier; *pp.adj.* downcast 5,12.

desrouter 27,84: *v.a.* put to rout 30,115; *v.refl.* break rank 27,84.

dessaisir, *v.a.* (+ de) strip of 15,X.11.

dessenbler, *v.a.* separate 28,297.

dessevr- *see* desevrer.

dessi *see* ci.

destemprer, *v.a.* mix (with water), soak 27,26.

destinee, *sf.* fate; behaviour 22,355.

destorbier 15,X.50, destourbier 26,134: *sm.* trouble, hindrance.

destraindre 12,292: *v.a.* grip, twist.

destre, *sf.* right-hand 23,198; a d., on the right 4,25; sur d., to the right 7,30; *adj.* right, right-hand 6,213 *etc.*

destrece 5,91, destraice 23,30, destresse 23,46: *sf.* distress; par d., painfully 23,30.

destrier 7,106, destrer 6,111: *sm.* charger, war-horse.

destroit; *n.sg.m.* destroiz 12,390: *adj.* distressed, tormented 13,237.

destruire 13,83; *ind.pr.3* destruit 5,110.115; *pp.* destruit 23,41: *v.a.* destroy 13,83; *v.refl.* bring about one's own spiritual death 5,110.115.

desur *see* desor.

desus 4,23, dessus 29,18: *prep.* on, on top of 8,83.125.130; par d., on the top of 27,123f.; *adv.* above 4,23.250. 10,8; venir au d. de, get the upper hand of 18,78; d. dit, aforesaid 27,31; chi d., above 27,50f.

desuz *see* desoz.

desvestir; *pp.* desvestu 22,110: *v.a.* take off (garment).

desvoier, *v.a.* thrust aside 21,229; lead astray 28,50.

detenir; *ind.pr.3* detient 12,305: *v.a.* hold back, prevent.

determiner, *v.a.* fix 13,303; explain 28,138.

detirer; *pp.adj.* pulled about 4,13.

detraire 3,199: *v.a.* draw to oneself; *v.refl.* tear oneself 10,269.

detrenchier 7,111, detranchier 11,260: *v.a.* cut to pieces; cut through 11,260.

detriers, *adv.* behind 4,22.24; *prep.* behind 10,372.

deubl- *see* duble.

deul, deus *see* duel.

deus 5,98, dous 4,119, deuls 27,54; *n.m.* dui 3,131, deus 22,251, doi 27,59: *num.adj. and pron.* two; *cf.* ambsdous.

deüsiez, deüsse, deüssent, deussions, deüst *see* devoir.

devant, *prep. and adv.* (1) *Local:* before, in front, forward, in the presence of 3,127.131. 4,23.245 *etc.*; *see* deriere; (2) *Temporal:* 8,86 *etc.*

deveer, *v.a.* refuse 21,155.

devenir; *ind.pr.3* devient 13,266, 6 deviennent 29,79; *pret.3* devint 13,298: *v.n.* become.

devers 6,249, de vers 9,23, deviers 27,41: *prep.* in the direction of, towards 6,249. 22,255; from the direction of 6,339. 9,23. 26,15; to 27,41; par d., towards, on the side of 15,IV.16.20. 15,XII.25.

devin, *adj.* divine 21,139. 28,112; *sm.* divine, theologian 23,84.

deviser, *v.a.* decide upon, agree 25,25.72.110; describe 27,51. devise 13,162, devisse 15,V.3: *sf.* separation 13,162; skill, art 15,V.3.

devoir; *ind.pr.1* dei 6,176, doy 17c,1, doi 20,177, 2 dois 15,VIII.16, 3 dift 1,6*, deit 3,49, doit 12,369, 4 devon 8,228, devons 8,262, 5 devez 6,333, devés 15,X.33, 6

deivent 6,28, doivent 30,124; *subj.pr.1*
doie 12,317, *3* deie 7,16, doie 11,45, *6*
doient 8,44; *pret.1* dui 4,62, *3* dut 3,61, *6*
durent 8,321; *subj.impf.1* deüsse 12,24, *2*
doüses 3,88, doüsses 3,190, *3* deüst
12,54, deust 24,52, *4* deussions 26,143,
5 deüsiez 20,97, *6* doüs[sen]t 3,188,
deüssent 11,78; *cond.3* devroit 8,139:
v.n. must, ought; (*expressing imminence
or futurity, often in the subj.*) 7,16. 12,317*.
18,41*. 24,52*; (*expressing the idea of
'almost happening'*) 13,2*; (*interrog., ex-
pressing the desire to know the reason for a
surprising fact*) dire que deit, explain
what it signifies 4,233f.*, que che doit?
how can it be? why? 22,401*; *subst.inf.*
duty 30,97; d. de sang, obligation as a
blood-relation 30,22.
di, *sm.* day 1,2*. 7,235; a cels dis, in those
days 2,12; de di en di, for ever 4,92;
tierz dis, two(?) days ago 18,30; *see*
toudis *etc.*
diable 4,116, dei- 4,223, de- 21,42, diaule
2,4, daiauble 20,157, deauble 23,79:
sm. devil.
diax *see* duel.
dïemaine 4,97.107, diemenche 25,66,
dimenche 25,73: *sm. and f.* Sunday.
dift *see* devoir.
digneté 9,79, dignité 21,272: *sf.* honour
9,79; remetre en d., restore to office
21,272.
dimi *see* demi.
dire 3,110; *ind.pr.1* di 14,88, *3* dit 6,23, *5*
dites 6,62, *6* dient 4,263; *imper.2* di 4,47,
dy 17d,23, *4* disons 21,280, *5* dites 8,61;
subj.pr.1 die 18,46, *2* dies 4,50, *3* diet
4,233, die 12,218; *pret.1* dis 6,18, *2* deïs
23,158, *3* dist 3,9, *5* deïstes 11,153, *6*
distrent 25,59; *subj.impf.3* desist 6,70,
deïst 11,92; *fut.1* dirai 5,44, diré 14,13,
diray 30,53, *2* dirras 7,71, *3* dirrat
3,139, *6* diront 8,37; *pp.* dit 3,156; *f.*
ditte 27,45, dicte 29,18: *v.a.* say, tell;
d. folie, talk nonsense 7,66; d. sa raison,
speak one's mind 16a,11; diva, *interj.*
listen! 8,143.
discipline, *sf.* punishment 6,239.
discumbrement *see* descombrer.
disime, *sm.* tenth 24,108*.
dissolucion, *sf.* dissolute conduct 28,148.
dit, *sm.* word, saying 13,96; de saiges diz,
wise of speech 11,38.

divers, *adj.* diverse 27,125; opposite 28,88;
capricious 29,37.
doce *see* douz.
doctriner, *v.a.* instruct, train 8,243.
doel *see* duel.
doi, doie, doient *see* devoir.
doien, *sm.* dean 19,24.
doign- *see* deignier.
doigne, doing, doinse, doinst, doint *see*
doner.
doit 21,269, doi 12,195, dei 13,252: *sm.*
finger; d. mame, little finger 12,328.
deie 7,215, daie 28,313: *sf.* finger's
breadth.
doit; *n.sg.* doiz 16e,2: *sf.* current of water.
dol *see* duel.
dolce, dolçor *see* douz.
doleoire, *sf.* adze, broad axe 8,205.
doloir; *subj.pr.3* doilet 3,273: *v.refl.* grieve
3,273; *pr.pt.adj.* doillanz, distressed
11,270. dolor 16b,71, -ur 3,167, -eur
5,155, dulor 6,72: *sf.* grief, sorrow, pain.
dolereus 5,7, douler- 28,36: *adj.* sad,
wretched 17d,27. dolent 4,259, -ant:
adj. sorrowful, wretched 4,47. 6,123.
12,86.
dols, dolz *see* douz.
dom *see* dont.
domage, -aige *see* damage.
domeine *see* demaine.
domnizelle *see* damoisele.
don *see* doner.
donc 12,302, dunc 3,1, dunt 3,196,
dunc[hes] 4,183, donques 5,42, dont
5,76, dons 11,125, don 11,214, doncques 30,53: *adv.* then, at that time;
thereupon, next; therefore, in that case;
(*introducing a principal clause after a
hypothetical clause*) 3,295. 5,89 *etc.*;
(*accompanying the imper.*) 5,42. 12,315
etc.; *cf.* adonc, idunc.
doner 8,40, duner 3,65, doneir 16f,30,
donn- 26,45; *ind.pr.1* doing 19,27, *3*
dunat 1,3; *subj.pr.1* doinse 15,X.53,
3 duins[t] 3,79, doinst 10,59, doint
12,178, redoigne 28,293; *subj.impf.1*
donasce 15,VI.14; *fut.1* dorrai 13,78, *2*
dorras 13,55, *5* donroiz 20,120*; *cond.1*
donroie 20,232, *3* dorroit 13,136, don-
roit 22,309, dourroit 23,48, *4* durrïums
6,115; *pp.* donét 3,288: *v.a.* give, grant;
(+ *inf.*) grant, vouchsafe 12,178; *see*
cuer. don 14,34, dun 9,31: *sm.* gift.

dongier, *sm.* hesitation 16f,31.

donjon, *sm.* keep 16f,48.

donnoy *see* dosnoier.

dont 2,13, **dunt** 3,22, **dum** 4,234, **dun** 4,243, **don** 8,128, **dom** 11,108, **donc** 28,194: *pron. and adv.* (1) *rel.pron.* of whom, of which, whose 3,172. 6,312. 9,2 *etc.*; from which, whence 8,120. 15,IV.4. 21,20; which (*incorporating the* de *of* sei sentir de) 4,188; by which, with which 3,22.137. 4,234.243. 12,170.211 *etc.*; about which 8,254. 10,231. 20,222; because of which 11,108. 12,68.70; in consequence of which 9,238*; *indefinite* (+ *subj.*) by whatever 8,143; *antecedent* ce (ceo) 10,231. 12,68. 20,222; (2) *interrog.adv.* whence 4,236. 5,34. 8.128. 10,125. 22,109; (3) *absolute* about which 2,13*. 16d,7*; for which, as a result of which 21,227. 26,85.117. 27,93. 29,86; from which 26,138*.

donter, *v.a.* overcome 28,48.

dormir, *v.n.* sleep; *v.refl.* sleep 12,254; *subst.pr.pt.* sleeping persons 13,9.206.

dorrai, dorras, dorroit *see* doner.

dos 13,218, **dous** 20,55: *sm.* back.

dosnoier 11,58: *v.n.* make love. **donnoy,** *sm.* chattering 23,113 (T.-L. ii. 2020).

doter, dout-; *ind.pr.1* **douch** 22,240: *v.a.* fear 12,80; *v.n.* doubt 10,119; hesitate 12,173. 18,51; be afraid 12,316; *v.refl.* be afraid 13,11. 20,82 *etc.* **doubte** 30,39, **dute** 3,70: *sf.* doubt, misgiving 30,39; fear 3,70. 30,73. **doutance** 13,70, -**ence** 20,127: *sf.* doubt; **sanz** d., without doubt. **doubteus,** *adj.* to be dreaded 17d,13.

dou *see* de.

doubler, doublëor, doublere *see* duble.

doul *see* duel.

doumage *see* damage.

dourroit *see* doner.

dous *see* deus *and* dos.

doüses, doüsses, doüs[sen]t *see* devoir.

douz 16b,12, **dulz** 4,84, **dous** 5,18, **dolz** 12,274, **dox** 15,XI.36, **doulx** 17e,2, **douc** 22,180; *acc.pl.m.* **dols** 16c,19; *f.* **dulce** 6,5, **douce** 15,XI.13, **doce** 15,XI.32, **dolce** 16e,33, **douche** 22,15, **doulce** 29,3: *adj.* sweet, gentle. **dolçor** 12,71, **doulceur** 29,9: *sf.* sweetness 12,71*; mildness 16e,1; gentleness 29,9. **doucereus,** *adj.*

sweet, pleasant 28,35. **dulcement,** *adv.* softly 6,326.

doy *see* devoir.

drap 4,15; *n.sg.* **dras** 4,234: *sm.* cloth; bedclothes 3,116; clothes 9,25.

drecier 16a,5, **dresc-, dresch-:** *v.a.* raise 7,195 *etc.*; set up 25,3; *v.refl.* get up 10,93.

droit 5,168, **dreit** 1,5; *n.sg.* **dreiz** 6,332, **droiz** 11,229, **drois** 22,134: *adj.* direct 13,125; standing up 22,134; rightful, lawful, legitimate 7,224. 8,39; right, true 10,55; veritable 12,377; right, just 18,57; exact 20,25; *adv.* 4,259; **tot** d., straight 8,64; **trestot** d., right, straight 16g,51; **droites noires,** quite black 15,XII.23; *sm.* right 1,5; justice 18,49; **per** d. 1,5, **par** d. 10,358, rightfully, lawfully; **a** d., rightly 5,168; **contre** d. de, contrary to 30,12; **estre dreiz,** be right 6,332 *etc.*; **faire** d., do, give justice 10,230. 18,33.47; **avoir** d., þe in the right, be justified 11,196. 12,181. **dreitement,** *adv.* straight 3,103. **droiture,** *sf.* right, justice; **rendre [la]** d. de, account for 20,220; **tout a** d., straight 5,181. **droiturier** 24,2, **dreiturer** 7,151, **droicturier** 30,55: *adj.* rightful, lawful, legitimate 7,151. 24,2; equitable 30,55.

drue, *sf.* mistress, sweetheart 11,59*. 22,77. **drüerie,** *sf.* love 9,213*. 10,188*.238.

duble, *adj.* double, twofold 4,274. **dubler** 7,206, **dublier** 15,IX.7: *adj.*; **auberc** d., double-meshed hauberk. **doubler, deubl-,** *v.a.* fold 8,77; double (in number or quantity) 8,200*. 16g,36; *v.n.* be doubled 20,224. **doublëor;** *n.sg.* **doublere** 19,59: *adj.* who gives double.

duel 5,62, **dol** 3,196, **doul** 4,60, **doel** 6,59, **del** 7,273, **deul** 15,VIII.9, **dueil** 17e,23; *n.sg.* **deus** 5,97, **diax** 11,80: *sm.* grief, sorrow; **faire** d., lament 7,273.

dui *see* deus *and* devoir.

dulce, dulcement, dulz *see* douz.

dulor *see* dolor.

dum *see* dont.

dun *see* dont *and* doner.

dunc, dunc[hes], dunt *see* donc.

dur, *adj.* hard 4,175; rough, unrefined 8,204; cruel 21,35. **durement,** *adv.* bitterly 6,124; greatly, sorely 16g,26. 20,28; hard 24,37. **durté,** *sf.* cruelty 5,137; suffering 30,93.

durer 16c,23; *pret.3* durra 7,235;
subj.impf.6 duraissent 24,39; *fut.3*
durra 21,35; *cond.3* dureit 6,17: *v.n.*
continue to exist 3,215. 21,35; last
6,17. 7,235. 13,309; extend 6,112. 25,37;
remain 16c,23. duree, *sf.* duration;
avoir d., continue to exist 17f,10.

durrïums *see* doner.

dusque, desqu' 4,98, dusques 24,118:
prep.; desqu'a, until 4,98*; dusques en,
as far as 24,118; *conj.* dusqu'a ja que,
until 22,163.

dute *see* doter.

duze, *num.adj.* twelve 9,16.

e *see* et.

e, *interj.* ah! 3,105. 6,7 *etc.*

eage 15,X.45, aage 29,27: *sm.* age. eagié;
f. aagee 29,53: *adj.* aged, old.

eals *see* il.

eaue 29,50, egua 3,37, aigue 4,249, eve
5,54, ewe 6,88, yaue 26,117, aige 27,16,
iaue 27,26: *sf.* water 3,37; stream 4,249.
5,54. 29,50.

ed *see* et.

eff- *see* esf-.

efors, efort *see* esforcer.

eglise 3,26, yglise 19,3: *sf.* church; mestre
e., cathedral 14,115.

eguarede *see* esgarer.

einçois *see* ançois.

einsi, eisi *see* ensi.

einz *see* ainz.

eir, *sm.* heir 7,224.

eis *see* es.

eise *see* aise.

eissi, eissirent *see* issir.

el *see* en.

el, *indef.pron.neut.* something else 8,36;
(*after neg.*) anything else 3,13. 4,168 *etc.*;
que feroient [il] el? what else could they
do? 8,126; ne faire mais el, not to
hesitate for a moment 24,33f*.68f.

el, ela, ele, ell' *see* il.

element, *sm.* god 2,15*.

elme *see* heaume.

els *see* il.

em *see* en.

embuissier, *v.refl.* lie in ambush, take cover
22,356.

emmende *see* amander.

empedement; *acc.pl.* empedementz
2,16*: *sm.* persecution *etc.*

empeindre, enpain-; *ind.pr.3* empeint
6,64, enpaint 20,24: *v.a.* blow 6,64; *v.n.*
protrude 20,24. empeinte, *sf.* impact,
assault 4,27.

emperëor 16a,16, emperedur 3,184,
emperrere 7,249; *n.sg.* empereres
6,106; *voc.* emperere 7,285; *n.pl.* em-
pereür 3,96, amperedor 3,132: *sm.*
emperor. empire 11,52, ampirie
3,291, enpire 5,24: *sm.* empire 3,291;
retinue 8,169; kingdom 13,192.

empirier 22,86, an-, en-; *pp.f.* enpirie
8,152: *v.a.* injure 20,111; *v.n.* devalue,
decrease 8,152; be worse off 22,86; grow
worse, deteriorate 29,80; *v.refl.* injure
oneself 12,423.

emplir 5,166, en- 8,122, amplir 23,124;
ind.pr.3 emple 5,138; *ind.impf.3* em-
ploit 24,54: *v.a.* fill; *v.n.* fill 24,54.

emploier 19,14; *pp.* emploiét 22,310: *v.a.*
make use of.

empraindre; *pp.f.pl.* empraintes 21,43:
v.a. imprint.

emprendre; *pret.3* enprist 9,83; *pp.f.* em-
prise 14,9: *v.a.* begin 14,9; *v.n.* (+ a)
undertake 9,83.

emprés 9,103, enprés 8,314: *prep.* after;
adv. after 9,181; near 29,48.

en, l'en *see* on.

en 2,6, in 1,2. 2,25, an 3,60, em 5,104; *with
article*: el 3,14 *etc.*, eu 23,79*, ou 28,308.
30,96, es 3,97 *etc.*; *prep.* (1) *Local:* in (*lit.
and fig.*) 1,4.5. 2,6 *etc.*; into (*lit. and fig.*)
2,19. 3,127 *etc.*; on 3,97; round 6,136; *see*
bas, enz, larrecin, loing, rost, sus,
tresturn, tot; (2) *Temporal:* in 4,105.
7,101; *see* avant; (+ *gerund*) tot an
dormant 11,130; (3) *Introducing predica-
tive complement*: as 5,47. 7,150.

en 3,4, int 1,14*.15, (*aphaeresis of initial* e)
'nt 2,5*, ent 2,15. 22,12, em 3,5, an 3,22,
'n 3,23.226.227.228. 7,86.155, am 3,189:
adv. and pers.pron. (1) *Local:* (with verbs
of motion) thence, away, hence 1,14.15
(*fig.*). 3,49.55.86.114.151.155.283 *etc.*; (2)
Of things: (a) of it, of them, thereof 3,22.
5,57. 6,297 *etc.*; (b) respective 2,5. 3,4.
5,61.119. 6,3.18.28 *etc.*; (c) therefore, on
this account, because of this 3,5. 4,92.
5,118.119. 6,2.44.73 *etc.*; (d) instrumental
5,197. 6,289.305 *etc.* 7,86 *etc.*; (e) pleonas-
tic 3,22.79. 6,74.75.96 *etc.*; (3) *Of persons:*
(a) partitive 6,61.128. 22,348; (b) posses-

sive 3,314. 7,227.241; (*c*) *respective* 3,226.227.228. 5,118.119.124. 10,270. 378.379; (*d*) *obj.gen.* 12,4.

enaises, *adv.* almost 24,82.

enaprés, *adv.* afterwards 8,21.

enbarer, *v.a.* bash in 15,X.27.

enbler, *v.a.* steal 15,VI.8.

enbrachier, anbrac- 12,343: *v.a.* embrace 13,67.

enca 3,51, **enque** 21,270: *sf.* ink.

encaener; *ind.pr.6* **encaeinent** 6,137: *v.a.* chain up.

ençainte, *adj.f.* pregnant 28,260.

encensier, *sm.* censer 8,7.

enchanter, *v.a.* lay under a spell 21,66. **enchantëor;** *n.sg.* **enchantierres** 23,14: *sm.* enchanter.

encliner, an-, *v.a.* force down 7,41; *v.n.* bow 12,340. **enclin,** *adj.* bowed (the head) 6,374.

enclore, enclorre 15,XII.21; *subj.pr.3* **enclodet** 3,75; *pp.* **enclos** 27,105: *v.a.* swallow up 3,75; clasp, enclose 15,XII.21; confine 27,105.

ençois *see* **ançois.**

encontre, an-, -cuntre, *prep.* to, in competition with 6,143; towards 7,41.84.195: **e. munt,** upwards 7,84,195; to meet, to welcome 10,341; from, against 14,94; in comparison with 23,115; *adv.* to meet, receive, welcome (him, them *etc.*) 10,170. 12,343. 14,66; **respundre e.,** retort 6,69; *conj.* **e. ce que,** whereas 14,108f. **encontre,** *sm. and f.*; **a l'e.,** against it 30,6. **encontrement,** *adv.* all along the road 8,267. **encontrer** 20,242: *v.a.* meet 26,22; *v.impers.*; **mal e. a,** fare badly 8,242*.

encore 5,37, **uncor** 3,130, **encor** 5,164, **uncore** 7,136, **ancor** 11,179, **encoir** 16d,7, **encores** 27,3, **oncore** 28,212, **ancore** 28,329, **oncor** 28,333: *adv.* still, yet, again; also 16d,7; *conj.* (+ *subj.*) although 16d,10.

encoste, *prep.* beside 22,135.

encrer, *v.n.* anchor 26,11.

encroër, *v.a.* suspend on a hook 4,147.

encroler, *v.n.* become stranded (in a quagmire) 27,127*.

encuser, *v.a.* accuse 10,277.

endemain 25,65, **an-** 26,20: *sm.* morrow, next day.

endementres 26,58, **endementieres**

26,96: *conj.* (+ **que**) as, while; *cf.* **dementres.**

endoille *see* **andoille.**

endormir, *v.n. and refl.* fall asleep; *pp.adj.* asleep 13,272; *subst.* 13,183.229.

endroit 25,7, **an-** 11,198, **andreit** 3,1, **en-:** *sm.* place 4,111; right side, outside 11,262; *prep.* in front of 25,80; **e. als,** for their part 25,7; *adv.* right 3,1; precisely 13,19; **or androit** *see* **orendroit.**

endui *see* **ambsdous.**

endurer 20,170, **an-;** *pp.f.pl.* **andurede[s]** 3,167: *v.a.* endure, suffer 3,167; *v.n.* hold out 20,170.

ene *see* **enne.**

enerver, *v.a.* destroy the nerves of 21,80.

eneveies, *adv.* presently 4,222.

enfant 16g,7; *n.sg.* **enfes** 16g,9: *sm.* child. **enfance,** *sf.* childhood, youth; *pl.* youthful exploits 15,X.32.

enfer 21,28, **enfern** 4,94, **infer** 5,196: *sm.* hell. **enferne,** *adj.* infernal 21,90*; *cf.* **infernal.**

enfergier, *v.a.* put in irons 28,232.

enferm, *adj.* weak, feeble 28,29. **enfermeté** 28,29, **amfermetét** 3,257, **an-:** *sf.* infirmity, illness 3,48.257; weakness 28,29.

enfler; *ind.pr.1* **enfle** 4,215: *v.n.* swell.

enfoïr; *ind.pr.3* **enfuet** 13,76; *fut.6* **enfüerunt** 6,60; *pp.* **enfoi** 24,83: *v.a.* bury.

enfonser 8,224: *v.a.* fit (a barrel) with a bottom.

enforcer 4,172: *v.a.* increase.

enfumé, *adj.* dark 8,230.

engagier 10,291: *v.a.* pledge.

engien, *sm.* ruse 22,402. **engin,** *sm.* war-machine 25,2. **enginement,** *sm.* deception 8,160. **engingnier;** *pp.* **enginné** 7,171: *v.a.* cheat 7,171; deceive 21,15.

englait, *sm.* corner 17e,9*.

englois; *f.pl.* **englesces** 27,79: *adj.* English.

englouter, *v.a.* swallow up 21,12.

engrés, *adj.* violent 13,290. **engresser,** *v.refl.* rush 9,118.

enhaïr; *pp.f.* **enhadithe** 3,203: *v.a.* hate.

enhardir 24,92: *v.refl.* (+ **de**) make bold to.

enhort- *see* **enorter.**

enjus, *adv.* below 4,140.

en·l 2,19 = **en lo.**

enlüer, *v.a.* smear over 4,174.

enluminer, *v.a.* dazzle, illuminate 21,143.

enmener; *ind.pr.3* enmeinne 14,107; *cond.3* enmenroit 25,59: *v.a.* take away, carry away; *see* mener.

enmi, *prep.* in the middle of 14,41; *see* mi.

enmuseller; *pp.adj.* muzzled 29,40.

enne 15,X.37, ene 15,X.54: *interrog.adv.* not.

ennemi 30,16, anemi 15,X.10; *n.pl.* inimi 2,3*: *sm.* enemy; the devil 21,225.

enneur, enor, enorable *see* oneur.

enon 15,X.57 = el non, in the name of.

enorter, enhort- 4,66*; *subj.pr.3* anorte 13,274: *v.a.* exhort, urge 2,13; plot 13,274.

enoschier; *pp.* enoché 7,144: *v.a.* indent, chip.

enpain-, enpaint *see* empeindre.

enporter, *v.a.* carry off 15,X.9; *see* porter.

enprés *see* emprés.

enprevé, *adj.* seasoned with pepper 8,53.

enpur 3,174, an- 3,178: *prep.* for, for the sake of.

enque *see* enca.

enquerre; *ind.pr.3* enquer[t] 3,94: *v.a.* inquire about.

enquoi, *adv.* this very day 3,170; before the day is over 6,211.

enragier; *pp.adj.* enraged 21,176. 29,92.

ens *see* enz.

enscïent *see* escïent.

enseignier, an-; *ind.pr.1* ensein 13,55; *subj.pr.3* anseint 3,82: *v.a.* point out, show; *pp.adj.* well-educated, well-mannered 10,340. 11,4. enseigne-ment,*sm.* upbringing 10,223. enseigne 6,103, enseinne 7,80*, enseine 7,93, ensaigne 8,215, ansaigne 11,16: *sf.* war-cry 6,103; mark 8,215; standard 11,16. 26,73.

ensemble 9,173, an- 3,259, ensenble 8,4, -sanble 18,49, -samble 19,44, em-sanble 28,295: *adv.* together; *prep.* ensembl'od 6,115, e. o 8,4, e. od 10,76, together with.

ensement, *adv.* likewise 9,142.

enserrer 8,318: *v.a.* pack; *pp.adj.* shut up 17e,13.

enseurquetot, *adv.* moreover 15,VI.16.

ensi 11,315, eisi 3,41, issi 4,41, einsi 14,74, ainsinc 21,112, ainsint 28,179, ainxin 29,14: *adv.* so, thus; *conj.* ainsi que (+ *subj.*), in such a way that 21,75; e. que, as 27,119; tout e. que, as soon as 27,72;

ainxin est de, so it is with 29,59; e. com see com.

ensus, *adv.* back 8,290; ansus de, *prep.* far away from 12,79.

ent *see* en (*adv. and pers.pron.*).

entaillier; *pp.adj.f.* entaillie, cut in stone 10,158.

entamer, *v.n.* suffer damage 21,111*.

entechier, *v.a.* corrupt 5,116.197. 28,24; endow 28,23.

entencion, *sf.* intention 28,131.

entendre 16d,11, antandre 11,185, anten-dre 12,238; *ind.pr.3* entent 6,76, antant 12,334, entant 28,93; *imper.2* entent 13,49: *v.a.* hear 3,192; understand 12,238. 19,7; heed 13,49. 28,93; *v.n.* (+ envers, a) pay attention to, think of 8,89. 11,185. 12,334. 28,84. 29,84*; look after 22,297; faire entendant *see* faire. en-tente, *sf.* thought 17b,2. 21,62; purpose, intention 27,24. antendue, *sf.* thought 11,60.

enterin 21,140; *f.* anterine 12,355: *adj.* complete, unimpaired.

enterver, *v.a.* aspire after 21,82.

entier, an-, *adj.* full 7,136; uninjured 12,396; perfect 21,112.

entor 16b,2, -ur 9,161, -our 24,65, antor 11,29: *prep. and adv.* around.

entramer, antr- 11,98: *v.refl.* love one another 28,296*.

entraper, *v.refl.* be ensnared 28,334.

entrarote, *sf.* passage, way 3,284.

entre 3,236, entr' 3,286, antre 28,87: *prep.* between, among; in the midst of 3,236; within 6,31; entr'els, among themselves 3,286. 11,64; entre ... et, both ... and 14,58. 26,46.

entrebat, *sm.* interruption, respite 4,106*.

entredire, antre-; *pp.f.* entredite 14,6: *v.a.* say in a low voice 11,85*; lay under an interdict 14,6*.

entredoner; *ind.pr.6* entredoignent 28,296*: *v.refl.* exchange gifts.

entredous, *adv.* between 7,87.

entrefaite, *sf.* interval of time; entre ches entrefaites que, while 24,57.

entreferir, *v.refl.* strike one another 25,43*.

entremés, *sm.* extra course, additional entertainment 10,106.

entremetre 21,271, entremettre 9,232: *v.refl.* (+ de) engage in 9,231; concern oneself with 21,271.

entremi, *prep.* in the midst of 15,X.10.

entreprendre; *subj.pr.6* entrepaingnent 8,217; *pp.* entrepris 8,221: *v.a.* take by surprise 8,221; overcome 15,XI.20. 22,318; *v.n.* make a mistake 8,217; *v.refl.* seize each other 26,67*; *subst.pp.* unhappy person 21,160; *pr.pt.adj.* entreprendant, enterprising 27,57. entreprinse, *sf.* enterprise 30,54.

entrer, antrer 12,200; *fut.3* anterra 12,287, enterra 23,161; *cond.3* enterroit 24,95, 5 enterriés 15,VI.19: *v.n.* enter; begin 26,1; *v.refl.* (+ en) enter 13,33. 19,22.

entretor, *sm.* unidentified part of the sword; *see* 9,69f., Note.

entreus 15,VIII.1, entroeus 15,VIII.7: *adv.*; *conj.* e. que, while.

enubler, *v.a.* darken 12,234.

enuier 11,235, enn- 9,136, an-, ann-; *subj.pr.3* anuit 4,179, annuit 4,270, enuit 11,163: *v.n. and impers.* annoy, be troublesome to. enui 12,278, anui 5,163, anoy 17d,26: *sm.* worry, anxiety; unpleasantness 12,278; spite 17d,26; injury: faire e., injure 18,22.

enur, enurer *see* oneur.

envaïr, *v.a.* attack, 21,16.

enveillir, *v.refl.* age 29,99.

envermeillié, *adj.* red with the blood of 7,145.

envers 6,252, an-: *prep.* in the direction of 6,359; compared with 29,45; *adv.* on his back 6,252. 7,270; *subst.* reverse side 11,262.

environ 27,33, -un: *adv.* round about 9,197; about 27,33.

enviz, *adv.* reluctantly 13,211; a grant e. 12,174, a e. 12,394, reluctantly.

envoier, envei-, an-; *ind.pr.1* anvoi 16f,55; *subj.impf.3* anveast 11,74; *fut.1* envoierai 15,IV.12; *pp.* envoiiét 27,69: *v.a.* send 10,252.273. envoy, *sm.* mission, task 17d,31.

envoisier, *v.refl.* enjoy oneself 16d,1.

enz 2,19, anz 12,202, ens 15,XI.19: *adv.* inside 3,69; *prep.* in 15,XI.19; *reinforcing* en (see 2,6, Note) 2,19 *etc.* 27,12*; *reinforcing* a 7,102.

eo *see* je.

equiparer 30,117: *v.refl.* (+ a) equal.

er *see* estre.

er, *adv.* yesterday 4,219; *see* autrier.

erc, ere *see* estre.

ere, *sm.* character 11,39; *see* debonaire.

eredité, *sf.* inheritance 3,171.

erent, eret, ermes *see* estre.

ereses *see* esrere.

erite, *sm.* heretic 20,106.

erité 21,96, herité 8,42: *sm. and f.* inheritance; avoir droit h., have a rightful claim 8,42.

ermin 15,XI.24, hermin 9,164: *adj.* of ermine. ermine 9,167, [h]ermin 7,251, hermine 10,22: *sm.* ermine.

erre, *sm.* speed; grant e., quickly 13,22; en e. 13,38, en oirre 19,38, at once.

error, *sf.* mistake; estre en e., be anxious, concerned 16b,23.

ert *see* estre.

es (= en les) *see* en.

es 13,267, as 6,199, eis 7,271, ez 12,124: *interj.* (+ *dat. of pers.pron.*) as vus 6,199, ez vos 12,124, es vos 13,267, behold.

es, *sm.* board, plank 24,89.

esbahir, -baïr, *v.refl.* be amazed 28,205; *pp.adj.* bewildered 10,120; *subst.* misguided creature 21,13.

esbaniër 9,222, esbainïer 10,166: *v.n. and refl.* amuse oneself.

esbatre 23,183: *v.a.* divert, gladden.

esbaubir; *pp.adj.* nonplussed 22,45.

esbaudir, *v.a.* cheer 25,78.

escarlate, *sm.* fine cloth (not necessarily red) 8,305. 12,270. 22,4.

escarnir, *v.a.* mock 3,36.

eschanteler, *v.a.* smash to pieces 7,37.

eschaper 18,55, esca- 22,312: *v.n. and refl.* escape 12,142. 16e,16. 18,55.

eschaufer, *v.n.* become excited 10,317; *pp.adj.f.* escaufee, heated 27,27.

eschevelé, *f.* eschevelede 3,194: *adj.* dishevelled.

eschiele, *sf.* scaling ladder 25,4.

eschiver 13,106, eschever 28,59: *v.a.* avoid, prevent.

escïent 10,207, enscïent 7,55, escïentre 6,101: *sm.* knowledge; par le men e. 6,101, men e. 6,269, to my knowledge; mun e. que, it is my opinion that 10,207; a e., intentionally 19,12.

escil *see* essil.

esclairier, *v.a.* enlighten 21,122.

esclargir; *pp.adj.* bright 6,117.

esclore; *pp.* esclos 23,204: *v.a.* explain.

escommenier, esconm- 28,52: *v.a.* excommunicate 25,30.

escondire, escun-; *ind.pr.3* escondit 3,91, 5 escondites 11,148; *pret.3* escundist 10,239: *v.a.* reject, refuse 10,239; *v.refl.* excuse oneself 3,91; deny a charge 11,148; justify oneself legally 16a,19*.

escorcer, escorchier 28,276; *pp.f.pl.* escorchies 27,19: *v.a.* flay 4,193.199.

escorcier, escourchier 22,226: *v.refl.* tuck up one's dress 15,XII.14.

escoufle, *sm.* kite 22,122.

escouter 26,28, esculter 9,134, escot- 12,100; *ind.pr.3* eskoltet 2,5: *v.a.* listen to.

escremir 9,227: *v.n.* fence.

escrever, *v.n.*; e. en larmes, burst into tears 5,152.

escrier 26,72: *pp.n.sg.m.* escrïez 4,156: *v.n. and refl.* cry out, shout 5,77. 20,80; *v.a.* revile 4,156; shout 6,216.231.

escrire; *ind.pr.3* escrit 3,54; *pret.3* escrist 21,270, escripsi 27,41; *pp.* escrit 3,119: *v.a. and n.* write. escrit; *acc.pl.* escris 8,219*: *sm.* mark. escriture 3,28, escripture 30,28: *sf.* scripture 3,28; Latin source 5,182; writing, text 30,28.

escu 7,99, escut 6,203: *sm.* shield; e. rund, targe 7,99. escucel; *acc.pl.* escussiaus 26,93: *sm.* escutcheon. escuier 8,55; *n.sg.* esqüier 7,133: *sm.* squire.

escüele, *sf.* bowl 9,170.

escumbatre; *pp.f.pl.* escumbatues 6,290: *v.a.* conquer.

escurre 9,56: *v.a.* shake.

esfacier, effacier 30,19: *v.a.* dispel 21,123; wipe out 30,19.

esfondrer, *v.n.* break out (of war) 20,243*; *v.refl.* sink 26,52.

esforcer 3,29: *v.refl.* exert oneself 3,29; (+ a) strive for 28,96. efort; *acc.pl.* efors 28,30: *sm.* effort.

esfreer 13,288*. 16g,25, esfra- 8,62: *v.a.* frighten, disturb; *v.n.* become agitated 16g,25; *pp.adj.* worked up 13,62. esfrei 10,117, esfroi 11,204: *sm.* fear, disquietude; estre en grant e., be very uneasy.

esgarder 8,33, esgua- 6,257, eswa- 24,91; *imper.2* esgar 22,51, 5 esgrardés 22,328; *subj.pr.3* esgart 5,85: *v.a.* look at 7,1; pay attention to 5,85; *v.n.* look 22,51.328. esgart 10,362, esguart 9,86: *sm.* attention 9,86; decision 10,362.

esgarer; *pp.f.* eguarede 3,240: *v.n.* be at a loss; *pp.adj.* bewildered 3,240. 18,48; forlorn 16e,21; destitute 17e,6.

esgruigner; *ind.pr.3* esgrunie 6,296: *v.n.* become indented.

eshauc- *see* essauc-.

eskoltet *see* escouter.

eslaissier, esless-, *v.refl.* gallop at full speed 7,189; tut eslesse, at full speed 7,113.140. eslais, *sm.*; de plain e., at a single bound 10,373.

esligier, eslegier 10,290; *subj.impf.6* esligasent 10,7: *v.a.* pay for.

eslire, *v.a.* elect 25,18; *pp.adj.f.* eslite, choice, perfect 12,370.

esloignier, esluiner 3,30, esloingn-; *pp.* esloinné 7,126: *v.a.* stretch 7,215; *v.n.* move away 26,61; *v.refl.* depart 3,30.

esmaier, esmoier 23,78*: *v.a.* dismay, distress; *v.refl.* be dismayed 23,78; *pp.adj.* distressed 7,139. esmai, *sm.* dismay 11,145.

esmarrir; *pp.adj.* esmeriz 3,122, esmarriz 13,10, frightened.

esmeraudin, *adj.* emerald 13,194.

esmerer, *v.refl.* be purified 16e,31.

esmerveillier, esmervillier 27,6: *v.refl.* marvel 5,106.

esmovoir; *ind.pr.3* esmuet 22,55, esmeut 28,30; *pret.4* esmeumes 26,70; *pp.* esmeü 20,236: *v.a.* stir up, raise (noise) 22,55; arouse 30,48; *v.n.* start 26,70; *v.refl.* move, set off 20,236.

espace, *sm. and f.* opportunity, possibility 21,127.

espacïun, *sf.* respite 7,74*.

espandre, *v.a.* pour out 5,186*; *v.n.* burst 4,212.

espanir; *pp.adj.f.* espanie, in bloom 15,V.12.

espardre; *pp.n.sg.m.* espars 5,186*: *v.a.* spill.

espargner 17d,15, esparign- 6,193: *v.a.* spare.

espee 6,108, spede 2,22, espede 3,182: *sf.* sword.

espeer, *v.a.* pierce with a spit 4,159.

espeldre; *ind.pr.3* espelt 3,120: *v.a.* mean.

esperdre; *pp.adj.f.* esperdue, distraught 11,144.

esperer, espeir- 4,10: *v.a.* expect; *cf.* espoir.

esperitable 8,14. 21,234; esperital; *n.sg.m.* esperitaus 23,194: *adj.* heavenly, spiritual.

esperon 8,284, -un 6,48: *sm.* spur; a e., at full speed 20,84; ne ... vaillant un e., not ... anything 14,43*. esperoner, *v.a.* spur 15,IX.16.

espervier 10,306, esprevier 11,14: *sm.* sparrow-hawk.

espés, *adv.* in great numbers 9,169; *subst.* densely populated area 25,116. espessement, *adv.*; venir e., throng 14,129.

espie, *sf.* spy 12,215. 13,96.

espié 7,32, espiel 15,IX.11: *sm.* spear 6,109; *see* 7,264, Note.

espine, spine 4,80: *sf.* thorn, hawthorn 10,27 *etc.*

esploit, *sm.* eagerness; a tel e., so swiftly 13,28; a grant e., at a full speed 22,220.

esplourer; *pp.adj.f.* esplouree, tearful 17e,20.

espoir 12,10*, espooir 23,142: *adv.* perhaps.

esprendre; *ind.pr.3* esprent 10,40, 6 esprennent 28,302; *pp.* espris 16g,35: *v.a.* (*fig.*) kindle; *v.n.* (*fig.*) be kindled 28,302.

esprover, esprou- 30,103: *v.a.* test, try 16e,17 *etc.*; prove by experience 23,92.

espuser; *pp.f.* espusede 3,7: *v.a.* marry espouse 15,VIII.22, spuse 3,244: *sf.* wife.

esqüier *see* escuier.

esrager 7,257: *v.refl.*; sei e. vif, go raving mad.

esrere; *pp.adj.f.pl.* ereses, threadbare 15,VI.23.

essaier, *v.a.* experience, suffer 11,230; put to the test 12,62.

essaucier 20,102, eshaucier 7,185: *v.a.* make greater (in wealth and power) 7,185; raise up, exalt 20,102*; *pp.adj.f.* exalciee, solemn (of high mass) 9,120.

essele 26,118, esselle 26,122: *sf.* armpit.

essil 11,216, escil 5,48, exill 6,172: *sm.* wretchedness 5,48; ruin 6,172; exile 11,216. 23,138; suffering 21,166. essillier, *v.refl.* suffer exile, suffer 13,308; *pp.adj.* devastated 8,18.

essor, *sm.* fresh air 15,IV.21.

essorbir 11,118: *v.a.* engulf, swallow up.

[es]suer, *v.a.* dry, wipe 10,100.

estable, *adj.* stable; not liable to be broken 20,158; constant 28,27.

estable, *sf.* cow-shed 19,22.

estache, *sf.* stake 30,29.

estaindre 11,187: *v.a.* suppress 11,187; quench 20,144.

estanchier; *ind.pr.3* estance 5,145: *v.n.* run dry.

estandart, *sm.* standard 7,228.

estat, *sm.* state, condition 17c,5; rank 30,30.

esté 8,138, estét 4,32, esteit 4,122: *sm.* summer; *see* tens.

estelét *see* estoile.

estencele, *sf.* spark 10,39. estanceler 8,107: *v.n.* shine.

estendre, estandre 11,249; *ind.pr.3* estant 12,342: *v.a.* spread out 11,249; stretch out 12,342; *v.refl.* prostrate oneself 5,191*.

ester 8,45; *ind.pr.3* estait 4,269, 6 estunt 3,131; *imper.5* estez 20,217; *pret.3* estut 20,146, 6 esturent 18,48; *fut.1* esterai 20,164: *v.n.* stand 3,131; remain 4,269; be 20,164; *v.refl.* remain 18,48; lessier e., desist, let be, let alone 8,45.140. 10,190 *etc.*; e. sus piez, remain standing 23,69; *subst.inf.* presence 15,VII.12.

esternuer; *subj.pr.3* esternue 12,265: *v.n.* sneeze 29,70.

estoile, estoille 27,58: *sf.* star 12,249; (heraldry) mullet 27,58. estelét, *pp.adj.* starry 4,70.

estoner, *v.a.* stun 15,X.28.

estor 15,VIII.13, estur 9,218: *sm.* fight, battle.

estorce, *sf.* 4,268*.

estorie, *sf.* account, narrative 9,60*.

estovoir; *ind.pr.3* estot 3,279, estuet 11,186; *subj.impf.3* estoüst 3,200: *v.impers.* be necessary.

estrace, *sf.* origin 21,130.

estraer 7,108: *v.n.* stray; cure e., run astray.

estrange 10,134, estraigne 16c,12: *sm.* stranger 10,134; *adj.* foreign 16c,12. 26,18. estrangier, *v.a.* drive away, banish 12,108. estrangier, *sm.* foreigner 30,86.

estre, *sm.* home 19,53; place 17e,15; (*pl.*) conditions 8,148.

estre 6,151, estra 3,188, iestre 15,X.32; *ind.pr.1* sui 3,224, seus 16f,37, suis 17b,18, 2 ies 3,187, es 4,35, 3 est 3,15. (L) 9,138, 'st 3,15, es 20,193, 4 sumes 3,134,

somes 8,192, **sommes** 22,391, *5* **estes**
6,7, **iestes** 20,106, *6* **sunt** 3,92, **sont**
8,106; *imper.2* **soies** 5,199, *5* **soiez**
12,186, **soiiés** 22,366, **soiés** 26,87;
ind.impf.1 **esteie** 3,174, **estoie** 11,210, *2*
esteies 7,20, *3* **eret** 2,12, **ert** 3,3, **esteit**
3,10, **estoit** 5,8, **iert** 8,194, **iere** 12,97,
ere 25,66, *4* **estions** 26,21, *6* **erent** 4,240,
estoient 5,165, **esteient** 9,101, **ierent**
10,143, **eirent** 13,181, **estient** 26,66;
plpf.3 **furet** 2,18 (*see* 2,2, Note); *subj.pr.1*
sei[e] 4,36, **soie** 12,307, *2* **soies** 22,230, *3*
sit (*L*) 1,9. 23,195, **seit** 3,45, **soit** 5,93, *4*
soions 8,260, *5* **soiez** 14,90, *6* **soient**
8,93; *pret.1* **fui** 3,164, **fus** 17f,3, *2* **fus**
6,275, *3* **fut** 2,1*, **fud** 4,81, **fu** 5,150, *5*
fustes 6,287, **futes** 20,204, *6* **furent**
8,218; *subj.impf.1* **fusse** 3,255, **feusse**
15,VIII.21, *2* **fusses** 3,175, **feusse**
23,215*, *3* **fust** 3,200, **feust** 26,9, *5*
fussiez 11,299, *6* **fussent** 7,177, **fuissent**
15,XII.20, **feussent** 26,30; *fut.1* **er** 1,16,
erc 3,225, **serai** 12,202, **seré** 14,83, **ere**
15,VIII.18, **seray** 17c,23, *3* **ert** 4,36, **iert**
8,157, **sera** 13,185, *4* **ermes** 3,295, **seron**
13,68, **serons** 23,57, *5* **serez** 20,221,
serés 5,197, *6* **erent** 3,171, **serrunt** 7,82,
seront 16c,33; *cond.1* **serreie** 7,233, **se-
roie** 21,32, *3* **sereit** 6,15, **seroit** 14,91, *5*
seriez 14,91, *6* **seroient** 14,105; *pp.* **esté**
9,215: *v.n.* be, exist; **se ge ne fusse**, but
for me 14,69; **ne fust la poor**, but for fear
16b,15; *v.impers.* 3,273*. 7,223f.*; **k'iert
il?** what is to be done? 16c,9; matter, be
of importance (+ **de**, about, *and dat.*): **ne
l'en est rien** 3,15*, **riens ne l'en est**
18,75 (*see* rien); *subst.inf.* mind, con-
dition 13,168; being, self 28,112; *see*
avis, bel, ce, droit, meins, merveille,
raison, vis. For estre + *pr.pt. see* 6,13,
Note.
estre, *prep.* against; **e. loi**, harshly 16e,9.
estree, *sf.* road 7,271.
estreindre, **-aindre**; *ind.pr.3* **estraint**
15,XII.28; *pp.* **estroit** 13,67: *v.a.* embrace
13,67; grip 20,23; *v.refl.* wrap oneself
15,XII.28.
estreine, *sf.* fortune, luck 16e,28.
estri[e]u 7,213, **estrier** 8,283: *sm.* stirrup.
estrillier; *pp.f.pl.* **estrillies** 27,36: *v.a.*
curry.
estriver, *v.n.* (+ **a**) dispute with 11,206.
estroit, *adv.* tightly 12,344.   **estroite-**

ment 30,4, **estreite-** 10,109: *adv.* tightly
10,109; strictly 30,4.
estrousement 15,X.12, **estrosee-** 15,X.23:
adv.; tot e., immediately.
estrumelé, *adj.* without breeches
15,VI.24*.
estuet *see* estovoir.
estultie, *sf.* recklessness 6,35.
esveillier, **esvoill-** 12,411, **esvell-** 13,12;
ind.pr.1 **esvel** 13,183: *v.a.* wake up
13,132; *v.refl.* awaken 11,131.
esvertin, *sm.* madness 15,XI.18.
esvertuer, *v.refl.* strive 6,281.
esvesque *see* evesque.
eswa- *see* esgarder.
et *see* avoir.
et 1,1, **e** 2,11, **ed** 3,51: *conj.* (1) and: (*a*)
linking words and locutions 1,1. 3,41 *etc.*; **e
... e**, both ... and 3,6 *etc.*; (*b*) co-
ordinating clauses 1,12. 2,28 *etc.*; (2)
*introducing principal clause after subordi-
nate clause:* for his part, as for him
12,351*.
eu (= **en le**) *see* en.
eü, **euch**, **euist** *see* avoir.
euls, **eulx**, **eulz** *see* il.
eulz *see* ueil.
eür, *sm.* fortune; **boen e.** 16e,36, **grant
e.**, 19,69.70, good fortune. **eüré**, *adj.*
happy; **molt boene eüree**, (of Enide)
very happy 11,225.
eure 23,16, **ure** 4,36, **hure** 4,36, **ore** 16e,43,
hore 25,46: *sf.* hour, time; **d'ures en
autres**, from time to time 10,263; **de
male ore**, inauspiciously 16e,43; **de
bone eure**, auspiciously 23,16.
eus *see* il.
eüst *see* avoir.
euvre *see* uevre.
eve *see* eaue.
evesque 9,62, **esvesque** 14,5: *sm.* bishop:
cf. vesque.
ewe *see* eaue.
ex *see* ueil.
exalc- *see* essauc-.
example, *sm.* example, moral tale, illustra-
tion 19,64.
exill *see* essil.
ez *see* es.

fable, *sf.* discussion 19,21; fiction, lie
28,103.   **fablel**; *n.sg.* **fabliaus** 19,64:
sm. fabliau.   **fabler**; *ind.pr.6* **flablent**

15,IV (heading): *v.n.* narrate. **fabloier;**
ind.pr.6 **fabloient** 15,XII(heading): *v.n.*
narrate.

fac, facent, facet, faciés *see* **faire.**

façon, *sf.* appearance 16g,12.

faelé, *adj.* cracked 15,XII.27.

faide, *sf.* vengeance 15,VI.8*.

faillir 6,176; *ind.pr.3* fault 29,77, *6* **faillent** 28,119; *subj.pr.3* **faille** 30,46; *pret.3*
failli 12,352; *subj.impf.3* **fausist** 28,118;
fut.1 **faudrai** 7,292, *3* **faldrat** 3,265 : *v.n.*
(+ *dat.*) fail, let down 3,265. 6,176 *etc.*;
fail to take place 4,32; be lacking 12,155;
come to an end, cease 14,45. 28,118; (+
neg.) fail to, help (+ *subordinate verb in
the subjunctive mood with expletive* **ne**; *cf.*
2,9f., Note) 14,85; *v.impers.* be necessary
11,211. 29,77. 30,42.46; *pp.adj.n.sg.m.*
failliz, faithless 10,204, cowardly 12,84;
f. **faillie,** ended 14,45. **faille,** *sf.* mistake; **sanz f.,** for certain, without fail
12,81 *etc.*

faintie, faintise *see* **feindre.**

faire 2,4 **fere** 8,75, **feire** 11,48, **farre**
15,VIII.16; *ind.pr.1* **faz** 4,266, **fac** 15,X.56,
fas 16f,56, **fais** 30,3, *2* **fais** 22,316, *3* **fait**
3,2, **fet** 8,50, *4* **feimes** 10,150, *5* **faites**
3,271, **fetes** 8,303, *6* **funt** 3,40, **font** 8,60;
imper.2 **fai** 3,105. 22,307, *4* **faisons**
22,133, *5* **faites** 5,133, **fetes** 8,237, **feites**
11,202; *ind.impf.3* **feseit** 10,103, **feisoit**
11,275, **fesoit** 14,74, **faisoit** 23,5, *5* **fesiez**
14,24, *6* **faiseient** 9,154, **fesoient** 14,55,
faisoient 24,12; *subj.pr.1* **face** 10,46, *3*
fazet 1,7, **facet** 6,166, **face** 10,128, *5*
faciés 5,90, *6* **facent** 21,132; *pret.1* **fis**
4,61, **fiz** 26,68, *3* **fist** 3,153, *4* **feismes**
26,21, *5* **feïstes** 6,18, *6* **firent** 4,214,
fisent 24,90, **fissent** 27,107; *subj.impf.1*
feïsse 21,272, *2* **feïsses** 12,10, *3* **feïst**
9,204, **fesist** 15,IX.4, **feït** 23,49, *5* **faiissiez** 20,231, *6* **feïssent** 25,8; *fut.1* **feré**
8,169, **ferai** 13,186, *2* **feras** 21,9, *3* **fera**
5,159, **ferat** 10,249, *4* **feruns** 3,293,
ferons 23,107, *5* **ferez** 6,19, **feroiz**
20,115, **ferés** 22,275, *6* **feront** 8,292;
cond.1 **feroie** 13,182, *3* **feroit** 22,395, *5*
feriés 22,311, *6* **feroient** 8,126; *pp.* **fait**
3,163, **fet** 8,50; *n.sg.m.* **fais** 5,4. 15,XI.7;
acc.pl.m. **faiz** 6,251; *f.* **faite** 5,200, **feite**
12,146, **faicte** 29,21; *pr.pt.* **fesant**
7,131.221 : *v.a.* make; do, perform, carry
out 7,48; **si fait,** such 5,4.11; **en si fait**

point, in such a state 5,39; **vos le feïstes,**
it was your fault 6,33; **le f. ben,** acquit
oneself well 6,186; **bien fait,** shapely
10,21; **f. que sage** 11,302* *etc.*, act wisely
etc., see **qui** (3)(*b*); **f. entendant**
14,48f.*.74, **f. a savoir** 21,258*. 27,107*,
make known; **f. de qn., qch.,** do with,
about someone, something 15,VI.6. 21,9.
27,32f.; **n'avoir que f. de (aveuc**
15,VI.26) 15,VI.11. 15,VI.15, have nothing
to do with, not be concerned with; have no
need for 27,16f.; *v.refl.* make oneself out
to be 12,235.241; **sei f. acomunier** 3,27,
soi f. armer 11,275 *etc., cf. causative use
below; v.n.* do, act; **bien f.,** acquit oneself
well 7,131.221, act charitably 12,10; **f. de,**
make shift with 22,152; **en f. autretant,**
do the same 22,395; **f. a** + *inf. in passive
sense* deserve to be, be worth 9,204: **bien
fet a creanter,** it is well worth agreeing,
consenting 8,49; **ne feseit mie a refuser,** it was not to be refused 10,103;
causative sense cause sth. to be done, have
sth. done 2,4. 3,105. 4,2 *etc.* 21,270*: **f.
fere** 8,215.219, **f. mordrir** 15,VI.4* *etc.*;
(*replacing* **dire** *with direct speech*) say 5,40.
8,60 *etc.*; *verbum vicarium* 4,148*. 6,35
etc.; *v.impers.* be: **i fait froit,** it is cold
22,111; **f. bon** *see* **bon**; *subst.inf.* 24,122*.
See also **bien, chevalier, chiere, compaignie, defence, demorée, depry,
droit, duel, el, enui, feste, force,
honte, joie, joli, pasmee, present,
recroire, semblant, tant, voille. faisance,** *sf.* action 13,228.

fais 16c,40, **fes** 23,105. 28,158 : *sm.* burden;
tout a un f., at once 23,105.

faiture, *sf.* form 3,251.

faldrat *see* **faillir.**

fals *see* **faus.**

fame *see* **feme.**

familiier, *sm.* friend, frequenter of the
royal household 27,46.

fanc, *sm.* quagmire 8,244.247.

faudrai, fault, fausist *see* **faillir.**

faus 16c,33, **fals** 16e,26; *f.* **fasse** 16e,14,
fause 24,71 : *adj.* false; concealed 24,71.

faulceté, *sf.* falseness 30,44.

faute 21,226, **faulte** 30,25 : *sf.* failure, lack
30,25.93; mistake 30,118; false throw:
(*fig.*) **geter f.,** commit a sin 21,226*.

fave, *adj.* fawn, tawny 10,323.

favele, *sf.* chatter 21,169.

faye, *sm.* liver 29,71.

faz, fazet *see* faire.

fed, *sm.* fellow, individual, man 4,242*.

fedeil, *subst.adj.* faithful servant 3,64.

fei, feit *see* foi.

feiiee, *sf.* time; plusurs feiiees, many times 7,276.

feindre 6,102; *ind.pr.6* faignent 28,99; *pret.3* feinst 6,258: *v.n.* behave in cowardly fashion 6,102; *v.refl.* feign 6,258; pretend to be 28,99. faintise 5,169, faintie 20,119, fointise 23,55: *sf.* pretence, deceit.

feire, *sf.* fair 9,58.

feire, feismes, feïsse, feïsses, feissent, feïst, feïstes, feït, feites *see* faire.

feitiz, *adj.* well made 11,265.

feiz *see* fois.

felix, *adj.* happy 3,270.

felon 6,129, fel 13,290, fellon 16f,10; *n.sg.m.* fels 4,73, fel 6,234; *n.pl.* felun 7,83; *f.* felonne 17d,1, felonesse 21,23: *sm.* traitor, scoundrel 4,73. 6,129 *etc.*; *adj.* treacherous, cruel, wicked 7,83.96. 13,290 *etc.*; tut seit f., let him be thought a complete knave 6,234*; tans f., inclement weather 16f,10. felonie 13,274, felunie 3,245*, felenie 12,12: *sf.* treachery, crime, wickedness, cruelty.

feme 9,90, fame 11,287; *acc.pl.* femmez 10,201: *sf.* wife, woman.

fendre; *ind.pr.1* fent 4,216: *v.a.*; *v.n.* burst 4,216; *pp.adj.* split 6,278.

fenir 28,204: *v.a.* finish 14,62. 28,160.

fer 4,167, fier 27,33: *sm.* iron 4,167; blade (of a weapon) 7,209; iron bar 12,273; fourke fiere *see* forches. ferrer, *v.a.* fit with bars 12,273; chemin ferré, metalled road 8,183. ferreüre, *sf.* iron mounting 12,284.

ferir 6,201; *ind.pr.3* fert 4,21, fiert 6,134, 6 ferent 4,19, fierent 8,294; *imper.5* ferez 6,193; *ind.impf.3* feroit 26,26; *subj.pr.1* fiere 15,VIII.18, 2 fieres 15,VIII.13*; *pret.3* ferit 15,X.6; *fut.1* ferrai 13,180, 6 ferrunt 6,149; *pp.* feru 7,40; *gerund* ferant 26,77: *v.a.* strike 4,21; drive 26,101; *v.n.* strike 6,149; spur, charge 7,125; f. des esperons, charge 24,117. 26,77.108.

ferlïer, *v.a.* enchain 4,155.

ferm; *n.sg.m.* fers 12,213: *adj.* closed; firm 28,28. fermement, *adv.* sound(ly)

13,59. fermeté, *sf.* fortification 23,99.

fermer, *v.a.* secure, make fast 8,200.

fremalét, *sm.* buckle 22,177.

feroiz *see* faire.

ferrer, ferreüre *see* fer.

feruns, fet *see* faire.

fes *see* fais.

feste, *sf.* feast, festival, celebration 3,27. 9,29 *etc.*; faire f., hold high festival 9,154, enjoy oneself 22,133; a grant f., in large numbers 14,129.

feu 23,51, fou 2,19, fu 4,170; *n.sg.* fus 4,171: *sm.* fire; fu grijois, Greek fire 24,10; *see* bouter.

feusse, feussent, feust *see* estre.

fiance, *sf.* pledge, promise 6,312.

fichier 9,49; *pp.* fichét 4,167; *f.* fichie 20,65: *v.a.* fix, drive in; stick in 18,9.

fief, fiev 7,180; *n.sg.* fius 4,116; *acc.pl.* fiez 25,25: *sm.* fief.

fien, *sm.* excrement 23,118.

fier *see* fer.

fier; *f.* fire 13,282, fiere 22,366: *adj.* fierce 6,189*. 13,282; strong 8,289*; intense (grief) 12,92*; proud, haughty 7,160*. 8,1 *etc.* fierement, *adv.* ferociously 6,230.

fïer, *v.refl.* (+ a) trust in, rely on 13,128. 14,16.

fiere, fierent, fieres, fiert *see* ferir.

figure, *sf.* form 2,25. 3,252.

fil 15,IV.2; *n.sg.* filz 6,215, fix 15,IV.11, fiex 16d,9, fuiz 23,191*; *voc.* fiz 3,220; *often* filz (fiz) *indecl.* 3,115. 7,81 *etc.*: *sm.* son.

filie 3,235, fille 13,307: *sf.* daughter. filole 15,IV.4, fillole 15,VI.13: *sf.* goddaughter.

fin, *sf.* end; death 3,59; aler a sa f., die 6,375; est ce tote la fins? is that final? 15,X.43f.; faire male f., languish 15,XI.40; prendre f. de (+ *inf.*), stop 20,76; *conj.* a fin que (+ *subj.*), (so) that: veiller a fin que, see to it that 17a,5f.

fin, *adj.* fine 8,11; loyal, sincere, true 16e,17.32. 28,305 (*see also* amant); sheer 20,181. finement, *adv.* well, perfectly 16e,31.

finer 29,58: *v.a.* end 9,137. 29,102; obtain, find 29,58. 30,95; *v.n.* stop 8,295 *etc.*

fire *see* fier.

fisent, fissent, fist *see* faire.

fius *see* fief.

fix, fiz *see* fil.

flablent *see* fabler.

flaël; *acc.pl.* flaiaus 24,129, flaeaus 28,236: *sm.* bar (for closing the leaves of a door) 24,129; torment 28,236.

flagol, *sm.* flageolet 22,302.   flagoler 22,302: *v.n.* play the flageolet.

fla[m]bur, *sf.* flash 6,119.

flame, *sf.* (hell-)fire 21,119.

flanc 7,57; *acc.pl.* flans 15,XII.20*: *sm.* side (of the body); *pl.* waist 15,XII.20; *cf.* 10,25, Note.

flor 15,XI.12, -ur 6,120.166*: *sf.* flower. florir; *pp.adj.n.sg.m.* fluriz 6,81; *f.* flurie 6,336, floride 25,118: hoary (of hair, beard) 6,81.336; flowering 16e,4; Pasque f., Palm Sunday 25,118.

foerre *see* fuerre.

foi 11,215, feit 3,270, fei 10,193, foy 17c,8: *sf.* faith, honour; par f., sincerely 3,270, assuredly 11,215; par ma f., assuredly 17c,8; f. que vous mi devés 22,47, f. que tu mi dois 22,156, truly.

foï *see* fuïr.

foible, *adj.* feeble, weak 8,282. 28,239.

fointise *see* feindre.

foison 16f,36, fuison 5,153, fuisson 27,20: *sf.* abundance; a tel f., so copiously 5,153; a f., in abundance 16f,36.

foïssent *see* fuïr.

foiz 11,191, feiz 3,11, fois 5,16: *sf.* time; par maintes f., many times 5,21; sovantes f., often 11,191; *see* autre.

fol 4,206; *n.sg.m.* fox 8,41, fous 10,98, fos 28,31: *adj.* mad, foolish 6,277. 8,41 *etc.*; terrible, dreadful 4,206*; lecherous (*see* amor). folement, *adv.* lecherously 13,173; foolishly 23,91. folie 4,238, folye 17c,6: *sf.* folly, foolishness 4,238. 6,34. 17c,6; nonsense 7,66 (*see* dire).

fols, *sm.pl.* bellows 4,170.

fonde, *sf.* bazaar 26,136.

fonde, *sf.* sling 30,37.

fondre 5,142, fun-; *ind.pr.3* funt 4,21; *subj.pr.3* fundet 3,68; *subj.impf.3* fondist 25,81: *v.n.* crumble 3,68. 25,81; melt, perish 4,21; f. en larmes, dissolve into tears 5,142.

fontaine 21,58, fonteine 16e,2: *sf.* spring; water 22,147.

fonz 8,219, fons 27,124: *sm.* bottom.

forc, *adj.* forked; as chemins fors, at the crossroads 13,75*.   forches, *sf.pl.* gal-

lows 18,69; fourke fiere, pitchfork (with two iron prongs) 22,256.

force, forche 22,306, forse 29,9: *sf.* strength 28,192 (*pl.*). 29,9; violence 13,213. 22,306.335; a f., of necessity 4,267, by force 25,15; par f., of necessity 24,52; ne faire f. de (+ *inf.*), not set out to 28,95.

forcenerie *see* forsener.

forfaire; *pret.1* forfis 4,39: *v.n.* transgress. forfait 4,52, forfet 12,169; *n.sg.* forfez 12,35: *sm.* sin, wrong 4,52. 12,35; 13,137*.

forment 3,87, -mant 11,129: *adv.* greatly, very, very much; soundly 11,129.

fornir, furnir 15,VIII.3: *v.a.* wage (war); *pp.adj.* well-built 15,X.4.

fors *see* fort.

fors, *adv.* out, outside 4,36. 5,149 *etc.* (*frequent with verbs of motion*); estre f., be out (of torment) 4,36; metre f., force out 6,273; f. traire, pull off 13,214; f. geteir, squander 16f,32*; f. de, out 10,32.250 *etc.*; *prep.* except; ne ... f., not ... except, only 4,127. 10,90. 15,VI.21; *reinforced by* sul 3,44. 4,117. 7,182; + *inf.*: ne faire f. courre 22,227; + de + *inf.* 13,261*; f. que, except 5,109. 16c,16. 27,8; ne ... f. que + *inf.* 23,123; *conj.* fors 13,14, f. que 30,56, f. tant que 15,IV.19f., except that, except in so far as. *Cf.* hors.

forsener, *v.n. and refl.* take leave of one's senses 8,246.255; *pp.adj.f.* forsenede, distraught 3,193.   forsenable, *adj.* senseless 28,7.   forssenaige, *sm.* foolish remark 11,213.   forcenerie, *sf.* madness 28,8.

fort; *n.sg.m.* fors 15,VIII.15: *adj.* strong 5,25; distressing 3,211; grievous 4,190; fierce 6,23; deep, great 12,92*; hard 12,291; *adv.* tightly 4,17; violently 4,19.186; greatly 4,215. 7,11; fors, hard 19,49*. fortiz, *sm.* fortress 7,252.

fortune, *sf.* luck 29,13; storm 30,86.

forvoier, *v.a.* misguide, lead astray 21,231.

fos *see* fol.

fou *see* feu.

fouir, fouirent *see* fuïr.

fouler, ful-, *v.a.* thrust down 4,196; trample 21,202.

fourke *see* forches.

fourment, *sm.* wheat; pain de f., wheaten bread 22,248.

fourpasser 27,89: *v.a.* pass beyond.

fous, fox *see* fol.

foy *see* foi.

fradra, fradre *see* frere.

fraite *see* freindre.

franc; *voc.sg.m.* frans 15,XIII.7; *f.* franche 6,307: *adj.* free, noble 6,307 *etc.*; free 23,62; frank, open 29,3.32. franchise 11,25.47, -cise 5,170: *sf.* noble action 5,170; nobility, magnanimity 11,25.47; freedom 28,153.165. franchois 16d,11: *adj. and subst.* French 16d,10; French language 16d,11.

frarin, *adj.* poor, inferior 12,356.

fregunder, *v.n.* dwell 3,69.

freid, freit *see* froit.

freindre 6,297, fraindre 12,291; *ind.pr.3* freint 6,203.285. 7,37; *pp.* freit 7,261: *v.a.* break; *v.n.* break 6,285. fraite, *sf.* gap 12,262.

fremalét *see* ferm.

fremier, *v.n.* shake 20,180.

fremir 9,39: *v.n.* become filled with activity.

frëor, *sf.* fear; avoir f., be afraid 16b,48.

frere 3,51, fradre 1,4, fradra 1,6: *sm.* brother.

freske *see* frois.

friandie, *sf.* excessive longing 29,46.

frichon, *sm.* shiver; estre en f., be afraid 22,287.

froër, *v.a.* bruise, cripple 8,234.

frois; *f.* freske 22,210: *adj.* wet.

froit 8,138. 15,VI.25, freid 4,183.185.188, freit 22,111; *n.sg.m.* froiz 21,223: *adj. and subst.* cold; aveir f., be cold (person) 4,185; faire f., be cold (weather) 22,111.

front, frunt 10,300: *sm.* front rank: el premier f., in the forefront 16a,3; brow 10,300; de f., abreast 24,7.

fruisser, *v.a.* shatter 6,272; *v.n.* splinter 6,323.

fruit, *sm.*; avoir f., procreate 28,95.

fu *see* feu.

fu, fud, fui *see* estre.

fuellier 13,6, fullier 13,4*: *sm.* trace.

fuerre 8,95, foerre 9,52: *sm.* straw, provender; aler en f., forage 8,95.

fuerre, *sm.* scabbard 13,150.

fuïr 7,237, fouir 28,63, fo-; *ind.pr.2* fuiz 28,66, *3* fuit 13,10, *5* füez 7,243, fuiez 20,228, *6* fuient 6,185; *imper.2* fui 7,161, *4* fuiums 6,220, fuion 13,265, fuions 23,138, *5* füez 16e,41, fuiez 16g,21;

subj.pr.3 fuiet 2,14, fuie 13,219, *6* foïssent 28,125; *pret.1* foï 16g,59, *2* fuïs 3,233, *3* fuït 3,151, fui 24,135, *6* fuirent 24,44, fouirent 26,81; *pp.* fuit 6,223; *n.pl.m.* fuïz 23,180; *gerund* fuyant 29,20: *v.a.* flee from, abandon 2,14. 3,223; *v.n.* flee 7,161; *v.refl.* (+ en) flee 3,151; *subst.inf.* flight 13,261. fuitis, *adj.* absent; soi en aler f., run away, flee 13,114.

fuison, fuisson *see* foison.

fuissent *see* estre.

fuiz *see* fil.

ful- *see* fouler.

fullier *see* fuellier.

fumee, *sf.* discontent, ill-humour 17c,8. fumeux, *adj.* moody, discontented 17c,23. fumeusement, *adv.* moodily 17c,24.

fundet, funt *see* fondre.

funt *see* faire.

furbir 9,51: *v.a.* furbish 6,235; groom 9,51.

furet, fust, fustes, futes *see* estre.

furnir *see* fornir.

fus *see* feu.

fust; *acc.pl.* fuz 6,135: *sm.* cudgel 6,135; wood 24,22; shaft (of a lance) 26,79; barrel 29,58.

g' *see* je.

gaaignier 25,101, gaegn- 15,IV.11: *v.a.* earn; capture 25,101. gaaing; *n.sg.* gaainz 25,15: *sm.* booty.

gaber 8,251: *v.a.* mock; *v.n.* brag, boast 6,91; *v.refl.* (+ de) make fun of, jest about 11,173. 12,141. gab; *n.sg.* gas 10,312: *sm.* jest, derision; as gabs, in mockery 4,79.

gage, gaige 30,67: *sm.* pledge 13,14; caution money 13,46; gage, glove 14,99; *pl.* wages, pay 27,70. 30,67.

gai; *f.* goye 29,83: *adj.* merry.

gaïne, *sf.* sheath 8,281.

gaiole, *sf.* prison, dungeon 4,205.

gaires 8,63, guaires 6,207, guerres 7,54, gueres 10,199: *adv.* much; ne ... g., not much 6,207. 10,199, not much longer 6,233; g. de terre, very far 7,54; n'i ad g., it is not far 4,117; n'a encor g. que, it is not long since 8,63. 20,145; m'en est g., it matters little to me 10,331.

gaite, *sm. and f.* watchman 16b,1.

galee 7,279, galie 24,5*: *sf.* galley, large ship.

galir; *pp.n.sg.m.* galiz 4,151: *v.a.* hurl.

galopel, *sm.*; les galopiax, at a gallop 15,X.24.

ganbe 15,XII.23, chanbe 8,278, (*diminutive*) ganbete 15,XI.26: *sf.* leg.

gant, gaunt 6,348: *sm.* glove; *acc.pl.* uns ganz, a pair of gloves 13,198.

garçon; *voc.sg.* garz 7,161: *sm.* boy; (term of insult) churl 7,161.

garder, wa- 24,31.39.121, gua-; *ind.pr.1* guart 4,212, gart 21,164; *imper.2* gar 21,94, *5* gardés 15,IV.13; *subj.pr.3* gart 17b,4*; *pp.* guardét 3,243: *v.a.* keep, protect 3,260; save (from sth.) 5,196; guard 6,129; see to 15,IV.13*; ne g. l'ure que 3,75*. 8,260*. 21,164*, ne g. quant 4,212*, expect any moment that; (+ *neg. subordinate clause*) take care 11,140. 20,178. 21,94; *v.refl.* (+ *neg. subordinate clause*) take care 12,214; *v.n.* look 3,144; keep watch 16b,2.   garde, gua-, *sf.* guard 3,163; soi prendre g. de qn., think of 5,9, watch over 12,4, take notice of 12,253; soi prandre g., restrain oneself 11,194; avoir g., be afraid 22,292.

gardin 15,IV.16, garding 15,XII.5: *sm.* garden.

garir 3,140, guerir 29,96, gua-; *pret.2* guaresis 6,369; *cond.1* garroie 8,134: *v.a.* protect, save 6,147.369.370. 7,191; cure 15,XI.27. 17b,20. 29,96; *v.n.* be saved 3,80.140. 4,252; (+ de) recover from 28,61; *v.refl.* (+ de) subsist on 8,134.   garison, *sf.* comfort, well-being 16f,12.

garnir, wa-; *pp.f.pl.* warnies 24,23: *v.a.* fortify 8,144; fill, man 24,23; equip 30,47.   garnement, gua-, *sm.* garment 9,111.116; equipment 15,IX.5.

garroier *see* guerroier.

garz *see* garçon.

gascun, *sm.* Gascon horse 7,90.

gaster, gasteir 16f,20: *v.a.* devastate 16f,20. 27,31; toz gastez, in very poor condition 8,266.

gens 7,33, giens 3,38: *neg. particle reinforcing* ne, not at all.

gent, jant 16f,18; *pl.* gens 17b,14, genz 25,79: *sf.* people 3,258. 21,246*.

gente, *sf.* wild goose 8,53.

gentil 3,217; *n.sg.* gentill 6,163, gentilz 6,304, gentix 11,37, gentis 13,271: *adj.* high-born, noble; pretty 22,98.

genuïr; *pp.* genuï 23,17: *v.a.* beget.

germain 22,129, germein 7,260; *f.* germainne 26,44: *adj.* german.

gernun, *sm.* moustache 6,133. 7,65.

gesir 6,4; *ind.pr.1* gis 4,209, *3* gist 3,16. 11,208*, *5* gisez 16b,47; *ind.impf.3* gisoit 15,XI.19, *6* gisoient 11,97, gissoient 15,XII.22; *pret.3* jut 6,358, *6* jurent 8,76; *subj.impf.3* goüst 4,170, geüst 28,114; *fut.2* girras 7,70; *cond.5* jerreiez 6,31*; *pp.* jeü 3,44, geüd 3,257, geü 13,5: *v.n.* lie; *v.refl.* lie 6,358. 7,70.

gesqu'a 7,199, gesques a 7,35.188: *prep.* as far as; *cf.* dusque, jusques.

geste, *sf.* race, family 7,24; chronicle 7,135.223. 9,60*.

getee, geteir, geter, gett- *see* jeter.

geu *see* jeu.

geü, geüd *see* gesir.

geule, geulle *see* gueule.

gié *see* je.

giens *see* gens.

gieu *see* jeu.

girun, *sm.* wall of a tent 10,11.

gisse *see* guise.

giter *see* jeter.

glaison, *sm.* mound, clod 16f,50.

glaive, *sm.* lance 25,43. 26,118.

gloire 23,157, glorie 3,65, gloria (*L*) 23,195: *sf.* glory.

gloser, *v.a.* understand, see 12,238.

glouton; *n.pl.m.* glous 29,79; *f.* gloute 29,47: *adj.* greedy.

goie, goius *see* joie.

gonnele, *sf.* long tunic 8,276.

gorés *see* joïr.

gote 13,82, goute 5,57: *sf.* drop 5,57; *gutta serena*, amaurosis 13,82*; *neg. particle reinforcing* ne, not at all 23,33.

goule *see* gueule.

goüst *see* gesir.

gouverner 29,29, guverner 3,183: *v.a.* govern 3,183; *v.n.* dominate 29,34; *v.refl.* behave 29,29.   gouvernement, *sm.*; estre en g. de, be dominated by 29,36.   guvernëor, *sm.* ruler 3,134.

goye *see* gai.

grace, grasce 27,40: *sf.* grace; par la Deu g. 3,132, le g. Dieu 24,38, by God's grace.   gracïer, *v.a.* thank 3,310.

graigneur, grainnur 9,143, greignor 11,20, -eur 30,99; *n.sg.m.* graindes 24,19.57; graindre (*used as acc.*) 4,42:

comp.adj. greater, greatest; **la g. part**, for the most part 30,99.

grain, *sm.* particle, drop 5,70.

graisle 6,142, **graille** 15,XII.20, **grele** 16a,26: *sm.* bugle 6,142; *adj.* slender 15,XII.20. 16a,26. **graislir**; *pp.adj.* **gresliz**, thin 13,212.

grant 3,11; *n.sg.m.* **granz** 3,233, **grans** 15,VIII.15; *f.* **grand** 2,18, **grant** 3,18, **grande** 15,XII.15. 27,30: *adj.* great, large, tall; heavy 15,XII.15; **granz .xxx. liwes,** full thirty leagues 6,66; *subst.* **li grant et li petit,** great and small 3,280; *see* **aleüre, erre, feste, foison, haste, piece, tens. grandesme,** *sup.adj.* very great 24,86.102; full 24,7.

gras 9,26, **grais** 16f,46: *adj.* in good condition, fat.

gré, *sm.* will; **mal g. els,** in spite of them 16e,29; *see* **maleïr** *and* **maugré.**

greine, *sf.* hostility, displeasure 4,273.

greine, *sf.* seed 16e,4.

grever 30,62; *ind.pr.3* **grieve** 12,375: *v.a.* harm, injure 18,20; *v.n.* (+ *dat.*) displease 12,375; be a nuisance to 19,55; harm 25,71; *v.impers.* (+ *dat.*) grieve, distress 12,248. 21,239.

grief 17f,9, **gref** 6,46; *n.sg.m.* **griés** 12,378: *adj.* grievous, distressing; violent 26,14; heavy 28,10. **grieté,** *sf.* affliction 24,88.

grifaigne, *adj.* cruel 8,216.

gris, *sm.* grey fur 7,251. 15,VI.31.

grocier, *v.n.* grumble, complain 8,201.

gros 16a,26; *f.* **grosse** 16f,27: *adj.* big, large, thick; *subst.* widest part 6,278.

grue, *sf.* crane; **prendre au ciel la g.,** do wonders 28,155*.

gua- *see* **ga-.**

guarant, *sm.* protection 4,246; protector 4,266. **guarrantisun,** *sf.* protection 7,73. **guarantir** 6,174: *v.a.* protect, shield.

guarét, *sm.* fallow land 6,249.

gué, *sm.* ford 5,68; crossing place 8,26; **passer au g.,** to ford 8,272.

gueille, *sm. and f.* wallet, money belt 8,264*.

guenchier, *v.n.* turn, flee 25,104.

gueres, guerres *see* **gaires.**

gueridon, *sm.* protection (?) 16f,51; *see* 16f,49, Note.

guerpir 3,121, **gerpir** 13,256: *v.a.* abandon, let go (thing) 3,121; leave (place) 6,219. 13,256; **g. la place,** leave 20,186; forsake 7,19. 10,49, leave behind (person) 13,230.

guerre 7,52, **gerre** 15,X.31: *sf.* war; **si vait de g.,** so it happens in war 7,52; **avoir g. a,** be at war with 21,40; **hommes de g.,** men-at-arms 27,10. **guerroier, gerr-** 15,X.31, **garroier** 16f,15, **guerriier** 27,4: *v.a. and n.* wage war (on).

guerredon 7,5, **-dun** 7,69: *sm.* reward. **guereduner** 3,47: *v.a.* reward.

gueule 26,94, **gule** 7,270, **goule** 8,203, **geule** 27,56, **geulle** 27,58: *sf.* throat; *pl.* (heraldry) **gules** 26,94*. 27,56.58; *see* **baer.**

guile, *sf.* guile; **servir de g.,** deceive 21,252.

guionage, *sm.* toll-house 8,309*.

guise 3,5, **gisse** 27,35: *sf.* wise, manner, way 3,5. 23,53; kind 8,163. 9,116; **par nule g.,** in no wise 3,5; **en g. de,** like 6,199.212; **en itel g.,** like this 10,292.

gunfanun, *sm.* gonfalon, pennon 3,184; lance (with pennon attached) 7,85.

gure 20,14 = *ind.pr.3* of **jurer,** *v.a.* swear.

guvernëor *see* **gouverner.**

ha, *interj.* ah! 11,209.212 *etc.*; *see* **las.**

hagenee, *sf.* hackney, pony 27,10.

haiete, *sf.* little hedge 22,280.

haïr; *ind.pr.1* **haz** 16f,15, *3* **het** 5,71, *5* **haés** 15,V.19; *ind.impf.3* **haoit** 15,XII.7; *pret.1* **haï** 4,73; *pp.n.sg.m.* **haïs** 21,14: *v.a.* hate; *see* **mort.**

hairon, *sm.* heron 22,40.

haitier, hei-, *v.a.* please, gladden; *v.impers.;* **que vos en haitet?** what do you think about it? 6,3; *pp.adj.* cheerful 10,233. 12,101. **hait,** *sm.* joy; **de bon h.,** of good cheer 22,385.

hanche 10,296, **hance** 15,X.3: *sf.* haunch, hip.

hanste, *sf.* shaft (of a spear) 7,38.264*.

hardir, *v.n.;* *pp.adj.* bold, brave 11,120. 23,39. 27,1. **hardiement,** *adv.* boldly 24,105. **hardement** 6,20, **-mant** 12,165: *sm.* courage.

hareu, *interj.* help! 22,315.

harnois, *sm.* equipment, harness 14,112; baggage 27,111.

harpeor, *sm.* harper 15,VI.31.

haste, *sf.;* **en grant h.,** post-haste 27,113; **en h.,** hastily 27,122. **haster** 27,104: *v.n.* hurry; *v.refl.* hurry 12,125; (+ de

+ *inf.*) make haste to 6,260. **hastif,** *adj.* quick 10,329. **hastivement,** *adv.* rapidly 4,197.

hastier, *sm.* spit 16f,39.

hauberc 7,198, **osberc** 6,203, **auberc** 7,206, **haubert** 23,97; *n.sg.* **haubers** 11,261: *sm.* hauberk, coat of chain mail; *see* **dubler. hauberjon,** *sm.* small hauberk 30,69.

haut, halt 6,65, **hault** 30,11; *acc.pl.m.* **haus** 24,78, **halz** 25,7, **hals** 25,103: *adj.* loud 3,161; high 6,65; straight (nose) 15,XII.17; of high rank 25,103; **plus h. de,** upwards of 24,20; *subst.* **en h.,** up in the air 13,157, aloud 16a,11; **et h. et bas,** men of every rank and station 24,78.91. **alcier** 25,9: *v.a.* make high(er), raise.

have, *adj.* dark 28,230.

hayneus, *adj.* hateful 17d,32.

hé, *interj.* hey! 23,16; *see* **las.**

heaume 8,107, **helme** 3,181, **elme** 6,108, **hiaume** 8,99, **iaume** 15,IX.8, **hiame** 15,X.29: *sm.* helmet.

helt, *sm.* hilt-guard, cross-guard 9,70.

hennoré *see* **onorer.**

herber; *pp.adj.* brewed with herbs 13,304.

herberc 3,21, **helberc** 3,92: *sm.* house. **herberge,** *sf.* shelter 3,189; abode, dwelling 8,74; camp 25,97; *pl.* tents, quarters 7,47. 8,27. **herbregage,** *sm.* lodging 21,102. **herbergier** 12,200, **heber-, herbar-;** *pret.3* **herberja** 25,114: *v.a.* lodge, shelter 10,75. 28,231; *v.n.* encamp 8,273. 25,74; *v.refl.* be received (as a guest) 12,200 (*see* 3,22, Note); take refuge 23,179; shelter, live 30,80.

heren, *sm.* herring 22,41.

herité *see* **erité.**

hermin, hermine *see* **ermin.**

het *see* **haïr.**

hom, home *see* **ome** *and* **on.**

hon, honme, hons *see* **ome.**

honer-, honorer; honeur, honor, honur *see* **oneur.**

honestét, *sf.* honour 2,18*. **honnestement,** *adv.* honestly 30,68.

honir, hunir 6,320, **honn-** 14,95: *v.a.* shame, disgrace 6,44.237. 11,125.

honte 8,202, **hunte** 6,11: *sf.* shame, disgrace, injury; **avoir h.,** suffer injury 8,202; **faire h. a,** put to shame, disgrace 15,X.49f. 28,145.

hoos, hoost *see* **ost.**

horder, *v.a.* fortify 25,9.

hore *see* **eure.**

horion, *sm.* blow 22,309.

hors, *adv.* outside 11,296; out 24,131; **hors de,** out of 3,63; *cf.* **fors.**

hoste, *sm.* guest 28,316.

hostel, hostiex, hosteler *see* **ostel.**

hou, *interj.* hoo! 22,383.

houlete, *sf.* (shepherd's) crook 22,24.

housel, *sm.* high boot 22,211.

hueil *see* **ueil.**

hüer, *v.a.* hoot 21,14; *v.n.* shout 16g,56.

hu, *interj.* (onomatopoeia representing the sound of a horn) 16b,7 *etc.* **hu;** *n.sg.* **huz** 25,81: *sm.* shouting.

hui, huimais, huimés *see* **ui.**

huis *see* **uis.**

hum, hume *see* **ome.**

hunir *see* **honir.**

hunte *see* **honte.**

hure *see* **eure.**

i *see* **il.**

i, iu 1,16*, **y** 26,128: *adv. and pron.* (1) *Local:* there, thither 3,105.220.280 *etc.;* here 6,27.38 *etc.;* (2) *Of things:* (a) thereto (to it) 4,171. 7,255. 24,10. 28,84; (b) therein, thereon (in it, in the matter) 1,16. 3,90. 4,185 *etc.* 12,174.218 (*with* penser); (3) *Of persons:* (a) to her, to them 8,66. 15,IV.8f.*. 29,84*; (b) in him (?) 6,158; *see* **avoir.**

ialz *see* **ueil.**

iaue *see* **eaue.**

iaume *see* **heaume.**

içaus, icel, icele, icelles, icels, icil *see* **cil.**

icest, iceste, icez, icist *see* **cist.**

ici *see* **ci.**

iço *see* **ce.**

idunc, *adv.* then, at that time 3,71. 7,176; *cf.* **adonc, donc.**

iere, ierent, iert, ies, iestes, iestre *see* **estre.**

iex *see* **ueil.**

igaument, *adv.* equally 20,25.

il, *pers.pron.* he, him, she, her, it, they, them: *n.sg.m.* **il** 2,13, **i** 15,X.27; *disjunctive* **il** 8,320. 26,102; *acc.sg.m.unstr.* **lo** 1,13, **l'** 1,14, **le** 3,1, (*enclitic*) **·l** 4,18; *dat.sg.m.unstr.* **li** 1,16, **l'** 3,15, **lui** 29,16; *acc.sg.m.str.* **lui** 2,28, **li** 7,120.272, **luy** 29,17: *dat.sg.m.str.* **lui** 3,143;

n.pl.m.unstr. il 3,9, i 28,104, ilz 29,5; *acc.pl.m.unstr.* les 3,74, (*enclitic*) ·s 3,35. 13,160 (*see* 13,159, Note); *acc.pl.m.str.* els 3,95, eals 4,126, eus 7,242. 13,177*, ax 11,64, aus 16c,36, als 25,7, eulz 26,38, euls 27,78, eulx 29,7; *n.sg.f.* elle 2,5, ell' 2,15*, ele 3,203, ela 3,238, el 10,323; *acc.sg.f.unstr.* la 2,3, le 3,143, l' 3,170; *dat.sg.f.unstr.* li 2,13; *acc.f.sg.str.* li 4,208, lui 11,67, lié 13,99, elle 29,45; *used as nom.* li 19,60; *dat.f.sg.str.* lei 2,13; *n.pl.f.* eles 15,VI.29, els 28,261, elles 29,62; *acc.pl.f.unstr.* les 3,250; *acc.pl.f.str.* eles 10,171; *dat.pl.m. and f.* lur 3,9, lor 8,195, leur 14,111; *n.sg.neut.* il 3,273*. 7,223*, i 22,111; *acc.sg.neut.* le 3,14, (*enclitic*) ·l 3,9. *For the str. pron.3 used instead of the str.refl.pron. see* 27,73*.

ila *see* la.

iluec 3,17, iloc 3,32, iloec 3,85, iloces 4,155, iloeces 4,209, ilec 15,XII.8, ilueques 18,45, ileuc 20,68, illeuc 28,156: *adv.* there.

imagine, *sf.* image, statue 3,153.

in *see* en (*prep.*)

infer *see* enfer.

infernal, *adj.* of hell 23,162; *subst.* inhabitant of hell 23,166; *cf.* enferne.

inimi *see* ennemi.

int *see* en (*adv. and pers.pron.*).

io *see* je.

iraistre; *pp.n.sg.m.* irascuz 20,78: *v.a.* anger.

ire, *sf.* anger 4,177. 13,158*; anguish, distress 11,137; sorrow, grief 22,381*; a i., furiously 6,230. irur, *sf.*; par i., filled with rage and sorrow 6,122. irance, *sf.* rage and sorrow 6,155. ireement, *adv.* angrily 5,36; furiously 6,144. irer 16d,20: *v.refl.* (+ a) be angry with. iré; *n.sg.m.* irrié 7,193, iriez 12,424; *f.* irie 10,197: *adj.* angry; distressed 12,424.

irés, iriens, iroient, iroit, iroiz, iron, irrunt *see* aler.

isnel, *adj.* swift 9,226. isnelement 13,124, -mant 12,262: *adv.* quickly.

issi *see* ensi.

issir 23,29, iscir 15,IV.19; *ind.pr.3* ist 6,243, 6 issent 8,104; *imper.2* is 13,71, 5 issiez 23,196; *pret.3* eissi 10,250, issi 13,217, isci 15,XII.25, 6 eissirent 6,86; *pp.n.sg.m.* issuz 13,119: *v.n.* go out, come out; *v.impers.* 25,15; *v.refl.* (+ en) go out,

come out; come off 13,213. issue, *sf.* end 25,28.

ist, *demonstr.adj.* this 1,2. 7,79.

itant *see* tant.

ite (*L*), *imper.5* go 9,138*.

itel *see* tel.

iu *see* i.

ivern 4,32, yver 8,138: *sm.* winter. ivernage 28,38: *sm.* winter. iverneir 16f,4: *v.n.* grow wintry.

ivrece 28,18, yvrece 23,45: *sf.* drunkenness.

ja, *adv.* formerly 3,223; now 7,246.288. 12,311; ever 9,213; certainly, indeed 3,258. 4,34; (*with reference to future*) forthwith, soon 6,14. 7,15 *etc.*; (+ *neg.*) never (*in future*) 6,52. 7,292 *etc.*; jamaiz, ever 17d,11; (+ *neg.*) ja mais 3,225, jamais 6,37.183, jamés 14,80, never, never again; (+ *neg.*) ja jor 16c,35, jamés jor 18,71, jamais nul jour 22,290, never, never again; ja soit ce que 28,257, jaçoit ce que 30,17 (+ *subj.*) although, even though.

jacobin, *sm.* Dominican friar 23,83.

jalaie, *sf.* bucket, tub 20,147*.

jaleux, *adj.* jealous 29,79.

jalu, *adj.* avaricious, covetous 21,95.

jame, *sf.* gem 11,30. 21,115. jamé, *adj.* gemmed 11,278.

jant *see* gent.

ja·t 3,223 = ja te.

je, *pers.pron.* I, me: *n.sg.* eo 1,3, io 1,13.14, jo 3,159, je 5,21, jou 5,89, jeo 7,14, gié 7,174, ge 8,131, j' 10,348, g' 20,9; *disjunctive* je 5,40, jo 15,X.41, jou 22,263; *acc. and dat.unstr.* me 1,3. 4,90, m' 3,113.174; *acc. and dat.str.* mi 1,6. 15,V.15. 16e,21.41. 17b,5. 22,47.293, mei 3,51, mai 3,233.247, me 5,42*.134 (*used as str. form*). 10,356, moi 5,91, moy 17c,14, (*enclitic*) ·m 1,7*. 3,223, (*elided form*) m' 10,190.

je·l 5,44, jeo·[l] 7,186 = je le.

jenne *see* juene.

jerreiez *see* gesir.

jeter 3,297, geter 9,228, gett- 10,302, geteir 16f,32, giter 20,107: *v.a.* throw 3,34; heave (sigh) 5,147; put (stone) 9,228; utter (cry) 13,240; deliver, rescue 21,88; reject 22,87; waste, squander 28,241; giter un ris, burst out laughing

8,235.241; *see* **faute**; *v.n.* throw 30,37; *see* **fors**; *v.refl.* (+ de) break away from 15,X.23. **getee**, *sf.*; **le g. d'un cailleu**, a stone's throw 24,113f.

jeü *see* **gesir**.

jeu 12,362, **gieu** 9,231, **geu** 12,70: *sm.* sport 9,231; game 12,70; joke, laughing matter 12,309; pleasure 12,362.

jeudi 26,23, **jusdi** 4,181, **joesdi** 25,33: *sm.* Thursday.

jeüner 20,169: *v.n.* fast.

joe, *sf.* cheek 23,124.

joël; *acc.pl.* **juiaus** 24,135: *sm.* jewel. **joëlét**, *sm.* trinket 28,289.

joër, **ju-** 9,240, **jouer** 15,VII.15, **jeuer** 22,71: *v.n.* play, disport oneself; *subst.inf.* dalliance 15,VII.15; **j. a la coureuse**, play the part of the strumpet 17d,28.

joeune *see* **juene**.

jogleor 15,VI.31, **jugleür** 10,132: *sm.* minstrel.

joie 9,105, **goie** 3,273: *sf.* joy; **faire j.**, rejoice 23,44. **joiant**, *adj.* joyful 14,50.

joieus 28,25, **goius** 3,228: *adj.* joyful, joyous.

joindre; *ind.pr.3* **joint** 25,87, 6 **joingnent** 28,295; *pp.f.pl.* **juntes** 6,375, **jointes** 19,26: *v.a.* join 28,295; *v.refl.* (+a) make contact with 25,87. **jointe**, *sf.* joint 12,331.

joïr 28,254; *fut.5* **gorés** 15,XIII.10: *v.n.* (+ de) enjoy, possess.

jo·[l] 4,265 = **jo le**.

joli, *adj.* merry 28,32; **faire le j.**, play the lover 29,64. **joliement**, *adv.* merrily 22,30.

jor 12,230, **jurn** 3,307, **jour** 5,1, **jur** 9,59; *n.sg.* **jurz** 4,272, **jorz** 12,225: *sm.* day, daylight; **le j.**, that day 3,307*; **tuz jurz**, every day 6,192, always 12,117; **unques nul j.** (+ *neg.*), never 10,354; **tote j.**, all day 15,VI.22; **a tousjours maiz**, henceforth, for ever more 17c,26. 23,185. **jornee** 13,294, **journee** 27,30: *sf.* day's journey.

joster 11,77, **josteir** 16f,28, **just-**: *v.a.* assemble 9,37; unite 13,163; *v.n.* joust 7,172. **joste**, *sf.* single combat 7,175.194.

jo·[t] 3,228 = **jo te**.

jou *see* **je**.

joustice, *sf.* jurisdiction, authority 28,264.

jouxte, *prep.* according to 30,3.

jovente 28,327, **juventa** 3,222, **juvente** 3,246: *sf.* youth.

juene 11,308, **juesne** 11,174, **joeune** 17d,24, **jenne** 28,204: *adj.* young.

jouvencel, *sm.* young man 30,18.

jugier 18,49: *v.a.* judge, decide. **jugement** 4,276: *sm.* judgement, decision, verdict 4,40. 18,57. **jugeür**, *sm.* judge 10,314.

jugleür *see* **jogleor**.

juiaus *see* **joël**.

juïse, *sf.* judgement; **Deu j.**, the last Judgement 6,43.

julié, *sm.* July 27,114.

juntes *see* **joindre**.

jupel 22,111; *n.sg.* **jupiaus** 22,268: *sm.* jacket.

jur, **jurn**, **jurz** *see* **jor**.

jurent *see* **gesir**.

jus, *adv.* down; **la j.**, down there 3,256. 16b,9; **metre j.**, take off, lay aside 9,143; *prep.* **j. de**, at the bottom of 24,66.

jusdi *see* **jeudi**.

jusques 14,85, **usque** 3,57, **josque** 6,148, **jusqu'** 28,198: *adv.* as far as; **j. ci**, hitherto 14,85; *prep.* (*local*) **j. a**, up to 26,117f.; (*temporal*) **j. a** 27,76, **jusqu'en** 28,198, until; **j. a**, to the extent of 30,90f.; *conj.* (+ *subj.*) until 3,57. 6,148; **jusqu'a ce que**, as far as, to the extent that 28,201.

jut *see* **gesir**.

k' *see* **que**.

kans, **kant** *see* **quant**.

kar *see* **car**.

karue *see* **charrue**.

ke *see* **que**.

kem- *see* **comander**.

kemenier, *v.refl.* receive Holy Communion 24,3.

ker *see* **car**.

kerca *see* **charger**.

keurent, **keurt** *see* **corre**.

ki *see* **qui**.

kier *see* **chier**.

ki·l 3,106 = **ki le**; **ki·[s]** 10,12 = **ki les**.

la 3,193, **ila** 4,9: *adv.* there; *conj.* **la ou**, as, while 11,95; (+ *subj.*) so far as, if 12,216*; **la** 13,76* = **la ou**.

laborer, *v.n.* toil, work 25,10.

lacier 11,257: *v.a.* lace, fasten 10,295. 11,257; ensnare 11,183; clasp 12,344.

lai *see* laier *and* loi.

lai, *sm.* lay (poem, song) 16b,12.

laide, laidement, laidir *see* lait.

laiens 5,7, leanz 12,287, liens 29,76: *adv.* inside, within.

laier; *ind.pr.3* let 13,221, lait 13,258; *imper.2* lai 3,138; *fut.1* lairai 20,38, *3* laira 13,116, lera 14,22, *4* lairons 25,1, *5* lairés 15,VIII.26, *6* lairunt 4,264; *cond.1* lerroie 7,14, lerreie 7,27, *3* lerreit 7,111, lairoit 13,14, leroit 14,39, *5* lairiés 15,X.38: *v.a.* let, allow; ne l. (que) ne (+ *subj.*), not refrain from 4,264*. 7,14*.27. 13,116. 14,39* (*see also* 2,9f., Note *and* laissier).

laissé *see* las.

laissier 20,187, lazsier 2,24, laisc- 5,99, laiser 6,320, less- 10,190, laisier 13,52, lessier 21,236; *ind.pr.1* lais 17b,9, *3* laist 20,234; *subj.pr.1* lais 16c,32, *3* laist 2,28, lest 12,384: *v.a.* (+ *inf.*) let, allow 2,28; abandon, forsake 2,24. 3,240; desist from, fail to do 12,12; bequeath 17b,9; ne l. que ne (+ *subj.*), not refrain from, not fail to 6,241* (*cf.* laier); l. ester *see* ester; *v.n.* (+ a + *inf.*) neglect, cease 18,12. 26,89.

laissus *see* lasus.

lait; *f.* laide 13,185: *adj.* ugly, unpleasant. laidemant 12,423, leidement 28,292: *adv.* seriously 12,423; basely 28,292. laidir 7,3: *v.a.* abuse, insult 7,11. 10,240.

lancier, lanchier 24,10: *v.a.* throw, hurl, shoot (javelin, arrow, bolt) 7,190. 8,186 (*abs.*); *v.refl.* dash 15,X.10.

laquelle *see* quel.

large, *adj.* extensive 3,172; copious 4,231; generous 10,152. largement, largue- 24,138: *adv.* generously 10,59; amply 24,138. largesce, *sf.* liberality 11,46.

lariz, *sm.* hillside 6,161.

larrecin, *sm.* theft; en l., surreptitiously 4,64.

larron 18,69; *n.sg.* lerrez 23,13, lerres 23,26, lierres 23,33; *voc.sg.* leres 5,63, lierre 23,78: *sm.* thief, robber.

las 13,312*; *f.* lasse 3,219: *adj.* wretched 3,219; weary 4,56; *exclam.* a! las 3,164, a! lasse 3,211, oi! las 10,272, lasse 11,116, ha! lasse 11,212, las 12,50, hé! laz 21,1, hé! las 23,177, alas! lassement, *adv.* wearily 4,28. lassét, *adj.*

wretched; *exclam.* lassette, alas 17f,5. lasser; *pp.* laissé 25,105: *v.a.* tire, weary 22,154.

lascher, *v.a.* slacken, let go 7,31.

lastét, *sf.* cowardice 3,245*.

lasus 21,154, laissus 23,202, lassus 24,82: *adv.* up above, up there; de l. de, from on top of 24,82.

laudamus (*L*), *ind.pr.4* we praise 21,280.

laus (*L*), *sf.* praise 23,195.

laver; *ind.pr.3* leve 12,76, *6* levent 12,74: *v.a.* wash; (+ de) wash clean of 6,88. lavadure, *sf.* swill 3,34.

laz, *sm.* snare 20,122.

lazsier *see* laissier.

lé; *f.* lee 6,228: *adj.* broad. lé, *sm.* width; de lé, in width 7,210.

le, *def.art.* the; *n.sg.m.* li 2,21, le 3,6, l' 3,17; *f.* la 2,10, le 3,6, l' 3,153, li 15,V.18; *acc.sg.m.* lo 2,10, le 3,1, l' 3,67, lu 3,115, lou 16f,1; *f.* la 2,28, l' 3,37, le 7,155; *n.pl.m.* li 2,3, les 10,294; *f.* les 8,297; *acc.pl.m.* les 2,5; *f.* les 3,136, lé 15,XII.17; (*with demonstr. value*) that: le jurn 3,307*. 9,120*. 10,233*, la nuit 4,269; la Lo[o]wis 7,81*.94, li Robins 22,75*. *For enclitic forms see* a, de, en.

leanz *see* laiens.

lëaus, lëautez, lëax *see* loial.

lecherie, *sf.* gluttony 20,181; desire 29,46; bele l., cunning treachery 23,24.

lede, ledement *see* lié.

leesce 9,105, ledece 3,262, ledice 3,306: *sf.* joy; *see* lié.

legier, *adj.* bearable 4,123; light 9,144; light-hearted 12,129; nimble 18,6; easy 28,10; de l., easily 16e,8. 22,411. legerie, *sf.* rashness 6,36.

lei *see* il.

leial *see* loial.

leidement *see* lait.

leis, leiz *see* lez.

leisir; *subj.impf.3* leüst 3,260. 12,120: *v.impers.* be possible. leisir 12,193, loisor 16b,27, loisir 27,114: *sm.* leisure, opportunity; a l., at will.

leon 6,369, leün 6,198: *sm.* lion.

lequel *see* quel.

lera *see* laier.

leres, lerres, lerrez *see* larron.

lerme, *sf.* tear 3,169; *see* fondre.

leroit, lerreie, lerreit, lerroie *see* laier.

les *see* le *and* lez.

lessier, lest *see* **laissier.**

lettre, *sf.*; l. **commune,** letter addressed to all 21,257; *pl.* letter 21,43.

leu *see* **lieu.**

leü *see* **lire.**

leu 5,65, **lu** 4,74. 6,61 : *sm.* wolf.

lever 9,123, **leveir** 16f,16; *ind.pr.3* **lieve** 11,205: *v.a.* raise 4,43; hold at the font 15,IV.10; *v.n.* rise (pitch) 9,123; rise, get up 9,221; *v.refl.* get up 11,205; **cris l.,** raise a hue and cry 16f,16; *subst.inf.* 12,377.

levre, *sm.* hare 6,69. **levrer** 10,307, **levrier** 11,13: *sm.* greyhound.

levrete, *sf.* lip 15,XII.17.

lez 11,67, **leiz** 16f,7, **leis** 16f,37, **les** 22,97: *prep.* beside.

li, lié *see* **il.**

lié; *n.sg.m.* **liez** 3,289; *f.* **lede** 3,225, **lye** 17c,7: *adj.* happy, joyful; *see* **chiere.**

lieemant 11,19, **ledement** 3,32, **lie-** 27,47: *adv.* joyfully.

lïen *see* **lïer.**

liens *see* **laiens.**

liepart, *sm.* leopard 11,254.

lïer 9,50, **loier** 8,206; *ind.pr.1* **lie** 4,243; *pp.* **lïéd** 4,15; *f.* **loi[i]e** 24,50; *f.pl.* **loiies** 27,36: *v.a.* bind, fasten 4,15; tether 9,50; *v.refl.* 4,234. **lïen,** *sm.* halter 19,23; *pl.* bonds 28,188.

lierre, lierres *see* **larron.**

lieu 5,2, **liu** 4,113, **leu** 4,183: *sm.* place; position, circumstances 14,31; **de lius en lius,** here and there 15,XII.27; **ou l. de,** instead of 30,96.

lieue 27,5, **liwe** 6,66, **liue** 8,114: *sf.* league.

lieve *see* **lever.**

lige, *adj.* liege 16e,38*.

lign 6,362, **lin** 7,162: *sm.* line, lineage, family. **lignage** 26,91, **linage** 3,20, **lignaige** 30,122: *sm.* line, lineage, family.

limaz, *sm.* snail 30,79.

linçol, *sm.* sheet, bed-cover 3,37*.

liquel, liquels *see* **quel.**

lire 28,77; *subj.pr.3* **lise** 21,209; *pret.3* **list** 3,144; *pp.f.* **leüe** 21,245: *v.a.* read; teach 28,77.

lit, *sm.* bed 3,2; **metre el l.,** lay down 4,157.

livrer 9,43: *v.a.* deliver 4,78; make available 9,43.

lo *see* **il** *and* **le.**

loër; *ind.pr.3* **lodet** 3,310: *v.a.* praise 3,310

etc.; advise 8,169. 14,13 *etc.* **loëment,** *sm.* advice 6,19.

loge 9,46, **loige** 11,247: *sf.* shelter, quarters 9,46; bower 13,66; *pl.* upper gallery 11,247. **logeis,** *sm.* quarters, tent 27,107; encampment 30,34. **loger** 26,132, **logier** 27,97; *pp.* **logiét** 27,95: *v.a.* quarter 25,55; *v.n.* encamp 26,132; *v.refl.* encamp 27,76.

loi 8,128, **loy** 17a,6, **lai** 28,269: *sf.* religion 8,128.143; law 17d,3; custom: **a l. de,** like, after the custom of 17a,6; **en l.,** truly 20,112.

loial 16c,4, **leial** 6,45; *n.sg.m.* **lëax** 11,122, **loiax** 14,93, **lëaus** 28,4; *f.* **loiaus** 22,168: *adj.* loyal, true. **loiaulté** 30,97; *n.sg.* **lëautez** 28,3: *sf.* loyalty.

loier, *sm.* reward 16c,28. 22,313*.

loi[i]e *see* **lïer.**

loing 20,184, **luinz** 3,243, **luign** 4,118, **loinz** 6,94, **loign** 6,207, **luin** 10,175: *adv.* far; **an l.,** into the distance 3,243; **de l.,** from afar 10,33.

lointain; *f.* **lonteine** 16e,30: *adj.* distant.

loisir, loisor *see* **leisir.**

lonc 13,171, **lung** 6,293, **lunc** 10,182, **lonch** 27,5; *f.* **lunga** 3,213, **longa** 3,238, **lung'** 3,257, **lunge** 6,65, **longue** 8,197, **longe** 15,XII.12: *adj.* long; (a) **l. tens,** for a long time 6,293. 13,171. 18,16; *cf.* **lonctens,** *adv.* 13,301; *prep.* beside 10,182; *adv.* far 22,87; afield 27,5; *subst.* length 24,139; **tout au l.,** right along 27,77. **longement** 5,102, **lunga-** 3,111, **lunge-** 6,168: *adv.* long, for a long time.

lor *see* **il.**

lor 6,107, **lur** 3,12, **leur** 14,62, **leurs** 26,28: *poss.adj.* (indecl. in O.F.) their; *poss.pron.* 27,102.

lorain, *sm.* breast-strap, girth; *pl.* harness, trappings 9,26.

lors 5,143, **lor** 5,49*: *adv.* then.

lorseilnol, *sm.* nightingale 15,XII.5.

los 1,13 = **lo se;** *see* 1,12f., Note.

los, *sm.* renown 11,188; reputation 28,336.

losengëor 16c,33, **lozengier** 23,42: *sm.* flatterer, deceiver.

lou *see* **le.**

lovendrinc; *n.sg.* **lovendrins** 13,304: *sm.* love-potion.

lu *see* **le** *and* **leu.**

lüer, *v.a.* smear 6,259.

luign, luin, luinz *see* **loing.**

luire 15,XII.4, luisir; *ind.pr.2* luises 6,300:
v.n. shine. luur, *sf.* gleam of light 4,209.
luitier, *v.n.* struggle, strive 12,230.
lunc, lung, lung', lunga, lunge *see* lonc.
lundi 4,145, lu[n]sdi 4,262, lunedi 25,66:
sm. Monday; *cf.* deluns.
luur *see* luire.
lye *see* lié.

maent *see* manoir.
magne, *adj.* great (applied to Charlemagne)
6,42.304.
mai *see* je.
maie *see* mon.
maien, *sm.* mean 28,110.
main, *sf.* the people 3,294.
main 3,141, mein 10,99: *sf.* hand; juntes
ses mains, with his hands folded 6,375;
mains jointes, with hands joined 21,42;
m. a m., by the hand 12,281; metre les
mains a, take a hand in 22,130; de m.
tenant, hand to hand 25,43f.
main, *adv.* in the morning; hui m., this
morning 22,97.
maindres *see* menor.
maine, mainent, mainne, mainnent,
mannent *see* mener.
maingier *see* manger.
mains *see* meins.
maint *see* manoir.
maint 8,2; *acc.pl.* mainz 11,8, mains
25,40: *adj.* many a, many; *see* foiz.
maintenant 5,135, mein- 14,126,
maintenent 29,15: *adv.* immediately;
tout m., immediately 5,135; m. ...,
m. ..., sometimes ..., sometimes ...
29,15f.; *conj.* m. que, as soon as 12,126.
26,1.
maintenir 9,94: *v.a.* observe 9,94; keep
17c,3; maintain 23,76; *v.refl.* hold one's
own 27,98; be controlled 30,41.
mairien, *sm.* cask wood 24,14.
mais 3,25, mes 7,281, maiz 17c,26: *adv.*
more; n'en püent m., they cannot help it
13,289; (*temporal*) ever (again) 7,112; (+
neg.) no longer 3,235; never (again) 6,43;
ne m., except 28,78; *conj.* but 3,25. 4,6*;
m. que (+ *ind.*), except that 24,37; (+
subj.) provided that 12,34 *etc.*; *see* ainz,
ja, jor, onques.
maiseler 3,198; *ind.pr.3* meisele 7,46: *v.a.*
tear, scratch 3,198; insult 7,46.
maisnee 6,104, maisnede 3,33,

meisn[i]ee 7,280, mesniee 8,289, mais-
nie 10,161: *sf.* household, retinue of
barons; army 7,280.
maison 30,77, maisun 3,84, meison
12,250, mason 16f,9, meson 19,20: *sf.*
house; household 6,127.
maissele, *sf.* jaw 7,51.
maistre 6,128, mestre 8,212: *sm.* leader
8,302; governor 13,271; master 21,4;
skipper 26,53; *adj.* chief, principal 6,128.
8,212.309; *see* eglise. mestrie, *sf.* mas-
tery 8,160.
maitin *see* matin.
majestét, *sf.* majesty 4,31.
major, *sm.* mayor, magistrate 18,23.
mal 4,182; *f.sg.* malle 29,37; *acc.pl.m.*
mals 2,5, maus 21,22: *adj.* evil 2,5.
4,182.222. 23,139; wretched, low-born
8,268; *adv.* badly 8,242; *cf.* mar; *see*
apertemant, aventure, encontrer,
eure, gré. mal, *sm.* evil, harm, suffer-
ing, torment 4,126 *etc.*; prandre an m.
11,91; tenir a m. 22,119, take amiss; dire
pour m., say in bad part 22,277; avoir
m., suffer 29,9; *see* torner. malement
15,VII.18, -mant 28,240: *adv.* badly,
cruelly, wickedly.
malaisié; *f.pl.* malaisies 27,123: *adj.*
difficult. malaisse 27,128, malese
14,110: *sf.* difficulty; estre a m., be ill at
ease 14,110.
maldite *see* maudire.
maleïr; *pp.* maleoit 12,23: *v.a.* curse;
maleoit gré mien, in spite of myself.
maleurox, *adj.* unfortunate, unhappy
15,VIII.10.
malféd 4,270*, maufé 21,176; *n.sg.* mau-
fez 21,8: *sm.* demon, devil; *see* fed.
malfeüd, *adj.* unhappy 3,214.
malmetre; *pp.* malmis 7,261: *v.a.*
damage.
malvaistié 20,30, malvestié 11,42, mal-
vetié 23,68: *sf.* wickedness 11,42; wrong
20,30; cowardice 23,68; *cf.* mauvais.
mame, *adj.*; doi m., little finger 12,328.
mamelete, *sf.* breast 15,XII.19.
manantie, *sf.* domain 9,33.
manatce *see* menace.
manbr- *see* menbrer.
mander, *v.a.* send 6,9; send word to 6,302;
summon 8,176.
manger 3,25, mengier 8,29, mangier
9,189, maingier 16f,43; *ind.pr.3* men-

jue 8,174, mengüe 22,49, *6* manjoent
9,155, menguent 27,28; *imper.2* men-
güe 22,145, *4* menjons 20,15; *pp.f.*
mengie 20,66: *v.a. and n.* eat; *subst.inf.*
meal 8,29; *pl.* food, victuals 9,189.

mangonial, *sm.* mangonel (catapult for
hurling stones) 25,3.

maniere 14,22, meniere 11,219: *sf.* man-
ner, way; de grant m., greatly 11,219;
en nule m. (+ *neg.*), in no wise 14,40;
en tel m. que, so that 14,22.

manke, *adj.* maimed, one-armed 15,VI.22.

manoir; *ind.pr.3* maent 2,6, maint
28,215: *v.n.* dwell, live.

mantel 10,22; *n.sg.* manteus 10,304: *sm.*
cloak, mantle.

mar 3,207, mare 6,170: *adv.* in an evil
hour, inauspiciously, to one's misfortune
3,207. 6,41. 12,132; si mare fustes, how
ill-fated you were 6,287; con mar fui,
how unfortunate I was! 11,116; *with fut.
or imper.* to express a prohibition 20,120*.
22,307 (*see* 22,306f., Note).

marbrin, *adj.* of marble 15,V.5.

marc; *acc.pl.* mars 8,83: *sm.* mark.

marche, *sf.* frontier province 8,90.   mar-
chis, *sm.* marquis 8,1*.

marés, *sm.* marsh 27,87.

mareschal, marescal; *acc.pl.* marescaus
27,90: *sm.* marshal 9,43*.

margerite, *sf.* daisy 15,XII.21.

marier 29,25: *v.a.* bring together in mar-
riage; *v.refl.* (+ en) be united with
21,81.   mari 29,29, mary 29,93: *sm.*
husband.

marinnier, *sm.* sailor 26,51.

marir, marr-; *pp.adj.* grieved, sad 7,4.12.

martir, *sm.* martyr 12,377.   martire, *sm.*
martyrdom 12,379; torture, torment
20,182.   ma[r]tyrie, *sf.* martyrdom
6,232.

marvoier; *ind.pr.1* marvoy 17d,6: *v.n.* go
out of one's mind.

marz, *sm.* March 25,28.

maserin, *sm.* mazer 15,XI.15*.

masse, *sf.*; grant m. de, a great body of
8,300.

mat; *n.sg.m.* maz 14,72: *adj.* downcast
4,76.

matiere 12,155, matere 27,49: *sf.* subject
matter, subject.

matin 4,262, maitin 25,38: *sm.* morning;
par m., early in the morning 24,3; *see* ui.

maubaillir; *pp.adj.* ill-treated, in a difficult
position 10,205. 14,96; *see* baillier.

maudire; *subj.pr.1* maudie 23,176*:
v.a. curse; *pp.adj.f.* maldite, accursed
6,226.

maufé, maufez *see* malféd.

maugré, *prep.* in spite of 24,99; *see* gré.

mautalent 5,38, mal- 10,210: *sm.* anger,
resentment 26,69; par m., angrily 5,38.

mauvais 16c,24, malveis 3,163, mauveis
10,204, mauvés 29,88: *adj.* bad 3,163;
evil, wicked 10,204. 11,209; worthless
16c,24.

maus *see* mot.

me *see* je *and* mon.

meche *see* metre.

mecine, *sf.* remedy 3,292.

medeciner, *v.a.* cure, heal 21,138.

medra, medre *see* mere.

meffét *see* mesfét.

meie *see* mon.

meilleur 30,117, -ur 6,160, -or 11,171,
mellor 15,VIII.11; *n.sg.m.* miaudres
11,119; *f.* meuldre 17d,9: *adj.comp. and
sup.* better, best.

meins 14,126, mains 19,69, moins
20,139: *adv.* less; fewer 22,206; c'est del
m., that goes without saying 19,69*; a tot
le m., at the very least 20,139.

meis, *sm.* dwelling, house 16a,4.

meisele *see* maiseler.

meïsme 5,1, medisme 3,54, meïmes
7,25, meïsmes 10,140: *adj.* self, himself,
itself *etc.* 3,54.202.309; very: le jour m.,
the very day 5,1; l'an, that very year
10,140; *adv.*; par m., also, likewise 7,25.

meismement 26,33, mesme- 29,37,
meesmemant 28,109: *adv.* especially
26,33; likewise 30,41.

meisn[i]ee *see* maisnee.

meissent *see* metre.

meitez *see* moitiét.

meller, mesl-, *v.a.* involve 8,253; *v.refl.*
become embroiled 13,133.   mellee
28,175, merlee 22,354: *sf.* mellay,
quarrel.

melz *see* mieuz.

memoire, *sf.*; venir en m., come to mind
30,119.

men *see* mon.

menacer, *v.a.* threaten; *subst.inf.* 14,88.
menace, manatce 2,8: *sf.* threat.

menaie, *sf.* duty, tax 8,308.

menbrer, manbr- 11,100: *v.impers.* remember; *pp.adj.* renowned 8,95.

mençonge 8,157, mençunge 6,70, mançonge 11,156: *sm. and f.* lie, falsehood.

mendi, *adj.* destitute 4,72*.

mener 3,11; *ind.pr.3* meinet 4,1, mainne 12,146, meine 16e,10, maine 19,42, *6* meinent 4,126, mainnent 8,4, mannent 15,X.12, mainent 15,X.14; *imper.2* maine 22,12; *subj.pr.1* moigne 13,100*, meint 13,125; *fut.1* merrai 13,56, menray 17c,24, menrai 22,364, menrrai 23,203, *3* manra 11,313; *cond.3* menroit 26,55: *v.a.* take, lead 3,1. 4,1 *etc.*; (+ en) take away 12,146; show, display (grief) 3,11; endure (torment) 4,126*; make (noise) 26,27.

menestier, *sm.* service 2,10*.

menestrel; *n.sg.* menestreus 22,238: *sm.* servant 3,94; minstrel, fellow 22,238.

mengie, mengier, mengüe, menjoent, menjue *see* manger.

menor; *acc.sg.f.* menur 4,26; *acc.pl.* menurs 9,144, maindres 30,40, mendres 30,118: *adj.comp. and sup.* smaller, less, smallest, least.

mens *see* mon.

mentir 10,193, mantir 12,364: *v.a.* betray, deny 10,193. 20,223; *v.n.* lie 6,175; fail 7,128; ki unkes ne mentit 6,175, qui unkes ne mentis 6,367, qui ne menti 7,13, *epic formulas describing God*; sanz m., truly 12,364.

menu, menut 6,347; *acc.sg.f.* menude 3,294: *adj.* common 3,294; small 6,353; *adv.* frequently 6,347; menu(s) recercelé(s), finely curled 15,XII.16. 16a,27.

menuisse, *sf.* instep 15,XII.22.

meon, meos *see* mon.

mer *see* mier.

merci 3,133, mercit 2,27, merchi 5,28: *sf.* mercy, pity; aveir m. de, have mercy on 2,27; crier m., beg for mercy 10,236; tüe m. 3,52*, par [la] tüe m. 3,138, par ta m. 5,28, by your grace, if you please; vostre m., thank you 12,189. mercïer, *v.a.* thank 12,17.

mere 5,83, medra 3,6, medre 3,149: *sf.* mother.

merencolie, *sf.* melancholy 17c,15. merencolieux, *adj.* melancholy 17c,10.

merir; *subj.pr.3* mire 22,157: *v.a.* reward.

merlee *see* mellee.

merrai *see* mener.

merveil[le] 4,134, merveile 3,210, mervoille 12,365, mervelle 13,15: *sf.* marvel, wonder; ço'st m. 3,210, m. est 4,134, it is a wonder; a grant m., in great amazement 5,10; a m., wondrously (fast) 13,16, prodigiously 15,IX.14. merveilleus 8,231, merveillex 14,55; *f.* merveilluse 9,106, mervoilleuse 20,4: *adj.* amazing 8,231; wonderful 9,106; great (grief) 14,55; morose, unsocial 17c,12. merveillier, merveillier 11,274; *ind.pr.1* mervoil 12,160, *3* mervoille 12,412: *v.refl.* be amazed, marvel, wonder.

mes *see* mais *and* mon.

mes, *sm.* dish 9,170.

mesaise 15,VI.25, mesese 28,164: *sf.* misery, wretchedness. mesaisié, *adj.* miserable, wretched 17c,5*.

mesaler 3,4: *v.refl.* behave badly.

mesavenir 7,158; *pp.* mesavenu 12,123: *v.impers.* (+ *dat.*) turn out badly for.

mescheoir; *subj.pr.3* meschiee 12,308; *pp.* mescheu 25,56: *v.impers.* (+ *dat.*) turn out badly for. mescheance, *sf.* mischance; par m., unluckily 11,106.

meschief, *sm.* distress, trouble 17f,9. 28,323.

meschine 9,92, mescine 15,V.6, mescinete 15,XII.24: *sf.* young girl.

mescoisuir, *v.a.* fail to see 15,X.26.

mesdire 11,51: *v.a. and n.* (+ de) speak ill of, slander 11,50.

mesfaire; *subj.pr.3* mesface 13,116; *pret.5* mesfaïstes 16a,16; *fut.1* mesf[e]rai 10,195, *3* mesfera 5,160; *pp.* mesfait 5,42: *v.a.* do wrong 5,42; le m., commit a crime, do wrong 16a,16*; *v.n.*; m. vers, offend against 5,160; (+ a) wrong 10,195. mesfait, *pp.adj.* (+ *dat.*) guilty of an offence against 13,257. mesfêt 12,179, meffêt 14,4: *sm.* misdeed, sin.

mesire *see* monseigneur.

mesl- *see* meller.

mesniee *see* maisnee.

mesparler, *v.n.* speak ill 10,197.

mesprendre; *pp.* mespris 5,130: *v.n.* transgress. mesprison, *sf.* offence 18,70.

message 3,158, mesage 13,45: *sm.* message; mission 7,2. messagier 7,154, messager 26,128: *sm.* messenger; *adj.* 26,124.128 (*see* colomb).

messel; *acc.pl.* messeaus 8,6, messeus 8,11: *sm.* missal.

messire, messires *see* monseigneur.

mest *see* metre.

mestier 8,243, mester 3,137: *sm.* office, function 3,137; trade 8,243; sodomy 10,212*; occupation 16f,19; business 20,209; aveir m. a, be of use to, avail 6,52. 22,218, be useful for 25,4; quanque mestiers lor fu, whatever they needed 15,IV.18; aveir m. de, need 10,127. 12,237.

mestrie *see* maistre.

mesure, *sf.* moderation 6,35; en teu m., thus 10,346; oultre m., inordinately 27,96.

metre 11,202, mettre 6,365, mectre 29,74; *ind.pr.1* met 17b,9, mec 22,299, *3* met 3,14, mest 18,24, *6* metent 3,128, mettent 4,158, mectent 29,83; *imper.2* met 14,115, *5* metés 15,X.51; *subj.pr.1* meche 22,173*, *3* mete 12,38, mette 17f,11; *pret.1* mis 7,50, *3* mist 7,258, *6* mistrent 9,143, misent 24,6; *subj.impf.6* meissent 30,91; *fut.1* metrai 22,161, *3* metra 7,255; *pp.* mis 4,157; *f.* misse 15,V.16: *v.a.* put, place; send 6,218; present 7,156; thrust 7,263; m. el consirrer, reflect on, be resigned to 3,14*; (+ *dat.*) m. sus, cast (blame) on 11,180; m. trop a (+ *inf.*),take too long to 11,289; *v.refl.* 7,258; sei m. sur piez, stand up 6,281; sei m. al chemin, get on one's way 7,268; soi m. a le voie, set out, start moving 24,6; soi m. ens, clamber inside 24,35f.97; *see* desarer, fors, lit, peine.

mëu *see* movoir.

meuldre *see* meilleur.

mex *see* mieuz.

mezre, *subst.adj.* wretched woman 3,211*.

mi *see* je *and* mon.

mi, *sm. and adj.* half, middle; par mi, through 3,283, through the middle 8,40, across 26,116; partir par mi, divide in half 25,22; an mi, in the middle of 8,115. 11,305; dusques en mi voies, (as far as) half way 24,118; *see* enmi, mienuit, parmi.

miaudres *see* meilleur.

mie, *sf.* crumb, small particle 6,297*. 20,120; *neg. particle reinforcing* ne, not at all 4,102. 5,70 *etc.* 15,V.19*.24 (*see* 4,194, Note).

mienuit, *sm. and f.* midnight 27,103.

mier 7,155, mer 6,48: *adj.* pure.

mieuz 14,18, melz 2,16, mielz 6,132, mialz 12,419, mex 13,84, mix 15,VIII.14, muez 16f,25, mieus 19,14, miauz 20,160, miex 21,197, mieulx 29,84: *adv. comp. and sup.* better, best; voleir m., prefer 6,319; amer m., prefer 21,197; valoir m., be better 6,35 *etc.*; (*impers.*) 14,71 *etc.*; (*impers.*) venir m., be better 3,255*; qui m. m., as fast as they could 11,307*. 24,112 *etc.*; *subst.*; des m., the best 6,132; del m. qu'il poist, the best he could 14,105f.; au m. qu'il peut, as best he could 24,29.

mil 4,223; *pl.* (*always multiplied by another number*) milie 6,221.229, mile 12,351, mille 27,33: *num.adj.* thousand.

miramie; a m., beautifully, wonderfully (?) 15,V.4*.

mire *see* merir.

mire, *sm.* doctor 7,72.

mis *see* mon.

misericors, *adj.* merciful 4,35.

miserie, *sf.* misery 4,254.

missa (L), *sf.* mass 9,138*.

missire *see* monseigneur.

miue, moie *see* mon.

moieul; *acc.pl.* moieus 8,245: *sm.* hub.

moigne *see* mener.

moillier 28,285, mollier 15,VIII.22: *sf.* wife.

moillier; *ind.pr.6* moilent 3,37; *pp.f.* muillee 7,58: *v.a.* wet 3,37; immerse 12,75.

moine 23,83, monie 6,191: *sm.* monk; m. noir, Benedictine monk 23,83.

mois, *sm.*; des m., for months to come 14,49.

moitiét 27,69; *n.pl.* meitez 7,200: *sf.* half.

moleste, *sf.* wrong, harm 23,34.

mon, *affirmative particle* (with estre, faire); che f[e]ra m., certainly 22,243.

mon, *poss.adj.unstr.* my: *n.sg.m.* mes 3,234, mis 4,178, mi 6,38*, mun 7,23, mon 17e,2; *f.* ma 3,230, m' 10,330; *acc.sg.m.* mun 3,124, men 3,223, mon 8,168; *f.* ma 3,177, m' 5,114, me 15,VIII.19;

n.pl.m. mi 15,x.14, mes 3,173; *acc.pl.m.* mes 5,115; *f.* mes 3,171; *str.adj. and pron.* my, mine: *n.sg.m.* meos 1,12, mens 3,215, miens 21,40; *f.* meie 6,352; *acc.sg.m.* meon 1,4*.8, men 4,172, mien 10,46; *f.* meie 6,29, moie 12,140*, miue 15,VIII.15, maie 20,148.

moncel, muncel 4,249*, monchel 24,17: *sm.* hillock.

monjoie, *sf.* paragon 16b,75.

monseigneur 14,93, monseingneur 14,41; *n.sg.* mi sire 6,38, mi sires 10,205, messire 14,77, missire 14,84, messires 14,94, mesires 24,87, mesire 24,124: *sm.* my lord.

monstrer *see* mostrer.

mont 13,32, munt 4,131: *sm.* mountain, hill; *see* amont, encontre.

mont 5,143, mund 3,134: *sm.* world; worldliness 5,143.

monter 5,176, munter 9,124: *v.n.* ascend 4,141; mount (on horseback) 6,111; rise 9,124; *v.a.* set on horseback 16g,49; *v.refl.* (+ an) ascend 11,247; *v.impers.*; a lui ne monte, it does not matter to him 12,137.

moquer, *v.a.* make sport of 20,91.

mor, *adj.* brown, dark 11,165. moree, *sf.* dark brown 17e,24.

mordre; *pp.* mors 21,36: *v.a.* bite.

mordrir 15,VI.4: *v.a.* murder. murdre, *sm.* murder 24,41.

moriar (L), *fut.1* I shall die 29,91*.

morir 14,38, murir 3,209; *ind.pr.1* muir 15,VI.8, *3* muert 5,95, *6* moeurent 15, VI.25; *pret.3* morut 13,85; *subj.impf.3* morust 13,134; *fut.1* morrai 5,59, *5* murrez 6,44; *pp.* mort 6,40. 7,86*: *v.n.* die; *v.a.* kill 6,40 *etc.*; ·s furet morte, she died 2,18*.

mors, *sf.pl.* manners 11,53.

mort, *sf.* death 2,28; haïr de m., hate with a deadly hatred 15,XII.7. mortel 6,262; *n.sg.m.* mortaus 23,163: *adj.* fatal 6,262; mortal 23,163.

mostier 8,82, mustier 6,191, moustier 14,127: *sm.* (parish) church, cathedral.

mostrer 11,190, mustrer 9,226, monstrer 29,31, moustr-: *v.a.* show 9,226; reveal, tell 11,190; explain 24,1; *v.refl.* show oneself 30,22.

mot 5,103; *acc.pl.* maus 16c,19*, mos 16d,13: *sm.* word; short speech 6,264.268; a icest m., thereupon

6,194.221. 7,189; ne savoir m. de, know nothing about 8,244; (+ *dat.*) ne soner (un) m., not utter a word to 12,163. 22,94.

moufle, *sf.* muffler, mitten, thick leather glove 22,121*.

mout 5,62, mult 3,12, mut 7,12, molt 8,152, moult 14,7: *adv.* very 3,12; greatly 4,13.272; much 4,238. 10,136; *adj.n.pl.m.* many 4,251; *subst.* m. de, much 12,373, many 26,29f; *see also* par (*adv. of degree*).

mouteploier 19,13.68: *v.n.* multiply.

movoir 13,77, mouvoir 26,3; *ind.pr.2* moz 4,33, *3* muet 12,348, *6* muevent 16f,24; *imper.5* movez 13,96; *subj.pr.5* mouvoiz 20,178; *pret.1* mui 7,65, *3* mot 4,45, mut 13,210, *5* mustes 7,51*; *fut.1* movroi 20,162, *3* mouvra 14,112; *pp.* meü 13,146: *v.a.* move 4,33; produce, put out 16c,8; *v.n.* move 4,45; depart, set out 4,114. 13,146. 14,112; set sail 26,3; *v.refl.* move, stir 13,77.96.210. 20,162.178.

mucier, *v.a.* hide 17e,9. 19,67.

mue, *sf.* (hawking) mew; metre en m., mew up 28,156.

müer 3,45. 6,364; *pp.f.* mudede 3,252: *v.a.* change 28,151; ne poet m. ne (+ *subj.*), he cannot help 3,45*. 6,364*.

muert, muir *see* morir.

muet, muevent *see* movoir.

muez *see* mieuz.

mul, *sm.* 8,266; mulle, *sf.* 25,102: mule.

mune, *sf.* reward 3,304*.

murdre *see* mordrir.

muse 22,215, musete 22,56: *sf.* musette (of the bagpipe type).

musegode, *sm.* store (of victuals) 3,24*.

muser, *v.n.* mope 17c,9.

mustes *see* movoir.

mut *see* mout *and* movoir.

mutacion, *sf.* change 28,174.

nacaire, *sm.* kettledrum 26,27.

nageur, *sm.* rower 26,94.

naiant *see* nïent.

naie, *adv. of negation* no 22,161.

naistre, nestre 28,305; *pp.* ned 3,227; *n.sg.m.* nez 4,37: *v.n.* be born; spring, originate 28,89.305.

nan *see* non.

nasel 15,X.29; *acc.pl.* naseus 15,X.21: *sm.* nose-piece.

nate, *sf.* pallet of straw 3,16.

naturelment, *adv.* by nature 17c,13.

navie 24,6*, naville 25,32*: *sm. and f.* fleet.

navrer; *pp.* nafré 7,57: *v.a.* wound 7,105. 15,X.23.

ne 3,4, (*before vowel*) n' 3,24, na 3,125: *adv.* of negation not; (*expletive*) 6,35 *etc.*; ne ... ke, nothing but, only 7,76. 9,158. 13,288*; *see* plus.

ne 1,14, ned 2,7*, (*before vowel*) n' 3,9, net 3,35*, ni 15,VIII.14: *conj.* (+ *neg.*) nor, and not 3,9; and 8,137.138. 15,VI.17. 23,104*; or 12,17; ne ... ne ..., neither ... nor ... 1,14. 2,7 *etc.*; either ... or 6,276 *etc.*

neant *see* nïent.

nef 7,155; *n.sg.* nes 24,52; *n.pl.* nez 26,2, nefz 26,41: *sf.* cup, drinking vessel 7,155. 9,175; ship 24,5*.

neif, *sf.* snow 10,297.

neïs 9,200, nis 5,118, nes 12,59: *adv.* even.

ne·l 3,9 = ne le; ne·m 3,265 = ne me.

nelui *see* nul.

nen, *adv. of negation* (*used before vowel*) not 3,306*. 4,42 *etc.*

nenil 8,36, nennil 22,267: *adv.* no; n. nient, not at all 15,X.7.

neporquant 12,336, -qant 14,25, nepurquant 6,53: *adv.* nevertheless.

nerf; *acc.pl.* ners 12,328: *sm.* sinew.

ne·s 3,35 = ne les; ne·s 3,154 = ne se.

nes 6,228. 8,87*, neis 10,299: *sm.* nose.

nesun, *adj.* (+ *neg.*) no, not any 21,260.

ne·t 3,130 = ne te.

net; *f.* nete 21,136: *adj.* spotless.

neü *see* nuire.

neül; *n.sg.m.* neuls 1,14*, n[e]üls 3,43; *f.* niule 2,9*: *indef.adj.* (+ *neg.*) no, not any 2,9; *indef.pron.* (+ *neg.*) no one, anyone 1,14; *cf.* nul.

nevo 13,51; *n.sg.* niés 6,264, niez 7,134: *sm.* nephew.

nez *see* naistre *and* nef.

nice, *adj.* foolish, stupid 23,145. 28,135.263.

nïent 3,13, neant 8,238, neent 10,261, noient 13,191, naiant 28,68, noiant 28,220: *pron.* nothing 6,80; (+ *neg.*) nothing 3,299; n'i unt n., they have no power over him 4,268; por n., in vain 5,82; estre por n., be nothing in comparison, *i.e.* suffer no such servitude 28,220; *adv.* (+ *neg.*) not at all 3,245.

13,191; unces n., never 3,13; *see* nenil.

nis *see* neïs.

no *see* nostre.

no' 2,5, *contracted form of* non.

nobile, *adj.* noble 8,158. noblei, *sm.* pomp, magnificence 9,15*. noblesce 9,106, noblece 23,56: *sf.* nobility.

noielé, *adj.* nielloed 8,100.103.

noier 18,5; *subj.pr.1* nie 4,244: *v.n.* drown 4,244; *v.refl.* 28,9.

noier 18,42: *v.a.* deny.

noise, *sf.* noise 3,192; rumour 15,VI.2; battle 25,81; quarrel 29,101.

nom 2,14, num 3,77, nun 9,2, non 14,114: *sm.* name; aveir n. 3,77, avoir a n. 24,34, be called. nomer 16b,39, numer 9,191: *v.a.* name; *v.refl.* 5,29.

non 1,13, nun 1,16, nan 22,85: *adv. of negation* not, no; n. mie, not 12,195; *see* se.

none 25,46, nune 4,220*, nonne 27,91*: *sf.* mid-afternoon.

nonque 2,13, nunquam 1,7*: *adv.* never.

nonsachant, *adj.* ignorant 12,77. nonsavoir, *sm.* ignorance 21,17.188.

norrir, nour-, nurr-, *v.a.* have in one's household, bring up 6,170.363. 15,VI.13. 16d,14.

norrois, *adj.* Norwegian, from the countries of the North 11,10.

no·s 2,20.21 = non se.

nos 2,26, nus 3,88: *pers.pron.* we, us.

nostre, *poss.adj. and pron.* our, ours: *unstr.adj.n.sg.m.* nostr' 3,273, noz 19,11, nostre 19,63; *acc.* nostro 1,1, nostre 7,249; *n.sg.f.* nostre 6,23; *acc.* nostre 12,311, no 19,15; *n.pl.m.* nostre 8,213.221; *acc.* noz 3,293, nos 23,127; *f.* nos 23,99; *str.adj. and pron.n.sg.f.* nostre 7,175. 26,45; *n.voc.pl.m.* nostre 6,217; *acc.* noz 6,240.269.

noter 12,313: *v.a.* discover, find.

nou 28,111 = ne le.

novel, nuvel; *n.pl.m.* novele 8,284: *adj.* new 4,198; fresh, different 7,36*; de n., in new clothes 10,96, newly 24,72. novele 7,44, nu- 6,9, nou- 22,260: *sf.* piece of news 7,44; *pl.* news 3,249; rumour 12,116. novelemant, *adv.* recently 12,261.

'nt *see* en (*adv. and pers.pron.*).

nu 13,53 = ne le.

nu, nud 4,12; *acc.pl.* nuz 30,35: *adj.* naked
5,33; bare 30,35; *see* pié.

nuire; *ind.pr.3* nuist 29,55; *pret.3* nut
12,41; *pp.* neü 16b,65: *v.n.* harm.

nul, *indef. adj. and pron.*: *n.sg.m.* nuls 3,42,
nus 5,104, nul 10,125, nulz 26,66; *acc.*
nul 1,7; (*pron.*) nelui 12,320, nullui
13,42, nului 22,292; *f.* nulla 1,15, nule
3,5, nul' 4,36; *acc.pl.m.* nulz 29,7: *adj.*
any 1,7 *etc.*; (+ *neg.*) not any, no 1,15. 3,5
etc.; (*pron.*) anyone 10,86 *etc.*; (+ *neg.*)
no one, none 4,129. 10,125 *etc.*; *cf.* neül;
see guise.

nuncier 3,88: *v.a.* announce.

nune *see* none.

nunquam *see* nonque.

nusche, *sf.* necklace 9,114.

o, *interj.* oh! 3,171.

o *see* ou.

o, *adv. of affirmation* yes 7,71; *see* oïl.

o 8,4, od 4,258, ou 23,202: *prep.* with; od
tut, with 4,278; *see* ensemble.

o 20,147, u 6,39, ou 15,VI.30: *conj.* or; u ...
u ... 6,40, ou ... ou ... 17e,16, ou ... o
... 20,147, u seit ... u seit ... 10,137,
either ... or.

o 1,6, oc 4,68, oec 4,253: *demonstr.pron.*
this; por o, and so 2,11*.18*, for this
reason 2,20. 4,68; *conj.* (+ *subj.*) in o
quid, provided that 1,6*.

oblïer, oblier 15,X.36; *subj.pr.3* oblit
15,X.36; *pp.f.* ouvliee 22,411: *v.a.* forget
16a,17. ubli, *sm.* oblivion; mettre en
u., forget 6,365.

obscur, oscur 12,231: *adj.* dark; un-
righteous 21,134; obscure trace, the
paths of unrighteousness 21,128. ob-
scurté, *sf.* unrighteousness 21,123.

ochoson, ocoison *see* acheson.

ocire 13,170, ocirre 12,20; *ind.pr.1* oci
13,184, *3* ocit 6,177, ocist 7,10; *subj.pr.3*
ocie 10,331, ochie 16c,28; *pret.2* ociz
6,209, *3* ocist 14,92; *subj.impf.2* oceïsses
12,9, *3* oceïst 12,3; *cond.1* ocirroie
16b,11, *3* ocirroit 14,3; *pp.* ocis 6,205,
occis 7,20: *v.a.* kill; *v.refl.* 10,267. 12,24;
subst.inf. 13,170. ocision, *sf.* carnage
25,105.

od *see* o (*prep.*).

oe, *sf.* goose; jouer a la bell' oe, be an idiot
23,114*.

oec *see* o (*demonstr.pron.*).

oeil, oel *see* ueil.

oes 6,169, os 3,273: *sm.* use, profit; a nostr'
os, for us 3,273; a o. Carlon, for Charles
6,169.

oeuvre *see* ovrir.

oevre *see* ovrer.

offrir, offerre 21,39: *v.a* offer 4,87; *v.refl.*
volunteer 14,99.

ofrande 1,11*, offrande 4,65: *sf.* offering.

oi *see* avoir *and* ui.

oi, *interj.* ah! 10,272; *see* las.

oiant, *prep.* before, in the hearing of 16d,6*;
see oïr.

oil, oill, oilz *see* ueil.

oïl 8,145, oyl 26,56: *affirmative adv.* yes
(= o *demonstr.pron.* + il).

oimés *see* ui.

oïr 9,34; *ind.pr.1* oi 4,118, oz 16f,38, *3* ot
3,156, oit 4,41, *5* oëz 6,105, *6* oent 14,39;
imper.2 os 19,10, *5* oiiés 5,174, oëz 13,1,
oiez 13,229; *ind.impf.1* ooie 16b,58;
pret.1 oï 16g,5, *3* oït 6,67, oïd 6,77, oï
8,319, oy 26,115, *5* oïstes 11,154, *6*
oïrent 6,66; *subj.impf.3* oïst 9,30, *5*
oïssiez 9,121; *fut.3* orrat 6,13, orra
10,91, *5* orés 5,6, orresz 7,274, orroiz
8,129, orrez 13,86, orrés 22,158; *pp.* oïd
3,70, oït 3,74, oï 13,23, oy 26,14, ouy
30,119; *gerund* (*prep.*) oiant 16d,6*: *v.a.*
hear; hear of 9,34*; o. de 13,229.299f.*
(*see also* 7,9*. 22,389*). oïe, *sf.* range,
distance a sound will carry 6,75.

oirre *see* erre.

oisel 22,25; *acc.pl.* oisax 15,V.13: *sm.* bird.

oit *see* uit.

oje, *affirmative adv.* yes 15,X.55 (= o *de-
monstr.pron.* + je).

o·l 3,82 = o (where) le.

olifant 6,12, olifan 6,63: *sm.* ivory horn.

ome 13,40*, ume 3,67, hume 3,80, home
3,117; *n.sg.* hom 3,10, um 3,17, home
6,43, hon (*voc.*) 8,188, hum 10,90, hon
13,46, hons 23,56, omme 29,66; *acc.pl.*
humes 6,159; *n.pl.* hume 6,68, honmes
27,10: *sm.* man; liegeman 15,IV.3; hon
doublere, one who gives increase 19,59;
see arme.

on, om 1,5, hom 3,5, l'en 8,107, en 8,270,
l'an 11,170, an 12,1, homme 29,6: *indef.
pron.* one, anyone, they; ne . . . home,
no one 29,12.

onbroier, *v.n.* give shade 13,126.

once, *sf.* joint, phalanx 12,329.

oncor, oncore *see* encore.

onde 18,63, **unde** 4,18: *sf.* wave; sea 18,63.

ondoier; *gerund* **ondoient** 20,35*: *v.n.* be filled with disgust.

oneur, onor 3,133, **honur** 3,177, **onur** 7,185, **enur** 9,12, **enor** 12,57, **enneur** 14,17, **honor** 15,IV.11, **onneur** 17b,4, **honeur** 23,8, **honor** (L) 23,195, **onnour** 27,44: *sf.* (*sm.* 30,11) honour; domain 3,177; fief 9,12; office 25,25; respect 27,44; (*pl.*) civilities, marks of esteem 10,133. **onorable, enor-** 11,37: *adj.* worthy of honour. **onorer, henn-** 8,64, **enur-** 10,342, **enor-** 12,151, **honorer** 18,14, **honer-**; *pp.* **onurét** 3,312: *v.a.* honour; show reverence to 15,XIII.18.

onques 5,13, **omque** 2,9*, **unces** 3,8, **unches** 3,205, **unc** 6,79, **unkes** 6,167, **onc** 8,317, **unques** 10,335: *adv.* ever 6,275; (+ *neg.*) never 2,9; not at all 5,13*; mais ... o., ever before 5,41 ; o. mes [ne], never before 8,301. 10,335.

oquison- *see* acheisuner.

or 3,49, **ore** 3,123, **ores** 29,81: *adv.* now; d'or en avant, henceforth 8,91; *see* des *and* orendroit.

orainz, *adv.* just now 11,193.

oraisun *see* orer.

orde, ordement, ordoier *see* ort.

ordenance, *sf.* behaviour, conduct 27,38*.50. **ordener, ordonn-**, *v.a.* settle, decide upon 25,30.39; dispose, arrange 25,38. 27,64; establish 30,7.

ore *see* eure *and* or.

orendroit 5,89, **oran-**: *adv.* at once; o. chi, here and now 5,89; or androit 11,198, tot o. 12,182, at once.

orent *see* avoir.

orer 8,82, **ourer** 19,3; *imper.4* **oram** 2,26: *v.a. and n.* pray. **oraisun** 3,78, **ureisun** 3,127; *sf.* prayer.

orés *see* oïr.

orét; *n.sg.* **orrez** 4,46: *sm.* breeze.

orét 6,121, **oriét** 6,328: *adj.* golden, gilded.

orfenté, *sf.* wretchedness, torment 21,70.

orgue, sm and f. a kind of musical instrument (pipe?) 9,121*. **orgener** 9,122*: *v.n.* sing (to the music of the pipe).

orguel 11,228, **orgoill** 6,83, **orgoil** 16e,39; *n.sg.* **orguialz** 11,226: *sm.* pride. **orguillos** 7,160; *f.* **orguilleuse** 17d,16: *adj.* haughty, proud.

oriere, *sf.* edge, verge 22,97.

orifanble, *sf.* oriflamme, banner 8,105.

oriller, *sm.* (heraldry) cushion 27,56.

orphenin, *adj.* orphan, wretched, unhappy 15,V.14.

orra, orrat, orrés, orresz, orroiz *see* oïr.

orrez *see* orét.

ort; *n.sg.m.* **ors** 21,33; *f.* **orde** 4,207: *adj.* filthy, vile. **ordement**, *adv.* vilely 21,34. **ordoier**, *v.a.* defile 21,33.

orteil; *acc.pl.* **ortex** 15,XII.22: *sm.* toe.

os *see* oes *and* oïr.

osberc *see* hauberc.

osche, *sf.* notch 13,247.

oser, ous- 29,98; *ind.pr.1* **os** 4,39; *subj.pr.3* **ost** 13,34: *v.a.* dare. **os**, *adj.* bold, daring 6,275. 11,212.

ost 6,111, **hoost** 27,5; *n.sg.* **oz** 25,117, **hoos** 27,76: *sm. and f.* army, host.

ostel 8,63, **hostel** 28,318; *acc.pl.* **hostiex** 8,56, **ostez** 19,51: *sm.* house, dwelling 9,41; home 8,63; household 14,70; *pl.* quarters 8,56; **tenir bon o.**, keep open house 10,124. **hosteler**, *v.a.* lodge 28,317.

oster 8,55, **ouster** 29,17; *pp.* **ostét** 4,165: *v.a.* remove, take away.

ostor, *sm.* goshawk 11,12; *see* sor.

ostrage *see* outrage.

ot *see* avoir *and* oïr.

otreier, otri- 10,359, **otroi-** 12,106; *subj.pr.3* **otreit** 6,165: *v.a.* grant, agree (to).

ou *see* o.

ou 20,75. 26,79. 27,4 = en le.

ou 8,42, **o** 3,2, **u** 3,44: *pron. and adv.* (1) *rel.pron.* where, in which 3,2; to which, whither 4,11; where 4,116; to which 4,235; on which 7,5; in whom 14,16; over whom 28,264; (2) *interrog.adv.* where 7,243; (3) *absolute* where 8,88; (*generalizing*) ou que, wherever 8,178; *see* la.

oublie, *sf.* wafer 27,28*.

oüd, ourent, oüs, oüsse, oüsum, out *see* avoir.

ourer *see* orer.

ours 29,40, **urs** 6,137: *sm.* bear.

outrage 20,231, **oltraige** 11,227, **outraige** 16d,21, **ostrage** 18,31: *sm.* offensive remark 11,227; presumptuous words 16d,21; offence 20,231; excess 21,99; insult 21,261; par o., injuriously 18,31.

outraigex, *adj.* presumptuous 16d,19.

outre 8,80, **ultra** 3,285, **ultre** 4,153, **oltre** 12,421, **oultre** 27,96: *adv.* beyond 8,80; **passer o.**, climb through 12,421; *prep.* by, beyond 3,285; across 4,153; **d'ultre mer**, from beyond the sea 9,11; **o. mesure** *see* mesure; **o. de**, besides 30,26. **outreement** 16c,3, **oltreemant** 12,187: *adv.* completely 12,187; of necessity 16c,3. **outrer**, *v.a.* cross, travel through 5,52.

ouvliee *see* oblier.

ove, ovec, ovoec *see* avuec.

ovrer, ouvr-; *ind.pr.3* oevre 5,135: *v.a.* make 11,267; *v.n.* act 5,135. 21,34. 23,91. ouvraingne, *sf.* work 21,235. ovrier, *sm.* workman 28,125.

ovrir, uvr- 6,268, ouvr- 22,229; *imper.2* oevre 21,12; *pp.n.sg.m.* overz 12,212; *f.* overte 23,200: *v.a. and n.* open.

oyl *see* oïl.

oz *see* avoir, oïr, ost.

paage, *sm.* toll 8,145.

paielle, *sf.* frying-pan 8,16.

paien, pagien 2,12.21: *sm. and adj.* pagan, heathen. paenime, *adj.f.* pagan, heathen 6,231.

paile, *sm.* silken cloth or garment 8,7.84.304 *etc.*

painne *see* pener.

païs, *sm.* country 5,51 *etc.* païsant, *sm.* peasant 9,200.

pais 23,106, pes 12,144, pez 26,67: *sf.* peace.

paissun 9,49, peissun 10,10: *sm.* stake 9,49*; tent-pole 10,10.

paistre, pestre 27,37; *ind.pr.3* paist 3,17, 6 passent 27,14: *v.n.* feed 3,17; graze 27,37; *v.refl.* 27,14.

palefroi 11,203, palefrei 10,284*: *sm.* palfrey, saddle-horse.

palir; *pp.* palli 17b,6: *v.n.* grow pale 13,298.

palme, *sf.* palm, hand 3,194. paumoier 28,10: *v.a.* handle.

palu, *sm. and f.* morass, filth; **enferne p.**, damnation 21,90*.

pance 21,202, panche 22,154: *sf.* belly, stomach.

panetiere, *sf.* scrip, wallet 22,23.

panon *see* penon.

pant *see* penser.

panturé *see* peindre.

paor 16b,26, paour 5,140, poür 6,125, pëor 11,145, poor 13,60, peür 22,312: *sf.* fear.

par- *see* perdre.

par, per 1,5, part 30,63: *prep.* (1) *Local*: over 3,151. 4,1 *etc.*; through 3,187. 4,149 *etc.*; round 4,244; along 7,271; across 16a,26; by, past 20,140; **p. tere**, on the ground 6,4; **par tout** 5,56, **partot** 20,70, everywhere; **p. mi** *see* parmi; (2) *Instrumental*: by, with, by means of 3,298. 4,246 *etc.*; **a part soy**, by himself, alone 30,63; *see* force; (3) *Causal*: by, by reason of, out of, in consequence of, through 2,29. 3,40.63 *etc.*; **par quoi**, for that reason 27,21; (4) *Modal* (*accompanying circumstances*) with 5,62. 6,64 *etc.*; *see also* droit, escïent *and* guise; (5) *In asseveration*: by 23,190; *see* foi; (6) *Temporal*: in 16f,52; **p. [le] lundi**, on Mondays 4,145; **p. jur**, by day 10,137; **p. nuit**, by night 10,137; **p. matin**, in the morning 24,3; *see* foiz; *conj.* **p. ce que**, for, because 26,68.

par, *adv. of degree* very, greatly 3,164*; **mut p.** 7,130, **molt … p.** 13,257; **tant p.** 7,171; **trop p.**, exceedingly 13,182*.

paradis 3,103, pareïs 6,165: *sm.* paradise.

parage, *sm.* rank, nobility 3,18*. 9,212.

parament, *sm.* finery 2,7.

parauz *see* pareil.

parcamin, *sm.* parchment 3,51.

parcevoir, parçoivre 13,277; *pret.3* parçut 20,79.206: *v.a.* perceive, realize 20,206; *v.refl.* (+ de) perceive 20,79.

parçonnier, *sm.* co-heir, parcener 30,87.

pardoner 12,185; *ind.pr.1* pardoing 12,188; *subj.pr.3* parduinst 3,39: *v.a.* pardon, forgive. pardonable, *adj.* worthy of forgiveness 12,83.

pardurable, *adj.* everlasting 21,56.119.

pareil; *n.sg.m.* parauz 11,172; *f.* paroille 12,366: *adj. and subst.* equal.

parentét; *n.sg.* parentez 3,185, parentés 15,XIII.12: *sm.* family, kindred.

parfitement, *adv.* perfectly, sincerely 3,58.

parfont 5,76; parfondement 8,31: *adv.* deeply. parfunt, *adj.* deep 6,141.

parler 3,153; *ind.pr.3* parole 15,IV.9; *subj.pr.3* parolt 6,113; *fut.1* parleré 20,176: *v.n.* speak, talk; **p. od** 10,84*; **p. a** 12,196; *subst.inf.* 3,60. parlement, -mant, *sm.* meeting 10,173. 12,219;

conversation 12,279; parley, conference 14,39. 25,53.

parmi 5,151, par mi 6,73, parmy 30,35: *adv.* through the middle 5,151. 6,181 *etc.*; *prep.* through (the middle of), out of 5,177. 6,73 *etc.*; *see* mi.

paroir; *ind.pr.3* pert 8,254, 6 perent 4,239; *ind.impf.6* pareient 10,294; *pret.3* parut 13,209; *fut.3* parra 23,63: *v.n.* appear 4,239; p. defors, show out, be clearly visible (?) 13,209; *v.impers.* 8,254. 12,402: bien i pert, it is quite obvious 8,254; or i parra, now will be seen 23,63 (T.-L. vii.321).

parole 10,91, parolle 29,63: *sf.* word 11,100*; speech, words 10,91. 16d,10; remark 11,107*; statement 14,35; tenir p., keep one's word 29,63.

part, par 12,45; *acc.pl.* pars 5,185: *sf.* (1) side, direction: de l'autre p., on the other side 4,271 *etc.*; de toutes pars, in every direction 5,185; cele p., in that direction 7,113 *etc.*; a une p. de, on one side of 7,258; a une p., apart, to one side 10,174; quel p., where, in which direction 8,61; par d'autre p., on the other side 8,273; de deus parz, on both sides 10,295; nule p., anywhere 13,93; d'autre p., elsewhere 15,XII.2; quelque p. que, wherever, in whatever direction 29,92f.; (2) part: de suo p., for his part 1,13; de p. Jesu, on behalf of Jesus 4,49; de p. Amors, from Love 12,45; *cf.* 27,69; share 20,9; *see* par.

partir 10,50; *fut.1* partiré 14,21: *v.a.* share, divide 20,26. 25,22; *v.n.* (+ de) depart from, leave 5,2. 10,50 *etc.*; *v.refl.* (+ de) depart from, leave 12,111. 14,21 *etc.*; (+ en) go away, leave 10,224. 12,390 *etc.*; *subst.inf.* departure 26,135. parti, *sm.* state, condition 17b,14. partie, *sf.* part; side, direction: de l'autre p., on the other side 9,171; faction, party, side 17c,16; region 23,110; (*fig.*) area of operation 30,59.

pas, pais 16f,13: *neg. particle reinforcing* ne, not 3,235 *etc.*

pas, *sm.* step, pace 12,175*; meins que le p., slowly 10,313; plain p., the distance of a pace 13,91; en aler grant p., stride 26,116.

pasmer; *pp.* pasmét 6,253; *f.* pasmede 3,195: *v.n. and refl.* faint, swoon. pas-

mee, *sf.* swoon; faire grant p., fall in a dead faint 7,273.

passent *see* paistre.

passer; *subj.impf.5* passisoiz 16a,14: *v.a.* traverse 8,25; surpass 24,78; pass through 28,190: *v.n.* pass 16a,14; (+ a) go through 6,13*; climb through 12,336. 394: *v.refl.* (+ en) pass 12,263. 16a,4; (+ de) be satisfied with 29,56f.; *see* outre.

passïon, *sf.* torment 23,122*.

pastor 16g,55, pastour 17f,2: *sm.* shepherd. pasturer 19,47: *v.n.* graze, feed.

patee *see* croiz.

paumoier *see* palme.

pautener, *adj.* spiritless, rascally 7,161.

pavillun 7,63, paveillon 8,27, pavellon 13,233: *sm.* large tent (round or square); *pl.* camp 7,63.

pecable, *sm.* sinner, 3,164.

pechié 5,159, pechét 3,90, pechiét 22,311; *n.sg.* pechié 7,129, pechiez 7,219; *acc.pl.* pechiés 5,111, peccez 6,192, pecchez 6,348: *sm.* sin, wrong; misfortune 7,129.219. 13,118*; outrage 13,182. pechier; *pp.* pechét 3,316; *v.n.* sin. pechëor, pechethuor 3,131; *n.sg.* pechiere 5,113: *sm.* sinner.

peçoier, *v.a.* smash to pieces 25,95.

peindre; *pp.n.pl.m.* peinz 6,120; *n.sg.f.* peinte 26,92: *v.a.* paint. panturé, *adj.* painted 15,V.4.

peine 4,68, paine 5,125: *sf.* torment 4,68; suffering 5,125; painful effort 6,71.97; faire la p., be in distress 6,100; metre p. de (+ *inf.*), take pains to, endeavour to 30,91.103; a p., with difficulty, hardly 30,64.105.

peior, peiur 6,132; *n.sg.* pires 5,64, pire 5,112; *neut.* pis 14,51, piz 30,107: *adj.comp.* worse; *subst.pl.* the worst 6,132; en avoir pis, be worse off 14,34; sanz pis avoir, without being worse off 28,213.

peiset *see* peser.

peiz *see* pois.

pel, *sf.* skin 4,194.

pel 4,196*; *acc.pl.* peus 15,VIII.7: *sm.* stake.

peler; *ind.pr.6* peilent 6,133: *v.a.* pull out the hairs of.

pelerin, pell- 25,33: *sm.* traveller, foreigner 3,124; pilgrim, crusader 16c,35*, 24,1.

pelfir; *pp.adj.* stripped (of clothes) 4,13*.

pelice, *sf.* fur-lined coat or mantle 9,115.
peliçon 7,77, **peliçun** 9,57: *sm.* fur-lined coat or mantle.

pendre 9,55; *ind.pr.3* **pent** 5,162; *cond.3* **penderoit** 15,X.25: *v.a.* suspend 4,85; hang up 9,55; hang 10,249; *v.n.* hang, be suspended 5,162 *etc.*; *v.refl.* hang oneself 4,60; lean 7,30.

pener; *ind.pr.3* **peinet** 4,44, **painne** 12,145, 6 **peinent** 4,125; *pp.* **penét** 3,46: *v.a.* afflict, torture 3,46; *v.n.* suffer punishment 4,125; *v.refl.* (+ de) strive to 4,44 *etc.* **penus,** *adj.* painful 4,128.

penitence 3,317, **-ance** 5,47: *sf.* penance; absolution 20,136.

penne, *sf.* quill pen 3,52.

penniel, *sm.* sweat-flap 27,22.

penon, panon 30,120: *s.m.* pennon, standard. **pennoncel** 26,96; *acc.pl.* **pennonciaus** 26,99: *sm.* pennon.

penser 10,85; *ind.pr.1* **pense** 8,36, **pens** 23,66; *subj.pr.3* **pant** 12,218: *v.a.* think of 10,85; *v.n.* be pensive 8,36; (+de) pay attention to 8,259; (+ a) think of (s.o.) 23,66; *v.refl.* think 15,XII.7; *subst.inf.* 15,XIII.5. 17b,3. **pensé,** *sm.*; **avoir en p.,** have in mind 8,60. **pensee** 28,86, **-cee** 29,19: *sf.* mind, thought. **pensif, -ssif** 14,111, **pansif** 16e,21; *n.sg.m.* **pensis** 10,259, **penssis** 14,72, **pansis** 20,90; *f.* **panssive** 11,205: *adj.* pensive.

penus *see* **pener.**

pëor *see* **paor.**

per *see* **par.**

per, *subst.adj.* peer 3,182. 9,16*; companion 13,100; mate 17f,1.

percer; *pp.* **percét** 4,160; *f.* **perchie** 24,90: *v.a.* pierce.

perdre 6,270, **par-** 25,49; *ind.pr.1* **perd** 6,288, **pert** 15,IV.5, **perc** 22,339, *2* **pers** 15,VIII.12, *3* **pert** 10,207; *subj.impf.3* **perdesse** 2,17, **perdi[e]st** 7,112; *cond.1* **perderoie** 22,319: *v.a.* lose; destroy 5,81; waste 16c,37; *v.refl.* die 6,288.

pere, perre *see* **pierre.**

pere 15,X.49, **pedre** 3,33; *n.sg.* **pedra** 3,161, **peres** 10,153: *sm.* father.

perent *see* **paroir.**

peril 4,23; *n.sg.* **perilz** 4,162; *acc.pl.* **periz** 28,142, **perilx** 28,177: *sm.* peril, danger. **perilleus,** *adj.* dangerous 17d,5.

perir; *ind.impf.6* **periseient** 4,251: *v.n.* perish 3,69; *v.a.* destroy, lose 21,84.

perneies, pernez *see* **prendre.**

perriere, *sf.* petrary (catapult for hurling large stones) 24,12. 25,3.

perrun, *sm.* block of stone (serving as frontier post) 6,251; mounting block 10,367.

pers, *adj.* blue-green 8,278.

pert *see* **paroir** *and* **perdre.**

pertruis, *sm.* opening 24,90.

pes, pez *see* **pais.**

peschëor, *sm.* fisherman 18,1.

peser; *ind.pr.3* **peiset** 3,230, **poise** 11,178: *v.impers.* (+ dat.) grieve, distress; *v.a.* think out carefully 30,121. **pesance,** *sf.* grief 6,318.

pesme, *adj.* bad, terrible, dire 3,250, 7,55. 13,2.

petit; *n.sg.m.* **petis** 19,63: *adj.* small, little; *subst.* a little 7,77; *adv.* little 10,178; **a ben p. que ... ne,** very nearly 7,203*.

peu *see* **pooir** *and* **pou.**

peür *see* **paor.**

peurent, peusciés, peussent, peüssez, peüst, peut, peuz, pevent *see* **pooir.**

peus *see* **pel.**

pic; *acc.pl.* **pis** 24,89: *sm.* pick.

pié 7,104, **piét** 22,186: *sm.* foot; **aler avant plein p.,** stride up to 7,119; **aller nuz piez,** go barefooted 30,35.

piece 11,298, **pieche** 22,67: *sf.* piece 22,67; section 12,260; piece, coin 23,20; period of time: **grant p. a,** a long time ago 11,298; **de grant p.,** for a long time 26,19; *adv.* **pieça,** a long time ago 14,68. 23,159.

pierre 9,228, **pere** 4,17, **perre** 6,283, **piere** 27,22: *sf.* stone.

pietét, *sf.* mercy; **la süe p.,** by his mercy 3,81.

pikier 24,81; *ind.impf.6* **picoient** 24,84; *pret.6* **pichierent** 24,88: *v.n.* strike blows with a pick.

piler, *sm.* pillar 4,16; mullion 15,XII.12.

pinçon, *sm.* finch 22,29.

pire, pires, pis, piz *see* **peior.**

pité 5,118, **pitét** 6,59: *sf.* pity. **pitance,** *sf.* piety 5,74; pity 5,93. **piteus,** *adj.* compassionate 21,115.

piu 4,78; *acc.pl.m.* **piex** 5,86: *adj.* pious, holy 4,78; compassionate 5,86.

piz, *sm.* breast 3,197.

place, *sf.* tourneying place 9,241; *pl.* square 25,106.

plaid 1,7, plet 12,279; *acc.pl.* plaiz 13,30: *sm.* agreement 1,7; discussion 12,279. 28,262; tenir ses plaiz, hold his court 13,30. plaidier, *subst.inf.* talking, discussion 20,129.

plaier *see* ploier.

plaier; *pp.adj.* injured 12,413.

plaindre 4,41, plaindra 3,232, pleindre 6,5; *ind.pr.1* plaing 17d,4, *3* plaint 29,15; *ind.impf.3* pleigneit 10,262; *pret.3* pleinst 6,326: *v.a.* lament, mourn for 3,232. 6,5 *etc.*; *v.n.* lament 4,41; (+ de) complain about 13,42; *v.refl.* lament 10,262; (+ de) complain about 10,231. 17d,4; *subst.inf.* lamenting, lamentation 15,XIII.9.

plainier *see* plenier.

plaintif; *n.sg.* plaintis 18,29: *sm.* plaintiff; estre p. de, lay a complaint against.

plaire 21,124, plere 14,19; *ind.pr.3* plaist 3,305, plest 10,321; *subj.pr.3* pleise 12,158, place 21,131; *pret.3* plot 11,234; *subj.impf.3* ploüst 3,190, pleüst 5,88: *v.n. and impers.* please.

plaisir 5,85, pleisir 12,153: *sm.* pleasure, delight; a lor p., as much as they liked 12,153; venir a p., suit 12,154; a son p., as it likes 16e,10. plaisance, *sf.* pleasure 29,4.

plaissier, *v.a.* tire 20,48.

plein 7,119, plain 5,69; *f.* plainne 27,23: *adj.* full; *see* eslais, pas, pié.

plenté 9,6, planté 8,137: *sf.* plenty, abundance; a p., in abundance 8,172. plenier 15,VIII.8, plener 10,106, plainier 13,297: *adj.* full 5,54; lavish 10,106; whole 13,297; full-blown 15,VIII.8.

plet *see* plaid.

pleüst *see* plaire.

plevir, *v.a.* pledge 6,14. 20,12.226.

ploier 12,291, pleier 2,9, plaier 9,55; *ind.pr.3* plie 7,214: *v.a.* cause to submit 2,9*; bend 7,214; fold 9,55; *v.n.* bend, yield 12,325. ploy, *sm.* frame of mind, mood 17c,26; bond, fetter 17d,22.

plonjon, *sm.* grebe, diving bird 16f,49*.

plorer 11,104, plurer 3,12, plourer 15,XIII.3; *subj.pr.3* plurt 6,124; pleurt 8,35; *fut.2* plourras 28,331, 6 plourrunt 6,59; *pp.* plurét 3,242; *f.pl.* pluredes 3,169: *v.n.* weep; *v.a.* shed (tears) 3,169;

weep for 6,59; *subst.inf.* weeping 4,53. 15,XIII.9. plor 11,293; *acc.pl.* plurs 4,231, plours 17e,10, pleurs 28,33: *sm.* weeping, tears. plurus, *adj.* tearful 3,97.

plot, ploüst *see* plaire.

plovoir; *pret.3* plut 20,145: *v.impers.* rain.

ploy *see* ploier.

plum, *sm.* leaden weight 4,158; lead 4,202.

plus, *adv.* (1) *comp.* more 3,20 *etc.*; ne ... plus, no longer 5,60; cum plus ... [e] plus 10,62, kant plus ... plus 16f,35, com plus ... tant plus 16g,34, the more ... the more; n'i a p., there is nothing more to be said, the situation is hopeless 20,103.137; de p., the more 20,223*; qui p. p., as fast as they could 26,50 (= qui mialz mialz 11,307*, qui ainz ainz 25,94f.); (2) *sup.* most 10,51. 14,16. 16d,2; (*forming sup.adj.*) 6,128 *etc.*; au p. bel qu'il porent, the best they could 14,63.

plusurs 6,360, plusorz 13,224, plusors 18,66, pluisseurs 27,107, pluseurs 29,34; *n.* plusor 11,102, pluseur 14,51, pluisseur 27,113: *indef.adj. and pron.* many; li p., the majority 11,102. 14,51. 27,113.

po, poc *see* pou.

poair *see* pooir.

poblo *see* pueple.

pochon, *sm.* jar 22,147.

podir, poduns, poedent, poeient, poeir, poeit, poés *see* pooir.

poesté, *sf.* force 8,193. poestei, *adj.* (+ de) master of 25,16.

poet, poëz *see* pooir.

poi *see* pooir *and* pou.

poindre 8,239; *ind.pr.3* point 7,125, puint 10,39, 6 puignent 6,154; *pret.3* poinst 7,242; *pp.* point 16a,32; *n.sg.m.* poins 5,76; *gerund* poinant 7,6.228: *v.a.* prick, pierce 5,76. 10,39; goad 8,239; embroider 16a,32; *v.n.* spur, gallop 6,154; dash 7,228.242*.

poing 19,28, puing 3,118, puign 6,134, poin 7,143; *acc.pl.* puins 5,75, poins 7,85, poinz 8,103: *sm.* hand, fist; hilt (of sword) 15,IX.9.

point, puint 4,194: *sm.* point; (+ *neg.*) least bit, fragment, any, anything 4,194*. 5,169. 15,IV.6. 26,34; state, condition 5,39. 27,31; break (of day), dawn 27,81; a point, at the opportune moment 22,149; *adv.* in the least 21,271; *neg. particle reinforcing* ne, not at all 22,32.   pointe, *sf.* headland, tongue (of land) 26,12*; point, tip (of shield or lance) 26,78.79.

poire; *ind.pr.3* poit 29,70: *v.n.* break wind.

pois *see* puis *and* pooir.

pois 24,85, peiz 4,163: *sf.* pitch.

poise *see* peser.

poissant *see* puissant.

poissent, poïssiez, poïst *see* pooir.

poiz, *sm.* weight; avoir de p., goods sold by weight 26,136f.

polle, *sf.* girl 2,10.

pont 9,70, punt 6,328; *acc.pl.* pons 24,4: *sm.* pommel; deck (of ship) 24,4.   puncel, *sm.* small bridge 4,250.

pooir 12,8, podir 1,3, poeir 10,46, poair 28,113, povoir 30,50; *ind.pr.1* pois 1,14, puis 3,125, *2* pués 5,78, peuz 28,62, *3* pot 3,2, puet 3,5, poet 3,284, poit 4,178, peot 10,53, peut 29,42, *4* poduns 3,287, poüms 6,5, poön 13,277, poöns 19,14,*5* poëz 10,81, poés 22,372, *6* poedent 6,151, püent 13,289, pevent 30,62; *ind.impf.1* pooie 14,95, *3* poeit 7,110, pooit 11,51, *6* poeient 9,133, pooient 27,33; *plpf.* pouret 2,9; *subj.pr.1* pusse 7,293, puisse 8,240, *3* puist 8,270, puisse 10,176, *4* puisum 3,140, poissum 3,320,*5* puissiez 7,246, *6* poissent 3,82, puissent 8,19; *pret.1* poi 3,165, *3* pout 3,282, pot 7,117, peut 30,18, *6* pourent 3,276, porent 8,285, peurent 24,8; *subj.impf.3* peüst 8,209, poïst 10,78, puïst 10,86, *5* peüssez 9,109, poïssiez 12,294, peusciés 15,XII.21, *6* puïssent 10,339, peussent 24,21; *fut.1* porrai 12,204, pourray 30,53, *2* pourras 28,332,*3* purrat 6,54, porra 14,77, pora 15,XI.3, pourra 30,48, *4* purrum 6,8, porrons 23,76,*5* porroiz 12,201, porés 15,IV.7, porrés 15,X.49, porrez 20,170, *6* porront 13,188; *cond.3* porroit 8,167, poroit 15,IV.1, pourroit 29,6, *4* porrïens 12,208, *5* purrïez 10,70, porriés 15,VI.35, *6* poroient 25,60, pourroient 30,24; *pp.* peu 30,95: *v.n.* can, be able; *v.impers.* can 7,22; (+ *inf.*) have reason to 3,248.315*. 6,5. 10,53 *etc.*; *subst.inf.* ability, power 1,3*; a mien p., to the best of my ability 10,46; *cf.* 28,113; de son p., to the best of her ability 12,151; avoir p. de

(+ *inf.*), be able to 26,42; *see* mais, plus, *and* quant (*indef.pron.*).

poon 8,53, poün 7,50: *sm.* peacock.

poor *see* paor.

pople *see* pueple.

por 2,7, pro (*L*) 1,1, pur 3,13: (1) *prep.* for, because of, for the sake of 1,1. 2,7.8. 3,13.231. 4,168; p. o 2,20, p. oc 4,68, p. cel 4,243, p. chou 5,172, p. ce 8,45, p. tant 16c,37, wherefore, for this reason, on this account; even to the point of 4,61; (+ *inf.*) in order to 3,24. 7,185; *concessive* for (all), in spite of (*in neg. context*): 3,225. 7,27.72.74. 11,126; (+ *inf.*) p. murir, even if they were to die 6,219, even if I were to die 7,14; *see* neporquant, nïent, pou, qui, tenir, voir; (2) *conj.* (+ *ind.*) p. çou (ço *etc.*) que, because 5,11. 6,344. 10,239; (+ *subj.*) because 12,10; in order that 26,35; provided that 9,30; p. que, provided that 8,270; p. tant cum, as long as 7,293.

porofrir, puroffr-; *ind.pr.3* porofre 11,311: *v.a.* present 6,348.372; *v.refl.* offer, volunteer 11,311.

porparler, *v.n.* discuss 15,X.12*.

porpenser 15,XII.6, porpenss-: *v.refl.* consider, reflect 18,16; (+ de) think about 15,XII.6.

porpre 8,304, purpre 10,23: *sm. and f.* precious cloth (not necessarily purple in colour); *adj.*; dras porpres, precious stuffs 8,304.

port, *sm.* pass 6,13.76. 8,26; harbour, port 7,226. 21,204.

porter, porteir 16f,42; *subj.pr.5* portoiz 14,60; *subj.impf.4* portisons 20,67*: *v.a.* carry; bring 4,65; bear 9,196; wear 14,60; (+ en) carry away 13,273; p. ire a, be angry with 6,32.   porteüre, *sf.* offspring 3,212.

portraire; *pp.f.* portraite 11,255: *v.a.* depict, portray.

pose, *sf.* while; p. del jurn, for a part of the day 4,163.

post (*L*), *prep.* after 2,28; *cf.* puis.

post, *sm.* post 4,166.167.

posterne, *sf.* 24,71; postic, *sm.* 15,XII.24, postern-gate.

pot *see* pooir.

pot; *acc.pl.* poz 8,16, pos 24,85: *sm.* pot.

pou 8,255, poi 4,10, po 12,2, peu 15,VI.17, poc 16f,21: *adv.* little 4,10.238 *etc.*; p. a, a

little while ago 13,58; *subst.* un p., a short
distance 4,117, a short while 20,194; p.
de, little 16f,21 (*see* acheson); un p. de, a
little 20,62; pur p. ne 4,21*, a p. ne
8,246*, a p. ... ne 12,164, a p. que ... ne
12,2*, par p. que ... ne 13,18, par p. ...
ne 21,240, almost, nearly.

poudre 20,59, **poure** 20,33: *sf.* dust.

poume, *sf.* apple 22,143.

**poüms, pourent, pouret, pourray,
pourroient, pourroit, pout** *see* pooir.

poün *see* poon.

poür *see* paor.

pourchacier; *pret.1* **pourchaçay** 23,22:
v.a. procure, bring about.

pourveance, *sf.* provision, supply 27,13.

povre, *adj.* poor, wretched 3,189; *subst.pl.*
the poor 3,25. **poverte**, *sf.* poverty,
wretchedness 3,18. 21,108. **povrece**, *sf.*
wretchedness 5,92. **povreté** 29,89,
pouvreté 29,78: *sf.* poverty. **pov[e]rin,**
sm. poor man 3,23.

**praigne, praing, praingne, prandre,
prannent** *see* prendre.

prangiere, *sf.* dinner, lunch 22,68.

pré 7,100; *acc.pl.* **prez** 6,88: *sm.* field; en p.,
on the battlefield 7,200. **pree**, *sf.* field,
meadow 7,269. 27,37.

predom *see* preudome.

preechier, *v.a.* preach 24,1.

preëor *see* proier (= rob).

preere *see* proier (= beg, pray).

preez *see* proier (= rob).

preiement, preier, preiums *see* proier
(= beg, pray).

preïsmes, preïst *see* prendre.

prelat 9,82*; *acc.pl.* **prelas** 26,131: *sm.*
prelate, bishop.

premerain; *f.* **premerainne** 12,331: *adj.*
first. **premerains,** *adv.* first 20,7.

premier, *adv.* first 20,44; [de] premier[s]
7,172, tot p. 8,9, first of all; a premiers,
at first 25,78.

premisse, *sf.* proposal 30,3.

prendre 8,167, **prendra** 3,121, **prandre**
11,186; *ind.pr.1* **prenc** 4,96, **praing**
21,102, *2* **prens** 5,98, *3* **prent** 4,171,
prant 11,281, *5* **prenés** 17b,8, *6* **prennent** 3,87, **prenent** 3,276, **prendent**
15,X.11, **prannent** 16f,22; *imper.2* **pren**
5,100, *5* **pernez** 7,187, **prenez** 8,94,
prendés 15,VI.15, **prennez** 16a,23;
ind.impf.2 **perneies** 3,189, *3* **prendoit**

5,9, **prenoit** 13,238; *subj.pr.1* **praigne**
16c,10, **praingne** 21,96, *3* **prenge**
13,121, *6* **prengent** 4,264; *pret.1* **pris**
5,129, *3* **prist** 3,161, **prit** 23,21, *4*
preïsmes 8,150, *6* **pristrent** 9,144;
subj.impf.3 **preïst** 11,91, **presist** 27,111;
fut.1 **prindrai** 1,8, **prendrai** 13,203;
cond.1 **prendroie** 20,233, *3* **prendroit**
28,292; *pp.* **pris** 4,40, **prins** 30,68; *f.*
prisse 13,112: *v.a.* come to (agreement)
1,8; take, lay hold of, seize 3,121.276.296.
4,264 *etc.*; pass, pronounce (judgement,
verdict) 4,40; get round (s.o.) 11,183;
arrange (meeting) 12,219; set (time)
12,392; accept 16a,24; hold (parley)
25,53; marry 29,85; p. prouvé, catch in
the act, find guilty (of a charge) 14,4; *see*
conseil; *v.n.* grasp 19,32. 28,304; (+
dat.) seize, take possession of, steal over
(of emotion) 3,210*. 13,280; p. a (+ *inf.*),
begin to 3,87. 5,38 *etc.*; *v.impers.* (+ *dat.*)
p. a (+ *inf.*), begin to 6,360; *v.refl.*
quarrel, come to blows 16f,22*; (+ *dat.*)
take, catch (of fire) 4,171. 24,11, take hold
of, grip 12,324. 20,87, turn towards,
adhere to 21,6; (+ a + *inf.*) begin to
5,141. 15,XI.10; *see* garde.

pres 4,115, **priés** 27,79: *adv.* near; p. de,
near 4,121; la mort li est p., his death is
near 6,242; p. a, nearly 12,96; a bien p.,
very nearly 16b,11; p. ne (*with verb*),
nearly, almost 16e,28; p. de (+ *inf.*) 18,5.

presenter 8,66, **presant-**; *pp.* **presentét**
3,162; *f.* **presentede** 2,11: *v.a.* bring
(before the judge) 2,11; present, offer
8,66; *v.refl.* volunteer 10,343. 11,311.

present; *n.sg.* **presens** 28,251: *adj.* present 27,3; *subst.* presence: estre en p. a,
be present before 10,88; present time
28,251. **present** 14,124; *acc.pl.* **presanz** 11,8: *sm.* present, gift; faire p. de,
present with 21,208. **presence**, *sf.* presence: an ceste tardive p., in the presence of this belated (remorse) 28,238.

prest 18,76; *n.sg.m.* **prez** 12,168; *f.* **prest'**
3,65: *adj.* ready; p. de (+ *inf.*, *subst.inf.*)
ready to, ready for 12,168. 14,100.102.
18,76.

prestre *see* provoire.

preterit, *sm.* past 28,242.

preu, *sm.* advantage, profit 14,17. 28,321;
see torner. **preu** 11,171; *n.sg.m.* **pruz**
7,23, **preuz** 8,110, **preus** 22,399: *adj.*

brave; noble, worthy 18,6.   **preudome**
18,30; *n.sg.* **predom** 5,61*, **preudom**
5,123, **preudon** 8,195, **preudome**
14,19*, **prodon** 16f,35, **preudons** 18,52,
preudomme 26,84*; *n.pl.* **preudes-
homes** 26,123: *sm.* brave man; worthy
man.

pri, prïer, priere *see* **proier** (= beg, pray).
priés *see* **pres**.

primes, *adv.* first 6,234; at first 13,211;
formerly 14,119; **a p.**, for the first time
12,412.

primseir, *sm.* nightfall 4,255.

prince, *sm.* president (of poetic society)
17e,22*; prince 30,84*.   **princier**, *sm.*
prince 8,2. 23,80.

prindrai, prins *see* **prendre**.

p[r]ïon, prïons *see* **proier** (= beg, pray).

pris, *sm.* renown 9,234; **avoir p. de**, be
renowned for 11,44; price, value 10,9.

prise, *sf.*; **avoir autre p.**, make a mistake
23,47*.

prisier 28,285, **preisier** 9,204: *v.a.* esteem,
value 6,182 *etc.*; *v.refl.* esteem, pride
oneself 11,49.   **proisable**, *adj.* expensive
8,305.

prison 23,127, **prisun** 10,131: *sm.* prisoner;
sf. the act of taking prisoners: **ja n'avrat
p.**, no prisoners will be taken 6,196.

prist, pristrent *see* **prendre**.

privé; *n.sg.m.* **privez** 13,74: *adj.* privy
13,74*; *subst.* intimate friend, confidant
10,134. 13,88.   **priveement**, *adv.* pri-
vately 13,64.

pro *see* **por**.

prochain, proichain 28,234: *adj.* near,
imminent.

prodon *see* **preudome**.

proëcce 6,61, **proeche** 24,76, **proesce**
30,11: *sf.* prowess; valiant deed 24,76.

prof, *adv.* almost 7,34; **en p.**, very near
7,123.

profés, *sm.* professed (monk) 28,157.

profit, *sm.*; **estre a p. de**, further the
interests of 25,19.

proier; *pp.n.sg.m.* **preez** 21,147: *v.a.* rob
21,147; *v.n.* steal 21,145.   **proie** 16b,6,
proe 16f,17*, **proye** 30,42: *sf.* prey,
booty, spoil; **aler en p.**, prowl 16b,6; *see*
acueillir.   **preëor**; *n.sg.* **proieres**
21,145: *sm.* thief.

proier 21,162, **preier** 2,26, **prïer** 28,81;
ind.pr.1 **pri** 3,52, **proi** 16c,47, **proy**

17d,30; *imper.2* **proie** 21,149, *4* **preiums**
3,319: *v.a. and n.* beg, pray, entreat; (+ **a**
+ *str.pron.*) 21,162.   **proiere** 21,117,
preere 10,157, **priere** 30,96: *sf.* prayer,
entreaty.   **preiement**, *sm.* prayer 2,8.

proisable *see* **prisier**.

proisne, *sm.* chancel-rail, choir-screen 19,5.

promettre; *ind.pr.6* **prometent** 28,102;
ind.impf.3 **prometoit** 14,3; *pret.3* **pro-
mit** 23,189; *pp.* **promis** 23,159: *v.a.*
promise.

proposer, *v.a.* explain 21,256.   **propos**,
sm. intention, mind 28,151.   **propose-
ment**, *sm.* proposition 25,71.

provande, *sf.* office 21,198.   **provender**,
sm. alms-man 21,198.

prover 14,100, **prouv-** 14,4, **pruv-**: *v.a.*
prove; put to the test 9,216; **p. de**, taste
of 13,308; *see* **prendre.**   **provance**, *sf.*
proof 12,61.

provoire 19,37, **prestre** 19,16; *n.sg.*
prestres 19,4, **provoires** 19,31; *n.pl.*
prestre 15,VI.22: *sm.* priest.

proye *see* **proie**.

pruz *see* **preu**.

puc, *sm.* well 5,196.   **puchier**, *v.a.* fill (by
plunging into liquid) 5,69*.

pucele 10,14, **pulcella** 2,1, **pulcele** 3,7,
pulcela 3,261, **puchele** 22,15: *sf.* girl.

püent, pués, puet *see* **pooir**.

pueple 13,285, **poblo** 1,1, **pople** 3,78: *sm.*
people.

puer, *adv.* out 5,143.

pui, *sm.* hill 6,65.140.

puign, puin, puing *see* **poing**.

puignent *see* **poindre**.

puint *see* **poindre** *and* **point**.

puis *see* **pooir**.

puis 3,175, **pois** 6,245: *adv.* afterwards,
then 4,1. 6,88 *etc.*; *prep.* after, since 3,175.
22,42; *conj.* **p. que**, after 14,121; *(causal)*
since, now that 14,9. 22,93. 23,41.

puissance 23,9, **pussaunce** 10,5: *sf.*
power.   **puissant, poi-** 27,59: *adj.*
powerful.

puist, püist *see* **pooir**.

pullent, *adj.* stinking 4,138.

puncel, punt *see* **pont**.

pur *see* **por**.

pur, *adj.* pure; plain, honest 20,219*.

purfendre; *pret.3* **purfendié** 7,199: *v.a.*
cleave.

purir, *v.n.* rot 3,247.

puroec, *adv.* for this reason 3,312; *see also* **o** (*demonstr.pron.*) *and* **por.**

puroffr- *see* **poroffrir.**

purpre *see* **porpre.**

purprendre 9,41: *v.a.* take over.

purrat, purrïez, purrum *see* **pooir.**

pursivre; *pret.3* **pursiwié** 7,202: *v.a.* pursue.

put, *adj.* vile, base 21,130; *cf.* **deputaire.**

puur, *sf.* stench 4,210.

pyment, *sm.* piment (spiced, honey-sweetened wine) 8,173.

qar *see* **car**

qel *see* **quel.**

qeurent *see* **corre.**

qoi, quai *see* **qui.**

quant; *acc.pl.m.* **quanz** 9,184, **kans** 22,27: *interrog.adj.* how many.

quant 1,2: *indef.pron.*; **in q.,** in so far as 1,2*; **q.** ... **unkes plus,** however much 10,4; **quanque** 11,147, **quanques** 15,VIII.21, **quanqu'** 21,237, **quant que** 28,299: *indef. and neut.rel.pron.* whatever; **tut q.,** all that, whatever 3,3. 12,191*; **q. il** poet, with all his might 6,281.

quant 3,156, **qant** 16f,1, **kant** 16f,35: *conj.* when 3,156; seeing that, since 4,91 *etc.*; (*hypothetical*) if ever 15,VIII.17*. 15,X.42*; *see* **plus.**

quar *see* **car.**

quarchiés *see* **charger.**

quaresme, *sm. and f.* lent 22,42. 25,11.

quarrel 6,248; *acc.pl.* **quariax** 15,VIII.7: *sm.* quarrel, cross-bow bolt 6,248. 24,81; paving stone 15,VIII.7.

quart, *num.adj.* fourth 7,237.

quartier, *sm.* quarter 27,47; **escu de quartiers,** quartered shield 7,208.

quasser 28,144: *v.a.* injure 12,422; break 28,144.

quatir, *v.refl.* crouch 15,XII.27.

quatorziesme, *num.adj.* fourteenth 29,1.

que 2,26, **quid** 1,6*, **qu'** 2,6, **qued** 2,14.27. 3,49, **quet** 3,39, **ke** 5,64, **k'** 5,115, **q'** 13,152, **c'** 15,IV.5: *conj.* (1) *co-ordinating:* for 5,59.81. 7,192 *etc.*; (2) *subordinating:* that 2,6.14.27. 3,19.39.49 *etc.* 19,2; 14,105*. 15,IV.6f. 25,14f.; (*causal*) because, since 6,156. 7,157.172; (*final*) in order that 2,26. 8,19; **que** ... **ne,** lest 4,18.244. 6,246. 11,91; (*consecutive*) so that, with the result that 4,194. 6,204;

tant ... que 3,234. 4,39; **si** ... **que** 4,159. 5,80; **tel** ... **que** 7,256; (*modal*) (+ *neg.*) without 8,44.93. 10,88*. 12,117.258. 26,125; (*conditional*) if 29,58; (*introducing alternatives*) **que** ... **que,** whether ... or 9,70 *etc.*; (3) *comparative:* than 2,17*. 3,205. 6,319. 12,421. 23,128*; *see also* **ainz, ançois, aussi, avant, ci, des, fors, maintenant, mais, ne, o, ou, par, por, puis, quant, tant.**

que, *indef.pron.* what(ever), anything 13,287*.

qued *see* **que** *and* **qui.**

quei *see* **qui.**

que[i]·m 3,223 = quei me; **quei·[t]** 3,214 = quei te.

queivre, *sm.* copper 4,202.213.

que·l 4,50 = que le.

quel, le quel 9,132, **qel** 13,65, **lequel** 14,83; *n.sg.m.* **quels** 3,10, **[li] quels** 4,128, **le quel** 7,176, **li quex** 12,18, **ques** 22,238, **liquels** 27,42, **lequel** 30,14; *f.* **quel** 3,10, **quex** 12,29, **qel** 13,95, **quele** 26,120, **la quele** 26,143, **laquelle** 27,49. 30,124, **quelle** 30,1; *n.pl.m.* **quel** 4,240, **liquel** 27,44; *acc.pl.m.* **quels** 3,150, **quex** 15,VIII.24, **lesquels** 27,88; *f.pl.* **les queles** 26,93*: *interrog.adj.* which, what 3,10 *etc.*; **je ne sai ques menestreus,** some fellow or other 22,238; *see* **part;** (*exclamatory*) what 6,159; *interrog.pron.* who, which 4,128*. 9,132. 12,18; *rel.pron.* who, whom, which 4,240. 27,42.44.88; (*introducing a dependent clause*) **le quel,** whoever 7,176; (*correlative*) **quel** ... **que,** whatever 9,212. 16c,42, **quel que,** whoever 28,256; *rel.adj.* which 26,93*. 27,49. 30,124.

quelque, *correlative to* **que,** whatever 29,62; *see* **part.**

quemin *see* **chemin.**

quens *see* **conte.**

quer *see* **car** *and* **cuer.**

querele, *sf.* painful affair 21,277.

querre 6,92, **quere** 6,10; *ind.pr.1* **quier** 10,50, 6 **quierent** 11,62; *imper.2* **quer** 3,51, 5 **quereiz** 3,84; *subj.pr.6* **quergent** 3,67; *pret.3* **quist** 13,227, 6 **quistrent** 8,145; *fut.4* **querrums** 3,292; *cond.3* **querroit** 28,184; *pp.* **quis** 3,123: *v.a.* seek, look for 3,67; fetch 3,51; pick a fight with 6,92; ask for, demand 8,145; (+ *inf.*) seek, wish to 11,62. 15,VI.19 *etc.*

que·s 6,222 = que les.
queste, *sf*. hunt, pursuit 20,189.
quet *see* que *and* qui.
queur *see* cuer.
quex *see* quel.
qui *see* cuidier.
qui, *pron*. (1) *Relative*: who, whom, which,
that: *n.sg.m*. qui 1,8. 4,70 *etc*., chi 2,6.12.
4,33, ki 3,67 *etc*., que 5,87*. 10,2.53, ke
7,210. 9,81; qu' 13,43. 21,53.55; *f*. ki
3,21, ke 9,120, que 10,40. 29,84*, qui
11,28.213*. 19,55; *neut*. ki 5,48, qui
16g,36*. 26,134; *n.pl.m. and f*. ki 3,33.69,
que 4,122. 13,122, qu' 4,124, qui
12,73.74; *acc.sg.m*. que 1,11, cui 1,14.
16b,17.39, qu' 3,104. 5,15, (ço) que
3,123.156, qui 4,49. 21,252, ke 5,45, k'
10,13, (ce) q' 14,14, c' 16g,8; *f*. quet 3,7,
qued 3,65, qu' 3,74, que 3,237; *acc.pl.m.
and f*. qu' 5,52, que 6,291.354, k' 7,82;
(*after prep*.) qui 3,80.100. 4,236.
21,52.173, ki 10,135, qu' 13,146*, de qui
(= dont) 21,10; quai 4,20, coi 5,106,
qoi 13,299, quoi 15,X.4*, quoy
29,51.58*. 30,19; pourquoy 26,32; *dat*.
cui 3,146*.171. 11,251. 16c,34. 22,44,
qui 4,270, to whom; *gen*. (*possessive*)
whose: la qui bonté 21,243*; *rel.adv*.
que 4,36. 5,2, qu' 7,137; come cil qui
3,91*. 4,152. 11,98; (2) *Interrogative*:
who, whom, what: (*a*) *Persons*: nom. qui
4,51. 5,20; (*after prep*.) qui 22,288; *dat*.
qui, to whom 6,116.150.223; (*b*) *Things*:
nom. que 6,3. 20,211, qu' 11,230, k'
16c,9; *acc*. que 3,40*.271. 10,120, qu'
8,34, c' 15,VI.6. 22,231, coi 22,365; (*after
prep*.) quai 4,48, quei 4,52. 6,32, qu'
6,93. 11,141, coi 11,136.137, qoi 21,222;
(*advl*.) que, why 3,189.208. 18,51*.
22,346; (3) *Absolute*: he who, whoever,
those who, that which, what: (*a*) *Persons*:
nom. ki 3,70*, chi 3,196*, qui 11,48.
16b,28. 19,7.12.65; *gen*. de qui (= cil de
cui) 21,28; *dat*. ki 3,200; (*hypothetical*)
if anyone (*with cond. or subj*.)
8,163*.180.204.223.247. 10,331. 11,36*.
22,148*.309. 23,48*. 27,127*. 30,58;
aussi . . . comme qui 26,137*; (*b*)
Things: nom. que 4,8; *acc*. que 4,234.
8,5.119*.135. 11,302*. 12,102*, ke
16d,8*; (*after prep*.) avoir de quoy, be
well-to-do 29,24*; (*generalizing*) chi chi
3,273, ki que 6,222, qui qu' 15,VI.5,

whoever; *dat*. cui que, whomever 11,68;
que ke 7,16*, que qu' 11,78, quoi que
21,220, que 23,181, whatever; que
que, however 4,179; (*introducing an inter-
polated clause*) que, as far as 16b,36*;
conj. que que 20,182, ce que 27,48,
while. *See also* quel.
quic, quïent, quit *see* cuidier.
quiconques, *indef.pron*. whoever 28,114.
quid *see* que.
quier, quierent *see* querre.
quieveron, *sm*. rafter 22,151.
quinzeine, *sf*. fortnight 4,99.
quirrie[n] 7,215; *acc.pl*. quire[n]s 7,148:
sm. leather strap (of helmet) 7,148;
stirrup-leather 7,215.
quis, quist, quistrent *see* querre.
quisent, quite *see* cuire.
quite, *adj*. free 4,228; free of legal obliga-
tion 7,180; acquitted, forgiven 12,186; *see*
clamer. quitement, *adv*. freely, with-
out restriction 20,38. quiter, *v.a*. give
up 28,258.
quoi *see* coi *and* qui.
quointe *see* cointe.
quons *see* conte.
quor *see* cuer.
quoy *see* coi.

rabaessier, *v.a*. reduce, send down
30,29.
rabatre; *ind.pr.3* rabat 7,103: *v.a*. knock
down.
rachater, *v.n*. make echo 6,143*.
raconsievir 27,83: *v.a*. overtake.
rade, *adj*. fiery, swift 15,X.4.
raembre, *v.a*. save 18,69.
raemplir, *v.a*. fill up, fill to overflowing
5,184.
raençon, *sf*. ransom 15,X.52.
rafresqir, *v.a*. refresh 27,93.
rahurter, *v.refl*. knock against once again
24,33; *cf*. ahurter.
rai *see* re (3) and avoir 13,196.
railliez *see* re (1) and aler 14,11.
raine *see* regne.
raison 5,96, reison 12,27, reson 19,7: *sf*.
reason; speech; rendre r., give an
explanation 5,96; dire sa r., speak one's
mind 16a,11; metre a r., speak to 16g,14;
entendre r., take the reasonable view
19,7; estre raison(s) (*impers*.), be right,
reasonable, natural 16c,2. 18,28. 29,13.

rala *see* re (1) *and* aler 14,40. 15,XI.30;
ralerent *see* re (1) *and* aler 26,109;
raloient *see* re (1) *and* aler 27,100.
ramee, *sf.* bower 13,7.
ramener; *ind.pr.3* ramaine 15,VIII.25 : *v.a.*
  lead back.
ramper; *ind.pr.3* ronpe 20,88 : *v.n.* climb;
  r. contremont, rise up 5,144.
rancomansier 16f,29 : *v.a.* renew.
raneiet *see* reneier.
rapeler; *subj.pr.3* rapelt 6,222; *subj.impf.2*
  rapelaisses 21,120* : *v.a.* recall.
rasanbler, *subst.inf.* further meeting
  12,392.
raser, *v.a.* fill level with the brim 8,122.
ratorner, *v.a.* repair, overhaul 25,65; *see*
  afaire.
ravine, *sf.* violence, rapidity; de grant r.,
  copiously 11,113.
ravoir 21,20.187 : *v.a.* regain 21,187; *v.refl.*
  withdraw, escape 21,20.
ravrez *see* re (2) *and* avoir 7,78; re (1) *and*
  avoir 20,58.
re-, r-, *verbal prefix*: (1) back; (2) again; (3)
  on the other hand, for his (or her) part, in
  return; *may be separated by an auxiliary
  verb from the verb to which it belongs*:
  7,90.268. 26,2f.
realté, *sf.* royalty 9,80. rëaume 11,18,
  roiaulme 27,4 : *sm.* realm, kingdom.
recaner, *v.n.* bray 22,35.
recercelé, *adj.* curly 15,XII.16. 16a,27; *see*
  menu.
recesser, *v.n.* cease 3,60.
recét, *sm.* refuge 7,244; castle 12,95.
recevoir 28,210; *ind.pr.3* receit 3,53,
  reçoit 14,72; *pret.1* reçui 14,119, 2 re-
  ceüs 28,316, 6 reçurent 13,18; *fut.4*
  recevrums 6,232; *pp.* receü 21,7 : *v.a.*
  receive; take into one's charge 6,131.
reclamer 21,41 : *v.a.* call upon.
reclorre 8,132 : *v.a.* garner.
recomencierent *see* re (3) *and* comencier
  25,6.
reconoistre; *ind.pr.5* reconuissiez 11,159;
  ind.impf.2 reconnoissoies 22,116; *subj.
  pr.6* reconuissent 3,57*; *pret.3* reconut
  3,42 : *v.a.* recognize; r. voir, admit the
  truth 11,159.
reconter, recunt- 10,375 : *v.a.* recount,
  relate 12,171.
recontinuer 28,121 : *v.a.* continue,
  perpetuate.

recorder 3,316; *ind.pr.1* recort 16c,21 : *v.a.*
  recall; *v.refl.* (+ de) remember 3,316.
recovrer 3,82, recouvrer 28,332; *ind.pr.3*
  requeuvre 28,122 : *v.a.* find 3,82; replace
  28,122; recover, make up for 28,332.
recoy 17d,25, requoy 17c,17 : *sm.* quiet,
  seclusion; en r., apart, by oneself 17c,17;
  on the sly 17d,25.
recroire; *gerund*: aler recreant de, give
  up, neglect 11,86; fere recreant, make
  s.o. give in 14,95 : *v.n.*; *pr.pt.adj.* re-
  creant, craven 11,175*.
recueillir, recuill-, requeill-, requell-;
  ind.pr.3 requialt 12,358; *pret.6* requeil-
  lirent 26,5, requellierent 27,46; *pp.f.pl.*
  recuilliez 25,32 : *v.a.* ship, take aboard
  25,32; receive 27,46; r. an gré, accept
  graciously, welcome 12,358; *v.refl.* (+
  en) go aboard 26,5.
reçui *see* recevoir.
redoigne *see* re (3) *and* doner 28,293.
redoter, redott-, *v.a.* fear, distrust 16b,17.
redrecier, redresc-, *v.a.* straighten out
  12,398; *v.refl.* sit up erect 7,216; draw
  oneself up 23,31.
refaire, refere 8,224; *pret.6* refisent 24,4 :
  v.a. repair, rebuild.
referir 6,178 : *v.n.* resume fighting.
reflamber, *v.n.* flash 6,300.
refrener; *ind.pr.3* refreinne 16e,20 : *v.a.*
  curb, restrain.
refrigerie, *sm. and f.* alleviation 4,253.
refroidier 16f,1 : *v.n.* grow cold.
refu *see* re (3) *and* estre 13,196; refurent
  see re (3) *and* estre 25,42; refust *see* re (1)
  and estre 24,121.
refuït *see* re (1) *and* fuïr 3,155.
regarder, reguard-, resgard-; *ind.pr.1*
  resgar 16g,34; *subj.pr.3* resgart 5,86 :
  v.a. look at 5,10; (*abs.*) look 6,161; con-
  sider 16e,41. regart, -guart, *sm.* fear
  4,230; care 13,94.
regeter; *ind.pr.3* regiete 22,75 : *v.n.* kick (of
  an animal).
regiel, *adj.* royal 2,8.
regne 8,13, raine 21,56; regné 8,223.
  15,XIII.14 : *sm.* kingdom. regner 3,320,
  resn- : *v.n.* reign 17d,3; live 3,320; wield
  great power (?) 27,43.
regreter 15,VII.11 : *v.a.* deplore 13,110;
  mourn for 15,VII.11; *v.n.* lament 3,207.
regretee, *sf.* grief, lament 7,274.
rehorder 25,6 *see* re (3) *and* horder.

rei *see* roi.

reigne *see* resne.

reïne 9,85*, roïne 13,57, royne 26,5: *sf.* queen.

relanquir, *v.a.* abandon 11,123.

relef, *sm.* remains, scraps 3,17.

relevee, *sf.* afternoon 10,76.

reluire; *ind.pr.3* reluist 11,31, *6* reluisent 6,118: *v.n.* shine; r. desor, outshine 11,31.

remaint *see* remanoir *and* remener.

remanoir 14,116; *ind.pr.3* remaint 3,23, remeint 6,6, *6* remainent 3,70; *imper.5* remanés 22,305; *subj.pr.3* remaigne 6,158; *pret.6* remestrent 25,51; *fut.1* remeindrai 10,82, *3* remanra 12,288, remeindra 14,8; *cond.3* remeindroit 14,96, remanroit 15,XII.8, *5* remeindriez 14,24; *pp.* remés 6,224, remis 9,27*: *v.n.* remain 3,70; cease 14,8.96; (+ *neg.*) fail 12,288; *v.refl.* stay, remain behind 12,381; *v.impers.* remain, be left 3,23. 11,308; *subst.gerund* remanant, remainder, *i.e.* body 17b,11*; a Dieu remanés, farewell 22,305. remanance, *sf.* right to stay 21,37.

remembrer 6,360, remenbrer 8,209, reman- 12,222: *v.impers.* (+ *dat. of person* + de) remember. remenbrance, *sf.* memory, recollection 28,206; avoir en r., remember 14,117f.

remener; *subj.pr.3* remaint 12,382: *v.a.* lead away.

remetre 21,272; *pp.* remis 4,176.202 *etc.*: *v.a.* melt 4,176*.202; r. arriere, put back 12,399; r. enz, repel, drive back 25,48.

remirer, *v.a.* gaze at, contemplate 17a,3.

remüer 8,240: *v.a.* move; *v.refl.* move, stir 20,195; *pr.pt.adj.n.sg.m.* remuans, fiery, high-mettled 15,X.19.

ren *see* rien.

rendre 28,74, ran-; *ind.pr.1* renc 5,131, *3* rent 3,23, rant 12,275; *subj.pr.3* rande 21,196*; *imper.2* rent 21,194: *v.a.* give, hand over 3,23; give back, return 14,47. 21,194; yield 19,17; render, pay 21,8; recite, repeat 28,74; offer (obedience) 30,125; *v.refl.* give oneself up 28,134; soi r. coupable de, plead guilty of 5,131; *see* confés, raison.

reneier, renoi- 21,3; *subj.pr.3* raneiet 2,6: *v.a.* abjure, deny; *subst.pp.* reneié, renegade, apostate 7,107.

renge, *sf.* sword-belt 15,X.2.

rengier; *pp.adj.* rengiét 27,73; *f.pl.* rengies 25,98, (of troops) formed in ranks; et rengié et serré, in serried ranks 8,69.104.

renheudir, *v.a.* encourage, reassure 24,18.

renoveler 8,206, renouvell-: *v.a.* make like new; revitalize 29,54. renovel, *sm.* renewal 16e,1.

rente, *sf.* restitution 4,88. renter, *v.a.* provide, endow 21,71. rentier, *sm.* debtor 21,23.

reoïlle, *sf.* rust 11,264.

rëonde, *sf.*; a la r., all around 11,36. rund, *adj.* round 7,99.

repairier 15,IX.2, repeir- 10,232, reper- 13,223; *ind.pr.1* repair 4,150; *pp.* repairét 6,179; *f.* reperie 19,53: *v.n.* return; *subst.inf.* 15,IX.2.

repaistre 17e,10: *v.refl.* take one's fill.

reparlance, *sf.* talk, gossip 13,185.

repentir 28,235, repantir 11,158; *subj.pr.5* repentissiez 14,30: *v.refl.* repent; *subst.inf.* 11,158.

repondre; *ind.pr.3* repont 7,102: *v.a.* plunge, thrust.

reporte *see* re (3) *and* porter 8,10*.15; reportoit *see* re (2) *and* porter 24,50.

reposer 3,2, repozeir 16f,44; *ind.pr.1* re-pos 4,221: *v.n. and refl.* rest.

reprendre 22,412; *pret.3* reprist 12,354; *pp.* repris 16d,13: *v.a.* find fault with 16d,9; take up again 22,412; *v.n.* revive 12,354.

representer, *v.a.* show in a brilliant light, conjure up in the imagination 28,309.

reproche 12,43, reproce 6,246, repreoce 10,87, reprouche 30,74: *sf.* reproach; *see* torner.

reprover 7,150, repruver 6,16: *sm.* reproach.

requeillirent, requellierent, requiault *see* recueillir.

requerre 7,28; *ind.pr.3* requiert 7,194, *6* requerent 3,73; *pret.3* requist 10,238; *pp.f.* requise 14,20: *v.a.* ask for, request 3,73; seek out, attack 7,28; seek 12,150; ask 14,20; beseech 21,267; r. a joste, challenge to a single combat 7,194; r. de drüerie, solicit the love of 10,238.

requeuvre *see* recovrer.

requoy *see* recoy.

rerent *see* re (3) *and* estre 9,209.

resache *see* re (3) *and* savoir 28,186.

resachier, *v.a.* pull out 28,185.

resaut *see* re (2) *and* saillir 7,84.

resbaudir, *v.a.* cheer 25,50.

resclarcir; *ind.pr.3* resclarcist 16e,2: *v.n.* become clear again.

rescorre, reskeure 22,346.359; *ind.pr.2* resqueus 22,336; *pret.3* rescolt 18 (title): *v.a.* rescue.

resembler, ress- 29,48: *v.a.* resemble 6,82; *cf.* sembler.

resentir, *v.a.* feel 28,158.

resgar, resgard-, resgart *see* regarder.

resn- *see* regner.

resnable, *adj.* reasonable 28,8.

resne 7,29.121, reigne 13,144: *sf.* rein; *see* virer.

resortir 20,171: *v.a.* drive back 25,47; *v.n.* rebound 6,324; *v.refl.* (+ de) avoid, get out of 20,171.

respasser, *v.a.* heal 18,15.

respit, *sm.* respite, delay 10,275. 11,242.

respondre, respundre 6,66; *ind.pr.3* respunt 4,55, respont 5,36, 6 responnent 8,68, responent 8,98; *pret.3* respundié 7,159: *v.a. and n.* reply; *subst.inf.* 10,209.

rest *see* re (2) *and* estre 7,90.268, re (3) *and* estre 12,212; [re]sui *see* re (1) *and* estre 4,173.

resurrexis (= *L.* resurrexisti), *pret.2* you resurrected 6,368.

retenir 10,364; *pret.3* retint 3,22; *pp.* retenu 7,205; *f.* retenude 3,177: *v.a.* retain, keep 3,22; *v.refl.* support oneself, hold on 7,205.

retorner 8,191, returnar 1,13.14; *subj.pr.3* retort 13,156: *v.a.* deter 1,13.14; turn over 8,225; *v.n.* return 6,14; go back, withdraw 13,156; *v.refl.* (+ en) return 3,86; soi r. ariere a, turn back to 24,124. retor 16b,57, -tour 29,42: *sm.* return; compensation 29,42.

retraire 13,170; *pret.3* retraist 27,106; *fut.1* retrairai 13,178; *pp.* retrait 18,60: *v.a.* relate, report, tell 6,11. 22,184; pronounce 18,60; withdraw 13,178; distract 15,IV.2; *v.refl.* give up 23,160; withdraw, return 27,106; extricate oneself, escape 28,71; *subst.inf.* withdrawal 13,170.

reva *see* re (2) *and* aler 21,110.

reveler, *v.n.* revive, burst out 21,52*.

reveleus, *adj.* bold 22,398.

revenir 28,161; *ind.pr.1* revenc 4,191, 3 revent 4,197, revient 14,106; *imper.2* revien 22,220; *ind.impf.3* revenoit 14,8; *subj.pr.3* reviegne 22,241; *pret.1* reving 26,43, 3 revint 3,55, 6 revindrent 26,18; *subj.impf.2* revenisses 3,244; *pp.n.sg.m.* revenuz 10,254: *v.n.* come back, return; grow again 4,197; *v.refl.* (+ en) come back, return 3,55 *etc.*

revertir 7,246: *v.n.* return.

revif; *n.sg.m.* revis 23,132: *adj.* revived.

revit *see* re (3) *and* veoir 13,252; revoie *see* re (2) *and* veoir 16c,44.

revois *see* re (1) *and* aler 8,132.

revuidierent *see* re (3) *and* vuidier 24,46.

revunt *see* re (1) *and* aler 10,156.

rex *see* roi.

ribaudaille, *sf.* rabble, camp-followers 27,8. ribauderie, *sf.* profligacy 28,172.

riche 3,307, rice 3,72: *adj.* rich; magnificent 15,IV.15; mighty 6,337. 7,8; *subst.* 3,72.307. richece 8,137, richesce 9,192: *sf.* wealth. richement 8,54, -mant: *adv.* generously 8,54.175; sumptuously 11,74; dashingly, brilliantly 12,33.

rien 3,15, (*often indecl.*) riens 5,87 *etc.*, ren 7,181: *sf.* creature, person, being 10,37. 11,220. 15,VI.7. 16g,11. 17e,17; *see* terrestre; thing 10,51; *indef.pron.* anything 5,87*. 13,45; (+ *neg.*) not ... anything, nothing 4,93. 5,13*. 7,181*; autre r., anything else 11,223; *adv.* de r., in any way, at all 9,204, (+ *neg.*) 12,414. 18,20; por r. (+ *neg.*), not ... on any account 12,243; riens (+ *neg.*), not ... in any way 5,72.160; ne l'en est rien 3,15*, riens ne l'en est 18,75, it is a matter of indifference to him (*see* estre).

rieu, *sm.* stream 27,16.

rigolage, *sm.* jesting 23,36.

rire; *ind.pr.1* ry 29,66, 3 rit 28,281, 6 rient 8,124; *pret.3* rit 16g,47: *v.n.* laugh; *v.refl.* (+ de) laugh at 8,126. 29,66. ris, *sm.* laugh, laughter 28,33; giter un r., burst out laughing 8,235.241.

riviere, *sf.* river, stream 5,53; meadow beside the stream 22,52.

robëor 16b,35, robeür 23,86: *sm.* robber. rober, robeir 16f,18: *v.a.* rob.

ro[e], *sf.* wheel 4,146. roé; *acc.pl.m.* roëz 8,84: *adj.* embroidered in wheel-like patterns.

roevet *see* rover.

roi, *adj.* hoarse 4,56.

roi 5,109, rex (*L*) 2,12.21, rei 3,264, roy 23,186: *sm.* king.

roi 18,3; *acc.pl.* roiz 18,12: *sf.* net.

roiaulme *see* rëaume.

roide, *adj.* hard, stiff 12,291.

roïne *see* reïne.

roisin, *sm.* grape 15,XI.14.

rompre, rum- 6,74. 15,XII.22; *pret.3* rumpié 7,217; *pp.* rumput 6,96: *v.a.* break; rupture 7,217; *v.n.* burst 6,74.

ronchin, *sm.* rouncy, strong horse 27,10.

ronpe *see* ramper.

roqaille, *sf.* rocky ground 27,123.

ros, *adj.* red-haired 11,165.

rost, *sm.* roasting; metre en r. 4,165.

rot *see* re (1) *and* avoir 21,268; rout *see* re (3) *and* avoir 9,183.

rousee, *sf.* dew 15,XII.14.

rover; *ind.pr.3* ruovet 2,24, roevet 6,102; *plpf.3* roveret 2,22: *v.a.* ask, call upon 2,24. 3,299. 6,102. 20,107; command 2,22.

royne *see* reïne.

ruboste, *adj.* harsh 6,172*.

rüer; *ind.pr.1* ru 20,110; *pp.n.sg.m.* rüez 4,161.173: *v.a.* throw; fling down 4,161.173; (*abs.*) hurl, shoot (javelin, arrow, bolt) 8,186.

ruge, *adj.* red 4,169.

rund *see* rëonde.

ruser, *v.a.* thrust, beat back 4,18*.

s' *see* ce, se, son.

sablon, *sm.* sandy ground 7,103; sandy beach 26,79.

saces, sacet, sachiés, sachum, saciés *see* savoir.

sachier 7,211, saich- 18,10, sakier 24,99; *ind.pr.3* sake 24,102: *v.a.* pull, drag.

sacrarie, *sm.* sanctuary 3,63.

sagrament *see* sairement.

sai *see* soi.

sai, saichiés *see* savoir.

saillir 9,228, sallir 23,30.72, ssaillir 25,94; *ind.pr.3* salt 4,260, saut 7,87, resaut 7,84, 6 saillent 28,120; *subj.pr.3* saille 5,149; *pret.3* sailli 10,373, sali 24,94, 6 saillirent 26,102: *v.n.* leap 7,84; spirt 23,30; burst out 23,72; appear suddenly, spring up 28,120; s. fors, rush out, escape 5,149, gush out, spirt 6,73.

sain, *sm.* bosom, bodice 15,XIII.20. 22,66.

sainnier 7,127: *v.n.* bleed.

sains *see* sans.

saint 3,80, sainz 3,102*, seint 7,156; *n.sg.* sainz 3,71, sains 5,8, sent 6,378: *adj.* holy, saint; *subst.pl.* holy relics 16a,20. 25,18 (*cf.* cors). saintisme 3,38, seintisme 6,327, saintime 20,112: *adj.* very holy.

saintefïer; *pp.adj.f.* saintefïe[e], sanctified, hallowed 20,99.

sairement, sagrament 1,11*, ser[e]ment 10,247: *sm.* oath.

saisir 9,41, seisir 7,29; *ind.pr.3* seissist 7,121: *v.a.* seize 6,263 *etc.* seisine, *sf.* possession 10,71.

saison 16f,52, seson 28,218: *sf.* season; prime 28,218.

sake, sakier *see* sachier.

sal *see* sel.

sale, *sf.* great hall 13,31.

salu, *sm.* salutation 12,274; salvation 21,87. saluer; *ind.pr.1* salu 21,91: *v.a.* greet 12,274.

salvament, salvar, salvarai *see* sauver.

salve *see* sauf.

same *see* semer.

samedi 4,203, samadi 4,96, semadi 25,66: *sm.* Saturday.

sameine *see* semaine.

sanbl- *see* semblant.

sanc 4,84; *n.sg.* sancs 6,73, sans 13,10: *sm.* blood.

sanl- *see* semblant *and* sembler.

sans *see* sen.

sans 5,103, sanz 4,230, sains 5,22, seinz 6,85, senz 16e,16: *prep.* without; *see* defois.

santeïf; *f.* santeïve 28,13: *adj.* healthy.

sapience, *sf.* wisdom 23,173.

sardonie, *sf.* sardonyx 6,295.

sarés *see* savoir.

sarrazinnoiz 26,28, sarrazinnois 26,100: *adj.* Saracen.

sauf 15,VIII.26; *n.sg.* saus 15,XI.31; *f.* sauve 14,65*, salve 16b,67: *adj.* safe; *see* trive. sauveté, *sf.* safety 15,X.59.

saüler 9,133: *v.refl.* satisfy oneself, have one's fill.

saut *see* saillir.

saut; *acc.pl.* saus 23,193: *sm.* assault, attack.

sautier, *sm.* psalter 8,6.

sauver 8,133, salvar 1,6; *fut.1* salvarai 1,3: *v.a.* support, succour. salvament, *sm.* protection, safety 1,2.

saveur, *sf.* perfume, smell 28,22. savoreus, *adj.* pleasant 28,22.

savie, *adj.* wise, learned 3,145.

savoir 19,30, savir 1,3, saveir 3,120, sçavoir 17c,6; *ind.pr.1* sai 3,110, sei 14,76, say 17c,9, *2* ses 5,78, soiz 13,39, sez 13,73, sceis 30,58, *3* set 3,49, seit 10,120, sceit 29,28, *4* savum 9,198, *5* savez 6,83, *6* sevent 3,40; *imper.2* sachez 10,352, saces 15,VIII.11, saches 21,186, *4* sachum 4,8, *5* sachez 4,82, saciés 15,IV.6, saichiés 16c,6, sachiés 22,375, sachiez 25,48; *ind.impf.3* saveit 9,232, savoit 13,27, *6* saveient 9,131, savoient 25,58; *subj.pr.1* sache 17c,22, *3* sacet 3,19; *pret.1* soi 11,194, *3* sout 3,43, sot 8,41, *6* sorent 14,128; *subj.impf.1* soüsse 3,256, *6* soüsent 3,258; *fut.1* savrai 11,138, *2* savras 6,211, *3* savra 16e,11, *5* savroiz 8,91, sarés 15,X.52, *6* savront 8,269; *cond.5* savriez 10,45, *6* saveroient 27,6, savroient 30,109: *pp.* seü 12,30; *n.sg.m.* seüz 16e,15: *v.a.* know; c'est a savoir, namely 27,54f.; *see* faire, mot, nonsachant; *subst.inf.* knowledge, wisdom 1,3*. 4,225 *etc.*: faire savoir, act wisely, do well 22,362 (*see* torner).

sazier; *subj.pr.3* sazit 3,234: *v.refl.* become satiated.

se *see* ce, si, soi, son.

se 3,23, si 1,10 (*see* 1,12f., Note). 3,244.260, set 3,218, s' 3,265: *conj.* if; even if 22,348; *see* com; (*after neg.*) si ... nun 7,66, se ... nun (non) 4,168. 5,154* *etc.* 25,5*, if not, except; si non 29,38; se ... ne, unless 26,38; se n'est que 28,167, si non que 30,45, se non que 30,49, unless; si 4,38, se 16c,44. 16f,56. 22,168, whether.

seans *see* ceanz.

seant *see* seoir.

secher, *v.a.* cause to wither 29,100.

secle *see* siecle.

secorre, sekeure 22,358; *imper.5* sucurez 6,104; *pp.f.* secourue 28,244: *v.a.* succour, come to the help of.

secreement, *adv.* secretly 27,107.

sedeir, sedent, seez *see* seoir.

seeler 15,IV.19: *v.a.* lock up; seal 21,238.

sei *see* savoir *and* soi.

sei[e] *see* estre.

seigneur, -or 3,271, -ur 4,59, seinur 3,4, -or 3,286, seniur 3,292, segnor 8,39, signeur 27,43; *n.voc.sg.* sendra 1,12*, sire 3,109.190, sires 10,205: *sm.* lord 1,12 *etc.*; dignitary 14,123; (*term of address*) 3,109 *etc.*: bel sire 6,3 (*see* bel); (applied by the poet to the audience) 13,1.299. seignorie 21,260, seigneurie 23,9: *sf.* control, power 21,260.266. 23,9; seigniory, domain 30,5.

seignier, *v.a.* bless, make the sign of the cross over 4,43; *v.refl.* cross oneself 11,3.

seinz *see* sans.

seisine *see* saisir.

seit *see* estre *and* savoir.

sejorner, sejorneir 16f,6, sejourner 28,322: *v.n. and refl.* stay; *pp.adj.* (of a horse) rested, fresh 11,76. 15,X.17. sejor 16b,4, sujurn 4,98, surjur 10,127: *sm.* sojourn, rest 4,98; lodging 10,127; estre a s., sojourn 10,145, be indoors 16b,4.

sekeure *see* secorre.

se·l = si le 8,33. 12,121 *and* se le 8,169. 13,137.

sel 4,195, sal 4,132: *sm.* salt.

selonc 14,17, selon 16a,14: *prep.* according to 14,17; by, by the side of 16a,14. 22,72.

se·m 6,38 = se me.

semadi *see* samedi.

sembler, saenl- 5,148, sambl- 19,43, senbl-: *v.a.* resemble, look like 13,40*.43; *cf.* resembler; *v.impers.* seem. semblant 4,61, sambl-, sanbl-, sanl-: *sm.* appearance; attitude; manner 12,66. 16g,28.40; look: bel s., gracious glance 12,346. 16e,34; faire s. de, feign 4,61, show 11,90, make a show of 24,117; mostrer s. de haïne, look ungraciously 12,26.

semeine 16e,34, sameine 3,61: *sf.* week.

semer; *ind.pr.3* same 21,217: *v.a. and n.* sow. semoison, *sf.* seed-time 21,27.

semondre, somondre 3,279; *ind.pr.3* semont 16d,1. 20,191; *ind.impf.3* semonnoit 30,97: *v.a.* summon, call upon, urge; urge on 20,191. semonse, summunse 3,66, sumunse 9,30: *sf.* order, command; summons 9,30.

sempre 2,10, sempres 3,207: *adv.* still 2,10; immediately 3,207; soon 8,234.

sen *see* son.

sen 9,53, sens 6,34, sans 28,31: *sm.* direction 9,53; sense, prudence 6,34. sené; *n.sg.m.* senez 8,110.119*: *adj.* sensible, prudent.

sendra *see* seigneur.

senés, *adv.* forthwith 4,223.

seneschal; *n.sg.* seneschax 12,210: *sm.* steward.

senestre, *sf.* left hand; a s., on the left 4,26; *adj.* left 7,57.

senglement, *adv.* alone, only 10,20.

sengler, *sm.* wild boar 8,52.

seniur *see* seigneur.

sent *see* saint.

sente, *sf.* path 20,2.

sentir, santir 12,363; *ind.pr.1* sent 21,175; *pp.* sentu 20,185: *v.a.* feel 12,333; smell 20,185; *v.refl.* (+ de) feel 4,188; *subst.inf.* fondling 12,363. 15,XI.36.

senz *see* sans.

seoir, sedeir 4,221; *ind.pr.1* siec 15,X.17, *3* set 6,188, siét 6,200, *5* seez 21,154, *6* sedent 3,97; *imper.2* sié 22,135; *subj.pr.3* siee 17e,12.16; *pret.3* sist 7,5, 6 sissent 15,IX.13; *pp.* sis 3,101; *gerund* seant 4,12: *v.n.* sit 3,97; be fixed 15,IX.13; hang, sit 15,X.2; *v.refl.* sit down 16a,34; *v.impers.* please 12,136; become, suit 22,188; *subst.inf.* 4,221.

sercot, *sm.* surcoat, loose robe 22,340.

seré, sereit, serés *see* estre.

ser[e]ment *see* sairement.

serf 3,33; *n.sg.* sers 28,135: *sm.* servant 3,33; serf, slave 28,135. 29,35; devil 21,130.

sergant; *n.pl.* sergent 11,273, sergans 27,69; *acc.pl.* sergenz 11,84, serjans 24,24: *sm.* servant 3,106; soldier 7,124: s. a piét, foot-soldier 27,69.

seri, *adj.* serene 15,XII.3. seril, *sm.* evening 4,96.

seriaus, *sm.acc.pl.* 22,204*.

sermoner 19,5: *v.a.* lecture, preach 15,X.34; *v.n.* preach a sermon 19,5.

seroie, seroient, seroit *see* estre.

seror, sorur 6,30, (*used as acc.sg.*) sor 7,134; *n.voc.sg.* suer 15,VII.20, seur 22,145: *sf.* sister 7,134; (*term of address*) my dear, darling 15,VII.20. 22,145; bele suer, my dear 19,10.

serreie *see* estre.

serrer, *v.a.* strike 7,56; close (ranks of troops) 8,69; *pp.adj.*; si conme il est

serré, as it is a narrow entrance 8,314.

serre, *sf.* prison 21,190.

serrunt *see* estre.

sertainement *see* certeinement.

serve, *sf.* (female) servant, slave 21,78. 28,220.

servir 2,4; *ind.pr.3* sert 16e,44, *5* serviz 16e,23; *fut.1* servirei 3,264; *pp.* servit 3,104: *v.a. and n.* serve; wait on 7,49. servant; *acc.pl.* servans 30,30: *sm.* servant 3,50; s. de pié, foot-soldier 30,30; *cf.* sergant.

servise, *sm.* service, devotion 3,29 *etc.* 12,65*; favour 12,14; religious service 9,137; tenir de s. a, keep under the jurisdiction of 25,29.

servitur, *sm.* servant, serving-man 9,158*.

ses *see* cist, savoir, son.

se·s = se les 8,267 *and* si les 8,88.166.178.183. 11,252. 13,160. 20,191.

set *see* savoir *and* seoir.

set, *num.adj.* seven 3,41.

seü *see* savoir *and* sivre.

seü, *sm.* elder-tree 21,6*.

seue *see* son.

seul 5,70, sul 6,90, sol 13,111; *n.sg.m.* sul 3,114, suls 4,127, seus 5,8, sous 13,93: *adj.* alone, single, sole; *adv.* only: un s. petit, only a little 13,49 (*see* fors). seulet; *f.* seulete 17e,1*, seulette 17e,3: *adj.* all alone. solemant, *adv.* only, alone 11,314.

seule *see* siecle.

seulent *see* soloir.

seur *see* seror.

seür, *adj.* sure; tot de s., for sure 12,415. seürement 16c,6, -mant 11,268: *adv.* for certain, assuredly. seürté 16e,35, sceurté 30,48: *sf.* reassurance 16e,35; safety 30,48.

seur 14,51, soure 2,12, sur 3,16, sor 3,233, seure 5,190: *prep.* on 3,16; over 2,12; to, towards 3,86; above, more than 9,197.198. 10,37.216; de sur, from near 7,161; *adv.* surs (sur + *advl.* s), thereon 4,176; seure, on, upon 5,190. 22,347; *see* corre.

seus *see* estre *and* seul.

seut *see* soloir.

seüz, sevent, sez *see* savoir.

seviaus, *adv.* at least 20,123.

sez, *sm.* sufficiency, fill 13,108*.

si *see* ci, se, son.

si, s' 6,131, se 11,287: (1) *adv.* so, thus
3,46.315 *etc.*; (*in adjuration*) 7,13.26.
8,162*. 12,22. 16b,3* (*see* aïdier);
(*adversative, in answer to negative question*)
22,117*; (*modifying adj. or adv.*) so, such
3,179. 4,190. 19,49; si ... que, so (much)
that 4,159. 5,76. 7,99; si fait *see* faire;
(*introducing first term of comparison before*
com) as 5,30*. 6,198; si com (cume) *see*
com; (2) *conj.*: si com (cum *etc.*), (just)
as 1,5. 4,164 *etc.*; as though 4,4; as, since
4,219. 8,314; as, when 10,311. 22,115.
24,33; si que, so that (*consecutive*) 10,337.
12,325, (*final*) 14,117. 28,82; si c', where
22,225; trestous si fais que, just as 5,4;
si (*temporal, after neg.*), until 8,295*; (3)
connective: (*linking correlated clauses or
sentences*) and (consequently) 2,24.
5,61.97.138 *etc.*; and (moreover)
3,36.68.99.108. 4,8.9 *etc.*; and (yet) 3,165.
6,53. 13,131 *etc.*; e(t) si, and conse-
quently 4,60.132.189. 5,100; and more-
over 3,206. 5,29. 6,136; et s', and yet
5,58; (*introducing principal clause, often
untranslatable*) then, well 1,3*. 3,23.219.
226. 5,33 (*see* 32f., Note).43.69* *etc.*;
(*untranslatable, after adverbial locutions*)
4,16. 6,252.274.351 *etc.* 16d,4 (s' = se).
sié, siec, siee, siét *see* seoir.
siecle 15,VI.18, seule 2,24, secle 3,318: *sm.*
earthly life 2,24. 3,318; world 10,283.
15,VI.18.
sieut, sievant, sievent, sievi, sievist,
sievoient, sievrai *see* sivre.
sifaitement 8,185, sifefe- 8,167: *adv.* in
this way.
signacle, *sm.* sign of the cross 4,2.
si·l 3,23,36. 6,127. 7,36.99 *etc.* = si le.
sillier *see* celier.
simple, *adj.* innocent 4,74.
si'n 3,226.227.228 = si en.
sire, sires *see* seigneur.
sis, sissent, sist *see* seoir.
sis *see* son.
si·s = si les 4,132. 6,49 *and* si se 6,87.
si'st 3,15.220 = si est.
sit *see* estre.
siue *see* son.
sivre, suivre 26,114; *ind.pr.2* suiz 28,65, *3*
sieut 13,128, suit 29,52, 6 sievent 27,9;
imper.5 suivez 20,84; *ind.impf.6* siveient
9,104,sivoient 20,188, sievoient 27,133;
pret.3 sievi 27,117; *subj.impf.3* sievist

27,62; *fut.1* sievrai 22,270, *3* suivra
28,65; *pp.* seü 13,6; *gerund* sievant
27,73: *v.a.* follow.
sodeant, *sm.* knave, rascal 23,130.
soe, soen *see* son.
soëf 12,247, süef 3,108, souef 13,210: *adv.*
quietly, gently.
sofler, sosfler 23,123, sousfl-: *v.a.* blow up
(fire) 23,147; *v.n.* blow 4,170; rant
23,123; *pr.pt.adj.* sufflanz 4,170.
soufflos, *sm.acc.pl.* bellows 23,148.
sofraindre; *subj.pr.3* soffraigne 16c,13:
v.n. be lacking.
sofrir, suffrir 4,120, sufrir 9,98, soufferre
21,38, souffrir 21,107*, sosfr-; *ind.pr.2*
suffres 4,48, *3* suffret 4,218, soefret
6,84, suefre 12,379; *imper.5* souffrés
5,92; *pret.3* souffri 24,87, 6 sofrirent
13,297; *fut.5* souferrez 20,116; *cond.1*
sosferoie 15,VIII.20; *pp.* suffert 10,206,
soffert 18,63, souffert 26,123: *v.a.* suffer
4,48.218. 12,379; bear with 6,84; allow
5,92; *v.n.* be patient 20,116. souffrette,
sf. suffering 17f,8.
soi *see* savoir.
soi, sei 3,50, s' 3,127, sai 28,202, soy
30,63.117: *refl.pron.* himself, herself, it-
self, oneself, themselves: *acc.str.* 3,127.
6,260.281, (*obj. of prep.*) 3,50*.54.56 *etc.*,
(*with inf.*) 10,269. 28,9.115.235. 30,117;
sei medisme 3,54, sei meïsme 6,326,
himself; *unstr.* se 3,27.29, s' 3,4.30,
(*enclitic*) ·s 2,18.20.21. 3,154. 6,87, ce
23,5.
soif 20,139, soi 15,VI.25: *sf.* thirst.
soillier; *ind.pr.1* soil 20,60: *v.a.* soil, sully,
defile 12,76. 20,60. 28,270; *v.n.* soil,
become soiled 20,32.
soing, *sm.* care; (*in neg. construction with
avoir and* de) have no desire to 11,57.
songneux, *adj.* careful, concerned
17c,3.
soisté, *sf.* society 15,IV.17.
sol *see* seul.
solaz 12,359, soulas 16c,18, solas 17f,11,
soulaz 28,288: *sm.* solace, pleasure. so-
lacier 23,183: *v.a.* solace, divert.
soldoier, *sm.* soldier 8,217*.
soleil 6,118, soleill 6,300; *n.sg.* solaus
21,111 : *sm.* sun, sunlight; *see* contre.
solier, *sm.* solar, upper room 9,44*.
soller, *sm.* shoe; *acc.pl.* uns sollers, a pair
of shoes 8,231*.

soloir; *ind.pr.3* seut 16c,19, *6* seulent 28,194; *ind.impf.1* soloie 16c,34, *3* soleit 9,152, soloit 11,82, souloit 14,111, *6* soloient 11,169: *v.n.* be accustomed, wont.

somier 8,4, sumer 6,58, sonmier 8,266: *sm.* pack-horse.

somondre *see* semondre.

son, *poss.adj. and pron.* his, her, hers, its: *unstr.n.sg.m.* ses 3,28, sis 6,224, sun 7,106; *f.* sa 3,19, se 5,150, s' 23,8; *acc.sg.m.* son 1,5, sun 3,2, sum 3,33, sen 3,198, ses 8,3; *f.* sa 2,17, s' 5,37, se 15,x.48; *n.pl.m.* si 3,206, ses 6,98; *f.* ses 6,67; *acc.pl.m.* ses 3,64; *f.* ses 3,194; *str.adj. and pron.n.sg.m.* sons 3,42, suens 13,196*, siens 16e,19*; *f.* süe 3,48. 4,20, soe 25,116; *acc.sg.m.* suon 2,15, son 3,50, suen 3,119, sien 30,121; *f.* suo 1,13, souue 2,29, siue 15,x.48, soue 13,216, seue 19,41; *acc.pl.m.* sons 3,43, soens 6,1, suens 7,95. 12,62.63, siens 28,293; les soens, his men 6,1; le suen, his own wealth 9,237.

soner 8,212, suner 6,106: *v.a.* sound 6,64.79; utter 12,163. 22,94 (*see* mot); *v.n.* sound 6,142 *etc.*

songneux *see* soing.

soploier, *v.n.* bow 12,404.

sor *see* seror *and* seur.

sor, *adj.* red; ostor s., unmoulted hawk 11,12.

sorcille, *sf.* eyebrow(s) 6,228*. 15,v.8.

sorent *see* savoir.

sorjon, *sm.* source 5,179.

sorprendre; *pp.f.* sorprise 21,211: *v.a.* lead astray.

sorquidier; *pp.adj.* presumptuous 13,131.

sorsemer; *pp.adj.* corrupted, rotten 21,28*.

sort, *sm.* prophecy 7,231.

sorur *see* seror.

sosferoie *see* sofrir.

sosfler *see* sofler.

sostenir, soustenir 21,2, sou-, sus-; *ind.impf.3* susteneit 9,67; *subj.pr.3* soutiegne 28,245; *pret.3* sustint 3,22; *cond.3* sostendreiet 2,16: *v.a.* bear 2,16; sustain, support 3,22. 9,67. 21,2; keep 28,245.

sosterel 22,389; *n.sg.* soteriaus 22,394: *adj.* foolish; *subst.* little fool 22,389.

sosterin 15,xi.6, sousterin 15,xi.39: *adj.* subterranean.

sostrere; *pp.f.pl.* soutretes 28,192: *v.a.* take away.

sot *see* savoir.

sotin, *sm.* fool 29,82.

sotiver, *v.n.* show ingenuity 28,129.

soubz *see* soz.

soudanc, *sm.* sultan 26,25*.

soue *see* son.

souef *see* soef.

souferrez, soufferre *see* sofrir.

souffisance *see* suffire.

soufflos *see* sofler.

souffrette *see* sofrir.

souglagier, *v.a.* solace 28,37.

soulas *see* solaz.

souloit *see* soloir.

soupe, *sf.* sop (of bread dipped in wine) 15,xi.15.

soure *see* seur.

sous *see* seul.

soüsent *see* savoir.

sousfl- *see* sofler.

souskanie, *sf.* long, close-fitting dress 22,5.

souslever, suz- 3,116, sozlever 8,248, sou- 15,xi.23: *v.a.* raise, lift.

souspape, *sf.* punch under the chin 22,313.

sousprendre 22,294; *pp.* soupris 13,310: *v.a.* overcome 13,310; catch 22,294.

soüsse, sout *see* savoir.

soutil; *acc.pl.m.* soutiz 13,106: *adj.* secret, solitary. soutilmant, *adv.* skilfully 11,267.

soutretes *see* sostrere.

souue *see* son.

souz *see* soz.

sovenir 11,103, souvenir 28,208; *ind.pr.3* sovient 11,191, souvient 28,207; *subj.pr.3* sovaingne 20,214; *pret.3* sovint 15,x.7: *v.impers.* (+ de) remember.

sovent 3,6, suv- 9,169, sovant 11,64: *adv.* often; *adj.*; soventes feiz 3,11, sovantes foiz 11,191, many times, often. soventre, *adv.* after 13,154.

sovrain 5,84, souvrain 5,109: *adj.* sovereign.

soy *see* soi.

soz 3,16, suz 3,1, souz 28,42, soubz 30,8: *prep.* beneath, under.

sozlever *see* souslever.

spede *see* espee.

spine *see* espine.

spuse *see* espouse.

ssaillir *see* saillir.

'st *see* estre.

subgiét; *acc.pl.* subgiez 30,3: *sm.* subject.
subjection, *sf.*; en s. de, under the domination of 29,36.

sucurez *see* secorre.

süe, suen, suens *see* son.

süef *see* soëf.

suefre, suffert *see* sofrir.

suer *see* seror.

süer 4,84: *v.a.* sweat, exude.

suffire 30,62; *ind.pr.3* suffist 30,69: *v.n.* suffice; (+ a + *inf.*) be equal to 30,62.

souffisance, *sf.* satisfaction, sufficiency 28,16.

sufflanz *see* sofler.

suffres, suffret, suffrir, sufrir *see* sofrir.

sui *see* estre.

sujurn *see* sejor.

sul *see* seul.

sullent; *n.sg.m.* sullenz 4,173: *adj.* humid, close.

sum *see* son.

sumer *see* somier.

sumes *see* estre.

summe, *sf.* import, summary 10,67; outcome, result 25,14.

summunse, sumunse *see* semonse.

sun, suo, suon *see* son.

suner *see* soner.

sunt *see* estre.

surdre; *pp.f.pl.* surses 4,68: *v.n.* (+ *dat.*) come upon, befall.

surjur *see* sejor.

surs *see* seur.

sus, *adv.* up 2,6; above 4,139; resaillir s., leap up again 7,84; metre s., put on (garment) 12,268; corre s. *see* corre; *interj.* or sus 23,1, va sus 23,70.78, up! come on!; *prep.* on, upon 8,94; over 23,167; on to 27,64.82; s. en, right up in 2,6*; s. un voiage, on a campaign 27,18.

suspirt 6,364 = *subj.pr.3* of sospirer, *v.n.* sigh.

sustance, *sf.* substance, possessions 21,201.

sustint *see* sostenir.

suv- *see* sovent.

suz *see* soz.

suzcele, *sf.* housing, horse-cloth 7,58.

suzlev- *see* souslever.

syglaton, *sm.* silken cloth 8,304.

tabour, *sm.* drum 22,214. 26,100.

tachier, *v.a.* spot 12,388.

taigne, *sf.* moth 28,39.

taiien, *sf.* grandmother 22,44.

taire; *ind.pr.1* tes 20,175, *3* test 12,372, taist 20,179; *imper.5* taisiés 22,347; *pret.3* tout 4,54, tot 11,128; *pp.* teü 16b,30: *v.a.* keep secret, make no mention of 12,368.372. 21,5; keep silent 16b,30*; *v.refl.* be silent 4,54.

tale *see* tel.

talent 3,300, talant 12,114: *sm.* inclination, desire, thought; a sun t., to his satisfaction 10,58; aveir t. de, have desire for 10,201; venir a t., please 22,374.

tamez *see* temer.

tancier, tenser 6,174: *v.a.* protect 6,174; *v.n.* (+ a) quarrel with 11,206. tançon 16g,20, tanson 16f,24: *sf.* dispute, quarrel.

tandut *see* tendre.

tanit *see* tenir.

tans *see* tens.

tant 3,22, itant 4,34, tan 28,105; *acc.pl.m.* tanz 3,241; *f.* tantes 3,167: (1) *adj.* so much, so many, so great 3,167.241. 4,154.185.192.232 *etc.*; as much 13,78; (2) *adv.* so 4,34.35 *etc.*; such 6,172; so much 3,44.90* *etc.*; so long 6,84. 13,225. 20,170; (*concessive*) however much 13,74*; *see also* par, tantost; (3) *subst.* times 12,93.351; (4) *indef.pron.* so much, so many 3,22. 6,162; thus much, this much (*referring to following clause*) 12,134. 16g,42; t. faire que, go so far as to 14,89, manage to (= eventually) 24,29.35; ne t. ne quant, at all 5,108; t. de, so much, as much, enough 5,117. 9,237f. 11,263. 12,8; (5) *adverbial locutions*: a it., thereupon 10,280; en t., meanwhile 28,94; par t., thus 28,333; t. . . . comme, as much as 22,291; t. . . . t., as much . . . as, both . . . and 9,31ff.*127f.; *see* antretant, atant, dementres; (6) *conjunctional locutions*: t. cum (com, con *etc.*), as much as 4,104, as far as 6,112. 7,264, just as 12,166, so long as 13,309. 14,60f. 17f,10; t. . . . cum, as . . . as 4,148; t. . . . cum si, as . . . as if 4,169*; t. . . . que 6,139. 8,310ff., t. que 12,263. 28,105.157, until; t. que, so that, with the result that 11,195. 29,78; sul t. que, just long enough for 10,271; et t. que, and eventually 24,61.99; *see* fors.

tant- *see* tenter.

tantost, *adv.* immediately 12,90; *conj.*
tantos c', as soon as 27,37.

tapiz 8,84, **tapit** 11,252: *sm.* rug, cover.

targe, *sf.* buckler, shield (round or square)
7,36*. 24,84. 26,95.

tart, *adv.* tardily 11,158; mei est t., I long
4,185; lur est t. 4,272*; ne ... ne tost ne
t., never 14,31; ou tost ou t., sooner or
later 20,150; a t., too late 22,338.

tas, *sm.*; a t., freely, plentifully 23,29.

tasel, *sm.* clasp 13,148.

tatereles, *sf.pl.* rags 15,VI.24.

tatin, *sm.* smack, slap 22,316.

te *see* **tu** *and* **ton.**

teigne *see* **tenir.**

tei·m 3,209 = tei me.

teindre, tain-; *pp.n.sg.m.* teinz 4,164: *v.a.*
colour, stain; *pp.adj.* dark, discoloured
7,288. 17e,24; stained 12,388; sad,
depressed 17b,6.

tel 4,98, **itel** 4,110; *f.* tel 3,186, itel 6,187,
tel[e] 7,280, tale 8,301, teu 10,210;
n.sg.m. tel 6,43, tiex 8,202, tex 11,82,
tels 19,72; *f.* tele 7,283, tex 12,72, telle
27,38; *n.pl.m.* tels 6,221; *f.* tex 15,VI.21,
telles 29,79; *acc.pl.m.* tels 4,217, tex
28,177, telx 28,213, telz 30,124; *f.* tels
4,217, tex 28,175, telles 29,65, teles
30,118: *adj. and pron.* such, such a one;
tels i aveit, some there were 9,229f.; tel
... conme (cum), such ... as 8,163f.277.
10,302f.; tel com, (such) as 25,29f.

temer; *imper.5* tamez 20,174*: *v.n.* be
afraid, worry.

temple, *sm.* temple, forehead 6,74.96.

temple, *sm.* church 9,96*.

tempt- *see* **tenter.**

tendre 9,42, **tan-**; *ind.pr.3* tent 3,145; *pp.*
tendut 6,356, tandut 16f,50: *v.a.* hand,
hold out, extend 3,145. 6,356. 7,264;
pitch, fix up 8,27. 9,46; hang 9,42; cast,
spread 18,3.12; *v.n.* stretch 4,215; *pp.adj.*
poised erect 16f,50 (*see* 49ff., Note).

tendrement 3,12, **tenre-** 5,101: *adv.*
tenderly.

tenebreus 28,230, **tenebrus** 4,184: *adj.*
dark, gloomy; shadowy 6,140.

tenir 10,176; *ind.pr.1* tenc 7,171, tiens
29,64, *3* tent 3,125, tient 5,108, *4* tenons
23,59, *6* tenent 3,36, tienent 8,124,
tiennent 30,77; *imper.2* tien 22,113, *5*
tenés 15,X.34; *ind.impf.3* teneit 4,16,
tenoit 11,49, tenét 13,21, *6* teneient

9,153, tenoient 23,7; *subj.pr.3* tanit 1,13
(*see* 12f., Note), tienget 6,277, teigne
12,114, tiegne 23,122, *5* tenés 15,X.41,
tenez 16c,46, *6* tengent 3,309; *pret.2*
tenis 21,167, *3* tint 3,56, *6* tindrent
9,100; *subj.impf.3* tenist 14,6; *fut.1* ten-
rai 15,X.42, *3* tendra 10,72, 6 tendrunt
4,224, tendront 29,63; *cond.3* tenroit
22,397, 6 tendroient 25,31; *pp.* tenu
21,21: *v.a.* hold, keep; hold (land) 6,225;
hold as 6,315; keep to, obey 10,72; catch,
capture 14,4; follow (path) 21,21; seize
23,122; t. que ... ne (+ *subj.*), prevent
from 12,297f.*; t. pur 3,36, t. a 10,315,
consider, regard as; *see* **cort, ostel,
plaid;** *v.refl.* remain, stand 12,264; sei t.
a, cling to 4,16.17.235; soi t. de, refrain
from 11,104; soi t. por, consider oneself
to be 11,108; soi t. chier, respect oneself
11,49, be self-satisfied 15,IX.14; *see* **coi;**
v.n. t. a, be connected with 5,108; *pp.adj.*
bound, under an obligation 29,98.

tens 6,151, **tans** 5,59, **temps** 27,43: *sm.*
time; life 6,349; weather 16f,1 (*see* **fe-
lon**); age, days, time 26,145; while 29,19;
t. d'esté, summertime 10,16; par t., soon
5,59; a t. 6,151, a toz t. 8,261, in time;
tuz t. 6,168, tot t. 16b,69, all the time;
grant t. 22,352, ung grant t. 29,30f., a
long time; grant t. a *see* **avoir;** a lonc t.
18,16, de lonc t. 23,59, for a long time;
pour le t., at that time 27,43; pour le t.
que, at the time when 27,52.

tenser *see* **tancier.**

tenter, tant- 28,194, **tempt-**: *v.a.* attempt,
try 5,55; tempt 21,63.

terme, *sm.* time, date 12,392; term, period
14,2; prendre t. 12,392, metre t. 18,24,
fix a date; an touz termes, at all times
28,34.

termine, *sm.* period of time; long t., for a
long time 21,135.

terre 3,10, **tere** 5,52, **terra** 25,81*: *sf.* land,
country 3,10. 5,52; earth 3,75. 25,81;
ground 3,195; kingdom 13,70; *pl.* do-
mains 3,172. **terrestre**, *adj.* terrestrial;
riens t., living being 17e,17; *subst.* living
man 7,27.33.

tes *see* **taire** *and* **ton.**

test *see* **taire.**

tesmoignier, tesmongn- 27,45: *v.a.* tes-
tify, bear witness 25,37.

teü *see* **taire.**

ti *see* ton *and* tu.

tibi (*L*), *pers.pron.dat.* to you 23,195.

tiegne, tienent, tienget *see* tenir.

tierz 8,15, tierc 27,110, tierch 27,117, tiers 30,1; *f.* tierce 26,31: *num.adj.* third; *see* di.

tiex *see* tel.

timbre, *sm.* drum 24,18.

tirer 6,266: *v.a. and n.* pull; *subst.inf.* 6,266 (*see* 254ff., Note).

tis *see* ton.

toaille 8,12, tuaille 10,100, touaile 15,XII.11, touaille 26,10: *sf.* (altar) cloth 8,12; towel, piece of household linen 10,100. 15,XII.11. 26,10.

tochier, touc-, *v.a.* touch 7,164; *v.n.* (+ *dat.*) touch, affect 5,155.

toen *see* ton.

toitel; *n.sg.* toitiaus 19,63: *sm.* shed.

tolir 2,22; *ind.pr.3* tolt 6,267, toust 28,320; *subj.pr.3* tolget 3,275; *pret.6* tolirent 7,43; *cond.3* torroit 27,104; *pp.* tolu 15,VI.10: *v.a.* take away, remove; cut off 2,22.

ton, *poss.adj. and pron.* thy, thine: *unstr. n.sg.m.* tes 3,109, tis 3,185; *f.* t' 17d,32; *acc.sg.m.* tun 3,217, ton 15,VIII.11, ten 22,185; *f.* ta 3,166, te 5,72; *n.pl.m.* ti 3,182; *acc.pl.m.* tes 5,198; *str.adj. and pron.n.sg.m.* tons 3,185; *f.* tüe 3,180; *acc.sg.m.* ton 3,135.169, tuen 3,242; *f.* tüe 3,52*; *n.pl.m.* toen 3,188; *acc.pl.f.* tües 6,352.

tonne 8,198, tone 8,200: *sf.*; tonnel 8,121; *acc.pl.* tonneaus 8,163: *sm.* barrel.

tor 11,286, tour 24,10: *sf.* tower. torele, *sf.* turret, tower 8,297.

tor 16b,24, tur 7,97, tour 22,192: *sm.* turn(ing), wheeling round 7,97; dance step (?), circular dance movement (?) 22,192; a cest t. 16b,24, a cestui t. 16b,60, this time (round).

tordre; *ind.pr.3* tort 5,75: *v.a.* wring (hands).

torment, tur- 4,142; *acc.pl.* tourmens 29,101: *sm.* torment. tormenter, *v.a.* torment 23,213. turmente, *sf.* sudden storm 4,25; torment 4,112.187.258.

torner, turner 3,258, torneir 16f,40, tourner 28,321; *subj.pr.3* turt 10,47; *pp.* turnét 3,114: *v.a.* turn, direct 9,242; t. a penitance, count as penance 5,94; t. a reproche, reproach with 12,43; t. que

... ne (+ *subj.*), prevent from 3,258; *v.n.* turn, revolve 16f,40; go, return 18,23; t. de, depart from 9,145; t. ariere, turn back 10,155; t. ce devant darieres, wheel round 26,81* (*see* deriere); t. a preu, lead to advantage, bring profit 28,321; *v.impers.*; t. a, lead to: turt a folie u a saveir, whether it turn out well or ill 10,47 (*see* savoir); t. a mal, lead to harm, turn out badly 10,351; *v.refl.* turn round 23,129; (+ en) turn away, depart 3,114 *etc.*; *pp. adj.* diseased 29,71; fetid 29,51.

tornoier 11,57; *ind.pr.1* turni 4,148: *v.n.* whirl round 4,148; tourney, joust 11,57.77. 16f,25. tornoi, *sm.* tournament 15,VI.27. tornoiemant 11,56, tournoiement 22,9: *sm.* tournament.

torroit *see* tolir.

tort, *sm.* wrong, injury 16e,15; a si grant t., so very wrongfully 6,209.

tost *see* toussir.

tost 2,19, toz 13,39: *adv.* soon, quickly; si t. comme, as soon as 26,76; *see* tart.

tot 3,264, tut 3,3, [tres]tut 3,20, [trestot] 3,119, tout 5,50, trestout 5,143; *n.sg.m.* tut 3,78, tuz 3,122, trestut 3,310, tot 4,152, tous 5,7, trestous 5,37, trestoz 11,79, tos 15,XI.28, trestos 15,XIII.12, trestout 23,67, tout 23,136; *n.pl.m.* tuit 2,26, tuz 3,36, trestuz 3,276, tout 5,165, trestuit 18,58, touz 23,138; *acc.pl.m.* tuz 3,64, trestuz 6,16, toz 8,139, trestoz 8,21, tos 16c,26, touz 23,183, tous 24,74, trestouz 28,136; *f.sg.* tota 3,281, tute 3,54, toute 5,58, trestute 6,309, trestote 12,255; *f.pl.* toutes 5,146, tutes 6,67: (1) *adj.* all, every 3,20 *etc.*; tute jur, all day long 6,90; tute veie, all the time 6,257; tote voie, meanwhile 16b,77*; tote(s) voie(s) 5,127. 12,67. 20,149, toutevois 28,99, however, nevertheless, yet; *see also* atout, di, gaster, jor, o (*prep.*), part, tens, toudis, toujors; (2) *indef.pron.* all, everything 3,3.264. 5,55. 12,191*; *see* par; *pl.* all, everyone 2,26. 3,36.276 *etc.*; (3) *subst.* the whole; del t. an t., completely 11,123; *cf.* de t. an t. 3,60; (4) *adverbial:* completely, quite, wholly: (*a*) *with verb:* tute 4,134*, tout 5,138, trestoz 8,234, tote 12,354; (*b*) *with adv. or adverbial locution:* tut 3,13.103. 5,22 *etc.*, trestous 5,4.37, trestot 16g,51; *see also* bandon, droit, droiture, en (*prep.*), premier; (*c*) *with adj. or pp.*: *n.sg.m.* tut 3,114, tuz 3,122, tot 4,152.198, tous 5,7; *acc.sg.m.* tot 13,111; *n.pl.m.* tut 3,135, tuit 18,48; *f.sg.* toute 28,5; *f.pl.* toutes 5,146; *see also* eslaissier.

touaile, touaille *see* toaille.

touc- *see* tochier.

toudis 17a,5, totdis 4,150, tousdis 17b,2, toutdis 27,126: *adv.* always.

toujors 28,17, tousjours 17c,2, tourjours 29,20: *adv.* always; *see* jor.

toupot, *sm.* forelock 23,150.

tours- *see* trosser.

tourtiel, *sm.* cake 27,28.

toussir; *subj.pr.3* tost 12,265: *v.n.* cough 29,69.

toust *see* tolir.

tout *see* taisir.

toz *see* tost *and* tot.

tracier, *v.a.* follow 28,222. trace, *sf.* path, way 21,128; *see* obscur.

traïner, *v.a.* drag, pull, trail 5,67 *etc.* traïn, *sm.* train (of dress) 15,XI.23.

traïr 13,262; *pp.* traït 6,102: *v.a.* betray. traïsun 6,130, traison 24,40, treïson 23,22: *sf.* treason, treachery, betrayal. traïtor 16b,16, -tour 23,4; *n.sg.* traitres 24,113: *sm.* traitor, betrayer.

traire 6,248, trere 8,290; *ind.pr.1* trai 15,V.22, *3* trait 3,201, tret 12,280, *6* traient 7,123; *imper.5* traiiés 22,59, traiés 22,79; *pret.1* trais 16g,45, *3* traist 13,210, *6* traistrent 25,34, traissent 27,82; *cond.6* treroient 28,127; *pp.* tret 12,345; *f.* treite 7,39; *n.pl.m.* trait 24,8; *acc.* traiz 12,420: *v.a.* pull, pull out 3,201. 12,318; fire, shoot 6,248. 7,123. 28,127; draw (sword) 7,39; quarry 8,296; transport 8,303; drag, lead (life) 15,V.22; *see* fors; *v.n.* (+ a) move towards, betake oneself to 15,IV.2. 15,VI.5. 20,72; t. ensus de, draw apart from 22,79; t. de, shoot (bolt) 5,180*; *v.refl.* come, draw 12,280; (+ vers) move towards 16g,45; (+ ensus) draw apart, away 8,290. 20,212; (+ arriere) move back, away 11,2. 22,59; (+ sus) move on to 27,63.82; (+ ensamble) gather together 27,97f.; *subst.inf.* 12,416*.

traitis; *f.* traitice 15,V.9: *adj.* regular, oval 15,XII.16.

trametre; *pret.3* tramist 6,376; *pp.* tramis 13,44. 28,290: *v.a.* send.

travaillier, traveill-, travill-, *v.n.* work, toil 28,34; (+ pour) lay oneself out to 29,25; *v.refl.* tire oneself 12,319; *pp.adj.* tired, weary 12,235. 27,96; *pr.pt.adj.* capable of endurance 27,1. travaill 28,231; *acc.pl.* travalz 16e,12: *sm.* torment.

trebuchier 7,138: *v.a.* strike down 7,59.

trechëor *see* tricherie.

tref 7,153; *acc.pl.* tres 8,27: *sm.* tent.

trei, treis *see* trois.

treïson *see* traïsun.

trenchier 30,15, tranch- 12,327; *pp.* trenchét 6,181: *v.a.* cut, cut through 7,76; split 6,181; cut off 30,15; *v.refl.* cut 12,330; *pr.pt.adj.* sharp 7,209. 8,306.

trepassement *see* trespasser.

trepié; *acc.pl.* trepiez 8,16: *sm.* tripod.

trere, treroient *see* traire.

tres, *prep.* near 3,56; *adv.* very 5,18; right, straight 18,4.

tresgrief; *f.* tresgriefve 30,3: *adj.* serious, solemn, profound.

treske *see* tresqu'.

treske, *sf.* farandole 22,209*.

tresliz, *adj.* interwoven, triple-woven 11,266.

trespasser, trespas- 13,293: *v.a.* cross, traverse 8,70; excel 10,17; *v.n.* pass, go by 20,153.197; *v.refl.* (+ en) cross 8,80. trepassement, *sm.* death 29,11.

tresperilleus, *adj.* very dangerous 30,114.

tresprendre; *ind.pr.3* trespront 6,338: *v.a.* completely overcome.

tresqu' 6,49, trusqu' 8,57, treske 10,1, tresq' 16b,49, trosque 25,41: *prep.* (1) *Local:* tresqu'a 6,49, treske a 10,1, trosque a 25,41, up to, until; tresq'a jor, until dawn 16b,49; trosque vers hore de none, until about mid-afternoon 25,45f.

tressüer, *v.n.* sweat 13,158*. 20,180.

trestorner; *subj.pr.3* trestort 13,220; *pp.* tresturnét 6,274: *v.refl.* turn away 13,220 (*see* 3,22, Note). tresturn, *sm.*; estre en t., revolve 4,146.

trestot, trestut *etc. see* tot.

tret *see* traire.

tret, *sm.* arrow, bolt, missile 28,127; distance covered by a bolt 26,110.

treü, *sm.* tribute 21,8; paier le t. de nature, die 17b,23.

triboil, *sm.* trouble, tribulation 29,94.

tricherie, *sf.* deceit, deception 21,248. 23,23. **trechëor**, *sm.* deceiver 16e,26.

tristeur, *sf.* sadness 28,19.

trive, *sf.* truce 20,233; safety: **a sauves trives**, under a safe-conduct 14,65*.

trobler, *v.n.* grow dim (with tears) 20,132. **truble**, *adj.* hoarse 4,273.

trois 15,X.40, **treis** 3,62; *nom.* **trei** 9,61, **troi** 22,357: *num.adj.* three.

trone, *sm.* firmament, heaven 4,33.

tronpëor, *sm.* one who blows the horn, trumpeter 8,50. **tronpete**, *sf.* trumpet 27,81.

trop, *adv.* too long 6,116; very 7,234; very far 12,108; much 22,54; **que t.** 24,88*; *see* 3,164, Note.

trope, *sf.* troop 24,125.

trosque *see* tresqu'.

trosser, tours- 27,23.112: *v.a.* pack, load 8,78.

trover 16d,18, truv-; *ind.pr.1* **truis** 16e,21, 2 **trueves** 22,221, 3 **treve** 10,123, **trueve** 12,338, **treuve** 28,44, 6 **trovent** 4,12, **treuvent** 28,104; *subj.pr.3* **truisse** 12,215, 5 **truissiez** 8,92; *pp.* **trovét** 3,123; *f.* **truvede** 3,148: *v.a.* find; *subst.inf.* art of composing songs 16d,19*.

truant, *sm.* scoundrel, wretch 23,42.

truble *see* trobler.

trusqu' *see* tresqu'.

tu, *pers.pron.* thou, thee: *n.sg.unstr.* **tu** 3,105*; *acc. and dat.sg.unstr.* **te** 3,207. 6,208, **te** (L) 21,280, **t'** 3,163, (*enclitic*) ·t 3,205.228; *acc. and dat.sg.str.* **tei** 3,131, **te** 3,249, **ti** 15,VIII.14, **toi** 21,114, **toy** 23,70.

tuaille *see* toaille.

tüe(s), tuen *see* ton.

tuit *see* tot.

tu·m 3,160 = tu me.

turbe, *sf.* crowd 3,283.

turmente *see* torment.

turni *see* tornoier.

turtre, *sf.* turtle-dove 17f,1.

u *see* o (*conj.*) *and* ou.

ubli *see* oblïer.

ueil 18,9, **oel** 5,177, **oil** 9,242, **uel** 12,195, **oill** 18,17, **hueil** 18,27, **oeil** 18,56; *acc.pl.* **oilz** 3,12, **iex** 5,66, **eulz** 8,203, **ialz** 12,149, **ex** 15,IV.13: *sm.* eye.

uevre, euvre 28,121.126.184: *sf.* task, work; *cf.* ovrer.

ui, oi 3,312, hui 4,221: *adv.* today; **hui-mais** 5,6, **oimés** 7,274, **huimés** 8,228, **hui mais** 22,94, henceforth; **hui a un an**, a year ago today 5,22.46; **hui matin**, this morning 22,273; *see* main.

uis 15,IV.19, **us** 10,371, **huis** 12,212, **wis** 24,71: *sm.* door, gate; leaf (of gate) 24,71.

uissier, *sm.* transport ship 24,5*.

uit, oit 7,136: *num.adj.* eight; **oit jorz**, a week.

ultra, ultre *see* outre.

ulur, *sf.* smell 4,217.

um, ume *see* ome.

un, ung 29,19; *f.* **une** 2,22, **un'** 4,249: *num.adj. and indef.art.* one; a, an; *pl.* (*collective*) some, a pair: **uns** 5,147*. 8,231*. 13,198; *f.* **unes** 8,278; *indef.pron.* (*preceded by def.art.*) **l'un** 4,129; *nom.* **l'uns** 4,131, **l'un** 6,220, **li uns** 13,134; **l'uns ... l'altre**, the one ... the other 4,131; **l'une ... l'altre**, one ... another 4,21f.; *n.pl.* **li un ... li altre**, some ... others 9,225ff.; **un pour un** 24,76*.

unc, unces, unches, unkes, unques *see* onques.

uncor, uncore *see* encore.

unt *see* avoir.

ure *see* eure.

ureisun *see* orer.

urs *see* ours.

us *see* uis.

user, *v.a.*; **u. sa vie**, spend one's life painfully 23,185. **usage** 22,64, -aige 16d,17: *sm.* habit, custom; **par u.**, habitually 22,64; **en mauvés u.**, in dissolute living 29,88.

usque *see* jusques.

utilité, *sf.*; **l'u. publique**, the common-weal 30,9.

utlage, *sm.* outlaw, pirate 9,10*.

vache 19,15, **vace** 15,X.6: *sf.* cow.

vaillant 9,199; *acc.pl.* **vaillans** 26,64: *adj.* valiant; *see* valoir.

vain 5,126, **vein**: *adj.* unavailing 5,126; weak 13,298; **parole veine**, idle talk 16e,26.

vaincu, vainqui, vaintre *see* veintre.

vair 9,57, **ver** 7,251, **veir** 11,243: *adj.* dappled (horse) 11,243; grey-blue (eyes) 10,298. 15,XII.16; **peliçun v. e gris** 9,57, **pelice vaire e grise** 9,115, mantle or coat lined or trimmed with grey and white fur;

sm. grey and white fur (used for linings and trimmings) 7,251. 13,198.

vaissel 26,74, vessel 26,116; *n.pl.* vessiaus 26,8; *acc.pl.* vesseaus 8,11, vaissiaus 25,60, -ials 25,61: *sm.* ship; drinking vessel 8,11. vaissele, *sf.* *(collective sg.)* plate 9,187.

vait *see* aler.

val 4,131; *acc.pl.* vals 6,301, vaus 8,311: *sm.* valley; *see* aval.

vallés, vallez *see* vaslét.

valoir 14,77, valeir 9,110; *ind.pr.3* valt 3,272, vaut 8,151, vault 17c,23, 6 vaillent 28,267; *ind.impf.6* valeient 9,217; *subj.pr.3* vaille 12,296; *pret.3* valut 10,243; *subj.impf.3* vaulsist 17f,6; *fut.3* vaura 22,223; *pp.* valu 21,92; *gerund* vaillant 14,43* *(see* esperon): *v.n.* be worth 10,19; be of use, avail 3,272 *etc.*: ne lur valt nïent, it is of no avail to them 6,150; ne sai que vaut, what would be the use? 20,67*; be as good as 9,110; v. mielz, be better, more worthy 9,217. 10,221 *etc.*

valor, *sf.* worth (as a warrior), valour 6,187.

vandroiz, vanroiz, vanrons *see* venir.

vanteir *see* venter.

vanter, vent- 23,100: *v.refl.* boast 7,61. vantance, *sf.* boast, boasting 10,355.

varïer; *imper.2* varie 21,74*: *v.a.* change.

vaslét 11,284, varlét 26,88; *n.sg.* vallez 14,122, vallés 15,X.3; *acc.pl.* varlés 30,65: *sm.* squire, page, servant, youth.

vassal, *sm.* warrior 6,4.167. vasselage, *sm.* valour 6,25.261.

vat *see* aler.

vauriés, vaurras, vausist, vaut *see* voloir.

vautie *see* voutiz.

vavassor, *sm.* vavasour (noble of inferior rank) 8,159.

vedeies, vedisse, vedud, veeient, veeir, veent, veer, veés, veez *see* veoir.

vedve 3,261, veufve 29,37, vefve 29,44: *sf.* widow 3,261; *adj.* widowed 29,37.44. veveté; *acc.pl.* vevetez 8,35: *sf.* widowhood.

veer 20,45; *pret.3* voia 13,89: *v.a.* refuse 13,46. 20,45; v. que ne (+ *subj.*) forbid 13,89f. 21,151ff.

vei, veient *see* veoir.

veigne *see* venir.

veil, veille, veilles, veillez, veilz *see* vieil.

veill *see* voloir.

ve[ï]mes *see* veoir.

veingne *see* venir.

veintre 2,3, vaintre 12,230; *ind.impf.3* venqueit 9,233; *pret.3* vainqui 30,20; *subj.impf.3* venqui[e]st 7,176; *pp.* vaincu 23,181; *n.sg.m.* veincuz 14,94; *f.pl.* vencues 6,289: *v.a.* vanquish, conquer, overcome 2,3 *etc.*; v. une bataille, win a battle 6,289; excel, outdo 9,233; *v.n.* win 7,176; *pp.adj.* vencut 6,264.

veir *see* vair, veoir, voir.

veire *see* voire.

veirement *see* voirement.

veïs, veïsmes, veissent, veïssez, veïssiez, veïssum, veïst, veïstes, veit, veiz *see* veoir.

vels, *adv.* at least 3,218.

velt, velz *see* voloir.

vendredi 26,5.37*, vendresdi 4,191. 25,38, venredi 5,3: *sm.* Friday; al v., on Friday(s) 4,191; le jour del tres grant v., on Good Friday 5,3.

venëor; *n.sg.* venierres 20,190: *sm.* huntsman. venoison, *sf.* meat 8,52.

venim, *sm.* malignity, virulence 29,33.

venir 2,28; *ind.pr.1* vieng 8,131, 2 vens 4,230, viens 13,39, 3 vent 4,211, [vient] 7,228, 5 venez 16g,19, venés 22,245, 6 venent 3,127, vienent 8,177, viennent 29,88; *imper.2* vien 13,68, 5 venés 15, VIII.23, venez 20,96; *ind.impf.1* veneie 7,232, 2 venoies 22,115, 3 veneit 9,68, venoit 13,268. 15,X.26*, 6 veneient 9,103, venoient 16g,56; *subj.pr.1* viegne 16c,46, viengne 21,165, 3 venget 6,54*, veigne 11,290, venge 12,113, viengne 14,29, viegne 23,121, 6 vengent 6,148; *pret.1* vinc 4,220, vienc 10,32, ving 11,117, 3 vint 3,21, vient 10,335, 4 venimes 26,70, 6 vindrent 4,9, vinrent 8,302; *subj.impf.3* venist 3,255, 5 venissiez 14,89; *fut.1* venrai 22,194, 2 venras 20,138, 3 vendrat 6,238, vendra 13,202, venrra 23,61, 4 vanrons 20,64, 5 vendrez 8,261, vandroiz 11,158, vanroiz 12,199, 6 vendrunt 4,223, venront 8,8; *pp.n.sg.m.* venus 5,34, venuz 6,38; *n.pl.m.* venud 4,11, venu 8,26; *f.* venude 3,213; *pr.pt.n.sg.f.* venanz 28,89*: *v.n.* come; (+ en) 20,140. 23,207; faire v., summon, fetch 3,105; bien soies tu venus, welcome 22,230; *v.refl.* (+ en) come along 13,268; *v.impers.* come to,

reach 14,18; (+ a) 26,46; v. melz, be
better 3,255, be more advisable 13,84;
subst.inf. 15,VII.13. 15,XI.33. 30,75*; *see*
desus, memoire.
venoison *see* venëor.
venqueit, venqui[e]st *see* veintre.
venredi *see* vendredi.
venrois *see* veoir.
vent- *see* vanter.
vent; *n.sg.* venz 4,46: *sm.* wind. venter
13,286, vanteir 16f,38: *v.a.* throw in the
wind 13,286; *v.n.* blow, be windy
16f,38.
ventre, *sm.* breast 8,32*; *see* cuer.
veoil *see* vuel.
veoir 11,41, veeir 6,30, veer 10,138, veir
15,VIII.26, voir 16f,56; *ind.pr.1* vei 3,212,
voi 5,71, voy 17d,7, *2* veiz 4,93, vois
5,78, *3* veit 3,11, voit 5,161, *4* voions
30,84, *5* veez 4,160, veés 5,49, 6 veient
4,3, veent 10,311, voient 15,VIII.14;
imper.5 ves 5,134, vez 8,38, veez 10,349;
ind.impf.2 vedeies 3,209, *3* veoit 12,314,
6 veeient 10,314, veoient 14,54;
subj.pr.1 revoie 16c,44, *2* voies 28,330, *3*
voie 16b,3; *pret.1* vid 3,228, vi 4,77, *2*
veïs 22,25, *3* vit 3,117, *4* ve[ï]mes 6,41,
veïsmes 22,404, *5* veïstes 12,162, 6
virent 3,6, virrent 24,44; *subj.impf.1*
vedisse 3,205, *3* veïst 5,166, *4* veïssum
6,114, *5* veïssez 9,38, veïssiez 8,267, 6
veissent 14,56; *fut.1* verrai 8,43, *3*
verrat 6,239, verra 10,90, *4* verrons
20,70, *5* verrez 7,79, verroiz 14,31,
verrés 15,VI.34, venrois 20,41*, *6* ver-
ront 14,117; *pp.* vedud 3,165, veü 5,16;
n.sg.m. veüz 11,19; *gerund* (*prep.*)
voiant, in the presence of 13,285*. 14,12:
v.a. see; (in oath) bless 16b,3*; vez ci
8,90, veez ci 14,59, vesci 15,X.30, veschi
24,120, behold, here is, here are: ves me
chi, behold me 5,134; veez le ci, behold
him 10,349; v. de 7,9*. 8,38.
ver *see* vair.
verai 12,56, vrai 5,179, vré 23,79: *adj.*
true. veraiement, *adv.* truly 14,88.
verablement, *adv.* truly 4,5.
vereil, -oil; *acc.pl.* verax 24,129: *sm.* bolt.
vergié, *adj.* striped 7,147.
vergier, *sm.* orchard, garden 10,144.
vergoigne, *sf.* shame 6,15. vergoinier,
v.refl. shame oneself 7,212.
vergonde, *sf.* shame 13,138.

verité, *sf.* truth 8,129; de v. 21,93, par v.
23,61, truly, assuredly.
verm; *acc.pl.* vers 17b,12: *sm.* worm.
vermeil; *f.* vermelle 13,244, vremellete
15,XII.17, vermeille 17a,1. 25,75*: *adj.*
red.
verriere, *sf.* stained-glass window 21,109.
vers, *prep.* (space) towards 6,343.356 *etc.*;
(time) towards, about 4,255. 25,46;
(morally) towards, against, with 3,4.
5,160. 6,352*. 16d,21; in comparison
with 4,126; *see* mesfaire.
verser 8,225: *v.a.* turn upside down 8,225;
overturn 8,260.
vert, *subst.* green cloth 8,305.
vertir; *pp.n.sg.m.* vertiz 3,233: *v.a.* turn.
vertu 5,122, vertut 6,64; *acc.pl.* vertuz
6,352: *sf.* might, power, strength; par
grant v., with great force 6,64; v. de-
vine, divine power 21,139.
verve, *sf.* situation 21,79*.
ves, veschi, vesci *see* veoir.
vespre, *sm.* evening 4,98; vespres bas, late
evening, *i.e.* nightfall 25,104; *sf.pl.*; jus-
ques a basses vespres, until nightfall
27,76* (*see* bas). vespree, *sf.* evening
10,77.
vesque, *sm.* bishop 24,1; *cf.* evesque.
vesseaus, vessel, vessiaus *see* vaissel.
vestir 30,69; *ind.pr.3* vest 11,259, 6 ves-
tent 8,99; *imper.5* vestez 11,200, vestés
17b,5; *ind.impf.3* vesteit 10,132; *pret.3*
vesti 8,276; *pp.* vestu 11,269; *n.sg.m.*
vestuz 9,164: *v.a.* put on 8,99; dress,
clothe 10,132; *v.refl.* (+ de) dress
oneself (in) 11,200, 17b,5. vestement
6,331: *sm.* garment; clothing 13,174.
vesteure 15,XII.19, vesture 15,XII.13:
sf. clothing.
vet *see* aler.
vetulam (*L*), *sf.acc.sg.* old woman 29,90*.
veü, veüz *see* veoir.
veüe, *sf.* sight 6,280; sight, eyes 20,132.
veufve *see* vedve.
veuilliez, veulle, veult, veulx, veus,
veust *see* voloir.
veveté, vevetez *see* vedve.
vez, vi *see* veoir.
viaire, *sm.* face 17b,6.
vialt *see* voloir.
viande, *sf.* food 3,21; *pl.* viands, provisions
25,32. 26,3.
viaut *see* voloir.

418 *Glossary*

vid *see* veoir.

viegne *see* venir.

vieil, veil 29,40; *n.sg.m.* veilz 6,81, vieuz 28,203; *n.pl.* viel 15,VI.21; *acc.pl.* viez 8,283; *f.sg.* vielle 15,IV.17, veille 29,59; *pl.* viés 15,VI.24, veillez 29,61, veilles 29,72: *adj.* old; *subst.* old woman 15,IV.17. 29,85. viellece 28,139, viellesse 17d,27: *sf.* old age.

vien, vienc, vienent, vieng, viengne *see* venir.

vieus, vieut, vieuz *see* voloir.

vif 7,257; *n.sg.m* vis 5,26: *adj.* alive; *intensive* 7,257 (*see* esrager).

vil 12,55; *n.sg.m.* viex 5,113, vix 12,6: *adj.* vile, base, degraded. vilment, *adv.* basely 4,81. viltance 23,10; vilté 21,89: *sf.* shame, disgrace.

vilain 8,115, vilein 10,98: *sm.* villein, peasant 8,115. 16c,30. 19,1; churl, wretch 18,19; *adj.* base, ill-bred, churlish 10,98. 16e,14. vilainement 20,61, villaine-30,38: *adv.* in an ill-bred way 20,61; basely 30,38. vilenie 11,42, vilanie 5,173, vileinie 10,87, vilonie 16c,29: *sf.* base act, discourtesy 5,173. 16c,29; slander 10,87; ill-breeding 11,42; uncourtly matters 12,278.

vinc, vindrent, ving *see* venir.

vingt, vint 27,35: *num.adj.* twenty.

virer, *v.a.* pull (reins): (*fig.*) v. sa resne, turn 7,272*.

virge, *sf.* virgin 21,112. virginitét, *sf.* spiritual purity 2,17*.

virrent *see* veoir.

vis *see* vif.

vis, *sm.* face 3,117.

vis, *sm.* opinion: ço m'est v., it seems to me 3,113; m'est vis 4,187*; *cf.* 3,309. 9,58. 12,128; *cf.* avis.

visconte 15,IV,2; *n.sg.* visquens 15,IV.15: *sm.* viscount.

viseter, *v.a.* visit, tour 27,48. visitation, *sf.* tour 27,49.

vision, *sf.* gaze, gazing 28,90; avoir en v., have present in one's mind 29,21.

vistement, *adv.* quickly 20,88.

vitaillier, *sm.* soldier entrusted with the provisions 27,119.

vivre 5,60; *ind.pr.6* vivent 29,14; *ind.impf.6* viveient 9,220; *subj.pr.2* vives 8,143; *pret.3* vesquié 7,218; *fut.5* vivroiz 14,61: *v.n.* live; *subst.gerund* vi-

vant: al lur v., throughout their lifetime 6,17.

vix *see* vil.

vo *see* vostre.

vocer; *pp.* vocét 3,132: *v.a.* call.

vodra, vodrez, voeil, voeill, voeillet, voel, voellent *see* voloir.

voi *see* aler *and* veoir.

voia *see* veer.

voiage, *sm.* journey 5,50. 8,294; campaign, military expedition 27,18; *see* acueillir, sus. voiager 30,85: *v.n.* travel, move about.

voiant, *prep.* (*gerund*) in the presence of 13,285*. 14,12; *see* veoir.

voidie, *sf.* cunning 8,159; ruse 20,79.

voie, *sf.* road 8,115; journey 16c,37; way 21,153; aler par v. 16b,28, aler en v. 25,63, go on one's way; *see* metre; time, occasion: a ceste v. 16b,31*; *see* tot.

voil *see* voloir.

voille, *sf.* sail; faire v., set sail 26,7*.

voions *see* veoir.

voir 11,125, veir 4,256; *n.sg.neut.* voirs 13,255. 16e,9: *adj.* true 6,367; *adv.* truly, indeed 8,36.145. 12,176; *subst.*; dire v., speak truly 4,256; por v. 11,125, de v. 20,91, in truth, verily; *see* reconoistre. voire 13,260, veir[e] 10,121: *adv.* truly, indeed 13,260. 15,X.46: *subst.*: a v., as the truth 10,121. voirement 19,59, veire-6,149: *adv.* truly; in earnest 6,149.

vois, voise, voisent, voist *see* aler.

voiz 3,62, vois 5,77: *sf.* voice; a hautes v., aloud, loudly 5,77.

voldra, voldrent, voldret, voldroie, voldroit *see* voloir.

volenté 5,133, volentét 3,311; *n.sg.* volentés 15,IV.12*, volentez 21,68; *n.pl.* voulentez 30,50; *acc.pl.* volantez 28,193: *sf.* will, desire. volentiers 3,106, volenters 3,26, volantiers 12,3, voulentiers 29,91: *adv.* willingly, readily.

voler 12,128; *ind.pr.1* vol 4,153: *v.n.* fly 2,25.

voloir 12,305, voleir 10,187, vouloir 29,34; *ind.pr.1* voeill 6,11, voil 10,193, vuil 10,351, voel 12,304, vuel 13,191, vueill 14,25, vueil 17e,1, voeil 22,333, veill 28,55, 2 veus 7,19, veulx 17d,16, vieus 22,146, vieuz 28,59, velz 28,311, 3 volt 3,4, voelt 6,344, vialt 12,20, veut

13,120, velt 14,82, vuet 16b,28, vieut
16f,36*, viaut 20,11, veust 28,120, veult
30,60, *5* volés 5,120, volez 20,211, *6*
voellent 27,3, veulent 28,260;
ind.impf.1 voloie 21,19, *3* voloit 5,168, *5*
vouliez 14,92, *6* voloient 13,235, vou-
loient 14,71; *plpf.3* voldret 2,21 (*see* 2,2,
Note); *subj.pr.3* voeillet 6,183, veulle
10,270, *5* veuilliez 17b,22; *pret.1* vos
12,176, *2* volsis 12,11, *3* volt 2,24, vot
7,29.115, vaut 16c,25, vout 19,48, voult
26,21, *6* voldrent 2,3.4, vorrent 8,75;
subj.impf.1 volsisse 11,126, vousisse
21,271, *3* volsist 12,122, vausist 24,99*,
vosist 28,202, *5* vousissez 10,44, *6*
volsissent 25,61; *fut.1* vorrai 8,141, *2*
voudras 13,79, vaurras 22,200, *3* vudra
10,57, voldra 11,310, vodra 20,241,
vourra 23,98, vouldra 29,97, *5* vorroiz
8,61, vodrez 10,84, voudroiz 14,23;
cond.1 voldroie 12,191, voudroie
16b,69, *3* voldroit 25,28, voudroit
28,224, vouldroit 29,48, *5* voudriez
14,32, vauriés 22,70: *v.a.* wish, want, be
willing; v. mielz, prefer 6,11; *subst.inf.*
wish, will 10,187. 12,305.

vos 3,253, vus 4,265, vous 5,19: *pers.pron.*
you.

vostre, *poss.adj. and pron.* your, yours:
unstr.adj.n.sg.m. vostre 11,168, vostres
11,172, vos 15,IV.12, vo 23,155; *acc.* vo
5,47, vostre 7,153; *n.sg.f.* vostra 3,252,
vostre 15,IV.12, vo 15,VI.18; *acc.* vo 5,93,
vostre 6,36; *acc.pl.m.* voz 6,16, vos
23,153; *f.* voz 6,165, vos 15,VI.9; *str.adj.
and pron.n.sg.m.* vostres 14,33*; *acc.*
vostre 6,85; *n.sg.f.* vostre 15,V.18.

voutiz; *f.* vautie 15,V.2: *adj.* vaulted.

voy *see* veoir.

vrai, vré *see* verai.

vremellete *see* vermeil.

vuel 11,138, vol 1,8, veoil 10,279: *sm.*
wish; meon v., if I have my way 1,8*;
sun v., if he had had his way
10,279.

vuit; *n.sg.m.* vuis 5,164; *f.* vuide 5,126:
adj. empty; useless 5,126. vuidier,
vuider 9,42: *v.a.* empty, have (houses)
vacated 9,42; quit 14,79.

wape, *adj.* weak 27,25.

wa- *see* garder.

warnies *see* garnir.

wis *see* uis.

yaue *see* eaue.

yglise *see* eglise.

ymage, *sf.* design, figure 11,254; *cf.*
imagine.

yroie *see* aler.

yver *see* ivern.

yvrece *see* ivrece.

INDEX OF PROPER NAMES

An asterisk indicates a comment in the Notes. References are not exhaustive.

Ethiope 6,226, Ethiopia.
Eufemïen 3,84, father of Alexis.
Eulalia 2,1, Saint Eulalia of Mérida.
Evangile 21,253, the Gospel.

Faldrun de Pui 6,181, Saracen baron.
Ferrieres 27,74, Lord of F., follower of Edward III.
Filz Dieu (li F. D.) 21,173, the Son of God; le Filz Marie 21,249, the Son of Mary.
Flandres 6,310. 9,13. 25,113, Flanders, ancient French province.
Fortune 21,258. 29,16, the goddess Fortune.
Franc 6,14. 16a,2*; *acc.pl.* Frans 16a,8, Franks, Frenchmen.
France 6,5. 8,23, France.
Franceis 6,36. 7,212, Franchois 24,54, François 8,126. 16d,5, Frenchmen, the French.
Froissars 27,39, Froissart*.
Fumeux 17c,1, Malcontents.

Gabrïel 6,245, the Archangel Gabriel.
Gaheriet 14,101; *n.* Gaheriez 14,86, nephew of Arthur and brother of Gauvain.
Gaignun 6,200, 'Watchdog', Marsile's horse.
Galatha 24,75, the tower of Galata at the entrance to the harbour of Constantinople*.
Gales 13,265, Wales.
Galilee 23,4, Galilee.
Gardon 8,287, Gardone 8,272, the Gardon, tributary of the Gard.
Garin de Biaucaire 15,XII.7; *n.* Garins de Biaucare 15,IV.1, Garins de Bia[u]caire 15,VIII.8, father of Aucassin; *see* Biaucaire.
Garmalie 6,225, the country of Gamara, a federation of Berber tribes.
Garniers 8,158, the French warrior who suggests to William the stratagem of the convoy.
Gascoigne 11,283, Gascoingne 13,140, Gascony, ancient French province.
Gaudin 14,114, squire of Lancelot.
Gaule 14,30.90*, Gaul.
Gautier de Termes 8,109, follower of William of Orange.
Gautier 22,217; *n.* Gautiers li Testus 22,128, cousin of Robin.

Gauvains 14,77, nephew of Arthur; *see* Walwains.
Genius 28,52, the god of generation*.
Gerard de Russillun 6,206, one of the Twelve Peers; historical personage of the ninth century.
Gerin 9,14, Count of Chartres; *see* 9,16, Note.
Gilebert de Faloise sor mer 8,257, follower of William of Orange.
Gilemer (l'Escot G.) 8,109, follower of William of Orange.
Gillamur 9,3, an Irish king.
Gollande 9,5, Gotland, island in the Baltic; *see* Doldanïed.
Gontier 7,132, squire and nephew of Hugo.
Gonvais 9,9, king of the Orkney Islands; *see* Orchenie.
Gorm[un]d 7,35, Gormont, king of the pagans, killed by Louis.
Gravate 23,179 (?).
Gregre 25,103, Greece.
Grieu 25,6, Grius 24,30, Greeks.
Griffons 25,101, Greeks.
Guenelun 6,126; *n.* Guenes 6,80, the traitor Ganelon, brother-in-law of Charlemagne, stepfather of Roland; married Roland's mother, Charlemagne's sister, after the death of Roland's father.
Guïelin 8,3, nephew of William of Orange, brother of Bertrand.
Guillaume de Danmartin 26,65, one of Joinville's men in the army of Saint Louis.
Guillelmes 8,1, Guillelmes au cort nes 8,87*, Guillelme Fierebrace 8,289*, William of Orange.
Guion 16f,53, Gui de Joinville, Lord of Sailly*; *see* Saillit.
Guitart 9,17, Count of Poitiers; *see* Peitiers.

Hainnau 27,41, Hainaut; *see* Phelippe de H.
Harpins 8,320, Saracen king of Nîmes, brother of Otrant.
Hastinghes 27,75, Lord of Hastings, follower of Edward III.
Hennaut 25,113, Hainaut; *see* Baudoins de Flandres et de H.
Henris 25,115, brother of Baudouin de Flandres.